Olaf Apel, Stefan Lorscheid, Markus Peters, Elvira Pürling

BüroTechnik
Word/Excel/PowerPoint

1. Auflage, 1. korrigierter Nachdruck 2014

Bestellnummer 94306

Bildungsverlag EINS

Die in diesem Produkt gemachten Angaben zu Unternehmen (Namen, Internet- und E-Mail-Adressen, Handelsregistereintragungen, Kontonummern, Steuer-, Telefon- und Faxnummern und alle weiteren Angaben) sind i. d. R. fiktiv, d. h., sie stehen in keinem Zusammenhang mit einem real existierenden Unternehmen, in der dargestellten oder einer ähnlichen Form. Dies gilt auch für alle Kunden, Lieferanten und sonstigen Geschäftspartner der Unternehmen wie z. B. Kreditinstitute, Versicherungsunternehmen und andere Dienstleistungsunternehmen. Ausschließlich zum Zwecke der Authentizität werden die Namen real existierender Unternehmen und z. B. im Fall von Kreditinstituten auch deren, IBANs und BICs verwendet.

Die in diesem Werk aufgeführten Internetadressen sind auf dem Stand zum Zeitpunkt der Drucklegung. Die ständige Aktualität der Adressen kann von Seiten des Verlages nicht gewährleistet werden. Darüber hinaus übernimmt der Verlag keine Verantwortung für die Inhalte dieser Seiten.

service@bv-1.de
www.bildungsverlag1.de

Bildungsverlag EINS GmbH
Ettore-Bugatti-Straße 6-14, 51149 Köln

ISBN 978-3-427-**94306**-8

Vorwort

Das Buch BüroTechnik ist Bestandteil der Büroreihe BüroWelt – BüroMaterial – BüroTechnik. Es kann allerdings auch losgelöst von den übrigen Werken (auch für andere Bildungsangebote) verwendet werden.

Das Buch vermittelt fundierte Kompetenzen und Fertigkeiten im Bereich der Bürosoftware (MS PowerPoint, MS Word, MS Excel). Das Buch ist geprägt durch – in berufliche Handlungssituationen eingebundene – betriebswirtschaftliche Problemstellungen, die ganzheitlich und schüleraktiv gelöst werden müssen. Sowohl die Erarbeitungen als auch die Übungen haben eine einheitliche Struktur, die ausgehend von einer Situation über ausführliche und schüleradäquat formulierte Informationen die Lernenden selbstständig zur Lösung kommen lässt und eine Lernerfolgskontrolle bietet. Durch die induktive Vorgehensweise wird den aktuellen didaktisch-methodischen Anforderungen und Richtlinien Rechnung getragen. Die Förderung der beruflichen Handlungskompetenz hat im Rahmen der Entwicklung des Buches einen hohen Stellenwert eingenommen. Das Buch eignet sich zum selbstständigen schüleraktiven Lernen. Es kann somit auch als Nachschlagewerk für die Vor- und Nachbereitung des Unterrichts von den Schülerinnen und Schülern verwendet werden. Weiterhin bietet es durch die zahlreichen Übungen eine umfassende Lernerfolgskontrolle.

In den Situationen stützt sich das Buch auf das Modellunternehmen Duisdorfer BüroKonzept KG. Die Lernenden werden in die Rolle einer/eines Auszubildenden versetzt, in der sie die Arbeitsaufträge bearbeiten. So werden sich die Lernenden mit dem jeweiligen Arbeitsauftrag identifizieren. Die Einführung in die jeweiligen Themen wird anhand von durchgängigen, realistischen Situationen Schritt für Schritt den Schülerinnen und Schülern verdeutlicht, sodass stets der Sinn und der Nutzen des jeweiligen Inhalts nachvollziehbar werden. So wird ein Bezug zur Lebenswirklichkeit der Schülerinnen und Schüler hergestellt.

Mithilfe der umfangreichen Übungen mit integrierten Wiederholungen des bereits Gelernten wird auch der Heterogenität der Schülerinnen und Schüler in den Klassen Rechnung getragen. Je nach Lerngruppe ist so eine differenzierte Übung möglich.

Zu dem Buch besteht die Möglichkeit unter www.bildungsverlag1.de/buchplusweb Dateien herunterzuladen. So können sich die Schülerinnen und Schüler bei Bedarf auf den relevanten Lerninhalt konzentrieren. Es findet sich an den gegebenen Stellen des Buches ein Symbol (Web) als Hinweis auf die jeweilige Datei.

Insgesamt wurde bei der Erstellung des Buches Microsoft Office 2010 zugrunde gelegt. Wenn Unterschiede zur Version Microsoft Office 2013 bestehen, wird hierauf an der betreffenden Stelle hingewiesen.

Die Verfasser

Inhaltsverzeichnis

Excel

Das Unternehmen Duisdorfer BüroKonzept KG

Duisdorfer BüroKonzept KG

Die Duisdorfer BüroKonzept KG besteht seit 1. Januar 2005. Gegründet wurde sie von vier Freunden, die ihre beruflichen Erfahrungen und ihr verfügbares Kapital in ein gemeinsames Unternehmen einbringen wollten. Sebastian Falo hatte kurz vorher seine Meisterprüfung als Möbeltischler absolviert und wollte sich selbstständig machen. Katharina Niester hatte im Betrieb ihrer Eltern eine kaufmännische Ausbildung gemacht und nach vier Jahren die Leitung der Einzelunternehmung übernommen. Nach weiteren vier Jahren übertrugen die Eltern das betriebliche Eigentum auf Katharina und zogen sich aus dem Unternehmen zurück.

In Gesprächen mit Sebastian Falo, den Katharina Niester aus ihrer gemeinsamen Schulzeit kannte, entstand die Idee, das Bürohandelsunternehmen ihrer Eltern um die Produktion von Büromöbeln zu erweitern. Für die erforderlichen Investitionen benötigten sie finanzielle Mittel. Beate Keller-Rössler und Matthias Suttner beteiligten sich mit insgesamt 160.000 Euro an dem Unternehmen. An einer Mitarbeit im Unternehmen hatten beide kein Interesse.

So gründeten die vier Freunde eine Kommanditgesellschaft. Sebastian Falo und Katharina Niester wurden Komplementäre (Vollhafter). Beate Keller-Rössler und Matthias Suttner waren als Kommanditisten (Teilhafter) an dem Unternehmen beteiligt. Die Höhe der Einlagen sowie die Rechte und Pflichten der vier Gesellschafter wurden im Gesellschaftsvertrag vereinbart.

Der Eintrag ins Handelsregister beim Amtsgericht Bonn erfolgte mit der Firma Duisdorfer BüroKonzept KG unter HRA 1221. Zweck des Unternehmens ist seit damals die Herstellung und der Vertrieb von Ausstattungsgegenständen im Bürobereich sowie die Beratung in allen Fragen der Büroorganisation. Die Duisdorfer BüroKonzept KG ist Mitglied der **Industrie- und Handelskammer Bonn/Rhein-Sieg** und gehört dem Tarifverband der **IG Metall – Holz und Kunststoff** an.

Der Sitz der Duisdorfer BüroKonzept KG mit Produktions- und Lagerhalle, einem Ausstellungsraum und dem Verwaltungsgebäude befindet sich in Bonn. Der Standort ist von der Autobahn gut zu erreichen und bietet Erweiterungsmöglichkeiten bei zukünftigen Expansionen. Die Mitarbeiter können ihren Arbeitsplatz gut mit öffentlichen Verkehrsmitteln erreichen, haben aber auch Parkmöglichkeiten auf dem Betriebsgelände.

Das Organigramm zeigt die derzeitige Organisationsstruktur der Duisdorfer BüroKonzept KG.

Organigramm der Duisdorfer BüroKonzept KG

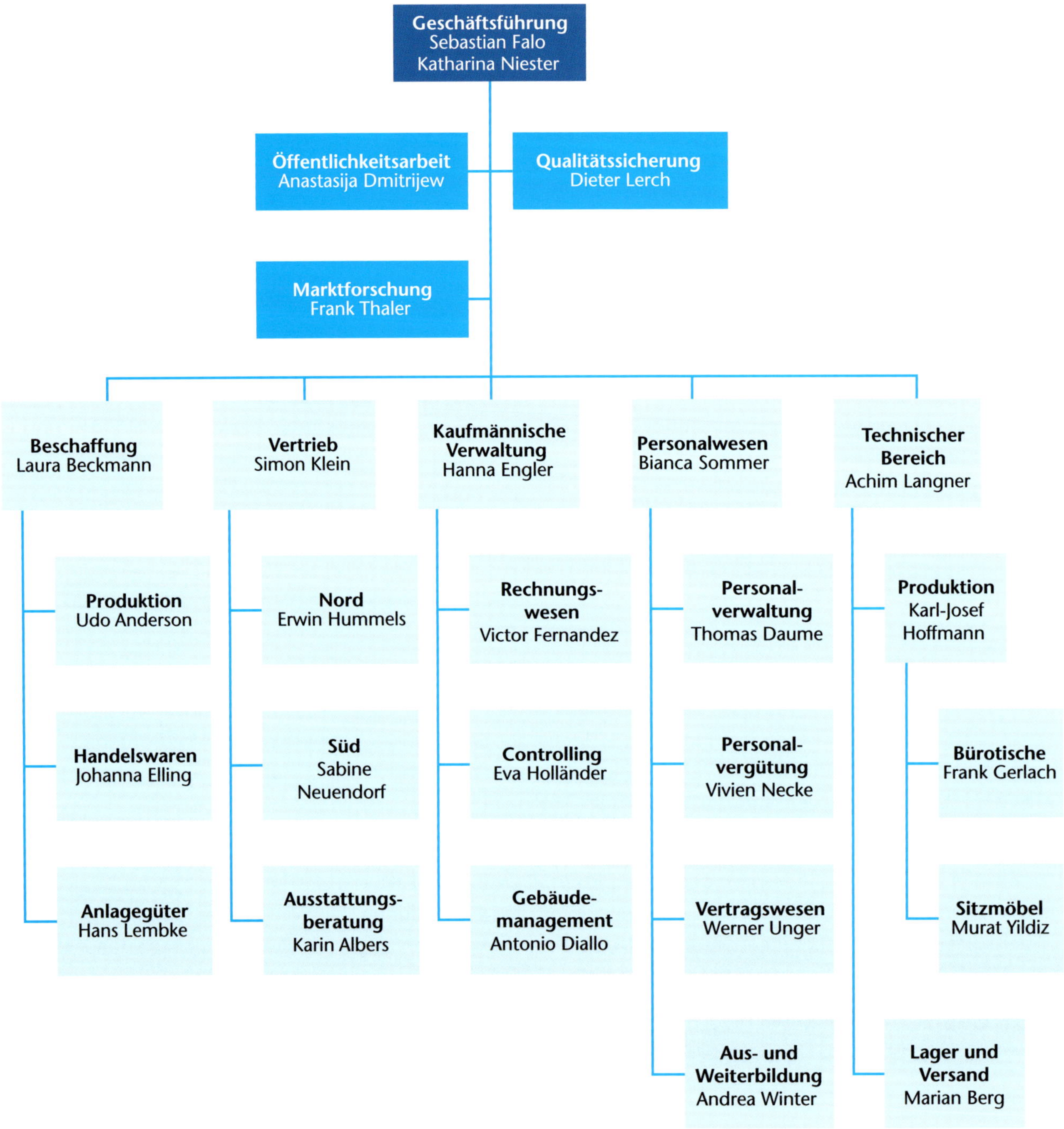

Die Tabelle führt eine Auswahl der Artikel auf, die die Duisdorfer BüroKonzept vertreibt. Die Artikel in den Warengruppen 10, 20, 40 und 88 sind selbst hergestellt. Die als Handelsware beschafften Artikel werden in den Warengruppen 30 und 50 geführt. Die jeweilige Warengruppe ist aus den beiden ersten Ziffern der Artikelnummer zu ersehen.

Artikelliste (Auszug)

Artikel-Nr.	Artikelbezeichnung	Warengruppe	Einzelpreis
101111	Schreibtisch Ökostar	10	489,00 €
101112	Schreibtisch Ahorn	10	519,00 €
101113	Schreibtisch weiß C-Füße	10	219,00 €
101114	Konferenztischelement lichtgrau	10	98,00 €
101115	Mehrzwecktisch oval lichtgrau	10	579,00 €
202111	Bürostuhl Comfort	20	228,00 €
202112	Bandscheiben-Drehstuhl extra	20	299,00 €
202113	Chefsessel Bonn Maxx	20	399,00 €
202114	Bürosessel Tenno (zuvor Bürosessel Bodu L)	20	349,00 €
202115	Hocker Milano	20	59,00 €
300212	Aktenvernichter Safeway	30	79,00 €
300213	Scann-Chef 100	30	150,00 €
301111	Multifax 0912	30	59,00 €
302222	Tischkopierer Sumsang	30	275,00 €
401589	Ventilator Orkano	40	36,00 €
500013	Magnettafel Memoboard weiß 60 x 90	50	59,90 €
500023	Tafellöscher für Magnettafel	50	10,99 €
885961	Naturkontor Schreibtisch 140 x 80	88	399,00 €
885963	Naturkontor Schreibtisch 160 x 80	88	449,00 €
885965	Naturkontor Schreibtisch 180 x 90	88	599,00 €

Warengruppenliste

Warengruppe	Bezeichnung
10	eigene Erzeugnisse Tische
20	eigene Erzeugnisse Stühle
30	Handelswaren Bürotechnik
40	eigene Erzeugnisse Bürotechnik
50	sonstige Büroausstattung
88	Büromöbelprogramm Naturkontor

Die Kunden der Duisdorfer BüroKonzept KG sind Wiederverkäufer sowie Endkunden aus Deutschland und dem europäischen Ausland. So finden sich in der Kundenliste Unternehmen des Bürohandels sowie Betriebe und Einrichtungen, die die Produkte und Artikel zur Ausstattung ihrer eigenen Büros nutzen.

Kundenliste (Auszug)

Kunden-Nr.	Firma	Firmenzusatz	Straße Nummer	PLZ	Ort	Telefon	Bank	IBAN/BIC	Ansprech-partner	Rabatt-satz %	Kunde seit
2401	Neuhoff KG	RaumDesign	Brunnen-straße 3	38700	Hannover	0511 886055-0	Sparda Hannover	DE95 2509 0500 5588 4674 58 GENODEF1S09	**Otto Langner**	5,0	27.03.2005
2402	Intermöbel GmbH	Großhandel für Büro-möbel	Kaiserstraße 10	57074	Siegen	0271 522455-0	Commerzbank Siegen	DE09 4604 0033 7987 8544 31 COBADEFF460	**Zeta Franke**	7,5	05.01.2006
2403	Stadt Bonn	Gebäudema-nagement	Berliner Platz 2	53103	Bonn	0228 953378-0	Westdeutsche Landesbank Köln	DE10 3005 0000 7584 6214 70 WELADEDDXXX	**Laura Bender**	0,0	05.05.2006
2404	Frohn KG	Büroausstat-tung	Lerchenweg 44	69117	Heidelberg	06221 474456-0	Sparkasse Heidelberg	DE51 6725 0020 5934 8754 24 SOLADES1HDB	**Udo Frohn**	5,0	21.09.2007
2405	Birkmann OHG	Alles fürs Büro	Im Ruhrfeld 35a	22866	Nor-derstedt	040 214455-0	Hamburger Sparkasse	DE71 2005 0550 5957 5413 59 HASPDEHHXXX	**Hans Bräuner**	10,0	28.03.2008
2406	Gilles & Partner	Möbelgroß-handlung	Königstraße 28	06618	Naumburg	03445 977567-0	Volks- und Raiffeisenbank Saale-Unstrut eG	DE10 8006 3648 6947 3278 51 GENODEF1NMB	**Sabine Gilles**	5,0	29.05.2008
2407	Stammhaus KG	Bürokonzepte	Berliner Damm 9	56077	Koblenz	0261 2554778-0	Postbank Frankfurt Main	DE33 5001 0060 8574 9636 14 PBNKDEFFXXX	**Matthias Höpfner**	7,5	07.08.2008
2408	Rhenag GmbH	Bürogroßhan-del	Annostraße 56	68239	Mannheim	0621 745567-0	Kreissparkasse Köln	DE33 3705 0299 2574 9652 14 COKSDE33XXX	**Lisa Henseler**	10,0	03.06.2009
2409	Blattschneider & Partner	Rechtsan-waltskanzlei	Mozartplatz 89a	60322	Frankfurt M.	069 558944-0	Deutsche Bank Frankfurt	DE35 5007 0024 1526 8495 76 DEUTDEDBFRA	**Bianca Tänzer**	0,0	08.09.2009
2410	Ärztezentrum Bonn	Ganzheitliche Medizin	Hohenzollern-platz 83	53188	Bonn	0228 588755-0	Deutsche Apothe-ker- und Ärztebank eG Düsseldorf	DE70 3006 0601 1649 7643 25 DAAEDEDDXXX	**Gerd Trapagini**	0,0	13.01.2010
2411	Peter Wagner e. K.	Gartenbaube-trieb	Große Straße 12	53332	Bornheim	02223 47885	Volksbank Bonn/ Rhein-Sieg eG	DE50 3806 0186 3696 2585 14 GENODED1BRS	**Peter Wagner**	5,0	06.07.2011
2412	Schulzentrum Nord		Effertzgasse 13	53721	Siegburg	02241 144856-0	Westdeutsche Landesbank Köln	DE39 3005 0000 1937 4682 55 WELADEDDXXX	**Hanna Danzer**	0,0	19.09.2012
2499	Sonstige Kunden										

Lieferantenliste (Auszug)

Liefe-rer-Nr.	Firma	Firmenzusatz	Anschrift	PLZ	Ort	Telefon	Telefax	E-Mail	Bank	Zahlungsziel (Tage)	Skontofrist (Tage)	Skontosatz (%)	IBAN/BIC
4401	Frank Zettlero HG	Metallbau	Steinacker 38	53177	Bonn	0228 58766-0	0228 58766-123	info@zettler-metall-bau.de	Volksbank Bonn/ Rhein-Sieg	30	10	2	DE90 3806 0186 2487 3215 74 GENODED1BRS
4402	Saam KG	Bürotechnik	Am Sonnen-hang 9	36039	Fulda	0661 88672-0	0661 88672-444	info@saam-kg.de	Commerzbank Fulda	40	14	3	DE51 5304 0012 3988 4658 94 COBADEFF530
4403	Opitz AG	Holz- und Spanplatten	Scheeren-gasse 177	53721	Siegburg	02241 6955-0	02241 6955-555	info@holz-opitz.de	Postbank Köln	30	8	2	DE67 3701 0050 5886 2478 76 PBNKDEFF370
4404	Balthasar GmbH	Spedition	Kierbach 27	52324	Düren	02421 888999-0	02421 888999-11	info@balthasar-spedi-tion.de	Sparkasse Düren	20	0	0	DE38 3955 0110 2114 7598 64 SDUEDE33XXX
4405	Metall-teile	Rösgen e. K.	Beethoven-straße 30	38700	Hanno-ver	0511 23796-0	0511 23796-55	info@schrauben-roesgen.de	Hannoversche Volksbank	30	10	3	DE29 2519 0001 1185 7566 57 VOHADE2HXXX
4406	Keupen	Farben AG	Industrie-park 100	81249	München	089 16854-0	089 16854-99	info@farben-keupen-ag.de	Postbank München	30	10	2	DE67 7001 0080 9675 5157 74 PBNKDEFF700
4407	Papier Spoth GmbH	Großhandel für Papier- und Bürobe-darf	Auf der Höhe 90	22076	Hamburg	040 963486-0	040 963486-44	info@papier-spoth.de	Hamburger Sparkasse	30	8	2	DE68 2005 0550 5445 4668 70 HASPDEHHXXX
4408	pctech AG	Fachhandel für Elektronik	Hamburger Str. 111	45317	Essen	0201 487665-0	0201 487665-12	info@pctechag.de	Bank für Sozialwirtschaft	30	8	3	DE77 3702 0500 4448 7657 15 BFSWDE33XXX
4409	Willi Lauf OHG	Bürobedarf	Mander-scheider Platz 1	34414	Warburg	05641 48006-0	05641 48006-88	kontakt@willi-lauf.de	Vereinigte Volksbank Brakel	30	10	2	DE33 4726 4367 1500 2221 08 GENODEM1STM
4410	Wittman AG	Bürotechnik	Untere Dorfstr. 130	57074	Siegen	0271 80053-0	0271 80053-10	kontakt@wittmann-ag.de	Postbank Köln	30	10	2	DE82 3701 0050 5135 1547 81 PBNKDEFF370
4411	Rüdiger Kiel GmbH	Schaumstoffe und Polsterei-bedarf	Brunnenstr. 23	53340	Mecken-heim	02225 646440-0	02225 646440-11	info@polster-kiel.de	Volksbank Bonn/ Rhein-Sieg	30	10	3	DE96 3806 0186 2677 7898 90 GENODED1BRS
4499	Sonstige Lieferan-ten												

Die Duisdorfer BüroKonzept KG kauft bei ihren Lieferanten Handelswaren zur weiteren Veräußerung sowie Rohstoffe und halbfertige Erzeugnisse zur Produktion der eigenen Erzeugnisse. Die Lieferanten stammen aus Deutschland und dem europäischen Ausland.

Im Gesellschaftsvertrag der Duisdorfer BüroKonzept KG sind die rechtlichen Grundlagen für die Führung des Unternehmens als Kommanditgesellschaft geregelt. Diese sind neben den entsprechenden Paragrafen im Handelsgesetzbuch zu berücksichtigen.

Duisdorfer BüroKonzept KG
Gesellschaftsvertrag

Die Gesellschafter

A. Sebastian Falo
wohnhaft in 53113 Bonn, Euskirchener Straße 17
B. Katharina Niester
wohnhaft in 53123 Bonn, Rochusstraße 33
C. Beate Keller-Rössler
wohnhaft in 53347 Alfter, Domgasse 25
D. Matthias Suttner
wohnhaft in 51023 Köln, Petersweg 9

verbinden sich zu einer Kommanditgesellschaft und schließen zu diesem Zweck den folgenden **Gesellschaftsvertrag**.

§ 1 Zweck der Gesellschaft
(1) Die Gesellschafter gründen eine Kommanditgesellschaft.
(2) Zweck der Gesellschaft ist die Herstellung und der Vertrieb von Ausstattungsgegenständen im Bürobereich. Die Gesellschaft berät auch in Fragen der Büroorganisation.

§ 2 Firma und Sitz der Gesellschaft
(1) Die Gesellschaft führt die Firma Duisdorfer BüroKonzept KG.
(2) Der Sitz der Gesellschaft ist 53123 Bonn, Rochusstraße 30.

§ 3 Beginn, Dauer
(1) Die Gesellschaft beginnt am 1. Januar 2005.
(2) Ihre Dauer ist unbestimmt.

§ 4 Gesellschafter/Einlagen
(1) Persönlich haftende Gesellschafter (Komplementäre) sind die Gesellschafter A und B. Kommanditisten sind die Gesellschafter C und D.
(2) Der Komplementär A erbringt folgende Einlage: 100.000 €.
Der Komplementär B erbringt folgende Einlage: 80.000 €.
Der Kommanditist C erbringt folgende Einlage: 70.000 €.
Der Kommanditist D erbringt folgende Einlage: 90.000 €.
(3) Die Kapitalanteile (EUR) entsprechen den Einlagen. Sie sind Festkapitalanteile, die auf einem Kapitalkonto zu buchen sind.
(4) Die in das Handelsregister einzutragende Haftsumme der Kommanditisten C und D entspricht ihrem Festkapitalanteil.

§ 5 Geschäftsführung und Vertretung

(1) Zur Geschäftsführung und Vertretung sind die Komplementäre berechtigt und verpflichtet.

(2) Den Komplementären obliegt die alleinige wirtschaftliche und fachlich-technische Leitung.

(3) Bei Geschäften, die über den gewöhnlichen Betrieb des Handelsgewerbes der Gesellschaft hinausgehen, steht den Kommanditisten ein Widerspruchsrecht zu. Als derartige außergewöhnliche Geschäfte gelten insbesondere Erwerb, Veräußerung und Belastung von Grundstücken, grundstücksgleichen Rechten sowie Rechten an Grundstücken und an grundstücksgleichen Rechten; Aufnahme und Gewährung von Darlehen und Eingehen von Verbindlichkeiten, die im Einzelfall einen Betrag von 50.000 € übersteigen.

Macht ein Kommanditist von seinem Widerspruchsrecht Gebrauch, ist ein Beschluss sämtlicher Gesellschafter erforderlich.

§ 6 Gesellschafterversammlungen, Gesellschafterbeschlüsse, Stimmrecht

(1) Die Gesellschafter entscheiden über die ihnen nach Gesetz oder Gesellschaftervertrag zugewiesenen Angelegenheiten durch Beschlüsse, die in Gesellschafterversammlungen gefasst werden.

(2) Eine Gesellschafterversammlung wird durch die Komplementäre einberufen und geleitet. Sie ist mindestens einmal im Jahr einzuberufen.

(3) Zu einer Gesellschafterversammlung ist unter Einhaltung einer Frist von 14 Tagen schriftlich einzuladen. Die Frist beginnt mit der Absendung der Einladung. Tagungsort, Tagungszeit und Tagesordnung sind in der Ladung mitzuteilen. Stimmen alle Gesellschafter zu, können Beschlüsse auch außerhalb einer Gesellschafterversammlung mündlich oder schriftlich gefasst werden. Werden die Beschlüsse mündlich gefasst, haben die Komplementäre unverzüglich ein Protokoll zu erstellen und den Beteiligten vorzulegen.

(4) Schreiben Gesetz oder Gesellschaftsvertrag nicht zwingend eine andere Mehrheit vor, werden die Gesellschafterbeschlüsse mit einfacher Mehrheit der abgegebenen Stimmen gefasst. Je 10.000 € des Kapitalkontos gewähren eine Stimme. Stimmenthaltungen zählen nicht als abgegebene Stimme. Bei Stimmengleichheit gilt der Antrag als abgelehnt.

(5) Der Zustimmung von 75 % der abgegebenen Stimmen bedürfen Beschlüsse über:
- Änderung des Gesellschaftsvertrags, soweit nicht für einzelne Bestimmungen ausdrücklich etwas anderes geregelt ist,
- Auflösung der Gesellschaft,
- Aufnahme eines Gesellschafters.

(6) Jeder Kommanditist ist berechtigt, eine Ausfertigung des Jahresabschlusses zu verlangen und dessen Richtigkeit unter Einsicht in die entsprechenden Unterlagen zu prüfen. Er kann auf seine Kosten einen zur Verschwiegenheit verpflichteten Dritten bei der Wahrnehmung dieser Rechte hinzuziehen oder allein damit beauftragen.

§ 7 Wettbewerb und tätige Mitarbeit

(1) Der Komplementär verpflichtet sich, dem Unternehmen seine volle Arbeitskraft zur Verfügung zu stellen.

(2) Nebentätigkeiten – gewerblicher/freiberuflicher Art oder auf arbeitsvertraglicher Basis – während der Vertragsdauer sind nicht zulässig; ebenso nicht die direkte oder indirekte Beteiligung an Konkurrenzunternehmen. Ausnahmen hiervon bedürfen eines Gesellschafterbeschlusses, der mit 75 % der Stimmen der übrigen Gesellschafter zu fassen ist.

(3) Scheidet der Komplementär durch Kündigung aus der Gesellschaft aus, so darf er ab dem Tag der Wirksamkeit seines Ausscheidens fünf Jahre lang im Umkreis von 200 km Luftlinie, gemessen vom Sitz der Gesellschaft aus, ein Unternehmen ähnlichen oder gleichen Gegenstandes weder selbstständig führen noch als Gesellschafter oder Geschäftsführer in einer solchen Gesellschaft tätig werden.

§ 8 Buchführung, Bilanzierung

(1) Geschäftsjahr ist das Kalenderjahr. Die Gesellschaft hat unter Beachtung der steuerlichen Vorschriften Bücher zu führen und jährliche Abschlüsse zu erstellen.

§ 9 Verteilung von Gewinn und Verlust

(1) Die Komplementäre erhalten für ihre Tätigkeit – unabhängig davon, ob ein Gewinn erzielt worden ist – eine Vergütung, deren Höhe von der Gesellschafterversammlung festgesetzt und dem Umfang der Tätigkeit entsprechend angepasst wird.

(2) An dem danach verbleibenden Gewinn sind die Gesellschafter zunächst mit einem Anteil in Höhe von vier vom Hundert ihrer Kapitalanteile zu beteiligen. Reicht der verbleibende Gewinn hierzu nicht aus, so bestimmen sich die Anteile nach einem entsprechend niedrigeren Satz.

(3) An dem Teil des Gewinns, welcher die nach den Absätzen 1 und 2 zu berechnenden Gewinnanteile übersteigt, sowie am Verlust eines Geschäftsjahres sind die Gesellschafter entsprechend ihrer Beteiligung am Gesellschaftsvermögen gem. § 4 Abs. 3 beteiligt.

(4) Über die Entnahme der Gewinnanteile beschließt die Gesellschafterversammlung einstimmig.

§ 10 Kündigung der Gesellschaft

(1) Der Komplementär kann die Gesellschaft mit einer Frist von 6 Monaten zum Jahresende mit eingeschriebenem Brief kündigen. Für die Rechtzeitigkeit der Kündigung kommt es nicht auf die Absendung, sondern den Zugang der Kündigung an. Das Recht zur fristlosen Kündigung aus wichtigem Grunde bleibt hiervon unberührt. Der kündigende Gesellschafter scheidet aus der Gesellschaft aus. Die Gesellschaft wird von den übrigen Gesellschaftern fortgesetzt. Verbleibt nach dem Ausscheiden nur ein Gesellschafter, ist dieser berechtigt, das Unternehmen mit allen Aktiva und Passiva fortzuführen. Dieses Recht ist bis zum Ablauf der Kündigungsfrist durch eingeschriebenen Brief auszuüben. Satz 2 gilt entsprechend.

(2) Kündigt der Komplementär, sind die Kommanditisten berechtigt, zum Kündigungsstichtag einen neuen Komplementär aufzunehmen oder zu bestimmen, dass einer von ihnen die Stellung des Komplementärs übernimmt. Ist am Kündigungsstichtag kein Komplementär vorhanden, ist die Gesellschaft aufgelöst.

§ 11 Ausschluss eines Gesellschafters

(1) Ein Gesellschafter, in dessen Person ein wichtiger Grund vorliegt, der die übrigen Gesellschafter zur fristlosen Kündigung aus wichtigem Grunde berechtigen würde, kann aus der Gesellschaft ausgeschlossen werden. Gleiches gilt, wenn über das Vermögen eines Gesellschafters das Insolvenzverfahren eröffnet wird oder ein Gläubiger eines Gesellschafters die Pfändung des Anteils am Gesellschaftsvermögen erwirkt hat.

(2) Der Ausschluss erfolgt durch einstimmigen Beschluss der übrigen Gesellschafter. Mit dem Zugang dieses Beschlusses scheidet der betroffene Gesellschafter aus der Gesellschaft aus; die Gesellschaft wird von den übrigen Gesellschaftern fortgesetzt. § 10 Satz 6 gilt entsprechend.

(3) Wird der Komplementär ausgeschlossen, sind die Kommanditisten berechtigt, einen neuen Komplementär aufzunehmen oder zu bestimmen, dass einer von ihnen die Stellung des Komplementärs übernimmt. Ist zu dem Zeitpunkt, in dem der Ausschluss wirksam wird, kein Komplementär vorhanden, ist die Gesellschaft aufgelöst.

§ 12 Tod eines Gesellschafters

(1) Beim Tod eines Gesellschafters wird die Gesellschaft nicht aufgelöst, sondern ohne dessen Erben von den verbleibenden Gesellschaftern fortgesetzt. Verbleibt nach dem Tode des Gesellschafters nur eine Person, wird das Unternehmen unter Ausschluss der Liquidation mit allen Aktiva und Passiva von dieser fortgeführt. Den Erben des verstorbenen Gesellschafters steht ein Abfindungsguthaben zu.

(2) Stirbt der Komplementär, sind die Kommanditisten berechtigt, einen neuen Komplementär aufzunehmen und mit diesem die Gesellschaft fortzuführen oder zu bestimmen, dass einer von ihnen die Stellung des Komplementärs übernimmt.

§ 13 Schlussbestimmungen

(1) Änderungen und Ergänzungen dieses Vertrages bedürfen der Schriftform. Dies gilt auch für einen Verzicht auf das Schriftformerfordernis.

(2) Sollten einzelne Bestimmungen dieses Vertrages unwirksam oder undurchführbar sein oder werden, wird hierdurch die Wirksamkeit des Vertrages im Übrigen nicht berührt. Insoweit verpflichten sich die Gesellschafter, die jeweilige Bestimmung durch eine wirtschaftlich sinnvolle, dem Sinn und Zweck des Vertrages Rechnung tragende Regelung zu ersetzen.

(3) Als Gerichtsstand wird Bonn vereinbart.

Bonn, 20.12.2004

Sebastian Falo

Unterschrift A

Katharina Niester

Unterschrift B

Beate Keller-Rössler

Unterschrift C

Matthias Suttner

Unterschrift D

Power Point

1 Einführung in das Präsentationsprogramm PowerPoint

1.1 Bildschirmaufbau

Starten Sie PowerPoint. Es öffnet sich eine leere Präsentation. Standardmäßig ist als sogenanntes Folienlayout für die erste Folie eine Titelfolie gewählt worden.

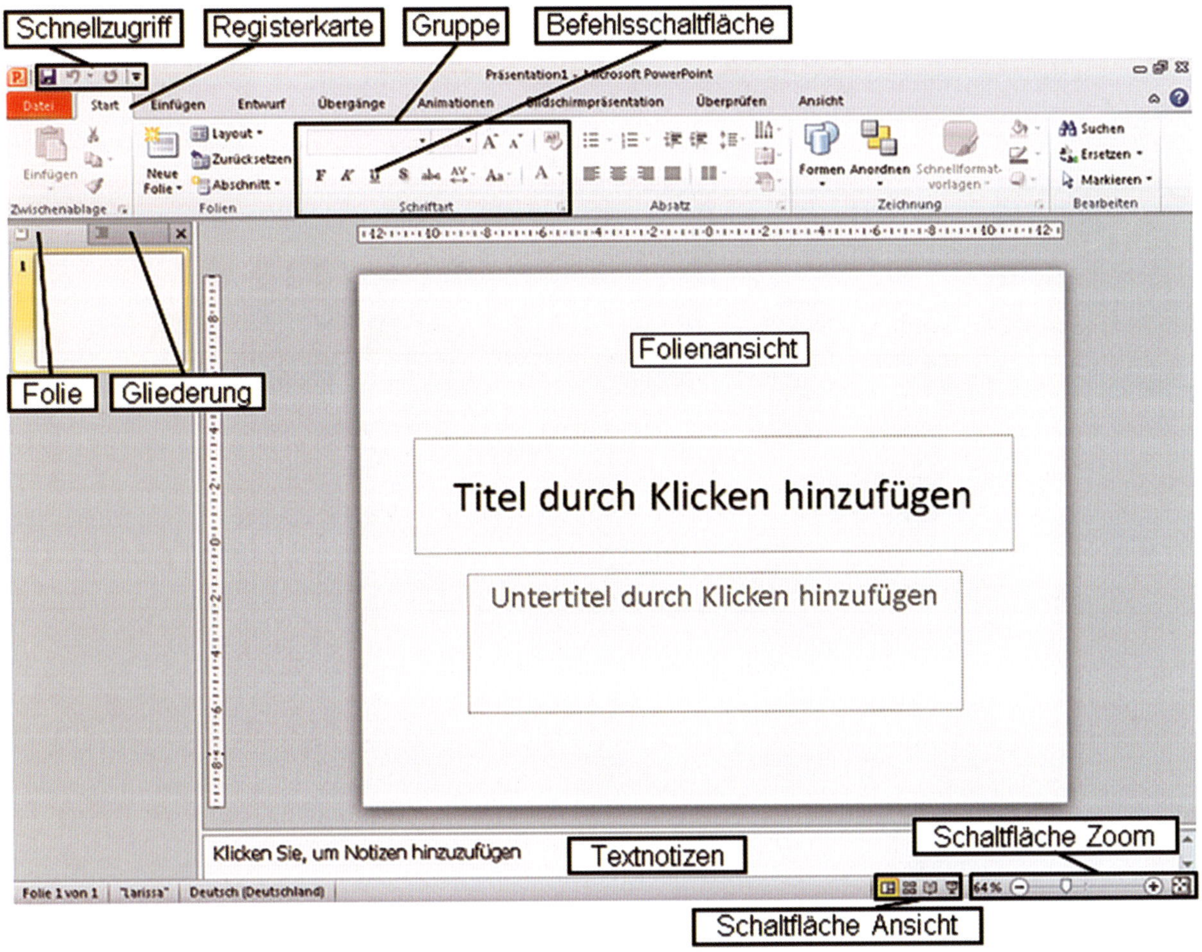

Abbildung 1.1: *Bildschirmaufbau*

Im oberen Teil der Abbildung 1.1 sehen Sie das sog. Ribbon-Menü mit Registerkarten, die sich an die jeweilige Aktivität anpassen. Neben anderen Registerkarten befinden sich auf der Registerkarte START Befehlsschaltflächen bzw. Gruppen, die für die Erstellung einer Präsentation von großer Bedeutung sind. In der Gruppe FOLIEN lassen sich neue Folien einfügen, vorhandene Folien löschen oder das Layout der Folien verändern. Weitere Gruppen sind ZWISCHENABLAGE, SCHRIFTART, ABSATZ, ZEICHNUNG und BEARBEITEN.

Oben links ist eine direkt beschreibbare GLIEDERUNG zu sehen, in der die jeweiligen Texte der einzelnen Folien auch eingegeben bzw. korrigiert werden können. Standardmäßig im Vordergrund dieser Register sieht man eine verkleinerte Ansicht der FOLIEN. Sowohl über das Register GLIEDERUNG als auch über FOLIEN lassen sich die einzelnen Folien markieren und dann in der Reihenfolge verschieben bzw. löschen.

Weiterhin ist unterhalb der FOLIENANSICHT (Mitte), in der Texte und Medien eingegeben werden können, die Möglichkeit gegeben, eine Eingabe von TEXTNOTIZEN vorzunehmen. Dieser Bereich kann verwendet werden, wenn Sie einen „Spickzettel" für einen Vortrag benutzen möchten. Rechts unten, links neben der Schaltfläche ZOOM, befindet sich die Schaltfläche ANSICHT. Hiermit kann von der standardmäßigen NORMALANSICHT in die FOLIEN-SORTIERUNG, in die LESEANSICHT und in die BILDSCHIRMPRÄSENTATION umgeschaltet werden.

1.2 Eingabe von Texten

In der FOLIENANSICHT sind zwei – durch gestrichelte Linien gekennzeichnete – Text- bzw. Eingabefelder zu sehen. Diese werden auch als Platzhalter bezeichnet. Sie sind durch das sog. Layout – hier Titelfolie – vorgegeben. Durch Klicken mit der linken Maustaste in diese Felder ist es möglich, sie jeweils zu beschriften. Im oberen Textfeld kann ein Titel, im unteren ein Untertitel eingegeben werden.

Anmerkung
Es sollte immer mit den vorgegebenen Textfeldern gearbeitet werden, da so eine einheitliche Formatierung aller Folien der Präsentation möglich wird.

1.3 Einfügen von Folien und Folienlayout

Im Textverarbeitungsprogramm Word werden neue Seiten automatisch angelegt, im Programm PowerPoint müssen neue Seiten – Folien genannt – extra eingefügt bzw. angelegt werden. Eine Folie kann eingefügt werden, indem im Register START, in der Gruppe FOLIEN, die Schaltfläche NEUE FOLIE gewählt wird. Alternativ kann auch die Tastenkombination STRG+M gedrückt werden. Standardmäßig wird nun eine neue Folie als Layout TITEL UND INHALT dargestellt. Ein abweichendes Layout – wie beispielsweise ABSCHNITTSÜBERSCHRIFT VERGLEICH – kann über START – FOLIEN – LAYOUT (siehe Abbildung 1.2) gewählt werden. Alternativ kann durch Klicken auf den unteren Teil des Symbols NEUE FOLIE das Layout für eine neue Folie direkt gewählt werden.

Anmerkung
*Das im aufgeklappten Menü über der Titelfolie dargestellte Wort „Larissa" bezeichnet die Designfarben der Präsentation. Diese sind standardmäßig auf „Larissa" eingestellt. Die Veränderung der Designfarben wird in **Kapitel 4** thematisiert.*

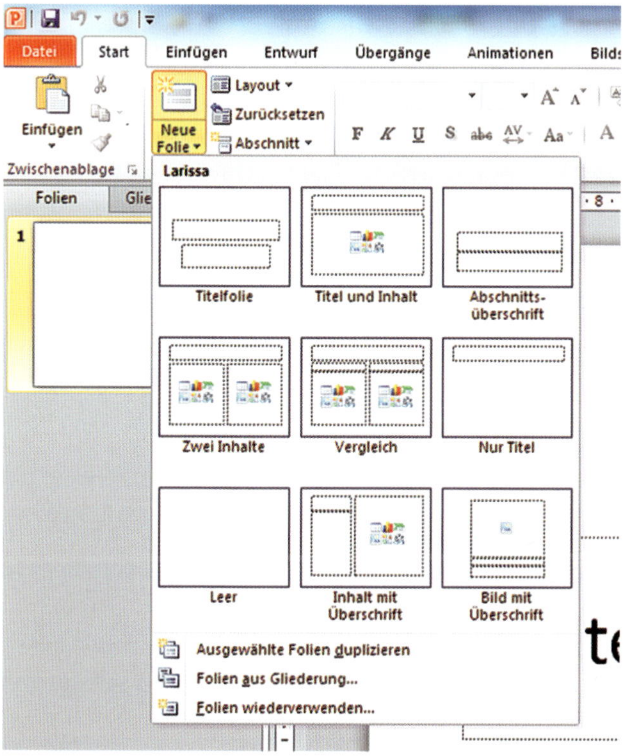

***Abbildung 1.2:** Wahl des Layouts einer neuen Folie*

1.4 Vorführen einer Bildschirmpräsentation

Die Präsentation kann auf verschiedenen Wegen, z. B. am Monitor oder mit einem Beamer auf einer Leinwand, dargestellt werden. Über das Register BILDSCHIRMPRÄSENTATION – BILDSCHIRMPRÄSENTATION STARTEN – VON BEGINN AN oder über die Taste F5 kann die Präsentation von Beginn an gestartet werden. Soll die Präsentation ab der aktuellen Folie vorgeführt werden, muss auf dem Register auf das entsprechende Symbol (AB AKTUELLER FOLIE), auf die Schaltfläche BILDSCHIRMPRÄSENTATION (siehe Abbildung 1.1 – Schaltflächen Ansicht) oder die Tastenkombination UMSCH+F5 geklickt werden.

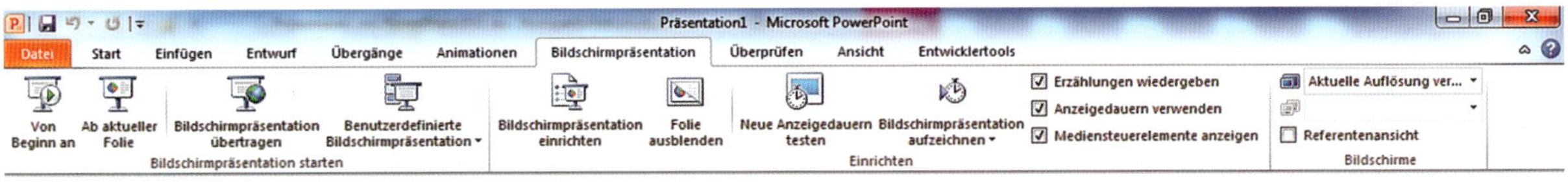

Abbildung 1.3: *Bildschirmpräsentation starten*

Links neben der Schaltfläche BILDSCHIRMPRÄSENTATION (siehe Schaltflächen Ansicht in Abbildung 1.1) lässt sich die sog. LESEANSICHT aktivieren. Diese stellt die Präsentation als Fenster und nicht zwangsläufig als Vollbild dar. Mit der Schaltfläche BILDSCHIRMPRÄSENTATION – BILDSCHIRMPRÄSENTATION STARTEN – BILDSCHIRMPRÄSENTATION ÜBERTRAGEN lassen sich Bildschirmpräsentationen über das Internet übertragen und somit mit einem Webbrowser ansehen. Auf diese Möglichkeit wird im Weiteren nicht eingegangen.

Die erste bzw. die aktuelle Folie wird – wie beschrieben – über die Tastenkombination F5 oder UMSCH+F5 in voller Bildschirmgröße sichtbar. Durch Klicken mit der linken Maustaste oder durch Drücken der Eingabetaste erscheint die nächste Folie. Befindet man sich auf der letzten Folie einer Präsentation wird durch Klicken ein schwarzer Bildschirm angezeigt. Die Bildschirmpräsentation ist damit beendet.

Anmerkung

1. *In der Ansicht der Bildschirmpräsentation können keine Eingaben vorgenommen werden.*
2. *Neben der Erstellung einer Bildschirmpräsentation können in PowerPoint auch Folien für einen Overheadprojektor erstellt und anschließend ausgedruckt werden. Dazu später mehr.*

Im Register BILDSCHIRMPRÄSENTATION existieren neben BILDSCHIRMPRÄSENTATION STARTEN die Gruppen EINRICHTEN und BILDSCHIRME. In der Gruppe EINRICHTEN lassen sich u. a. die Art der Bildschirmpräsentation (volle Bildschirmgröße bzw. im Fenster) variieren und die Auswahl der Folien einschränken. In der Gruppe BILDSCHIRME lässt sich mit dem Befehl AUFLÖSUNG die Auflösung anpassen.

2 Exkurs: Kriterien für eine professionelle Präsentation

Bei der Erstellung einer professionellen Präsentation ist es von großer Wichtigkeit, die Zielgruppe zu beachten. Die Wortwahl, der Inhalt und unter Umständen die Seriosität sind entscheidend, denn es ist ein Unterschied, ob eine Präsentation der Geschäftsführung oder Auszubildenden vorgeführt werden soll.

Um dem Publikum einen Überblick über die Inhalte der Präsentation und einen „roten Faden" zu liefern, ist eine sinnvolle Gliederung wichtig. Die Folien sollten übersichtlich und nicht überfrachtet, die Animationen (dazu später mehr) und die Anzahl der Folien angemessen sein. Da der Zuhörer nicht vom Inhalt der Folien abgelenkt werden soll, sondern das Präsentierte ihn beim Zuhören unterstützen soll, dürfen auf den Folien keine vollständigen Sätze stehen. Vielmehr ist es sinnvoll, nur Halbsätze bzw. Stichpunkte zu formulieren, die von den Zuhörern schnell aufgefasst werden können und das „gesprochene Wort" unterstützen.

Als weiteres Kriterium lässt sich festhalten, dass eine Schriftgröße von mindestens 20 verwendet werden sollte. Es sollten Schriftarten ohne Serifen (siehe unten stehende Anmerkung) und mit klarem Schriftbild (z. B. Arial, Tahoma, Verdana) gewählt werden. Bei der Wahl von Hintergrund und Schriftfarbe sollten möglichst gute Kontraste, aber keine rot-grünen Kontraste verwendet werden, da sie für das menschliche Auge schlecht zu lesen sind (Download unter BuchPlusWeb: Kriterien.pptx).

Web

Anmerkung

Als Serifen werden die feinen Linien bzw. Striche bezeichnet, die einen Buchstaben am Anfang, am Ende oder quer abschließen. Die bekannteste Schrift mit Serifen ist Times New Roman.

3 Folienmaster

Formatierungen und sonstige Änderungen, wie Schriftarten, -größe, -farbe usw., die sich auf alle (bisherigen und zukünftigen) Folien der Präsentation beziehen sollen, können mit dem sogenannten Folienmaster vorgenommen werden. Dieser kann, wie in Abbildung 3.1 dargestellt, über das Menü ANSICHT – MASTERANSICHTEN – FOLIENMASTER aufgerufen werden. Einstellungen, die hier vorgenommen werden, gelten für alle Folien oder alle Folien eines Layouts, sofern mit den vorgegebenen Folienlayouts gearbeitet wird. Zusätzliche Textfelder und Einstellungen werden hingegen nicht verändert. Mit dem Folienmaster kann somit nachträglich – oder auch vorher – das Layout der gesamten Präsentation bestimmt werden.

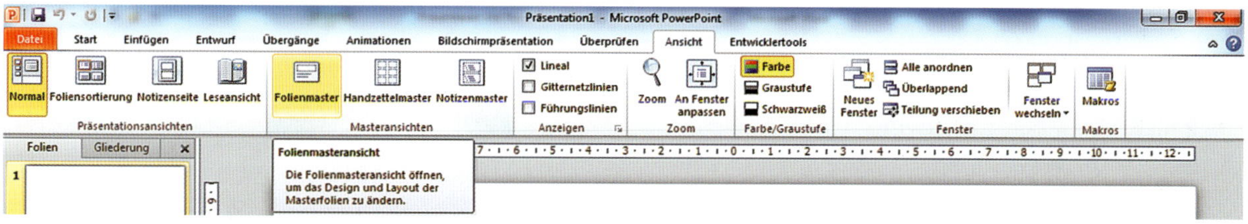

***Abbildung 3.1:** Menü ANSICHT – MASTERANSICHTEN – FOLIENMASTER*

Um im Folienmaster Formatierungen vornehmen zu können, muss der Text oder der Platzhalter markiert werden. Anschließend kann wie in einem Textverarbeitungsprogramm der Text formatiert werden. In der linken Spalte können die Veränderung kontrolliert werden. Nach dem Öffnen des Folienmasters erscheinen in der linken Spalte verschiedene Layouts, als Folienansicht die zu ändernden Formatierungen und das Register FOLIENMASTER (siehe Abbildung 3.2). Standardmäßig ist in der linken Spalte das Layout der Folie markiert, das zuletzt in der Normalansicht markiert war (hier Titelfolie). Soll nun beispielsweise die Schriftgröße für alle Titelfolien geändert werden, muss der jeweilige Platzhalter bzw. der jeweilige Text markiert und die entsprechende Formatierung über das Menü START – SCHRIFTART – SCHRIFTGRAD VERGRÖSSERN gewählt werden.

Es kann in der linken Spalte auch ein anderes Layout, wie beispielsweise TITEL UND INHALT, formatiert werden. Alternativ können durch Anklicken der an oberster Stelle stehenden Folie über das sog. Masterlayout sämtliche Layouts in einem Schritt formatiert werden. Die jeweiligen Auswirkungen lassen sich in der linken Spalte beobachten. Neben der zuvor beispielhaft dargestellten Änderung der Schriftgröße können im Folienmaster auch der Hintergrund (Kapitel 4.1), die Farben (Kapitel 4.2), die Animationen (Kapitel 5) usw. einheitlich formatiert bzw. geändert werden.

Anmerkung

1. *Sollte es passieren, dass ein Platzhalter für den Titel, den Text, das Datum, die Fußzeile oder die Foliennummer versehentlich gelöscht wird, kann dieser über das Register FOLIENMASTER – MASTERLAYOUT – PLATZHALTER EINFÜGEN wieder in die Folie integriert werden.*
2. *Auf den Handzettelmaster wird im **Kapitel 12 „Drucken“** eingegangen.*

Abbildung 3.2: Folienmasteransicht

4 Entwurf

4.1 Hintergrund

Standardmäßig ist der Hintergrund einer neuen Präsentation weiß. Soll der Hintergrund farbig gestaltet oder eine Grafik als Hintergrund eingefügt werden, muss das Register ENTWURF – HINTERGRUND – HINTERGRUNDFORMATE gewählt werden. Hier steht zunächst eine Auswahl von zwölf Farben (Formatvorlagen) zur Verfügung.

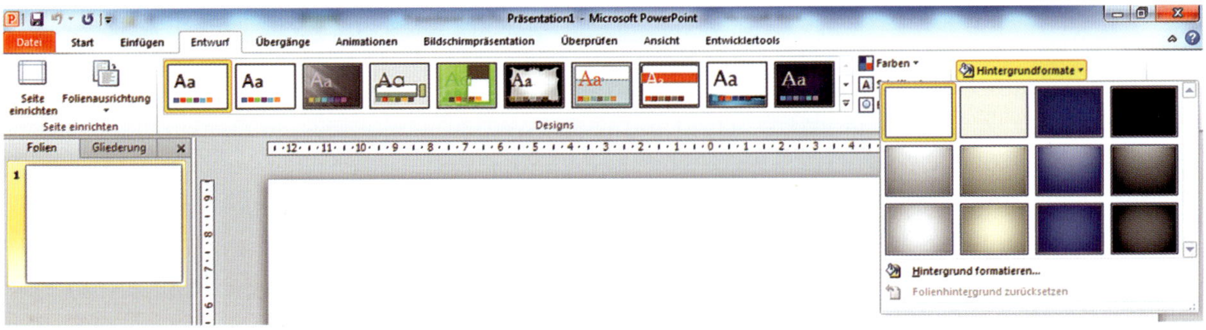

Abbildung 4.1: Hintergrundformate

Durch klicken auf HINTERGRUND FORMATIEREN … (siehe Abbildung 4.1) öffnet sich das in Abbildung 4.2 dargestellte Dialogfenster. Hier kann dem Hintergrund eine EINFARBIGE FÜLLUNG, ein Farbverlauf, eine Bild- und Texturfüllung oder eine Musterfüllung zugewiesen werden. Durch Klicken auf das Symbol FARBE: öffnet sich ein Fenster mit weiteren Design-, Standardfarben und der Option WEITERE FARBEN … Der Schieberegler TRANSPARENZ: kann von 0 % bis 100 % eingestellt werden.

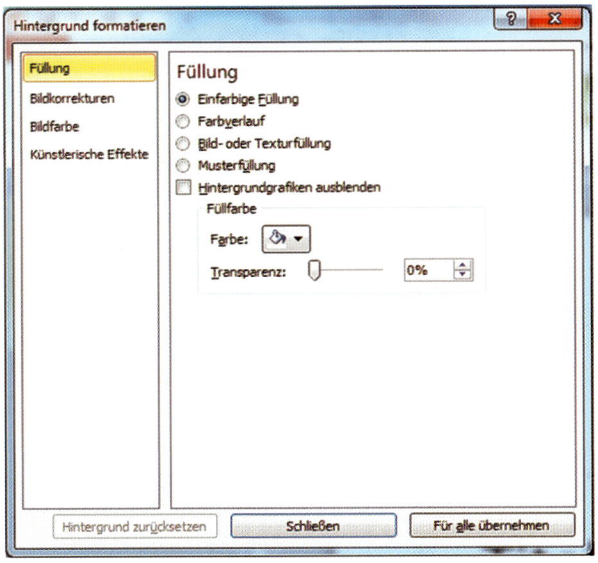

Abbildung 4.2: *Hintergrund formatieren*

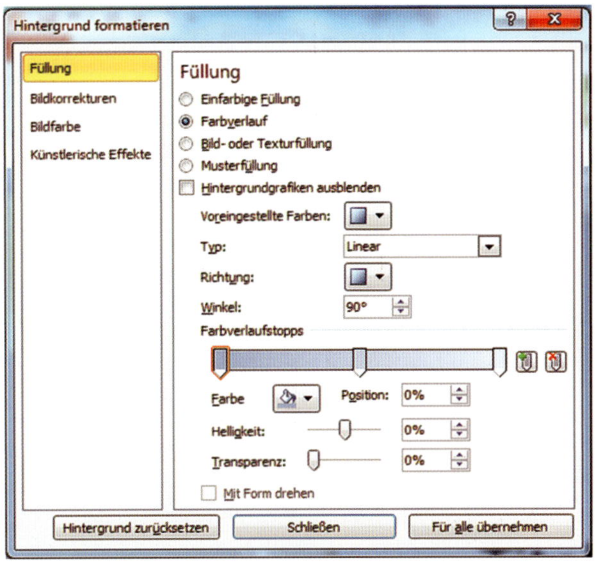

Abbildung 4.3: *Hintergrund formatieren – GRADUELLE FARBVERLÄUFE*

Anmerkung

Durch Auswahl einer Hintergrundfarbe wird vom Programm automatisch die Schriftfarbe angepasst. Das Optionsfeld FARBVERLAUF bietet zusätzlich eine Vielzahl von Möglichkeiten. Wie in Abbildung 4.3 zu sehen ist, kann der Hintergrund mehrfarbig mit verschiedenen VOREINGESTELLTEN FARBEN: und weiteren unterschiedlichen Einstellungen wie TYP:, RICHTUNG:, WINKEL:, usw. gestaltet werden.

Über das Optionsfeld BILD- ODER TEXTURFÜLLUNG kann der Hintergrund beispielsweise mit einem Bild versehen und unter BILD weiter formatiert werden. Die Änderungen des Hintergrunds können sowohl auf einer einzelnen Folie (Schaltfläche SCHLIESSEN) als auch auf allen vorhandenen und zukünftigen Folien der Präsentation (Schaltfläche FÜR ALLE ÜBERNEHMEN) vollzogen werden. Die Schaltfläche HINTERGRUND ZURÜCKSETZEN macht die vorgenommenen Änderungen rückgängig. Es stehen noch weitere Möglichkeiten der Hintergrundgestaltung zur Verfügung, auf die hier allerdings nicht weiter eingegangen wird. Probieren Sie es einfach aus!

Anmerkung

Achten Sie auf angemessene Kontraste von Hintergrund und Text und vermeiden Sie Rot-Grün-Kontraste.

4.2 Designs

Mit den Designs kann neben dem einheitlichen Design von Hintergrund, Titeltext, Text, Linien, Schatten und Hyperlinks zusätzlich die Positionierung von Platzhaltern und Grafiken verändert bzw. festgelegt werden. Es besteht zum einen die Möglichkeit, aus einer Vielzahl von Designs zu wählen. Zum anderen kann eine selbst erstellte Präsentation auch als Design (PowerPoint-Vorlage) abgespeichert werden, das dann für weitere Präsentationen genutzt werden kann. Designs können über das Register ENTWURF – DESIGNS ausgewählt werden (siehe Abbildung 4.4). Sobald ein Design angewendet wird, fügt das Programm das Design zum Folienmaster der Präsentation hinzu bzw. ersetzt – falls vorhanden – den bisherigen Folienmaster.

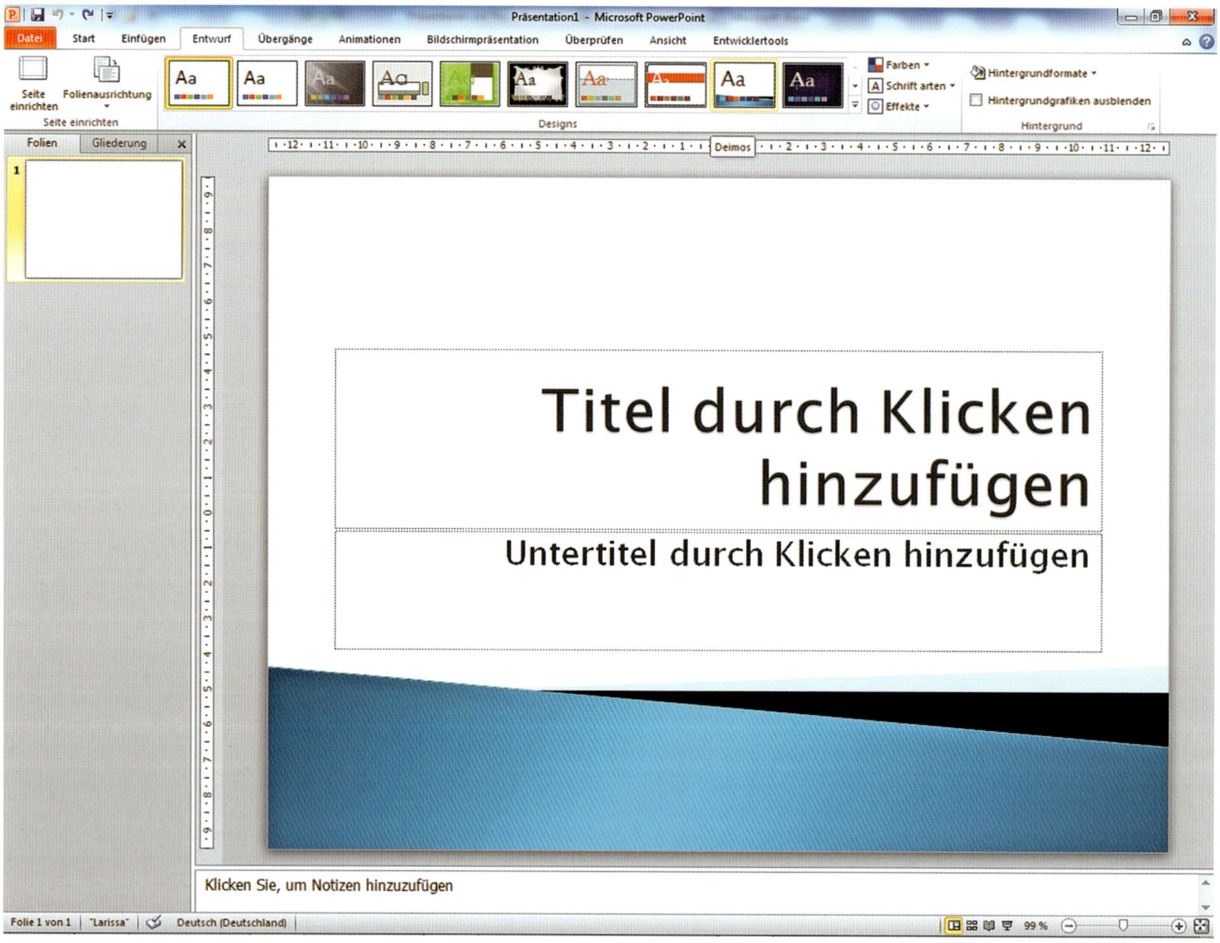

Abbildung 4.4: *Designs*

Soll eine Präsentation als Design bzw. PowerPoint-Vorlage gespeichert werden, kann die Speicherung über SPEICHERN UNTER erfolgen. Wie in Abbildung 4.5 zu sehen ist, muss der DATEITYP: PowerPoint-Vorlage gewählt werden. Der Dateiname verändert sich dann automatisch und die Dateiendung lautet anschließend „.potx". Es ändert sich automatisch (Abbildung 4.5 oben) auch der Speicherort. Die PowerPoint-Vorlage wird im dafür vorgesehenen Ordner „Templates" oder in einem selbst gewählten Ordner gespeichert und kann für weitere Präsentationen erneut aufgerufen werden.

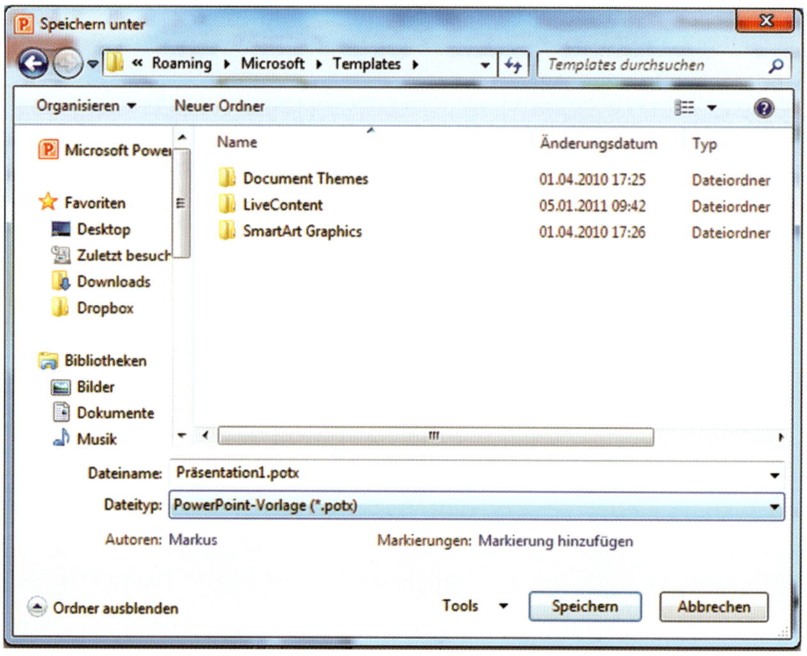

Abbildung 4.5: *PowerPoint-Vorlage – SPEICHERN UNTER*

Anmerkung

Über das Register ANSICHT – PRÄSENTATIONSANSICHTEN – NORMAL kann zur normalen Ansicht zurückgekehrt werden.

Über ENTWURF – DESIGNS – FARBEN können die Farben der Designs in Bezug auf Hintergrund, Titeltext, Text, Linien, Schatten und Hyperlinks festgelegt bzw. die zuvor ausgewählten Designs verändert werden.

Anmerkung

Als Hyperlink wird eine Verknüpfung (Querverweis) bezeichnet, mit der man auf ein anderes Dokument (z. B. andere Folie einer Präsentation) verweisen bzw. springen kann. Das Verzweigen mit Hyperlinks wird in Kapitel 10 ausführlich behandelt.

Farben bzw. Designfarben wirken sich auf alle Folien der Präsentation aus. Über Schaltfläche NEUE DESIGNFARBEN ERSTELLEN ... (siehe Abbildung 4.6 unten) können die Farben bearbeitet werden.

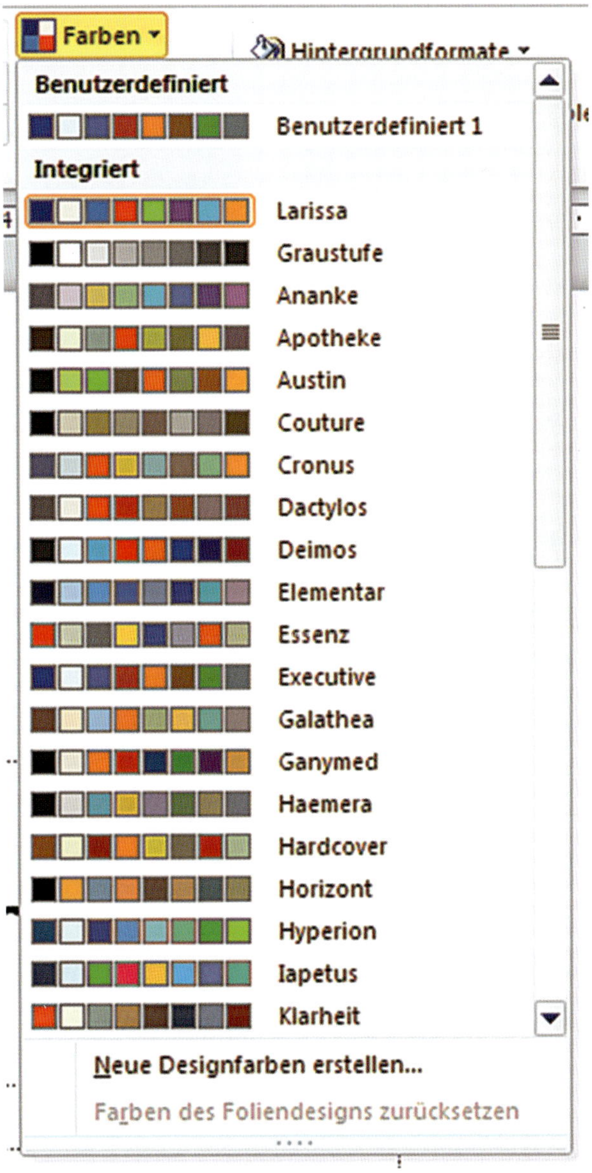

Abbildung 4.6: *Designfarben*

4.3 Seite einrichten

Über das Menü ENTWURF – SEITE EINRICHTEN lassen sich, wie in Abbildung 4.7 dargestellt, das PAPIERFORMAT und die AUSRICHTUNG ändern. Dies kann je nach Format des Papiers bzw. des Beamers sinnvoll sein.

Abbildung 4.7: *Seite einrichten*

5 Animationen

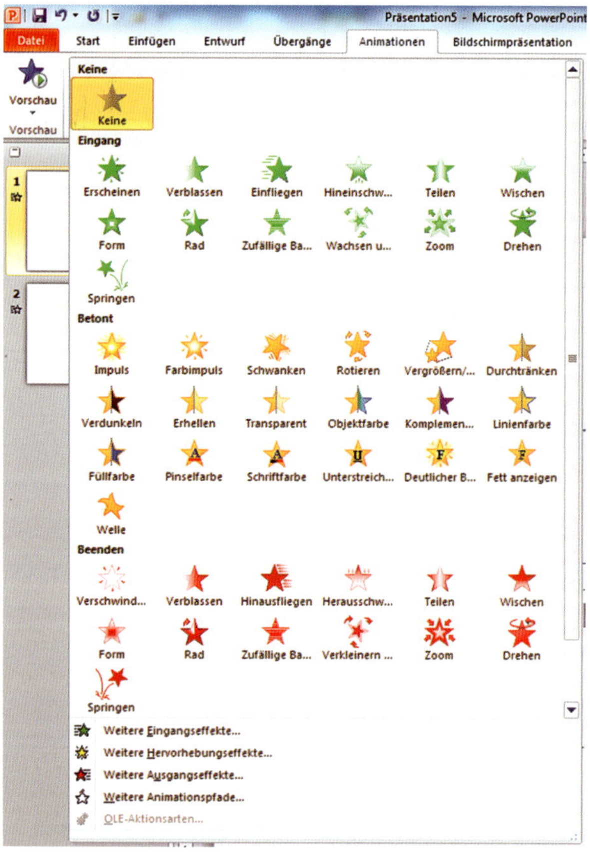

Abbildung 5.1: Vordefinierte Animationen

Unter Animationen wird das Erscheinen oder Bewegen von Objekten, Texten und Bildern verstanden. Es können neben vordefinierten Animationsschemas auch benutzerdefinierte Animationen erstellt werden. Animationsschemas lassen sich u. a. über das Register ANIMATIONEN in der Gruppe ANIMATIONEN aufrufen. Um eine Folie zu animieren, muss zunächst ein Objekt bzw. Platzhalter markiert werden. Anschließend lässt sich über ANIMATIONEN – ANIMATIONEN – ANIMIEREN: ein Animationsschema auswählen (siehe Abbildung 5.1).

Anmerkung

Um die Animationen nicht für jede Folie einzeln vornehmen zu müssen, sollten die Animationen im Folienmaster vorgenommen werden.

Unter ANIMATIONEN – ERWEITERTE ANIMATION – ANIMATIONSBEREICH (Abbildung 5.2) lassen sich die bereits erstellten Animationen anzeigen. Hier kann für einzelne Objekte (Platzhalter, Grafiken usw.) einer Folie eine gesonderte Animation festgelegt und verändert werden. Es lassen sich die Einstellungen über das Register ANIMATION in den Gruppen ERWEITERTE ANIMATION und ANZEIGENDAUER verändern.

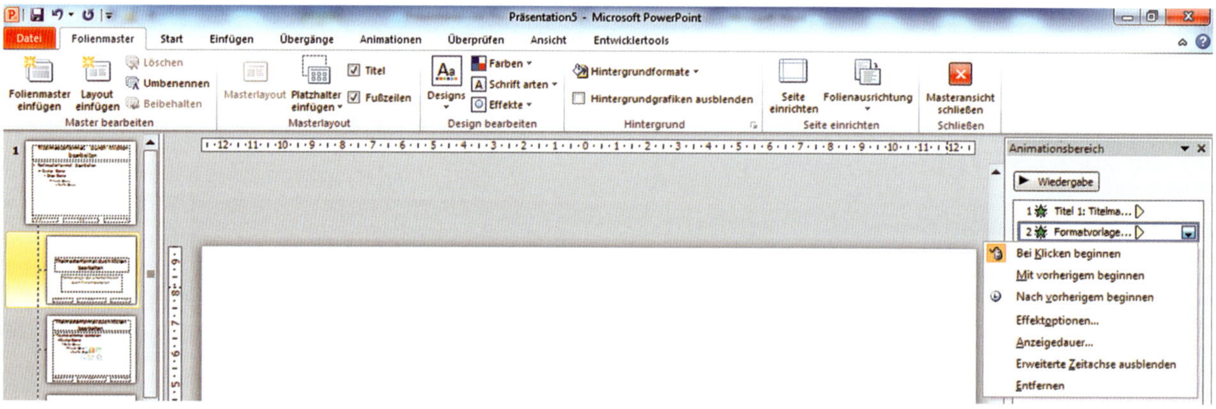

Abbildung 5.2: Erweiterte Animation

In den weiteren Dropdown-Feldern lassen sich die EIGENSCHAFT und die GESCHWINDIGKEIT bestimmen. Im darunter liegenden Fenster kann die Reihenfolge der einzelnen zu animierenden Objekte gesteuert werden. Dazu stehen auch die beiden Pfeile unterhalb des Fensters zur Verfügung. Über die Schaltfläche WIEDERGABE bzw. das Symbol BILDSCHIRMPRÄSENTATION VON AKTUELLER FOLIE (UMSCH+F5) kann wie bei den Animationsschemas die Auswirkung – je nachdem, ob das Auswahlfeld AUTOVORSCHAU aktiviert ist oder nicht – erstmalig bzw. nochmals angesehen werden. Durch einen Klick auf die jeweils animierte Position gelangt man zum sog. Kontextmenü (siehe Abbildung 5.2). Neben der Möglichkeit, auch hier beispielsweise den „Auslöser der Animation" für die entsprechende Animation festzulegen, lassen sich u. a. EFFEKTOPTIONEN ... definieren.

Nachfolgend werden beispielhaft die Effektoptionen für das „Erscheinen" gezeigt. Im Register EFFEKT (siehe Abbildung 5.3) lässt sich ein Sound hinzufügen, ein Abblenden des Textes bzw. Objektes erreichen und es können weitere Eigenschaften zu animiertem Text festgelegt werden. In den weiteren Registerblättern lassen sich die ANZEIGEDAUER und die TEXTANIMATION variieren. Je nachdem, ob Text oder Objekt und welche Animation gewählt wird, verändern sich die jeweiligen Registerüberschriften und -inhalte. Im Kapitel 9 „Einfügen von Diagrammen" wird darauf nochmals eingegangen.

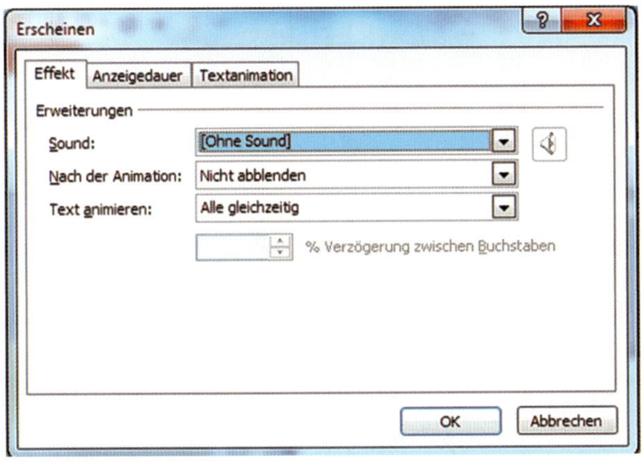

Abbildung 5.3: *EFFEKTOPTIONEN...*

6 Folienübergänge

Als Folienübergang bezeichnet man die Art des Wechsels zwischen den einzelnen Folien. Über das Menü ÜBERGÄNGE – ÜBERGANG ZU DIESER FOLIE können die Übergänge zwischen den Folien innerhalb einer Präsentation mit Effekten versehen werden. Wie in Abbildung 6.1 dargestellt existieren in PowerPoint eine Vielzahl von Effekten. Standardmäßig sind keine Effekte (OHNE) eingestellt.

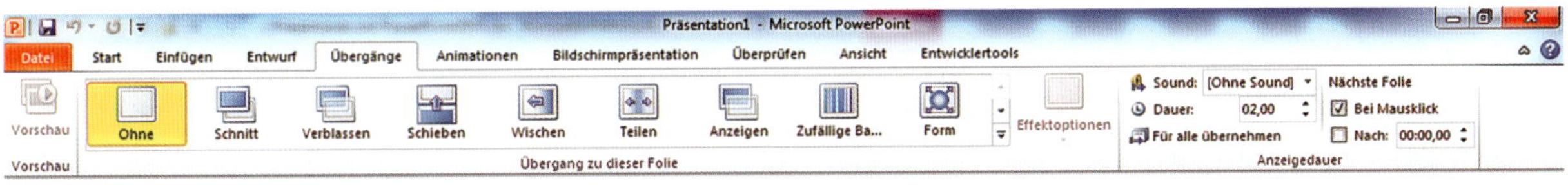

Abbildung 6.1: *Folienübergänge*

Die zur Verfügung gestellten Übergänge können auch in der Geschwindigkeit verändert oder mit einem Sound hinterlegt werden. Weiterhin kann ein Übergang über einen Mausklick (BEI MAUSKLICK) oder automatisch nach einer bestimmten Zeit (NACH:) ausgelöst werden. Folienübergänge können für einzelne und auch alle Folien (FÜR ALLE FOLIEN ÜBERNEHMEN) eingestellt werden. Nach der Auswahl eines Übergangs wird dieser im Rahmen einer Vorschau angezeigt.

7 Formatierungen der Kopf- und Fußzeile

Die Möglichkeit zur Formatierung der Kopf- und Fußzeile erreicht man über das Menü EINFÜGEN – TEXT – KOPF- UND FUSSZEILE. Unter dem Register FOLIE (siehe Abbildung 7.1) lassen sich als Darstellungsformen für Datum und Uhrzeit AUTOMATISCH AKTUALISIEREN oder FEST vorgeben. Weiterhin kann ausgewählt werden, ob die FOLIENNUMMER und in der FUSSZEILE (mittlerer Bereich) sonstige Angaben, z. B. „Autor der Präsentation", dargestellt werden. Ein weiteres Auswahlfeld (AUF TITELFOLIE NICHT ANZEIGEN) steht zur Verfügung, um festzulegen, ob die Angaben auf der Titelfolie erscheinen sollen. Abschließend kann gewählt werden, ob diese Angaben für alle Folien (FÜR ALLE ÜBERNEHMEN) oder nur für die aktuelle Folie (ÜBERNEHMEN) übernommen werden sollen.

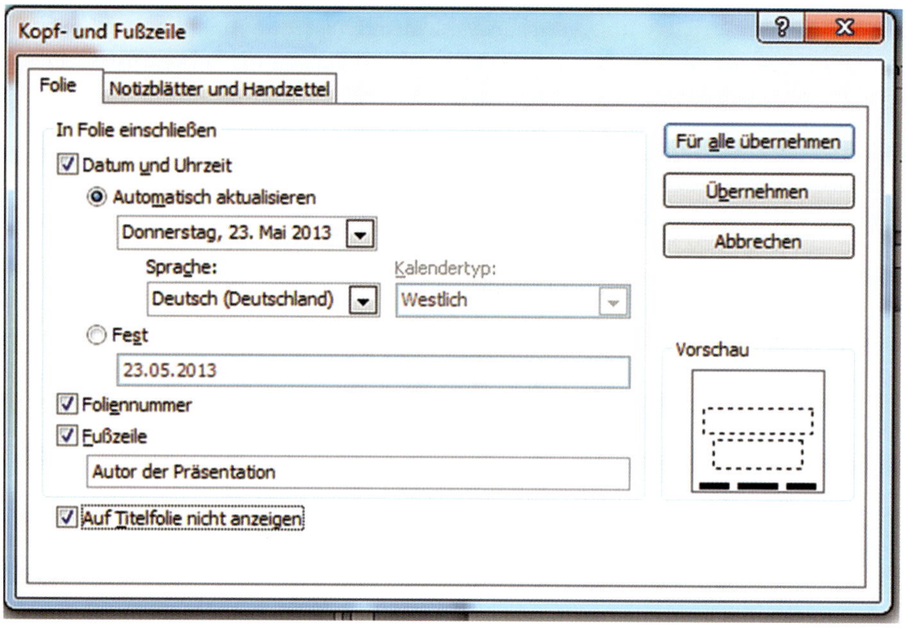

Abbildung 7.1: *Kopf- und Fußzeile*

Anmerkung

1. *Über das Register FOLIE lässt sich im Standarddesign nur die Zeile im Fuß der Folie (Fußzeile) formatieren. Möchte man auch Teile der „Kopfzeile" formatieren – z. B. den Autor in die Kopfzeile setzen – muss dieser Platzhalter im Folienmaster entsprechend in den oberen Teil der Folie geschoben werden.*
2. *Das Register NOTIZBLÄTTER UND HANDZETTEL wird im Zusammenhang mit dem Drucken (Kapitel 12) thematisiert.*

8 Einfügen von Organigrammen

Um eine hierarchische Unternehmensstruktur grafisch darzustellen, gibt es in PowerPoint die sogenannten SmartArt-Grafiken. Soll beispielsweise ein Organigramm auf einer neuen Folie eingefügt werden, muss im Menü EINFÜGEN – ILLUSTRATIONEN – SMARTART (siehe Abbildung 8.1) angeklickt werden (Alternative: Symbol SMARTART-GRAFIK EINFÜGEN auf der Mitte einer neuen Folie).

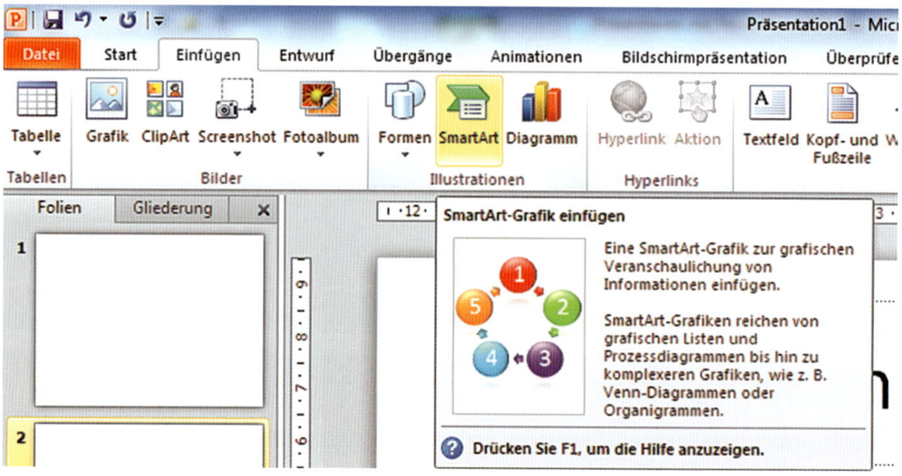

Abbildung 8.1: *SmartArt-Grafik einfügen*

Zum Erstellen eines Organigramms auf einer Folie muss im Fenster SMARTART-GRAFIK AUSWÄHLEN unter HIERARCHIE (siehe Abbildung 8.2) eine SmartArt-Grafik ausgewählt werden. Neben dem Organigramm stellt PowerPoint noch weitere Diagrammtypen zur Verfügung.

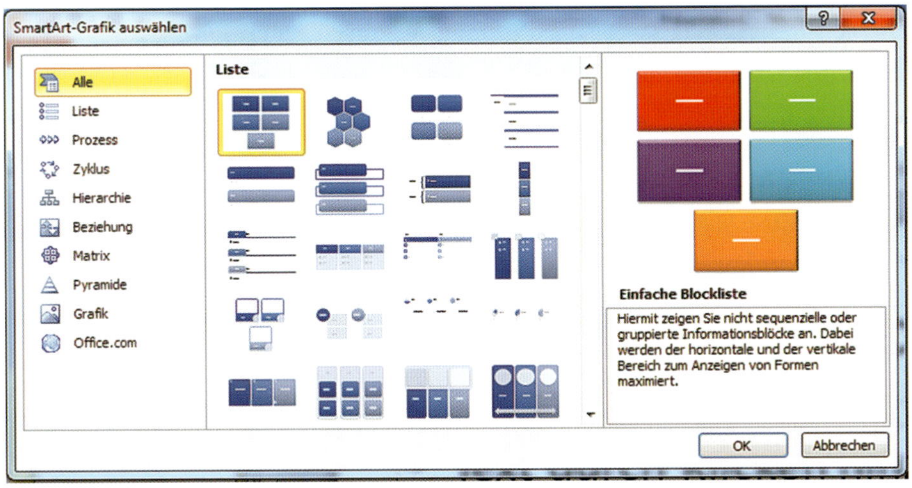

Abbildung 8.2: *SmartArt-Grafik auswählen*

Nach Auswahl einer SmartArt-Grafik (beispielsweise HIERARCHIE – ORGANIGRAMM) wird eine Grundstruktur eines Organigramms dargestellt. Nun lässt sich, wie in Abbildung 8.3 dargestellt, durch Klicken in ein jeweiliges Element [Text] einfügen (z. B. Geschäftsführung). Je nach Länge des Textes verändert sich die Schriftgröße im Organigramm.

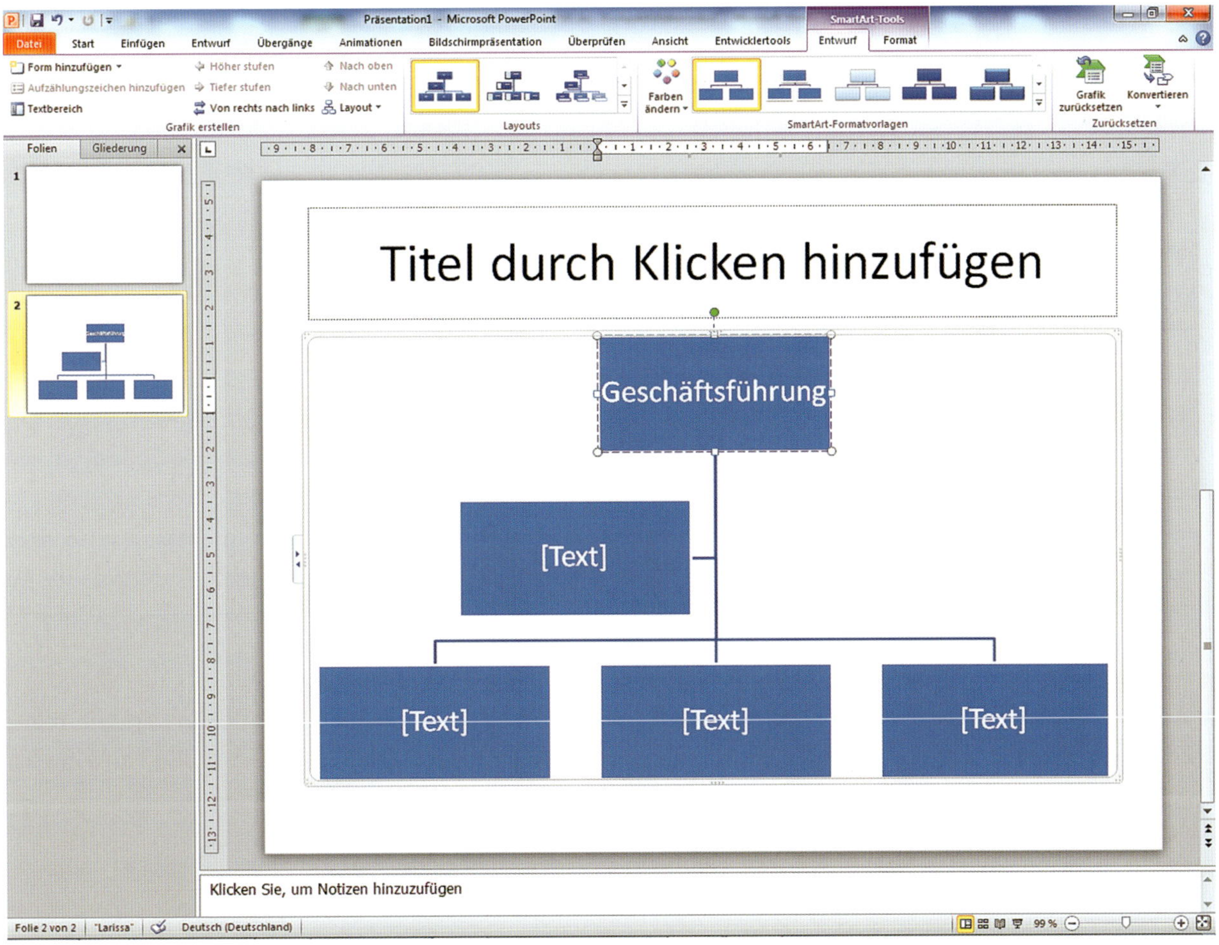

Abbildung 8.3: *SMARTART-TOOLS – ENTWURF*

Anmerkung

Das Menü SMARTART-TOOLS mit den Registern ENTWURF und FORMAT ist nur sichtbar, wenn zuvor SMARTARTGRAFIK EINFÜGEN ausgewählt wurde.

Über SMARTART-TOOLS – ENTWURF – GRAFIK ERSTELLEN – FORM HINZUFÜGEN können Formen und Assistenten zum bestehenden Organigramm hinzugefügt werden. Dazu muss das jeweilige Element des Organigramms markiert sein. Die Schaltfläche LAYOUT bietet die Möglichkeit, neben dem dargestellten STANDARD die Elemente beispielsweise „hängend" anzuordnen. Auch dazu muss das jeweilige Element markiert sein. Über die Gruppe SMARTART-FORMATVORLAGEN lässt sich das Organigramm in der Farbe und im Aussehen und unter SMARTART-TOOLS – ENTWURF – LAYOUTS das Layout der SmartArt-Grafik verändern.

9 Einfügen von Diagrammen

Im Menü EINFÜGEN – ILLUSTRATIONEN – DIAGRAMM (siehe Abbildung 9.1) lässt sich ein Diagramm in die Präsentation einfügen (Alternativ: Auswahl des Symbols DIAGRAMM EINFÜGEN). In der Folie erscheint nun das in Abbildung 9.2 dargestellte und aus Excel bekannte Fenster. Hier kann aus der Vielzahl von Diagrammtypen ausgewählt werden. Nach Auswahl eines Diagrammtypen startet automatisch das Tabellenkalkulationsprogramm Excel mit einer mit Beispieldaten gefüllten Tabelle. Sie können diese Daten entweder überschreiben oder löschen und neue Daten einfügen. Das Diagramm passt sich entsprechend Ihrer Eingaben an. Die sonstige Bearbeitung entspricht der im Teil „Tabellenkalkulation mit Excel" in Kapitel 7 beschriebenen Vorgehensweise.

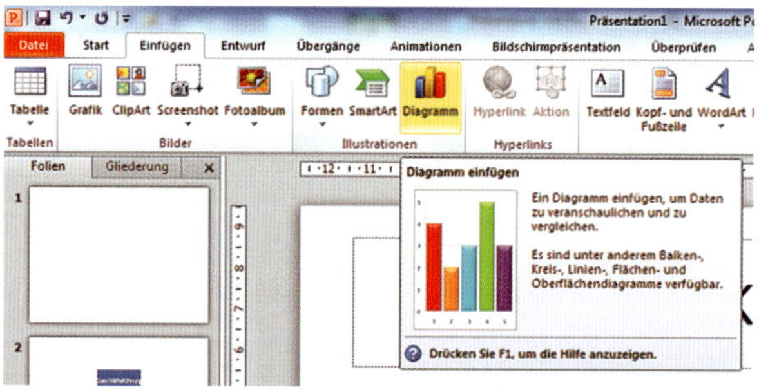

Abbildung 9.1: *Einfügen eines Diagramms*

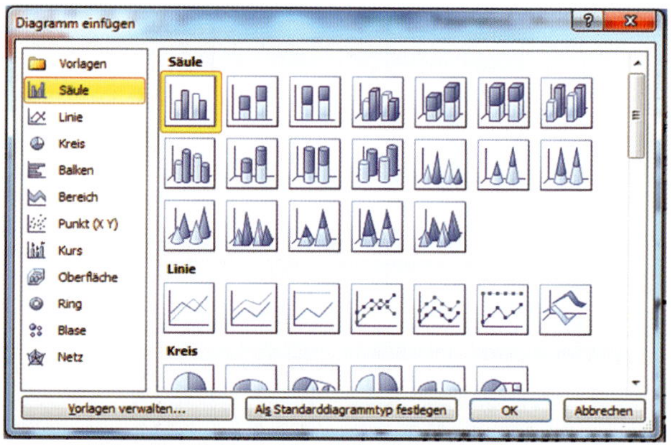

Abbildung 9.2: *DIAGRAMM EINFÜGEN*

Auch Diagramme lassen sich animieren. Beispielsweise kann bei einem Säulendiagramm jeweils durch einen Klick die nächste Säule eingeblendet werden. Zur Animation eines Säulendiagramms muss es zunächst durch Anklicken markiert werden. Anschließend muss der Animationsbereich aufgerufen und dem Diagramm eine passende Eingangsanimation (z. B. Erscheinen) zugewiesen werden. Über die rechte Maustaste kann man dann die EFFEKTOPTIONEN ... aufrufen (siehe auch Abbildung 5.3 in Kapitel 5) und über das Register DIAGRAMMANIMATION die gewünschte Einstellung (z. B. nach Kategorie) vornehmen.

Anmerkung

1. *Es ist zu beachten, dass die richtige „Eingangsanimation" gewählt wird, denn nicht jede Eingangsanimation lässt ein Animieren von Diagrammelementen (Säulen, Kreiselemente usw.) zu.*
2. *Neben dem Animieren von Diagrammen lassen sich auch Organigramme animieren.*
3. *Im Menü EINFÜGEN – ILLUSTRATIONEN – FORMEN kann neben SmartArt-Grafiken und Diagrammen eine Vielzahl von unterschiedlichen Formen in die Präsentation eingefügt werden.*

10 Verzweigen mithilfe von Hyperlinks

Um von einer Folie direkt zu einer anderen Folie „springen“ zu können, kann ein sogenannter Hyperlink verwendet werden. Mit einer solchen Verlinkung ist es beispielsweise möglich, innerhalb der Präsentationsansicht durch Klicken auf einen Text, Objekt, Bild, Diagramm, eine Form oder WordArt direkt zur entsprechenden Folie zu gelangen.

Zur Erstellung des Hyperlinks muss beispielsweise der Text zunächst markiert werden. Anschließend kann die rechte Maustaste und dann die Option HYPERLINK ... angeklickt werden (alternativ: EINFÜGEN – HYPERLINKS – HYPERLINK). Im Fenster HYPERLINK EINFÜGEN können Sie nun die Verlinkung angeben. In der linken Spalte LINK ZU: kann, wie in Abbildung 10.1 dargestellt, AKTUELLES DOKUMENT ausgewählt und so ein Hyperlink zu den verschiedenen Folien der aktuellen Präsentation hergestellt werden. Im kleinen Fenster FOLIENVORSCHAU: sieht man eine Vorschau der jeweils ausgewählten Folie. Nach Bestätigung der Auswahl durch Klick auf die Schaltfläche OK erscheint der Text als Hyperlink. Er ist unterstrichen und in der Regel in einer anderen Farbe dargestellt.

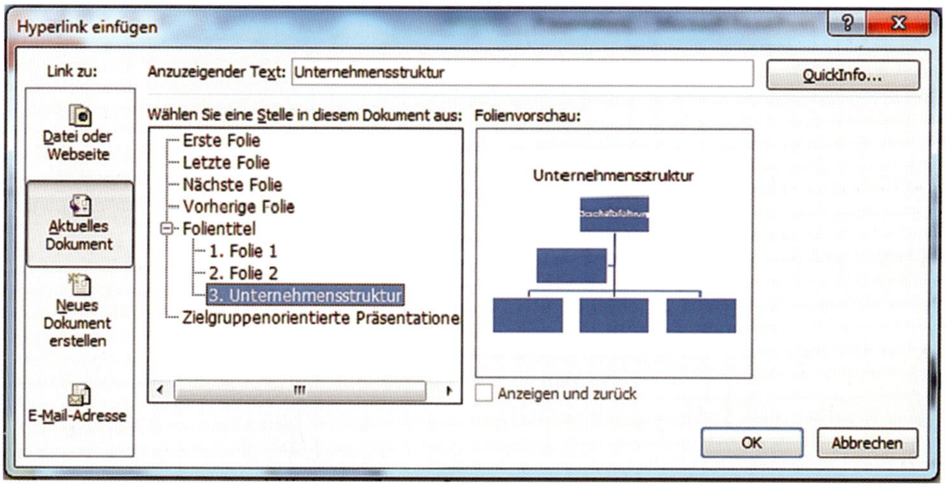

***Abbildung 10.1:** Hyperlink einfügen*

Anmerkung

1. *Die Funktion des Hyperlinks wird erst in der Präsentationsansicht wirksam. Wie in Abbildung 10.1 dargestellt, gibt es auch die Möglichkeit, einen Hyperlink zu einer anderen DATEI ODER WEBSITE einzufügen. Weiterhin stehen die Optionen NEUES DOKUMENT ERSTELLEN und E-MAIL-ADRESSE zur Auswahl.*
2. *Die in Abbildung 10.1 dargestellte Möglichkeit der ZIELGRUPPENORIENTIERTEN PRÄSENTATION bietet die Möglichkeit, **eine** Präsentation für verschiedene Zielgruppen, wie z. B. Auszubildende, Kunden und Lieferer zu erstellen. Bei der Präsentation werden dann nur die jeweils gewünschten Folien dargestellt, einige Folien bleiben – wenn gewünscht – ausgeblendet. Auf die Möglichkeit der zielgruppenorientierten Präsentation wird in diesem Buch nicht näher eingegangen.*

Unter Umständen kann es sinnvoll sein, die Farbe der Hyperlinks zu verändern, damit sie (auch nach einmaliger Nutzung als „besuchter Hyperlink“) gut sichtbar sind bzw. bleiben. Dazu muss im Register ENTWURF – DESIGNS – FARBEN – NEUE DESIGNFARBEN ERSTELLEN ... (siehe auch Kapitel 4) gewählt werden. Im Fenster NEUE DESIGNFARBEN ERSTELLEN (siehe Abbildung 10.2) können die Designfarben für HYPERLINK und BESUCHTER HYPERLINK durch Klick auf die jeweilige Schaltfläche modifiziert werden. HYPERLINK bezeichnet die Farbe des Hyperlinks, der noch „nicht besucht“ (angeklickt) wurde, BESUCHTER HYPERLINK die Schemafarbe für den bereits „besuchten“ (angeklickten) Link. Durch Klick auf die Schaltfläche SPEICHERN werden die geänderten Farben übernommen. ABBRECHEN macht die getätigten und noch nicht übernommenen Änderungen rückgängig.

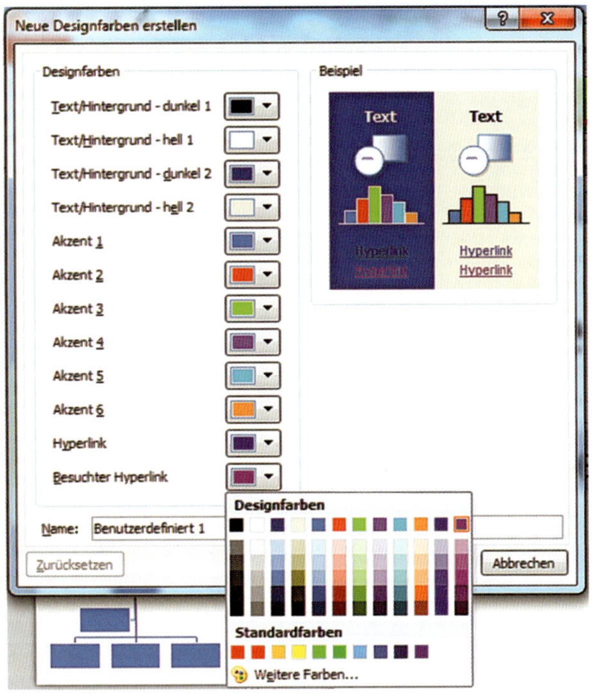

Abbildung 10.2: Neue Designfarben erstellen

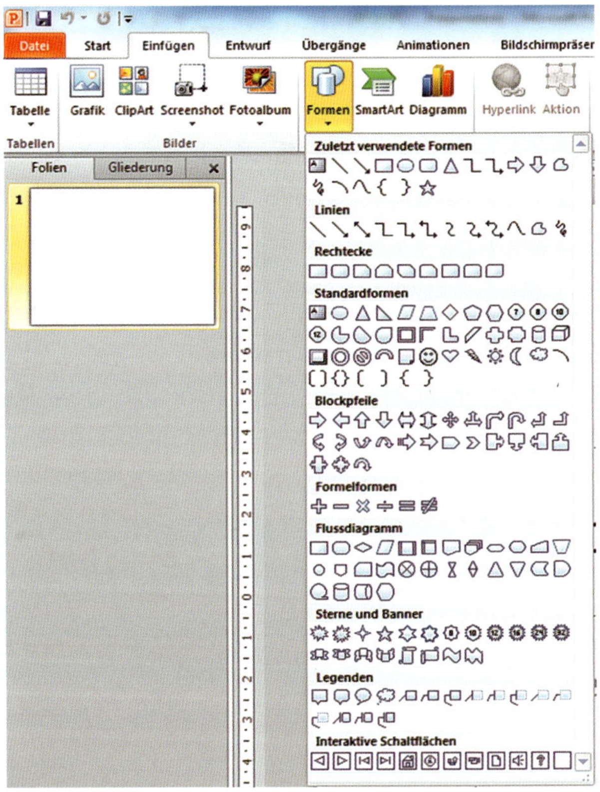

Abbildung 10.3: Interaktive Schaltflächen

Hyperlinks können auch über sogenannte interaktive Schaltflächen in eine PowerPoint-Präsentation implementiert werden. Interaktive Schaltflächen können über das Menü EINFÜGEN – ILLUSTRATIONEN – FORMEN – INTERAKTIVE SCHALTFLÄCHEN aufgerufen und anschließend in das Dokument eingefügt werden. Wie in Abbildung 10.3 dargestellt, existieren zwölf verschiedene interaktive Schaltflächen, die bereits mit bestimmten Hyperlinks voreingestellt sind.

Diese voreingestellten Hyperlinks können problemlos geändert bzw. angepasst werden. Zum Einfügen muss zunächst die gewünschte interaktive Schaltfläche ausgewählt werden. Anschließend kann durch Drücken und Festhalten der linken Maustaste die Schaltfläche in gewünschter Größe und an gewünschter Position auf die Folie gezeichnet werden. Nach Loslassen der linken Maustaste erscheint das Fenster AKTIONSEINSTELLUNGEN (siehe Abbildung 10.4). Im Register MAUSKLICK kann über das Dropdown-Feld HYPERLINK ZU: unter anderem ERSTE FOLIE, LETZTE FOLIE oder FOLIE ... gewählt werden.

Die gleichen Funktionen stehen auch im Registerblatt MOUSEOVER (siehe Abbildung 10.4) zur Verfügung. Diese Aktionen werden in der Präsentationsansicht ausgelöst, indem man den Mauspfeil über die Schaltfläche bewegt. Sollen Hyperlinks und/oder Interaktive Schaltflächen auf jeder Folie einer Präsentation erscheinen, können diese über den Folienmaster „eingebaut" werden. Siehe dazu Kapitel 3.

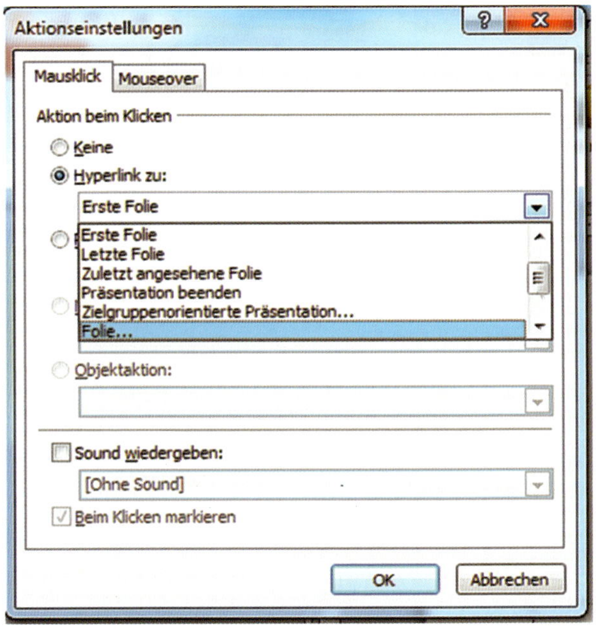

Abbildung 10.4: Aktionseinstellungen

Wird im Registerblatt MAUSKLICK – HYPERLINK ZU: – FOLIE ... (Abbildung 10.4) gewählt, so erscheint anschließend das in Abbildung 10.5 dargestellte Fenster. Hierin kann ein Folientitel der aktuellen Präsentation ausgewählt werden, zu dem verzweigt werden soll.

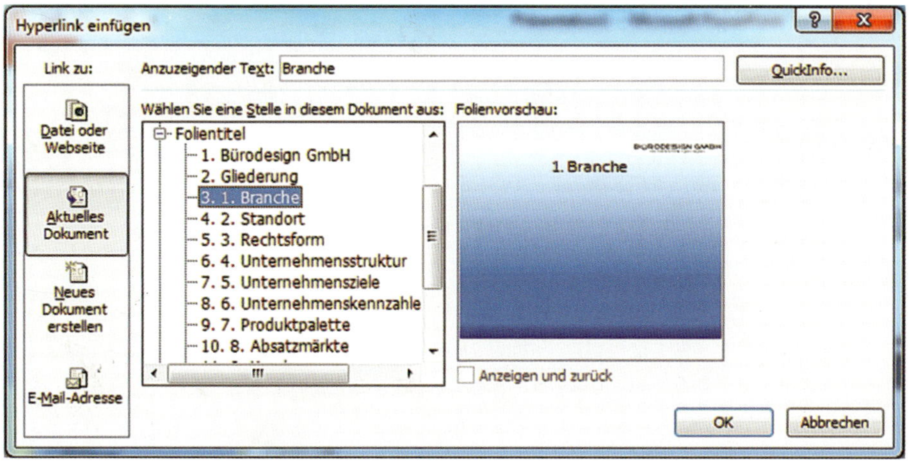

Abbildung 10.5: *Hyperlink zur Folie (Beispiel)*

Die Aktion des Hyperlinks wird in der Bildschirmpräsentation beim Klicken mit der linken Maustaste auf das jeweilige Element (Text oder Objekt) ausgelöst.

Anmerkung

Über einen Hyperlink kann u. a. auch eingestellt werden, dass beim Klicken ein Programm ausgeführt oder ein Sound wiedergegeben wird.

11 Speichern und Verpacken auf CD bzw. USB-Stick

Häufig soll eine PowerPoint-Präsentation nicht auf dem PC oder Notebook vorgeführt werden, auf dem sie erstellt wurde. Daraus kann sich das Problem ergeben, dass auf dem Präsentations-Computer eine andere oder keine Version von PowerPoint vorhanden ist. Um eine Inkompatibilität der Versionen zu vermeiden und sicherzustellen, dass die Präsentation auch vorgeführt werden kann, gibt es in PowerPoint die Möglichkeit der computerunabhängigen Speicherung der Präsentation.

Generell kann die Präsentation über SPEICHERN bzw. SPEICHERN UNTER gespeichert werden. Wird SPEICHERN UNTER gewählt, kann die Präsentation – neben einer Vielzahl von Formaten (z. B. PDF) – auch als selbstständig ablaufende Präsentation unter dem DATEITYP: POWERPOINT-BILDSCHIRMPRÄSENTATION (*.PPSX) gespeichert werden (siehe Abbildung 11.1). Bei dieser Datei mit der Endung „ppsx“ wird die Bildschirmpräsentation durch Doppelklick auf die Datei sofort gestartet und schließt sich automatisch nach Beendigung. Um dieses Dateiformat nutzen zu können, muss PowerPoint oder der sogenannte PowerPoint-Viewer auf dem entsprechenden Computer installiert sein.

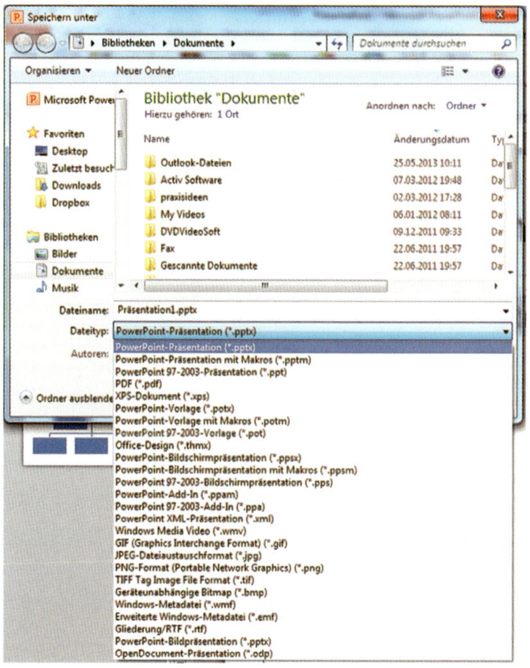

Abbildung 11.1: *Speichern unter*

Um eine vollkommen computerunabhängige Präsentation zu erstellen, sollte man folgendermaßen vorgehen. Wird über DATEI – SPEICHERN UND SENDEN – BILDSCHIRMPRÄSENTATION FÜR CD VERPACKEN – VERPACKEN FÜR CD (Abbildung 11.2) gewählt, öffnet sich anschließend das in Abbildung 11.3 dargestellte Fenster. Nun besteht die Möglichkeit, eine CD zu brennen, deren Name als Standard mit „Präsentation" vorgegeben ist.

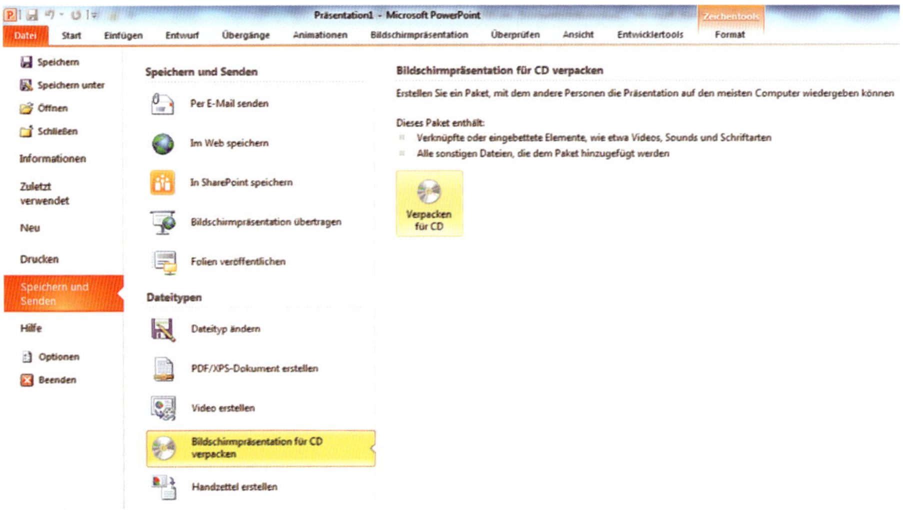

Abbildung 11.2: *DATEI – VERPACKEN FÜR CD*

Abbildung 11.3: *Verpacken für CD*

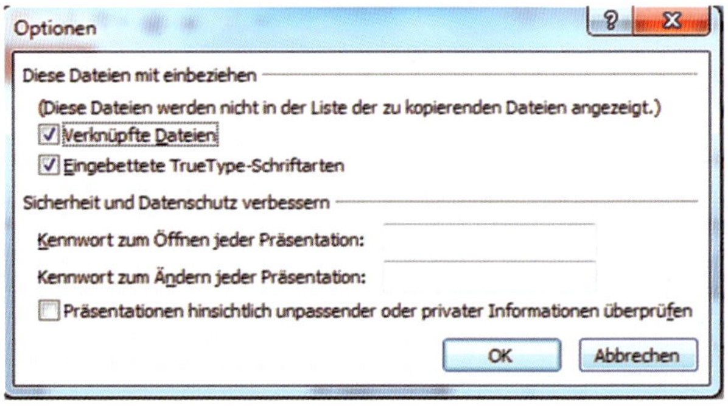

Abbildung 11.4: *Optionen (Verpacken für CD)*

Es können über die Schaltfläche HINZUFÜGEN noch weitere Dateien ergänzt werden. Über die Schaltfläche OPTIONEN ... können – falls erforderlich – VERKNÜPFTE DATEIEN bzw. EINGEBETTETE TRUETYPE-SCHRIFTARTEN zusätzlich auf die CD kopiert werden (siehe Abbildung 11.4). Die Vergabe eines Kennwortes ist möglich. Durch setzen des Häkchens bei PRÄSENTATIONEN HINSICHTLICH UNPASSENDER ODER PRIVATER INFORMATIONEN ÜBERPRÜFEN wird die Datei auf ausgeblendete Daten und persönliche Informationen überprüft.

Neben dem Kopieren auf eine CD kann die Präsentation über die Schaltfläche IN ORDNER KOPIEREN ... (siehe Abbildung 11.3) auch auf einem USB-Stick, einer externen Festplatte oder Ähnlichem oder in einem anderen Ordner auf der lokalen Festplatte gespeichert werden.

Nach dem erfolgten Kopieren kann durch Aufruf des html-Dokuments PresentationPackage.html im automatisch erstellten Ordner Präsentation\PresentationPackage direkt zum Download des PowerPoint-Viewers verlinkt werden. Der PowerPoint Viewer kann kostenlos von der Internetseite von Microsoft heruntergeladen werden.

12 Drucken

Beim Drucken einer PowerPoint-Präsentation gibt es eine Vielzahl von Möglichkeiten. Es können Folien gedruckt werden, die anschließend über einen Overhead-Projektor dargestellt werden können. Weiterhin können sogenannte Handzettel als Handout, Notizenseiten und eine Gliederungsansicht gedruckt werden.

Soll eine PowerPoint-Präsentation gedruckt werden, muss man im Register DATEI den Menüpunkt DRUCKEN wählen. Neben den aus Word bekannten Einstellungen können im unteren Teil des Fensters (siehe Abbildung 12.1) PowerPoint-spezifische Einstellungen zum Drucken vorgenommen werden. Es können, wie bereits beschrieben, Folien, Handzettel, Notizseiten und eine Gliederungsansicht ausgewählt werden.

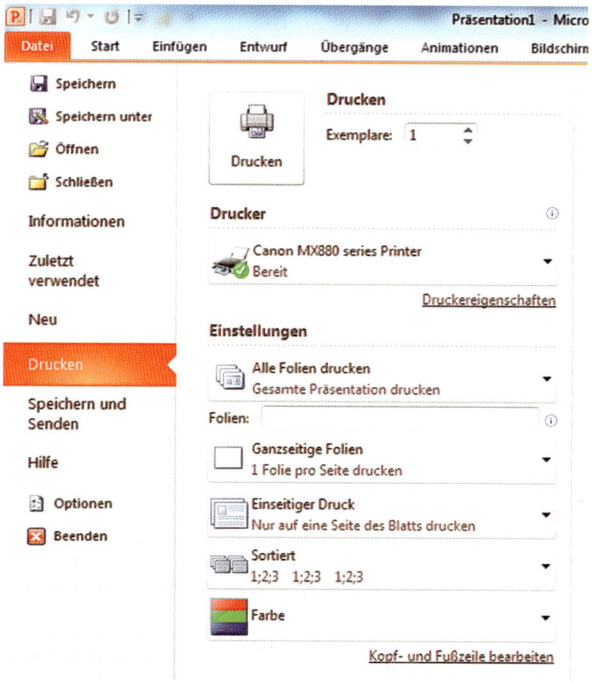

Abbildung 12.1: *Drucken*

Wie in Abbildung 12.1 dargestellt – besteht unter EINSTELLUNGEN die Möglichkeit, unter FOLIEN: nur bestimmte Folien(nummern) zu drucken. Standardmäßig werden GANZSEITIGE FOLIEN gedruckt. Als DRUCKLAYOUT lassen sich neben GANZSEITIGE FOLIEN auch NOTIZENSEITEN und GLIEDERUNG auswählen. Zusätzlich besteht in diesem Menü die Möglichkeit, Handzettel mit einer und bis zu neun Folien pro Seite zu drucken. Neben dem Ausdruck in FARBE können die Folien auch in GRAUSTUFEN und als REINES SCHWARZWEISS gedruckt werden. Für den Druck von Handzetteln als Handout kann eine verschiedene Anzahl von Folien pro Seite (1, 2, 3, 4, 6 oder 9) angegeben werden. Die jeweilige Darstellung der Folien lässt sich in der Vorschau verfolgen. Weiterhin können die Folien AUF SEITENFORMAT SKALIERT angepasst sowie mit einem Folienrahmen versehen werden.

Über das Menü DATEI – DRUCKEN – KOPF- UND FUSSZEILE BEARBEITEN (siehe Abbildung 12.2) können die Seiten des Handouts umfangreich formatiert werden. Im Register NOTIZBLÄTTER UND HANDZETTEL lassen sich DATUM UND UHRZEIT entweder AUTOMATISCH AKTUALISIEREN oder FEST eingeben (siehe Abbildung 12.2). Datum und Uhrzeit erscheinen standardmäßig auf dem Handzettel rechts oben. In die KOPFZEILE (erscheint links oben) kann ein beliebiger Inhalt eingetragen werden. Die SEITENZAHL steht – wenn gewünscht – standardmäßig rechts unten, die FUSSZEILE links unten. Soll die Position oder die Größe der Platzhalter für Datum und Uhrzeit, Kopfzeile, Seitenzahl und Fußzeile innerhalb der Handzettel verändert werden, muss über das Menü ANSICHT – MASTERANSICHTEN – HANDZETTELMASTER die gewünschte Änderung durchgeführt werden (siehe dazu auch Kapitel 3, Abbildung 3.1). Die Vorschau wird direkt im Druckfenster angezeigt.

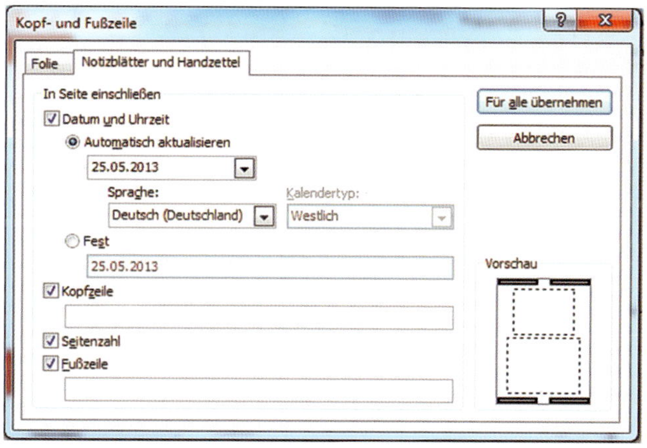

Abbildung 12.2: *Kopf- und Fußzeile*

13 Übungsaufgaben

Erstellen Sie eine dem Muster entsprechende Präsentation. Übernehmen Sie alle Texte, Daten und sichtbaren Formate (z. B. Unterstreichungen, Aufzählungen, ungefähre Schriftgröße) wie im Muster dargestellt.

1. Erstellen Sie auf Folie 1 eine Titelfolie und gestalten Sie die Folie entsprechend dem Muster.
2. Erstellen Sie eine Gliederung (Folie 2) und sorgen Sie mithilfe von Hyperlinks dafür, dass von der Gliederung auf die in der Gliederung aufgeführten Folien verzweigt (gesprungen) werden kann. Passen Sie, die Farben der Hyperlinks an.
3. Stellen Sie auf Folie 3 einen Auszug des Sortiments der Duisdorfer BüroKonzept KG dar und versehen Sie die Folie mit beliebigen Animationen.
4. Stellen Sie auf Folie 4 einige Kunden und auf Folie 5 einige Lieferer der Duisdorfer BüroKonzept KG dar und gestalten Sie die Folie entsprechend dem Muster.
5. Stellen Sie auf Folie 6 ein vereinfachtes Organigramm der Duisdorfer BüroKonzept KG dar und gestalten Sie die Folie entsprechend dem Muster.
6. Nutzen Sie den Folienmaster:
   a) Fügen Sie auf allen Folien das Logo der Duisdorfer BüroKonzept KG ein.
   b) Verwenden Sie auf allen Folien ausschließlich (auch in der Kopf- und Fußzeile) die Schriftart Tahoma.
   c) Testen Sie mehrere Designs. Verwenden Sie abschließend wieder das Standarddesign „Larissa" und weisen Sie allen Folien als Hintergrundfarbe einen zweifarbigen Fülleffekt zu.
7. Erstellen Sie mithilfe von interaktiven Schaltflächen auf den Folien eine einheitliche Navigation, mit der man von den jeweiligen Folien auf die Gliederung, auf die nächste und auf die vorherige Folie springen kann. Auf der Titelfolie sollen keine interaktiven Schaltflächen dargestellt werden.
8. Formatieren Sie den Kopf und Fuß der Folien wie abgebildet:
   a) Sorgen Sie dafür, dass das jeweils aktuelle Datum angezeigt wird und formatieren Sie das Datum wie abgebildet.
   b) Sorgen Sie dafür, dass die jeweilige Foliennummer automatisiert angezeigt wird.
   c) Sorgen Sie dafür, dass Ihr Name im oberen Teil der Folien (wie abgebildet) dargestellt wird und ersetzen Sie Name durch Ihren Namen.
   d) Sorgen Sie dafür, dass die Fußzeile (bzw. Kopfzeile) nicht auf der Titelfolie angezeigt wird.
9. Weisen Sie allen Folien einen beliebigen Folienübergang zu.
10. Drucken Sie abschließend Ihre Präsentation aus. Dabei sollen Ihre Folien als Handzettel (Handout) auf einer Seite mit jeweils sechs Folien ausgedruckt werden. Auf der ausgedruckten Seite soll in der Kopfzeile Ihr Name und das jeweils aktuelle Datum mit ausgedruckt werden. Da es sich um lediglich eine Seite handelt, soll keine Seitennummerierung vorhanden sein. Drucken Sie das Handout in reinem schwarz-weiß aus.

MUSTER

Abbildung 13.1: *Folie 1*

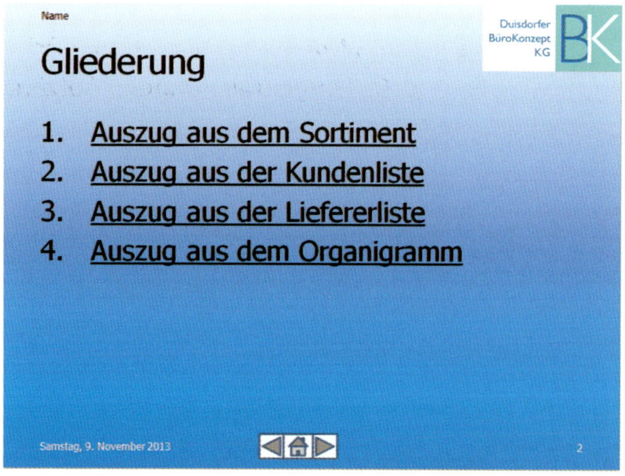

Abbildung 13.2: *Folie 2*

Abbildung 13.3: *Folie 3*

Abbildung 13.4: *Folie 4*

Abbildung 13.5: *Folie 5*

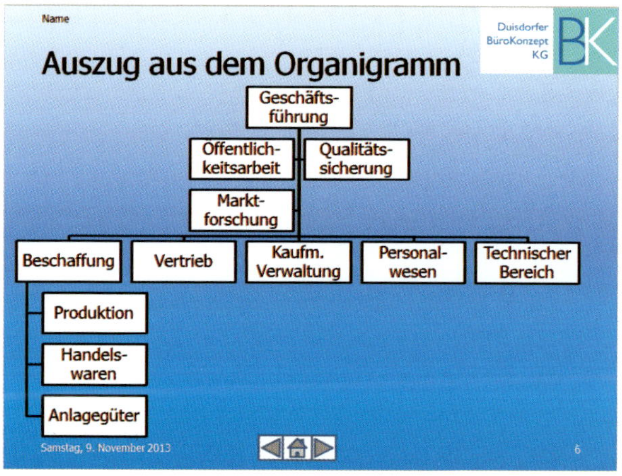

Abbildung 13.6: *Folie 6*

18.5.2015

Animation: Gliederung
Strukturierung
Veranschaulichung

Word

1 Merkmale eines PC-gestützten Textverarbeitungsprogramms

In einem Unternehmen fallen viele Aufgaben an, bei denen **Texte** eine große Rolle spielen. So werden zum Beispiel **Briefe** an Kunden und Lieferanten geschrieben, **Arbeitsverträge** mit neuen Mitarbeitern schriftlich dokumentiert, **Werbetexte** zu Produkten und dem Warensortiment erstellt oder **Rundschreiben** an alle Abteilungen mit wichtigen betrieblichen Informationen verfasst. Häufig werden diese Texte für den Leser optisch ansprechend gestaltet oder mit Grafiken oder Bildern ergänzt.

Textverarbeitungsprogramme wie MS Word 2010 unterstützen den Anwender in diesen Aufgaben. So ist es sehr einfach, ein Dokument zu gestalten, in dem z. B. Abstände zwischen Textpassagen formatiert, der Textabstand vom Seitenrand verändert, die Ausrichtung einer Seite im Querformat eingestellt oder einzelne Wörter durch Fettschrift oder Unterstreichung hervorgehoben werden können.

2 Anwendungsbeispiele für die Textverarbeitung in der Duisdorfer BüroKonzept KG

In der Duisdorfer BüroKonzept KG werden täglich Texte erstellt und bearbeitet. Die nachfolgend aufgeführten Beispiele fallen zwar unterschiedlich häufig an, sind aber typisch für das Unternehmen. Die Verfahren zur Erstellung der gängigsten Beispiele werden im weiteren Text ausführlich dargestellt und mit Übungsaufgaben trainiert.

Produktbeschreibungen

Die Duisdorfer BüroKonzept KG erstellt zu den produzierten Büromöbeln Prospekte mit Produktbeschreibungen. Diese Dokumente enthalten relevante Informationen zu den einzelnen Artikeln und werden ansprechend gestaltet. Beispiele für Gestaltungselemente sind Abbildungen der Büromöbel oder Tabellen, in denen Möbelvarianten mit Maßen und Preisen aufgeführt sind.

Briefe an Kunden und Lieferanten

Der Schriftverkehr der Duisdorfer BüroKonzept KG mit den Geschäftspartnern wird zum Teil durch Briefe abgewickelt, die auf dem Postweg versandt werden. Diese Briefe müssen nach bestimmten formalen Regeln gestaltet sein. Die Regeln für die Gestaltung eines Briefformulars sind in Deutschland in der DIN 5008 aufgeführt. Die Formulierung des Brieftextes sollte in einer angemessenen und höflichen Schriftsprache erfolgen.

Formulare, die auch online ausgefüllt werden können

Zur Vereinfachung der Erfassung von Informationen nutzt die Duisdorfer BüroKonzept KG häufig Formulare, in denen Positionen angekreuzt werden oder Eingaben an festgelegten Stellen vorgenommen werden. Dies reduziert auch den zeitlichen Aufwand für die Erfassung von Daten. So verwendet das Unternehmen z. B. ein Formular zur Abrechnung der Dienstreisen der Außendienstmitarbeiter.

Serienbriefe

In gezielten Werbeaktionen sollen z. B. alle Kunden im Verkaufsgebiet West über eine Sonderaktion informiert werden. Dabei ist geplant, dass alle Adressaten inhaltlich denselben Brief erhalten, der aber in persönlichen Angaben auf die einzelnen Empfänger abgestimmt ist. Der Brief wirkt auf den Kunden dann so, als ob er speziell für ihn erstellt wurde.

Dokumente für die betriebsinterne Kommunikation

Auch innerhalb des Unternehmens Duisdorfer BüroKonzept KG müssen Informationen auf schriftlichem Wege an die Mitarbeiter geleitet werden. Dies erfolgt z. B. durch interne Rundschreiben. Oft ist es auch erforderlich, dass von Sitzungen und Gesprächen Protokolle erstellt werden, damit man später Entscheidungen nachlesen oder getroffene Vereinbarungen nachweisen kann.

3 Die Nutzung des 10-Finger-Tastschreibens bei der Erfassung von Texten

Eine gute Möglichkeit, Texte am Rechner schnell zu erfassen, bietet das 10-Finger-Tastschreiben. Dabei werden die einzelnen Tasten einer PC-Tastatur immer mit einem bestimmten Finger der rechten oder linken Hand bedient. Im Idealfall ist es nicht mehr nötig, die Tastatur bei der Eingabe „anzusehen", weil die Finger bei einer gewissen Übung ihre Tasten blind finden.

3.1 Das Online-Tastschreibprogramm TIPPIKA

Eine Anleitung zum Erlernen des 10-Finger-Tastschreibens bietet das Online-Lernprogramm TIPPIKA, dessen Nutzungsrecht Sie mit dem Kauf dieses Buches erworben haben. Rufen Sie das Programm unter www.tippika.de auf. Registrieren Sie sich – nach Eingabe des auf der inneren Umschlagseite dieses Buches abgedruckten Codes – bitte als Erstanmelder auf der Registrierungsseite und erstellen Sie sich eine eigene Kennung. Alle Hinweise zur Nutzung des Lernprogramms finden Sie in der **Anleitung** auf der Seite www.tippika.de. In den Übungen und Schreibtrainings können Sie Ihre Fertigkeiten im Umgang mit der Tastatur kontinuierlich verbessern. Persönliche Statistiken zeigen Ihnen einen Überblick über die durchgeführten Übungen und Ihren Lernfortschritt an.

Web

3.2 Empfehlungen zum Lernen mit TIPPIKA

Lesen Sie sich die Anleitung zur Nutzung des Online-Lernprogramms TIPPIKA zunächst sorgfältig durch. Prägen Sie sich die Grundlagen zur Nutzung der Tastatur ein. Beginnen Sie dann mit der Erarbeitung des Tastenfeldes. Planen Sie täglich 10 bis 15 Minuten für die Arbeit mit dem Lernprogramm ein. Dadurch sichern Sie eine kontinuierliche Erweiterung Ihrer Tastaturfertigkeiten und vermeiden eine Überlastung der Sehnen und Gelenke Ihrer Finger.

Wir wünschen Ihnen viel Erfolg und Lernfreude bei der Arbeit mit TIPPIKA.

4 Grundlagen der Verwendung von MS Word 2010

4.1 Die Benutzeroberfläche des Textverarbeitungsprogramms MS Word 2010

MS Word 2010 hat eine Benutzeroberfläche, die charakteristisch für alle in Microsoft Office enthaltenen Programme ist und viele Gemeinsamkeiten mit der Struktur von MS PowerPoint 2010 aufweist.

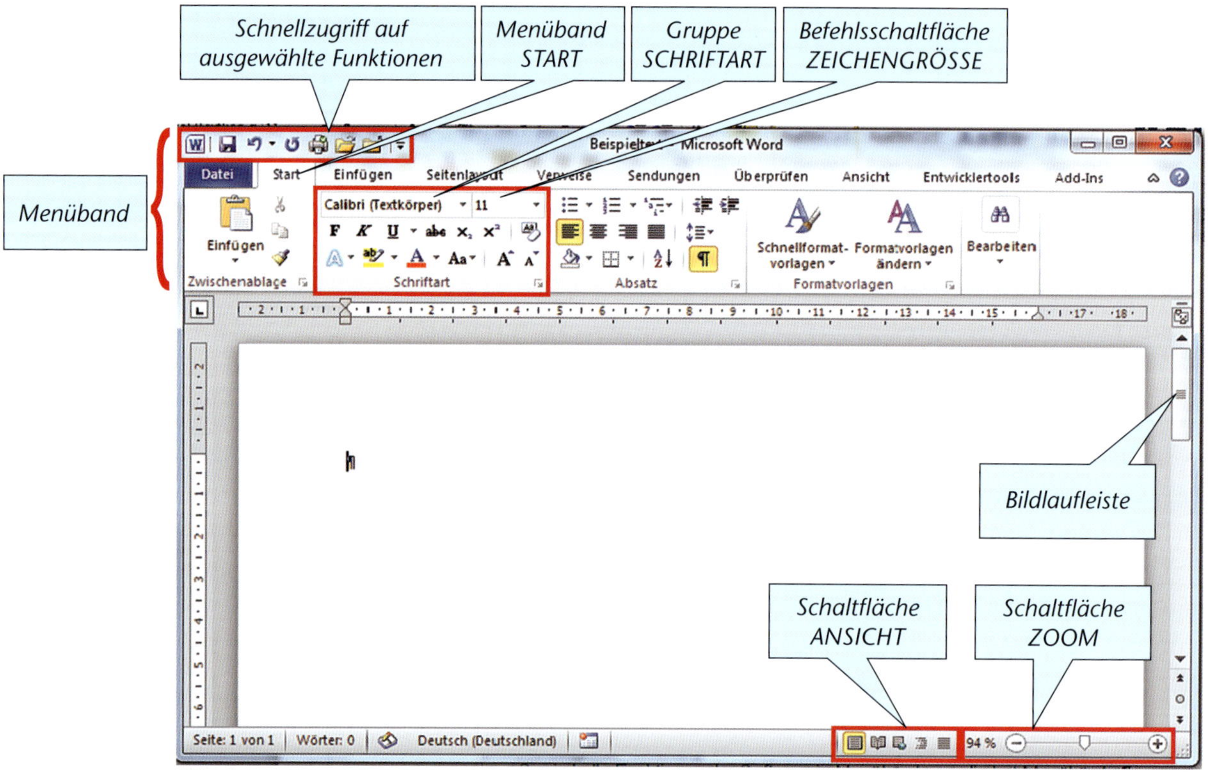

Abbildung 4.1: *Der Bildschirmaufbau des Textverarbeitungssystems MS Word 2010*

4.1.1 Grundlegende Struktur der Benutzeroberfläche von MS Word 2010

So liegen über dem Bereich, in dem die Texte erfasst und bearbeitet werden, die Menübänder mit den jeweils zugehörigen Bedienelementen und Funktionen, die zu Gruppen zusammengefasst sind. Im Menüband START können beispielsweise Formatierungen für einzelne Zeichen in der Gruppe SCHRIFTART (z. B. Schriftgröße, Schriftfarbe, Schriftart) oder Formatierungen für Textabsätze in der Gruppe ABSATZ (z. B. Zeilenabstand, Textausrichtung, Einrückungen) eingestellt werden.

4.1.2 Die Arbeit mit den Bedienelementen in MS Word 2010

Die einzelnen Befehlsschaltflächen können mit der Maus direkt angeklickt werden. So kann z. B. ein markierter Absatz im Blocksatz ausgerichtet werden, indem die entsprechende Befehlsschaltfläche im Menüband START in der Gruppe ABSATZ angeklickt wird.

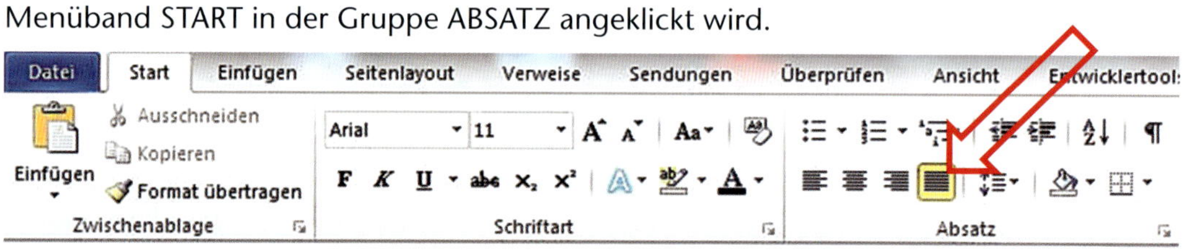

Abbildung 4.2: *Der Aufruf eines Befehls durch Mausklick auf die Befehlsschaltfläche*

Alternativ können Befehle auch durch Tastenkombinationen ausgelöst werden. So wird ein markierter Absatz in Blocksatz formatiert, indem die Tastenkombination Strg+B eingegeben wird. Die jeweiligen Tastenkombinationen werden dem Anwender angezeigt, wenn er mit der Maus (ohne Klick) über die jeweilige Befehlsschaltfläche fährt.

4.1.3 Die Verwendung des Kontextmenüs

Das **Kontextmenü** ist eine sehr hilfreiche Unterstützung des Anwenders bei der Verwendung von Programmen. Aufgerufen wird das Kontextmenü durch einen Klick der rechten Maustaste. Welche Inhalte das Kontextmenü anzeigt, hängt davon ab, wo der Klick erfolgt.

Beispiel

*Das Wort **Kontextmenü** im letzten Absatz soll unterstrichen und fett dargestellt werden.*

Lösung

1. *Wort Kontextmenü markieren (Doppelklick auf dem Wort)*
2. *Maus über das Wort **Kontextmenü** fahren und rechte Maustaste klicken*
3. *auf Schriftart klicken*
4. *Auswahl fett und unterstrichen aktivieren (siehe Schriftschnitt)*

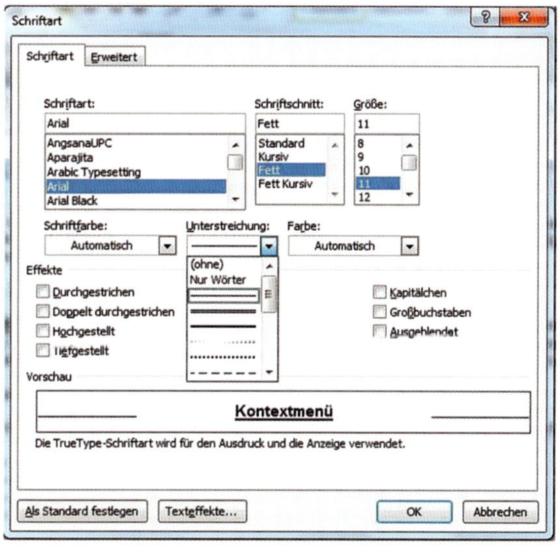

Abbildung 4.3: *Beispiel für ein Kontextmenü*

4.1.4 Die Symbolleiste für den Schnellzugriff anpassen

Die Symbolleiste für den Schnellzugriff befindet sich ganz oben im Bildschirmfenster. In ihr können Befehlsschaltflächen angeordnet werden, die durch Mausklick direkt angesteuert werden. Hierbei ist es nicht erforderlich, erst das entsprechende Menüband anzusteuern. Die Symbolleiste für den Schnellzugriff kann damit den individuellen Anwendungsbedürfnissen des Nutzers von MS Word 2010 angepasst werden.

Beispiel

Sie möchten den direkten Zugriff auf die Befehlsschaltflächen ÖFFNEN, SPEICHERN, SCHLIESSEN, SCHNELLDRUCK, KOPIEREN und EINFÜGEN haben. Klicken Sie zur Einrichtung der Befehlsschaltflächen in der Symbolleiste für den Schnellzugriff auf den Pfeil in der Symbolleiste. Es öffnet sich das Fenster zur Auswahl der entsprechenden Befehlsschaltflächen.

Wählen Sie nacheinander

- Öffnen
- Speichern
- Schnelldruck

durch Anklicken aus.

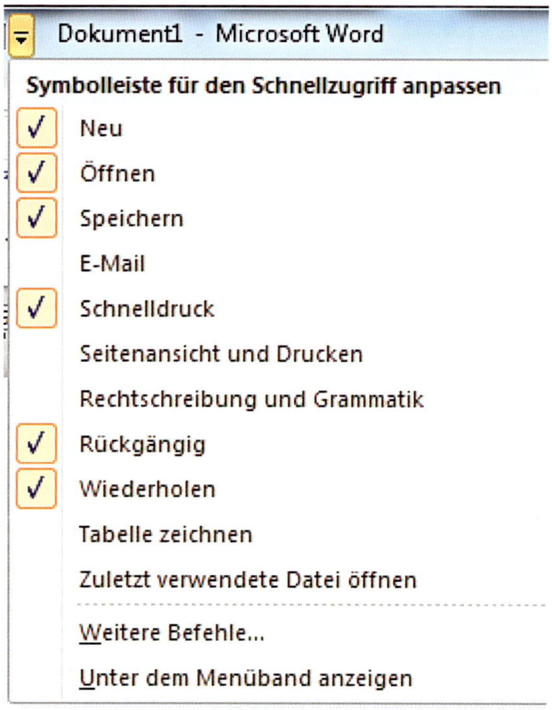

Abbildung 4.4: *Symbolleiste für den Schnellzugriff anpassen*

Die entsprechenden Befehlsschaltflächen erscheinen in der Symbolleiste für den Schnellzugriff. Die weiteren Befehlsschaltflächen finden sich bei WEITERE BEFEHLE. Nach Klicken auf WEITERE BEFEHLE werden weitere Auswahlmöglichkeiten sichtbar. Fügen Sie aus dem linken Fensterbereich – die Auswahlmöglichkeiten sind alphabetisch aufsteigend angeordnet – die weiteren Befehlsschaltflächen für den Schnellzugriff in den rechten Fensterbereich.

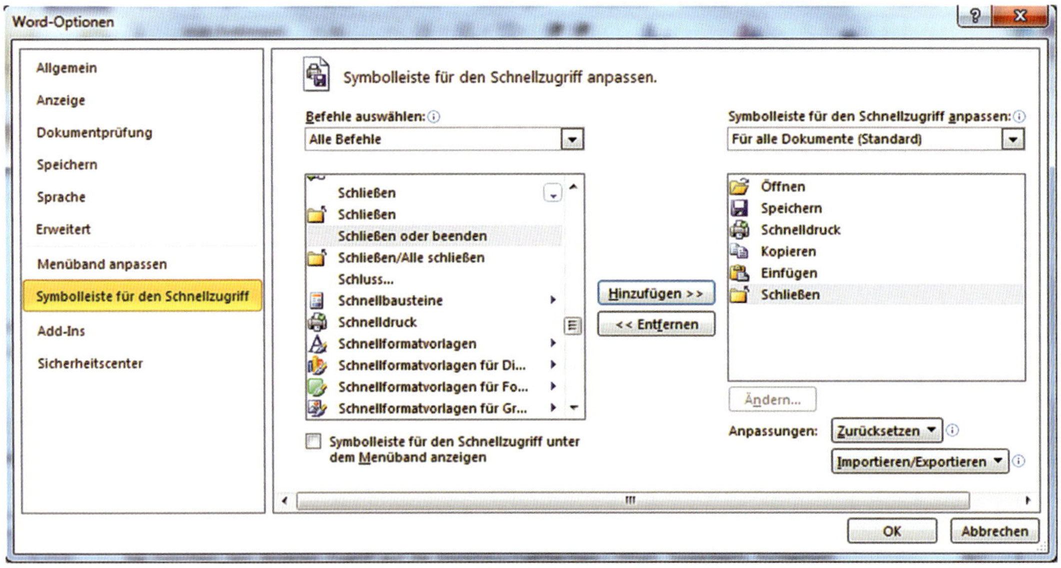

Abbildung 4.5: *Befehle für die Symbolleiste für den Schnellzugriff anpassen*

Dabei werden zunächst nur HÄUFIG VERWENDETE BEFEHLE angezeigt. Hier finden sich die Befehlsschaltflächen KOPIEREN und EINFÜGEN. Weitere Befehlsschaltflächen können durch Auswahl ALLE BEFEHLE bei BEFEHLE AUSWÄHLEN im linken Fensterbereich zur Ansicht gebracht werden. Hierzu ist die Auswahl von SCHLIESSEN erforderlich. Das Fenster zum Einrichten der Symbolleiste für den Schnellzugriff kann auch über DATEI – OPTIONEN – SYMBOLLEISTE FÜR DEN SCHNELLZUGRIFF geöffnet werden.

Richten Sie sich die Symbolleiste für den Schnellzugriff nach Ihren Bedürfnissen ein. Ergänzen Sie im Verlauf der Nutzung von MS Word 2010 weitere Befehlsschaltflächen. Ihre Auswahl wird beim Schließen von Word gespeichert und steht Ihnen beim nächsten Öffnen wieder zur Verfügung.

4.2 Texte erfassen

Wenn von Erfassen von Texten gesprochen wird, ist damit die Übertragung von Sprache in den Computer gemeint. Dies kann durch die Eingabe von Texten über die Tastatur oder durch die Spracherfassung mit anderen Eingabegeräten, wie z. B. Mikrofon oder Scanner, erfolgen, die mit einem Spracherkennungsprogramm gekoppelt sind. Die vorliegende Schulungsunterlage ist so konzipiert, dass alle Texte über die Tastatur erfasst werden.

Ausgangssituation

In der Duisdorfer BüroKonzept KG wurde eine neue Produktlinie entwickelt. Sie umfasst das Büromöbelprogramm ***Naturkontor***, das unter anderem den Aspekt der Nachhaltigkeit berücksichtigt. Dabei spielte unter anderem die Verwendung regionaler Rohstoffe, wie schnell nachwachsende Hölzer aus der näheren Umgebung, und eine hohe Funktionalität und individuelle Kombination der Möbelelemente eine bedeutende Rolle. Wichtig war auch, dass die Möbel ein ansprechendes Design haben und ergonomische Anforderungen erfüllen.

Die neue Produktlinie soll nun bekannt gemacht werden. Hierzu werden u. a. Produktinformationen gestaltet, die den Stammkunden der Duisdorfer BüroKonzept KG in einer Werbeaktion zugesendet werden. Die Informationsblätter werden Bilder der neuen Möbel und wichtige Merkmale der Produktlinie in gut strukturierter und attraktiver Darstellung enthalten.

Ihre Aufgabe ist es, das Informationsblatt für die Schreibtische aus der Linie ***Naturkontor*** mit dem Programm MS Word 2010 zu erstellen. Alle Inhalte der Produktbeschreibung wurden Ihnen durch den verantwortlichen Mitarbeiter der Produktionsabteilung zur Verfügung gestellt.

Die Produktinformation wird im Kapitel 4 in mehreren Schritten entwickelt. Wir behandeln dabei wichtige Verfahrensweisen bei der Gestaltung von Dokumenten. Sie werden an mehreren Stellen aufgefordert, die Datei zu speichern. Es wird immer der Dateiname **04_naturkontor_schreibtische_0x** verwendet. x ist eine fortlaufende Ziffer, die den jeweiligen Bearbeitungsstand kennzeichnet. Die Bearbeitung in einem Abschnitt baut immer auf die Dateiversion auf, die im vorherigen Abschnitt gespeichert wurde.

Arbeitsauftrag 1

Erfassen Sie zunächst den Text der Produktbeschreibung. Er ist nachfolgend abgedruckt. Ein Absatz wird durch Betätigen der ENTER-Taste eingegeben **und** bewirkt einen Vorschub des Cursors in die neue Zeile.

Naturkontor
Unser neues Möbelprogramm für Ihr Büro
individuell
ergonomisch
formschön
nachhaltig
funktionell
Naturkontor
Verantwortung für Mensch und Natur, das waren unsere Leitmotive bei der Entwicklung des neuen Möbelprogramms für Ihr Büro. Entstanden ist ein Sortiment aus Tischen, Regalen und Schränken, die Ihr Büro zu einem attraktiven Arbeitsplatz machen.
Was zeichnet das Tischsortiment im Programm Naturkontor aus?
Design
Naturkontor steht für klare Linien und die Schönheit des Holzes. Massive Vierkantbeine aus Vollholz und die ausdrucksstarke Maserung des Furniers der Tischplatte wirken natürlich und formschön.
Ergonomie
Die Höhe der Tische ist von 68 bis 76 cm verstellbar und lässt sich damit an die Wünsche des Anwenders anpassen. Alle Anforderungen der EU-Richtlinien für Bildschirmarbeitsplätze werden erfüllt.
Nachhaltigkeit
Für die Herstellung von Möbeln im Programm Naturkontor wird ausschließlich nachwachsendes Holz aus der Region als Rohstoff verwendet. Damit schonen wir natürliche Ressourcen und vermeiden lange Transportwege. Die Oberflächen sind mit Lacken auf Wasserbasis kratzfest versiegelt.
Individualität
Die Elemente im Programm Naturkontor sind individuell und flexibel miteinander zu kombinieren. Wir bieten unterschiedliche Formen und Größen der Tischplatten an. Winkel- und Ansatzplatten lassen zusätzliche Oberflächenvarianten zu.
Funktionalität
Naturkontor steht für durchdachte Einsatzfähigkeit im Büro. Flexibel gestaltete Kabelführungen und großzügige Kabelkanäle erlauben ein sicheres und unauffälliges Management von Strom- und Netzkabeln.

4.3 Texte speichern

Der von Ihnen erfasste Text soll nun gespeichert werden. Wie bei anderen MS-Office-Programmen sind auch bei MS Word 2010 die Befehle zum Speichern von Dateien im Menüband DATEI angeordnet.

Soll der neu erstellte Text erstmals gespeichert werden, öffnet sich beim Klick auf die Befehlsschaltfläche SPEICHERN ein Dialogfenster, in dem die Optionen für die Speicherung des Dokuments eingestellt werden können.

Abbildung 4.6: *Befehlsschaltflächen im Menüband DATEI*

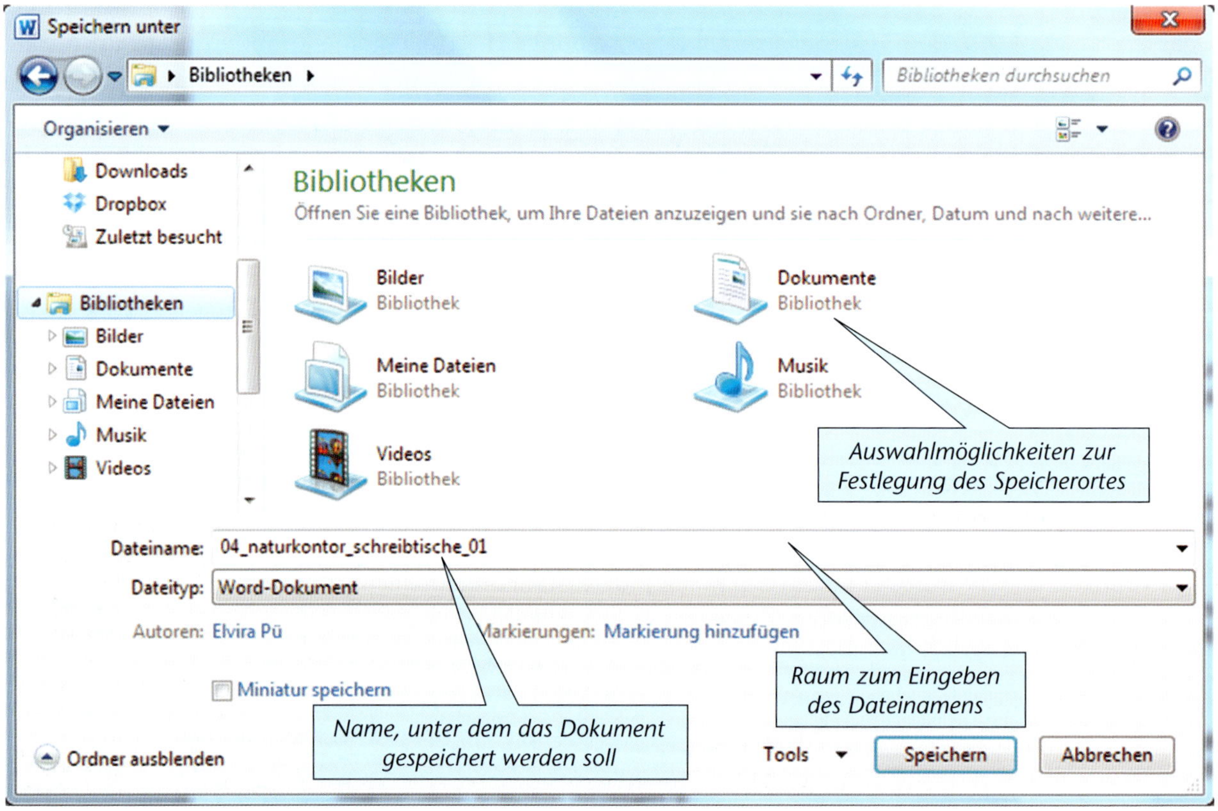

Abbildung 4.7: *Das Fenster zur Einstellung der Speicheroptionen*

Nach Einstellen der Speicheroptionen und Klick auf die Befehlsschaltfläche SPEICHERN wird der Speichervorgang ausgelöst. Klären Sie im Unterricht, wo Ihre Dateien gespeichert werden sollen. Falls Sie in einem Schulnetz arbeiten, werden Sie ein eigenes Benutzerkonto haben und damit auch einen eigenen Ordner, auf den Sie einen Zugriff mit den entsprechenden Rechten haben. Im Folgenden gehen wir davon aus, dass alle Dateispeicherungen in Ihrem Ordner erfolgen. Falls Dateinamen angegeben werden, sind sie fett geschrieben.

Arbeitsauftrag 2

Speichern Sie das erstellte Dokument zur neuen Möbelreihe ***Naturkontor*** unter dem Dateinamen **04_naturkontor_schreibtische_01**.

Beim nächsten Klick auf die Befehlsschaltfläche DATEI – SPEICHERN erfolgt die Speicherung mit den Optionen, die beim erstmaligen Speichern festgelegt wurden. Sollen für dasselbe Dokument neue Speicheroptionen eingestellt werden, muss der Speichervorgang mit DATEI – SPEICHERN UNTER ausgelöst werden. In diesem Fall öffnet sich wieder das Dialogfenster zum Einstellen der Speicheroptionen.

4.4 Dokumente gestalten

Ausgangssituation
Mit der Gestaltung der Informationsblätter beabsichtigt die Duisdorfer BüroKonzept KG die Aufmerksamkeit des Kunden beim Lesen auf wichtige Merkmale der Büromöbel zu richten. Außerdem sollen die Dokumente attraktiv gestaltet sein. Dies ist nun Ihre Aufgabe.

4.4.1 Zeichen formatieren

Die Optionen zur Formatierung von einzelnen oder mehreren Zeichen sind im Menüband START in der Gruppe SCHRIFTART platziert. Ein Zeichen oder eine Zeichenfolge muss vor dem Formatieren immer erst markiert werden.

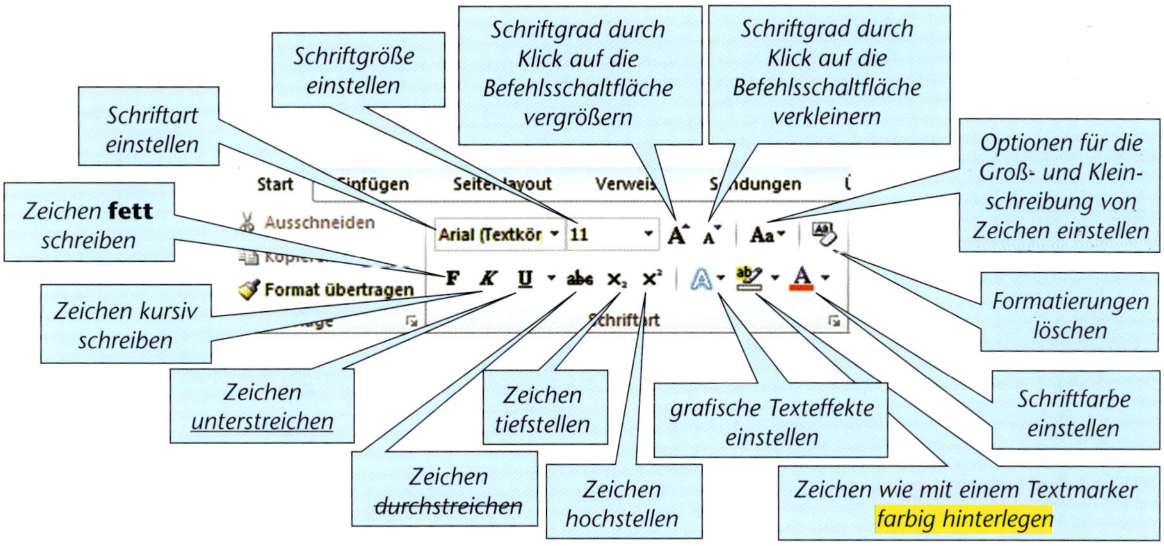

Abbildung 4.8: *Möglichkeiten der Zeichenformatierung in MS Word 2010*

Mit Klick auf die Pfeile, die neben einigen Optionen zur Einstellung der Zeichenformatierungen dargestellt sind, werden weitere Auswahlmöglichkeiten zu der jeweiligen Option angezeigt.

Beispiel
Das Wort Schreibtisch soll doppelt unterstrichen werden. Erst wird das Wort markiert, dann wird die Auswahlliste zur Unterstreichung mit einem Klick auf den Pfeil neben der Befehlsschaltfläche für die Unterstreichung geöffnet und die entsprechende Auswahl vorgenommen.

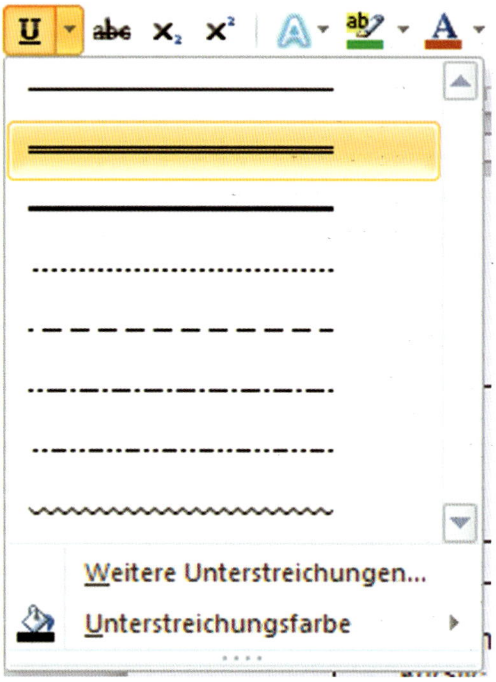

Abbildung 4.9: *Zeichen untersteichen*

Das Dialogfenster SCHRIFTART kann durch Klick auf den Pfeil rechts unten in der Gruppe SCHRIFTART angezeigt werden. Hier können alle Möglichkeiten der Zeichenformatierung noch einmal in anderer Form ausgewählt werden.

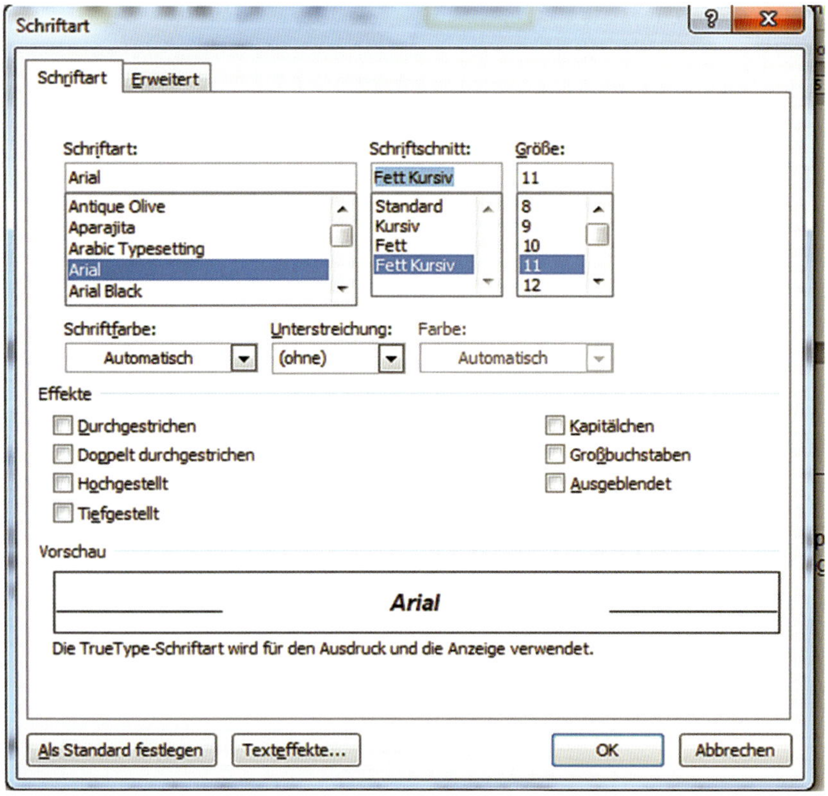

Abbildung 4.10: Dialogfenster zur Formatierung von Zeichen

Im Registerblatt ERWEITERT finden sich weitere Möglichkeiten der Zeichenformatierung. Soll z. B. der Abstand zwischen markierten Zeichen vergrößert werden, so ist dies mit der Auswahl ABSTAND – ERWEITERT und der Angabe des gewünschten Abstands (hier 1,5 Pt.) möglich.

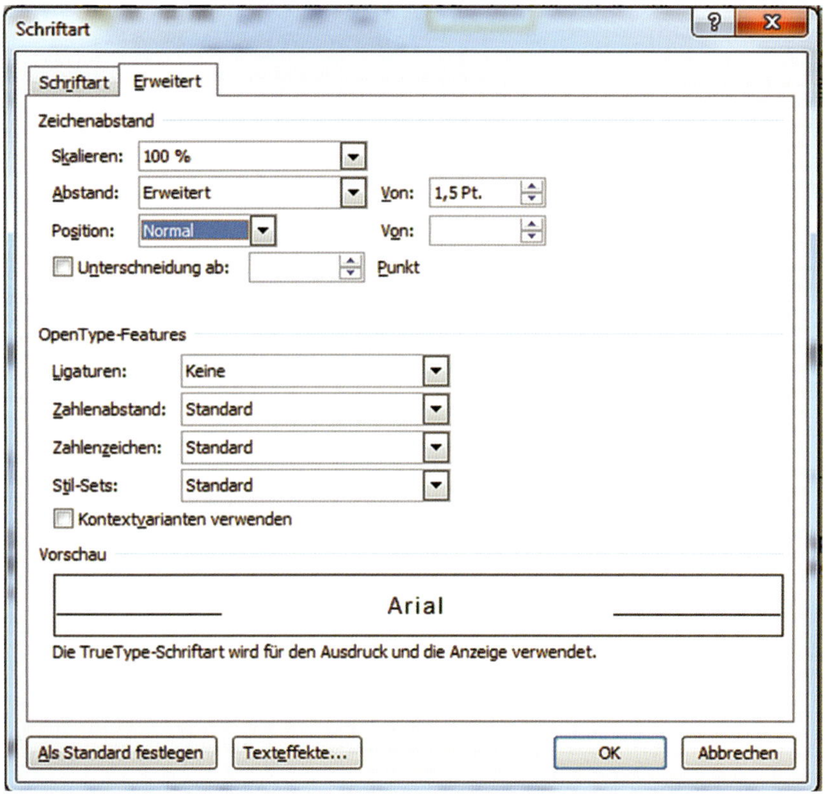

Abbildung 4.11: Dialogfenster zur erweiterten Formatierung von Zeichen

Arbeitsauftrag 3

Formatieren Sie den Text Produktbeschreibung ***Naturkontor*** Schreibtische in der unten abgedruckten Weise. Ausgewählte Formatierungen sind in den jeweiligen Sprechblasen angegeben. Öffnen Sie dazu die Datei **04_naturkontor_schreibtische_01**.

Speichern Sie die Datei nach Bearbeitung der Aufgabe unter dem Dateinamen **04_naturkontor_schreibtische_02**.

Naturkontor

Texteffekte Farbverlauf – Schwarz, Kontur Weiß, Äußerer Schatten Schriftgrad 16, Skalieren 150 %

Unser neues Möbelprogramm für Ihr Büro

individuell
ergonomisch
formschön
nachhaltig
funktionell

Texthervorhebungsfarbe grau

Naturkontor

fett, kursiv, unterstrichen Abstand erweitert, 3 Pt.

Verantwortung für **Mensch** und **Natur**, das waren unsere **Leitmotive** bei der Entwicklung des neuen Möbelprogramms für Ihr Büro. Entstanden ist ein Sortiment aus Tischen, Regalen und Schränken, die Ihr Büro zu einem attraktiven Arbeitsplatz machen.
Was zeichnet das Tischsortiment im Programm Naturkontor aus?

Design

Naturkontor steht für klare Linien und die Schönheit des Holzes. Massive **Vierkantbeine** aus Vollholz und die ausdrucksstarke Maserung des Furniers der Tischplatte wirken natürlich und formschön.

Ergonomie

Die **Höhe** der Tische ist von 68 bis 76 cm **verstellbar** und lässt sich damit an die Wünsche des Anwenders anpassen. Alle Anforderungen der EU-Richtlinien für Bildschirmarbeitsplätze werden erfüllt.

Nachhaltigkeit

Für die Herstellung von Möbeln im Programm Naturkontor wird ausschließlich **nachwachsendes** Holz aus der **Region** als Rohstoff verwendet. Damit schonen wir natürliche Ressourcen und vermeiden lange Transportwege. Die Oberflächen sind mit Lacken auf Wasserbasis kratzfest versiegelt.

Individualität

Die Elemente im Programm Naturkontor sind individuell und flexibel miteinander **kombinierbar**. Wir bieten unterschiedliche Formen und Größen der Tischplatten an. Winkel- und Ansatzplatten lassen zusätzliche Oberflächenvarianten zu.

Funktionalität

Naturkontor steht für durchdachte Einsatzfähigkeit im Büro. Flexibel gestaltete **Kabelführungen** und großzügige **Kabelkanäle** erlauben ein sicheres und unauffälliges Management von Strom- und Netzkabeln.

4.4.2 Absätze formatieren

Zur Verbesserung der Struktur wurde der Text (siehe Datei **04_naturkontor_schreibtische_02**) bei der Erfassung bereits in Absätze eingeteilt. Wie bereits erwähnt wird ein Absatz in MS Word 2010 immer durch Betätigen der ENTER-Taste abgeschlossen. Die Eigenschaften eines Absatzes können in vielfältiger Weise gestaltet werden. Alle Optionen zur Einstellung eines Absatzes sind in der Gruppe ABSATZ im Menüband START angeordnet.

Zur besseren Orientierung bietet MS Word 2010 die Möglichkeit, sich die Absatzschaltungen durch Klick auf das Symbol ¶ im Menüband START und der Gruppe ABSATZ anzeigen zu lassen. Die Absatzsymbole sind in der Monitoranzeige sichtbar, werden aber nicht gedruckt. Neben den nicht druckbaren Absatzsymbolen werden weitere nicht druckbare Zeichen sichtbar. Im vorliegenden Dokument sind das zum jetzigen Stand lediglich die als Punkt dargestellten Leerzeichen.

Die Optionen zur Formatierung eines Absatzes sind im Menüband START und der Gruppe ABSATZ platziert. Der Absatz muss vor dem Formatieren immer erst markiert werden. Falls neben der Befehlsschaltfläche ein Pfeil angebracht ist, können die jeweiligen Optionen durch Klicken aufgerufen werden.

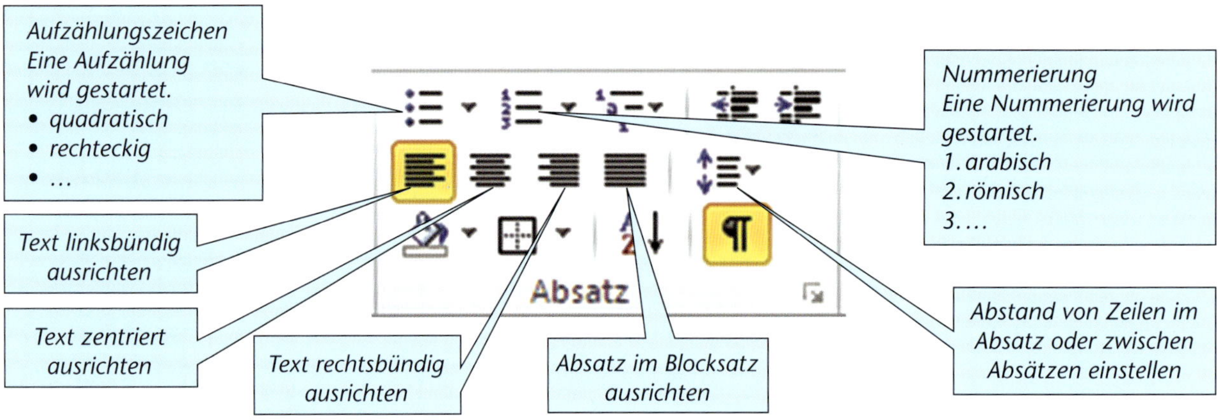

Abbildung 4.12: *Befehlsschaltflächen in der Gruppe ABSATZ zur Formatierung von Absätzen*

Eine besondere Bedeutung bei der Formatierung von Absätzen haben die sogenannten Einzüge. Unter Einzügen versteht man den Abstand des Zeilenanfangs vom linken Rand bzw. den Abstand des Zeilenendes vom rechten Rand.

Beispiel

Unter einer nummerierten Überschrift soll der Text im Absatz unter der Überschrift vom linken Rand mit einem Abstand von 1 cm eingerückt werden.

1. ***Design***
   *Naturkontor steht für klare Linien und die Schönheit des Holzes. Massive **Vierkantbeine** aus Vollholz und die ausdrucksstarke Maserung des Furniers der Tischplatte wirken natürlich und formschön.*
2. ***Ergonomie***
   *Die **Höhe** der Tische ist von 68 bis 76 cm **verstellbar** und lässt sich damit an die Wünsche des Anwenders anpassen.*

Im Beispiel wurden die Überschriften zunächst nummeriert und anschließend ein Sondereinzug von 1 cm eingestellt. Damit erscheint der Text der Überschrift immer 1 cm vom linken Rand. Dies ist dann von Bedeutung, wenn die Überschrift über mehrere Zeilen reicht.

Beispiel

1. *Einzelregelungen in den EU-Richtlinien zur Einrichtung und Gestaltung eines Bildschirmarbeitsplatzes*

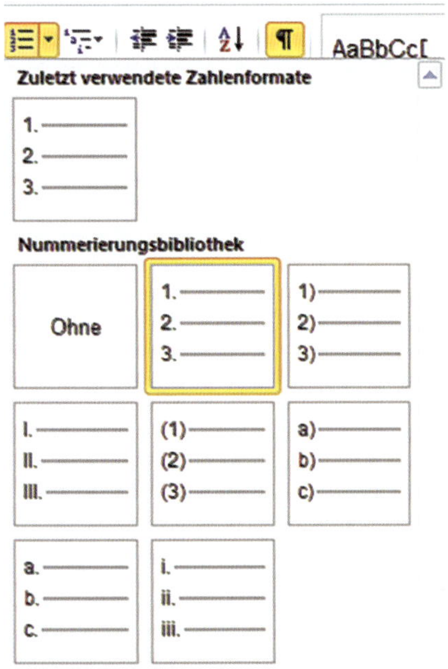

Abbildung 4.13: *Möglichkeiten der Darstellung von Nummerierungen in MS Word 2010*

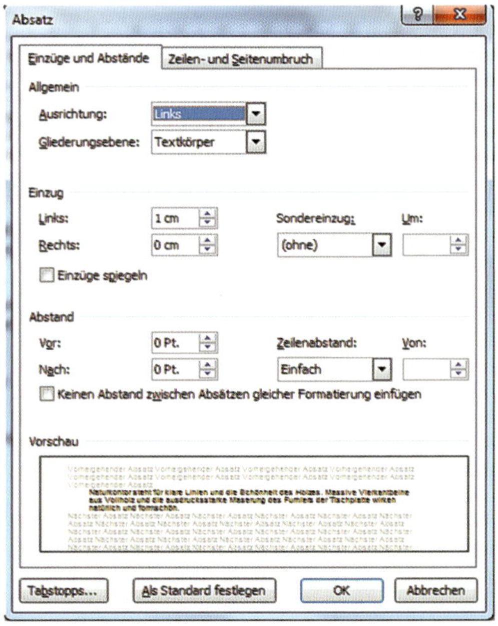

Abbildung 4.14: *Einstellung eines hängenden Sondereinzugs*

Die Texte unterhalb der Überschriften wurden mit einem linken Einzug von 1 cm eingestellt.

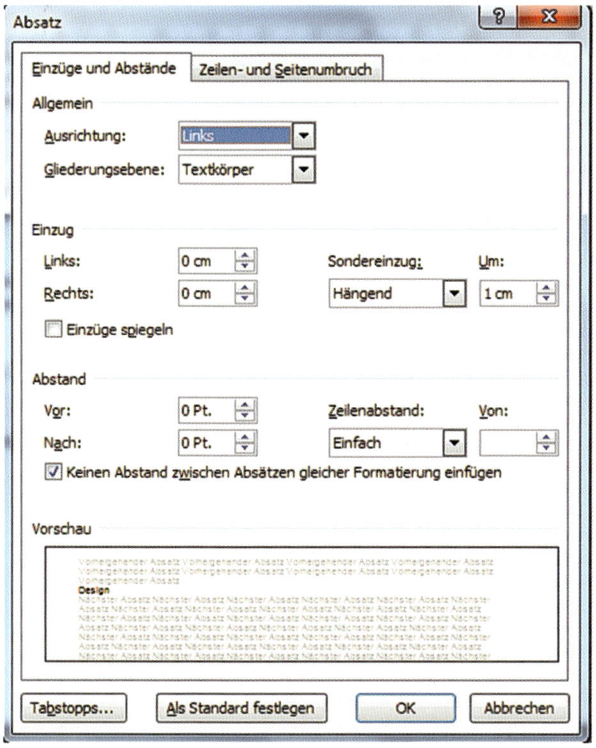

Abbildung 4.15: *Einstellung eines linken Einzugs*

Einzüge können nicht nur in den Dialogfenstern, sondern auch über das sogenannte Lineal eingestellt werden. Das Lineal kann im Menüband ANSICHT in der Gruppe ANZEIGEN durch Anklicken des Kontrollkästchen bei LINEAL oberhalb des geöffneten Dokuments zur Anzeige gebracht werden.

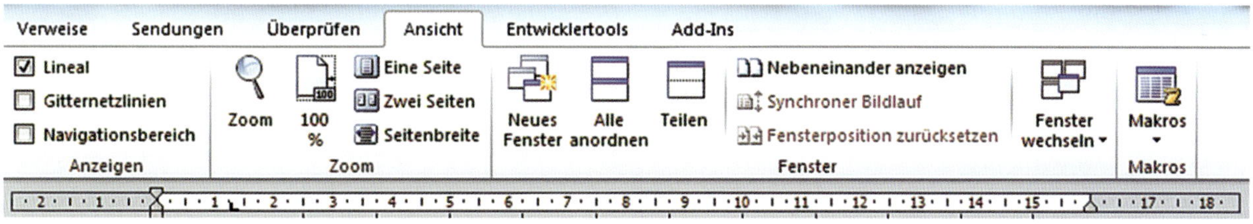

Abbildung 4.16: *Aktivierung der Anzeige des Lineals zur Erleichterung der Absatzformatierung*

Für die Einstellung der linken Einzüge können die markierten Elemente durch Anklicken, Festhalten und Verschieben mit dem Mauszeiger eingestellt werden.

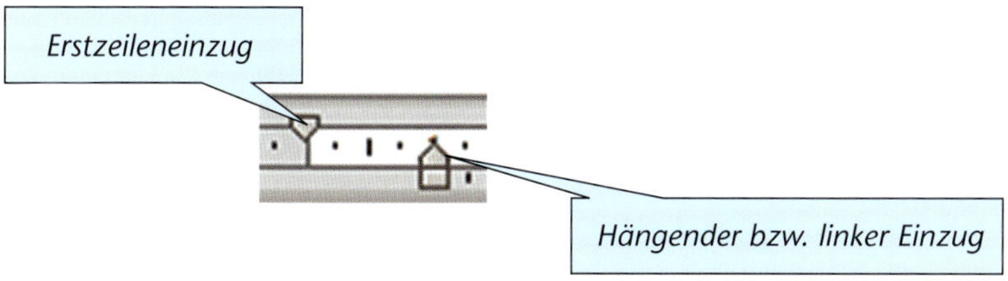

Abbildung 4.17: *Einstellung von Einzügen mithilfe des Lineals*

Arbeitsauftrag 4

Öffnen Sie die Datei **04_naturkontor_schreibtische_02**. Formatieren Sie die Absätze in der Produktbeschreibung, die als Muster nachfolgend abgedruckt ist. Speichern Sie das Dokument unter dem Namen **04_naturkontor_schreibtische_03**.

Naturkontor

<u>**Unser neues Möbelprogramm für Ihr Büro**</u>

- individuell
- ergonomisch
- formschön
- nachhaltig
- funktionell

Naturkontor

Verantwortung für **Mensch** und **Natur**, das waren unsere **Leitmotive** bei der Entwicklung des neuen Möbelprogramms für Ihr Büro. Entstanden ist ein Sortiment aus Tischen, Regalen und Schränken, die Ihr Büro zu einem attraktiven Arbeitsplatz machen.

Was zeichnet das Tischsortiment im Programm Naturkontor aus?

1. **Design**

   Naturkontor steht für klare Linien und die Schönheit des Holzes. Massive **Vierkantbeine** aus Vollholz und die ausdrucksstarke Maserung des Furniers der Tischplatte wirken natürlich und formschön.

2. **Ergonomie**

   Die **Höhe** der Tische ist von 68 bis 76 cm **verstellbar** und lässt sich damit an die Wünsche des Anwenders anpassen. Alle Anforderungen der EU-Richtlinien für Bildschirmarbeitsplätze werden erfüllt.

3. **Nachhaltigkeit**

   Für die Herstellung von Möbeln im Programm Naturkontor wird ausschließlich **nachwachsendes** Holz aus der **Region** als Rohstoff verwendet. Damit schonen wir natürliche Ressourcen und vermeiden lange Transportwege. Die Oberflächen sind mit Lacken auf Wasserbasis kratzfest versiegelt.

4. **Individualität**

   Die Elemente im Programm Naturkontor sind individuell und flexibel miteinander **zu kombinieren.** Wir bieten unterschiedliche Formen und Größen der Tischplatten an. Winkel- und Ansatzplatten lassen zusätzliche Oberflächenvarianten zu.

5. **Funktionalität**

   Naturkontor steht für durchdachte Einsatzfähigkeit im Büro. Flexibel gestaltete **Kabelführungen** und großzügige **Kabelkanäle** erlauben ein sicheres und unauffälliges Management von Strom- und Netzkabeln.

4.4.3 Tabulatoren bei der Formatierung von Absätzen nutzen

Sollen die Zeilen in einem Absatz als Liste gestaltet werden, bietet sich die Arbeit mit Tabulatoren an. Tabulatoren sind Sprungmarken in einer Zeile, an die der Cursor nach Betätigen der Tabulatortaste (Taste über der Feststelltaste) springt.

Ausgangssituation

In die Produktbeschreibung für die Schreibtische im Programm ***Naturkontor*** sollen Sie weitere Informationen zu angebotenen Schreibtischgrößen, zu den einzelnen Artikelnummern und zu den Listenpreisen aufnehmen, die nach einem hinführenden Satz unter einer Überschrift die Maße unterschiedlicher Tischgrößen und die jeweiligen Preise enthält:

Im Büromöbelprogramm Naturkontor bieten wir Schreibtische in den folgenden Abmessungen an:

Breite	**Tiefe**	**Artikelnummer**	**Listenpreis**
140 cm	80 cm	885961	399,00 €
160 cm	80 cm	885963	449,00 €
180 cm	90 cm	885965	599,00 €

Arbeitsauftrag 5

Informieren Sie sich über die Vorgehensweise zum Einfügen von Tabulatoren, indem Sie den nachfolgenden Text lesen.

Vorgehensweise:

Tabulatoren können grundsätzlich auf zwei Wegen eingefügt werden:

1. Einfügen von Tabulatoren mit dem Lineal

Ganz links im Lineal befindet sich ein kleines Kästchen, in dem grundsätzlich ein Linkstabulator angezeigt wird. Klickt man nun mit der Maus an eine beliebige Stelle im Lineal, wird dort ein Linkstabulator positioniert. Durch Klick auf das kleine Kästchen können nacheinander weitere Tabulatorarten ausgewählt werden.

- Tabstopp links → linke Textausrichtung
- Tabstopp zentriert → der Text wird zentriert ausgerichtet
- Tabstopp rechts → rechte Textausrichtung (eingegebene Buchstaben verschieben den Text nach links)
- Tabstopp dezimal → die Kommata von Dezimalzahlen bestimmen die Textausrichtung, d. h. die Dezimalkommata stehen immer untereinander
- Leiste-Tabstopp → an angegebener Position wird ein senkrechter Strich zur Verdeutlichung von Spalten gezeichnet

Die ausgewählten Tabstopps werden im Lineal durch die entsprechenden Symbole dargestellt.

Im Beispiel ergibt sich für die **Überschrift** die folgende Anordnung von Tabulatoren (ausschließlich Tabstopps links):

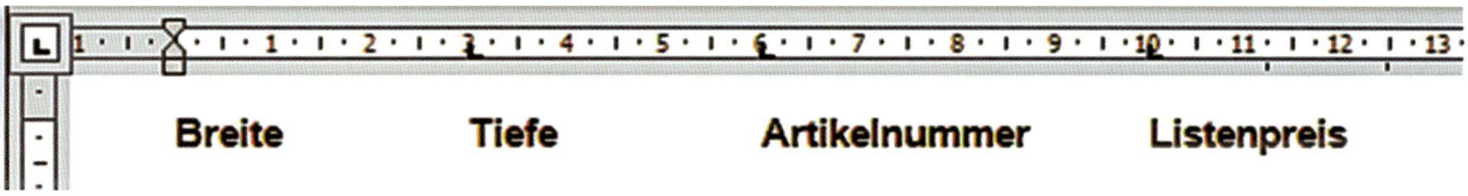

Abbildung 4.18: *Tabstopps für Überschriften mithilfe des Lineals*

Für den **Inhalt der Liste** wurden unterschiedliche Tabstopps gesetzt, die nun in der Linealleiste sichtbar sind.:

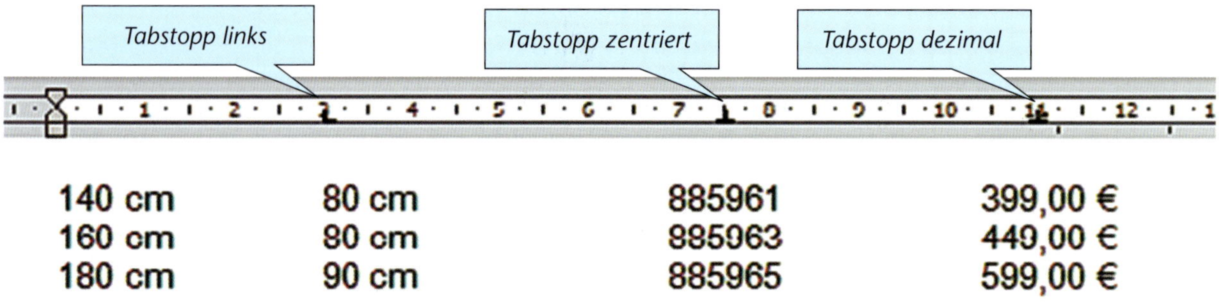

Abbildung 4.19: *Tabstopps für Listeninhalt mithilfe des Lineals*

Nach Einfügen von Leiste-Tabstopps ergibt sich das folgende Bild:

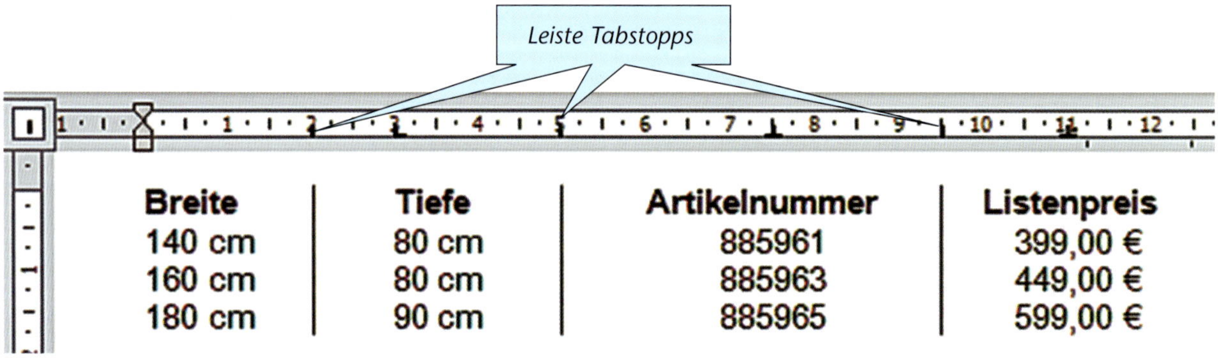

Abbildung 4.20: *Tabstopps für Überschriften mithilfe des Lineals*

2. Hinfügen von Tabstopps mit dem Dialogfenster START – ABSATZ – TABSTOPPS

Das Fenster bietet die Möglichkeit, nach Angabe der Art des Tabstopps die entsprechende Zahl per Tastatur einzugeben. Die Art des Tabulators wird beim Klicken auf die jeweilige Maßangabe in den Kontrollkästchen angegeben. Für die Überschrift und den Inhalt der Liste wurden die folgenden Werte eingegeben (ohne Leiste-Tabstopps):

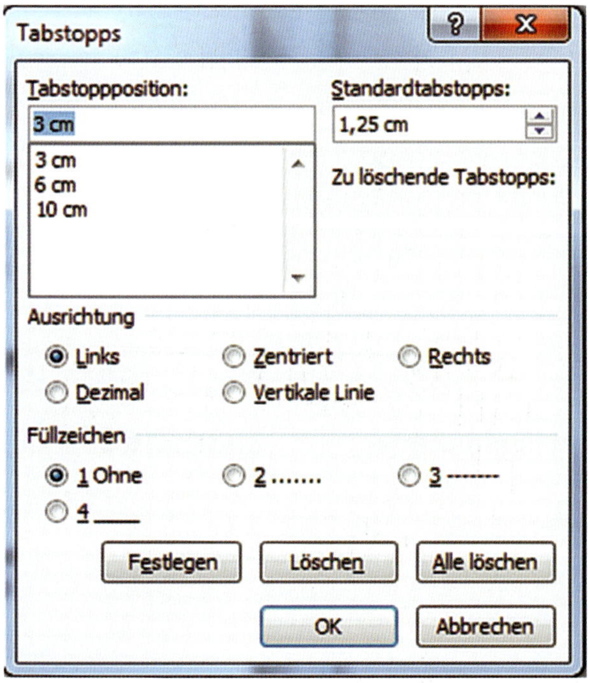

Abbildung 4.21: *Setzen von linken Tabstopppositionen*

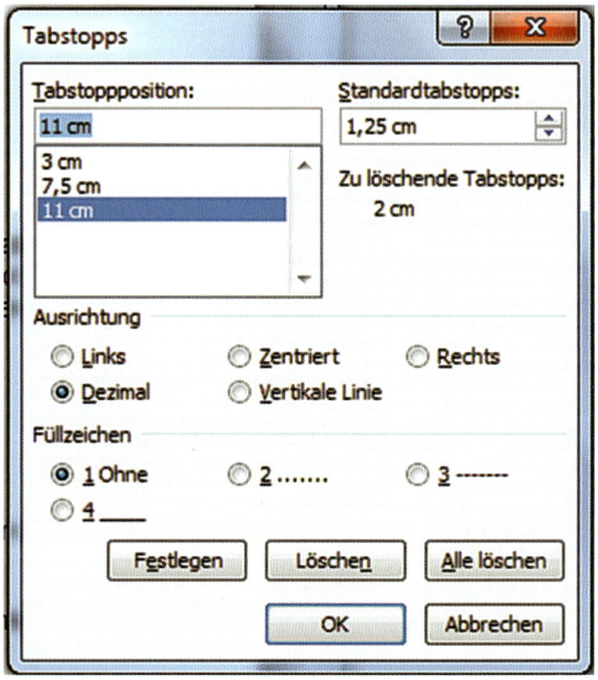

Abbildung 4.22: *Setzen von Tabstopppositionen mit dezimaler Ausrichtung*

Arbeitsauftrag 6

Öffnen Sie die Datei **04_naturkontor_schreibtische_03**. Erfassen Sie den Textbereich mit den weiteren Informationen zu den angebotenen Schreibtischgrößen und zu den einzelnen Artikelnummern und Listenpreisen im Möbelprogramm **Naturkontor** (siehe 4.4.3 Ausgangssituation) nach den bisherigen Produktbeschreibungen. Nutzen Sie für die Gestaltung der Artikelliste mit Überschrift geeignete Tabstopps.
Speichern Sie anschließend das Dokument unter dem Dateinamen **04_naturkontor_schreibtische_04**.

4.4.4 Seiten gestalten

Ausrichtung der Seite

Eine Dokumentenseite kann in MS Word 2010 im Hochformat und im Querformat ausgerichtet werden. Die Befehlsschaltfläche zum Ausrichten einer Seite findet sich im Menüband SEITENLAYOUT – AUSRICHTUNG.

Wir verändern die Seitenausrichtung für die vorliegende Produktinformation zunächst nicht.

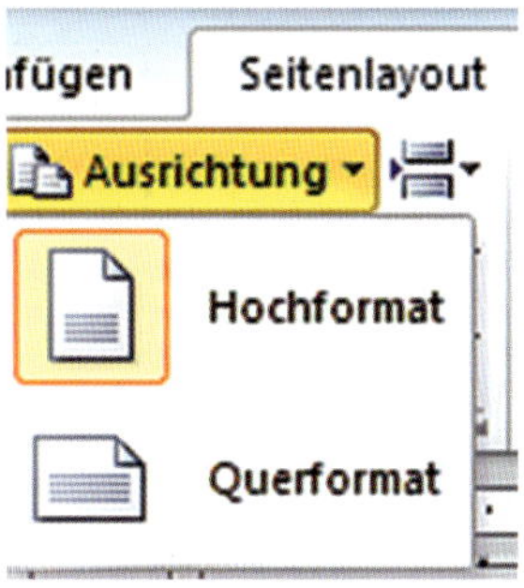

Abbildung 4.23:
Seite ausrichten

Seitenränder einrichten

Seitenränder bestimmen die Abstände des Textes vom Rand des Papiers, das beschriftet werden soll. Unterschieden werden die Abstände

- von oben
- von unten
- von links
- von rechts

Eingestellt werden die Seitenränder im Menüband SEITENLAYOUT – SEITENRÄNDER.

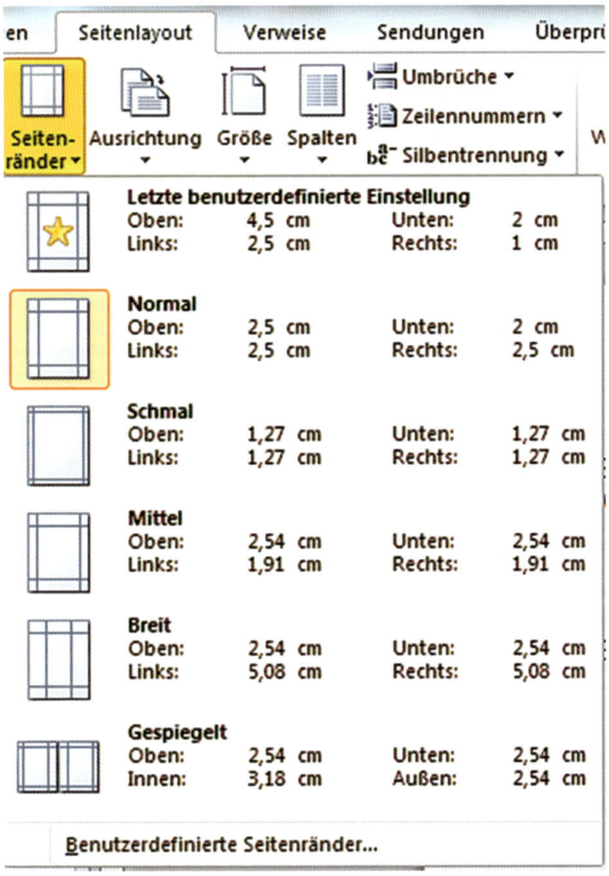

Abbildung 4.24: *Seitenränder einstellen*

In dem sich öffnenden Fenster werden einige Einstellungen für Seitenränder standardmäßig angeboten (z. B. Normal, Schmal, Mittel oder Breit). Individuelle Einstellungen können nach einem Klick auf die Auswahl BENUTZERDEFINIERTE SEITENRÄNDER vorgenommen werden.

Arbeitsauftrag 7

In unserem Bespiel soll die Einstellung der Seitenränder mit den Maßen

- von oben 2 cm
- von unten 2 cm
- von links 2,5 cm
- von rechts 2,5 cm

eingegeben werden.

Speichern Sie das Dokument unter dem Dateinamen **04_naturkontor_schreibtische_05**.

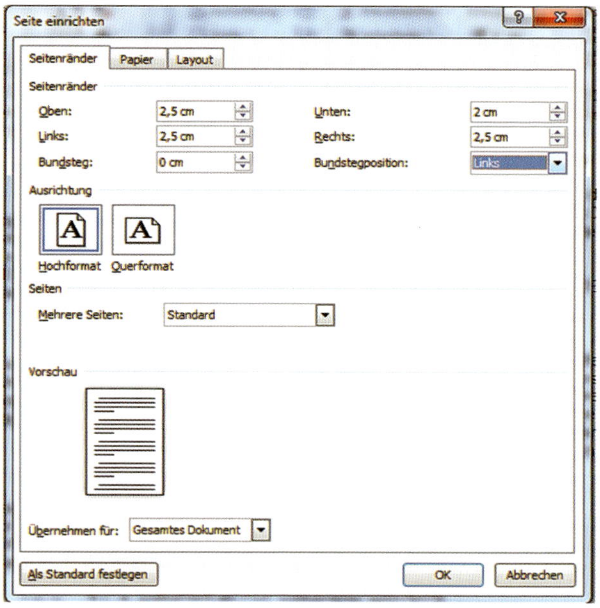

Abbildung 4.25: *Seitenränder nach individuellen Wünschen einstellen*

4.4.5 Kopf- und Fußzeile einrichten und gestalten

Kopf- und Fußzeilen enthalten Inhalte, die auf jeder Seite – auch bei einem mehrseitigen Dokument – am Bildschirm angezeigt und ausgedruckt werden.

Arbeitsauftrag 8

In die Kopfzeile der Produktbeschreibung sollen Sie den Text

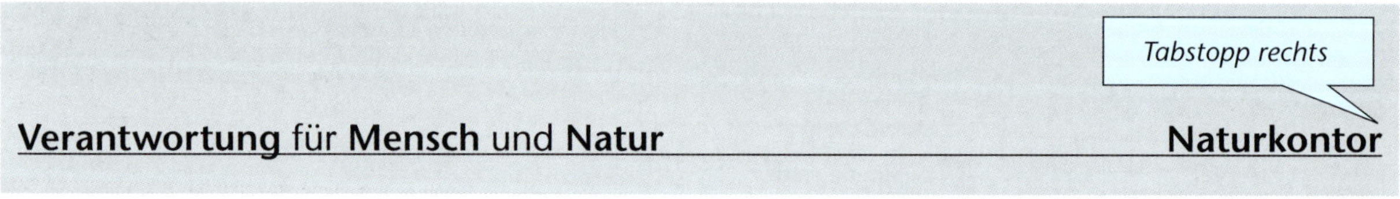

mit Schriftgrad 14 und unterstrichen einfügen.

In der Fußzeile sollen Angaben zur Unternehmung Duisdorfer BüroKonzept KG unterhalb einer Linie mit Schriftgrad 9 angezeigt und ausgedruckt werden:

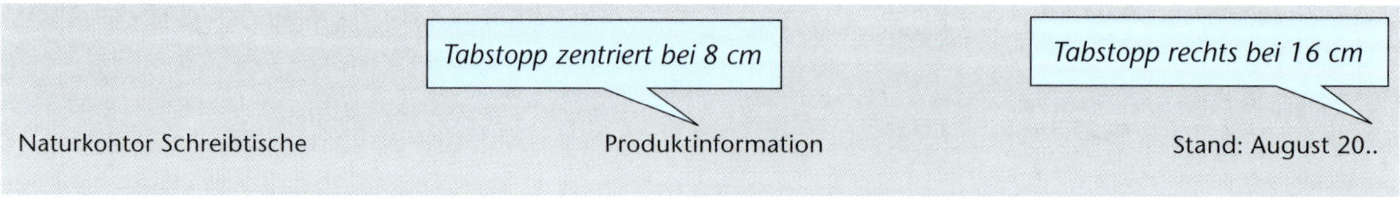

Vorgehensweise:

Web

1. Öffnen Sie zunächst die Datei 04_naturkontor_schreibtische_05.
2. Die Bearbeitung von Kopf- und Fußzeile wird bei MS Word 2010 durch Klicken auf die entsprechende Befehlsschaltfläche im Menüband EINFÜGEN in der Gruppe KOPF- UND FUSSZEILE möglich.

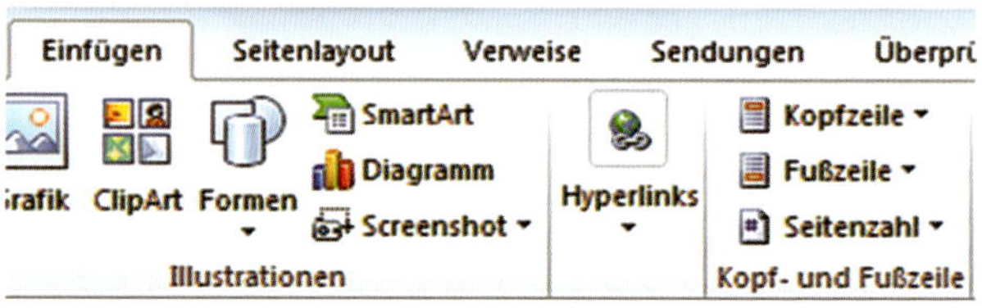

Abbildung 4.26: *Einfügen einer Kopf- oder Fußzeile*

3. Nach dem Klick auf die Befehlsschaltfläche KOPFZEILE öffnet sich ein Dialogfenster, das im oberen Bereich einige vorgestaltete Kopfzeilen anzeigt. Auf unser Dokument passen diese Vorlagen nicht. Deswegen wählen wir die Option KOPFZEILE BEARBEITEN... aus. Anschließend wird die Kopfzeile geöffnet und das restliche Dokument erscheint leicht grau, d.h. eine Bearbeitung des Textes ist derzeit ausgeschlossen. Lediglich die Kopfzeile kann jetzt gestaltet werden.

4. Setzen Sie zunächst die erforderlichen Tabulatoren und geben Sie anschließend den vorgegebenen Text ein.

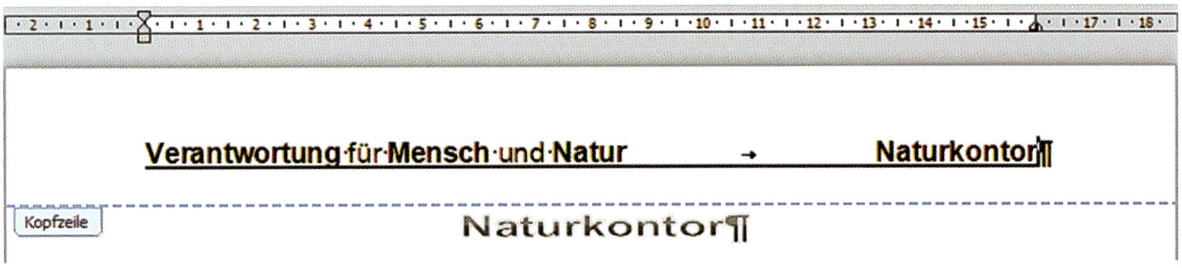

Abbildung 4.27: *Beschriften einer Kopfzeile*

5. Klicken Sie nun auf die Befehlsschaltfläche FUSSZEILE im Menüband EINFÜGEN der Gruppe KOPF- UND FUSSZEILE und wählen auch hier die Option FUSSZEILE BEARBEITEN durch Klicken aus. Setzen Sie wieder zunächst die erforderlichen Tabulatoren und geben Sie dann den vorgesehenen Text mit der entsprechenden Schriftgröße ein. Die Linie oberhalb des Textes kann z.B. durch die Absatzformatierung RAHMENLINIE OBEN im Menüband START, Gruppe ABSATZ oder durch das mehrmalige Betätigen der Tastenkombination SHIFT + Bindestrich veranlasst werden.

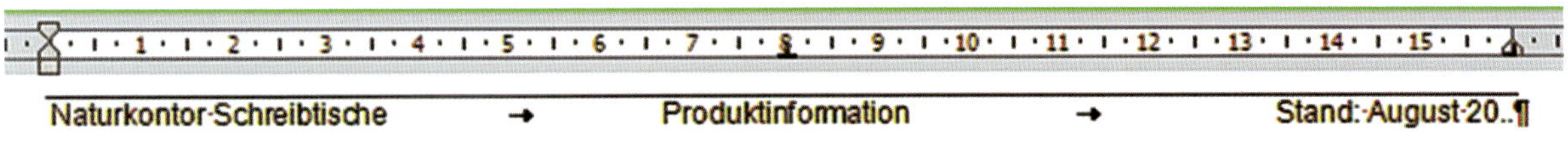

Abbildung 4.28: *Beschriften der Fußzeile*

6. Speichern Sie die Datei unter dem Namen **04_naturkontor_schreibtische_06**.

4.4.6 Seitenumbruch einfügen

Manchmal kann es zweckmäßig sein, im Dokument zu einer neuen Seite zu wechseln, obwohl die Seite noch gar nicht vollständig beschrieben ist. Dies ist zum Beispiel der Fall, wenn die Überschrift zu einem neuen Absatz noch auf der vorherigen Seite erscheint, der Text unterhalb der Überschrift erst auf der neuen Seite beginnt. In diesem Falle sollte auch die Überschrift auf der nächsten Seite erscheinen.

Dies kann erreicht werden, indem manuell ein Seitenumbruch eingefügt wird. Dazu setzen Sie den Cursor an die Stelle, an der der Seitenumbruch gewünscht wird. Fügen Sie anschließend den Seitenumbruch mit SEITENLAYOUT – UMBRÜCHE – SEITE ein.

Arbeitsauftrag 9

Fügen Sie in der Produktbeschreibung (**04_naturkontor_schreibtische_06**) vor dem Text „Im Büromöbelprogramm ...“ einen Seitenvorschub ein. So wird erreicht, dass die Merkmale des Möbelprogramms alle auf einer Seite, die Angaben zu den unterschiedlichen Schreibtischen aber zusammen auf der nächsten Seite aufgeführt sind.

Web

4.4.7 Wasserzeichen einfügen

Ein Wasserzeichen ist ein Text, der hinter dem eigentlichen Text des Dokuments angezeigt wird. Hier können z. B. Hinweise auf die Behandlung des Textes, wie VERTRAULICH oder WICHTIG! dargestellt werden.

Ausgangssituation
In unserer Produktinformation soll die Firma der Duisdorfer BüroKonzept KG diagonal als Wasserzeichen erscheinen.

Arbeitsauftrag 10

Web

Öffnen Sie die Datei 04_naturkontor_schreibische_05. Fügen Sie das Wasserzeichen in der nachfolgend beschriebenen Weise ein.

Vorgehensweise:

1. Klicken Sie auf die Befehlsschaltfläche WASSERZEICHEN im Menüband SEITENLAYOUT und wählen Sie die Option BENUTZERDEFINIERTES WASSERZEICHEN … durch Klicken aus.
2. Verändern Sie die Einstellungen im Dialogfenster in der abgebildeten Weise.

***Abbildung 4.29:** Einstellungen für ein Textwasserzeichen*

3. Speichern Sie das Dokument unter dem Namen **04_naturkontor_schreibtische_07**. Die erste Seite der Produktinformation hat nun das nachfolgend dargestellte Aussehen:

Verantwortung für **Mensch** und **Natur** **Naturkontor**

Naturkontor

Unser neues Möbelprogramm für Ihr Büro

- individuell
- ergonomisch
- formschön
- nachhaltig
- funktionell

Naturkontor

Verantwortung für **Mensch** und **Natur**, das waren unsere **Leitmotive** bei der Entwicklung des neuen Möbelprogramms für Ihr Büro. Entstanden ist ein Sortiment aus Tischen, Regalen und Schränken, die Ihr Büro zu einem attraktiven Arbeitsplatz machen.

Was zeichnet das Tischsortiment im Programm Naturkontor aus?

1. **Design**

   Naturkontor steht für klare Linien und die Schönheit des Holzes. Massive **Vierkantbeine** aus Vollholz und die ausdrucksstarke Maserung des Furniers der Tischplatte wirken natürlich und formschön.

2. **Ergonomie**

   Die **Höhe** der Tische ist von 68 bis 76 cm **verstellbar** und lässt sich damit an die Wünsche des Anwenders anpassen. Alle Anforderungen der EU-Richtlinien für Bildschirmarbeitsplätze werden erfüllt.

3. **Nachhaltigkeit**

   Für die Herstellung von Möbeln im Programm Naturkontor wird ausschließlich nachwachsendes Holz aus der **Region** als Rohstoff verwendet. Damit schonen wir natürliche Ressourcen und vermeiden lange Transportwege. Die Oberflächen sind mit Lacken auf Wasserbasis kratzfest versiegelt.

4. **Individualität**

   Die Elemente im Programm Naturkontor sind individuell und flexibel miteinander zu kombinieren. Wir bieten unterschiedliche Formen und Größen der Tischplatten an. Winkel- und Ansatzplatten lassen zusätzliche Oberflächenvarianten zu.

5. **Funktionalität**

   Naturkontor steht für durchdachte Einsatzfähigkeit im Büro. Flexibel gestaltete Kabelführungen und großzügige **Kabelkanäle** erlauben ein sicheres und unauffälliges Management von Strom- und Netzkabeln.

Im Büromöbelprogramm Naturkontor bieten wir Schreibtische in den folgenden Abmessungen an:

Breite	**Tiefe**	**Artikelnummer**	**Listenpreis**
140 cm	80 cm	885961	399,00 €
160 cm	80 cm	885963	449,00 €
180 cm	90 cm	885965	599,00 €

Naturkontor Schreibtische Produktinformation Stand: August 20..

4.5 Die automatische und manuelle Silbentrennung

Zur besseren Ausnutzung des Platzes in der einzelnen Zeile und zur Vermeidung stark unterschiedlicher Zeilenlängen kann in einem Dokument die automatische Silbentrennung veranlasst werden. MS Word 2010 nutzt dabei die Regeln der deutschen Rechtschreibung. Eingestellt wird die automatische Silbentrennung im Menüband SEITENLAYOUT – SEITE EINRICHTEN – SILBENTRENNUNG.

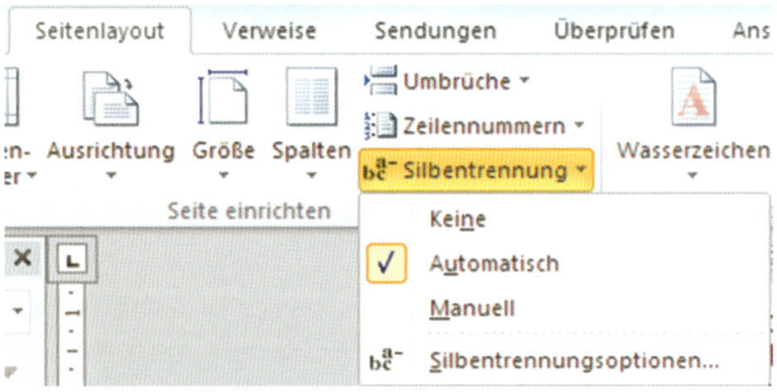

Abbildung 4.30: *Automatische Silbentrennung*

Manchmal führt die automatische Silbentrennung zu unerwünschten Ergebnissen. Dies kann z. B. dann der Fall sein, wenn bei einem Wort nur zwei oder drei Buchstaben nach der Silbentrennung in der nächsten Zeile erscheinen.

Beispiel

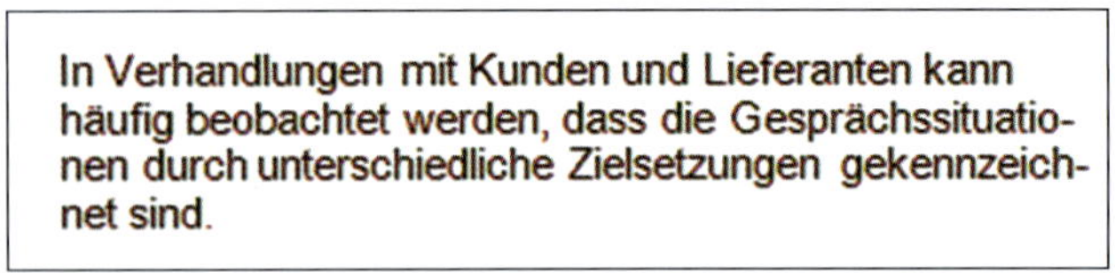

Abbildung 4.31: *Unerwünschte Trennung des Wortes „Gesprächssituatio-nen"*

Diese Silbentrennung kann manuell verhindert werden, indem der Vorschlag des Programms durch Klick auf NEIN abgelehnt wird.

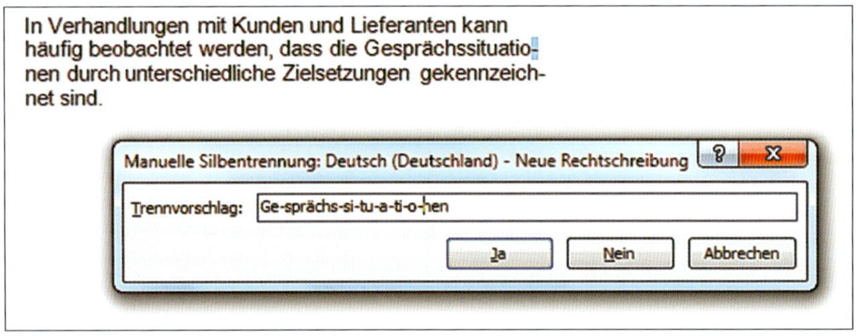

Abbildung 4.32: *Automatische Silbentrennung durch Klick auf NEIN verhindern*

In geeigneten Fällen – so auch in unserem Beispiel – soll das Wort „Gesprächssituationen" nicht an der automatisch veranlassten Stelle, sondern als „Gesprächs-situationen" getrennt werden. Um dies zu veranlassen, wird der Cursor an die Stelle der Silbentrennung positioniert. Anschließend wird über SEITENLAYOUT – SEITE EINRICHTEN – SILBENTRENNUNG – MANUELL das Fenster geöffnet, in dem der Anwender den Cursor an die Stelle setzen kann, an der die Silbentrennung erfolgen soll.

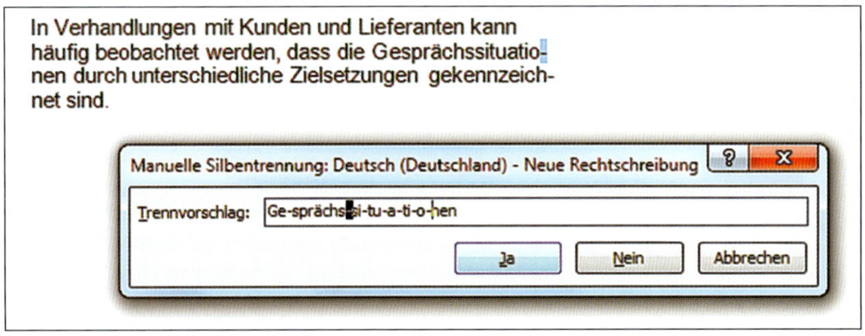

Abbildung 4.33: *Manuelle Silbentrennung*

Das Ergebnis der manuellen Silbentrennung führt zu folgendem Bild:

In Verhandlungen mit Kunden und Lieferanten kann
häufig beobachtet werden, dass die Gesprächs-
situationen durch unterschiedliche Zielsetzungen
gekennzeichnet sind.

Abbildung 4.34: *Textbild nach manueller Silbentrennung*

Arbeitsauftrag 11

Fügen Sie in das Dokument **04_naturkontor_schreibtische_07** die automatische Silbentrennung ein. Beobachten Sie, wie sich das Textbild verändert. Speichern Sie die Datei unter dem Namen **04_naturkontor_schreibtische_08**.

4.6 Dokumente drucken

Ausgangssituation

Der Vertriebsleiter, Herr Klein, bittet Sie, den aktuellen Stand der Produktinformation für ihn auszudrucken. Er möchte das Blatt prüfen und Ihnen eine Rückmeldung geben.

Der Druck eines Dokuments wird in MS Word 2010 durch DATEI – DRUCKEN eingeleitet, aber noch nicht ausgeführt.

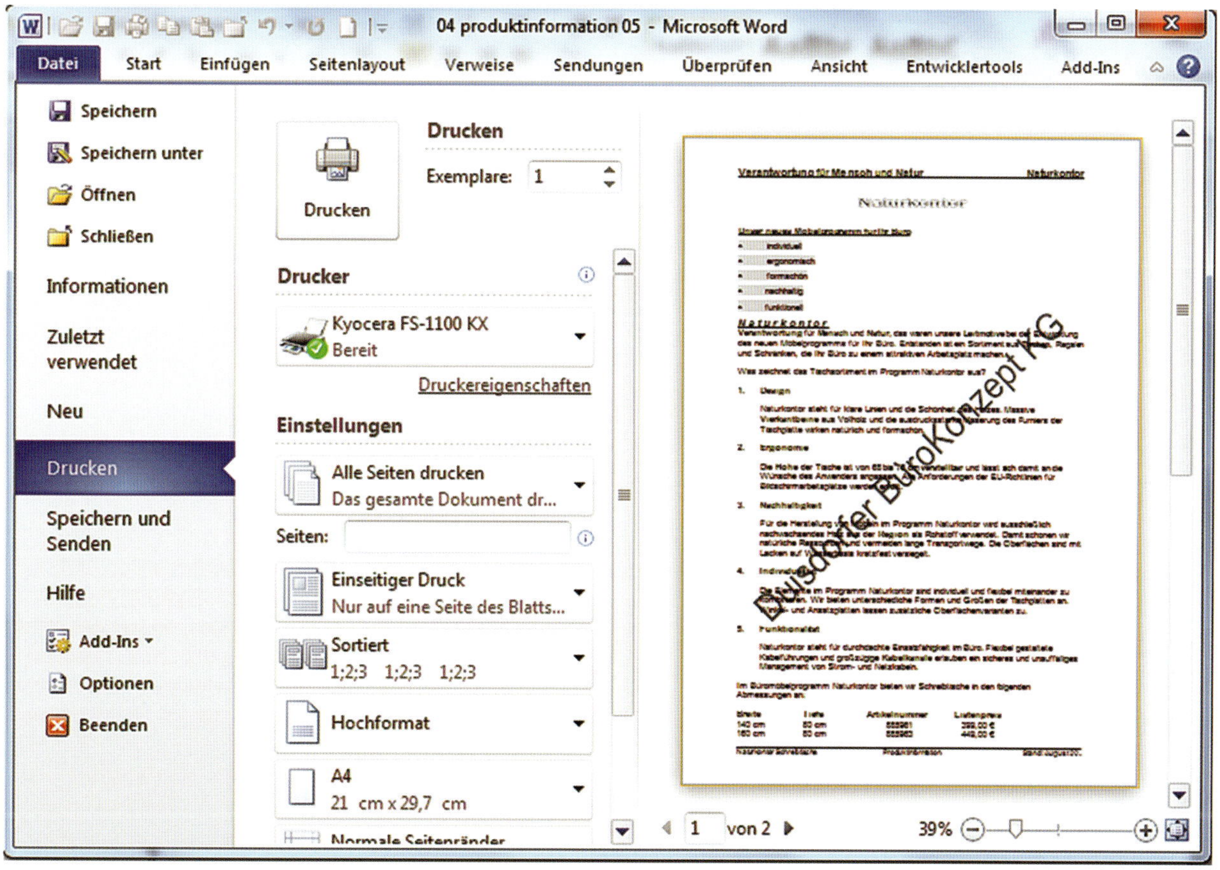

Abbildung 4.35: *Einstellung der Druckoptionen und Druckvorschau*

Im Dialogfenster, das nun angezeigt wird, können weitere Druckeinstellungen vorgenommen werden. So können z. B. die Anzahl der Ausdrucke bei EXEMPLARE, der gewünschte Drucker (sofern mehrere Drucker an den Rechner angeschlossen sind) bei DRUCKER oder die genaue Angabe ausgewählter

Druckseiten bei EINSTELLUNGEN eingestellt werden. Erst der Klick auf die Befehlsschaltfläche DRUCKEN im dargestellten Fenster löst den eigentlichen Druckvorgang aus.

Soll dieses Dialogfenster nicht angezeigt werden, weil alle voreingestellten Optionen richtig sind, kann – sofern die Symbolleiste für den Schnellzugriff entsprechend eingerichtet wurde (siehe Kapitel 4.1.4) – der Druck durch Klick auf die Befehlsschaltfläche SCHNELLDRUCK direkt ausgelöst werden.

Arbeitsauftrag 12

Drucken Sie die Produktinformation in der aktuellen Fassung für Herrn Klein aus.

4.7 Ein Dokument mit mehreren Spalten gestalten und drucken

Ausgangssituation

Der Vertriebsleiter, Herr Klein, ist mit der Produktinformation eigentlich ganz zufrieden, möchte allerdings, dass Sie das Dokument als Faltblatt mit zwei Spalten gestalten. Die erste Seite des Faltblattes soll als Deckblatt mit grundlegenden Informationen zur Produktlinie ***Naturkontor*** erscheinen. Die beiden Innenseiten des Faltblattes sollen die Produktmerkmale und die Preisübersicht enthalten. Auf der letzten Seite sollen Angaben zur Duisdorfer BüroKonzept KG sowie zu Ansprechpartnern bei Beratungsbedarf des Kunden aufgeführt sein.

Bei der Gestaltung eines Faltblattes ist zunächst zu überlegen, wie der spätere Ausdruck zu erfolgen hat, damit nach dem Falten das Deckblatt als erste Seite erscheint. Wichtig ist hierbei, dass das Blatt sowohl auf der Vorderseite wie auch auf der Rückseite bedruckt werden muss. Dieser zweiseitige Druck wird auch als Duplex-Druck bezeichnet. Für unsere zweispaltige Produktinformation ergibt sich die folgende Situation:

Faltblatt Seite 4	Faltblatt Seite 1	Faltblatt Seite 2	Faltblatt Seite 3
Rückseite	Vorderseite	linke Innenseite	rechte Innenseite
Spalte 1 des Dokuments	Spalte 2 des Dokuments	Spalte 3 des Dokuments	Spalte 4 des Dokuments
gedruckte Vorderseite		gedruckte Rückseite	

Abbildung 4.36: *Anordnung der Seiten für ein zweispaltiges Faltblatt im Seitenformat DIN A4 quer*

Arbeitsauftrag 13

Die Inhalte der bisherigen Produktinformation müssen Sie also nun für den Faltdruck ganz neu anordnen und das Seitenlayout neu einrichten.

Vorgehensweise:

1. Öffnen Sie ein neues Word-Dokument.
   DATEI – NEU – LEERES DOKUMENT – ERSTELLEN (oder Doppelklick auf LEERES DOKUMENT)
2. Richten Sie das Dokument im Querformat ein.
   SEITENLAYOUT – AUSRICHTUNG – QUERFORMAT

3. Gestalten Sie das Dokument als zweispaltiges Dokument. SEITENLAYOUT – SPALTEN – ZWEI
Im Lineal ist gut zu erkennen, dass die Seite in zwei Spalten eingeteilt wurde.

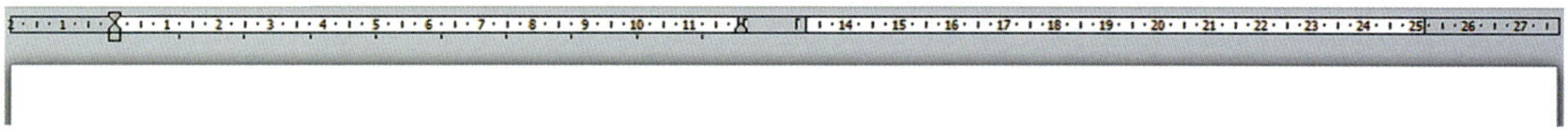

Abbildung 4.37: *Anzeige der Spalten im Lineal*

4. Gestalten Sie die Spalte 1 des Dokuments als **Rückseite** des Faltblattes. Erfassen Sie dazu die folgenden Inhalte:

Detaillierte Informationen zu unserem Büromöbelprogramm
Naturkontor finden Sie auf unserer Homepage
www.duisdorfer-bueko.de

Gerne beraten wir Sie auch persönlich. Ihre Ansprechpartnerin ist

Frau Karin Albers	kalbers@duisdorfer-bueko.de
Tel.:	0228 98765-58
Fax:	0228 98765-80

Teilen Sie Frau Albers bitte mit, ob Sie schriftliche Informationen
oder einen Anruf wünschen.

Nach Terminabsprache besuchen wir
Sie auch gerne in Ihren Räumen vor Ort.

Duisdorfer BüroKonzept KG
Ausstattung und Beratung für das Büro
Rochusstraße 30
53123 Bonn

Abbildung 4.38: *erforderliche Eingaben für die Spalte 1 des Dokuments*

5. Fügen Sie nach der letzten Zeile (mit Absatzmarke abschließen) einen sogenannten Spaltenumbruch ein. Dies geschieht durch Klick auf SEITENLAYOUT – UMBRÜCHE – SPALTE. Ein Spaltenumbruch bewirkt, dass der weitere Text in die nächste Spalte geschrieben wird.

6. Kopieren Sie den ersten Teil der Produktinformation (ab Anfang bis „… attraktiven Arbeitsplatz machen.") in die Spalte 2 des Dokuments. Markieren Sie dazu den Text bzw. Abschnitt, den Sie kopieren möchten. Klicken Sie nun auf das Symbol KOPIEREN im Menüband START. Setzen Sie den Cursor anschließend an die gewünschte Einfügeposition. Klicken Sie nun auf das Symbol EINFÜGEN im Menüband START. Gestalten Sie den eingefügten Text in der abgedruckten Weise. Fügen Sie am Ende des Textes einen Spaltenumbruch ein.

7. Kopieren Sie den zweiten Teil der Produktbeschreibungen (Beginn: „Was zeichnet …" bis „… Strom- und Netzkabeln.") in Spalte 3 des Dokuments. Fügen Sie am Ende des Textes einen Spaltenumbruch ein.

8. Kopieren Sie zum Abschluss den restlichen Text (ab „Im Möbelprogramm …" einschließlich der Preisliste) in Spalte 4 des Dokuments.

Das Dokument sollte jetzt als Faltblatt die folgende Struktur aufweisen:

Naturkontor

Unser neues Möbelprogramm für Ihr Büro

- individuell
- ergonomisch
- formschön
- nachhaltig
- funktionell

Naturkontor

Verantwortung für **Mensch** und **Natur**, das waren unsere **Leitmotive** bei der Entwicklung des neuen Möbelprogramms für Ihr Büro. Entstanden ist ein Sortiment aus Tischen, Regalen und Schränken, die ihr Büro zu einem attraktiven Arbeitsplatz machen.

Abbildung 4.39: *Inhalte für die Spalte 2 des Dokuments*

Das Dokument mit Spalten kann – wenn gewünscht – durch folgende Möglichkeiten weiter gestaltet werden:

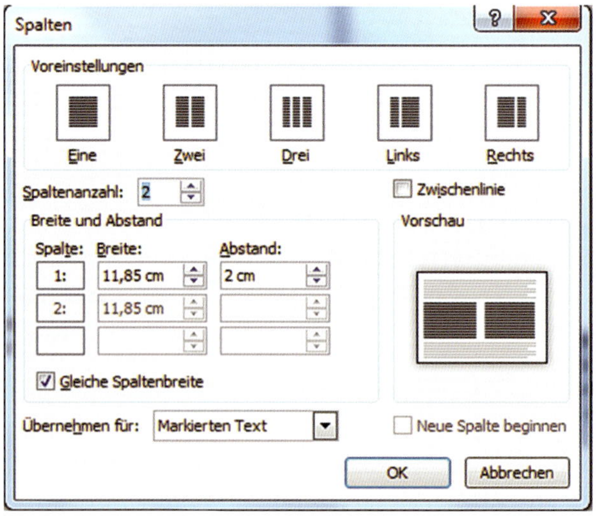

Abbildung 4.40: *Einstellung der Spalteneigenschaften*

- Veränderungen der Absatzeinzüge zur Einstellung der rechten und linken Spaltenränder (siehe Kapitel 4.4.2)
- Veränderung des Abstands zwischen den Spalten
  SEITENLAYOUT – SPALTEN – WEITERE SPALTEN
  (durch Eingaben in das sich öffnende Dialogfenster oder durch Ziehen mit der Maus im Lineal)
- Veränderung der Einstellungen der Tabstopps in der Artikelliste (dies kann erforderlich werden, weil die bisherigen Tabstopps auf eine Seitenbreite des Dokuments im Hochformat eingestellt waren, die Spalte im Faltblatt aber nur die halbe Seite im Querformat einnehmen kann. Die Tabstopps können übrigens bei gehaltener linker Maustaste im Lineal verschoben werden.
- Veränderung der Seitenränder
  SEITENLAYOUT – SEITENRÄNDER – BENUTZERDEFINIERTE SEITENRÄNDER
  (dasselbe Dialogfenster öffnet sich auch bei Anklicken des Pfeils rechts unten in der Gruppe SEITENLAYOUT – SEITE EINRICHTEN)

9. Speichern Sie das Dokument vor dem Ausdruck unter dem Dateinamen **04_schreibtische_faltblatt_01** ab.

Für den Ausdruck des Dokuments als Faltblatt müssen die Eigenschaften des jeweiligen Druckers streng beachtet werden. Bei einem Drucker mit Duplex-Eigenschaften kann der Druck in einem Vorgang erfolgen (Vorder- und Rückseite können in einem Vorgang bedruckt werden). Bei einem Drucker ohne Duplex-Eigenschaften muss erst eine Seite und dann mit entsprechend richtig eingelegtem Blatt die zweite Seite gedruckt werden. Hierbei kommt es entscheidend darauf an, in welche Richtung und mit welcher Seite nach oben das bedruckte Blatt für den zweiten Druckvorgang eingelegt werden muss.

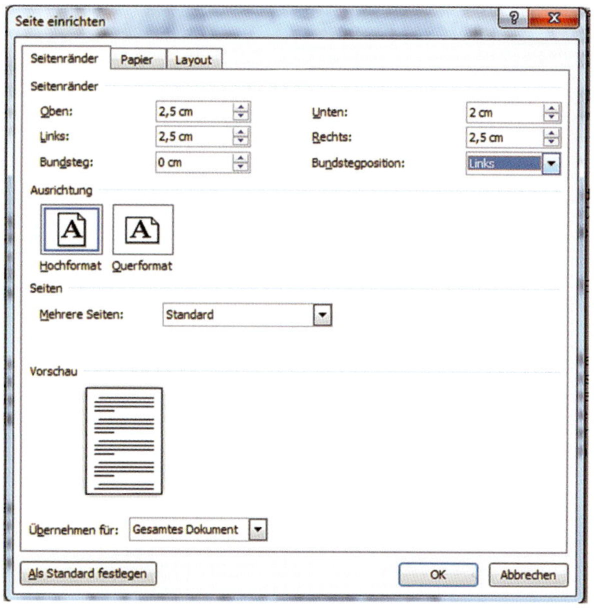

Abbildung 4.41: *Seiteneigenschaften einstellen*

4.8 Dokument als PDF-Dokumente speichern

Häufig ist es gewünscht, dass Dokumente per E-Mail als Datei versendet werden, ohne dass der Empfänger das Dokument weiter bearbeiten kann. Das Dokument soll dabei genauso aussehen, wie es der Versender gestaltet hat. Dazu kann das in MS Word 2010 erstellte Dokument als PDF-Datei (Portable Document Format) gespeichert werden. Der Empfänger eines PDF-Dokuments benötigt lediglich ein Programm, mit dem die PDF-Datei geöffnet, angezeigt und auf Wunsch auch gedruckt werden kann (PDF-Reader). Viele Dateien, die im Internet zum Download angeboten werden, stehen im PDF-Format zur Verfügung.

Arbeitsauftrag 14

Damit wir unser Faltblatt auch als PDF-Datei versenden können, muss es entsprechend gespeichert werden. Zur Sicherheit sollte das Dokument vorher als Word-Datei gespeichert werden. Nur so kann es vom Ersteller später weiter bearbeitet werden.

Vorgehensweise:

Klicken Sie im Menüband DATEI auf SPEICHERN UNTER, legen Sie den Namen fest, unter dem das Dokument gespeichert werden soll, legen Sie den Speichort fest und wählen Sie anschließend bei DATEITYP die Option PDF aus.

Abbildung 4.42: *Auswahl des Dateityps beim Speichern eines Dokuments in MS Word 2010*

Bei der Arbeit mit MS Word 2010 und bei entsprechend installiertem PDF-Reader öffnet sich das Dokument nach dem Speichern automatisch in der PDF-Ansicht.

5 Dokumente mit Objekten erstellen

MS Word 2010 bietet viele Möglichkeiten, in Texte weitere Informationselemente (z. B. Zeichnungen, Fotos, statistische Schaubilder) aufzunehmen und die äußere Form der Dokumente attraktiv zu gestalten. Die einzelnen Optionen finden sich im Menüband EINFÜGEN.

5.1 Dokumente mit Tabellen erstellen

Ausgangssituation

Der Vertriebsleiter, Herr Klein, bittet Sie, das Faltblatt zur Produktbeschreibung der Schreibtische im Büromöbelprogramm ***Naturkontor*** zu verändern. Er möchte, dass Sie die Liste zu den angebotenen Schreibtischgrößen mit Artikelnummern und Listenpreisen durch eine **Tabelle** mit dem selben Inhalten ersetzen. Eine Tabelle hat aus seiner Sicht mehr Gestaltungsmöglichkeiten. Die Zellen der Tabelle können z. B. einen Rahmen oder eine Schattierung aufweisen. Er bittet Sie, die Liste als Tabelle zu gestalten.

5.1.1 Eine Tabelle einfügen

Arbeitsauftrag 1

Fügen Sie den Inhalt der Liste als Tabelle in das Faltblatt ein.

Vorgehensweise:

1. Öffnen Sie die Datei **04_schreibtische_faltblatt_01** und speichern Sie sie unter dem Dateinamen **05_schreibtische_faltblatt_01**.

2. Fügen Sie in Seite 3 (Spalte 4) des Dokuments unterhalb der Liste eine leere Tabelle mit 4 Spalten und 4 Zeilen ein.
   EINFÜGEN – TABELLE und anschließend mit gehaltener linker Maustaste eine Tabelle mit 4 Spalten und 4 Zeilen markieren.

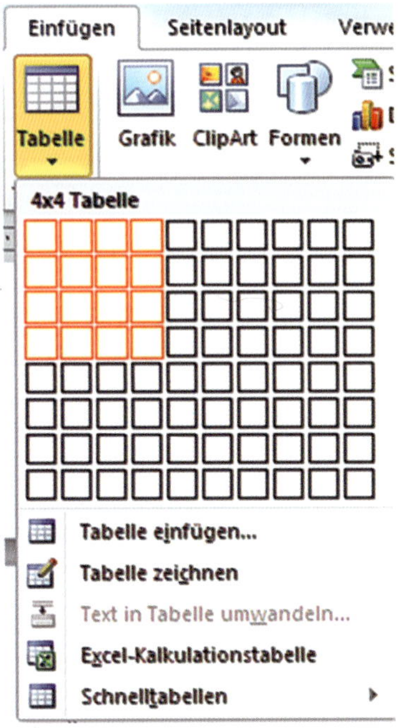

Abbildung 5.1: *Tabelle mit 4 Spalten und 4 Zeilen mit Markierung durch die Maus einfügen*

Abbildung 5.2: *Tabelle mit 4 Spalten und 4 Zeilen durch Eingabe der jeweiligen Anzahl durch die Tastatur einfügen*

Alternativ kann auch die Option EINFÜGEN – TABELLE – TABELLE EINFÜGEN gewählt werden. Die Anzahl der Zeilen und Spalten wird dann über Tastatur eingegeben.

3. Wählen Sie nun aus den von MS Word 2010 angebotenen Möglichkeiten zur Gestaltung des Tabellenlayouts eine Möglichkeit aus, die Ihnen für das Faltblatt als geeignet erscheint. Markieren Sie dazu zunächst die gesamte Tabelle, indem Sie auf das kleine Kreuz links oben neben der Tabelle klicken.

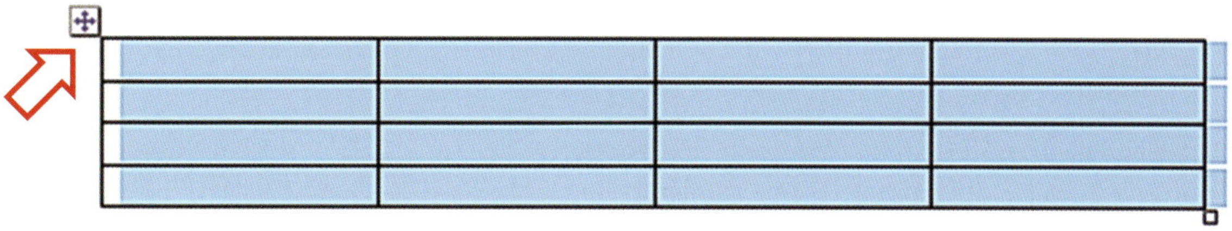

Abbildung 5.3: *gesamte Tabelle markieren*

4. Wählen Sie dann mit der Maus das Tabellenlayout aus. Klicken Sie unter TABELLENTOOLS auf ENTWURF und öffnen Sie die angebotenen Tabellenformatvorlagen.

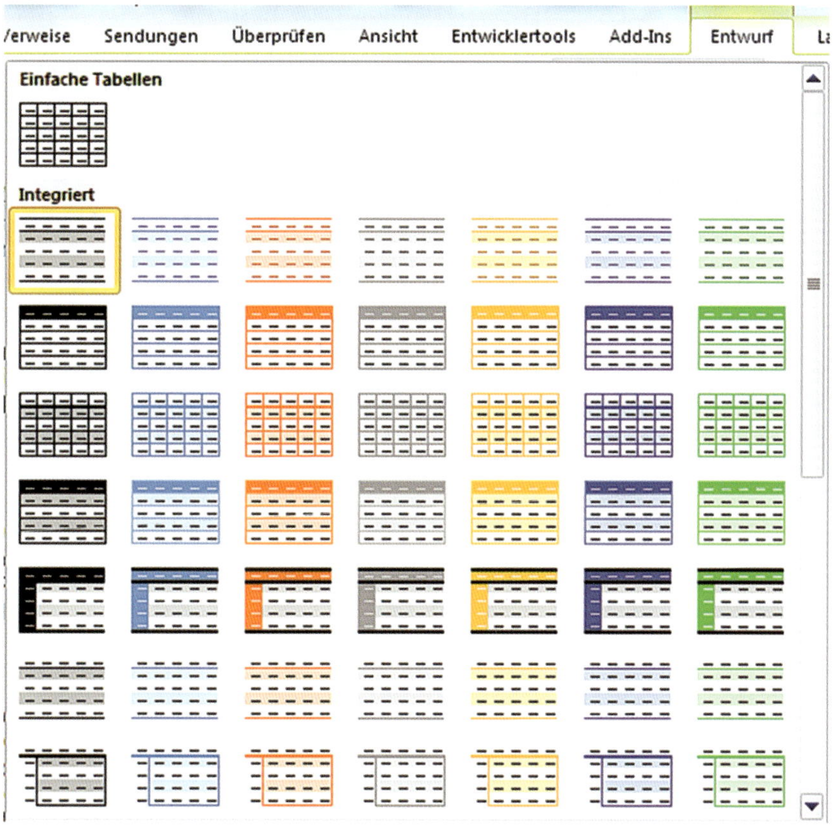

Abbildung 5.4: *von MS Word 2010 angebotene Tabellenlayouts*

Stellen Sie sich bei der Auswahl der Layouts die folgenden Fragen:

- Welche Farbe soll für die Schrift und welche für die Schattierung der Zellen genutzt werden?
- Sollen die Zellen lediglich unterstrichen oder vollständig gerahmt sein?
- Welche Farbe soll der Rahmen haben?
- Besteht überhaupt die Möglichkeit des Farbdrucks oder sollen lieber nur Graustufen eingesetzt werden?

Die erste Zeile der Auswahl ist meist als Überschrift (z. B. Zeichenformat fett) formatiert. Weitere Formatierungen der Tabelle können durch den Anwender weiterhin vorgenommen werden.

5. Übertragen Sie nun die Inhalte der Liste in die Tabelle. Hilfreich ist dabei die Möglichkeit, markierte Textteile mit gehaltener linker Maustaste in die Zielzelle zu ziehen.
   Eine weitere Möglichkeit Texte zu verschieben bieten die Funktionen KOPIEREN und EINFÜGEN. Sie können auf drei Wegen genutzt werden:
   - Symbole KOPIEREN und EINFÜGEN in der Symbolleiste für den Schnellzugriff nutzen
   - Symbole KOPIEREN und EINFÜGEN im Menüband START nutzen
   - Die Tastenkombination Strg+C für KOPIEREN und die Tastenkombination Strg+V für EINFÜGEN nutzen.

   In allen Fällen muss der zu kopierende Text vor dem Kopieren markiert und der Cursor vor dem Einfügen an die Einfügestelle positioniert werden.
6. Evtl. müssen die Formatierungen in der Tabelle angepasst werden, da die Tabstopps der Liste nicht automatisch mit übertragen werden. Tabstopps können in der in Kapitel 4.4.3 beschriebenen Weise auch in Tabellen gesetzt werden. Zu beachten ist allerdings, dass in Tabellen ein Tabstopp durch die Tastenkombination Strg+Tabulatortaste eingegeben wird. Das einfache Betätigen der Tabulatortaste bewirkt in Tabellen einen Sprung in die nächste Tabellenzelle. Wird der Tabulator in der letzten Zelle einer Tabelle eingegeben, generiert MS Word 2010 eine weitere neue Tabellenzeile mit denselben Eigenschaften der vorherigen Tabellenzeile.

5.1.2 Tabelleneigenschaften verändern

Tabellen bestehen aus Zeilen und Spalten. Ihre Eigenschaften (z. B. Zeilenhöhe, Spaltenbreite, horizontale und vertikale Zellausrichtung, Textrichtung) können eingestellt werden. Vor der Veränderung von Einstellungen muss der jeweilige Tabellenbereich oder die jeweilige Zelle markiert werden. Hierbei unterstützt MS Word 2010 den Anwender. Fährt man z. B. mit der Maus neben die Zeile, die markiert werden soll, erscheint ein Pfeil. Wird nun die linke Maustaste betätigt, wird die Zeile neben dem Pfeil markiert. Sollen weitere Zeilen markiert werden, wird der Mauszeiger bei gehaltener linker Maustaste auf die weiteren Zeilen bewegt.

Das gleiche Verfahren kann bei der Markierung von Spalten genutzt werden, nur dass hier die Maus über die Spalte gefahren werden muss.

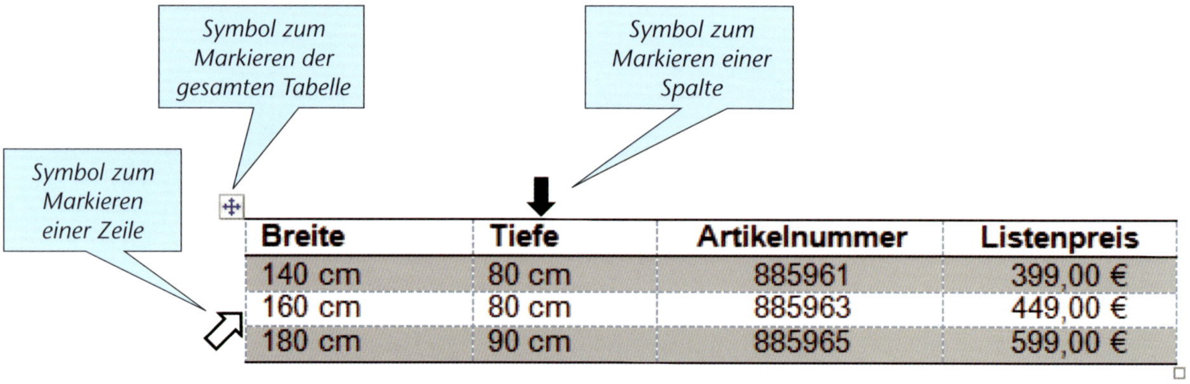

Abbildung 5.5: *Markieren von gesamten Zeilen oder gesamten Spalten*

Durch Klick auf die Befehlsschaltfläche EIGENSCHAFTEN im Menüband TABELLENTOOLS – LAYOUT öffnet sich das Dialogfenster zur Einstellung der jeweiligen Eigenschaften. Dieses Fenster kann auch mit dem Kontextmenü geöffnet werden (siehe Kapitel 4.1.3).

Arbeitsauftrag 2

1. Stellen Sie die Höhe aller Zeilen auf 1 cm ein.
2. Richten Sie alle Zellen der **Überschrift** horizontal und vertikal zentriert aus. Nutzen Sie hierbei auch die Möglichkeiten im Menüband START.
3. Stellen Sie die Breite der ersten, zweiten und letzten Tabellenspalte auf 3 cm und die Breite der dritten Spalte auf 4 cm ein.
4. Wählen Sie für alle Zellen der ersten bis dritten Tabellenspalte der Tabellenzeilen zwei bis vier eine horizontal und vertikal zentrierte Ausrichtung.
5. Richten Sie in der letzten Tabellenspalte in den Zellen mit Beträgen einen Dezimaltabulator auf der Position 11,5 cm ein.
6. Speichern Sie das Dokument unter dem Dateinamen **05_schreibtische_faltblatt_01**.

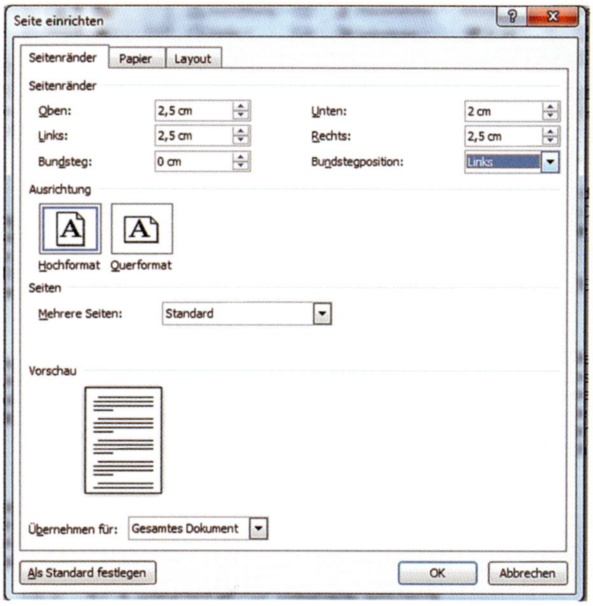

Abbildung 5.6: *Tabelleneigenschaften einstellen*

Die Tabelle sollte jetzt das nachfolgend abgedruckte Aussehen haben (je nach gewählter Tabellenformatvorlage ähnlich):

Breite	Tiefe	Artikelnummer	Listenpreis
140 cm	80 cm	885961	399,00 €
160 cm	80 cm	885963	449,00 €
180 cm	90 cm	885965	599,00 €

Abbildung 5.7: *gestaltete Tabelle*

5.1.3 Weitere Tabellenaktionen

Arbeitsauftrag 3

Herr Klein bittet Sie, eine Gesamtüberschrift in der Tabelle (siehe **Dokument 05_schreibtische_faltblatt_01**) mit dem Text **Verfügbare Schreibtischgrößen** im Schriftgrad 14 und fett einzurichten.

Vorgehensweise:

1. Fügen Sie vor der ersten Zeile der Tabelle im Dokument mit dem Dateinamen **05_schreibtische_faltblatt_01** eine Zeile ein. Markieren Sie dazu die erste Tabellenzeile und fügen Sie die neue Zeile über Klick auf TABELLENTOOLS – LAYOUT – ZEILEN UND SPALTEN – DARÜBER EINFÜGEN ein.

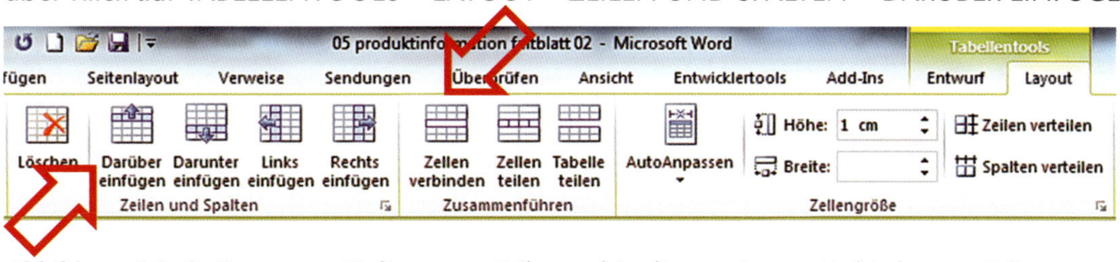

Abbildung 5.8: *Optionen zum Einfügen von Zeilen und Spalten sowie zum Verbinden von Zellen*

   Die neue Zeile hat dieselben Eigenschaften wie die vorher markierte und damit vier Spalten. Damit sie für die Gesamtüberschrift genutzt werden kann, müssen alle Zellen der ersten Zeile miteinander verbunden werden. Dies geschieht – nach Markieren der Zeile – über Klick auf die Befehlsschaltfläche ZELLEN VERBINDEN.

2. Fügen Sie den gewünschten Text mit der gewünschten Formatierung als Gesamtüberschrift ein.
3. Speichern Sie das Dokument unter dem Dateinamen **05_schreibtische_faltblatt_02**.

5.2 Dokumente mit Illustrationen erstellen

Texte sind häufig aussagekräftiger, wenn sie mit Bildern oder grafischen Elementen angereichert sind. MS Word 2010 unterstützt die Einbindung solcher Grafiken in Textdokumente und bietet selbst eine große Auswahl an Illustrationen an.

5.2.1 Grafiken einbinden und gestalten

Wenn von Grafiken gesprochen wird, sind im Allgemeinen Fotos oder Bilder gemeint. Grafiken können aber auch mit technischen Hilfsmitteln erstellte Zeichnungen sein.

Eine Grafik, die in ein Textdokument eingefügt werden soll, muss als Datei verfügbar sein. Als Dateiformate kommen z. B. BMP (Bitmap), JPG bzw. JPEG (File Interchange Format), PNG (Portable Network Graphics) oder IMG (Image)-Dateien infrage.

Ausgangssituation
Die Duisdorfer BüroKonzept KG möchte die Produktinformationen zu ihrem Büromöbelprogramm ***Naturkontor*** mit Fotos illustrieren. Den Kunden soll damit das Design der Schreibtische anschaulich vermittelt werden. Die Fotos der einzelnen Möbel liegen bereits als Datei vor.

Arbeitsauftrag 4
Der Vertriebsleiter, Herr Klein, bittet Sie, das bisher erstellte Faltblatt weiter zu bearbeiten und das Foto eines Schreibtischs einzufügen.

Vorgehensweise:

Web

1. Öffnen Sie das Dokument **05_schreibtische_faltblatt_02**.
2. Positionieren Sie den Cursor in den freien Raum in Spalte zwei.
3.

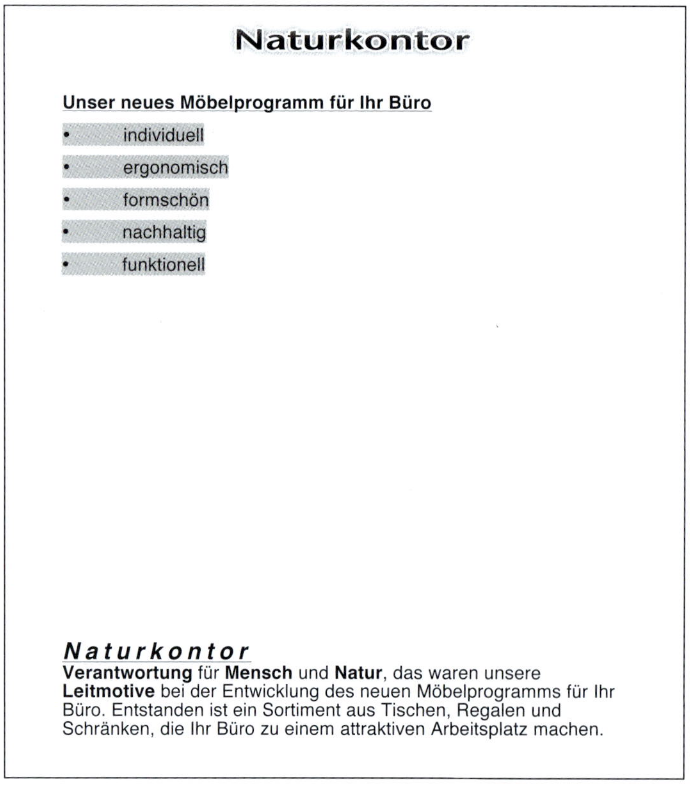

Naturkontor

Unser neues Möbelprogramm für Ihr Büro

- individuell
- ergonomisch
- formschön
- nachhaltig
- funktionell

Naturkontor
Verantwortung für **Mensch** und **Natur**, das waren unsere **Leitmotive** bei der Entwicklung des neuen Möbelprogramms für Ihr Büro. Entstanden ist ein Sortiment aus Tischen, Regalen und Schränken, die Ihr Büro zu einem attraktiven Arbeitsplatz machen.

Abbildung 5.9: *Faltblatt Spalte 2 ohne Grafik*

4. Klicken Sie im Menüband EINFÜGEN auf die Befehlsschaltfläche GRAFIK.

5. Wählen Sie in dem Dialogfenster, das sich öffnet, die Datei **05_abb_Schreibtisch** durch Doppelklick auf den Dateinamen aus oder markieren Sie die Datei und klicken auf die Befehlsschaltfläche EINFÜGEN. Das Foto des Schreibtischs wird an die Stelle des Faltblattes eingefügt, an die Sie vorher den Cursor positioniert haben.

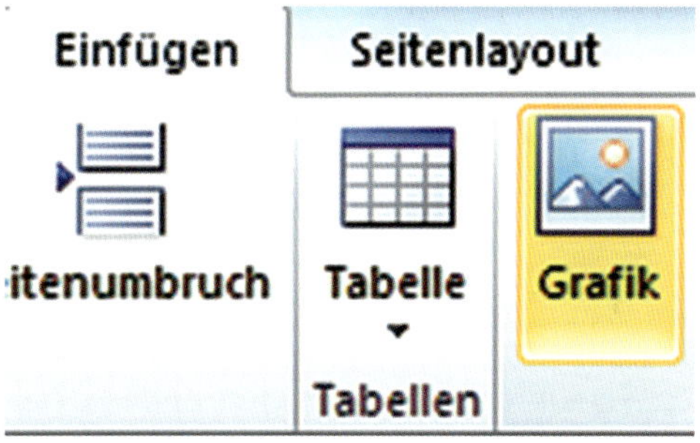

Abbildung 5.10: *Befehlsschaltfläche GRAFIK zum Einfügen einer Grafik*

6. Bei einem Rechtsklick auf der Grafik öffnet sich das Kontextmenü zur Grafik.

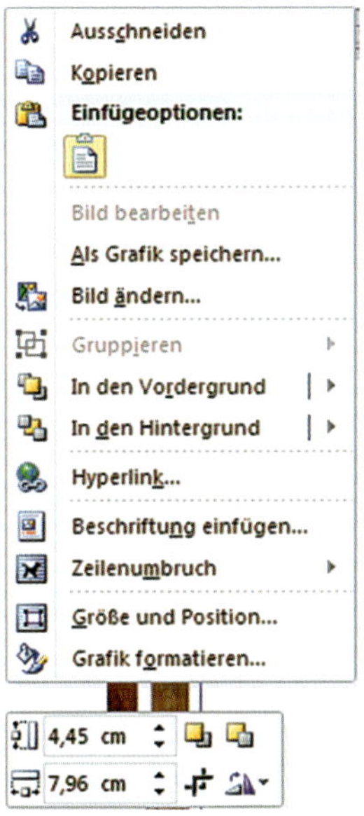

Abbildung 5.11: *Kontextmenü zur Grafik*

7. Klicken Sie zunächst auf GRÖSSE und POSITION ... und wählen Sie in dem sich öffnenden Dialogfenster das Registerblatt TEXTUMBRUCH.

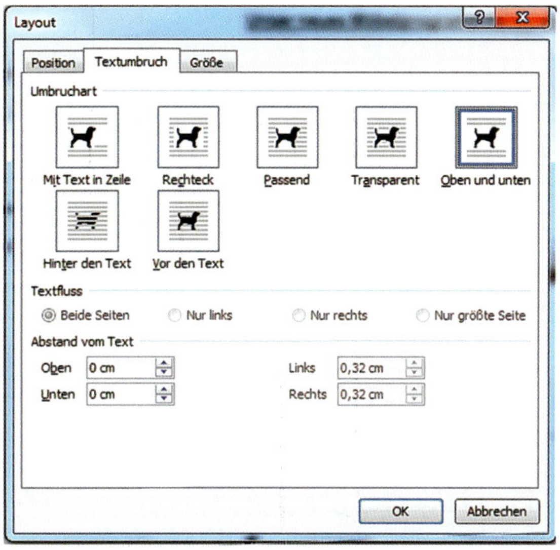

Abbildung 5.12: *Textumbruch der Grafik verändern*

8. Hier kann eingestellt werden, wie das dargestellte Verhältnis von Text zur Grafik sein soll. So finden sich z. B. bei Zeitungsartikeln häufig Grafiken, die vom Text umgeben sind. Hier käme die Auswahl MIT TEXT IN ZEILE, RECHTECK oder PASSEND in Frage. Der Abstand der Grafik vom Text kann manuell eingegeben werden.

9. Für unser Faltblatt wählen wir die Option OBEN UND UNTEN aus. Sie bewirkt, dass nur Text oberhalb und unterhalb der Grafik stehen kann. Der Raum rechts und links neben der Grafik bleibt frei. Diese Einstellung weist zudem den Vorteil auf, dass das Bild mit der Maus verschoben werden kann. Fahren Sie dazu mit der Maus auf den Rand der Grafik. Der Cursor erhält die Form eines Kreuzes. Wird nun die linke Maustaste gedrückt, kann das Bild auf dem Hintergrund beliebig positioniert werden.

10. Klicken Sie nun auf das Registerblatt GRÖSSE. Hier können Höhe und Breite der Grafik eingestellt werden. Es empfiehlt sich, nur das absolute Verhältnis von Höhe und Breite zu verändern, da das Bild sonst ungewünschte Verzerrungen erhalten kann (z. B. unrealistisch breite Gesichter).

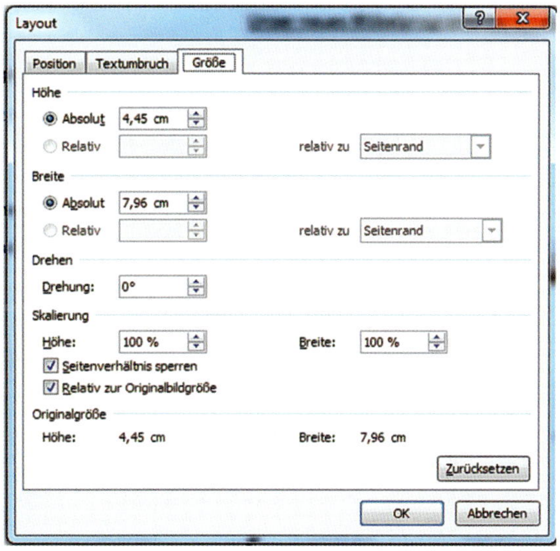

Abbildung 5.13: *Größe der Grafik verändern*

11. Die Größe der Grafik kann aber auch (nach Schließen des Dialogfensters) durch Ziehen der Eckpunkte mit der Maus verändert werden.
12. Passen Sie die Größe der Grafik den Gegebenheiten im Faltblatt an.
13. Löschen Sie die überflüssigen Zeilenschaltungen. Die Spalte 2 des Faltblattes sollte nun das dargestellte Aussehen aufweisen.
14. Speichern Sie das Faltblatt unter dem Dateinamen **05_schreibtische_faltblatt_03**.

Naturkontor

Unser neues Möbelprogramm für Ihr Büro

- individuell
- ergonomisch
- formschön
- nachhaltig
- funktionell

Naturkontor
Verantwortung für **Mensch** und **Natur**, das waren unsere **Leitmotive** bei der Entwicklung des neuen Möbelprogramms für Ihr Büro. Entstanden ist ein Sortiment aus Tischen, Regalen und Schränken, die Ihr Büro zu einem attraktiven Arbeitsplatz machen.

Abbildung 5.14: *Faltblatt Spalte 2 mit Grafik*

5.2.2 ClipArts einbinden und gestalten

Eine weitere Möglichkeit, Textdokumente mit Illustrationen anzureichern, bieten die sogenannten ClipArts. ClipArts sind Grafiken, die im Rahmen von Grafik- oder anderen Programmen in Sammlungen zur Auswahl und Nutzung angeboten werden. Auch MS Word 2010 beinhaltet eine solche Sammlung.

Beispiel
Soll z. B. auf einer Einladung zu einer Geburtstagsparty das stilisierte Bild einer Torte mit Kerzen dargestellt werden, lassen sich in der ClipArt-Sammlung von Microsoft Lösungen finden.

Vorgehensweise:

- Öffnen Sie ein neues Word-Dokument auf Basis der Vorlage Leeres Dokument. DATEI – NEU – LEERES DOKUMENT – ERSTELLEN.
- Klicken Sie im Menüband EINFÜGEN auf die Befehlsschaltfläche CLIPART. Es öffnet sich rechts am Bildschirmrand ein Dialogfenster, in das ein Suchbegriff eingegeben werden kann. Wir suchen nach einer Torte mit Kerzen.

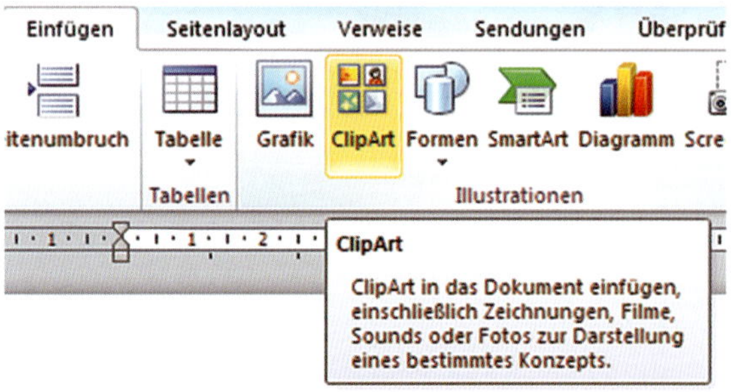

Abbildung 5.15: *ClipArt einfügen*

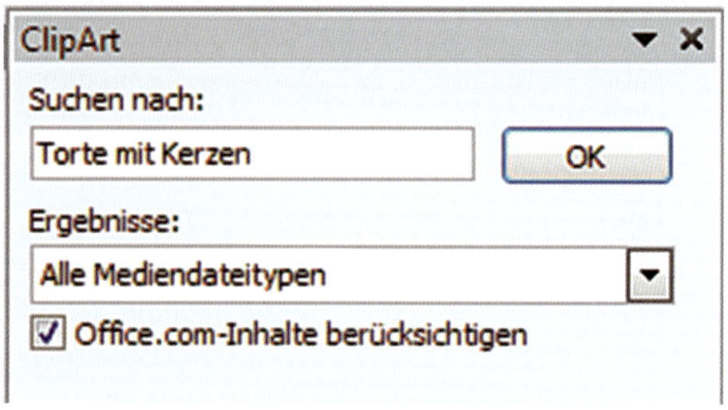

Abbildung 5.16: *In der ClipArt-Sammlung von Microsoft nach einer Grafik mit der Darstellung einer Torte mit Kerzen suchen*

- Nach dem Klick auf OK wird die Suche gestartet. Als Ergebnis werden verschiedene Darstellungen verschiedener Torten mit Kerzen angeboten.
- Die Grafik, die am besten zur Einladung passt, kann nun mit Doppelklick in das Dokument eingefügt werden. Die Verfahrensweise zur Positionierung der Grafik bzw. zur Einstellung der Größe wurde bereits in Kapitel 5.2.1 dargestellt.

Abbildung 5.17: *Auswahl der Abbildungen von Torten mit Kerzen in der ClipArt-Sammlung von Microsoft*

5.2.3 Formen einbinden und gestalten

MS Word 2010 bietet eine große Sammlung an Formen an, die in vielfältiger Weise zur Illustration von Textdokumenten genutzt werden können. Die Formen in der Kategorie FLUSSDIAGRAMM sind standardisiert und werden weltweit zur Darstellung betrieblicher Abläufe und Prozesse verwendet.

Die Vorgehensweise bei der Einbindung und Gestaltung von Formen soll exemplarisch am Beispiel Blockpfeil mit Pfeilrichtung nach rechts dargestellt werden.

- Öffnen Sie ein neues Word-Dokument auf Basis der Vorlage Leeres Dokument.
  DATEI – NEU – LEERES DOKUMENT – ERSTELLEN
- Klicken Sie im Menüband EINFÜGEN auf die Befehlsschaltfläche FORMEN. Es öffnet sich ein Fenster zur Auswahl der gewünschten Grafik.

Abbildung 5.18: *Formen einfügen*

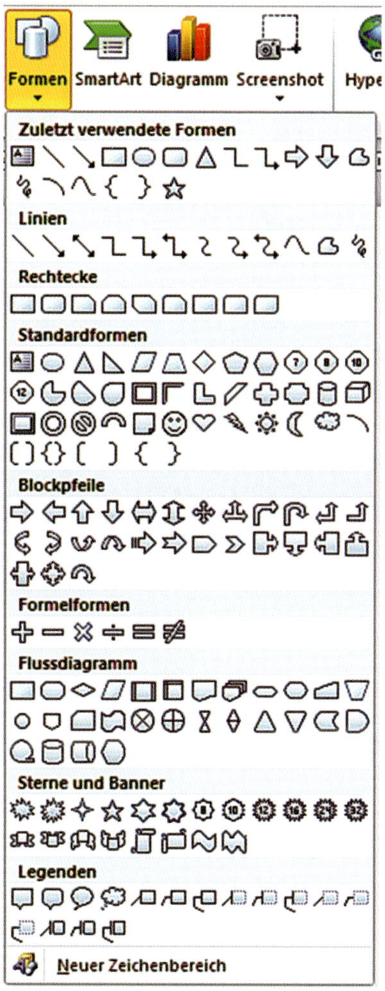

Abbildung 5.19: *Formen auswählen*

- Klicken Sie in der Kategorie BLOCKPFEILE auf den PFEIL NACH RECHTS. Dies ist der erste Pfeil in der ersten Zeile der dargestellten Blockpfeile. Wenn Sie mit der Maus über eine der dargestellten Formen fahren, erscheint nach kurzer Zeit ein Text mit der Kennzeichnung der entsprechenden Form.
- Nach dem Klick auf das Symbol verändert sich der Cursor zu einem Kreuz. Positionieren Sie das Kreuz an die Stelle im Dokument, an der der Pfeil gezeichnet werden soll, und ziehen Sie bei gehaltener linker Maustaste den Pfeil in der gewünschten Größe auf.

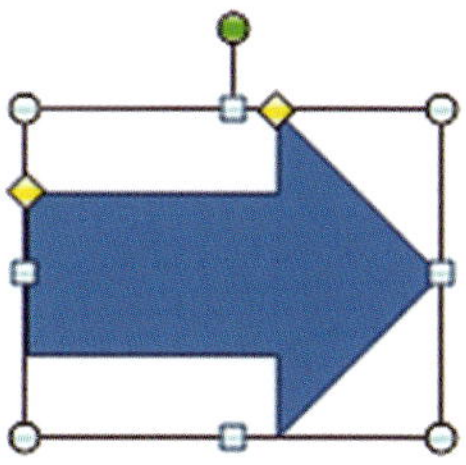

Abbildung 5.20: *Blockpfeil mit Richtung nach rechts*

- Der Pfeil kann nun gestaltet werden.
  - Seine Größe kann entsprechend den Beschreibungen in Kapitel 5.2.1 verändert werden. Alternativ besteht die Möglichkeit, die Größe des Pfeils durch Ziehen der Punkte in der Rahmenmarkierung bei gehaltener linker Maustaste zu verändern.

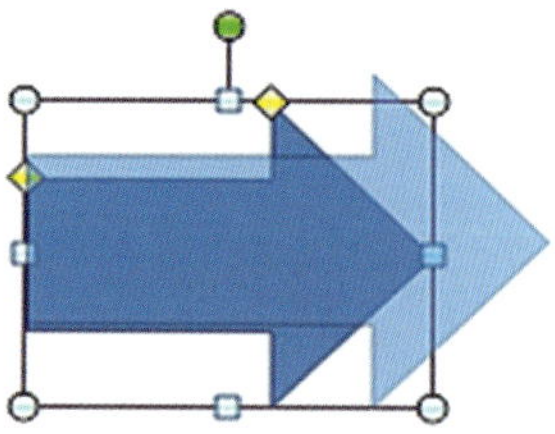

Abbildung 5.21: *Größe der Form verändern*

  - Der Pfeil kann aber auch gedreht werden. Dazu muss die Maus auf den kleinen grünen Kreis oberhalb der markierten Form geführt werden. Der Pfeil kann jetzt bei gehaltener linker Maustaste beliebig nach rechts oder links gedreht werden.

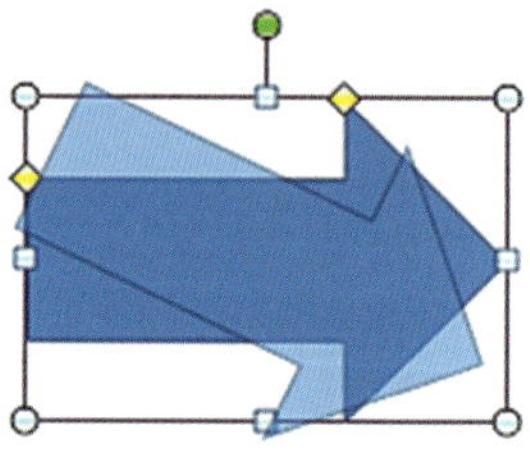

Abbildung 5.22: *Blockpfeil drehen*

  - Die Form der Pfeilspitze kann verändert werden. Dazu wird die kleine gelbe Raute über dem Pfeil mit der Maus gefasst und in die gewünschte Richtung gezogen.

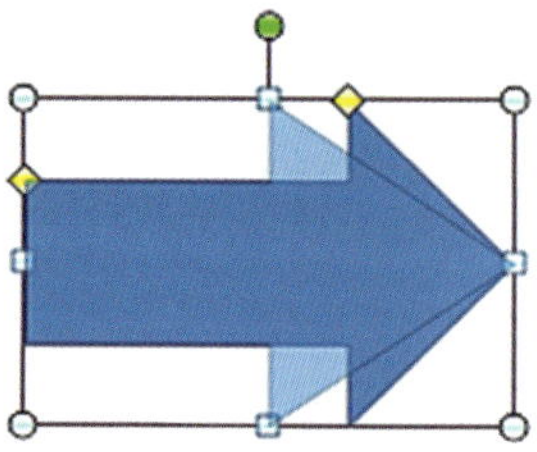

Abbildung 5.23: *Pfeilspitze verändern*

  - Die Breite des Pfeils kann verändert werden. Dazu wird die kleine gelbe Raute links vom Pfeil mit der Maus gefasst und in die gewünschte Richtung gezogen.

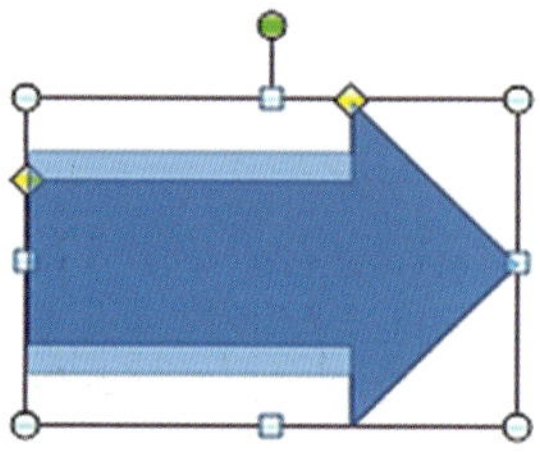

Abbildung 5.24: *Breite des Blockpfeils verändern*

  - Die Eigenschaften des Pfeils können verändert werden. Öffnen Sie dazu das Kontextmenü und wählen Sie die Option FORM FORMATIEREN … aus.

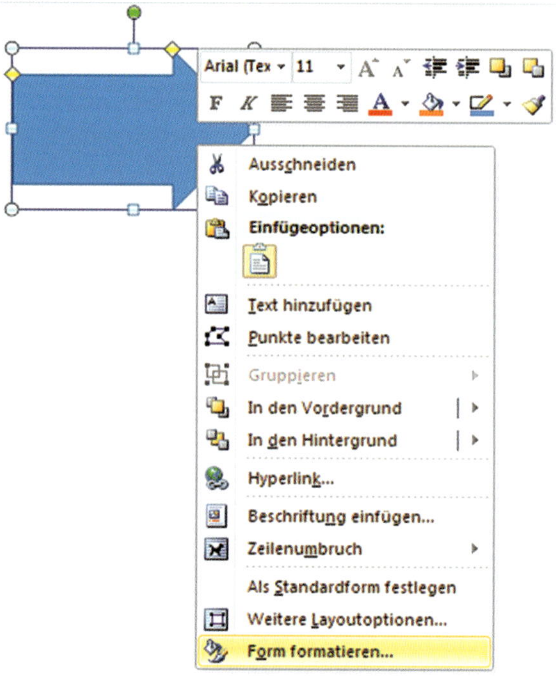

Abbildung 5.25: *Kontextmenü zur markierten Form*

Es öffnet sich ein Fenster zur Formatierung des Blockpfeils.

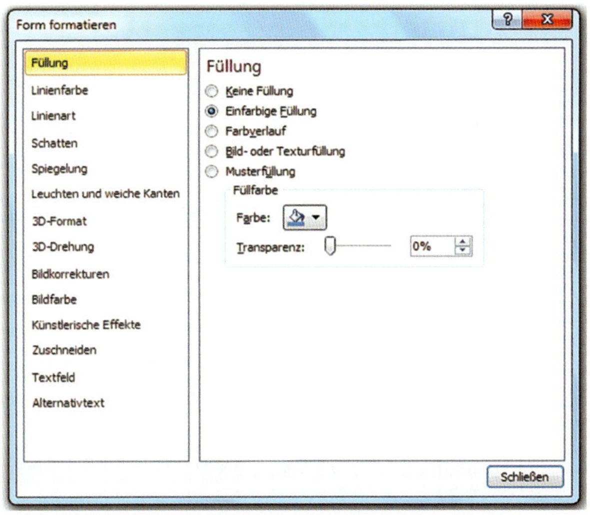

Abbildung 5.26: Blockpfeil formatieren

Arbeitsauftrag 5

Erarbeiten Sie sich eigenständig, welche Formatierungen in den einzelnen Punkten möglich sind. Klicken Sie dazu in der linken Leiste des Fensters FORM FORMATIEREN auf die einzelnen Begriffe und probieren Sie die angegebenen Möglichkeiten aus. Beobachten Sie jeweils, welche Auswirkungen Ihre Einstellungen auf das Aussehen des Pfeils haben.

Viele Formen können auch durch die Eingabe von Text beschriftet werden. So könnte auch in unserem Beispiel die Aussagekraft des Blockpfeils erhöht werden. Soll durch den Pfeil z. B. der Transport eines bestellten Schreibtischs zum Kunden durch eine Spedition dargestellt werden, könnte der Pfeil mit dem Wort SPEDITION beschriftet werden.

Arbeitsauftrag 6

Beschriften Sie den Blockpfeil mit beliebigem Text und testen Sie Möglichkeiten der Zeichenformatierung für diesen Text aus.

Wenn Sie die Form durch einen Klick auf den Rand markieren, öffnet sich das Menüband ZEICHENTOOLS, in dem weitere Gestaltungsmöglichkeiten für den Text angeboten werden.

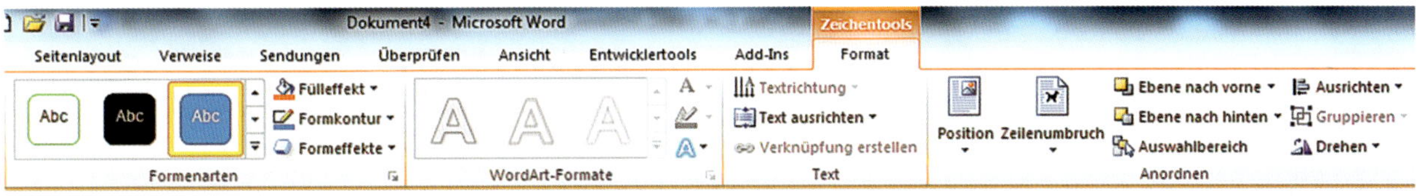

Abbildung 5.27: Ausschnitt aus dem Menüband ZEICHENTOOLS

Arbeitsauftrag 7

Testen Sie die Auswirkungen der angebotenen Gestaltungsmöglichkeiten auf den Text im Textfeld. Wählen Sie z. B. unterschiedliche Textausrichtungen und WordArt-Formate sowie verschiedene Fülleffekte und Formeffekte. Fügen Sie weitere Formen, die Sie übereinander legen, in das Dokument ein. Wählen Sie dann für Formen, die teilweise verdeckt sind, die Eigenschaft EBENE NACH VORNE und beobachten Sie, wie sich das Aussehen im Gesamtbild verändert.

5.2.4 SmartArt-Grafiken einbinden und gestalten

Zur grafischen Veranschaulichung von Informationen stellt Microsoft in einer speziellen Sammlung SmartArt-Grafiken zur Verfügung. Diese können dann – je nach Veranschaulichungsinhalt – als Grafik in ein Textdokument eingebunden, mit Informationen ergänzt und in ihrem Aussehen gestaltet werden.

Beispiel

In einem Textdokument sollen die Vor- und Nachteile der Einrichtung eines Betriebssportprogramms in der Duisdorfer BüroKonzept KG dargestellt werden. Die SmartArt-Bibliothek bietet hierzu in der Kategorie BEZIEHUNG eine Grafik an, in der die Vorteile (+) und die Nachteile (–) des Betriebssportprogramms übersichtlich abgebildet werden können.

Arbeitsauftrag 8

Erarbeiten Sie eine SmartArt-Grafik zur Darstellung der Vor- und Nachteile des Betriebssports.

Vorgehensweise:

1. Öffnen Sie ein neues Word-Dokument auf Basis der Vorlage Leeres Dokument.
   DATEI – NEU – LEERES DOKUMENT – ERSTELLEN

2. Fügen Sie in dieses Dokument aus der SmartArt-Sammlung von MS Word 2010 die Grafik PRO UND KONTRA der Kategorie BEZIEHUNG ein.

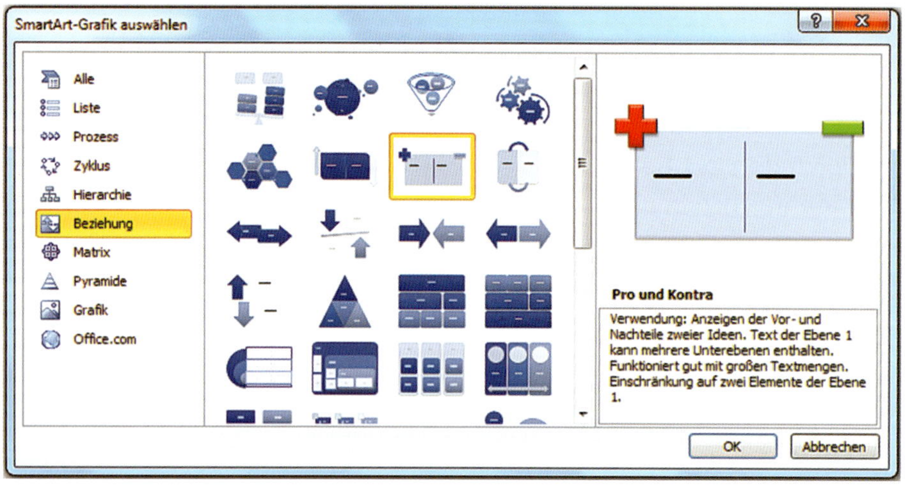

Abbildung 5.28: *SmartArt-Grafik Pro und Kontra auswählen*

3. Erfassen Sie anschließend unter + die jeweiligen Vorteile und unter – die jeweiligen Nachteile. Die Schriftgröße passt sich beim Schreiben dem Textumfang an.

4. Gestalten Sie anschließend die SmartArt-Grafik. Rufen Sie zur Veränderung der Eigenschaften der Grafik das Kontextmenü auf. Sie kennen die Möglichkeiten bereits aus den Hinweisen in Kapitel 5.2.3.

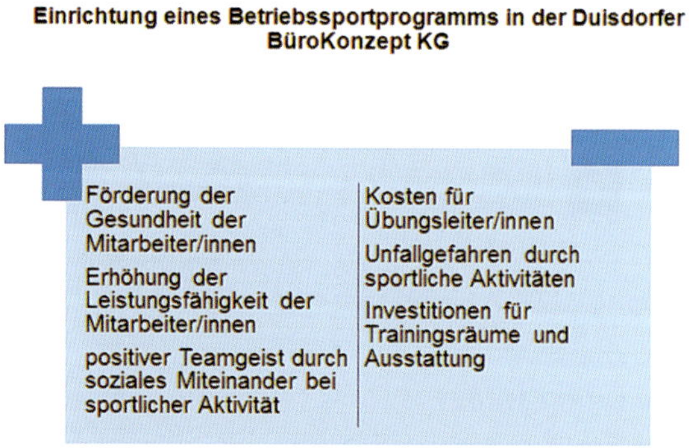

Abbildung 5.29: *Beispielhafte Darstellung möglicher Vor- und Nachteile eines Betriebssportprogramms*

5.3 Dokumente mit weiteren Objekten erstellen

5.3.1 Textfelder einbinden und gestalten

Textfelder sind rechteckige Formen, deren Aussagekraft weniger in der äußeren Gestaltung, sondern vor allem im Inhalt liegt, der durch den erfassten Text ausgedrückt wird. Da Textfelder die Eigenschaften einer Grafik haben, kann ihre Position beliebig gewählt werden. Viele Eigenschaften eines Textfeldes, wie Textrichtung oder Zeichenformate, können daher auch im Rahmen der ZEICHENTOOLS eingestellt werden.

Beispiel

Die Duisdorfer BüroKonzept KG lädt ihre Kunden zu einer Hausmesse in ihre Verkaufsräume ein. Zur Orientierung wird der Einladung ein Lageplan des Betriebsgeländes beigefügt. Die einzelnen Gebäude sind mit Zahlen gekennzeichnet. Die Bedeutung der Zahlen soll in einem Textfeld neben dem Lageplan beschrieben werden.

Arbeitsauftrag 9
Fügen Sie ein Textfeld mit Erläuterungen zum Lageplan ein.

Vorgehensweise:

1. Öffnen Sie die Datei **05_lageplan**.
2. Fügen Sie rechts neben dem Lageplan ein Textfeld ein. Klicken Sie dazu im Menüband EINFÜGEN in der Gruppe TEXT auf die Befehlsschaltfläche TEXTFELD. Es öffnet sich ein Fenster, in dem im oberen Teil verschiedene vorgestaltete Textfelder zur Auswahl angeboten werden. In unserem Beispiel soll keine Vorlage, sondern ein Textfeld eingefügt werden, das frei gestaltet werden kann. Klicken Sie also auf TEXTFELD ERSTELLEN.
3. Wie beim Einfügen einer Form (siehe Kapitel 5.2.3) nimmt der Cursor die Form eines Kreuzes an. Ziehen Sie mit gehaltener linker Maustaste ein Textfeld in der gewünschten Form und Größe auf.
4. Erfassen Sie in diesem Feld nun den nachfolgend aufgeführten Text:
5. Markieren Sie das Textfeld, indem Sie mit der Maus auf den Rand klicken. Als weiteres Menüband öffnen sich die ZEICHENTOOLS, in denen die Gestaltungsmöglichkeiten für den Text angeboten werden. Sie kennen die angebotenen Möglichkeiten bereits aus vorangegangenen Kapiteln.
6. Speichern Sie den Lageplan unter demselben Dateinamen.

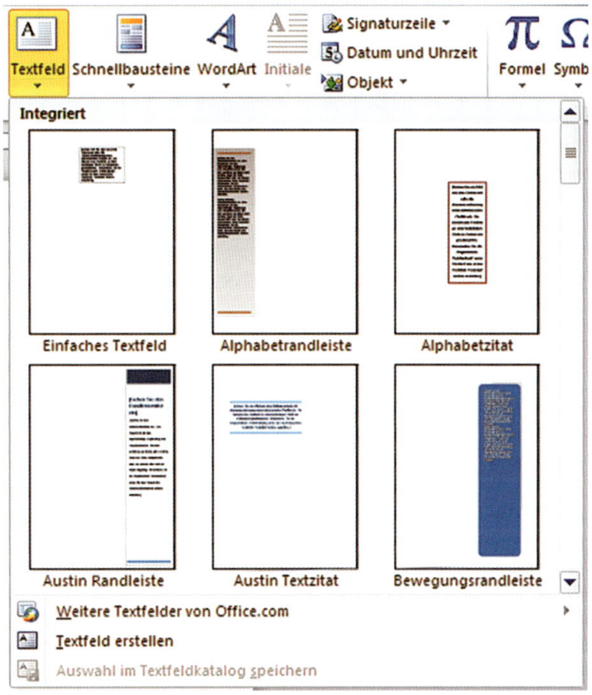

Abbildung 5.30: *Textfeld erstellen*

1	Verwaltungsgebäude
2	Lager
3	Produktionshalle
4	Ausstellungsräume
5	Parkplatz Nord
6	Parkplatz Süd
7	Betriebskantine

Abbildung 5.31: *Beschriftetes Textfeld*

5.3.2 Initiale einbinden und gestalten

Initiale sind im Rahmen der Textverarbeitung besonders gestaltete Buchstaben zur Einleitung eines Textes.

Beispiel:
Im nachfolgend abgedruckten Text soll das F als erster Buchstabe als Initial gestaltet werden.

> *Für die Herstellung von Möbeln im Programm Naturkontor wird ausschließlich nachwachsendes Holz aus der **Region** als Rohstoff verwendet. Damit schonen wir natürliche Ressourcen und vermeiden lange Transportwege. Die Oberflächen sind mit Lacken auf Wasserbasis kratzfest versiegelt.*

Arbeitsauftrag 10
1. Erstellen Sie ein neues leeres Dokument und erfassen Sie in diesem Dokument den abgedruckten Text.

2. Gestalten Sie den ersten Buchstaben im Text als Initial. Markieren Sie dazu das F. Klicken Sie anschließend im Menüband EINFÜGEN auf die Befehlsschaltfläche INITIAL. Es öffnet sich ein Fenster zur Auswahl von Voreinstellungen. Klicken Sie auf Initialoptionen, um weitere Einstellungen vornehmen zu können.

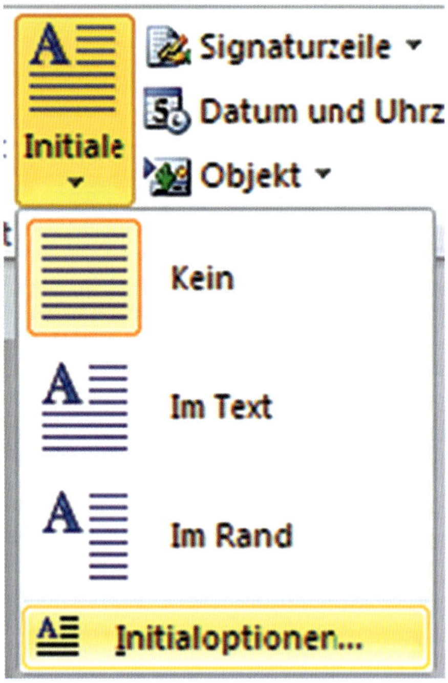

Abbildung 5.32: *Initial mit Initialoptionen einfügen*

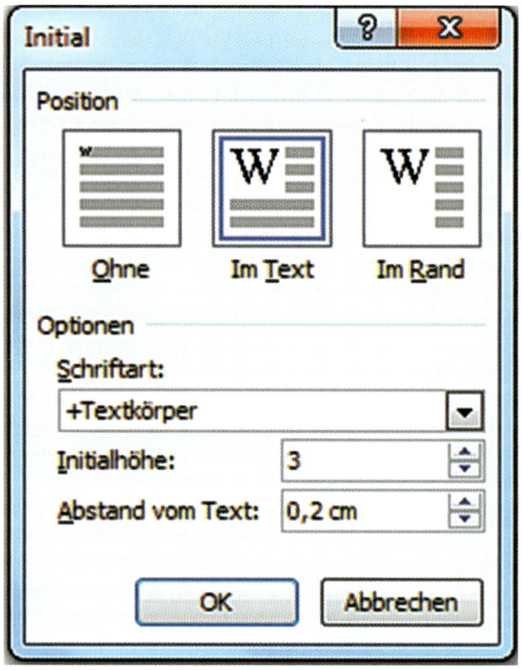

Abbildung 5.33: *Einstellung der Initialoptionen für unser Beispiel*

3. Stellen Sie für unser Beispiel die Initialoptionen wie oben abgebildet ein.

4. Nach dem Klick auf OK ergibt sich das folgende Erscheinungsbild des Textes mit Initial.

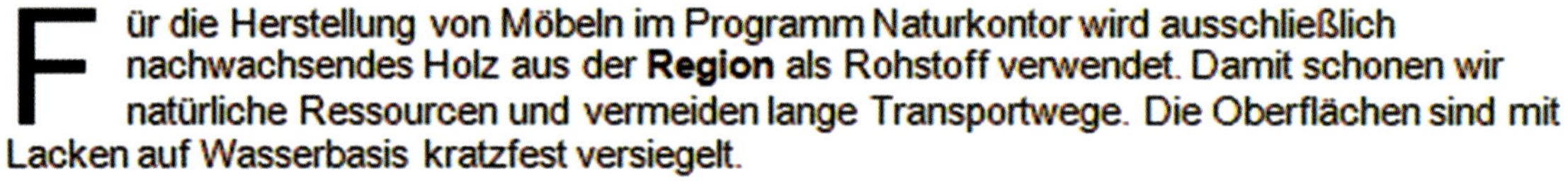
Für die Herstellung von Möbeln im Programm Naturkontor wird ausschließlich nachwachsendes Holz aus der **Region** als Rohstoff verwendet. Damit schonen wir natürliche Ressourcen und vermeiden lange Transportwege. Die Oberflächen sind mit Lacken auf Wasserbasis kratzfest versiegelt.

Abbildung 5.34: *Einstellung der Initialoptionen für unser Beispiel*

6 Externer Schriftverkehr mit Geschäftsbriefen

6.1 Einen Briefvordruck verwenden

Die Duisdorfer BüroKonzept KG wickelt einen Teil des Schriftverkehrs mit ihren Kunden und Lieferanten durch Briefe ab. Diese Geschäftsbriefe werden am Rechner geschrieben, ausgedruckt, unterschrieben und per Post an den jeweiligen Empfänger gesandt. Dazu wird ein einheitlicher Briefvordruck verwendet. Bei der Entwicklung dieses Vordrucks wurden die Regeln der DIN 5008 beachtet, in der auch Schreib- und Gestaltungsregeln für die Textverarbeitung festgelegt sind.

Web

Die Duisdorfer BüroKonzept KG hat sich bei der Gestaltung des Briefvordrucks für einen Brief mit einem Informationsblock entschieden.[1] Sie finden diesen Vordruck für Geschäftsbriefe der Duisdorfer BüroKonzept KG als Download im BuchplusWeb zu diesem Buch (**06_Briefvorlage_Duisdorfer_BüroKonzept**).

[1] *Die DIN 5008 unterscheidet weitere Möglichkeiten der Briefgestaltung, die hier aus Vereinfachungsgründen nicht dargestellt werden. Ein Briefformular mit Informationsblock wird in den Unternehmen am häufigsten eingesetzt.*

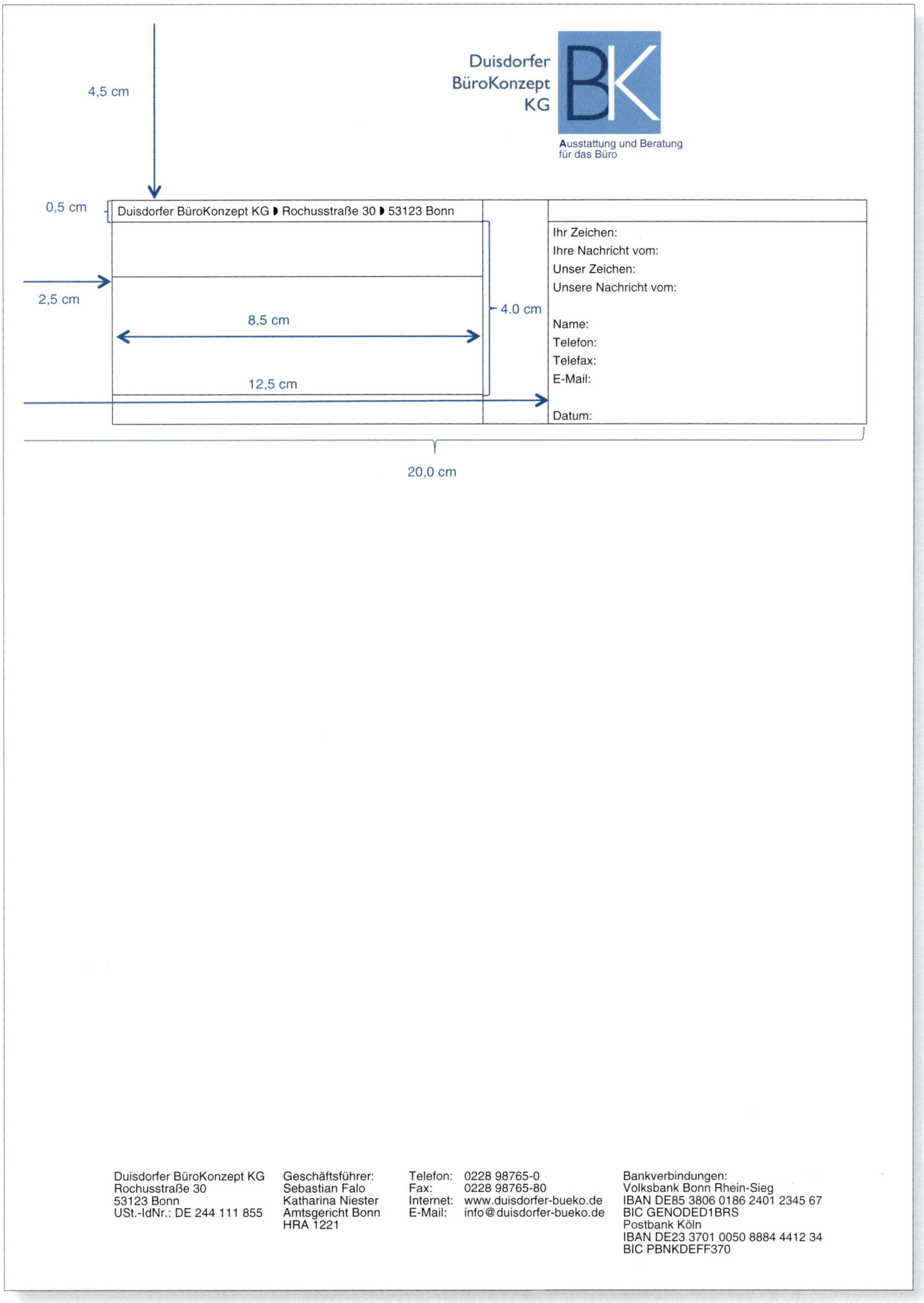

Duisdorfer BüroKonzept KG

BK

Ausstattung und Beratung für das Büro

Duisdorfer BüroKonzept KG ▸ Rochusstraße 30 ▸ 53123 Bonn

Ihr Zeichen:
Ihre Nachricht vom:
Unser Zeichen:
Unsere Nachricht vom:

Name:
Telefon:
Telefax:
E-Mail:

Datum:

Duisdorfer BüroKonzept KG
Rochusstraße 30
53123 Bonn
USt.-IdNr.: DE 244 111 855

Geschäftsführer:
Sebastian Falo
Katharina Niester
Amtsgericht Bonn
HRA 1221

Telefon: 0228 98765-0
Fax: 0228 98765-80
Internet: www.duisdorfer-bueko.de
E-Mail: info@duisdorfer-bueko.de

Bankverbindungen:
Volksbank Bonn Rhein-Sieg
IBAN DE85 3806 0186 2401 2345 67
BIC GENODED1BRS
Postbank Köln
IBAN DE23 3701 0050 8884 4412 34
BIC PBNKDEFF370

6.2 Schreib- und Gestaltungsregeln für die Textverarbeitung beachten

Mit einem Geschäftsbrief möchte der Versender nicht nur Informationen übermitteln, sondern auch einen kompetenten Eindruck beim Empfänger hinterlassen. Dazu gehört nicht nur, dass der Brief gut formuliert ist und keine Rechtschreibfehler aufweist. Es müssen auch die Schreib- und Gestaltungsregeln der DIN 5008 beachtet werden. Die nachfolgend aufgeführten Regeln gelten für alle Dokumente, die mit einem Textverarbeitungsprogramm erstellt werden.[1]

numerisches Datum	Reihenfolge Jahr-Monat-Tag mit Mittestrich[2] Reihenfolge Tag.Monat.Jahr mit Punkt	2013-09-02 2013-09-02 02.09.2013
alphanumerisches Datum	Reihenfolge Tag Monat Jahr	2. September 2013 13. Oktober 1980
Uhrzeit	gegliedert mit Doppelpunkt	09:15 – 10:45 Uhr
Postleitzahl	fünfstellig	53123 Bonn
Bankleitzahl	8-stellig mit Leerstelle nach 3. und 6. Zahl	BLZ 370 100 50
IBAN	Empfehlung siehe Beispiel, möglichst eine Zeile	IBAN DE85 3806 0186 2401 2345 67
Postfachnummer	zweistellig von rechts gegliedert	1 23 45 88 99
Telefonnummer	Vorwahl getrennt mit Leerstelle Durchwahl mit Mittestrich	0228 556784 0228 98765-11 0228 98765-0
Beträge	Währung mit Leerstelle getrennt Tausenderpunkt zur Strukturierung	58,50 € 1.250,65 NOK
beim Lesen gesprochen Abkürzungen	Abschluss mit Punkt und Leerstelle	i. A. (im Auftrag) z. B. (zum Beispiel) d. J. (des Jahres) 3 % (Prozent)
buchstäblich gelesene oder amtliche Abkürzungen	Abschluss ohne Punkt, Leerstelle am Ende der gesamten Abkürzung	HGB AG cm EUR km/h (Kilometer pro Stunde)
Rechenzeichen	Leerstelle vor und nach dem Rechenzeichen	7 + 8 = 15 3,2 m * 21,50 € = 68,80 € 3 < 5

6.3 Geschäftsbriefe schreiben

Ausgangssituation
Die Duisdorfer BüroKonzept KG möchte ihr Sortiment an Schreibtischleuchten um LED-Tischleuchten ergänzen. Recherchen im Internet haben ergeben, dass die Scheffler OHG, Wiedener Straße 17 in 86167 Augsburg entsprechende Leuchten herstellt.

[1] Die vorliegende Liste stellt wichtige Schreib- und Gestaltungsregeln dar. Eine vollständige Auflistung aller Schreib- und Gestaltungsregeln der DIN 5008 wird beim Beuth-Verlag herausgegeben.
[2] Ein Mittestrich ist ein Bindestrich ohne voran- oder nachgestellte Leerstelle.

Arbeitsauftrag 1

Frau Elling, die Leiterin des Bereichs Beschaffung Handelswaren bittet Sie, in ihrem Auftrag eine Anfrage an die Scheffler oHG per Brief zu formulieren. Die Leuchten sollen einen beweglichen Leuchtenkopf und einen festen Standfuß haben. Der Energieverbrauch soll mindestens der Effizienzklasse B entsprechen. Falls verfügbar, soll die Leuchte mit und ohne Dimmer angeboten werden. Frau Elling bittet Sie auch, die Konditionen für Mengenrabatt sowie die Lieferungs- und Zahlungsbedingungen anzufragen. Bei dem Schreiben handelt es sich um einen Erstkontakt. Ein Ansprechpartner ist Ihnen nicht bekannt.

Vorgehensweise:

1. Öffnen Sie die Datei **Briefvorlage Duisdorfer BüroKonzept**.
2. Speichern Sie das Dokument unter dem Dateinamen **06_Anfrage_LED-Leuchten_01**.
3. Füllen Sie zunächst das Anschriftfeld aus. Beachten Sie dabei die folgenden Regeln:
   a) Regeln zu Position und Inhalt des Anschriftfelds

Das Anschriftfeld des Briefes ist exakt so positioniert, dass es bei Verwendung eines Briefumschlags im Format DIN-lang (1/3 DIN A4, Blatt im Format DIN A4 zweimal waagerecht gefaltet) im Sichtfenster des Umschlags zu lesen ist. Auch die Anschrift des Absenders und die Rücksendeangabe (z. B. Nicht nachsenden) sind, für den Fall, dass der Brief nicht zugestellt werden kann, im Sichtfenster lesbar.

Abbildung 6.1: *Briefumschlag DIN-lang mit Sichtfenster*

Die Abstände des Anschriftfelds vom Seitenrand des in der Duisdorfer BüroKonzept KG verwendeten Briefvordrucks sind 2,5 cm vom linken Rand und 4,5 cm vom oberen Rand. Die Breite des Adressfelds beträgt 8,5 cm. Alle Maße entsprechen der DIN 5008.

Die Empfängeranschrift beginnt in der 4. Zeile des Adressfelds. Die Zeilen 1 bis 3 dienen der Angabe besonderer Sendungsvermerke, wie Einschreiben Einwurf oder Einschreiben eigenhändig.

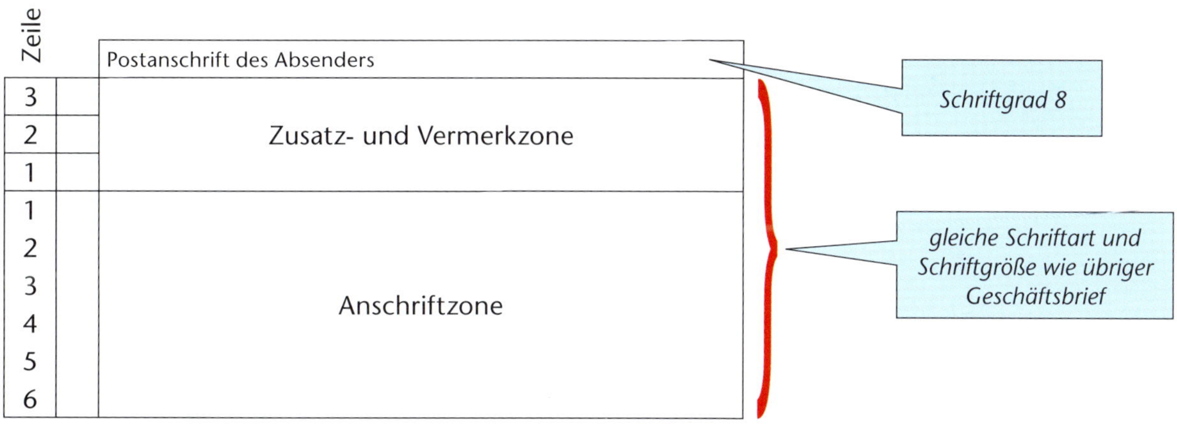

Abbildung 6.2: *Struktur des Anschriftfelds*

b) Regeln zur Schreibweise der Empfängeranschrift
- Die Anschrift beginnt mit der Anrede (z. B. Herrn, Frau).
- Berufs- und Amtsbezeichnungen folgen der Anrede in derselben Zeile (z. B. Herrn Rechtsanwalt).
- In der zweiten Zeile stehen Vor- und Nachname.
- Trägt der Empfänger einen akademischen Titel, so steht dieser vor dem Namen (z. B. Dr. Peter Schmitz, Dipl.-Ing. Sabine Hoffmann).
- Bachelor- und Mastertitel stehen hinter dem Namen (Othmar Felten B. A., Laura Sommer M. A.).
- In der nächsten Zeile folgen die Straße und Hausnummer oder Postfach.
- In der nächsten Zeile folgen Postleitzahl und Ort.
- Weitere Regeln sind in den Hinweisen zu den Anschriftbeispielen aufgeführt.

Beispiele für Anschriften	**Hinweise zur Schreibweise**
3 2 1 Einschreiben Einwurf 1 Herrn Steuerberater 2 Dr. Udo Strauß 3 Lettestraße 17 4 25272 Bremen 5 6	**Hinweise:** Der Text **Einschreiben Einwurf** ist ein Versendevermerk und wird – wie alle Eintragungen in der Zusatz- und Vermerkzone – in Schriftgrad 8 formatiert. **Steuerberater** ist eine Berufsbezeichnung, **Dr.** (Doktor) ein akademischer Titel.
3 2 1 Persönlich 1 Frau 2 Vivien Necke 3 Duisdorfer BüroKonzept KG 4 Rochusstraße 30 5 53123 Bonn 6	**Hinweis:** Frau Necke ist Mitarbeiterin der Duisdorfer BüroKonzept KG. Da ihr Name vor der Firma steht, ist davon auszugehen, dass der Brief persönlich an sie gerichtet ist. Dies wird hier auch durch den Zusatzvermerk **Persönlich** betont.
3 2 1 Einschreiben Rückschein 1 Frau 2 Karina Müller M. A. 3 Am Spichelsfeld 98 4 53757 Sankt Augustin 5 6	**Hinweise:** Der Text **Einschreiben Rückschein** ist ein Versendevermerk. Frau Karina Müller trägt den akademischen Grad M. A. (Master of Arts). Dieser Titel wird dem Namen nachgestellt.
3 2 1 1 Intermöbel GmbH 2 Frau Susanne Siebert 3 Postfach 2 46 51 22 4 57074 Siegen 5 6	**Hinweis:** Hier steht der Name der Empfängerin nach dem Namen des Unternehmens, bei dem sie arbeitet bzw. unter dessen Anschrift sie erreichbar ist. Diese Sendung darf ohne weiteres von der Poststelle der Intermöbel GmbH geöffnet werden.
3 2 1 Einschreiben 1 Rhenag GmbH 2 Bürogroßhandel 3 Annostraße 56 4 68239 Mannheim 5 6	**Hinweise:** Der Text **Einschreiben** ist ein Versendevermerk. Der Text **Bürogroßhandel** wird als Firmenzusatz bezeichnet.

4. Ergänzen Sie nun die fehlenden Daten im Informationsblock. Verwenden Sie für alle Angaben die gleiche Schriftart und den gleichen Schriftgrad wie im übrigen Geschäftsbrief. Nutzen Sie die folgenden Hinweise:
   a) **Ihr Zeichen:**
   Falls es bereits einen früheren Briefkontakt gab, wird hier das Zeichen des Bearbeiters bzw. Absenders des betroffenen Briefes eingetragen. Da es sich bei der Anfrage an die Scheffler OHG um einen Erstkontakt handelt, wird hier keine Information eingetragen.
   b) **Ihre Nachricht vom:**
   Hier wird das Datum der letzten Nachricht des Absenders in der betroffenen Angelegenheit eingetragen. Da es sich bei der Anfrage an die Scheffler OHG um einen Erstkontakt handelt, wird hier ebenfalls keine Information eingetragen.
   c) **Unser Zeichen:**
   Um schnell einen Bezug zum Bearbeiter oder Gegenstand des Briefes herstellen zu können, werden in den Unternehmen personenbezogene, organisationsbezogene oder fallbezogene Kürzel definiert. In der Duisdorfer BüroKonzept KG gilt die Vereinbarung, dass jeder Mitarbeiter ein Kurzzeichen hat, das sich aus dem ersten Buchstaben des Vornamens und den ersten beiden Buchstaben des Nachnamens ergibt. Tragen Sie hier das Zeichen ein, das nach dieser Vereinbarung für Ihren Namen gilt (z. B. FSo).
   d) **Unsere Nachricht vom:**
   Hier wird das Datum unserer letzten Nachricht in der betroffenen Angelegenheit eingetragen. Es kann die numerische oder die alphanumerische Schreibweise verwendet werden (siehe Kapitel 6.1.1). Da es sich bei der Anfrage an die Scheffler OHG um einen Erstkontakt handelt, bleibt diese Position leer.
   e) **Name:**
   Damit der Empfänger des Briefes in der Antwort eine persönliche Anrede verwenden kann bzw. bei anderen Kontakten z. B. per Telefon, den Namen des Ansprechpartners kennt, wird hier der Name des Briefbearbeiters eingetragen. Zur eindeutigen Geschlechtsbestimmung kann der Name durch Herr oder Frau ergänzt werden. Tragen Sie hier Ihren Vor- und Nachnamen ggf. mit Herr oder Frau ein.
   f) **Telefon:**
   Hier wird die Telefonnummer eingetragen, unter der der Verfasser des Briefes als Ansprechpartner in der betroffenen Angelegenheit direkt erreichbar ist. Verwenden Sie im Beispiel die Durchwahl 68.
   g) **Telefax:**
   Hier wird die Nummer des Telefaxgerätes eingetragen, an die der Empfänger des Briefes eine Nachricht an den Verfasser des Briefes senden kann. Verwenden Sie im Beispiel die Durchwahl 80.
   h) **E-Mail:**
   Hier ist die E-Mail-Adresse des Verfassers des Briefes einzutragen. Der Briefempfänger kann diese Angabe verwenden, wenn er eine E-Mail direkt an den Absender richten möchte. In der Duisdorfer BüroKonzept KG werden die E-Mail-Adressen aller Mitarbeiter nach demselben Prinzip gebildet:
   erster_Buchstabe_des_Vornamens.Nachname@duisdorfer-bueko.de
   Verwenden Sie diese Konvention für Ihre Beispieladresse und geben Sie sie als E-Mail an.
   i) **Datum:**
   Hier wird das Datum eingetragen, an dem der Brief verfasst bzw. versendet wurde. Es kann die numerische oder die alphanumerische Schreibweise verwendet werden (siehe Kapitel 6.1.1).

Der Briefkopf sollte nun das folgende Aussehen haben:

Duisdorfer BüroKonzept KG
BK
Ausstattung und Beratung für das Büro

DuisdorferBüroKonzept KG • Rochusstraße 30 • 53123 Bonn

Scheffler OHG
Wiedener Straße 17
86167 Augsburg

Ihr Zeichen:
Ihre Nachricht vom:
Unser Zeichen: FSo
Unsere Nachricht vom:

Name: Frau Fabienne Sonntag
Telefon: 0228 98765-68
Telefax: 0228 98765-80
E-Mail: f.sonntag@duisdorfer-bueko.de

Datum: 09.09.20..

Abbildung 6.3: *Briefkopf der Anfrage an die Scheffler OHG*

5. Nun muss der eigentliche Briefinhalt formuliert werden. Auch für diesen Teil des Geschäftsbriefs ist eine einheitliche Struktur vorgesehen.
   a) **Betreff**
   Im Betreff gibt der Verfasser den Sachverhalt des Briefes in Kurzform an. In unserem Beispielbrief könnte der Betreff lauten:
   Anfrage LED-Leuchten
   Vor und nach dem Betreff stehen immer zwei Leerzeilen. Der Betreff wird stets fett formatiert.
   b) **Anrede**
   Sofern eine bestimmte Person als Empfänger bzw. Bearbeiter des Briefes bekannt ist, wird sie in der Anrede persönlich angesprochen (z. B. Sehr geehrte Frau Meiers,). Ist dies – wie in unserem Beispielbrief – nicht der Fall, erfolgt eine allgemeine Anrede (z. B. Sehr geehrte Damen und Herren,). Die Anrede wird mit einem Komma abgeschlossen.
   Nach der Anrede steht immer eine Leerzeile.
   c) **Briefinhalt**
   Im Briefinhalt geht der Verfasser konkret auf den Sachverhalt des betroffenen Vorgangs ein. Zu Beginn erfolgt ein einleitender Satz, das Ende bildet ein abschließender Satz. Die Formulierungen sind so zu wählen, dass sich der Empfänger persönlich angesprochen fühlt und die Inhalte vollständig, verständlich und prägnant dargestellt sind.
   Auf eine Absatzschaltung folgt immer eine Leerzeile. Hervorhebungen, Aufzählungen und Einrückungen sind zulässig, sollten aber angemessen sein.
   Im Interesse einer besseren Lesbarkeit wird in Dokumenten der Textverarbeitung i. d. R. immer die automatische Silbentrennung mit SEITENLAYOUT – SEITE EINRICHTEN – SILBENTRENNUNG – AUTOMATISCH eingestellt.
   d) **Briefabschluss**
   Den Abschluss des Briefes bilden Gruß, Angabe der Firma, Unterschrift des Briefbearbeiters (ggf. mit Angabe der Vollmacht) und die Wiederholung des Namens des Unterzeichners des Briefes. Die einzelnen Elemente werden jeweils durch eine Leerzeile getrennt. Für die Unterschrift werden i. d. R. drei Leerzeilen reserviert.
   e) **Anlagenvermerk**
   Damit beim Öffnen des Briefes eine Vollständigkeitskontrolle vorgenommen werden kann, wird im Anlagenvermerk angegeben, welche Dokumente (mit Mengenangabe) dem Brief beigefügt sind. Dies kann z. B. die Angabe **1 Produktinformation**, **1 Lebenslauf** oder **1 Lageplan** sein. Eingeleitet wird der Anlagenvermerk mit dem Text **Anlage** oder **Anlagen**, der fett formatiert (nicht unterstrichen) wird. Nach einer Absatzschaltung folgt dann – ohne Leerzeile – die Nennung der Anlagen (nicht fett formatiert).
   Unserer Anfrage werden keine Anlagen beigefügt.

Arbeitsauftrag 1

Vervollständigen Sie die Anfrage an die Scheffler OHG. Speichern Sie den Brief abschließend und vergleichen Sie Ihren Brief mit dem abgedruckten Lösungsvorschlag der Sachbearbeiterin Fabienne Sonntag. Speichern Sie die Anfrage unter dem Dateinamen **06_Anfrage_LED-Leuchten_02**.

Lösung

Duisdorfer BüroKonzept KG

Ausstattung und Beratung für das Büro

Duisdorfer BüroKonzept KG ● Rochusstraße 30 ● 53123 Bonn

Scheffler OHG
Wiedener Straße 17
86167 Augsburg

Ihr Zeichen:
Ihre Nachricht vom:
Unser Zeichen: FSo
Unsere Nachricht vom:

Name: Frau Fabienne Sonntag
Telefon: 0228 98765-68
Telefax: 0228 98765-80
E-Mail: f.sonntag@duisdorfer-bueko.de

Datum: 09.09.20..

Anfrage LED-Leuchten

Sehr geehrte Damen und Herren,

seit unserer Gründung im Jahr 2005 produzieren und vertreiben wir Ausstattungsgegenstände im Bürobereich und beraten andere Unternehmen in Fragen der Büroorganisation. Unsere Kunden haben ihren Sitz überwiegend in Deutschland und sind teilweise als Wiederverkäufer tätig.

Aktuell möchten wir unser Sortiment um LED-Bürotischleuchten erweitern und sind bei der Recherche nach Anbietern auf Ihr Unternehmen aufmerksam geworden.

Wir bitten Sie um ein Angebot von LED-Leuchten mit beweglichem Leuchtenkopf und festem Standfuß. Der Energieverbrauch der Leuchten soll mindestens der Effizienzklasse B entsprechen. Wir möchten sowohl Leuchten mit der Möglichkeit der Steuerung der Helligkeit durch Dimmer als auch ohne Dimmer in das Sortiment aufnehmen.

Informieren Sie uns bitte auch über Ihre Konditionen für Mengenrabatt sowie Ihre Lieferungs- und Zahlungsbedingungen.

Wir freuen uns auf Ihr Angebot.

Mit freundlichen Grüßen

Duisdorfer BüroKonzept KG

i. A. F. Sonntag

Fabienne Sonntag

Duisdorfer BüroKonzept KG
Rochusstraße 30
53123 Bonn
USt.-IdNr.: DE 244 111 855

Geschäftsführer:
Sebastian Falo
Katharina Niester
Amtsgericht Bonn
HRA 1221

Telefon: 0228 98765-0
Fax: 0228 98765-80
Internet: www.duisdorfer-bueko.de
E-Mail: info@duisdorfer-bueko.de

Bankverbindungen:
Volksbank Bonn Rhein-Sieg
IBAN DE85 3806 0186 2401 2345 67
BIC GENODED1BRS
Postbank Köln
IBAN DE23 3701 0050 8884 4412 34
BIC PBNKDEFF370

7 Dokumente mit Textbausteinen erstellen

In der Duisdorfer BüroKonzept KG gehen viele schriftliche Anfragen ein, in denen Kunden oder interessierte Unternehmen ein Angebot bezogen auf einen Artikel im Sortiment wünschen. Auf die Anfragen wird im Allgemeinen mit einem Geschäftsbrief geantwortet. Die Briefe unterscheiden sich vor allem in der Anschrift des Kunden und den Preisinformationen zu dem gewünschten Artikel. Viele Informationen hingegen sind identisch, wie z. B. ein Satz zu Beginn oder zum Ende des Briefes sowie eine Information zum Eigentumsvorbehalt. Andere Passagen des Briefes sind zwar nicht gleich, kommen aber in vielen Angeboten in ähnlicher Formulierung vor. So wird in allen Antworten auf eine Anfrage die Lieferzeit genannt, die aber in Abhängigkeit vom gewünschten Artikel unterschiedlich sein kann.

Um den Arbeitsaufwand beim Schreiben der Angebote zu optimieren, sollen in der Duisdorfer BüroKonzept KG zukünftig Textbausteine genutzt werden, die in MS Word 2010 als Schnellbausteine bezeichnet werden.

Ausgangssituation

Der Leiter der Organisationseinheit Vertrieb, Herr Klein, übergibt Ihnen eine ausgedruckte Tabelle, in der die in Angeboten häufig verwendeten Textteile aufgeführt sind. Er bittet Sie, die technischen Voraussetzungen zu schaffen, mit denen die Mitarbeiterinnen und Mitarbeiter seines Bereichs die Formulierungen in Form von Text- bzw. Schnellbausteinen in die Angebote einfügen können. Herr Klein legt Wert darauf, dass individuelle Angaben in den Bausteinen ergänzt werden können. Die Stellen, in denen die variablen Eintragungen vorgesehen sind, hat er mit geschweiften Klammern { } gekennzeichnet. Herr Klein weiß, dass die Textteile mit einem Kurznamen benannt werden müssen. Er hat daher schon Namen aufgeführt, aus denen auch der Verwendungszweck hervorgeht. So steht ANG als Abkürzung für Angebot. ANR steht für Anrede und kann auch in anderen Arten von Geschäftsbriefen verwendet werden.

Liste häufig verwendeter Textteile in Angeboten			
Hinweis	**Text mit erforderlichen Leerzeilen**	**Inhalt { }**	**Kurzname**
Betreff	**Angebot über { }**	angebotene(n) Artikel nennen	ANG01
Anrede	Sehr geehrte { },	Anrede personalisieren	ANR01
Eröffnungssatz	wir danken Ihnen sehr für Ihr Interesse an unserem Unternehmen und unserem Sortiment. Gerne unterbreiten wir Ihnen ein Angebot über { }.	angebotene Artikel ggf. mit Mengenangabe nennen	ANG02
Lieferzeit	Die Lieferzeit beträgt { } Tage.	Lieferzeit in Tagen nennen	ANG03

Liste häufig verwendeter Textteile in Angeboten			
Hinweis	**Text mit erforderlichen Leerzeilen**	**Inhalt { }**	**Kurzname**
Zahlungsbedingungen	Wir gewähren Ihnen bei Zahlung innerhalb von { } Tagen ab Rechnungsdatum { }% Skonto. Ansonsten ist der Rechnungsbetrag innerhalb von { } Tagen ab Rechnungsdatum ohne Abzug fällig und zahlbar.	Skontofrist und Skontosatz eintragen	ANG04
Schlusssatz	Gerne nehmen wir Ihnen Auftrag entgegen und sichern Ihnen eine zuverlässige Lieferung der bestellten Artikel zu.		ANG05
Briefabschluss	Mit freundlichen Grüßen Duisdorfer BüroKonzept KG { } { }	 Vollmacht eintragen Name des Unterzeichners	BAS01

7.1 Text- bzw. Schnellbausteine erstellen

Vor der Verwendung eines Schnellbausteins in MS Word 2010 muss der entsprechende Text zunächst erfasst, benannt und in die Sammlung der Schnellbausteine aufgenommen werden. Die Positionen für die variablen Inhalte werden als Sprungmarken eingefügt.

Arbeitsauftrag 1

Erstellen Sie die Schnellbausteine für das Angebot.

Vorgehensweise:

1. Öffnen Sie ein neues Word-Dokument auf Basis der Vorlage Leeres Dokument.
   DATEI – NEU – LEERES DOKUMENT – ERSTELLEN
2. Erfassen Sie in diesem Dokument die Texte der Tabelle, die Herr Klein Ihnen übergeben hat, mit den erforderlichen Leerzeilen und Formaten.
3. Fügen Sie an den Stellen, an denen später individueller Text eingegeben werden soll, eine Sprungmarke durch die Tastenkombination STRG+F9 ein.
4. Markieren Sie den jeweiligen Textteil einschließlich der erforderlichen Leerzeilen.

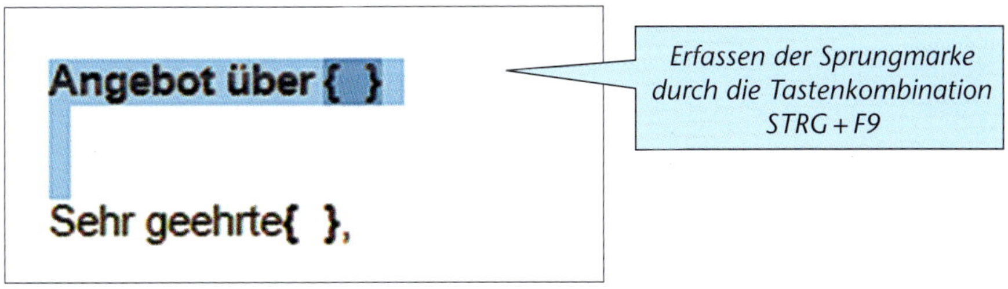

Abbildung 7.1: *Text markieren für die Übernahme in den Katalog der Schnellbausteine*

5. Nehmen Sie den markierten Text (einschließlich Sprungmarke) in den Katalog der Schnellbausteine auf. Klicken Sie dazu im Menüband EINFÜGEN in der Gruppe TEXT auf die Befehlsschaltfläche SCHNELLBAUSTEINE und anschließend auf AUSWAHL IM SCHNELLBAUSTEIN-KATALOG SPEICHERN ...

Abbildung 7.2: *Kontextmenü SCHNELLBAUSTEINE*

6. Es öffnet sich ein Dialogfenster, in das der Name des Schnellbausteins ANG01 eingetragen werden muss.

Abbildung 7.3: *Dialogfenster Neuen Baustein erstellen*

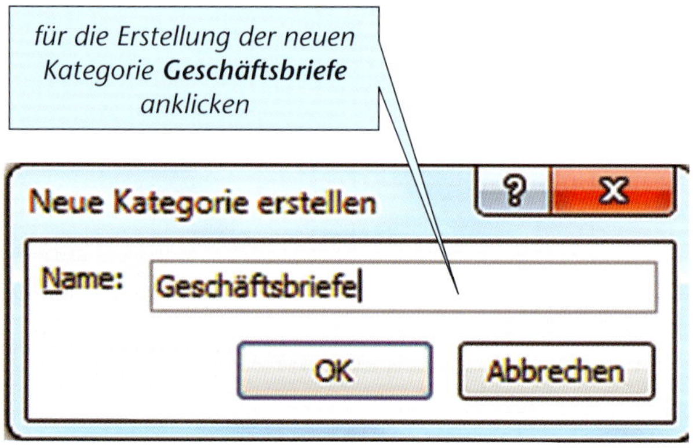

Abbildung 7.4: *Neue Kategorie erstellen*

7. Damit die Organisation der Schnellbausteine für die Geschäftsbriefe der Duisdorfer BüroKonzept KG erleichtert wird, soll auch eine neue Kategorie mit dem Namen **Geschäftsbriefe** eingerichtet werden.

8. Nach der Eingabe der Beschreibung des neuen Schnellbausteins **Angebot Betreff** hat das Dialogfenster das nachfolgend dargestellte Aussehen.

9. Mit Klick auf OK wird der neue Schnellbaustein in den Katalog der Bausteine aufgenommen. Die Bausteine in diesem Katalog können nun von jedem WORD-Dokument aus genutzt und eingefügt werden.

Abbildung 7.5: *Einen neuen Textbaustein erstellen*

10. Fügen Sie nach diesem Verfahren die weiteren Textbausteine aus der Liste von Herrn Klein in den Katalog der Schnellbausteine in der Kategorie Geschäftsbriefe ein. Denken Sie daran, vorher die jeweiligen Sprungmarken durch die Tastenkombination STRG+F9 in den Textteilen zu erfassen. Tragen Sie unter Beschreibung einen aus Ihrer Sicht geeigneten Text ein.

7.2 Text- bzw. Schnellbausteine in Dokumente einfügen

Nachdem die neuen Textbausteine in den Katalog der Schnellbausteine aufgenommen wurden, können sie in allen MS-Word-Dokumenten eingefügt werden.

Ausgangssituation

Der Einkäufer Peter Gerner (PG) des Kunden Birkmann OHG, Im Ruhrfeld 35, 22866 Norderstedt, hat am 12.05.20.. eine Anfrage an die Duisdorfer BüroKonzept KG über 10 Schreibtische des Programms ***Naturkontor*** mit den Maßen 140 x 80 cm gerichtet. Der Listenverkaufspreis beträgt 399,00 €. Aufgrund der Zahl der angefragten Schreibtische kann ein Mengenrabatt von 10 % gewährt werden. Dem Kunden wird ein Skonto von 3 % bei Zahlung innerhalb von 10 Tagen gewährt. Das Zahlungsziel ist 45 Tage. Die Lieferzeit der Schreibtische beträgt 7 Tage.

Arbeitsauftrag 2

Herr Erwin Hummels, Leiter des Vertriebsbereichs Nord, bittet Sie am 13.09.20.., das Angebot zu schreiben. Nutzen Sie dabei die gespeicherten Schnellbausteine.

Vorgehensweise:

1. Erstellen Sie ein neues Word-Dokument auf Basis der Vorlage Briefvorlage Duisdorfer BüroKonzept KG.
2. Füllen Sie den Briefkopf aus. Verwenden Sie im Informationsblock selbstgewählte Daten.
3. Fügen Sie den Betreff als Schnellbaustein mit dem Namen ANG01 ein. Setzen Sie dazu den Cursor an die Position, an welcher der Betreff erscheinen soll.

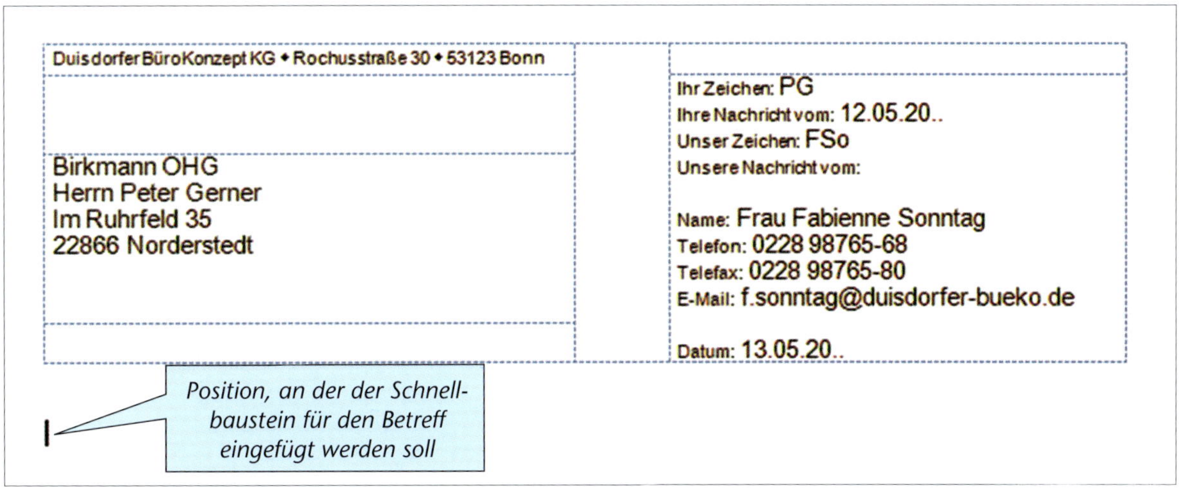

Abbildung 7.6: *Schnellbausteine einfügen*

Klicken Sie dazu im Menüband EINFÜGEN auf die Befehlsschaltfläche SCHNELLBAUSTEINE. Wählen Sie den Schnellbaustein ANG01 in der angezeigten Liste der Bausteine in der Kategorie **Geschäftsbriefe** aus.

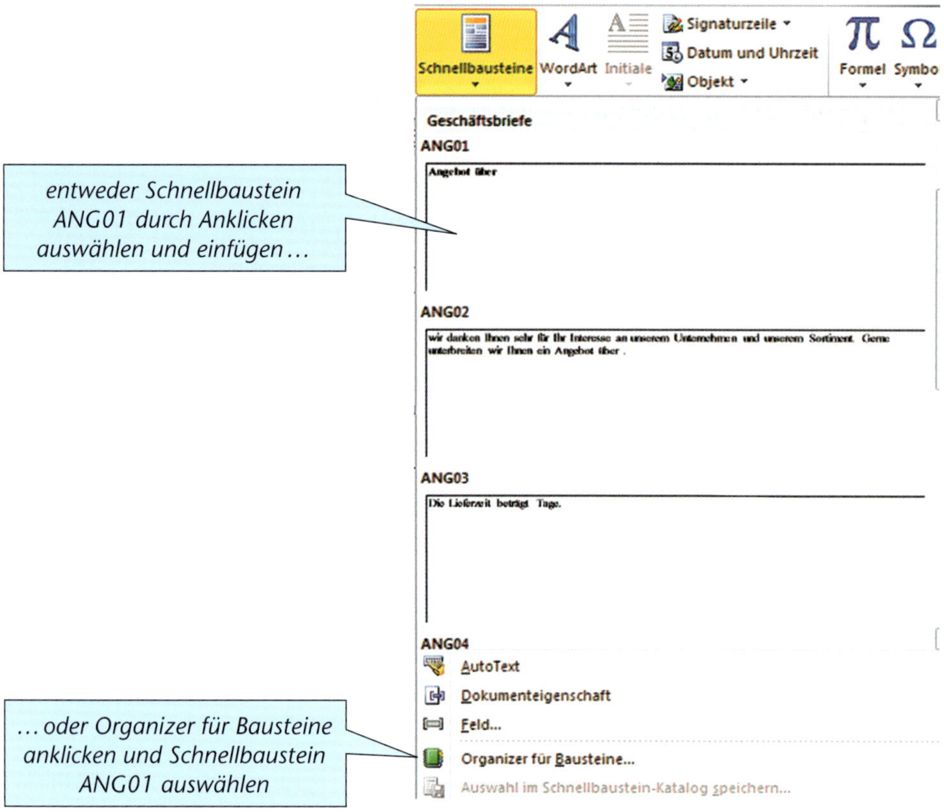

Abbildung 7.7: *Dialogfenster für die Befehlsschaltfläche SCHNELLBAUSTEINE*

Eine weitere Möglichkeit zum Einfügen von Schnellbausteinen in einen Text bietet der Organizer für Bausteine. Klicken Sie dazu im Menüband EINFÜGEN in der Gruppe TEXT auf die Befehlsschaltfläche SCHNELLBAUSTEINE und öffnen Sie durch Anklicken die Auswahl ORGANIZER FÜR BAUSTEINE. Die Bausteine können durch einen Klick auf NAME in der Überschrift alphabetisch sortiert werden. Bei einem Klick auf KATEGORIE wird diese Spalte zusätzlich als Kriterium für die alphabetische Sortierung genutzt, sodass z. B. alle Bausteine der Kategorie **Geschäftsbriefe** untereinander aufgeführt sind.

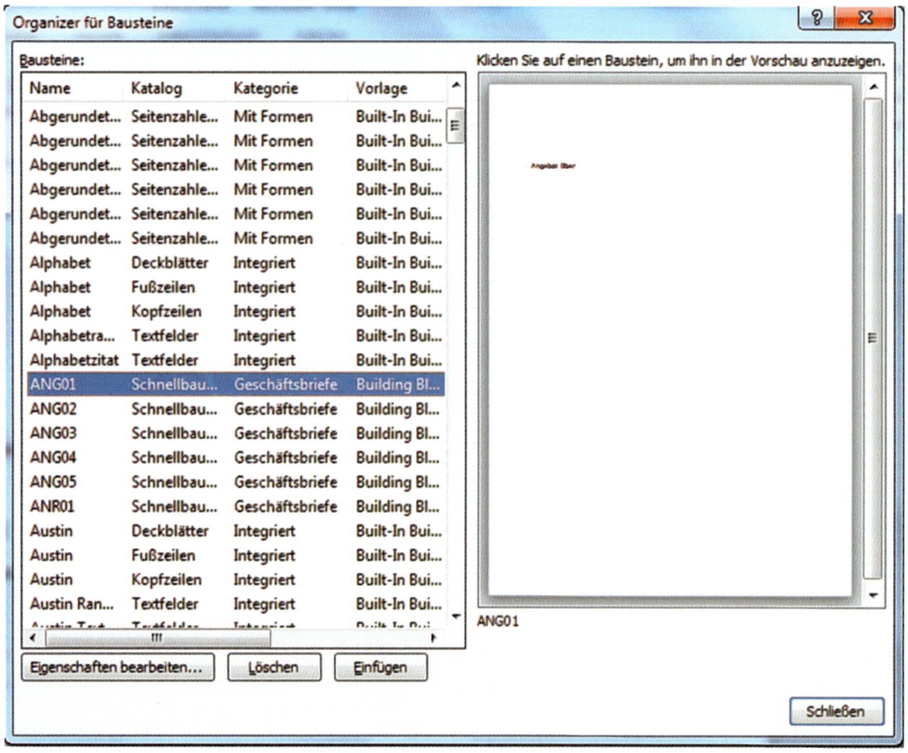

Abbildung 7.8: *Dialogfenster für die Organisation von Schnellbausteinen*

4. Fügen Sie die weiteren Textbausteine (ANR01 für die Anrede, ANG02 als Eröffnungssatz, ANG04 für die Zahlungsbedingungen, ANG03 zur Angabe der Lieferzeit, ANG05 als Schlusssatz und BAS01 für den Briefabschluss) zur Erstellung des Angebots an die Birkmann OHG ein. Der Brieftext hat nun das abgebildete Aussehen:

Angebot über

Sehr geehrte,

wir danken Ihnen sehr für Ihr Interesse an unserem Unternehmen und unserem Sortiment. Gerne unterbreiten wir Ihnen ein Angebot über.

Wir gewähren Ihnen bei Zahlung innerhalb von Tagen ab Rechnungsdatum % Skonto. Ansonsten ist der Rechnungsbetrag innerhalb von Tagen ab Rechnungsdatum ohne Abzug fällig und zahlbar.

Die Lieferzeit beträgt Tage.

Gerne nehmen wir Ihren Auftrag entgegen und sichern Ihnen eine zuverlässige Lieferung der bestellten Artikel zu.

Mit freundlichen Grüßen

Duisdorfer BüroKonzept KG

Abbildung 7.9: *Angebot mit Textbausteinen (ohne individuelle Angaben)*

5. Ergänzen Sie die individuellen Angaben. Die Sprungmarken, die Sie bei der Erstellung der Schnellbausteine durch STRG+F9 eingefügt haben, können jetzt mit der Taste F11 angesprungen werden. Der unten abgedruckte Text dient als Lösungsbeispiel.

Angebot über Schreibtische aus dem Programm Naturkontor

Sehr geehrter Herr Gerner,

wir danken Ihnen sehr für Ihr Interesse an unserem Unternehmen und unserem Sortiment. Gerne unterbreiten wir Ihnen ein Angebot über 10 Schreibtische aus dem Programm Naturkontor mit den Maßen 140 * 80 cm. Der Listenpreis für einen Schreibtisch beträgt 399,00 EUR. Bei Abnahme ab 10 Stück bringen wir 10 % Mengenrabatt in Abzug.

Wir gewähren Ihnen bei Zahlung innerhalb von 10 Tagen ab Rechnungsdatum 3 % Skonto. Ansonsten ist der Rechnungsbetrag innerhalb von 45 Tagen ab Rechnungsdatum ohne Abzug fällig und zahlbar.

Die Lieferzeit beträgt 7 Tage.

Gerne nehmen wir Ihren Auftrag entgegen und sichern Ihnen eine zuverlässige Lieferung der bestellten Artikel zu.

Mit freundlichen Grüßen

Duisdorfer BüroKonzept KG

i. A.

Fabienne Sonntag

Abbildung 7.10: *Angebot mit Textbausteinen (mit individuellen Angaben)*

6. Speichern Sie das Dokument unter dem Dateinamen **07_angebot**.

8 Eine Dokumentenvorlage am Beispiel Interne Mitteilung erstellen und verwenden

8.1 Interne Mitteilung als Beispiel für schriftliche Kommunikation innerhalb des Unternehmens

Neben der externen Kommunikation in Geschäftsbriefen nutzt die Duisdorfer BüroKonzept KG auch Möglichkeiten der schriftlichen internen Kommunikation. So werden z. B. Rundschreiben an alle Mitarbeiter oder Schreiben an spezielle Mitarbeiter innerhalb des Unternehmens verfasst und verteilt. Zu diesem Zweck hat sich die Geschäftsleitung der Duisdorfer BüroKonzept KG auf die Verwendung der im Folgenden abgedruckten Vorlage entschieden.

<table>
<tr><td colspan="4">Duisdorfer BüroKonzept KG</td></tr>
<tr><td colspan="4">Interne Mitteilung</td></tr>
<tr><td>Von</td><td>Name:</td><td colspan="2">Abteilung:</td></tr>
<tr><td>An</td><td>Name:</td><td colspan="2">Abteilung:</td></tr>
<tr><td colspan="2">Betrifft:</td><td colspan="2">Datum:</td></tr>
<tr><td colspan="4">Mit der Bitte um</td></tr>
<tr><td colspan="2">Kenntnisnahme ☐
Bearbeitung ☐
Weiterleitung ☐</td><td colspan="2">Rücksprache ☐
Stellungnahme ☐
Ablage ☐</td></tr>
<tr><td colspan="4">Nachricht:</td></tr>
</table>

8.2 Dokumentenvorlagen erstellen

Damit eine Vorlage, die als Datei von allen Mitarbeitern in der Duisdorfer BüroKonzept KG genutzt wird, nicht versehentlich nach dem Öffnen und Bearbeiten beim Speichern überschrieben wird, gibt es in MS Word 2010 die Möglichkeit der Verwendung von sogenannten Dokumentenvorlagen. Eine Dokumentenvorlage hat einen besonderen Dateityp, der in MS Word 2010 durch die Erweiterung .dotx gekennzeichnet ist und sich damit gut von Word-Dokumenten unterscheiden lässt. Einfache Word-Dokumente weisen in MS Word 2010 die Dateierweiterung .docx auf. Diese Unterscheidung ist im Windows-Explorer an zwei Merkmalen zu erkennen:

Name	Änderungsdatum	Typ	Größe
Briefvorlage Duisdorfer BüroKonzept	07.09.2013 22:04	Microsoft Word-Dokument	78 KB
Briefvorlage Duisdorfer BüroKonzept	14.09.2013 18:40	Microsoft Word-Vorlage	78 KB
Interne Mitteilung Duisdorfer BüroKonzept	15.09.2013 13:08	Microsoft Word-Dokument	21 KB
Interne Mitteilung Duisdorfer BüroKonzept	15.09.2013 13:08	Microsoft Word-Vorlage	21 KB

Abbildung 8.1: *Anzeige verschiedener Dateitypen im Windows-Explorer*

1. Die Symbole zur Darstellung der Dateien in der Spalte NAME unterscheiden sich optisch. Word-Dokumente werden mit und Word-Vorlagen mit gekennzeichnet.
2. Außerdem wird in der Spalte TYP der Dateityp als Text (entweder Microsoft Word-Dokument oder Microsoft Word-Vorlage) angegeben.

Ausgangssituation
In der Duisdorfer BüroKonzept KG soll das Dokument zur Verfassung von internen Mitteilungen als Word-Vorlage erstellt und allen Mitarbeitern zur Verfügung gestellt werden.

Arbeitsauftrag 1

Frau Hanna Engler, Leiterin der Organisationseinheit Kaufmännische Verwaltung, beauftragt Sie mit der Erstellung und Speicherung der Vorlage.

Vorgehensweise:

1. Öffnen Sie ein neues Word-Dokument und erstellen Sie die Vorlage **Interne Mitteilung** wie am Kapitelanfang dargestellt. Verwenden Sie für die Gestaltung des Dokuments eine Tabelle. Die Kästchen zum Ankreuzen fügen Sie als Sonderzeichen aus dem Zeichensatz Wingdings ein (EINFÜGEN – SYMBOL – WEITERE SYMBOLE).

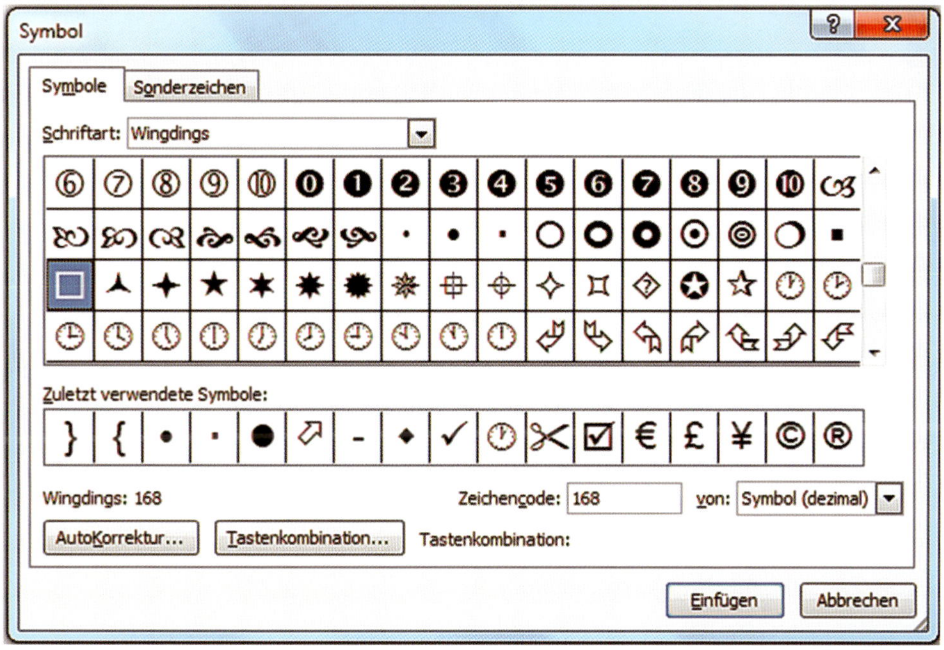

Abbildung 8.2: *Dialogfenster zum Einfügen eines Symbols*

Der Klick auf die Befehlsschaltfläche bewirkt das Einfügen des Sonderzeichens in die Tabelle. Nutzen Sie zur Positionierung der Kästchen Tabstopps.

2. Speichern Sie die fertige Vorlage als Word-Vorlage unter dem Dateinamen **Interne Mitteilung Duisdorfer BüroKonzept**. Klicken Sie dazu im Menüband DATEI auf SPEICHERN UNTER, geben den Dateinamen ein und wählen aus der Liste der Dateitypen WORD-VORLAGE aus.

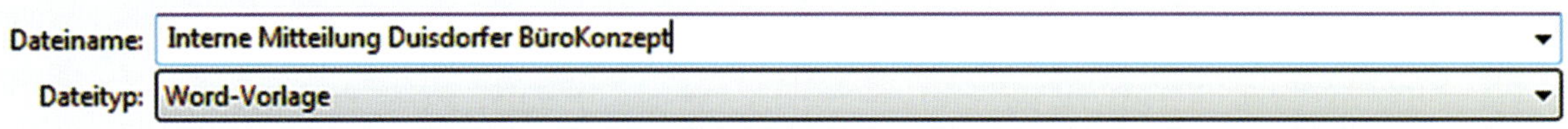

Abbildung 8.3: *Speichern des Dokuments mit dem Namen Interne Mitteilung Duisdorfer BüroKonzept als Dokumentenvorlage*

3. Schließen Sie das Dokument.

8.3 Dokumentenvorlagen nutzen

Soll nun eine Dokumentenvorlage genutzt werden, muss sie als **neues Dokument** geöffnet werden. Klicken Sie dazu im Menüband DATEI auf NEU. Es öffnet sich das abgebildete Fenster.

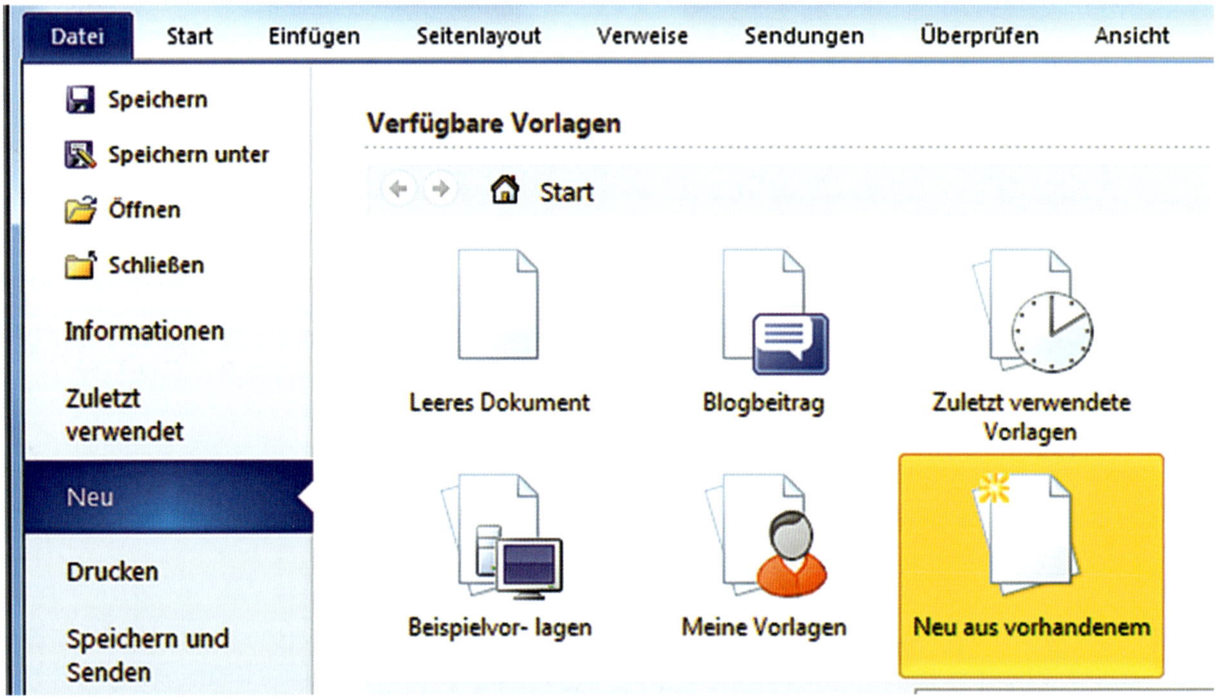

Abbildung 8.4: *Dialogfenster zum Öffnen eines neuen Dokuments auf der Basis einer Dokumentenvorlage*

Je nach Speicherort der Dokumentenvorlage muss jetzt eine Auswahl getroffen werden. Da Sie im Unterricht Ihre Vorlage vermutlich in Ihrem eigenen Dateiverzeichnis gespeichert haben, klicken Sie auf die Befehlsschaltfläche NEU AUS VORHANDENEM. Es öffnet sich der Windows Explorer. Öffnen Sie den Ordner, in dem Sie Ihre Vorlage für die interne Mitteilung gespeichert haben. Öffnen Sie anschließend die Vorlage mit einem Doppelklick auf dem Dateinamen oder wählen Sie die Datei aus und klicken Sie auf NEU ERSTELLEN.

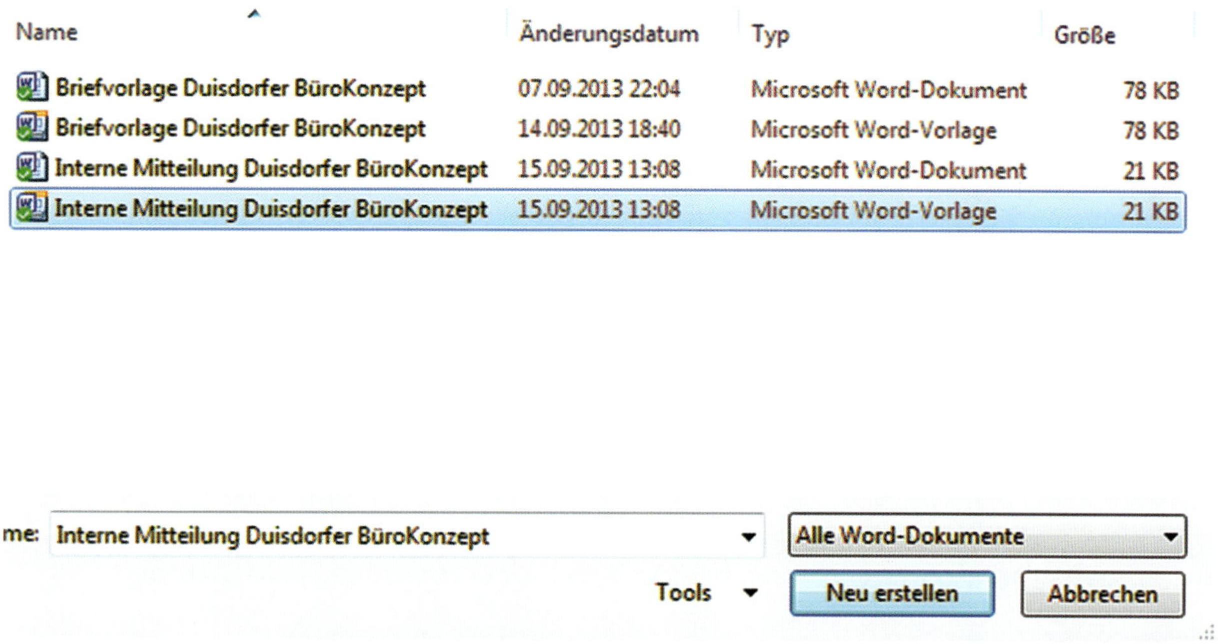

Abbildung 8.5: *Auswahl einer Dokumentenvorlage zum Erstellen eines neuen Dokuments*

Es wird jetzt ein neues Dokument als **Kopie** der Word-Vorlage erstellt. Zu erkennen ist dies daran, dass das neue Dokument unter einem neuen Namen geöffnet wurde. Dies sehen Sie am Dateinamen, der in der Bildschirmleiste über dem Dokument angezeigt wird.

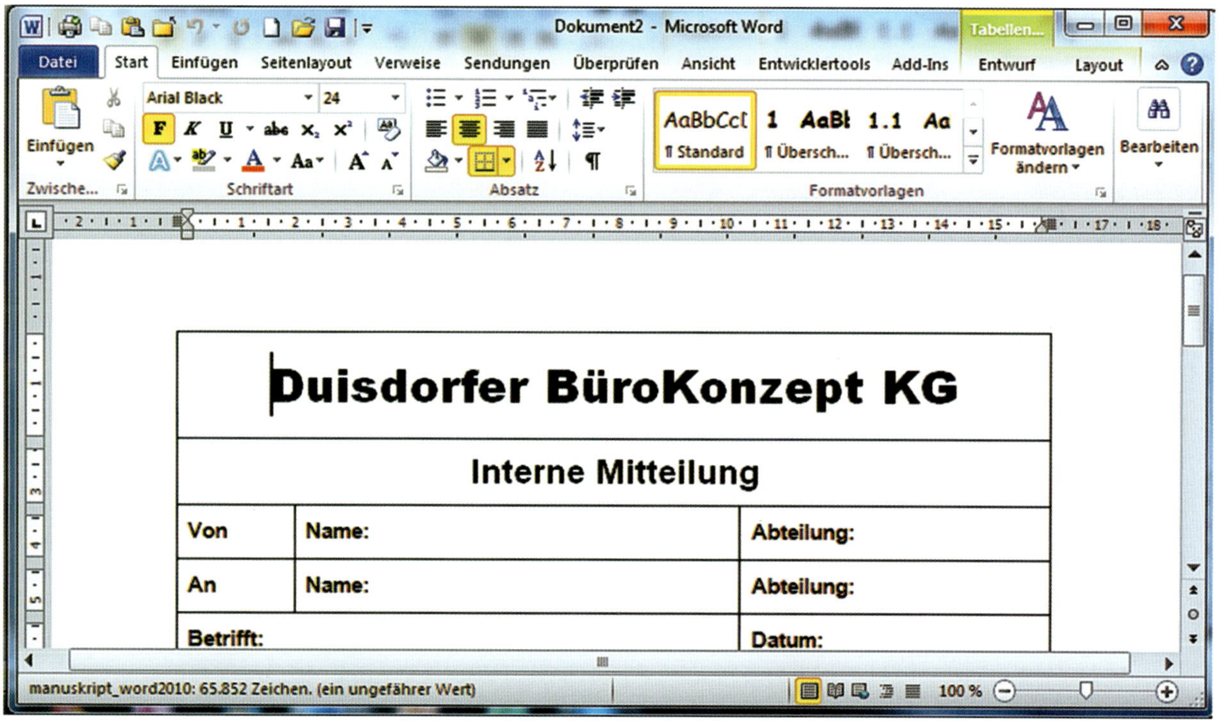

Abbildung 8.6: *Ansicht des Word-Bildschirms nach Erstellen eines neuen Dokuments auf der Basis einer Dokumentenvorlage*

Damit ist es nicht mehr möglich, beim Speichern die Dokumentenvorlage versehentlich zu überschreiben.

8.4 Dokumentenvorlagen ändern

Soll eine Dokumentenvorlage geändert werden, so muss sie als Word-Vorlage geöffnet und nach der Veränderung wieder im Dateityp Word-Vorlage gespeichert werden.

9 Serienbriefe erstellen

Ausgangssituation

Die Duisdorfer BüroKonzept KG möchte die Stelle einer Sachbearbeiterin in der kaufmännischen Verwaltung neu besetzen. Die Stellenanzeige wurde in der letzten Wochenendausgabe einer örtlichen Tageszeitung veröffentlicht. Auf diese Anzeige hin haben sich 8 Interessenten schriftlich auf die Stelle beworben. Da die Bearbeitung der Bewerbungen noch einige Zeit beanspruchen wird, sollen alle Bewerber eine Eingangsbestätigung ihrer Unterlagen per Post erhalten. Zur Reduzierung des Schreibaufwands wird dazu ein Serienbrief erstellt und ausgedruckt.

Ein Serienbrief ist ein Dokument, das für mehrere Adressaten erstellt wird. Der Inhalt des Briefes ist für alle Empfänger gleich. Lediglich die persönlichen Daten werden individuell angepasst. Diese Daten bezieht das Programm aus einer Datenquelle, die in MS Word 2010 erstellt werden kann. Sie können aber auch aus einer Excel-Tabelle oder einer Datenbank (z. B. MS Access) abgerufen werden.

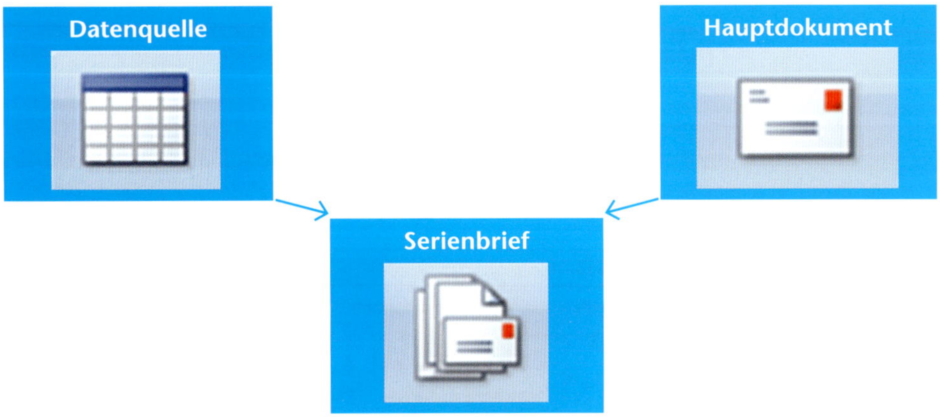

Abbildung 9.1: *Grundprinzip eines Serienbriefs*

Arbeitsauftrag 1

Erstellen Sie den Serienbrief und nutzen Sie dabei die folgenden Beschreibungen zur Vorgehensweise.

1. Erfassen Sie zunächst die Daten der Bewerber in einer Tabelle (Datenquelle).

Anmerkung

Aus Vereinfachungsgründen werden hier nur die für den Serienbrief relevanten Daten abgedruckt. Die Abkürzung G steht für Geschlecht und die Abkürzung PLZ steht für Postleitzahl.

Vorname	Nachname	G	Anschrift	PLZ	Ort	Briefdatum	...
Ingrid	Bergmann	w	Holter Straße 8	53721	Siegburg	14.08.20..	
Klaus	Mauels	m	Poststraße 17	53757	Sankt Augustin	16.08.20..	
Lena	Emanuels	w	Rundweg 12b	53112	Bonn	15.08.20..	
Mohammad	Kabir	m	Tannenhof 89	53604	Bad Honnef	11.08.20..	
Sigrun	Ellinghoff	w	Nordstraße 2	53639	Königswinter	15.08.20..	
Helge	Andersen	m	Haydnstraße 67	50674	Köln	14.08.20..	
Hans-Peter	Müller	m	Finkenweg 47	50389	Wesseling	18.08.20..	
Sven	Kuhnert	m	Westhof 65	53347	Alfter	13.08.20..	

Abbildung 9.2: *Tabelle mit den Daten der Empfänger des Serienbriefs*

2. Speichern Sie die Tabelle unter dem Namen **09_bewerber_datenquelle**.
3. Schließen Sie die Datenquelle.
4. Erstellen Sie nun den Brief an die Bewerber. Berücksichtigen Sie hierbei, dass nur die Inhalte aufgenommen und formuliert werden dürfen, die für alle Bewerber identisch sind.

Beispiel

Duisdorfer BüroKonzept KG

Ausstattung und Beratung für das Büro

Duisdorfer BüroKonzept KG ● Rochusstraße 30 ● 53123 Bonn

Ihr Zeichen:
Ihre Nachricht vom:
Unser Zeichen: PS
Unsere Nachricht vom:

Name: Petra Schütz
Telefon: 0228 98765-13
Telefax: 0228 98765-80
E-Mail: pschuetz@duisdorfer-bueko.de

Datum: 21.08.20..

Ihre Bewerbung um die Stelle als in unserer kaufmännischen Verwaltung

Sehr ,

wir danken Ihnen für Ihr Interesse an unserer Unternehmung und bestätigen den Eingang Ihrer Bewerbung.

Da wir noch einige Zeit für die Bearbeitung aller Bewerbungsunterlagen benötigen, bitten wir Sie um etwas Geduld. Wir werden uns in Kürze wieder mit Ihnen in Verbindung setzen.

Mit freundlichen Grüßen

Duisdorfer BüroKonzept KG

i. A.

Petra Schütz

Duisdorfer BüroKonzept KG
Rochusstraße 30
53123 Bonn
USt.-IdNr.: DE 244 111 855

Geschäftsführer:
Sebastian Falo
Katharina Niester
Amtsgericht Bonn
HRA 1221

Telefon: 0228 98765-0
Fax: 0228 98765-80
Internet: www.duisdorfer-bueko.de
E-Mail: info@duisdorfer-bueko.de

Bankverbindungen:
Volksbank Bonn Rhein-Sieg
IBAN DE85 3806 0186 2401 2345 67
BIC GENODED1BRS
Postbank Köln
IBAN DE23 3701 0050 8884 4412 34
BIC PBNKDEFF370

Speichern Sie das Dokument unter dem Namen **09_bewerber_hauptdokument**.

5. Klicken Sie nun im Menüband SENDUNGEN die Schaltfläche SERIENDRUCK STARTEN an.

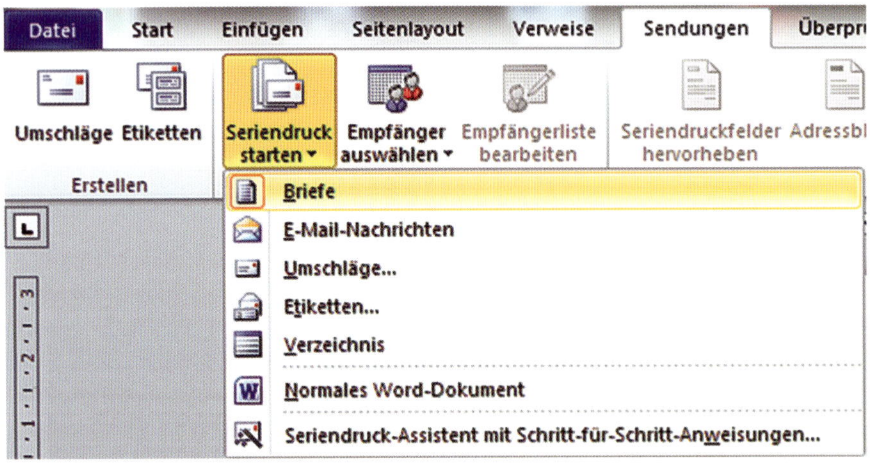

Abbildung 9.3: Erstellen des Serienbriefs starten

6. Wählen Sie die Option BRIEFE aus.

7. Klappen Sie die Auswahlliste zur Schaltfläche EMPFÄNGER AUSWÄHLEN auf, indem Sie den Pfeil neben der Schaltfläche anklicken.

Abbildung 9.4: Liste der Empfänger (Datenquelle) des Serienbriefs auswählen

8. Wählen Sie die Option VORHANDENE LISTE VERWENDEN durch Anklicken aus.

9. Wählen Sie die Datei **09_bewerber_datenquelle** als Datenquelle aus. Nun wird automatisch die Befehlsschaltfläche EMPFÄNGERLISTE BEARBEITEN aktiviert. Sie könnten jetzt – wenn gewünscht oder erforderlich – nach Klicken auf die Befehlsschaltfläche EMPFÄNGERLISTE BEARBEITEN Änderungen an den vorhandenen Bewerberdaten vornehmen oder neue Datensätze aufnehmen, ohne die Datenquelle selbst zu öffnen.

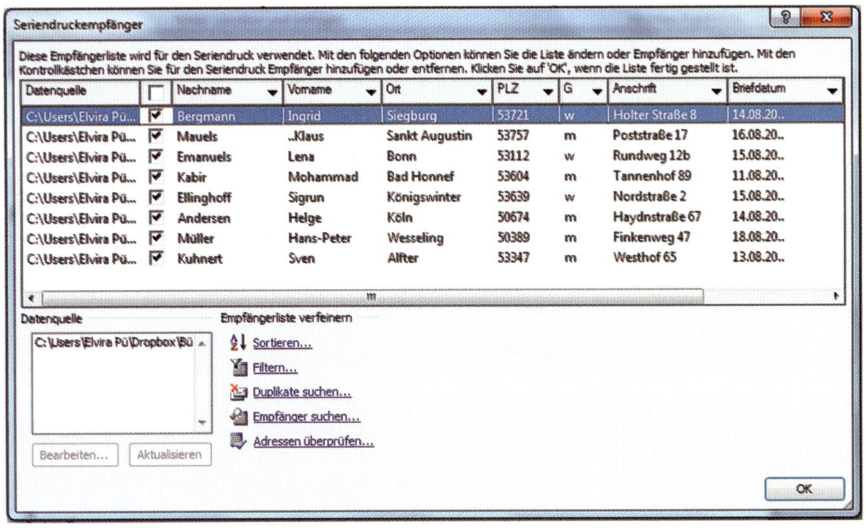

Abbildung 9.5: Liste der Empfänger des Serienbriefs

10. Im nächsten Schritt fügen Sie die persönlichen Daten der einzelnen Bewerber in das Hauptdokument ein. Dazu werden die sogenannten Seriendruckfelder eingefügt. Zunächst soll die Adresse des Bewerbers eingetragen werden. In Abhängigkeit vom Geschlecht des Bewerbers soll in der 1. Zeile des Adressfelds die Anrede **Herrn** oder **Frau** eingetragen werden. Setzen Sie den Cursor auf die entsprechende Position im Adressfeld. Klicken Sie anschließend im Menüband SENDUNGEN auf die Befehlsschaltfläche REGELN und wählen Sie die Option WENN … DANN … SONST aus.

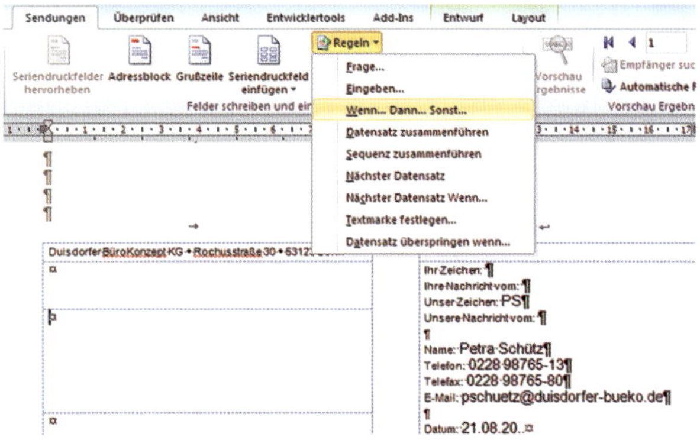

Abbildung 9.6: *Bedingtes Seriendruckfeld einrichten*

Wenn das Geschlecht (G) des Bewerbers mit **m** eingegeben wurde, der Bewerber also männlich ist, soll in der ersten Zeile des Adressfelds das Wort **Herrn** geschrieben werden. Anderenfalls, wenn der Bewerber also weiblich ist, soll das Wort **Frau** geschrieben werden. Bestätigen Sie Ihre Eingaben mit OK. Im Brief erscheint das Wort Frau, weil die Bewerberin im ersten Datensatz eine Frau (Ingrid Bergmann) ist.

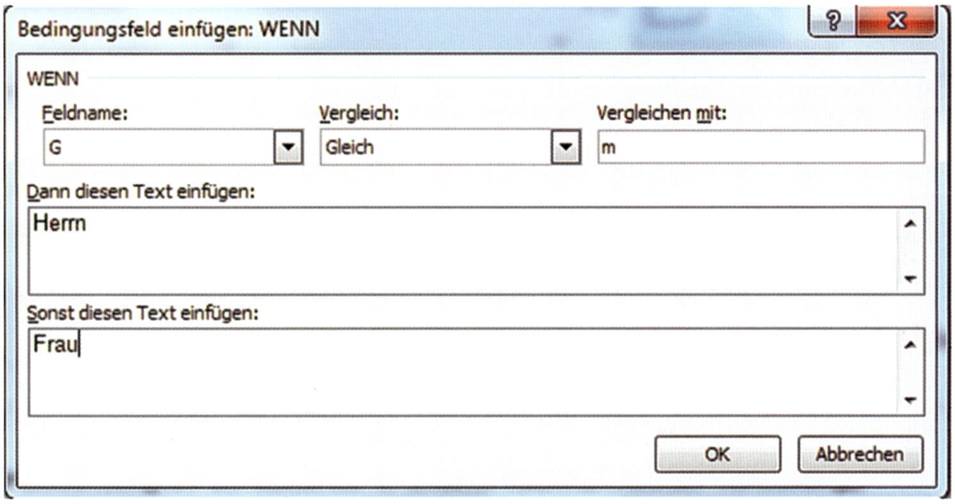

Abbildung 9.7: *Bedingungsfeld für den Seriendruck einfügen*

11. Nun werden die weiteren Angaben im Adressfeld eingefügt. Setzen Sie dazu den Cursor in die Zeile unter der Anrede. Jetzt werden einfache Seriendruckfelder eingefügt. Klicken Sie dazu im Menüband SENDUNGEN auf die Befehlsschaltfläche SERIENDRUCKFELD EINFÜGEN. Es öffnet sich eine Liste mit den Namen der Felder, die Sie in die Datenquelle aufgenommen haben.

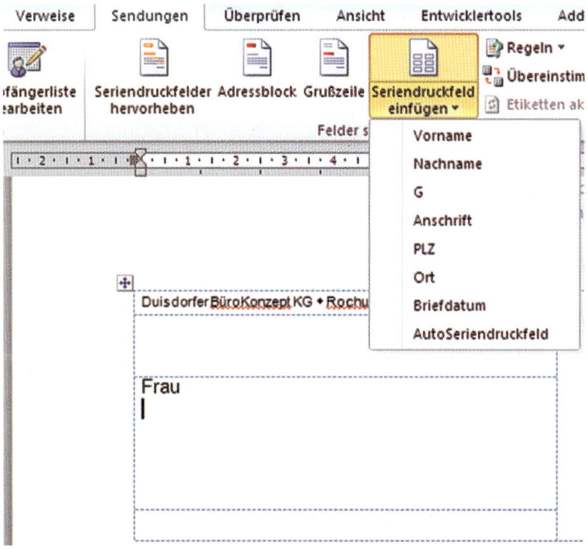

Abbildung 9.8: *Seriendruckfeld einfügen*

12. Wählen Sie nun die erforderlichen Felder aus. Achten Sie bei Bedarf darauf, zwischen den Feldern eine Leerstelle zu setzen und die Zeilenschaltungen vorzunehmen. Die eingefügten Seriendruckfelder werden in doppelten spitzen Klammern angezeigt. Wenn Sie sehen möchten, wie der Brief später ausgedruckt wird, klicken Sie im Menüband SENDUNGEN auf die Befehlsschaltfläche VORSCHAU ERGEBNISSE und lassen Sie sich nach Klicken auf die Pfeile die Briefe an die einzelnen Bewerber in der derzeitigen Form anzeigen.

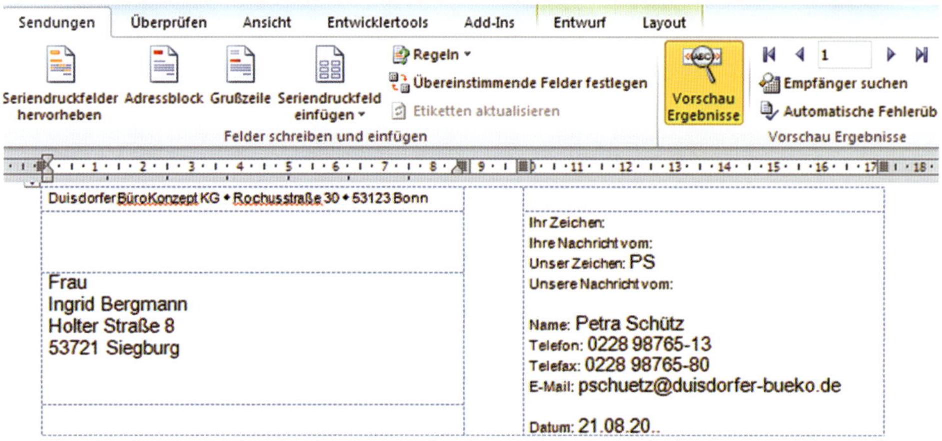

Abbildung 9.9: *Vorschau des Briefkopfs für den ersten Datensatz in der Liste der Empfänger des Serienbriefs*

13. Fügen Sie nun die fehlenden Felder ein:

- Das Wort **Sachbearbeiter** bzw. **Sachbearbeiterin** im **Betreff** abhängig vom Geschlecht
- **Briefanrede** (Sehr geehrter Herr… bzw. Sehr geehrte Frau…) abhängig vom Geschlecht mit **Nachnamen**
- **Briefdatum** (Ihre Nachricht vom:) im Informationsblock

14. Speichern Sie den Serienbrief unter dem Dateinamen **09_bewerber_hauptdokument**.

15. Der Serienbrief kann nun ausgedruckt werden. Dies wird im Menüband SENDUNGEN durch Klick auf die Befehlsschaltfläche FERTIG STELLEN UND ZUSAMMENFÜHREN ausgelöst.

    Sie haben nun die Wahl, einzelne Dokumente zu bearbeiten oder die Dokumente in der derzeitigen Form zu drucken. In beiden Fällen kann dies für alle, für den aktuellen oder für ausgewählte Dokumente bzw. Empfänger geschehen.

    Anmerkung
    *Zur Vermeidung von Papierverschwendung lösen Sie den Druck nur für **<u>einen</u> Beispieldatensatz** aus.*

    Der Brief an den ersten Bewerber in der Datenquelle ist nachfolgend ausgedruckt.

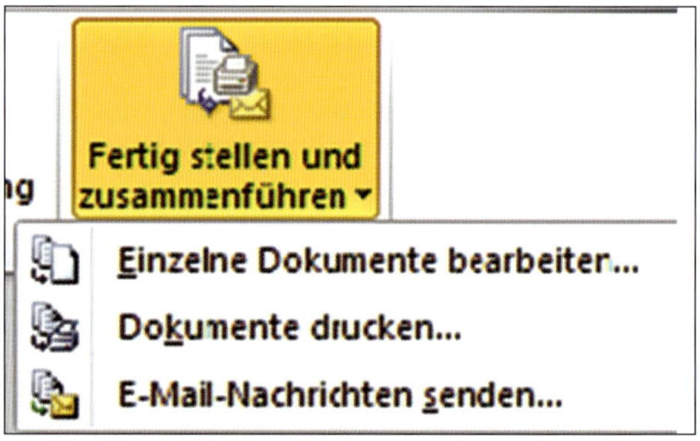

Abbildung 9.10: *Serienbrief drucken*

Abbildung 9.11: *Auswahl der Datensätze in der Liste der Empfänger des Serienbriefs*

Duisdorfer
BüroKonzept
KG

Ausstattung und Beratung
für das Büro

Duisdorfer BüroKonzept KG ▸ Rochusstraße 30 ▸ 53123 Bonn

Frau
Ingrid Bergmann
Holter Straße 8
53721 Siegburg

Ihr Zeichen:
Ihre Nachricht vom: 14.08.20..
Unser Zeichen: PS
Unsere Nachricht vom:

Name: Petra Schütz
Telefon: 0228 98765-13
Telefax: 0228 98765-80
E-Mail: pschuetz@duisdorfer-bueko.de

Datum: 21.08.20..

Ihre Bewerbung um die Stelle als Sachbearbeiterin in unserer kaufmännischen Verwaltung

Sehr geehrte Frau Bergmann,

wir danken Ihnen für Ihr Interesse an unserer Unternehmung und bestätigen den Eingang Ihrer Bewerbung.

Da wir noch einige Zeit für die Bearbeitung aller Bewerbungsunterlagen benötigen, bitten wir Sie um etwas Geduld. Wir werden uns in Kürze wieder mit Ihnen in Verbindung setzen.

Mit freundlichen Grüßen

Duisdorfer BüroKonzept KG

i. A.

Petra Schütz

Duisdorfer BüroKonzept KG
Rochusstraße 30
53123 Bonn
USt.-IdNr.: DE 244 111 855

Geschäftsführer:
Sebastian Falo
Katharina Niester
Amtsgericht Bonn
HRA 1221

Telefon: 0228 98765-0
Fax: 0228 98765-80
Internet: www.duisdorfer-bueko.de
E-Mail: info@duisdorfer-bueko.de

Bankverbindungen:
Volksbank Bonn Rhein-Sieg
IBAN DE85 3806 0186 2401 2345 67
BIC GENODED1BRS
Postbank Köln
IBAN DE23 3701 0050 8884 4412 34
BIC PBNKDEFF370

10 Formulare erstellen

Ausgangssituation

Die Duisdorfer BüroKonzept KG möchte die Stelle einer Sachbearbeiterin in der kaufmännischen Verwaltung neu besetzen. Von den 8 Interessenten, die sich auf die Stellenanzeige beworben haben, wurden fünf Personen in die engere Wahl gezogen. Sie werden per Brief zu einem Bewerbungsgespräch eingeladen. In diesem Brief werden sie gebeten, online einen Bewerberfragebogen auszufüllen und den ausgedruckten Bogen zum Gesprächstermin mitzubringen. Das Onlinedokument wird den Bewerbern durch einen Link zur Homepage der Duisdorfer BüroKonzept KG zur Verfügung gestellt.

Die Leiterin der Personalabteilung, Frau Bianca Sommer, bittet Sie, dieses Formular zu erstellen. Inhaltlich und formal nennt sie die folgenden Vorgaben:

- **Informationen zum Auswählen** (entweder oder)
  Anrede (Herrn bzw. Frau)
  Schulabschluss (Allgemeine Hochschulreife, Fachhochschulreife, Fachoberschulreife, andere)
- **Raum für freie Eintragungen**
  Vorname
  Nachname
  Straße
  Postleitzahl
  Ort
  Telefon
  Mobiltelefon
  E-Mail
  Ausbildungsberuf
  Geburtsdatum
  Geburtsort
- **Felder zum Ankreuzen** (Mehrfachauswahl ist möglich)
  Sprachkenntnisse (Englisch, Französisch, Spanisch, Option für zwei andere Sprachen)
- **Raum oberhalb von Linien**
  Ort, Datum
  Unterschrift Bewerber/in
- **Text vor dem Raum für die Unterschrift**
  Ich erkläre mich damit einverstanden, dass die Duisdorfer BüroKonzept KG meine personenbezogenen Daten elektronisch speichert und für Zwecke der Personalverwaltung nutzt.

Das Formular soll rechts oben in der Kopfzeile das Logo der Duisdorfer BüroKonzept KG aufweisen. Im Fußbereich des Dokuments soll links der Text ***bitte ausfüllen, ausdrucken und persönlich unterschreiben*** und rechts das Stellenkennzeichen ***SB KV*** erscheinen.

Arbeitsauftrag 1

Erstellen Sie ein Formular, das die genannten Vorgaben erfüllt. Nutzen Sie dabei die folgenden Beschreibungen zur Vorgehensweise:

Vorgehensweise:

1. Stellen Sie zunächst sicher, dass Sie auf das Menüband ENTWICKLERTOOLS zugreifen können. Klicken Sie dazu auf das Menüband DATEI – OPTIONEN – MENÜBAND ANPASSEN und wählen anschließend die Option ENTWICKLERTOOLS in der rechten Spalte aus.

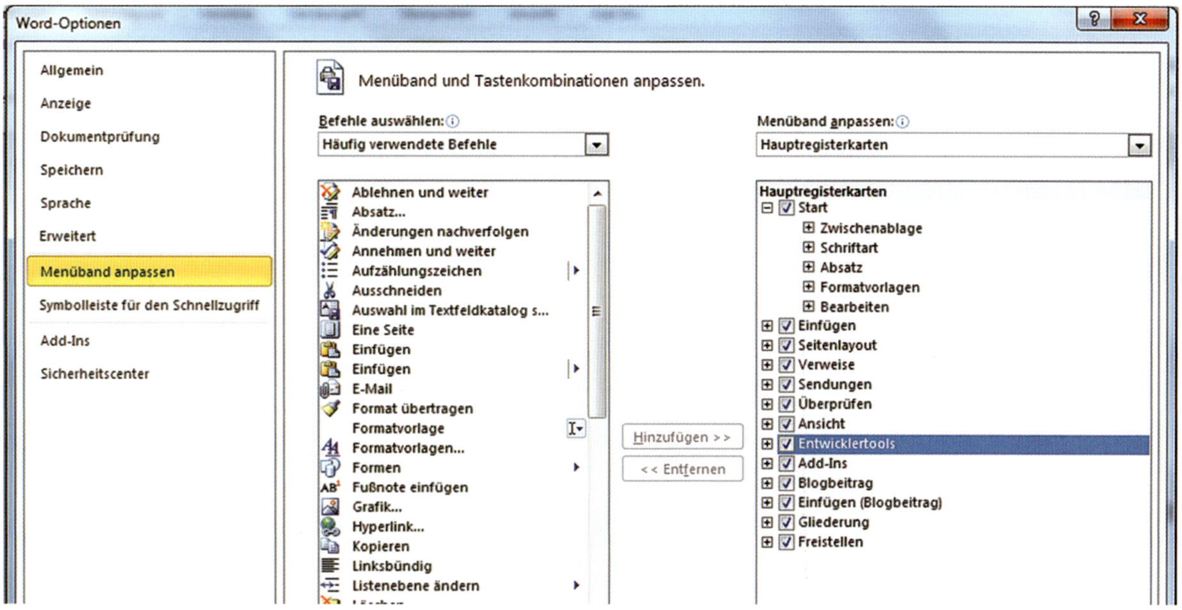

Abbildung 10.1: *Einstellung der Optionen für die Anzeige der Entwicklertools*

2. Öffnen Sie ein leeres Word-Dokument.
3. Richten Sie die Seite mit den angegebenen Eigenschaften ein:

Seitenränder

(SEITENLAYOUT – SEITENRÄNDER in der Gruppe SEITE EINRICHTEN – BENUTZERDEFINIERTE SEITENRÄNDER– Registerkarte SEITENRÄNDER):

Abstand von oben	2,5 cm
Abstand von links	2,5 cm
Abstand von unten	2,0 cm
Abstand von rechts	1,0 cm

Abstände der Kopfzeile und der Fußzeile vom Seitenrand

(SEITENLAYOUT – SEITENRÄNDER in der Gruppe SEITE EINRICHTEN – BENUTZERDEFINIERTE SEITENRÄNDER – Registerkarte Layout):

Abstand Kopfzeile vom Seitenrand:	4,0 cm
Abstand Fußzeile vom Seitenrand:	1,5 cm

4. Positionieren Sie das Logo der Duisdorfer BüroKonzept KG oben rechts in der Kopfzeile. Doppelklicken Sie dazu auf den Kopfzeilenbereich. Fügen Sie die Grafik **BK_Logo** in die Kopfzeile ein.

Web

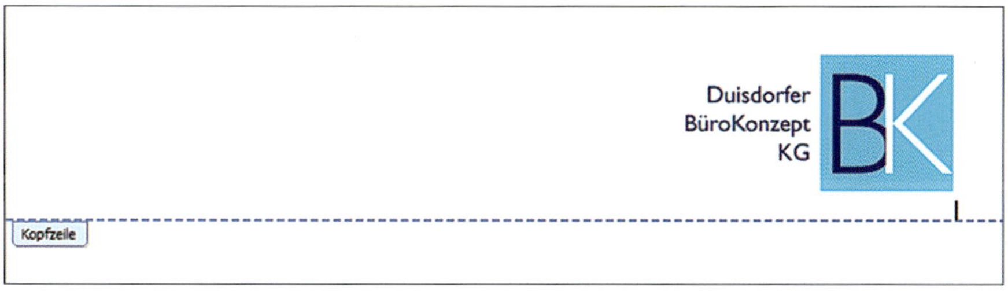

Abbildung 10:2 *Kopfzeile des zu erstellenden Fragebogens*

5. Passen Sie die Größe des Logos den Gegebenheiten des Formulars an.

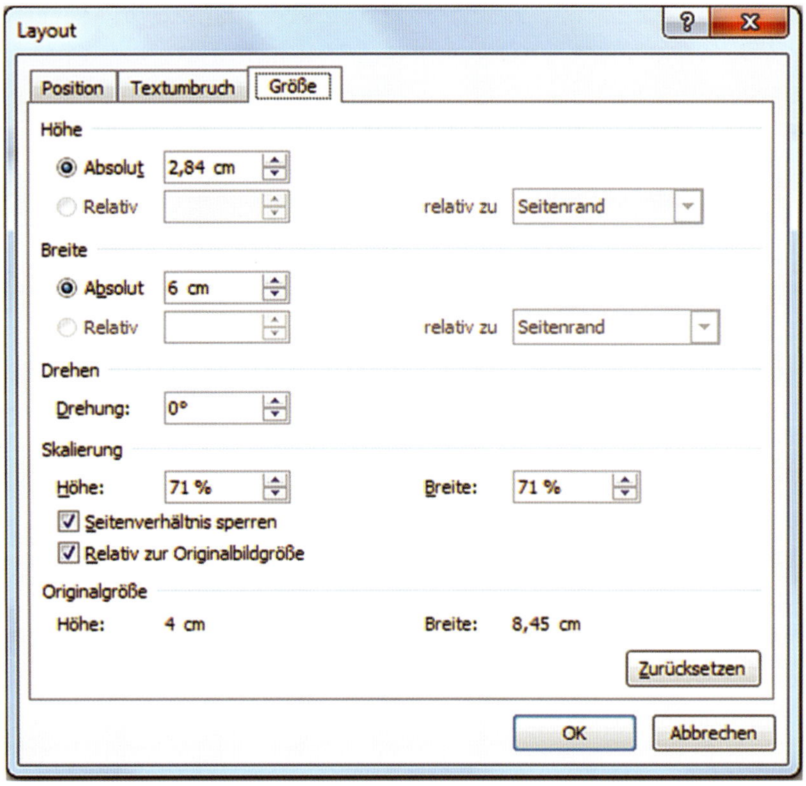

Abbildung 10.3: *Dialogfenster für die Einstellung der Größe des Logos als Grafik*

6. Positionieren Sie das Logo so, dass es jeweils 1 cm vom oberen und 1 cm vom rechten Seitenrand erscheint. Nutzen Sie die Angaben im abgedruckten Dialogfenster.

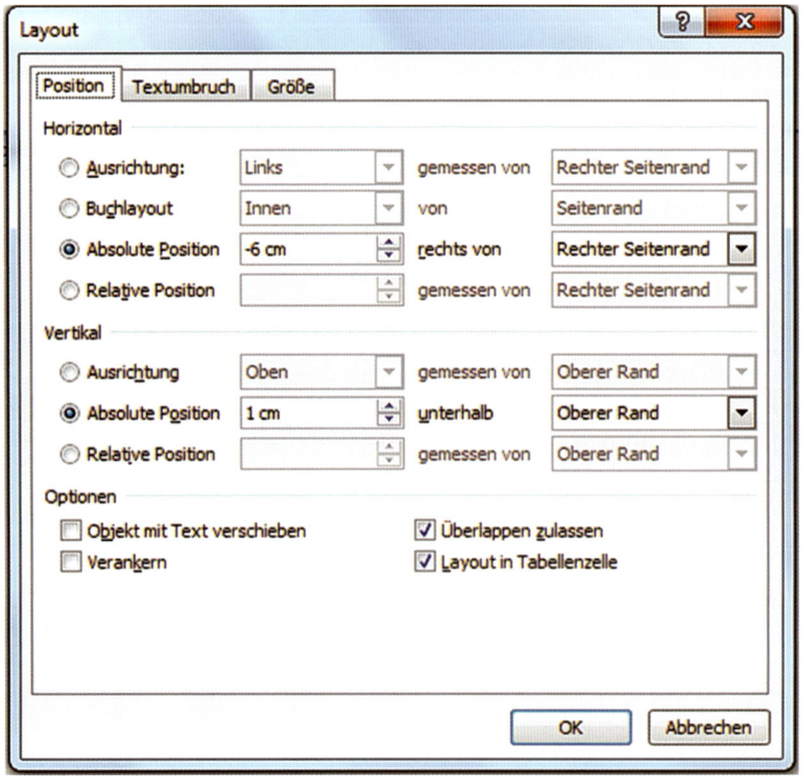

Abbildung 10.4: *Dialogfenster für die Einstellung der Position des Logos als Grafik*

7. Doppelklicken Sie nun in den Textbereich, um die Kopfzeile zu verlassen. Jetzt beginnen der eigentliche Vorgang zur Erstellung des Formulars und die Einrichtung der einzelnen Formularelemente. Die bisherigen Schritte dienten der vorbereitenden Gestaltung des Dokuments.

8. Fügen Sie Überschrift Bewerberfragebogen mit Schriftgrad 14, fett und auf Tabulatorposition links 5 cm ein.

9. Geben Sie nun das Wort Anrede nach zwei Leerzeilen ein und fügen Sie eine Absatzschaltung ein.

10. Erstellen Sie jetzt das Formularelement, in dem der Anwender die richtige Anrede (**Frau** oder **Herrn**) auswählen kann. Ein solches Feld wird **Kombinationsfeld-Inhaltssteuerelement** genannt.

Vorgehensweise:

Positionieren Sie den Cursor an die Stelle, an die das Kombinationsfeld eingefügt werden soll.

Wählen Sie im Menüband ENTWICKLERTOOLS in der Gruppe STEUERELEMENTE die Option KOMBINATIONS-INHALTSSTEUERELEMENT durch Anklicken aus. Das entsprechende Steuerelement wird eingefügt.

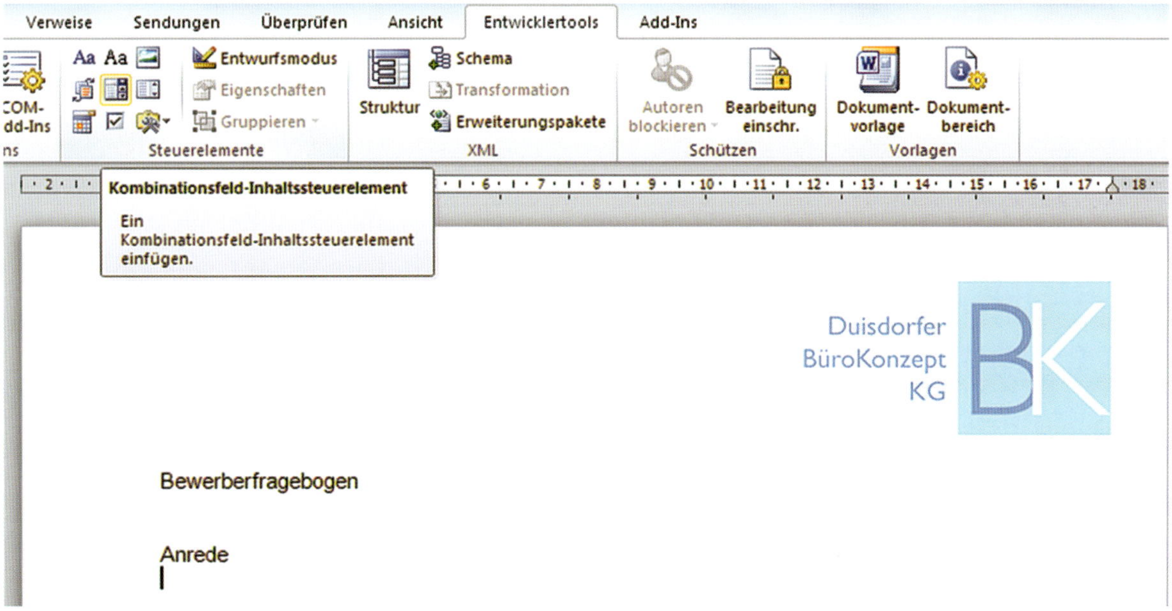

Abbildung 10.5: *Erstellen eines Kombinationsfeld-Inhaltssteuerelements*

Als nächstes müssen die beiden Auswahlmöglichkeiten **Frau** oder **Herrn** erfasst werden. Öffnen Sie dazu die Eigenschaften des Steuerelements durch Anklicken der Befehlsschaltfläche EIGENSCHAFTEN im Menüband ENTWICKLERTOOLS und der Gruppe STEUERELEMENTE.

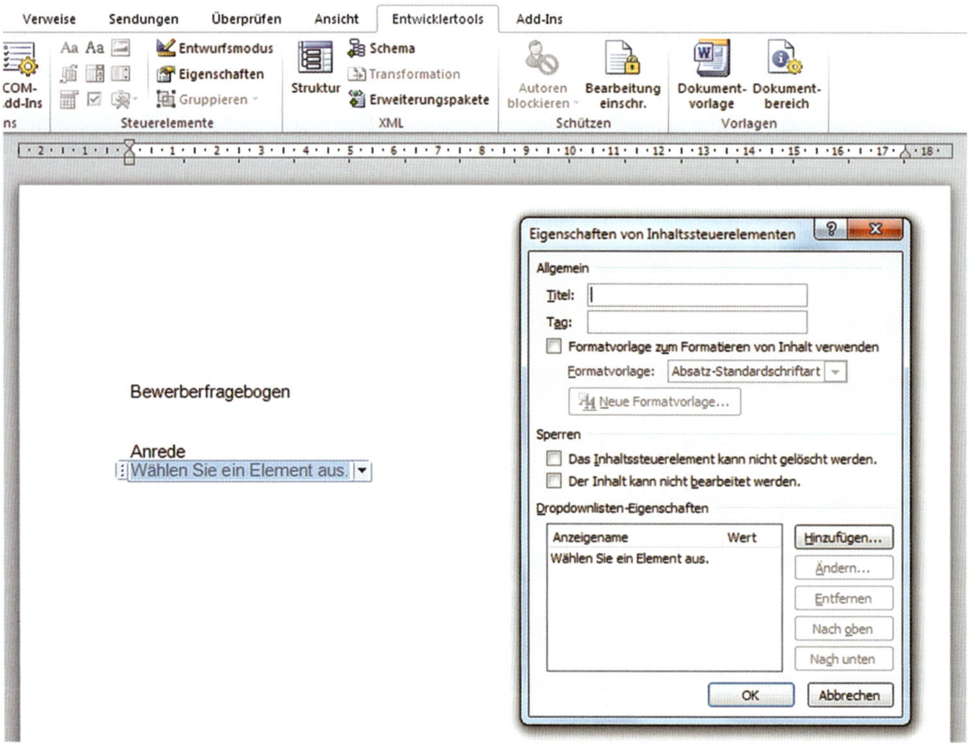

Abbildung 10.6: *Erfassen der Eigenschaften des Kombinationsfeld-Inhaltssteuerelements*

Das Dialogfenster EIGENSCHAFTEN VON INHALTSSTEUERELEMENTEN öffnet sich. Klicken Sie auf die Befehlsschaltfläche HINZUFÜGEN… Sie erhalten nun die Möglichkeit, die beiden Wörter **Frau** und **Herrn** in zwei Schritten einzugeben.

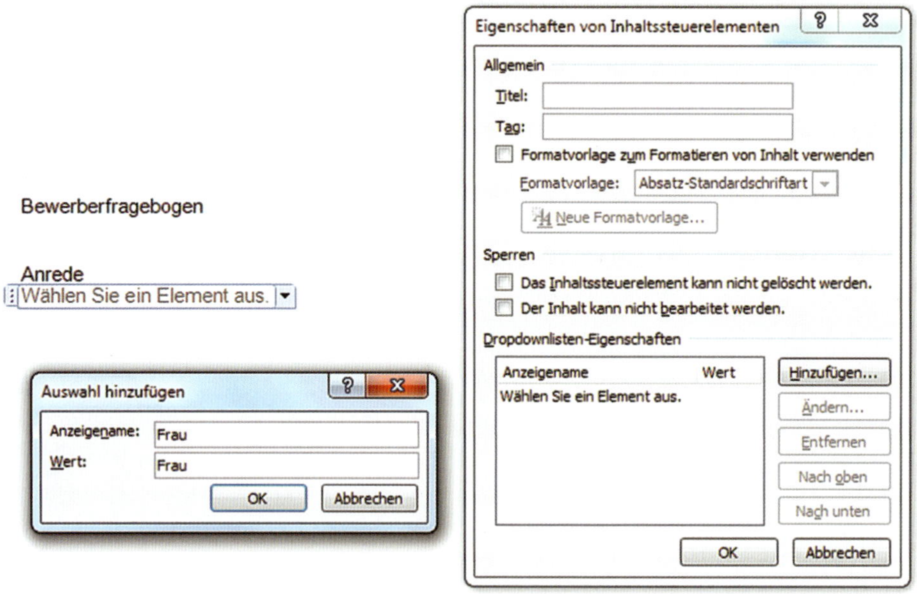

Abbildung 10.7: *Das Wort Frau in die Dropdownliste für die Auswahl der Anrede einfügen*

Klicken Sie nach Eingabe des Wortes **Frau** bei Anzeigenname auf OK. Wiederholen Sie diesen Schritt für die Eingabe des Wortes **Herrn**. Das Steuerelement weist nun die folgenden Eigenschaften auf:

Das Formular hat nun das abgedruckte Aussehen:

Abbildung 10.9: *Ansicht des Formulars nach Einfügen des Kombinationsfeld-Inhaltssteuerelements zur Auswahl der Anrede*

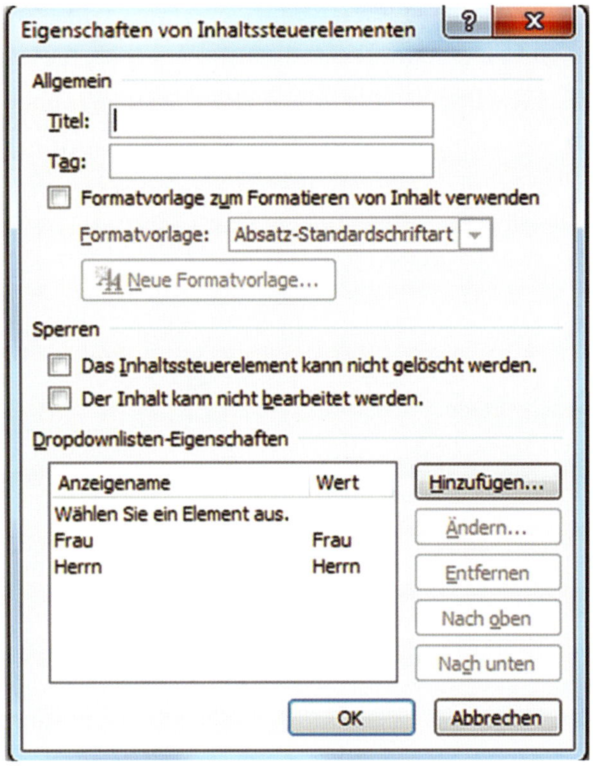

Abbildung 10.8: *Inhalte der Dropdownliste für die Auswahl der Anrede*

11. Erstellen Sie jetzt ein Formularfeld, in das der Bewerber später freien Text eintragen kann. Ein solches Feld wird in Word 2010 mit **Text-Inhaltssteuerelement** bezeichnet. Nachfolgend wird die Einrichtung des Steuerelements zur Eingabe des Vornamens als Beispiel beschrieben.

Vorgehensweise:

- Geben Sie das Wort **Vorname** in eine neue Zeile ein.
- Positionen Sie den Cursor an die Stelle, an der das Formularfeld eingefügt werden soll.
- Wählen Sie im Menüband ENTWICKLERTOOLS in der Gruppe STEUERELEMENTE die Option RICH-TEXT-INHALTSSTEUERELEMENT durch Anklicken aus.
- Das entsprechende Steuerelement wird eingefügt. Hier sind weitere Eingaben nicht erforderlich.

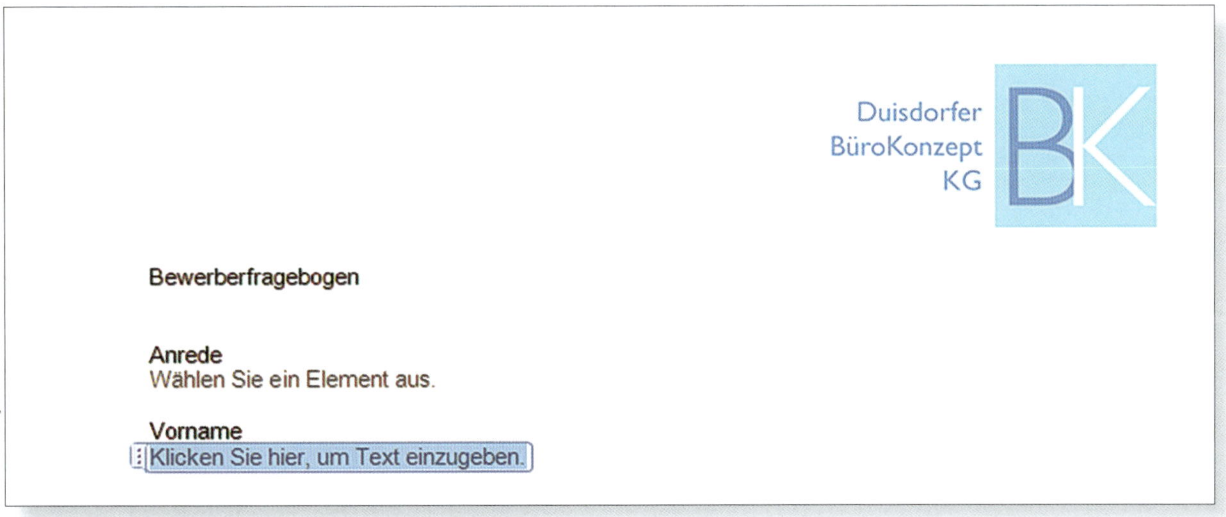

Abbildung 10.10: *Einfügen weiterer Formularfelder*

12. Fügen Sie nun die weiteren Formularfelder zur Erfassung freier Texte ein. Orientieren Sie sich dabei an dem abgedruckten Muster am Ende dieses Kapitels. Die Elemente in der zweiten Formularspalte stehen auf Tabulatorposition links 8 cm.

13. Als weiteres Steuerelement wird im Formular das Datumsauswahl-Inhaltssteuerelement zur Erfassung des Geburtsdatums verwendet. Setzen Sie dazu den Cursor an die vorgesehene Position und wählen Sie die Befehlsschaltfläche DATUMSAUSWAHL-INHALTSSTEUERELEMENT im Menüband ENTWICKLERTOOLS und der Gruppe STEUERELEMENTE durch Anklicken aus.

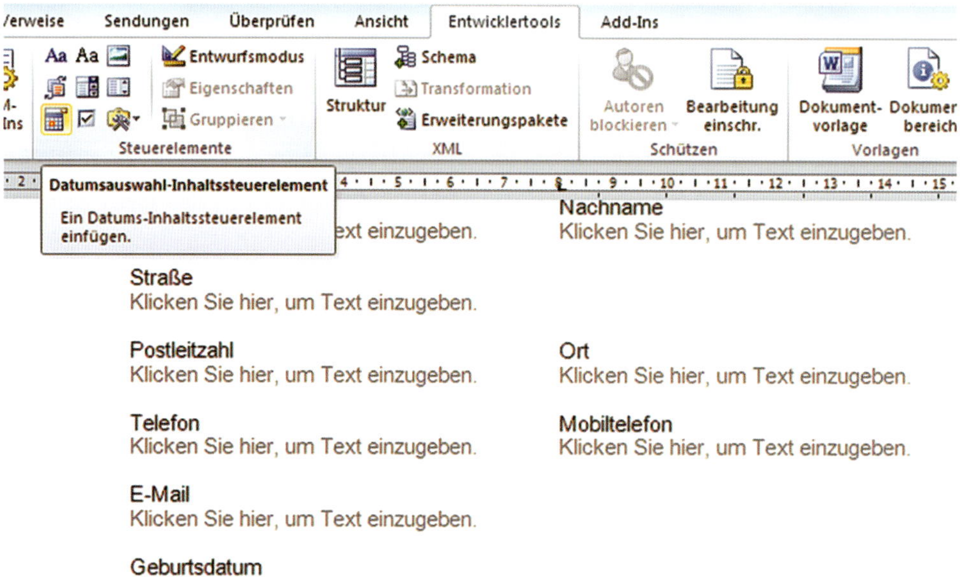

Abbildung 10.11: *Datumsauswahl-Inhaltssteuerelement einfügen*

14. Das vierte und letzte Steuerelement, das im vorliegenden Formularbeispiel verwendet werden soll, ist das Kontrollkästchen-Steuerelement. Hier kann später beim Ausfüllen des Fragebogens durch Mausklick ein Häkchen gesetzt werden. Im Beispiel soll der Bewerber seine Fremdsprachenkenntnisse auf einer Skala mit fünf Abstufungen von **keine Kenntnisse** bis **sehr gute Kenntnisse** selbst einschätzen.

Vorgehensweise:

Ergänzen Sie das Formular (siehe Muster am Ende des Kapitels) einschließlich des Wortes **Englisch**. Richten Sie in diesem Absatz fünf Linkstabulatoren auf den Positionen 8 cm, 9,5 cm, 11 cm, 12,5 cm und 14 cm ein.

Fügen Sie nun das erste Kontrollkästchen auf der Tabulatorposition 8 ein.
Ergänzen Sie die weiteren Kontrollkästchensteuerelemente und Texte entsprechend der Vorlage.

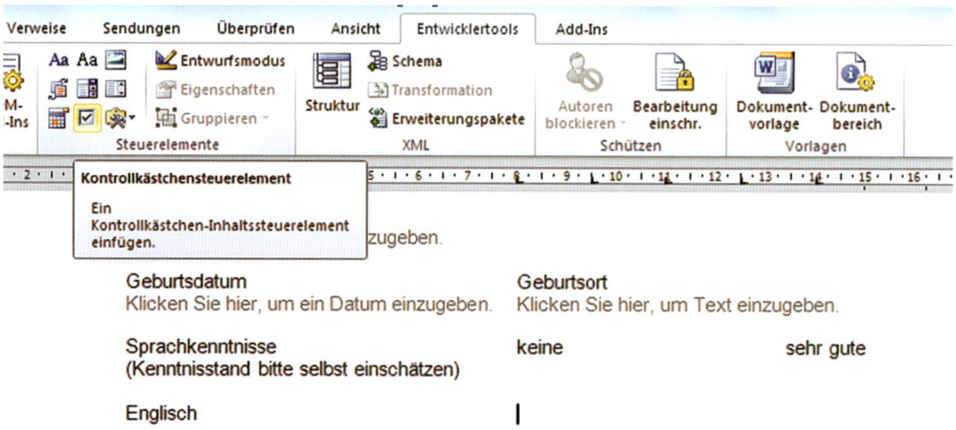

Abbildung 10.12: *Kontrollkästchensteuerelement einfügen*

15. Nehmen Sie alle weiteren Eingaben zur Fertigstellung des Fragebogens vor. Speichern Sie das Dokument unter dem Dateinamen **10_bewerberfragebogen**.

16. Damit der Bewerber später ausschließlich Eingaben in den vorgesehenen Elementen vornehmen kann – eine Bearbeitung des Formulars selbst soll ausgeschlossen werden – muss das Dokument nun noch geschützt werden. Wählen Sie hierzu im Menüband ENTWICKLERTOOLS in der Gruppe SCHÜTZEN die Befehlsschaltfläche BEARBEITUNG EINSCHR. durch Anklicken aus.

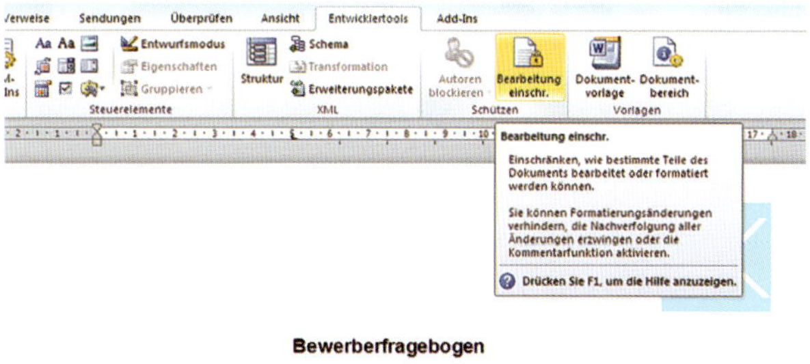

Abbildung 10.13: *Die Möglichkeiten der Bearbeitung des Formulars einschränken*

Es öffnet sich das abgedruckte Dialogfenster.

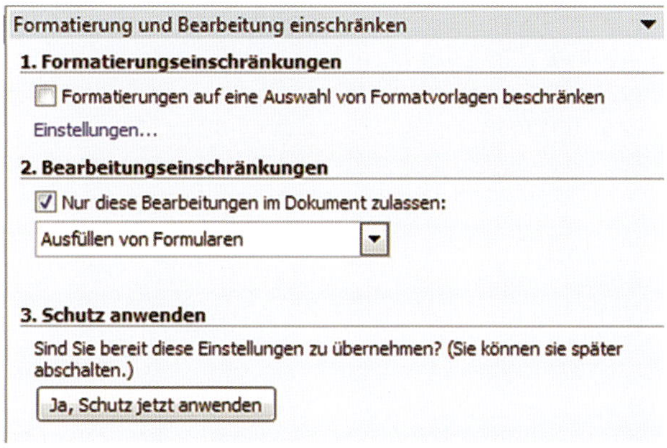

Abbildung 10.14: *Die Bearbeitungsmöglichkeiten im Formular auf das Ausfüllen der Formularfelder einschränken*

17. Nehmen Sie die angegebene Auswahl vor. Klicken Sie abschließend auf die Befehlsschaltfläche JA, SCHUTZ JETZT ANWENDEN. Im nächsten Dialogfenster kann zur Sicherheit ein Passwort vergeben werden. Optional heißt, dass dies aber nicht zwingend erforderlich ist.

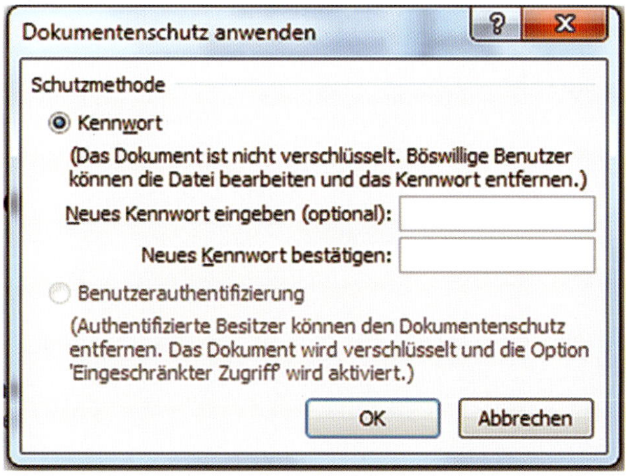

Abbildung 10.15: *Dokumentenschutz auf das Formular anwenden*

Anmerkung

Verzichten Sie bei der Erarbeitung dieses Kapitels auf die Vergabe eines Passwortes. Falls Sie das Passwort vergessen, ist eine spätere Bearbeitung des Dokuments durch Sie nicht mehr möglich.

18. Speichern Sie den Bewerberfragebogen noch einmal. Er kann jetzt den Bewerbern online zur Verfügung gestellt werden.

19. Zu Ihrer Orientierung ist nachfolgend das Beispiel eines ausgefüllten Bewerberfragebogens abgedruckt.

Duisdorfer
BüroKonzept
KG

Bewerberfragebogen

Anrede
Frau

Vorname Carina	Nachname Weber
Straße Brüsseler Straße 17	
Postleitzahl 53721	Ort Siegburg
Telefon 02241 144586	Mobiltelefon 0152 8017016
E-Mail cweber@webb.de	
Geburtsdatum 15.07.1980	Geburtsort Bonn

Sprachkenntnisse (Kenntnisstand bitte durch Ankreuzen selbst einschätzen)	keine				sehr gute
Englisch	☐	☐	☐	☐	☒
Französisch	☐	☐	☐	☒	☐
Spanisch	☒	☐	☐	☐	☐
weitere Sprache Italienisch	☐	☐	☒	☐	☐
weitere Sprache Klicken Sie hier, um Text einzugeben.	☐	☐	☐	☐	☐

Ich erkläre mich damit einverstanden, dass die Duisdorfer BüroKonzept KG meine personenbezogenen Daten elektronisch speichert und für Zwecke der Personalverwaltung nutzt.

Siegburg, 24.08.20..

Ort, Datum	Unterschrift Bewerber/in

bitte ausfüllen, ausdrucken
und persönlich unterschreiben

SB KV

11 Funktionen zur Automation der Textverarbeitung nutzen

Ausgangssituation

Frau Vivien Necke ist in der Duisdorfer BüroKonzept KG für den Bereich der Personalvergütung verantwortlich. Zu ihren Aufgaben gehören unter anderem die Erstellung der monatlichen Vergütungsabrechnungen und die Überweisung der Nettovergütungen an jeden Mitarbeiter.

In letzter Zeit häufen sich Rückfragen der Mitarbeiter zu den einzelnen Positionen, die auf den ausgedruckten Abrechnungen aufgeführt sind. Die Beantwortung der einzelnen Fragen beansprucht viel Zeit, sodass Frau Necke vor allem am Monatsende ihre Aufgaben nur erledigen kann, wenn sie abends länger als vorgesehen arbeitet.

Sie entscheidet sich deshalb, ein Merkblatt zu erstellen, in dem die häufig gestellten Fragen allgemein beantwortet werden. Dieses Merkblatt möchte sie mit der nächsten Vergütungsabrechnung an alle Mitarbeiter ausgeben.

Aufgrund der Vielzahl der Fragen möchte Frau Necke das Blatt übersichtlich gliedern und zu Beginn ein Inhaltsverzeichnis ausdrucken. Außerdem möchte sie die Absätze zu den einzelnen Fragen einheitlich gestalten. Gesetzliche Grundlagen zu den Fragen möchte sie in Fußnoten angeben.

Zur Sicherstellung der fehlerfreien Rechtschreibung und Richtigkeit der Inhalte des Merkblattes möchte sie die Rechtschreibprüfung von MS Word 2010 nutzen und abschließend das Merkblatt zur Prüfung an einen Kollegen weiterleiten.

11.1 Die Rechtschreib- und Grammatikprüfung nutzen

In das Programm MS Word 2010 ist ein Wörterbuch mit den Regeln der deutschen Rechtschreibung und Grammatik integriert. Dies ermöglicht es der Software, automatisch eine Vielzahl von Fehlern zu erkennen. Beim Erfassen von Text werden die Eingaben parallel kontrolliert. Fehler macht MS Word 2010 durch Unterstreichungen kenntlich. Rot unterstrichene Wörter enthalten Rechtschreibfehler, Grammatikfehler kennzeichnet das Programm mit grüner Unterstreichung.

Arbeitsauftrag 1

Frau Necke hat den Inhalt des Merkblatts bereits über Tastatureingaben erfasst. Das Dokument hat sie unter dem Dateinamen **11_merkblatt_01** abgespeichert. Sie bittet Sie, den Text zu lesen und eine Fehlerkorrektur durchzuführen.

Vorgehensweise:

1. Öffnen Sie das Dokument **11_merkblatt_01**.
2. Positionieren Sie den Cursor an den Anfang des Dokuments.
3. Starten Sie die Prüfung des Dokuments auf Rechtschreib- und Grammatikfehler durch einen Klick auf ÜBERPRÜFEN – DOKUMENTPRÜFUNG – RECHTSCHREIBUNG UND GRAMMATIK

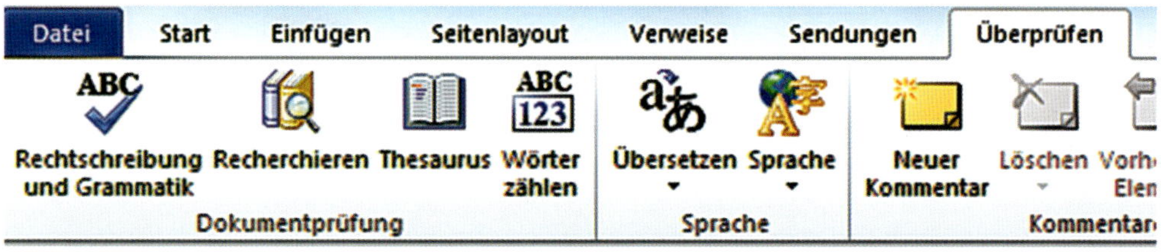

Abbildung 11.1: Rechtschreibung und Grammatik überprüfen

4. Entscheiden Sie, welche der jeweils vorgeschlagenen Änderung durchgeführt werden soll. Der erste Fehler, den das Programm im Text erkennt und grün markiert, ist z. B. ein Grammatikfehler.

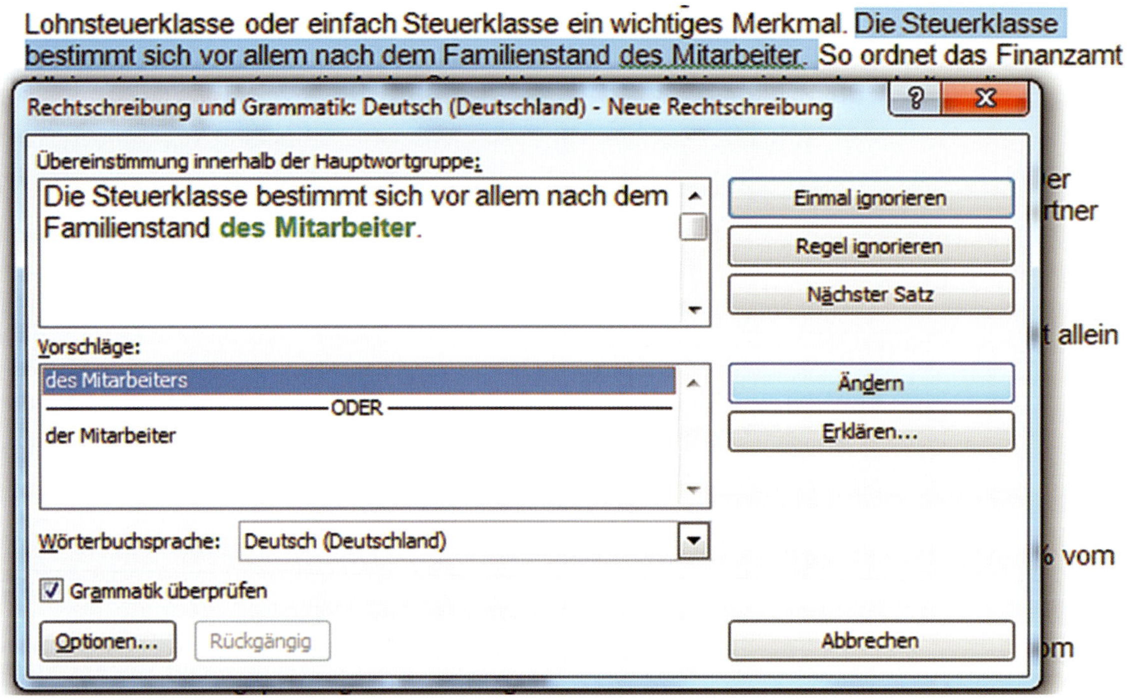

Abbildung 11.2: *Überprüfung der Grammatik und Vorschläge zur Korrektur*

5. Akzeptieren Sie die vorgeschlagene Änderung, indem Sie auf ÄNDERN klicken.

6. Der zweite Fehler, den das Programm erkennt, ist ein Rechtschreibfehler.

Abbildung 11.3: *Überprüfung der Rechtschreibung und Vorschläge zur Korrektur*

7. Entscheiden Sie sich auch hier für einen der Vorschläge und klicken Sie auf ÄNDERN.

8. Setzen Sie den Korrekturlauf weiter fort. MS Word 2010 entdeckt auch, wenn ein Leerzeichen zu viel eingegeben wurde.

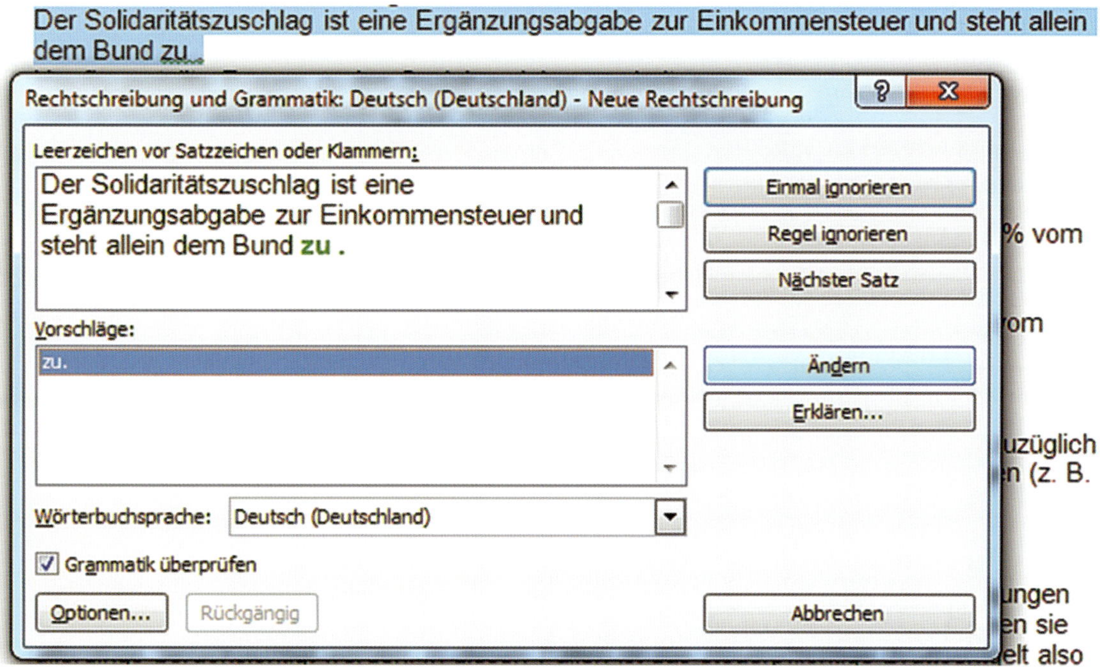

Abbildung 11.4: *Fehler durch versehentlich eingegebene Leerstelle*

9. Zum Abschluss meldet MS Word 2010, dass keine Fehler mehr gefunden wurden.

Abbildung 11.5: *Rechtschreib- und Grammatikprüfung abgeschlossen*

10. Speichern Sie das korrigierte Dokument unter dem Dateinamen **11_merkblatt_02**.

11.2 Fußnoten einfügen und gestalten

Frau Necke möchte, dass im Merkblatt an zwei Stellen eine Fußnote eingefügt wird. Eine Fußnote ist eine numerische Kennzeichnung im Text. Sie wird durch eine hochgestellte Zahl an der Stelle angebracht, zu der eine Erläuterung oder eine weitere Information in der Fußzeile gegeben werden soll. Die Erläuterung oder Information ist mit derselben Zahl gekennzeichnet. Es ist also eindeutig zu erkennen, welche Fußnote zu welcher Textstelle gehört.

Arbeitsauftrag 2

Frau Necke bittet Sie, die beiden Fußnoten einzufügen.

1. Öffnen Sie die Datei **11_merkblatt_02**.
2. Setzen Sie den Cursor hinter das Wort „Ergänzungsabgabe".

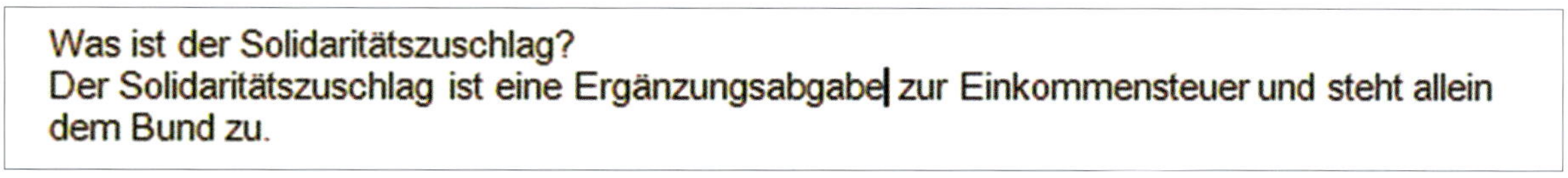

Abbildung 11.6: *Cursorposition zum Einfügen einer Fußnote*

3. Fügen Sie durch Klick auf VERWEISE – FUSSNOTEN – FUSSNOTE EINFÜGEN eine Fußnote ein.

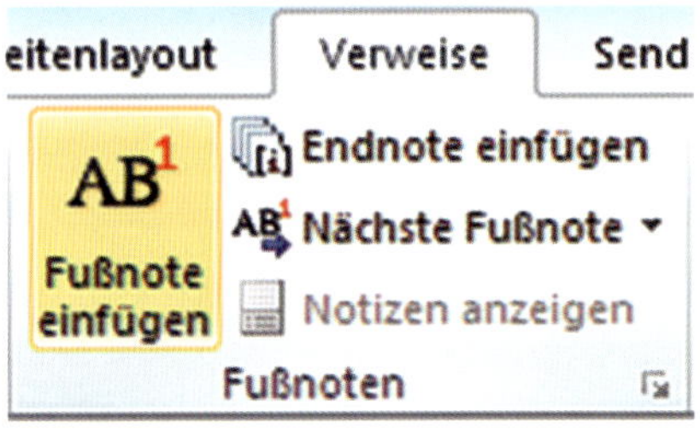

Abbildung 11.7: *Fußnote einfügen*

4. Ergänzen Sie in der Fußzeile den Text der Fußnote.

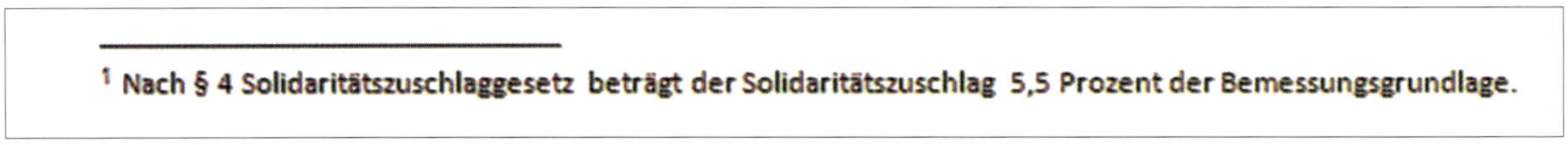

[1] Nach § 4 Solidaritätszuschlaggesetz beträgt der Solidaritätszuschlag 5,5 Prozent der Bemessungsgrundlage.

Abbildung 11.8: *Position und Text der ersten Fußnote*

5. Gehen Sie entsprechend für die Eingabe der zweiten Fußnote vor. Formatieren Sie den Text in der abgedruckten Form.

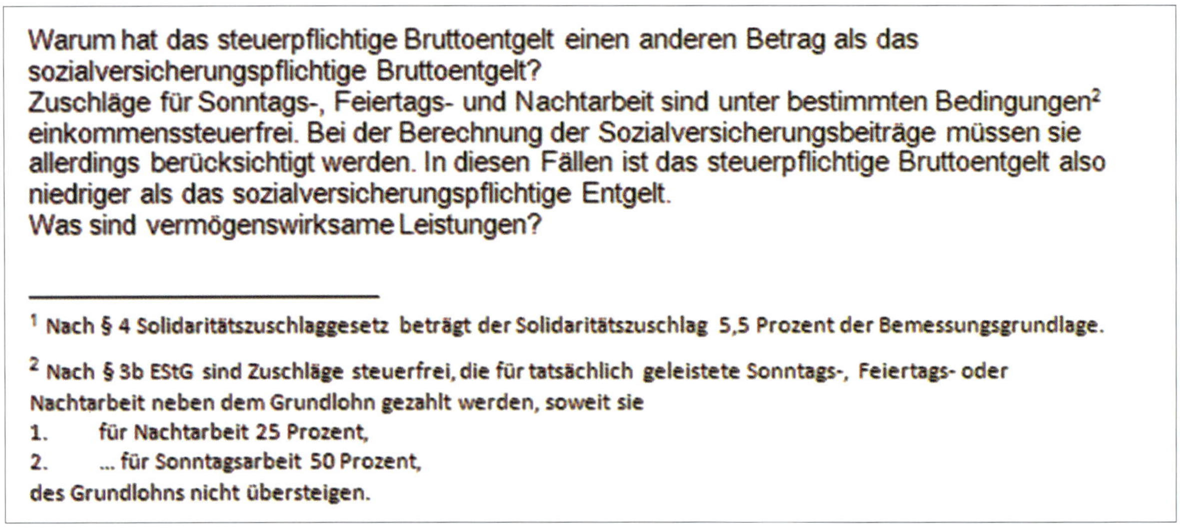

Warum hat das steuerpflichtige Bruttoentgelt einen anderen Betrag als das sozialversicherungspflichtige Bruttoentgelt?
Zuschläge für Sonntags-, Feiertags- und Nachtarbeit sind unter bestimmten Bedingungen[2] einkommenssteuerfrei. Bei der Berechnung der Sozialversicherungsbeiträge müssen sie allerdings berücksichtigt werden. In diesen Fällen ist das steuerpflichtige Bruttoentgelt also niedriger als das sozialversicherungspflichtige Entgelt.
Was sind vermögenswirksame Leistungen?

[1] Nach § 4 Solidaritätszuschlaggesetz beträgt der Solidaritätszuschlag 5,5 Prozent der Bemessungsgrundlage.

[2] Nach § 3b EStG sind Zuschläge steuerfrei, die für tatsächlich geleistete Sonntags-, Feiertags- oder Nachtarbeit neben dem Grundlohn gezahlt werden, soweit sie
1. für Nachtarbeit 25 Prozent,
2. ... für Sonntagsarbeit 50 Prozent,
des Grundlohns nicht übersteigen.

Abbildung 11.9: *Position und Text der zweiten Fußnote*

6. Speichern Sie das Dokument mit den Fußnoten unter dem Dateinamen **11_merkblatt_03**.

11.3 Formatvorlagen einrichten und nutzen

Arbeitsauftrag 3

Frau Necke findet, dass das Merkblatt viel übersichtlicher gestaltet werden muss. Sie möchte daher Hervorhebungen der Überschriften und größere Zeilenabstände zwischen den Absätzen integrieren. Sie erklärt Ihnen, wie Sie das machen sollen.

1. Formatieren Sie zunächst die Überschrift des Merkblatts im Schriftgrad 18 in hellblauer Farbe, Schriftart Calibri, fett und unterstrichen.
2. Der Text enthält drei Zwischenüberschriften. Sie werden jeweils mit den Wörtern „Häufig gestellte Fragen …" eingeleitet. Frau Necke möchte, dass Sie diese Texte besonders hervorheben und als Überschriften kennzeichnen. Dies ist wichtig, da ja später noch das Inhaltsverzeichnis zum Merkblatt automatisch erstellt werden soll.

Für die einheitliche Formatierung unterschiedlicher Absätze können in MS Word 2010 die sogenannten Schnellformatvorlagen genutzt werden. Sie finden sich unter START – FORMATVORLAGEN.

Abbildung 11.10: *Schnellformatvorlagen*

3. Frau Necke möchte, dass Sie für die Zwischenüberschriften mit dem Textanfang „Häufig gestellte Fragen…" die Schnellformatvorlage ÜBERSCHRIFT 2 verwenden. Allerdings wünscht sie schwarz als Textfarbe. Dies bedeutet, dass Sie vor der Anwendung der Schnellformatvorlage ÜBERSCHRIFT 2 die Schriftfarbe von blau in schwarz ändern müssen.
   a) Klicken Sie mit der rechten Maustaste auf die Schnellformatvorlage ÜBERSCHRIFT 2. Es öffnet sich das nebenstehende abgedruckte Fenster. Klicken Sie auf ÄNDERN.
   b) Ändern Sie die Eigenschaften der Schnellformatvorlage ÜBERSCHRIFT 2 in der nachfolgend dargestellten Weise.

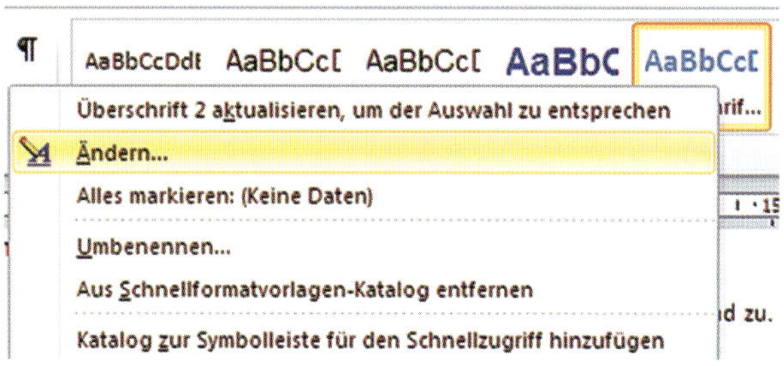

Abbildung 11.11: *Kontextmenü zur Bearbeitung einer Schnellformatvorlage*

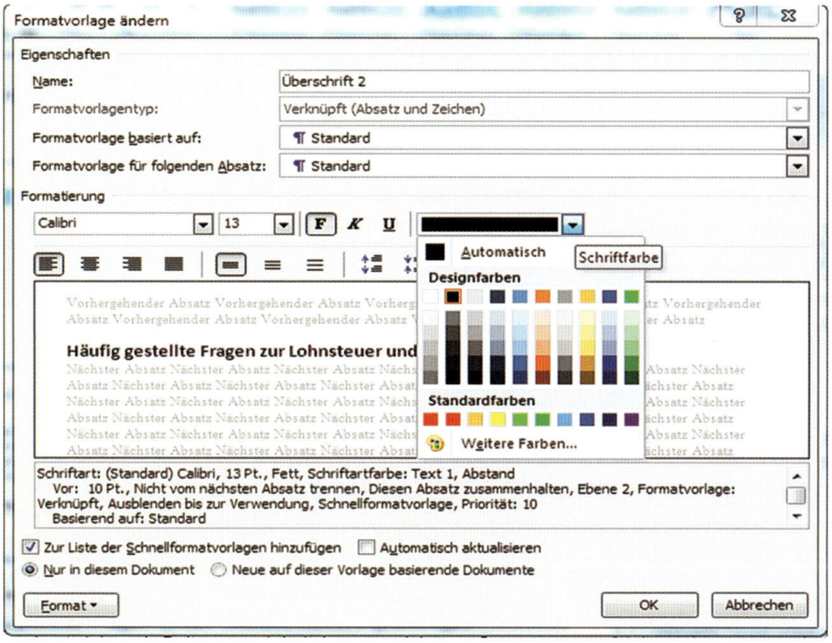

Abbildung 11.12: *Ändern der Eigenschaften der Schnellformatvorlage Überschrift 2*

c) Wenden Sie die Schnellformatvorlage ÜBERSCHRIFT 2 auf die Überschriften an. Setzen Sie dazu den Cursor in die erste Zwischenüberschrift und klicken Sie auf die Schnellformatvorlage. Die Eigenschaften werden auf die Überschrift übertragen.

d) Gehen Sie in gleicher Weise bei den beiden anderen Zwischenüberschriften vor.

4. Frau Necke bittet Sie nun, auch die Fragen selbst zu gestalten. Sie bittet Sie, hierzu die Schnellformatvorlage ÜBERSCHRIFT 3 zu verwenden.
   Formatieren Sie die Fragen im Merkblatt mit der Schnellformatvorlage ÜBERSCHRIFT 3.

5. Frau Necke nennt Ihnen nun noch die Wünsche für die Formatierung der Antworten zu den Fragen. Der Text soll in der Schriftart Calibri, Schriftgrad 10, im Blocksatz, in schwarzer Textfarbe und mit einem Abstand nach einem Absatz von 12 Pt. gestaltet werden.

   Sie entscheiden sich für die Erstellung einer neuen Schnellformatvorlage zur Formatierung der Antworten.

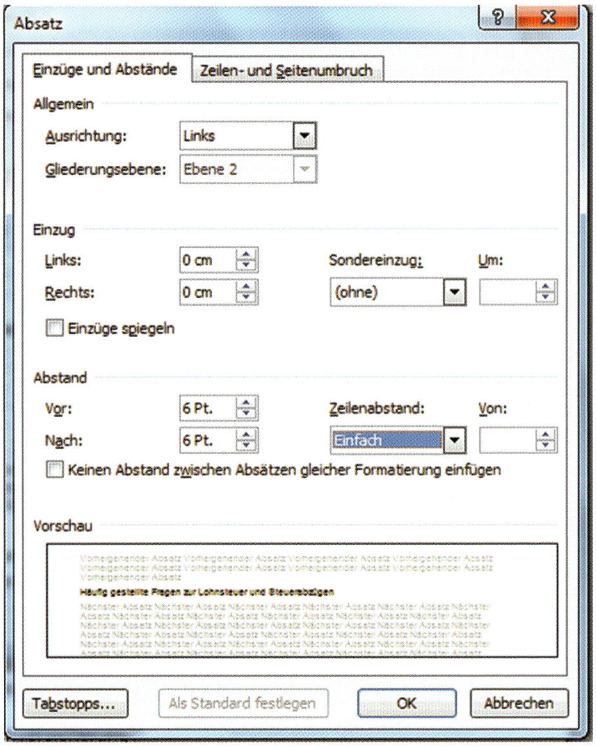

Abbildung 11.13: *Weitere Eigenschaften der Schnellformatvorlage Überschrift 2 ändern*

a) Erstellen Sie eine neue Schnellformatvorlage auf der Basis der Schnellformatvorlage STANDARD. Klicken Sie dazu auf START – FORMATVORLAGEN – FORMATVORLAGEN ÄNDERN. Es öffnet sich ein Fenster. Markieren Sie die Formatvorlage STANDARD. Fahren Sie mit der Maus über die linke Befehlsschaltfläche unten im Fenster. Es erscheint der Text NEUE FORMATVORLAGE. Klicken Sie auf diese Befehlsschaltfläche.

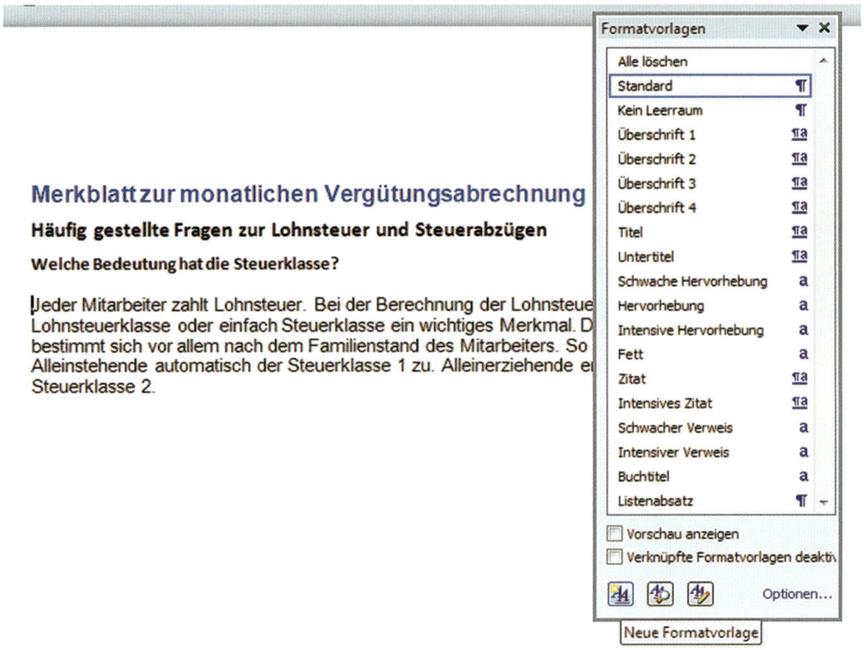

Abbildung 11.14: *Neue Formatvorlage erstellen*

b) Geben Sie der neuen Schnellformatvorlage den Namen **Merkblatt Textkörper** und stellen Sie die Eigenschaften der Vorlage entsprechend der Abbildung ein.

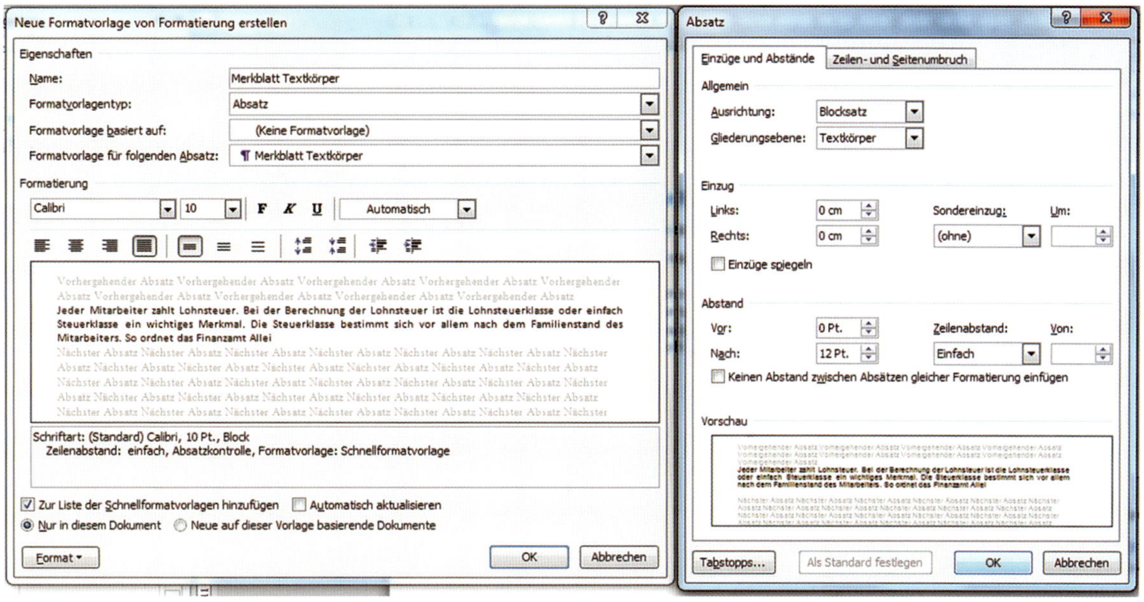

***Abbildung 11.15:** Eigenschaften der neuen Schnellformatvorlage Merkblatt Textkörper*

c) Wenden Sie die neue Schnellformatvorlage auf die Texte zu den einzelnen Fragen an. Das Merkblatt sollte nun das nachfolgend abgedruckte Aussehen haben.

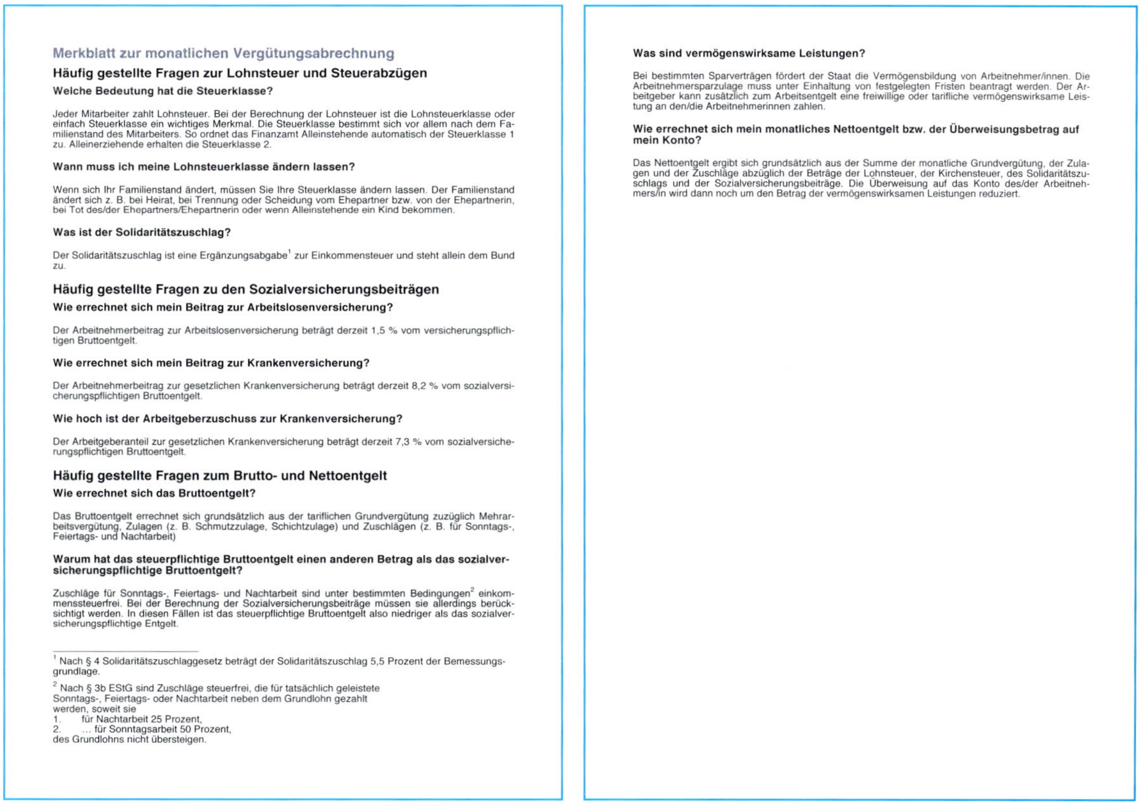

Merkblatt zur monatlichen Vergütungsabrechnung

Häufig gestellte Fragen zur Lohnsteuer und Steuerabzügen

Welche Bedeutung hat die Steuerklasse?

Jeder Mitarbeiter zahlt Lohnsteuer. Bei der Berechnung der Lohnsteuer ist die Lohnsteuerklasse oder einfach Steuerklasse ein wichtiges Merkmal. Die Steuerklasse bestimmt sich vor allem nach dem Familienstand des Mitarbeiters. So ordnet das Finanzamt Alleinstehende automatisch der Steuerklasse 1 zu. Alleinerziehende erhalten die Steuerklasse 2.

Wann muss ich meine Lohnsteuerklasse ändern lassen?

Wenn sich Ihr Familienstand ändert, müssen Sie Ihre Steuerklasse ändern lassen. Der Familienstand ändert sich z. B. bei Heirat, bei Trennung oder Scheidung vom Ehepartner bzw. von der Ehepartnerin, bei Tot des/der Ehepartners/Ehepartnerin oder wenn Alleinstehende ein Kind bekommen.

Was ist der Solidaritätszuschlag?

Der Solidaritätszuschlag ist eine Ergänzungsabgabe[1] zur Einkommensteuer und steht allein dem Bund zu.

Häufig gestellte Fragen zu den Sozialversicherungsbeiträgen

Wie errechnet sich mein Beitrag zur Arbeitslosenversicherung?

Der Arbeitnehmerbeitrag zur Arbeitslosenversicherung beträgt derzeit 1,5 % vom versicherungspflichtigen Bruttoentgelt.

Wie errechnet sich mein Beitrag zur Krankenversicherung?

Der Arbeitnehmerbeitrag zur gesetzlichen Krankenversicherung beträgt derzeit 8,2 % vom sozialversicherungspflichtigen Bruttoentgelt.

Wie hoch ist der Arbeitgeberzuschuss zur Krankenversicherung?

Der Arbeitgeberanteil zur gesetzlichen Krankenversicherung beträgt derzeit 7,3 % vom sozialversicherungspflichtigen Bruttoentgelt.

Häufig gestellte Fragen zum Brutto- und Nettoentgelt

Wie errechnet sich das Bruttoentgelt?

Das Bruttoentgelt errechnet sich grundsätzlich aus der tariflichen Grundvergütung zuzüglich Mehrarbeitsvergütung, Zulagen (z. B. Schmutzzulage, Schichtzulage) und Zuschlägen (z. B. für Sonntags-, Feiertags- und Nachtarbeit)

Warum hat das steuerpflichtige Bruttoentgelt einen anderen Betrag als das sozialversicherungspflichtige Bruttoentgelt?

Zuschläge für Sonntags-, Feiertags- und Nachtarbeit sind unter bestimmten Bedingungen[2] einkommenssteuerfrei. Bei der Berechnung der Sozialversicherungsbeiträge müssen sie allerdings berücksichtigt werden. In diesen Fällen ist das steuerpflichtige Bruttoentgelt also niedriger als das sozialversicherungspflichtige Entgelt.

[1] Nach § 4 Solidaritätszuschlaggesetz beträgt der Solidaritätszuschlag 5,5 Prozent der Bemessungsgrundlage.

[2] Nach § 3b EStG sind Zuschläge steuerfrei, die für tatsächlich geleistete Sonntags-, Feiertags- oder Nachtarbeit neben dem Grundlohn gezahlt werden, soweit sie
1. für Nachtarbeit 25 Prozent,
2. … für Sonntagsarbeit 50 Prozent,
des Grundlohns nicht übersteigen.

Was sind vermögenswirksame Leistungen?

Bei bestimmten Sparverträgen fördert der Staat die Vermögensbildung von Arbeitnehmer/innen. Die Arbeitnehmersparzulage muss unter Einhaltung von festgelegten Fristen beantragt werden. Der Arbeitgeber kann zusätzlich zum Arbeitsentgelt eine freiwillige oder tarifliche vermögenswirksame Leistung an den/die Arbeitnehmerinnen zahlen.

Wie errechnet sich mein monatliches Nettoentgelt bzw. der Überweisungsbetrag auf mein Konto?

Das Nettoentgelt ergibt sich grundsätzlich aus der Summe der monatliche Grundvergütung, der Zulagen und der Zuschläge abzüglich der Beträge der Lohnsteuer, der Kirchensteuer, des Solidaritätszuschlags und der Sozialversicherungsbeiträge. Die Überweisung auf das Konto des/der Arbeitnehmers/in wird dann noch um den Betrag der vermögenswirksamen Leistungen reduziert.

***Abb. 11:16:** Merkblatt mit formatierten Absätzen*

Speichern Sie das Dokument unter dem Namen **11_merkblatt_04**.

11.4 Texte gliedern

Arbeitsauftrag 4

Frau Necke möchte nun noch, dass Sie die Überschriften und Fragen mit numerischen Gliederungspunkten versehen. Sie stellt sich für den ersten Abschnitt des Merkblatts das nachfolgend abgedruckte Aussehen vor.

Merkblatt zur monatlichen Vergütungsabrechnung

1. Häufig gestellte Fragen zur Lohnsteuer und Steuerabzügen

1.1. Welche Bedeutung hat die Steuerklasse?

Jeder Mitarbeiter zahlt Lohnsteuer. Bei der Berechnung der Lohnsteuer ist die Lohnsteuerklasse oder einfach Steuerklasse ein wichtiges Merkmal. Die Steuerklasse bestimmt sich vor allem nach dem Familienstand des Mitarbeiters. So ordnet das Finanzamt Alleinstehende automatisch der Steuerklasse 1 zu. Alleinerziehende erhalten die Steuerklasse 2.

1.2. Wann muss ich meine Lohnsteuerklasse ändern lassen?

Wenn sich Ihr Familienstand ändert, müssen Sie Ihre Steuerklasse ändern lassen. Der Familienstand ändert sich z. B. bei Heirat, bei Trennung oder Scheidung vom Ehepartner bzw. von der Ehepartnerin, bei Tot des/der Ehepartners/Ehepartnerin oder wenn Alleinstehende ein Kind bekommen.

1.3. Was ist der Solidaritätszuschlag?

Der Solidaritätszuschlag ist eine Ergänzungsabgabe[1] zur Einkommensteuer und steht allein dem Bund zu.

Abb. 11.17: Numerische Gliederung

1. Setzen Sie den Cursor in die erste Zwischenüberschrift. Versehen Sie die Überschrift mit einem Gliederungsformat. Öffnen Sie dazu die Nummerierungsbibliothek.
   START – ABSATZ – NUMMERIERUNG
   Wählen Sie die gezeigte Option.

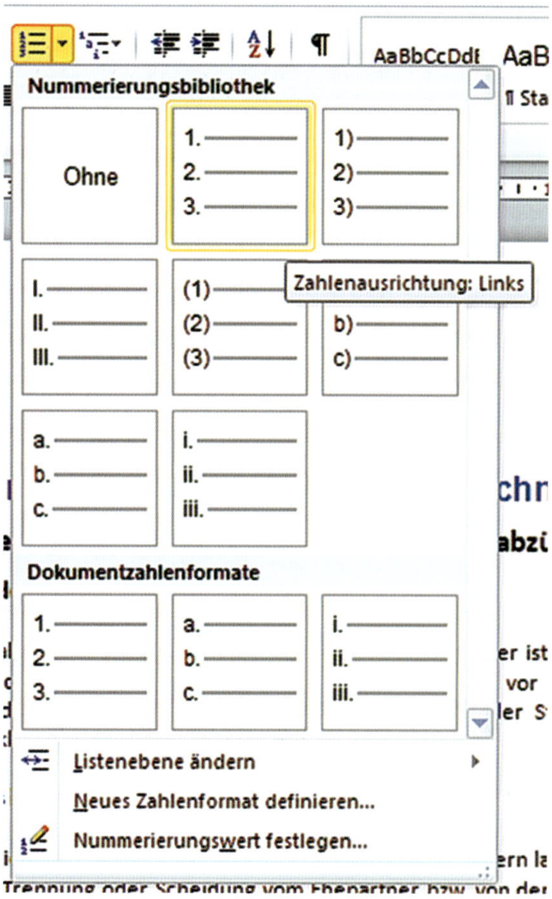

Abbildung 11.18: *Wahl des Nummerierungsformats ZAHLENAUSRICHTUNG LINKS*

2. Passen Sie ggf. das Absatzformat für die Nummerierung an.
3. Übertragen Sie das Nummerierungsformat auf die beiden anderen Überschriften. Setzen Sie dazu den Cursor in die nummerierte und formatierte Überschrift und klicken Sie auf die Befehlsschaltfläche FORMAT ÜBERTRAGEN im Menüband START, Gruppe ZWISCHENABLAGE.
4. Klicken Sie nun auf die zweite Überschrift. Das Format ändert sich entsprechend.
5. Wiederholen Sie die Schritte für die dritte Überschrift.

Anmerkung

Ein Doppelklick auf die Befehlsschaltfläche FORMAT ÜBERTRAGEN bewirkt, dass das Format ohne weitere Schritte durch Mausklick auf mehrere weitere Absätze übertragen werden kann. Das Betätigen der ESC-Taste bewirkt die Aufhebung der Funktion FORMAT ÜBERTRAGEN.

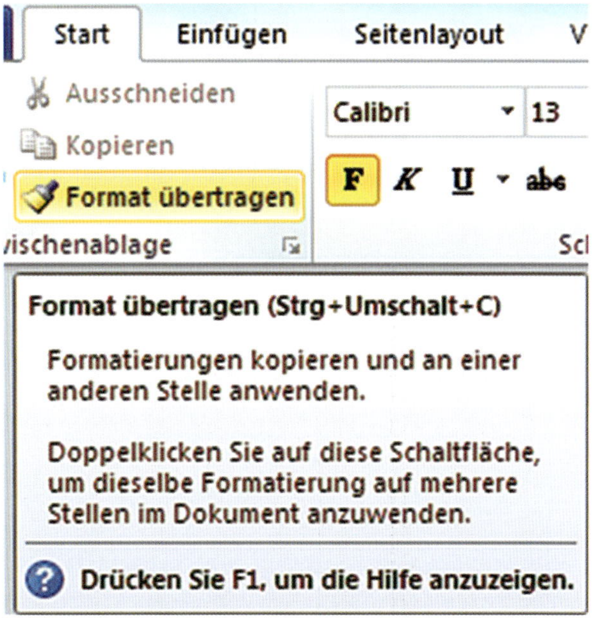

Abbildung 11.19: *Format übertragen*

6. Versehen Sie nun auch die Fragen mit Gliederungspunkten auf der zweiten Gliederungsebene. Setzen Sie dazu den Cursor in die erste Frage. Versehen Sie die Frage mit demselben Nummerierungsformat wie die Überschrift. Klicken Sie anschließend auf START – ABSATZ – NUMMERIERUNG – LISTENEBENE ÄNDERN.

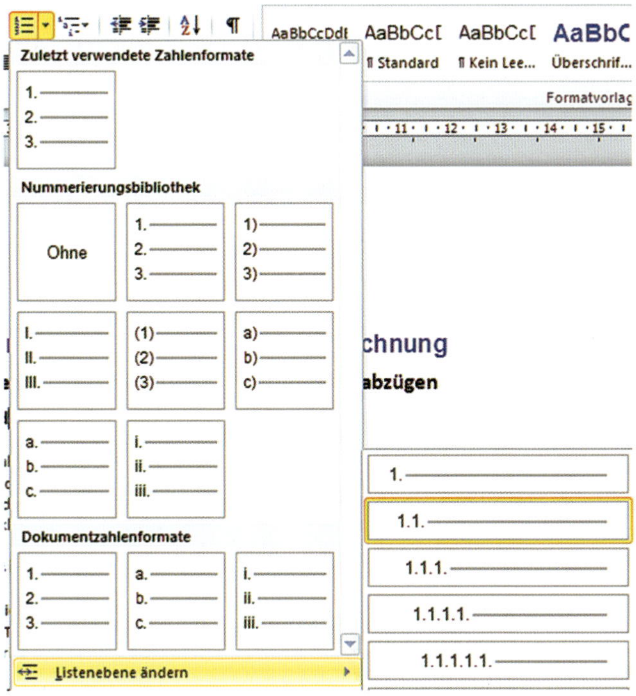

Abbildung 11.20: *Listenebene ändern*

7. Wählen Sie die dargestellte Listenebene aus.

8. Übertragen Sie das Gliederungsformat der ersten Frage auf alle anderen Fragen. MS Word 2010 erkennt, zu welchem übergeordneten Gliederungspunkt die jeweilige Frage gehört, und formatiert die Gliederungsnummerierungen entsprechend. Das Merkblatt sollte jetzt das abgebildete Aussehen aufweisen.

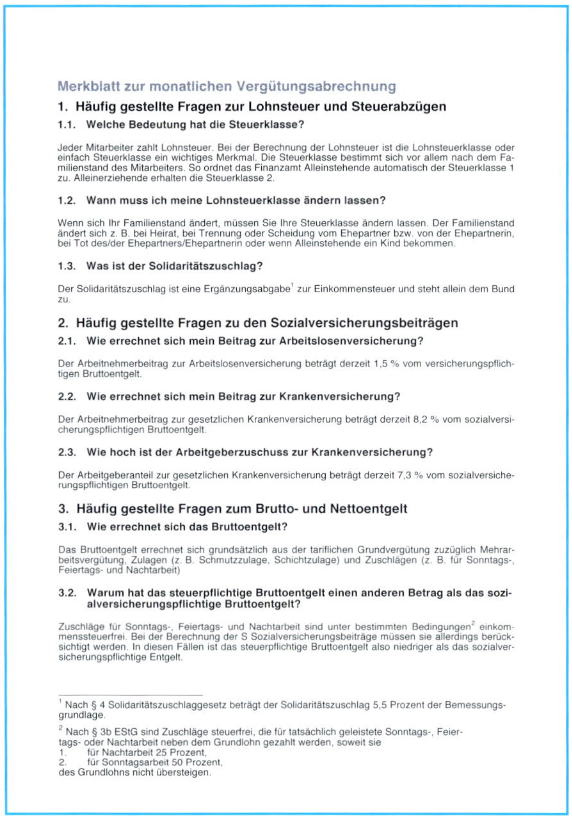

Merkblatt zur monatlichen Vergütungsabrechnung

1. Häufig gestellte Fragen zur Lohnsteuer und Steuerabzügen

1.1. Welche Bedeutung hat die Steuerklasse?

Jeder Mitarbeiter zahlt Lohnsteuer. Bei der Berechnung der Lohnsteuer ist die Lohnsteuerklasse oder einfach Steuerklasse ein wichtiges Merkmal. Die Steuerklasse bestimmt sich vor allem nach dem Familienstand des Mitarbeiters. So ordnet das Finanzamt Alleinstehende automatisch der Steuerklasse 1 zu. Alleinerziehende erhalten die Steuerklasse 2.

1.2. Wann muss ich meine Lohnsteuerklasse ändern lassen?

Wenn sich Ihr Familienstand ändert, müssen Sie Ihre Steuerklasse ändern lassen. Der Familienstand ändert sich z. B. bei Heirat, bei Trennung oder Scheidung vom Ehepartner bzw. von der Ehepartnerin, bei Tot des/der Ehepartners/Ehepartnerin oder wenn Alleinstehende ein Kind bekommen.

1.3. Was ist der Solidaritätszuschlag?

Der Solidaritätszuschlag ist eine Ergänzungsabgabe[1] zur Einkommensteuer und steht allein dem Bund zu.

2. Häufig gestellte Fragen zu den Sozialversicherungsbeiträgen

2.1. Wie errechnet sich mein Beitrag zur Arbeitslosenversicherung?

Der Arbeitnehmerbeitrag zur Arbeitslosenversicherung beträgt derzeit 1,5 % vom versicherungspflichtigen Bruttoentgelt.

2.2. Wie errechnet sich mein Beitrag zur Krankenversicherung?

Der Arbeitnehmerbeitrag zur gesetzlichen Krankenversicherung beträgt derzeit 8,2 % vom sozialversicherungspflichtigen Bruttoentgelt.

2.3. Wie hoch ist der Arbeitgeberzuschuss zur Krankenversicherung?

Der Arbeitgeberanteil zur gesetzlichen Krankenversicherung beträgt derzeit 7,3 % vom sozialversicherungspflichtigen Bruttoentgelt.

3. Häufig gestellte Fragen zum Brutto- und Nettoentgelt

3.1. Wie errechnet sich das Bruttoentgelt?

Das Bruttoentgelt errechnet sich grundsätzlich aus der tariflichen Grundvergütung zuzüglich Mehrarbeitsvergütung, Zulagen (z. B. Schmutzzulage, Schichtzulage) und Zuschlägen (z. B. für Sonntags-, Feiertags- und Nachtarbeit)

3.2. Warum hat das steuerpflichtige Bruttoentgelt einen anderen Betrag als das sozialversicherungspflichtige Bruttoentgelt?

Zuschläge für Sonntags-, Feiertags- und Nachtarbeit sind unter bestimmten Bedingungen[2] einkommenssteuerfrei. Bei der Berechnung der S Sozialversicherungsbeiträge müssen sie allerdings berücksichtigt werden. In diesen Fällen ist das steuerpflichtige Bruttoentgelt also niedriger als das sozialversicherungspflichtige Entgelt.

[1] Nach § 4 Solidaritätszuschlaggesetz beträgt der Solidaritätszuschlag 5,5 Prozent der Bemessungsgrundlage.

[2] Nach § 3b EStG sind Zuschläge steuerfrei, die für tatsächlich geleistete Sonntags-, Feiertags- oder Nachtarbeit neben dem Grundlohn gezahlt werden, soweit sie
1. für Nachtarbeit 25 Prozent,
2. für Sonntagsarbeit 50 Prozent,
des Grundlohns nicht übersteigen.

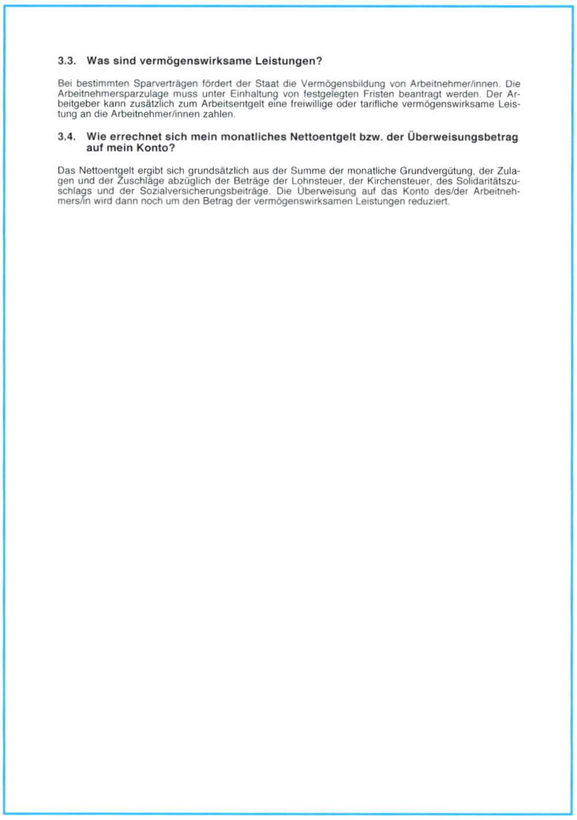

3.3. Was sind vermögenswirksame Leistungen?

Bei bestimmten Sparverträgen fördert der Staat die Vermögensbildung von Arbeitnehmer/innen. Die Arbeitnehmersparzulage muss unter Einhaltung von festgelegten Fristen beantragt werden. Der Arbeitgeber kann zusätzlich zum Arbeitsentgelt eine freiwillige oder tarifliche vermögenswirksame Leistung an die Arbeitnehmer/innen zahlen.

3.4. Wie errechnet sich mein monatliches Nettoentgelt bzw. der Überweisungsbetrag auf mein Konto?

Das Nettoentgelt ergibt sich grundsätzlich aus der Summe der monatliche Grundvergütung, der Zulagen und der Zuschläge abzüglich der Beträge der Lohnsteuer, der Kirchensteuer, des Solidaritätszuschlags und der Sozialversicherungsbeiträge. Die Überweisung auf das Konto des/der Arbeitnehmers/in wird dann noch um den Betrag der vermögenswirksamen Leistungen reduziert.

Abbildung 11.21: *Merkblatt mit numerischer Gliederung*

9. Speichern Sie das gegliederte Merkblatt unter dem Dateinamen **11_merkblatt_05**.

11.5 Inhaltsverzeichnisse erstellen und gestalten

Arbeitsauftrag 5

Nun wünscht Frau Necke noch, dass das Merkblatt mit einem Inhaltsverzeichnis versehen wird. Da MS Word 2010 erkennt, welche Absätze als Überschriften gekennzeichnet sind, kann hier die automatische Erstellung eines Inhaltsverzeichnisses genutzt werden.

Web

1. Öffnen Sie die Datei **11_merkblatt_05**.
2. Setzen Sie den Cursor hinter den Titel des Merkblatts und vor den ersten Gliederungspunkt.
3. Klicken Sie im Menüband VERWEISE auf INHALTSVERZEICHNIS – INHALTSVERZEICHNIS EINFÜGEN.

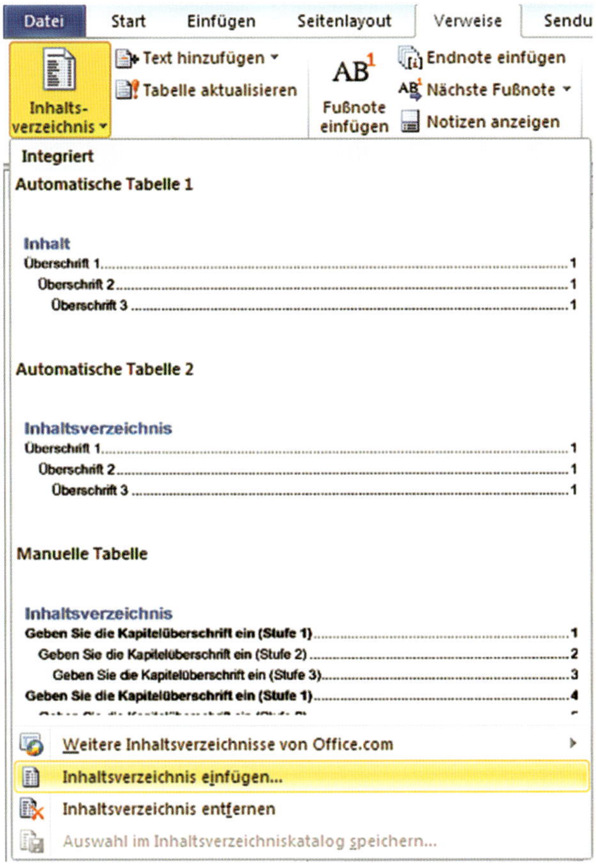

Abbildung 11.22: Inhaltverzeichnis einfügen

4. Wählen Sie die dargestellten Optionen und klicken Sie auf OK.

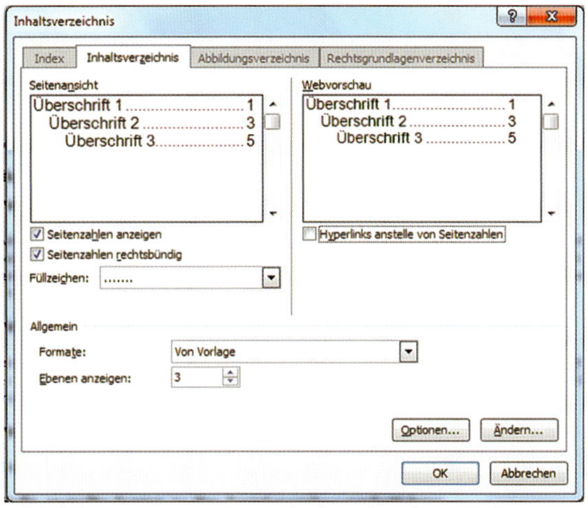

Abbildung 11.23: Eigenschaften für das Inhaltsverzeichnis einstellen

5. Das Inhaltsverzeichnis wird programmgesteuert an der gewünschten Stelle mit den ausgewählten Optionen erstellt. Ggf. müssen die Absatzeigenschaften noch abschließend angepasst werden.

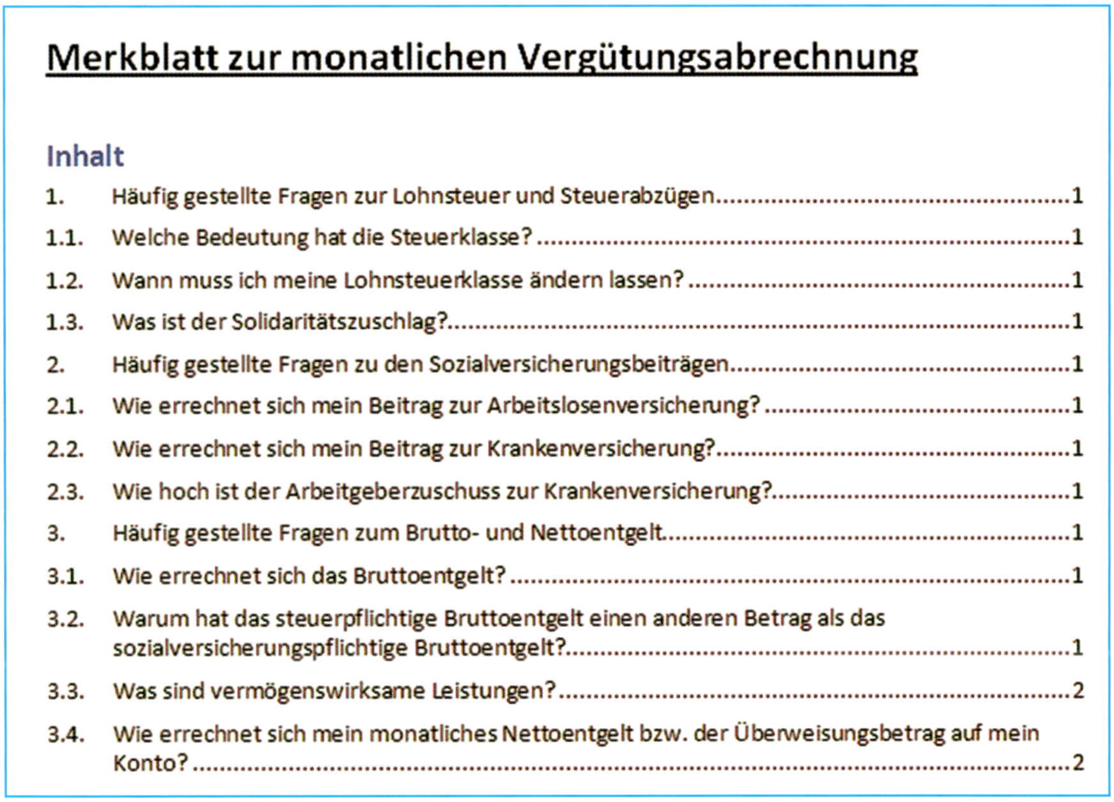

Merkblatt zur monatlichen Vergütungsabrechnung

Inhalt

Abbildung 11.24: Das automatisch erstellte Inhaltsverzeichnis

6. Speichern Sie das Dokument mit Inhaltsverzeichnis unter dem Dateinamen **11_merkblatt_06**.

11.6 Überarbeitungsfunktion nutzen

Ausgangssituation

Frau Necke ist sehr zufrieden mit der Gestaltung des Merkblatts zur monatlichen Vergütungsabrechnung. Da sie das Merkblatt erst ausgeben möchte, wenn sie sich ganz sicher sein kann, dass keine Fehler mehr im Dokument enthalten sind, leitet sie die Datei per E-Mail an ihren Kollegen, Werner Unger, mit der Bitte um Kontrolle und Überarbeitung weiter. Herr Unger mailt zurück, dass er das Merkblatt lesen und mit Kommentaren in der Überarbeitungsfunktion zurücksenden wird. Die Änderungsvorschläge könne Frau Necke dann übernehmen oder ablehnen. Auf Nachfrage erklärt Herr Unger Ihnen, wie das funktioniert.

Arbeitsauftrag 6

Vollziehen Sie die erklärten Schritte am Rechner nach.

1. Öffnen Sie das Dokument **11_merkblatt_06**.
2. Herr Unger hat entdeckt, dass im Absatz zur Steuerklasse ein Fehler ist. Den Änderungsvorschlag möchte er angeben. Dazu klickt er zunächst im Menü ÜBERPRÜFEN in der Gruppe NACHVERFOLGUNG auf die Befehlsschaltfläche ÄNDERUNGEN NACHVERFOLGEN.

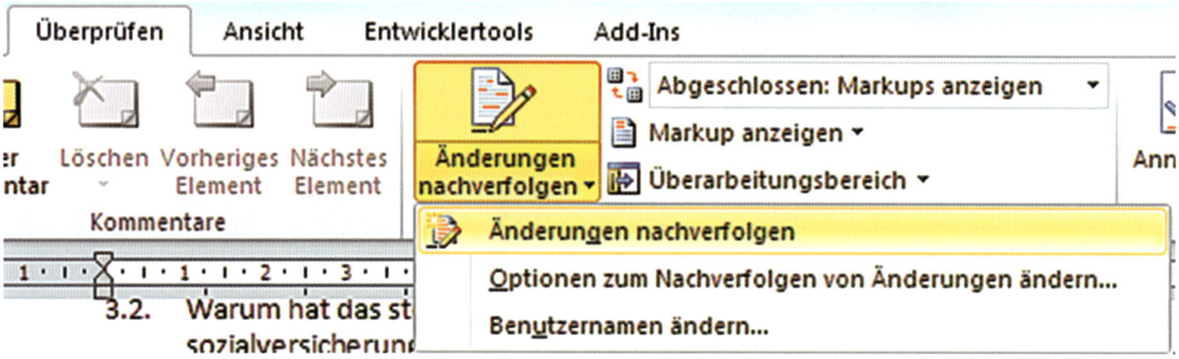

Abbildung 11.25: Aktivierung der Nachverfolgung von Änderungen

3. Anschließend verbessert er den entdeckten Schreibfehler. Der Verbesserungsvorschlag wird angegeben, aber noch nicht eingearbeitet.

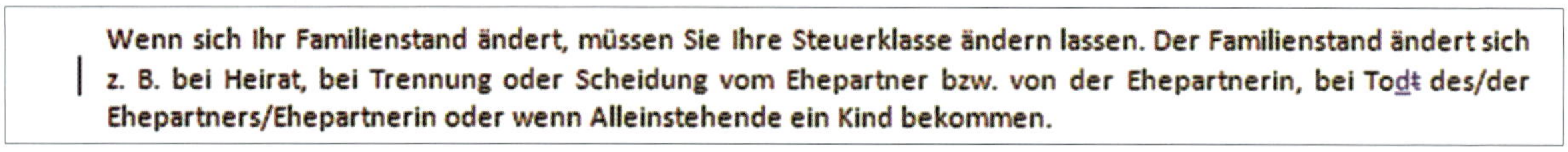
Wenn sich Ihr Familienstand ändert, müssen Sie Ihre Steuerklasse ändern lassen. Der Familienstand ändert sich z. B. bei Heirat, bei Trennung oder Scheidung vom Ehepartner bzw. von der Ehepartnerin, bei Todt des/der Ehepartners/Ehepartnerin oder wenn Alleinstehende ein Kind bekommen.

Abbildung 11.26: Vorgeschlagene Änderung

4. Da Herr Unger keine weiteren Fehler entdeckt, speichert er das Dokument unter dem Namen **11_merkblatt_07** und schließt es. Er sendet die Datei als E-Mail-Anhang an Frau Necke zurück.

5. Frau Necke öffnet an ihrem Arbeitsplatz das Dokument. Sie öffnet das Menüband ÜBERPRÜFEN und klickt in der Gruppe ÄNDERUNGEN auf den Pfeil unter der Befehlsschaltfläche ANNEHMEN. Der Cursor positioniert sich nacheinander auf die Positionen der vorgeschlagenen Änderungen, die Frau Necke nun annehmen oder ablehnen kann.

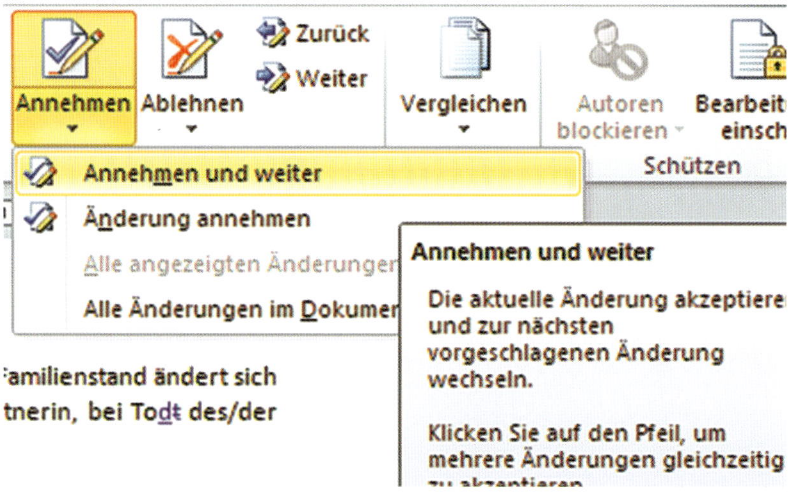

Abbildung 11.27: *Annehmen einer vorgeschlagenen Änderung und Wechsel zur nächsten vorgeschlagenen Änderung*

6. Abschließend speichert Frau Necke das korrigierte Merkblatt unter dem Namen **11_merkblatt_08**, druckt es mehrfach aus und verteilt es mit den Vergütungsabrechnungen dieses Monats an die Mitarbeiter der Duisdorfer BüroKonzept KG.

Excel

1 Einführung in die Tabellenkalkulation

1.1 Bildschirmaufbau

Tabellenkalkulationsprogramme gehören zu den Standardanwendungsprogrammen. Sie basieren auf Tabellen, die wiederum aus einer Vielzahl von einzelnen Zellen bestehen. Diese Zellen können unterschiedliche Inhalte (z. B. Werte, Texte) ausweisen. Darüber hinaus können die Zellen durch logische (z. B. <, >) und arithmetische (z. B. +, *) Operationen miteinander verknüpft werden. Einzelne Tabellen werden auf den Tabellenblättern erfasst, die wiederum in ihrer Gesamtheit die Arbeitsmappe bilden. Mit der Hilfe von Tabellenkalkulationsprogrammen lassen sich so eine Vielzahl von betrieblichen Problemstellungen lösen.

Nach dem Start des Tabellenkalkulationsprogramms Microsoft Excel 2010 erscheint das folgende Fenster, welches zugleich den Bildschirmaufbau des Programms darstellt.

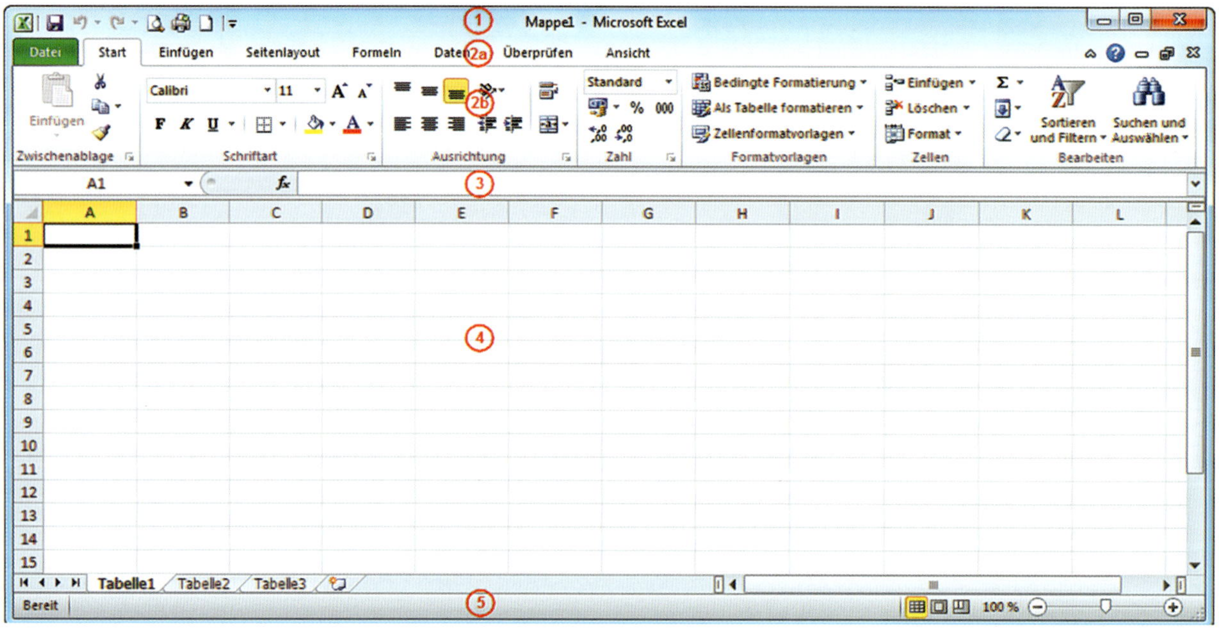

Abbildung 1.1: *Bildschirmaufbau des Tabellenkalkulationsprogramms MS Excel 2010*

Anmerkung

Wenn der Mauszeiger auf ein auf dem Bildschirm dargestelltes Symbol bewegt wird (ohne darauf zu klicken), erscheint nach kurzer Zeit eine Quickinformation. Eine Quickinformation enthält eine kurze Beschreibung der Funktion des ausgewählten Symbols sowie den entsprechenden Tastenbefehl, mit dem die Funktion ausgelöst werden kann.

Die Funktionen der einzelnen Bereiche des Bildschirmaufbaus werden in den folgenden Unterkapiteln erklärt. Die in Abbildung 1.1 eingefügten Ziffern ① bis ⑤ finden sich in den Überschriften der Unterkapitel wieder. Auf Unterschiede zwischen den Versionen Excel 2010 sowie MS Excel 2013 wird an entsprechender Stelle hingewiesen.

Der Bildschirmaufbau des Tabellenkalkulationsprogramms Microsoft Excel 2013 entspricht im Wesentlichen dem in Abbildung 1.1 dargestellten Bildschirmaufbau. Unterschiede sind im Schrifttyp und einigen Farbanordnungen zu erkennen.

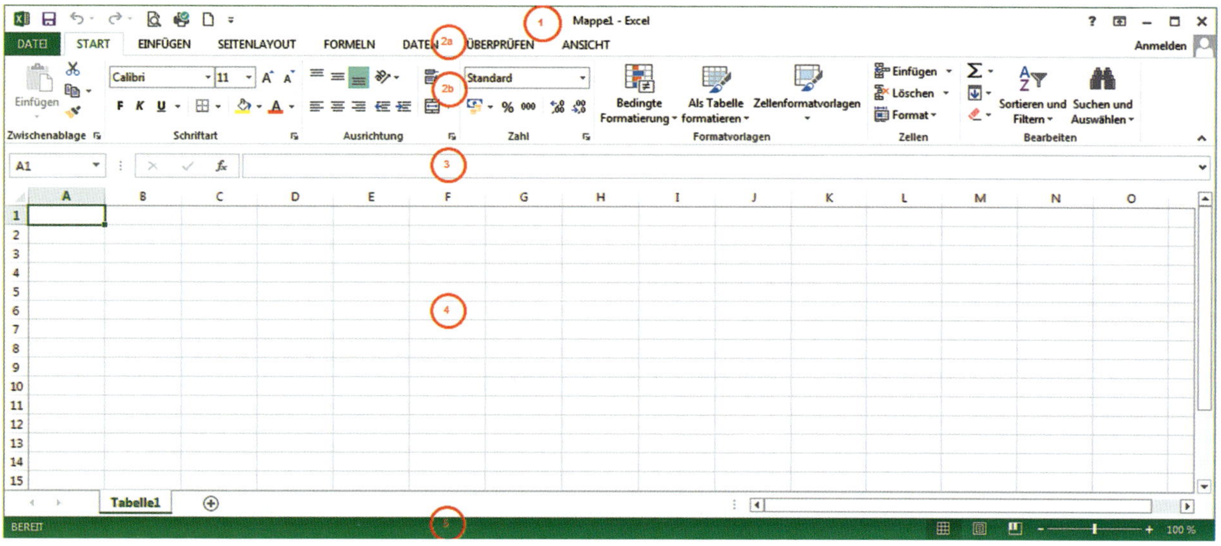

Abbildung 1.2: Bildschirmaufbau des Tabellenkalkulationsprogramms MS Excel 2013

Ein wesentlicher Unterschied der Version MS Excel 2013 zu den Versionen MS Excel 2010 und MS Excel 2007 zeigt sich direkt nach dem Start des Programms. Dann erscheint das folgende Fenster:

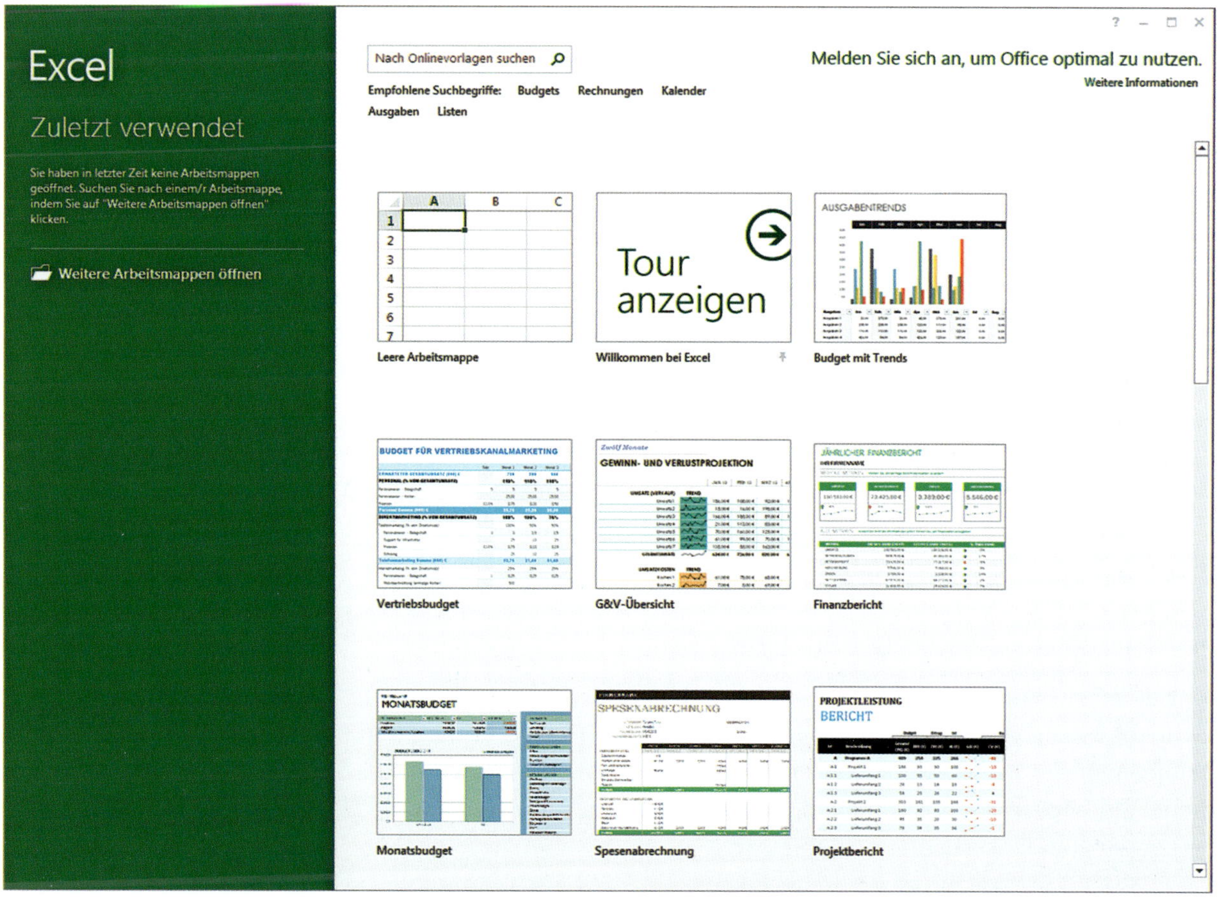

Abbildung 1.3: Startbildschirm des Tabellenkalkulationsprogramms MS Excel 2013

Bereits hier stehen eine Vielzahl von Auswahlmöglichkeiten zur Verfügung. Für die weitere Bearbeitung in diesem Buch ist die Kategorie LEERE ARBEITSMAPPE (erste Schaltfläche oben links) von Bedeutung. Nach einem Mausklick auf diese Schaltfläche öffnet sich das in Abbildung 1.2 dargestellte Arbeitsfenster von MS Excel 2013.

1.1.1 Elemente der Titelleiste (1)

Die Titelleiste ist wie folgt aufgebaut:

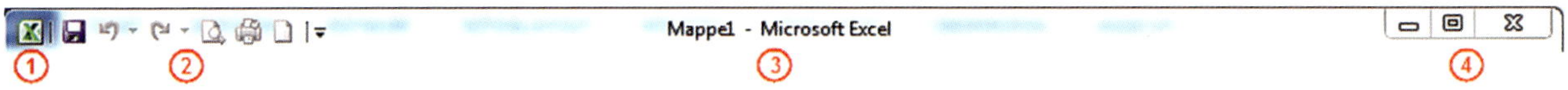

Abbildung 1.4: *Elemente der Titelleiste*

1. Symbol zur Fenstersteuerung

Ein Mausklick auf das Symbol zur Fenstersteuerung öffnet ein Fenster, in welchem sich grundsätzliche Einstellungen zum Programmfenster vornehmen lassen. Die Einstellung kann während der Arbeit mit dem Programm jederzeit verändert werden.

Abbildung 1.5: *Auswahlmöglichkeiten zur Fenstersteuerung*

2. Symbolleiste für den Schnellzugriff

Die Symbolleiste enthält Symbole für Befehle, die bei der Arbeit mit dem Tabellenkalkulationsprogramm häufig benötigt werden. Nach der Installation sind die Symbole für SPEICHERN, RÜCKGÄNGIG und WIEDERHERSTELLEN voreingestellt. Die Eintragungen in der Symbolleiste sind an die individuellen Bedürfnisse eines Benutzers anpassbar. Hierzu ist ein Mausklick auf den kleinen Pfeil rechts notwendig. Der Abbildung 1.4 ist zu entnehmen, dass zusätzlich die Symbole für das Aufrufen der Seitenansicht, für das Auslösen des Schnelldrucks sowie für das Aufrufen einer neuen und leeren Arbeitsmappe eingerichtet wurden.

3. Dokumenten- und Programmname

Im mittleren Bereich der Titelleiste befinden sich der Dokumentenname. Wenn das Dokument noch nicht abgespeichert wurde, steht hier – wie Abbildung 1.4 zu entnehmen ist – standardmäßig Mappe1, gefolgt von der Bezeichnung des Programms (hier Microsoft Excel). Wird beim Speichern des Dokuments ein anderer Name vergeben, dann wird der zuvor ausgegebene Dokumentenname durch den neu gewählten Dokumentennamen ersetzt.

4. Hilfe, Menüeinstellungen und Fenster-Schaltflächen

Mit einem Mausklick auf das Fragezeichen ? wird die Hilfefunktion von Excel aufgerufen. Die Hilfefunktion gibt Antworten auf zahlreiche Fragen, die sich während der Arbeit mit dem Programm ergeben können.

Ein Mausklick auf die Schaltfläche MENÜBAND-ANZEIGEOPTIONEN öffnet ein neues Fenster. In diesem Fenster können Einstellungen zur Darstellung der Registerkartenleiste und zur Multifunktionsleiste vorgenommen werden.

Die verbleibenden drei Schaltflächen dienen der Steuerung eines Fensters. Nach einem Klick auf das Symbol MINIMIEREN wird das aktuelle Fenster vom Bildschirm entfernt und erscheint als Schaltfläche in der Taskleiste. Durch einen Mausklick auf diese Schaltfläche erscheint das Fenster wieder im Vordergrund.
Das mittlere Symbol verändert sich in Abhängigkeit von der aktuellen, gewählten Einstellung. Mit einem Mausklick auf dieses Symbol kann in den Vollbildmodus (Anpassung des Fensters auf die Größe des Bildschirms) oder in den Teilbildmodus (Verkleinerung des Fensters) gewechselt werden. Mit einem Mausklick auf das rechts liegende Symbol wird das aktuelle Fenster geschlossen bzw. das Programm beendet.

1.1.2 Elemente der Registerkarten (2a) und Multifunktionsleiste (2b)

Unterhalb der Titelleiste befinden sich die Leiste mit den Registerkarten und die Multifunktionsleiste.

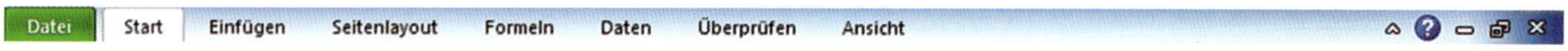

Abbildung 1.6: *Leiste mit den Registerkarten*

Die Einträge (z. B. START, EINFÜGEN, SEITENLAYOUT) in der Registerkartenleiste sind aufgabenorientiert. Sie können durch einen einfachen Mausklick ausgewählt werden. Die ausgewählte bzw. aktivierte Registerkarte ist daran zu erkennen, dass deren Bezeichnung mit der Hintergrundfarbe der Multifunktionsleiste hinterlegt ist und etwas im Vordergrund steht.

Am linken Rand der Registerkartenleiste befindet sich der grün hinterlegte Eintrag DATEI. Nach einem Mausklick auf diesen Eintrag bzw. diese Schaltfläche öffnet sich folgendes Fenster:

Abbildung 1.7: *Auswahlmöglichkeiten unter dem Registerkarteneintrag DATEI*

Das sich darstellende Fenster ist grundsätzlich zweigeteilt. Im linken Bereich befinden sich Befehle, die bei der Arbeit mit dem Tabellenkalkulationsprogramm häufig benötigt werden (z. B. Anlegen, Öffnen, Speichern, Drucken eines Dokuments). Im rechten Teil des Fensters befinden sich je nach der zuvor getroffenen Auswahl weitere Einstellmöglichkeiten. Ein erneuter Mausklick auf die Schaltfläche DATEI bewirkt, dass das Fenster geschlossen und der Arbeitsbildschirm wieder eingeblendet wird. In der Version Microsoft Excel 2013 muss für die Rückkehr zum Arbeitsbildschirm das Symbol angeklickt werden.

In der Programmversion Microsoft Excel 2007 existiert die Schaltfläche DATEI nicht. Stattdessen befindet sich am linken Rand der Titelleiste die Office-Schaltfläche. Durch einen Mausklick auf die Office-Schaltfläche wird das folgende Fenster geöffnet:

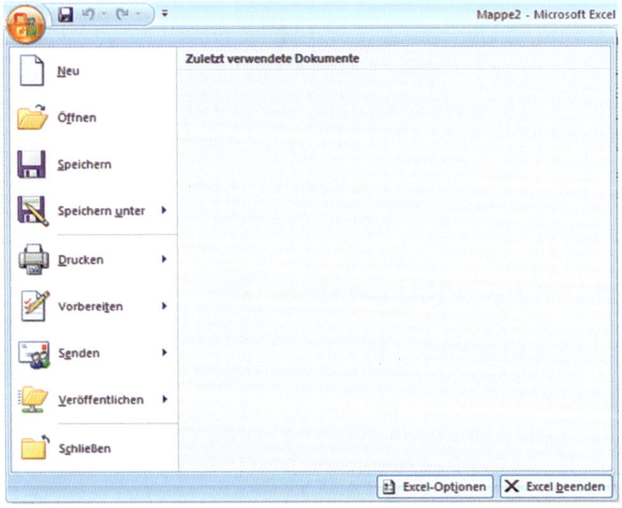

Abbildung 1.8: *Auswahlmöglichkeiten der Office-Schaltfläche*

Der Aufbau des Fensters ähnelt dem der Version Microsoft Excel 2010 und die für dieses Lehrbuch notwendigen Auswahlmöglichkeiten haben die gleiche Bezeichnung. Aus diesem Grund findet an dieser Stelle keine weitere Beschreibung der sich unterscheidenden Elemente statt.

Unterhalb der Registerkarten befindet sich die Multifunktionsleiste. Die Multifunktionsleiste umfasst eine Gruppe von Befehlen (zumeist durch Symbole dargestellt) zu der jeweils ausgewählten Registerkarte. Die Auswahlmöglichkeiten verändern sich mit dem Wechsel der Registerkarten.

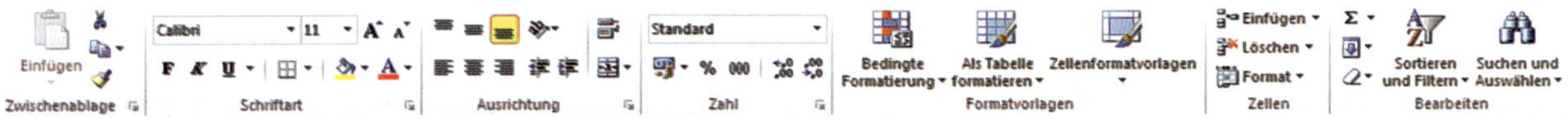

Abbildung 1.9: *Einträge in der Multifunktionsleiste am Beispiel der Registerkarte START*

Anmerkung

Auf die Funktionen der einzelnen Einträge wird in den folgenden Kapiteln eingegangen.

1.1.3 Elemente der Bearbeitungsleiste (3)

Die Bearbeitungsleiste befindet sich unterhalb der Multifunktionsleiste. Die Bearbeitungsleiste besteht aus zwei Elementen, die vorrangig zur Eingabe und Bearbeitung von Daten vorgesehen sind.

Abbildung 1.10: *Elemente der Bearbeitungsleiste*

1. Namensfeld

Dem Namensfeld kann die Adresse bzw. Bezeichnung der aktivierten Zelle entnommen werden (siehe hierzu Kapitel 3).

2. Funktionsfeld

In dem freien Bereich hinter dem Symbol (fx) können Einträge in Zellen neu eingegeben, überschrieben und erweitert werden. Ein Mausklick auf das Symbol kann helfen, eine Funktion auszuwählen und einzurichten. In der Version Microsoft Excel 2013 befinden sich an der beschriebenen Stelle weitere Symbole × ✓ fx . Die zusätzlichen Symbole können verwendet werden, um einen Eintrag zu löschen oder zu bestätigen.

Anmerkung
Auf die Möglichkeiten der Eingabe von Daten in Zellen wird im Rahmen der folgenden Kapitel eingegangen.

1.1.4 Elemente des Dokumentenfensters (4)

Das Dokumentenfenster eines Tabellenkalkulationsprogramms zeichnet sich durch folgendes Erscheinungsbild aus:

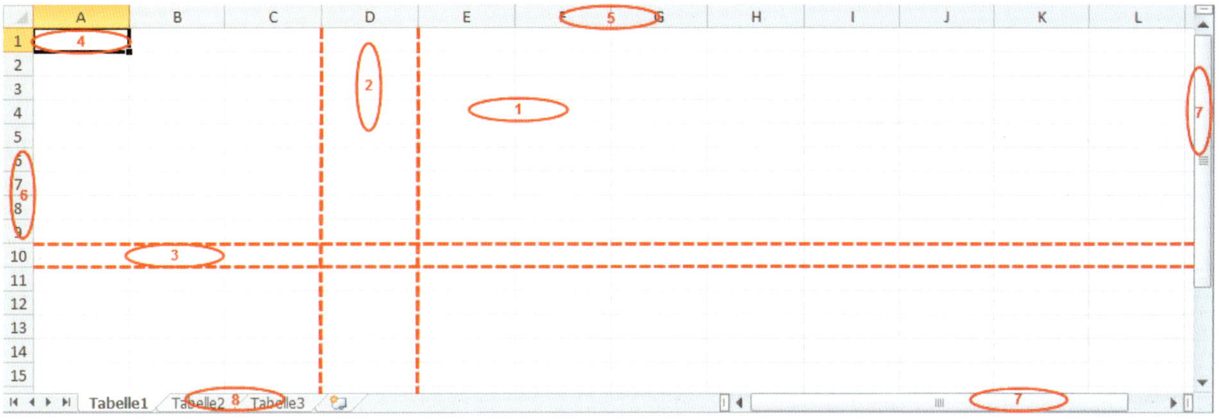

Abbildung 1.11: *Elemente des Dokumentenfensters*

1./2./3. Tabellenblatt, Spalte, Zeile

Das Tabellenblatt setzt sich aus Spalten und Zeilen zusammen. Die Spalten sind senkrecht angeordnet. Ein Tabellenkalkulationsprogramm verfügt über 16.384 Spalten. Die Zeilen sind waagrecht angeordnet. Eine Tabelle besteht aus bis zu 1.048.576 Zeilen. Die Schnittpunkte der Spalten und Zeilen werden als Zelle bezeichnet.

Jede Zelle hat eine Standardbreite von 10,71 Zeichen. Maximal kann eine Zelle 32.000 Zeichen aufnehmen. Jedoch können nur 255 Zeichen einer Zelle sichtbar dargestellt werden. Die Standardhöhe einer Zelle beträgt 15 Punkt (1 Punkt entspricht etwa 1/30 cm). Die maximale Höhe einer Zelle kann 409,5 Punkt betragen.

4. aktive Zelle

Als aktive Zelle wird die Zelle bezeichnet, die zuvor auf dem Tabellenblatt markiert wurde. Die aktive Zelle ist an dem etwas dickeren Rahmen zu erkennen. Eingaben können nur in aktiven Zellen vorgenommen werden.

5./6. Spaltenkopf, Zeilenkopf

Um eine aktive Zelle direkt ansprechen oder adressieren zu können, haben Spalten und Zeilen Namen. Die Bezeichnung der Spalten erfolgt anhand von Buchstaben. Die erste Spalte heißt A, die zweite Spalte B usw. Die Namen der Spalten befinden sich im Spaltenkopf. Die Bezeichnung der Zeilen erfolgt anhand von Zahlen. Der Zeile 1 ist die Zahl 1 zugeordnet, der Zeile 2 die Zahl 2 usw. Die Namen der Zeilen befinden sich im Zeilenkopf. Durch die Kombination der Spalten- und Zeilenbeschriftung ergibt sich für jede einzelne Zelle im Tabellenblatt eine eindeutige Bezeichnung (Adresse). Die erste Zeile oben links hat beispielsweise die Bezeichnung A1.

7. Bildlaufleisten

Die Navigation von Zeile zu Zeile bzw. von Spalte zu Spalte ist auf unterschiedliche Art und Weise möglich. Für kleine Strecken eignen sich Pfeiltasten oder die Bild-auf-Taste bzw. die Bild-ab-Taste. Die Pfeiltasten ermöglichen jeweils den Sprung in die vorhergehende bzw. nächste Zeile oder Spalte. Mit der Bild-ab-Taste ist ein Sprung auf die erste nicht mehr dargestellte Zeile möglich. Die Bild-auf-Taste ermöglicht den Sprung zurück. Die Kombination der Bild-auf-Taste bzw. der Bild-ab-Taste mit der ALT-Taste ermöglicht den Sprung in die nächste nicht mehr sichtbare Spalte bzw. zurück.

Für umfangreiche Tabellen stehen die Bildlaufleisten für vertikale und horizontale Bewegungen im Tabellenblatt zur Verfügung. Die Bildlaufleisten werden mit der Maus gesteuert. Soll die Bewegung langsam erfolgen, eignet sich ein oder mehrere Mausklicks auf die jeweiligen Pfeile der Bildlaufleiste. Bei längeren Strecken ist es sinnvoll, den Schieberegler der Bildlaufleiste anzuklicken und die Maus bei gedrückter Maustaste in die gewünschte Richtung zu ziehen.

8. Registerleiste

Das Dokument eines Tabellenkalkulationsprogramms besteht in der Regel aus mehreren Tabellenblättern. Die einzelnen Tabellenblätter sind in der Registerleiste aufgeführt. Standardmäßig haben diese die Bezeichnung Tabelle1, Tabelle2 usw. Nach einem Doppelklick auf einen Registernamen kann der entsprechende Name geändert werden. Über das ganz rechts liegende Symbol (Excel 2007 und 2010 , Excel 2013 ⊕) können weitere Tabellenblätter eingefügt werden. Die Navigation zwischen den Tabellenblättern erfolgt entweder durch direktes Anklicken mit der Maus oder mittels der Maus über die Pfeile ganz links in der Registerleiste.

1.1.5 Elemente der Statusleiste (5)

Die Statusleiste befindet sich am unteren Bildschirmrand. Sie enthält folgende Elemente:

Abbildung 1.12: Elemente der Statusleiste

1. Linker Bereich der Statusleiste

Im linken Bereich der Statusleiste sind zum einen Informationen über einen ausgewählten Befehl zu entnehmen. Standardmäßig steht dort der Eintrag BEREIT. Werden beispielsweise Daten in eine Zelle eingegeben, erscheint die Meldung EINGEBEN, werden Zellinhalte bearbeitet, erscheint die Meldung BEARBEITEN. Im linken Bereich der Statusleiste werden zum anderen laufende Operationen beschrieben (z. B. speichern eines Dokuments).

2. Mittlerer Bereich der Statusleiste

Im mittleren Bereich der Statusleiste kann die Ansicht der Tabelle verändert werden. Zur Verfügung stehen die Normalansicht, die Ansicht im Seitenlayout und die Umbruchvorschau. Die einzelnen Ansichten werden im Verlauf der folgenden Kapitel beschrieben.

3. Rechter Bereich der Statusleiste

Im rechten Bereich der Statusleiste befindet sich der Zoom. Er ist standardmäßig auf 100 Prozent eingestellt. Mit einem Mausklick auf das Minus- bzw. Pluszeichen wird die Tabelle auf dem Bildschirm verkleinert bzw. vergrößert. Darüber hinaus ist es möglich, den Schieberegler direkt anzuklicken und bei gedrückter linker Maustaste in die gewünschte Richtung zu ziehen. Das Minimum liegt bei 10 Prozent, das Maximum liegt bei 400 Prozent.

Anmerkung

Die Einstellungen des Zooms über die Statusleiste haben nur Auswirkungen auf die Bildschirmdarstellung. Der Ausdruck bleibt unberührt.

1.2 Eingabe von Texten und Zahlen

Ausgangssituation

Die Duisdorfer BüroKonzept KG bezieht viele ihrer Vordrucke von der Druckerei PrintService KG. In den vergangenen Monaten wurden die Preise für die bezogenen Vordrucke immer wieder erhöht. Besonders Veränderungen im Design und einzelne Aktualisierungen (z. B. neue Postfachnummer) haben zu hohen Kosten geführt. Nachdem Frau Beckmann, die Leiterin der Abteilung Beschaffung, keine besseren Konditionen hinsichtlich der Preisgestaltung mit der PrintService KG aushandeln konnte, haben sich Frau Niester und Herr Falo (beide von der Geschäftsleitung) dazu entschieden, das Potenzial der eigenen Mitarbeiter zu nutzen und die Vordrucke selbst zu erstellen. In einem Pilotprojekt sollen Sie zunächst das Formular für die Ausgangsrechnungen neu erstellen, da dieses besonders häufig zum Einsatz kommt.

Die einzelnen Zellen einer Tabelle können unter anderem Text und Zahlen enthalten. Um einer bestimmten Zelle einen Inhalt zuzuweisen, muss diese zuvor als **aktive Zelle** markiert werden. Die Eingabe des gewünschten Inhalts über die Tastatur kann entweder über die Bearbeitungsleiste oder in der Zelle direkt erfolgen. Zum Abschluss muss die Eingabe bestätigt werden (z. B. mit der RETURN- oder ENTER-Taste). Während der Eingabe können Tippfehler mit der Rücklöschtaste verbessert werden. Nach dem Abschluss einer Eingabe sind Korrekturen erst nach vorherigem Doppelklick in die entsprechende Zelle möglich. Der Abbruch einer Eingabe ist durch Betätigung der ESC-Taste möglich.

Besonderheiten bei der Eingabe von Zahlen	Besonderheiten bei der Eingabe von Texten
• Besteht ein Eintrag ausschließlich aus Ziffern, wird dieser vom Tabellenkalkulationsprogramm automatisch als Zahleneintrag erkannt. • Zahlen werden in der Standardeinstellung **rechtsbündig** ausgegeben. • Negativen Zahlen muss bei der Eingabe ein **Minuszeichen** vorangestellt werden. • Die letzte dargestellte Nachkommastelle wird automatisch kaufmännisch gerundet angezeigt. Unabhängig von dieser Darstellung rechnet das Tabellenkalkulationsprogramm mit dem ungerundeten Inhalt der Zelle weiter. • Ist die letzte Nachkommastelle eine Null, wird diese nicht angezeigt. • Sehr große Zahlen werden in der Exponentialschreibweise dargestellt.	• Besteht ein Eintrag aus Buchstaben oder aus einer Kombination von Buchstaben und Ziffern, wird dieser automatisch als Text erkannt. • Texte werden in der Standardeinstellung **linksbündig** ausgegeben. • Eine Zahl kann als Text erfasst werden, indem der Zahl bei der Eingabe ein Hochkomma (Tastenkombination: Umschalttaste und #-Taste) vorangestellt wird. Das Gleiche gilt auch, wenn die Eingabe mit einem mathematischen Operator beginnt (z. B. '+ 5 % Gewinn).

Anmerkung

*Um einen Zelleninhalt zu **löschen**, muss die entsprechende Zelle zunächst markiert werden (z. B. durch einfaches Anklicken). Bei der Löschung ist darauf zu achten, dass diese über die **Entfernen-Taste** oder **Rücklöschtaste** vorgenommen wird. Wird die Löschung über die **Leertaste** vorgenommen, entsteht ein **leerer Eintrag** in der Zelle. Dies kann bei späteren Aufgabenstellungen zu Problemen führen.*

Arbeitsauftrag 1

Als Auszubildende/r der Duisdorfer BüroKonzept KG erhalten Sie von der Personal- und Ausbildungsleiterin, Frau Sommer, die Aufgabe, ein Formular für die Ausgangsrechnungen zu erstellen. Die Vorlage für das Rechnungsformular erhalten Sie von Herrn Klein (Vertriebsleiter). Übernehmen Sie die dargestellte Vorgabe unter Beachtung der beschriebenen Besonderheiten bei der Erfassung von Zahlen und Texten.

	A	B	C	D	E	F	G	H
9	Ausschnitt aus der Tabelle Rechnungsformular							
10							.	
11	Duisdorfer BüroKonzept KG , Rochusstraße 30, 53123 Bonn							
12						Anschrift:	Rochusstraße 30	
13							53123 Bonn	
14	Neuhoff KG					Telefon:	0228 98765-0	
15	RaumDesign					Telefax:	0228 98765-80	
16	Brunnenstraße 3							
17	38700 Hannover					Banken	Volksbank Bonn/Rhein-Sieg	
18							(BLZ 380 601 86) 24012345678	
19							Postbank Köln	
20							(BLZ 370 100 50) 8884441234	
21								
22	Ihr Zeicher	Ihre Bestellung vom	Unser Zeichen	Telefon		Name		Datum
23			VK Br	0228 98765-17		Frank Bremer		27.06.20..
24								
25								
26	Rechnung							
27								
28								
29								
30	Kunden-Nr.:		2401					
31	Rechnungs-Nr.:		50215					
32	Lieferschein-Nr.:							
33	Versanddatum:							
34								
35								
36								
37								
38	Pos.	Artikel-Nr.	Artikel-Bezeichnung	Menge	Einzelpreis €	Rabatt in %	Rabattbetrag €	Gesamtpreis €
39	1	101111	Schreibtisch Ökostar	10	489	10		
40	2	101114	Konferenztischelement lichtgrau	25	98	10		
41	3	202111	Bürostuhl Comfort	20	228	10		
42	4	202114	Bürosessel Bodu L	15	349	10		
43								
44								
45								
46								
47								
48								
49								
50								
51								
52								
53								
54								
55						Nettobetrag €		
56						Umsatzsteuer 19,0 % €		
57						Rechnungsbetrag €		
58								
59								
60	Amtsgericht Bonn HRA 1221					Geschäfsführung:		
61	USt Id: DE 244 111 855					Sebastian Falo		
62						Katharina Niester		

Abbildung 1.13: *Entwurf eines Rechnungsformulars (unformatiert)*

1.3 Einfache Formatierungen

Ausgangssituation

Herr Klein ist über die schnelle Erfassung seiner Vorgaben und Ihr versiertes Vorgehen sehr erfreut. Eine Vorstellung des Arbeitsergebnisses bei Frau Niester und Herrn Falo hält er jedoch noch für zu früh. Er ist der Meinung, dass das Formular hinsichtlich seines Aussehens noch verändert werden sollte. Ziel ist es, den Vordruck sowohl ansehnlicher als auch benutzerfreundlicher zu gestalten.

Um eine Tabelle ansehnlich zu gestalten, müssen Formatierungen vorgenommen, das heißt die Eigenschaften der Zelle bzw. des Zelleninhalts verändert werden. Formatierungen beziehen sich beispielsweise auf die Schriftart, Rahmungen, Zahlenformate. Um Formatierungen durchzuführen, muss zunächst die Registerkarte START mit einem Mausklick aktiviert werden. In der Multifunktionsleiste erscheinen zahlreiche Formatierungsmöglichkeiten. Einige Kategorien in der Multifunktionsleiste weisen rechts unten ein kleines Symbol ( ) auf. Nach einem Mausklick auf dieses Symbol öffnet sich ein Fenster, welches weitere Möglichkeiten für Formatierungen bietet.

Anmerkung

Reicht die vorgesehene Spaltenbreite nicht aus, um einen Text vollständig zu erfassen, stehen grundsätzlich zwei Möglichkeiten für die Lösung dieses Problems zur Verfügung:

1. ***Verbreiterung der Spalte**: Durch die Positionierung des Mauszeigers auf die Trennlinie zwischen zwei Spalten im Spaltenkopf verändert sich der Mauszeiger. Bei gedrückter linker Maustaste kann so die linke Spaltenbreite durch das Bewegen der Maus nach links oder rechts verändert werden.*
2. ***Einstellung eines Zeilenumbruchs**: Der Zeilenumbruch bewirkt, dass der entsprechende Text in der ausgewählten Zelle in eine zweite Zeile verschoben wird. Der Zeilenumbruch kann durch einen Mausklick auf das Symbol ( ) aktiviert werden. Dieses Symbol befindet sich in der Multifunktionsleiste im Bereich der AUSRICHTUNGEN. Der Zeilenumbruch kann auch **manuell** erstellt werden, indem die **Eingabetaste bei gedrückter ALT-Taste** betätigt wird. Zuvor muss jedoch die entsprechende Zelle als aktive Zelle ausgewählt werden und der Cursor muss auf die Stelle positioniert werden, an der der Zeilenumbruch stattfinden soll.*

Bevor einer Zelle oder einem Zellinhalt ein Format zugewiesen werden kann, muss die entsprechende Zelle **markiert** werden (z. B. durch Anklicken). Soll das vorgesehene Format für einen **zusammenhängenden Zellbereich** gelten, ist der entsprechende Zellbereich zu markieren. Hierzu muss die Zelle angeklickt werden, in der die Markierung beginnen soll. Bei gedrückter linker Maustaste ist die Markierung auf die gewünschten Zellen zu erweitern. Es können auch **nicht zusammenhängende Bereiche** markiert werden, um ihnen das gleiche Format zuzuweisen. Hierzu müssen die entsprechenden **Zellen oder Zellbereiche bei gleichzeitig gedrückter STRG-Taste** angeklickt werden.

Arbeitsauftrag 2

Von Frau Sommer erhalten Sie die Aufgabe, das Rechnungsformular (siehe Kapitel 1.2) mit den Formatierungen gemäß der angegebenen Vorgabe zu versehen.

	A	B	C	D	E	F	G	H
9	Ausschnitt aus der Tabelle Rechnungsformular							
10								
11	Duisdorfer BüroKonzept KG, Rochusstraße 30, 53123 Bonn							
12						Anschrift:	Rochusstraße 30	
13							53123 Bonn	
14	Neuhoff KG					Telefon:	0228 98765-0	
15	RaumDesign					Telefax:	0228 98765-80	
16	Brunnenstraße 3							
17	38700 Hannover					Banken	Volksbank Bonn/Rhein-Sieg	
18							(BLZ 380 601 86) 24012345678	
19							Postbank Köln	
20							(BLZ 370 100 50) 8884441234	
21								
22	Ihr Zeichen	Ihre Bestellung vom	Unser Zeichen	Telefon		Name		Datum
23			VK Br	0228 98765-17		Frank Bremer		27.06.20..
24								
25								
26	Rechnung							
27								
28								
29								
30	Kunden-Nr.:		2401					
31	Rechnungs-Nr.:		50215					
32	Lieferschein-Nr.:							
33	Versanddatum:							
34								
35								
36								
37								
38	Pos.	Artikel-Nr.	Artikel-Bezeichnung	Menge	Einzelpreis €	Rabatt in %	Rabattbetrag €	Gesamtpreis €
39	1	101111	Schreibtisch Ökostar	10	489,00	10,00		
40	2	101114	Konferenztischelement lichtgrau	25	98,00	10,00		
41	3	202111	Bürostuhl Comfort	20	228,00	10,00		
42	4	202114	Bürosessel Bodu L	15	349,00	10,00		
43								
44								
45								
46								

***Abbildung 1.14:** Entwurf eines Rechnungsformulars (formatiert)*

1.4 Einfache Berechnungen

Ausgangssituation

Herr Klein ist mit dem Layout des von Ihnen erstellten Rechnungsformulars sehr zufrieden. Auch die Geschäftsleitung zeigt sich begeistert. Herr Falo hat vor Kurzem in einer Fachzeitschrift gelesen, dass mit der Hilfe von Tabellenkalkulationsprogrammen auch Berechnungen durchgeführt werden können. Er ist der Meinung, dass auch in das von Ihnen erstellte Formular solche Anwendungen eingearbeitet werden sollten. Automatisch durchgeführte Berechnungen beschleunigen seines Erachtens den Rechnungserstellungsprozess und vermeiden Rechenfehler.

Einfache Berechnungen können im Tabellenkalkulationsprogramm mittels der Eingabe von **Formeln** durchgeführt werden. Die Eingabe einer Formel muss in der Zelle erfolgen, in der das Ergebnis erscheinen soll. Formeln bestehen aus einer Kombination von Werten, Zellbezügen und mathematischen Operatoren (z. B. +, *). Allen Berechnungen muss **immer** ein **Gleichheitszeichen** (=) vorangehen.

mathematisches Operatorzeichen	Rechenart	Anwendungsbeispiel
+	Addition	=A2+A3
–	Subtraktion	=A2–A3
*	Multiplikation	=A2*A3
/	Division	=A2/A3
^	Potenz	=A2^A3

Ist für die Berechnung des gewünschten Ergebnisses der Wert einer anderen Zelle erforderlich, ist der Wert **nicht als Konstante** in die Formel mit aufzunehmen, sondern als **Zellbezug** (z. B. durch einen einfachen Mausklick in die betreffende Zelle). Bei einer Veränderung der Ausgangswerte für die Berechnung wird so auch das durch die Formel ermittelte Ergebnis aktualisiert.

In dem Rechnungsformular ergibt sich der Rabatt pro Stück (Spalte G) aus der Multiplikation des Einzelpreises mit dem Rabattsatz dividiert durch 100 (=E39*F39/100). Für die Ermittlung des Gesamtpreises (Spalte H) muss die zugrunde liegende Menge aus Spalte D berücksichtigt werden. Die Formel lautet somit: =D39*(E39–G39). Die eingegebenen Formeln können zusätzlich der Abbildung entnommen werden.

Anmerkung

*In Tabellenkalkulationsprogrammen gilt für die Reihenfolge der durchzuführenden Berechnungen die mathematische Regel **Punktrechnung vor Strichrechnung**. Diese Reihenfolge kann durch die Verwendung von Klammern aufgehoben werden, z. B. =(A2+A3)*A4. In diesem Beispiel wird als erstes das Ergebnis der Addition ermittelt, um dieses dann mit dem Wert in Zelle A4 zu multiplizieren.*

	A	B	C	D	E	F	G	H
9	**Ausschnitt aus der Tabelle Rechnungsformular**							
10								
11	Duisdorfer BüroKonzept KG . Rochusstraße 30, 53123 Bonn							
12						**Anschrift:**	Rochusstraße 30	
13							53123 Bonn	
14	Neuhoff KG					**Telefon:**	0228 98765-0	
15	RaumDesign					**Telefax:**	0228 98765-80	
16	Brunnenstraße 3							
17	38700 Hannover					**Banken**	Volksbank Bonn/Rhein-Sieg	
18							(BLZ 380 601 86) 24012345678	
19							Postbank Köln	
20							(BLZ 370 100 50) 8884441234	
21								
22	Ihr Zeichen	Ihre Bestellung vom	Unser Zeichen	Telefon		Name		Datum
23			VK Br	0228 98765-17		Frank Bremer		27.06.20..
24								
25								
26	**Rechnung**							
27								
28								
29								
30	Kunden-Nr.:		2401					
31	Rechnungs-Nr.:		50215					
32	Lieferschein-Nr.:							
33	Versanddatum:							
34								
35								
36								
37								
38	**Pos.**	**Artikel-Nr.**	**Artikel-Bezeichnung**	**Menge**	**Einzelpreis €**	**Rabatt in %**	**Rabattbetrag €**	**Gesamtpreis €**
39	1	101111	Schreibtisch Ökostar	10	489,00	10,00	=E39*F39/100	=D39*(E39-G39)
40	2	101114	Konferenztischelement lichtgrau	25	98,00	10,00		
41	3	202111	Bürostuhl Comfort	20	228,00	10,00		
42	4	202114	Bürosessel Bodu L	15	349,00	10,00		
43								
54								
55						Nettobetrag €		
56						Umsatzsteuer 19,0 % €		
57						**Rechnungsbetrag €**		
58								
59								
60	Amtsgericht Bonn HRA 1221					Geschäfsführung:		
61	USt Id: DE 244 111 855					Sebastian Falo		

Abbildung 1.15: *Einfache Berechnungen im Rechnungsformular*

Arbeitsauftrag 3

Ermitteln Sie die verbleibenden Werte (auch in den Zellen H55, H56 und H57) im dargestellten Rechnungsformular durch die Eingabe der entsprechenden Formeln. Verwenden Sie, falls möglich, immer Zellbezüge in den Formeln. Bedenken Sie, dass auch in den Zellen G43 bis G54 und H43 bis H54 Formeln eingegeben werden müssen, da die Rechnung für einen anderen Kunden möglicherweise weitere Positionen umfasst.

Überzeugen Sie sich von den Vorteilen Ihrer Arbeit (automatische und schnelle Berechnung des Rechnungsbetrags € in Zelle H57), indem Sie die für die Berechnung notwendigen Werte (Menge, Listenpreis oder Rabatt [%]) verändern oder die Rechnung durch eine Position erweitern.

1.5 Einfache Funktionen

Ausgangssituation

Die von Ihnen eingegebenen Formeln funktionieren, sodass das Rechnungsformular inzwischen Herrn Hummels und Frau Neuendorf, den Vertriebsmitarbeitern für die Verkaufsgebiete Nord und Süd, vorgestellt wurde. Sowohl Herr Hummels als auch Frau Neuendorf, die dieses Formular später mehrfach täglich anwenden sollen, erkennen die Vorteile des neuen Systems auf Anhieb. Sie können sich daher einen sinnvollen Einsatz vorstellen. Beide Mitarbeiter haben jedoch auch noch Anregungen für weitere Vereinfachungen für Sie. Zum einen sollte das Formular durch einen Bereich für statistische Auswertungen (durchschnittliche Gesamtpreise, höchster und niedrigster Gesamtpreis) erweitert werden. Darüber hinaus stellt es nach der Meinung von Frau Neuendorf eine Vereinfachung dar, wenn auf jeder Ausgangsrechnung automatisch das aktuelle Datum (in Zelle H23) ausgegeben wird. Herr Hummels ist außerdem davon überzeugt, dass der Nettobetrag € (Zelle H55) mit einer Funktion einfacher zu ermitteln ist.

Neben der Möglichkeit, Berechnungen durch die Eingabe von Formeln durchführen zu lassen, zeichnen sich Tabellenkalkulationsprogramme vor allem durch eine Vielzahl von **Funktionen** aus. Funktionen sind standardisierte Formeln. Sie nehmen Werte auf, verarbeiten diese und geben nach der Verarbeitung ein Ergebnis aus. Funktionen bestehen aus einem Funktionsnamen und einer Reihe von Argumenten. Einer Funktion muss immer ein Gleichheitszeichen (=) vorangehen. Zu den einfachen Funktionen gehören:

Funktion und Syntax	Beschreibung
= SUMME(Zahl1;Zahl2 …) = SUMME(Zahl1:Zahl2)	bildet die Summe der einzelnen Argumente bildet die Summe des angegebenen Bereichs
= MITTELWERT(Zahl1;Zahl2 …) = MITTELWERT(Zahl1:Zahl2)	bildet den Durchschnitt der einzelnen Argumente bildet den Durchschnitt des angegebenen Bereichs
= MAX(Zahl1;Zahl2 …) = MAX(Zahl1:Zahl2)	ermittelt den maximalen Wert aus den einzelnen Argumenten ermittelt den maximalen Wert aus dem angegebenen Bereich
= MIN(Zahl1;Zahl2 …) = MIN(Zahl1:Zahl2)	ermittelt den minimalen Wert aus den einzelnen Argumenten ermittelt den minimalen Wert aus dem angegebenen Bereich
= JETZT( )	gibt das aktuelle Datum sowie die aktuelle Uhrzeit aus
= HEUTE( )	gibt das aktuelle Datum aus

Anmerkung

Die Argumente (Zahl1, Zahl2 …) können beispielsweise Zahlen, Zellbezüge oder Zellbereiche sein. Bei Zellbereichen sind das erste und das letzte Argument durch einen Doppelpunkt voneinander zu trennen.

Im Rechnungsformular (Abbildung 1.16) ist die Syntax (= Schreibweise) der Funktion SUMME in der Zelle H55 abgebildet. Nach dem **Gleichheitszeichen** folgt das Wort SUMME. In dem **Klammerausdruck** befinden sich die Argumente (H39:H54). Der **Doppelpunkt** weist darauf hin, dass **alle Werte im angegebenen Bereich addiert** werden sollen. Wird der Doppelpunkt durch ein **Semikolon** (H39;H54) ersetzt, wird als Ergebnis lediglich die Summe aus dem Wert in Zelle H39 und dem Wert in Zelle H54 (also 4.401,00 €) ausgegeben.

	A	B	C	D	E	F	G	H
9	**Ausschnitt aus der Tabelle Rechnungsformular**							
10								
11	Duisdorfer BüroKonzept KG, Rochusstraße 30, 53123 Bonn							
12						**Anschrift:**	Rochusstraße 30	
13							53123 Bonn	
14	Neuhoff KG					**Telefon:**	0228 98765-0	
15	RaumDesign					**Telefax:**	0228 98765-80	
16	Brunnenstraße 3							
17	38700 Hannover					**Banken**	Volksbank Bonn/Rhein-Sieg	
18							(BLZ 380 601 86) 24012345678	
19							Postbank Köln	
20							(BLZ 370 100 50) 8884441234	
21								
22	Ihr Zeichen	Ihre Bestellung vom	Unser Zeichen	Telefon		Name		Datum
23			VK Br	0228 98765-17		Frank Bremer		27.06.20..
24								
25								
26	**Rechnung**							
27								
28								
29								
30	Kunden-Nr.:		2401					
31	Rechnungs-Nr.:		50215					
32	Lieferschein-Nr.:							
33	Versanddatum:							
34								
35								
36								
37								
38	**Pos.**	**Artikel-Nr.**	**Artikel-Bezeichnung**	**Menge**	**Einzelpreis €**	**Rabatt in %**	**Rabattbetrag €**	**Gesamtpreis €**
39	1	101111	Schreibtisch Ökostar	10	489,00	10,00	48,90	4.401,00
40	2	101114	Konferenztischelement lichtgrau	25	98,00	10,00	9,80	2.205,00
41	3	202111	Bürostuhl Comfort	20	228,00	10,00	22,80	4.104,00
42	4	202114	Bürosessel Bodu L	15	349,00	10,00	34,90	4.711,50
43							0,00	0,00
54							0,00	0,00
55						Nettobetrag €		=SUMME(H39:H54)
56						Umsatzsteuer 19,0 % €		2.930,09
57						**Rechnungsbetrag €**		18.351,59
58								
59								
60	Amtsgericht Bonn HRA 1221					Geschäfsführung:		
61	USt Id: DE 244 111 855					Sebastian Falo		
62						Katharina Niester		

***Abbildung 1.16:** Einfache Funktionen im Rechnungsformular*

Arbeitsauftrag 4

Ergänzen Sie Ihr Rechnungsformular gemäß der Vorlage in Abbildung 1.16. Ermitteln Sie die entsprechenden Werte durch die Eingabe geeigneter Funktionen.
Veranlassen Sie, dass in der Zelle H23 das aktuelle Datum ausgegeben wird.

1.6 Drucken von Mappen und Tabellenblättern

Ausgangssituation

Das neue Rechnungsformular soll auf der anstehenden Verkaufsinformationssitzung, an der neben den Mitarbeitern der Abteilung Absatz auch Herr Fernandez aus der Abteilung Rechnungswesen teilnehmen wird, präsentiert werden. Da Einzelheiten des Formulars bei der Präsentation mittels eines Beamers von den Teilnehmern nicht zu erkennen sein werden, soll jedem Teilnehmer ein Exemplar des neuen Formulars per Ausdruck zur Verfügung gestellt werden. Sie halten es für sinnvoll, den Teilnehmern auch einen Einblick in die Funktionsweise des Formulars zu ermöglichen. Aus diesem Grund soll ein weiterer Ausdruck zur Verfügung gestellt werden, auf dem die erstellten Formeln und Funktionen ersichtlich sind.

Das Drucklayout einer Tabelle lässt sich unter dem Menüpunkt DATEI – SEITE EINRICHTEN festlegen. Nachfolgend findet eine Beschreibung wichtiger Druckeinstellungen statt.

Um das Drucklayout, d. h. das Erscheinungsbild der Tabelle in der Druckerausgabe, festzulegen, ist ein Wechsel in die Registerkarte SEITENLAYOUT notwendig. Nach dem Mausklick auf die Registerkarte SEITENLAYOUT ändern sich die Einträge in der Multifunktionsleiste wie folgt:

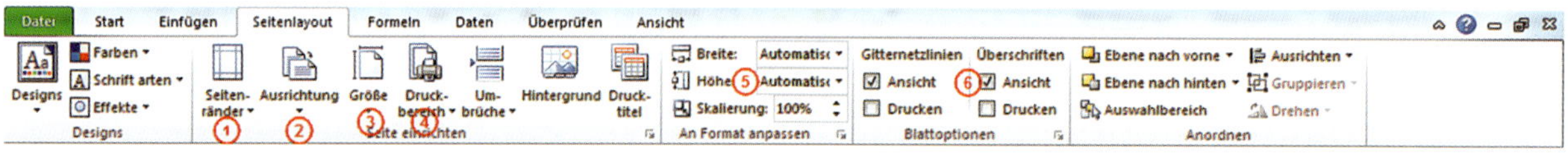

Abbildung 1.17: *Einstellmöglichkeiten für das Seitenlayout für die Ausgabe einer Tabelle auf dem Drucker*

Von besonderer Bedeutung sind die in der Abbildung mit Nummern versehenen Einträge. Diese Einträge werden im folgenden ausführlicher erklärt.

Anmerkung

Eine Erweiterung der jeweiligen Einträge in der Multifunktionsleiste kann mit einem Mausklick auf den nach unten gerichteten Pfeil (▾) aufgerufen werden. Die Erweiterung enthält die zur Verfügung stehenden Einstellmöglichkeiten für den jeweiligen Punkt.

1. Seitenränder

Ein Mausklick auf den nach unten gerichteten Pfeil öffnet das Fenster mit den Einstellmöglichkeiten für diesen Eintrag.

Abweichend von den vorgegebenen Einstellmöglichkeiten können auch eigene Einstellungen gewählt werden. Hierzu ist ein Mausklick auf den Eintrag BENUTZDEFINIERTE SEITENRÄNDER ... notwendig. In dem sich öffnenden Fenster kann darüber hinaus festgelegt werden, ob das Tabellenblatt horizontal und/ oder vertikal zentriert auf dem Papierblatt ausgedruckt werden soll.

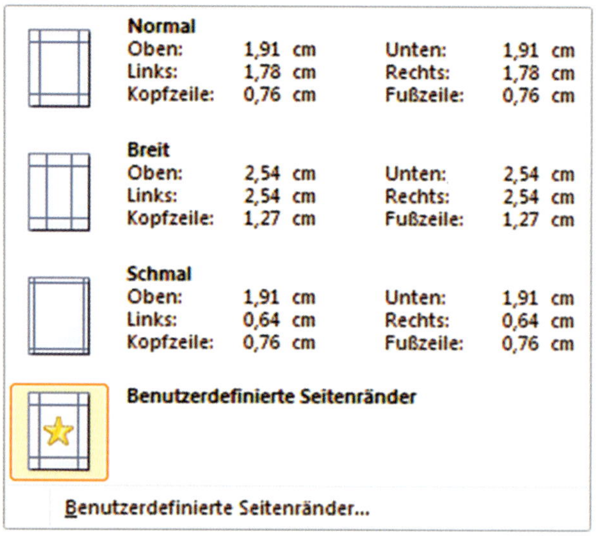

Abbildung 1.18: *Einstellmöglichkeiten im Fenster SEITENRÄNDER*

2. Orientierung

Hier stehen zwei Einstellmöglichkeiten zur Verfügung. Der Inhalt des Tabellenblattes kann entweder im HOCHFORMAT oder im QUERFORMAT über den Drucker ausgegeben werden.

3. Größe

Unter diesem Eintrag wird festgelegt, welches Format das Papier hat, auf dem der Ausdruck erfolgen soll. Das Tabellenkalkulationsprogramm stellt eine Auswahl von Formaten zur Verfügung.

4. Druckbereich

Häufig ist es nicht gewünscht, dass der gesamte Inhalt eines Tabellenblattes ausgedruckt wird. In diesem Fall kann ein Druckbereich festgelegt werden. Um einen Druckbereich festzulegen, muss zunächst der Bereich, der auf dem Ausdruck erscheinen soll, im Tabellenblatt markiert werden. Anschließend ist unter dem Eintrag DRUCKBEREICH die Option DRUCKBEREICH FESTLEGEN anzuklicken. Mit einem Mausklick auf die Option DRUCKBEREICH AUFHEBEN wird der zuvor definierte Druckbereich wieder gelöscht.

5. An Format anpassen

Unter Umständen ist es nicht sinnvoll, dass eine Tabelle auf zwei oder mehreren unterschiedlichen Blättern ausgedruckt wird. Beim Rechnungsformular ist es beispielsweise ungünstig, wenn der Gesamtpreis auf der zweiten Seite ausgedruckt wird und der Rest des Formulars auf der ersten Seite zu finden ist.

Die Einstellmöglichkeiten des Eintrags AN FORMAT ANPASSEN erlauben es, das Tabellenblatt auf eine bestimmte Anzahl von Druckseiten festzulegen. Folgende Einstellung zwingt das Tabellenkalkulationsprogramm, das Tabellenblatt unbedingt auf einer Seite auszudrucken:

Dabei ist zu berücksichtigen, dass die Inhalte des Tabellenblattes unter Umständen (stark) verkleinert werden. Im Beispiel in Abbildung 1.19 beträgt die Größe des Tabellenblattes im Ausdruck noch 81 Prozent, gemessen an seiner ursprünglichen Größe.

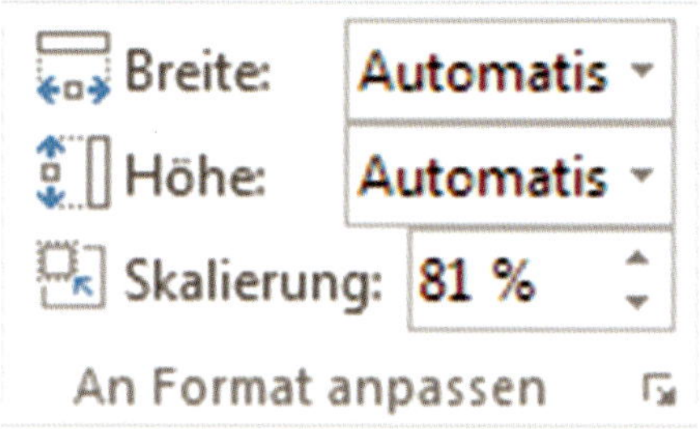

Abbildung 1.19: *Einstellung für den Ausdruck des Tabellenblattes auf eine Seite*

6. Tabellenblattoptionen

Für die bessere Lesbarkeit ist es häufig sinnvoll, dass das Tabellenblatt mit Gitternetzlinien sowie Zeilen- und Spaltenüberschriften (insbesondere beim Formelausdruck) ausgegeben wird. Um dies zu erreichen, muss bei den TABELLENBLATTOPTIONEN jeweils der Eintrag DRUCKEN durch einen Mausklick aktiviert werden.

In vielen Fällen ist es sinnvoll, in die Kopf- oder Fußzeile eines Ausdrucks weitere Informationen aufzunehmen. Um die Kopf- bzw. Fußzeile zu beschriften, muss unter dem Eintrag SEITE EINRICHTEN der kleine Pfeil rechts unten ( ) angeklickt werden. Danach öffnet sich das Fenster, in dem die Kopf- und die Fußzeile eingerichtet werden können:

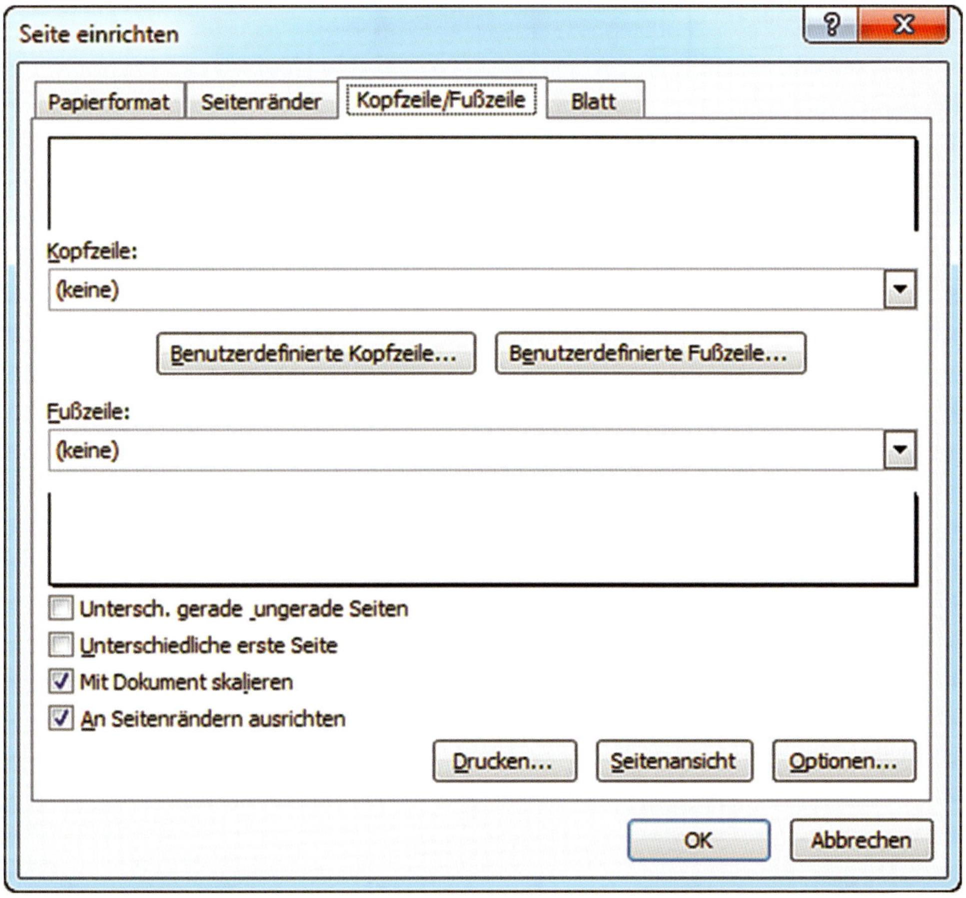

Abbildung 1.20: *Seite einrichten – Kopf/-Fußzeile*

Sowohl in der Kopf- als auch in der Fußzeile können Eintragungen in drei Bereichen vorgenommen werden (LINKER ABSCHNITT, MITTLERER ABSCHNITT, RECHTER ABSCHNITT).

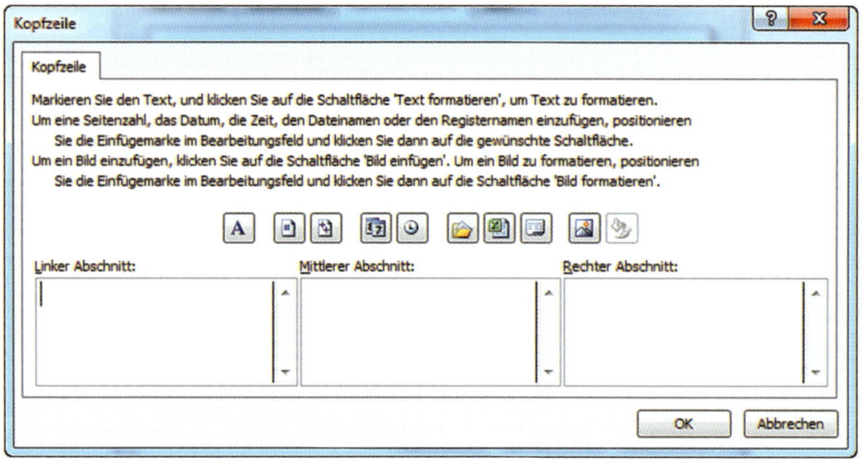

Abbildung 1.21: *Seite einrichten – Kopfzeile*

Die Eintragungen erfolgen entweder direkt über die Tastatur oder über die mit den Symbolen versehenen Schaltflächen. Mit den Schaltflächen lässt sich zum einen der eingegebene Text formatieren (Mausklick auf das Symbol (A)). Zum anderen können in die einzelnen Bereiche Platzhalter z. B. für den Dateinamen ( ) oder die Seitenzahlen ( ) eingefügt werden. Mit einem Mausklick auf das Symbol ( ) wird ein Bild eingefügt.

Anmerkung

*In der **Formelansicht** werden die in den Zellen hinterlegten Formeln und Funktionen angezeigt. Die Formelansicht sollte stets in einem separaten Tabellenblatt erstellt werden. Hierfür müssen zunächst alle Daten des bestehenden Tabellenblattes in ein neues bzw. leeres Tabellenblatt kopiert werden. Um sicherzustellen, dass alle Daten kopiert werden, ist es sinnvoll, das komplette Tabellenblatt zu markieren (durch einen Mausklick auf das leere Kästchen oberhalb der 1 im Zeilenkopf und links neben dem A im Spaltenkopf ( ). Mit einem Mausklick auf das Symbol ( ) (Register START, Eintrag ZWISCHENABLAGE) werden die Daten zum Kopieren in den Zwischenspeicher übernommen. Die Daten können nun in ein leeres Tabellenblatt eingefügt werden (Register START, Eintrag ZWISCHENABLAGE, Schaltfläche EINFÜGEN, Menüpunkt EINFÜGEN). Die Formelansicht wird über die **Tastenkombination Alt M O** (Excel 2010) bzw. **Alt M F** (Excel 2013) aktiviert. Da die Formeln und Funktionen häufig länger als die vorgegebene Spaltenbreite sind, ist es unvermeidbar, die Spaltenbreite manuell anzupassen. Die Breite von Spalten, die keine Formeln und Funktionen enthalten, kann verkleinert werden.*

Arbeitsauftrag 5

Kopieren Sie das Rechnungsformular in ein leeres Tabellenblatt. Geben Sie diesem Tabellenblatt den Namen **Formeln** und wechseln Sie in die Formelansicht. Achten Sie darauf, dass alle Formeln und Funktionen vollständig lesbar sind. Weisen Sie beiden Tabellenblättern folgendes Layout zu:

a) Der Ausdruck soll im Querformat auf je einer Seite erfolgen.
b) In der Kopfzeile soll links Ihr Name als Erstellerin bzw. Ersteller des Formulars erscheinen. In der Kopfzeile rechts soll der aktuelle Dateiname automatisch ausgewiesen werden.
c) Der Ausdruck soll mit Gitternetzlinien und Zeilen- und Spaltenüberschriften erfolgen. Drucken Sie beide Tabellenblätter aus.

1.7 Arbeiten mit Prozent

Ausgangssituation

Die Teilnehmer der Verkaufsinformationssitzung sind mit dem neu erstellten Formular für die Ausgangsrechnungen durchaus zufrieden. Ein Änderungswunsch hinsichtlich des Formats hat sich aber dennoch ergeben. Frau Neuendorf hält es für sinnvoll, dass die Rabattsätze mit dem Prozentzeichen versehen werden. Nach kurzer Diskussion stimmen die übrigen Teilnehmer Frau Neuendorf einvernehmlich zu.

Viele kaufmännische Problemstellungen erfordern die Einbeziehung der Prozentrechnung. Hierfür bieten Tabellenkalkulationsprogramme die Möglichkeit, Zellen auf das **Format Prozent** zu formatieren. Die eingegebenen bzw. ausgegebenen Werte erhalten dann automatisch als Erweiterung das Prozentzeichen (%). Um richtige Ergebnisse zu erhalten, müssen die **Grundlagen der Prozentrechnung** beachtet werden. 10 Prozent steht für 10 pro Hundert. Mathematisch bedeutet der Ausdruck also

$$10\,\% = \frac{10}{100} = 0{,}1$$

Vor dem Zuweisen des Prozentformats müssen die Zellen, für die dieses Format gelten soll, markiert werden. Die Zuweisung des Prozentformats erfolgt innerhalb der Registerkarte START im Eintrag ZAHL mit dem Symbol (%).

Anmerkung

Befinden sich bereits Werte in Zellen, denen das Prozentformat zugewiesen werden soll – wie im Rechnungsformular – werden diese verändert. Sie müssen neu erfasst bzw. überschrieben werden. Außerdem müssen alle Formeln, die Zellbezüge zu der veränderten Zelle haben, überarbeitet werden. Der Teil „/100" muss gelöscht werden, da die Division durch 100 nun in der Prozentformatierung steckt.

Arbeitsauftrag 6

1. Ändern Sie das bestehende Rechnungsformular gemäß der folgenden Vorlage ab:

	A	B	C	D	E	F	G	H
9	Ausschnitt aus der Tabelle Rechnungsformular							
10								
11	Duisdorfer BüroKonzept KG, Rochusstraße 30, 53123 Bonn							
12						Anschrift:	Rochusstraße 30	
13							53123 Bonn	
14	Neuhoff KG					Telefon:	0228 98765-0	
15	RaumDesign					Telefax:	0228 98765-80	
16	Brunnenstraße 3							
17	38700 Hannover					Banken	Volksbank Bonn/Rhein-Sieg	
18							(BLZ 380 601 86) 24012345678	
19							Postbank Köln	
20							(BLZ 370 100 50) 8884441234	
21								
22	Ihr Zeichen	Ihre Bestellung vom	Unser Zeichen	Telefon		Name		Datum
23			VK Br	0228 98765-17		Frank Bremer		27.06.20..
24								
25								
26	**Rechnung**							
27								
28								
29								
30	Kunden-Nr.:		2401					
31	Rechnungs-Nr.:		50215					
32	Lieferschein-Nr.:							
33	Versanddatum:							
34								
35								
36								
37								
38	Pos.	Artikel-Nr.	Artikel-Bezeichnung	Menge	Einzelpreis €	Rabatt	Rabattbetrag €	Gesamtpreis €
39	1	101111	Schreibtisch Ökostar	10	489,00	10,0%	48,90	4.401,00
40	2	101114	Konferenztischelement lichtgrau	25	98,00	10,0%	9,80	2.205,00
41	3	202111	Bürostuhl Comfort	20	228,00	10,0%	22,80	4.104,00
42	4	202114	Bürosessel Bodu L	15	349,00	10,0%	34,90	4.711,50
43							0,00	0,00
54							0,00	0,00
55						Nettobetrag €		15.421,50
56						Umsatzsteuer 19,0 % €		2.930,09
57						**Rechnungsbetrag €**		18.351,59
58								
59								
60	Amtsgericht Bonn HRA 1221					Geschäfsführung:		
61	USt Id: DE 244 111 855					Sebastian Falo		
62						Katharina Niester		
63								
64	**Auswertung:**							
65	Durchschnittlicher Gesamtpreis			963,84 €				
66	Höchster Gesamtpreis			4.711,50 €				
67	Niedrigster Gesamtpreis			- €				

Abbildung 1.22: *Rabattsätze im Prozentformat*

2. Korrigieren Sie die Formeln zur Berechnung des Rabatts (Spalte G).

1.8 Übungsaufgaben

1.8.1 Bildschirmaufbau

Ausgangssituation

Als Auszubildende/r der Duisdorfer BüroKonzept KG wird es zu Ihren Aufgaben gehören, eine Vielzahl von kaufmännischen Problemstellungen mit dem Tabellenkalkulationsprogramm zu lösen. Um das Programm effizient zu nutzen, müssen Sie sich zunächst mit dem Bildschirmaufbau beschäftigen. Ihre erste Aufgabe ist es daher, die in der Tabelle stehenden Elemente der unteren Abbildung des Excel-Anwendungsfensters zuzuordnen und mit eigenen Worten kurz zu beschreiben.

Bildschirmelement	Funktion des Bildschirmelements
Bildlaufleisten	
Dokumentenname	
Multifunktionsleiste	
aktive Zelle	
Spaltenkopf der Spalte H	
Statusleiste	
Symbolleiste für den Schnellzugriff	
Office Schaltfläche (nur Excel 2007)	
Registerkartenleiste	
Registerleiste	
Namensfeld	
Zeilenkopf der Zeile 8	
Funktionsfeld	

Web

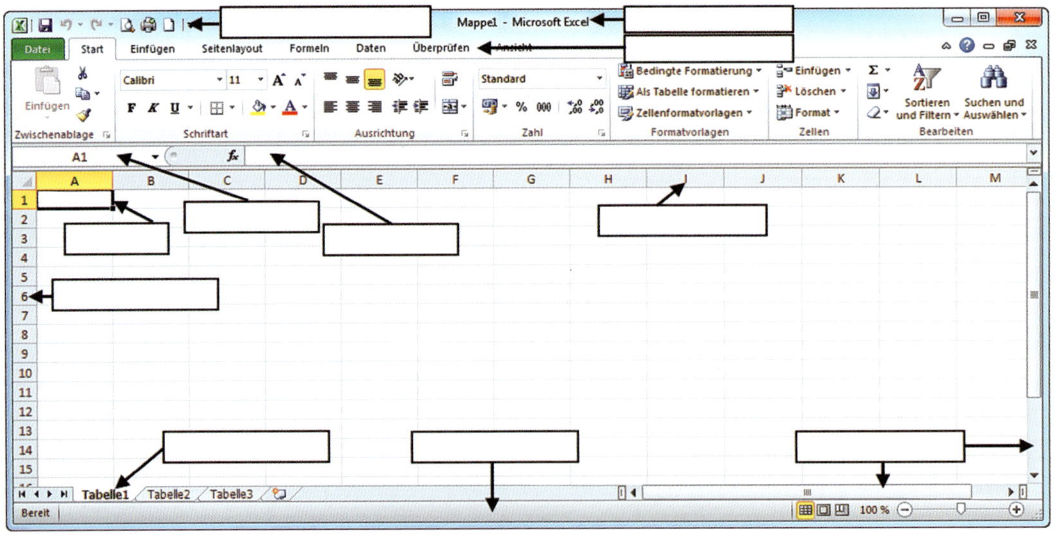

Abbildung 1.23: Bildschirmaufbau

1.8.2 Eingabeübungen

Ausgangssituation
Ziel der folgenden Übung ist es, dass Sie sich mit den verschiedenen Inhalten, die eine Zelle annehmen kann, nochmals auseinandersetzen. Nehmen Sie folgende Eingaben in einem Tabellenblatt Ihres Tabellenkalkulationsprogramms vor und tragen Sie das jeweilige Ergebnis in die Tabelle ein. Beschreiben Sie außerdem, wodurch sich die Ausgabeergebnisse unterscheiden.

	A	B	C	D
1	Nr.	Eingabe	Ausgabe	Bemerkung
2	1.	3.45		
3	2.	=345		
4	3.	+345		
5	4.	-345		
6	5.	3,45		
7	6.	7+8		
8	7.	=7+8		
9	8.	=7+acht		
10	9.	=7+"acht"		
11	10.	=7/0		
12	11.	=7/8		
13	12.	7/8		
14	13.	heute()		
15	14.	=heute()		
16	15.	=6*5		

Abbildung 1.24: Eingabeübungen

1.8.3 Benzinverbrauch

Ausgangssituation
Die Duisdorfer BüroKonzept KG sieht sich einem immer stärker werdenden Wettbewerbsdruck ausgesetzt. Um sich gegenüber der Konkurrenz besser behaupten zu können, erhalten alle Abteilungsleiter von Herrn Falo die Vorgabe, die Kosten um 5 % zu senken.

Als Auszubildende/r sind Sie derzeit in der Abteilung Lager und Versand tätig. Frau Berg ist dort die Ansprechpartnerin für den Fuhrpark. Auch sie muss sich überlegen, ob Kosten in ihrem Bereich eingespart werden können. Frau Berg hat bereits von Ihren Fähigkeiten im Umgang mit Tabellenkalkulationsprogrammen gehört und bittet Sie, die Kosten eines Lkws hinsichtlich des Verbrauchs zu untersuchen. Frau Berg legt Ihnen hierzu die Tankdaten des letzten Monats vor:

	A	B	C	D	E	F	G	H	I
1	**Benzinverbrauch**								
2									
3	Datum	Kilometerstand	gefahrene Kilometer	Tankfüllung in Litern	Rechnungsbetrag	Kosten pro Liter	zurückgelegte Entfernung in Kilometer pro Liter	Verbrauch pro 100 Kilometer in Litern	Kosten pro 100 Kilometer
4	02.01.	49.563,0	780,0	75,0	79,43 €				
5	10.01.	50.215,0		62,0	68,74 €				
6	15.01.	50.978,0		73,0	73,66 €				
7	28.01.	51.819,0		81,0	85,50 €				

***Abbildung 1.25:** Benzinverbrauch*

Arbeitsauftrag 7

1. Speichern Sie eine Arbeitsmappe unter dem Namen **Benzinverbrauch** ab. Nehmen Sie regelmäßig eine Zwischenspeicherung vor, um Datenverluste zu vermeiden.
2. Übertragen Sie die Tabellenvorlage einschließlich **aller Formatierungen** in ein leeres Tabellenblatt. Geben Sie diesem Tabellenblatt den Namen **Ergebnis**.
3. Ermitteln Sie mithilfe geeigneter Formeln die entsprechenden Werte in den leeren Zellen.
4. Hinsichtlich der Formatierungen der Ausgabewerte gelten folgende Vorgaben:
   a) Alle Währungsangaben sind mit dem €-Zeichen und mit zwei Nachkommastellen auszugeben.
   b) Die gefahrenen Kilometer sind mit einer Nachkommastelle, alle übrigen Werte mit zwei Nachkommastellen auszuweisen.
   c) Die ermittelten Werte in der Spalte C, G und H sind zu zentrieren.
5. Erstellen Sie in einem weiteren Tabellenblatt mit dem Namen **Formeln** die Formelansicht.
6. Für das Drucklayout gelten folgende Vorgaben:
   a) Die Tabellenblätter sollen im Format DIN A4 quer auf je einer Seite ausgedruckt werden.
   b) In der Fußzeile unten links soll automatisch der Dateiname und in der Fußzeile unten rechts soll Ihr Name ausgewiesen werden.
   c) Beide Tabellenblätter sind mit Zeilen- und Spaltenüberschriften sowie mit Gitternetzlinien auszudrucken.

1.8.4 Umsatzauswertung

Ausgangssituation

Frau Niester und Herr Falo möchten sich einen Überblick über die Umsatzentwicklung in diesem Jahr im Vergleich zum Vorjahr verschaffen. Als Hilfsmittel soll die folgende Tabelle verwendet werden. Leider fehlen noch die Eintragungen im Auswertungsbereich. Da Frau Niester Sie als sehr fähig und zuverlässig kennengelernt hat, erteilt sie Ihnen die Aufgabe, die leeren Zellen unter Verwendung von Zellbezügen, Formeln und Funktionen zu füllen.

	A	B	C	D	E	F	G
1	Auswertung der Umsätze unserer Absatzmitarbeiter						
2							
3	Absatzmitarbeiter		Umsätze des Vorjahres in Euro	Umsätze des aktuellen Jahres in Euro			
4	Name	Vorname		1. Quartal	2. Quartal	3. Quartal	4. Quartal
5	Hummels	Erwin	7.400.000,00	2.100.000,00	1.800.000,00	1.700.000,00	2.100.000,00
6	Neuendorf	Sabine	6.700.000,00	1.800.000,00	1.500.000,00	1.600.000,00	2.300.000,00
7	Morgenstern	Ralf	8.200.000,00	2.300.000,00	2.100.000,00	1.500.000,00	2.200.000,00
8	Siebenmorgen	Paula	7.100.000,00	1.700.000,00	2.100.000,00	2.200.000,00	1.500.000,00
9	Feldwald	Veronika	7.400.000,00	1.800.000,00	1.900.000,00	1.800.000,00	1.800.000,00
10	Klugeskind	Peter	10.500.000,00	2.300.000,00	2.700.000,00	2.400.000,00	2.900.000,00
11							
12	Bereich der Auswertung						
13	Absatzmitarbeiter			Umsätze des Vorjahres in Euro	Umsätze des aktuellen Jahres in Euro	Veränderung in Prozent	
14	Name		Vorname				
15							
16							
17							
18							
19							
20							
21			Summe				
22			Mittelwert				
23			niedrigster Umsatz				
24			höchster Umsatz				

Abbildung 1.26: *Umsatzauswertung*

Arbeitsauftrag 8

1. Speichern Sie eine Arbeitsmappe unter dem Namen **Umsatzauswertung** ab. Nehmen Sie regelmäßig eine Zwischenspeicherung vor, um Datenverluste zu vermeiden.
2. Übertragen Sie die Tabellenvorlage einschließlich **aller Formatierungen** in ein leeres Tabellenblatt. Geben Sie diesem Tabellenblatt den Namen **Ergebnis**.
3. Ermitteln Sie im Auswertungsbereich den Namen und Vornamen sowie den Vorjahresumsatz der jeweiligen Absatzmitarbeiter durch Zellbezug.
4. Ermitteln Sie mithilfe geeigneter Funktionen
   a) die Summe der Umsätze des aktuellen Jahres je Absatzmitarbeiter,
   b) die Summe der Umsätze des Vorjahres und des aktuellen Jahres in den Zellen D21 und E21,
   c) die entsprechenden Werte in den Zellen D22 bis E24.
5. Ermitteln Sie in den Zellen F15 bis F20 die Umsatzveränderung auf der Basis des Umsatzes des Vorjahres.
6. Die berechneten Werte sind mit einem Tausenderpunkt und zwei Nachkommastellen auszuweisen.
7. Erstellen Sie in einem weiteren Tabellenblatt mit dem Namen **Formeln** die Formelansicht.
8. Für das Drucklayout gelten folgende Vorgaben:
   a) Die Tabellenblätter sollen im Format DIN A4 quer auf je einer Seite ausgedruckt werden.
   b) In der Fußzeile unten links soll automatisch der Dateiname und in der Fußzeile unten rechts soll Ihr Name ausgewiesen werden.
   c) Beide Tabellenblätter sind mit Zeilen- und Spaltenüberschriften sowie mit Gitternetzlinien auszudrucken.

1.8.5 Bewerberanalyse

Ausgangssituation

Frau Sommer möchte für statistische Zwecke Informationen über die eingegangenen Bewerbungen in den Jahren 2009 bis 2013 von Ihnen haben. Die Anzahl der eingegangenen Bewerbungen je Beruf liegt Ihnen bereits vor. Die Auswertung muss jedoch noch erfolgen.

Web

	A	B	C	D	E	F	G
1	**Bewerberanalyse**						
2							
3	**Berufe**	**2009**	**2010**	**2011**	**2012**	**2013**	**Summe**
4	**Bürokaufleute**	64	76	79	84	87	
5	**Kommunikationskaufleute**	55	39	63	69	74	
6	**Industriekaufleute**	32	46	58	69	72	
7	**Schreiner**	45	48	54	66	67	
8	**Lagerist**	47	52	69	75	88	
9	**Facharbeiter**	46	51	61	73	72	
10	**Summe**						
11							
12	**Auswertung**	**2009**	**2010**	**2011**	**2012**	**2013**	
13	**Durchschnitt**						
14	**Anteil der Kaufleute pro Jahr**						
15							
16	**höchste Bewerberzahl**						
17	**niedrigste Bewerberzahl**						

Abbildung 1.27: *Bewerberanalyse*

Arbeitsauftrag 9

1. Speichern Sie eine Arbeitsmappe unter dem Namen **Bewerberanalyse** ab. Nehmen Sie regelmäßig eine Zwischenspeicherung vor, um Datenverluste zu vermeiden.
2. Übertragen Sie die Tabellenvorlage einschließlich **aller Formatierungen** in ein leeres Tabellenblatt. Geben Sie diesem Tabellenblatt den Namen **Ergebnis**.
3. Ermitteln Sie
   a) die Summen in der Spalte G sowie in der Zeile 10,
   b) den Durchschnitt in den Zellen B13 bis F13,
   c) den Anteil der Bewerbungen der Kaufleute an der Anzahl der Gesamtbewerber pro Jahr. Die Ausgabe soll im Prozentformat erfolgen,
   d) die höchste Bewerberzahl insgesamt,
   e) die niedrigste Bewerberzahl insgesamt.
4. Formatieren Sie die ermittelten Ergebnisse auf zwei Nachkommastellen.
5. Erstellen Sie in einem weiteren Tabellenblatt mit dem Namen **Formeln** die Formelansicht.
6. Für das Drucklayout gelten folgende Vorgaben:
   a) Die Tabellenblätter sollen im Format DIN A4 quer auf je einer Seite ausgedruckt werden.
   b) In der Fußzeile unten links soll automatisch der Dateiname und in der Fußzeile unten rechts soll Ihr Name ausgewiesen werden.
   c) Beide Tabellenblätter sind mit Zeilen- und Spaltenüberschriften sowie mit Gitternetzlinien auszudrucken.

2 Kopieren, verschieben und ausfüllen von Zellinhalten und Zellbereichen

2.1 Kopieren von Zellinhalten und Zellbereichen

Ausgangssituation
Die Teilnehmer der Verkaufsinformationssitzung haben Sie zufriedengestellt, indem Sie den Rabattsatz im Prozentformat ausgewiesen haben. Auch mit Ihrer bisherigen Vorgehensweise bei der Erstellung des Formulars und der Eingabe der Formeln und Funktionen sind Sie grundsätzlich zufrieden. Es erscheint Ihnen jedoch als zu umständlich, die Formel zur Berechnung des Rabattbetrags und des Gesamtpreises pro Position jeweils neu einzugeben, da dies zum einen sehr lange dauert und außerdem ein hohes Eingabefehlerrisiko in sich birgt. Sie überlegen daher, wie Sie die Arbeit in diesem Bereich optimieren können.

Tabellenkalkulationsprogramme bieten die Möglichkeit, einzelne Zellinhalte oder ganze Zellbereiche zu kopieren. Beim Kopieren werden einzelne Zellinhalte in eine andere Zelle übertragen, ohne dass die kopierten Daten in der Ursprungszelle gelöscht werden. Für das Kopieren von Zellinhalten bzw. Zellbereichen bieten Tabellenkalkulationsprogramme mehrere Möglichkeiten:

Benutzung von Registerblatt und Multifunktionsleiste	1. **Markierung** der zu kopierenden Zelle(n). 2. Aktivierung der Schaltfläche KOPIEREN ( ). 3. **Markierung** der Zielzelle. 4. Aktivierung der Schaltfläche EINFÜGEN durch einen Mausklick auf das Symbol über dem Eintrag EINFÜGEN ( ).
Benutzung von Tastenkombinationen	1. **Markierung** der zu kopierenden Zelle(n). 2. Betätigung der Tasten **STRG + C**. 3. **Markierung** der Zielzelle. 4. Betätigung der Tasten **STRG + V**.
Benutzung der rechten Maustaste	1. **Markierung** der zu kopierenden Zelle(n). 2. Betätigung der **rechten Maustaste** im markierten Bereich und Aktivierung des Befehls KOPIEREN mit der linken Maustaste. 3. **Markierung** der Zielzelle. 4. Betätigung der **rechten Maustaste** im markierten Bereich und Auswahl einer Möglichkeit unter dem Menüpunkt EINFÜGEOPTIONEN mit der **linken Maustaste**.

Die ersten beiden Möglichkeiten des Kopierens von Zellinhalten haben zur Folge, dass der komplette Inhalt der markierten Zelle kopiert wird, d. h., dass auch die zugewiesenen Formate kopiert werden. Dies führt zu einem Problem, wenn das Format der Zielzelle nicht verändert werden soll. Tabellenkalkulationsprogramme bieten hierfür eine Lösung.

Ein Mausklick auf den unteren Teil der Schaltfläche EINFÜGEN ( ) öffnet ein Fenster mit weiteren Einfügeoptionen (siehe Abbildung 2.1). Wird der Mauszeiger auf eines der Symbole bewegt und dort kurze Zeit belassen, erscheint eine kurze Information, die darüber Aufschluss gibt, welche der zum Kopieren ausgewählten Inhalte nach einem Mausklick auf das entsprechende Symbol in die Zielzelle übertragen werden. Die Auswahl des Symbols führt beispielsweise dazu, dass lediglich die in den zu kopierenden Zellen hinterlegten Formeln beziehungsweise Funktionen kopiert werden. Die Formatierungen der zu kopierenden Zelle werden hingegen nicht in die Zielzelle übertragen, sodass die bereits bestehenden Formatierungen der Zielzelle erhalten bleiben.

Abbildung 2.1: *Einfügeoptionen*

Arbeitsauftrag 1

Öffnen Sie das Rechnungsformular aus Kapitel 1.5 und kopieren Sie die Formel für die Berechnung des Gesamtpreises anhand der vorgestellten Kopiermöglichkeiten. Bewerten Sie die einzelnen Kopiermöglichkeiten und begründen Sie, welche Alternative Sie bevorzugen. Halten Sie Ihre Ergebnisse schriftlich fest.

2.2 Verschieben von Zellinhalten und Zellbereichen

Ausgangssituation

Das von Ihnen entwickelte Rechnungsformular kommt inzwischen probeweise zum Einsatz und Sie erhalten weitere Rückmeldungen von den Anwendern. Im Großen und Ganzen sind die Sachbearbeiter weiterhin mit dem Layout zufrieden. Beim Eintüten der Rechnungen in die Briefumschläge fällt jedoch auf, dass das Adressfeld nicht in das Sichtfeld des Briefumschlags passt. Die Adresse soll daher nicht in Zeile 14 beginnen, sondern schon in Zeile 13. Außerdem soll das Wort „Rechnung" nicht in Zeile 26 stehen, sondern in Zeile 27. Mit dem Kommentar von Herrn Klein „Für Sie ist das doch eine Kleinigkeit!", werden Sie gebeten, diese Änderung vorzunehmen.

Im Unterschied zum vorherigen Kapitel soll hier keine Kopie einer bestimmten Zelle gemacht werden. Stattdessen soll der Inhalt einer Zelle aus seiner ursprünglichen Position entfernt und an einer anderen Stelle wieder eingefügt werden. Dieser Vorgang wird in Tabellenkalkulationsprogrammen als Verschieben von Zellinhalten bezeichnet. Beim Verschieben werden nicht nur der Zellinhalt, sondern auch alle den jeweiligen Zellen zugeordneten Formate und Zellbezüge mit verschoben. Für das Verschieben von Zellinhalten bzw. Zellbereichen bieten Tabellenkalkulationsprogramme mehrere Möglichkeiten:

Benutzung der Registerblatt- und Multifunktionsleiste	1. **Markierung** der zu kopierenden Zelle(n). 2. Aktivierung der Schaltfläche AUSSCHNEIDEN (✂). 3. **Markierung** der Zielzelle. 4. Aktivierung der Schaltfläche EINFÜGEN durch einen Mausklick auf das Symbol über dem Eintrag EINFÜGEN. ( ).
Benutzung von Tastenkombinationen	1. **Markierung** der zu kopierenden Zelle(n). 2. Betätigung der Tasten **STRG + X**. 3. **Markierung** der Zielzelle. 4. Betätigung der Tasten **STRG + V**.

Benutzung der rechten Maustaste	1. **Markierung** der zu kopierenden Zelle(n). 2. Betätigung der **rechten Maustaste** im markierten Bereich und Aktivierung des Befehls AUSSCHNEIDEN mit der **linken Maustaste**. 3. **Markierung** der Zielzelle. 4. Betätigung der **rechten Maustaste** im markierten Bereich und Auswahl einer Möglichkeit unter dem Menüpunkt EINFÜGEOPTIONEN mit der **linken Maustaste**.
Benutzung des Mauszeigers	1. **Markierung** der zu kopierenden Zelle(n). 2. Bewegung des Mauszeigers auf die Umrandung der Markierung, bis sich der Zeiger in das folgende Symbol verändert: (✥) 3. Bei **gedrückter linker Maustaste** den markierten Bereich auf die gewünschte Position ziehen.

Arbeitsauftrag 2

Öffnen Sie das Rechnungsformular aus Kapitel 1.5. Verschieben Sie den Inhalt der Zelle A26 in Zelle A27 sowie den Inhalt des Zellbereichs A14 bis A17 in A13 bis A16. Nutzen Sie hierzu die beschriebenen Möglichkeiten zum Verschieben von Zellinhalten. Bewerten Sie die einzelnen Möglichkeiten und begründen Sie, welche Alternative Sie bevorzugen. Halten Sie Ihre Ergebnisse schriftlich fest.

2.3 Ausfüllen von Zellinhalten und Zellbereichen

Ausgangssituation

Sie haben sich in der Mittagspause mit Frau Elling über Ihre Arbeit an dem Rechnungsformular unterhalten. Da Frau Elling gerade dabei ist, ein Bestellformular für die Beschaffungsvorgänge zu erstellen, hat sie für Sie noch einige wertvolle Tipps, die Ihnen die Arbeit erleichtern können. So ist es laut Frau Elling mit einem Tabellenkalkulationsprogramm möglich, Zahlenreihen komplett automatisch zu generieren. Für das Rechnungsformular fallen Ihnen auf Anhieb eine Reihe von Anwendungsmöglichkeiten ein. So können Sie beispielsweise die Positionsnummern automatisch erzeugen lassen.

Für Routineaufgaben bei der Eingabe von Zahlen, Kombinationen von Zahlen und Text, Daten und Uhrzeiten bieten Tabellenkalkulationsprogramme Vereinfachungen durch die Möglichkeit des automatischen Ausfüllens. In Abhängigkeit von dem entsprechenden Zellinhalt stehen verschiedene Vorgehensweisen zur Verfügung:

Aufzählung von Zahlen	**Möglichkeit 1:** Damit das Programm „weiß", in welchem Abstand es Zahlen ergänzen soll, müssen mindestens zwei Zahlen vorgegeben sein. Das Programm ermittelt den Abstand zwischen diesen beiden Zahlen und kann auf die nächste Zahl schließen. Dazu müssen die beiden Werte zunächst markiert werden. Anschließend ist der Mauszeiger auf die untere rechte Ecke der Markierung zu bewegen. Er verändert sich dort in ein Kreuz. Bei gedrückter linker Maustaste muss der Mauszeiger in die gewünschte Richtung gezogen werden. Nach dem Loslassen der Maustaste werden die ausgewählten Zellen automatisch ausgefüllt. **Möglichkeit 2:** Soll der Wert in der nächsten Zelle genau um den Wert eins größer als der vorherige sein, bietet sich die Vorgehensweise über die Benutzung der STRG-Taste an. Hierbei ist der Ausgangswert zunächst zu markieren und der Mauszeiger auf die rechte untere Ecke zu bewegen. Der Mauszeiger verändert sich dort in ein Kreuz. Bei gedrückter linker Maustaste muss der Mauszeiger in die gewünschte Richtung gezogen werden. Nach dem Loslassen der Maustaste werden die ausgewählten Zellen automatisch ausgefüllt.

Aufzählung von Kombinationen von Zahlen und Text	Eine Kombination aus Text und Zahl stellt beispielsweise „Quartal 1" dar. Auch hier ist das automatische Ausfüllen möglich, indem die markierte Zelle in die gewünschte Richtung gezogen wird.
Aufzählung von Daten und Uhrzeiten	Unter Daten sind hier Angaben zum Tag, Monat und Jahr zu verstehen. Die Vorgehensweise für das automatische Ausfüllen ist identisch mit der vorherigen Beschreibung.

Web

Arbeitsauftrag 3

Öffnen Sie das Rechnungsformular aus Kapitel 1.5. Löschen Sie die Positionsnummern und erstellen Sie diese neu. Nutzen Sie dazu die Möglichkeiten des automatischen Ausfüllens.

2.4 Übungsaufgaben

2.4.1 Umsatzstatistik

Ausgangssituation

Herr Fernandez erhält von Frau Niester den Auftrag, den Gewinn für den „Schreibtisch Ökostar" für das vergangene Jahr zu ermitteln. Der „Schreibtisch Ökostar" gehört zu den selbst hergestellten Produkten der Duisdorfer BüroKonzept KG. Aufgrund von Preisschwankungen für die benötigten Rohstoffe verursachte der Tisch im betrachteten Zeitraum jeden Monat unterschiedliche Kosten. Außerdem sind die Verkaufspreise im Verlauf des Jahres mehrmals angehoben worden. Für Präsentationszwecke sollen die benötigten Werte mithilfe der nachstehenden Tabelle ermittelt werden:

Web

	A	B	C	D	E	F	G
1	**Umsatzstatistik und Gewinnermittlung für den Schreibtisch Ökostar**						
2							
3	**Monat**	**verkaufte Menge in Stück**	**Verkaufspreis pro Stück**	**Umsatz gesamt**	**Kosten pro Stück**	**Kosten gesamt**	**Gewinn pro Monat**
4	Januar	235	466,00 €		381,00 €		
5	Februar	310	466,00 €		386,00 €		
6	März	295	466,00 €		388,00 €		
7	April	360	469,00 €		383,00 €		
8	Mai	285	469,00 €		380,00 €		
9	Juni	260	469,00 €		393,00 €		
10	Juli	270	475,00 €		393,00 €		
11	August	305	475,00 €		395,00 €		
12	September	320	475,00 €		389,00 €		
13	Oktober	290	489,00 €		275,00 €		
14	November	195	489,00 €		392,00 €		
15	Dezember	305	489,00 €		397,00 €		
16	**Gesamt**						
17							
18	**niedrigster Gewinn**						
19	**höchster Gewinn**						

Abbildung 2.2: *Umsatzstatistik*

Arbeitsauftrag 4

1. Speichern Sie eine Arbeitsmappe unter dem Namen **Umsatzstatistik** ab. Nehmen Sie regelmäßig eine Zwischenspeicherung vor, um Datenverluste zu vermeiden.
2. Übertragen Sie die Tabellenvorlage einschließlich **aller Formatierungen** in ein leeres Tabellenblatt. Geben Sie diesem Tabellenblatt den Namen **Ergebnis**.

3. Ermitteln Sie
   a) Umsatz, Kosten und Gewinn pro Monat,
   b) die Summen der jeweiligen Spalten,
   c) den niedrigsten und den höchsten Gewinn.

4. Erstellen Sie in einem weiteren Tabellenblatt mit dem Namen **Formeln** die Formelansicht.

5. Für das Drucklayout gelten folgende Vorgaben:
   a) Die Tabellenblätter sollen im Format DIN A4 quer auf je einer Seite ausgedruckt werden.
   b) In der Fußzeile unten links soll automatisch der Dateiname und in der Fußzeile unten rechts soll Ihr Name ausgewiesen werden.
   c) Beide Tabellenblätter sind mit Zeilen- und Spaltenüberschriften sowie mit Gitternetzlinien auszudrucken.

2.4.2 Umsatzauswertung

Ausgangssituation

Herr Hummels hat im vergangenen Jahr verschiedene Produkte verkauft und die in der Tabelle aufgeführten Umsätze erreicht. Mit Herrn Falo und Frau Niester hatte er zuvor Umsatzziele für die einzelnen Produkte pro Quartal vereinbart. Zum Zwecke der Überprüfung der Zielerreichung möchte Herr Hummels die Umsätze in einer übersichtlichen Tabelle (vgl. Abbildung 2.3) auswerten und die Ergebnisse zu einem späteren Termin der Geschäftsleitung der Duisdorfer BüroKonzept KG vorlegen.

	A	B	C	D	E	F	G
1	Umsatztabelle Vertreter Hummels						
2							
3	Artikel-nummer	Artikel-bezeichnung	Umsatz Quartal 1	Umsatz Quartal 2	Umsatz Quartal 3	Umsatz Quartal 4	Jahres-umsatz
4	101111	Schreibtisch Ökostar	255.258,00 €	246.945,00 €	304.158,00 €	291.444,00 €	
5	101112	Schreibtisch Ahorn	219.018,00 €	226.803,00 €	219.018,00 €	261.576,00 €	
6	101113	Schreibtisch weiß C-Füße	134.685,00 €	131.838,00 €	146.511,00 €	92.637,00 €	
7	101114	Konferenztischelement lichtgrau	96.530,00 €	83.300,00 €	89.670,00 €	73.990,00 €	
8	101115	Mehrzwecktisch oval lichtgrau	420.933,00 €	440.040,00 €	366.507,00 €	528.048,00 €	
9	202111	Bürostuhl Comfort	135.660,00 €	136.800,00 €	137.712,00 €	144.324,00 €	
10	202112	Bandscheiben-Drehstuhl extra	139.633,00 €	140.231,00 €	153.088,00 €	134.550,00 €	
11	202113	Chefsessel Bonn Maxx	204.288,00 €	195.510,00 €	197.505,00 €	244.587,00 €	
12	202114	Bürosessel Tenno	294.905,00 €	309.912,00 €	283.737,00 €	312.704,00 €	
13							
14		Summe					
15		Mittelwert					
16		Minimum					
17		Maximum					

Abbildung 2.3: *Umsatzauswertung*

Arbeitsauftrag 5

1. Speichern Sie eine Arbeitsmappe unter dem Namen **Umsatzauswertung** ab. Nehmen Sie regelmäßig eine Zwischenspeicherung vor, um Datenverluste zu vermeiden.

2. Übertragen Sie die Tabellenvorlage einschließlich **aller Formatierungen** in ein leeres Tabellenblatt. Geben Sie diesem Tabellenblatt den Namen **Ergebnis**.

3. Ermitteln Sie
   a) den Jahresumsatz,
   b) die Summe, den Durchschnitt, das Minimum und das Maximum in den dafür vorgesehenen Zellen.

4. Erstellen Sie in einem weiteren Tabellenblatt mit dem Namen **Formeln** die Formelansicht.

5. Für das Drucklayout gelten folgende Vorgaben:
   a) Die Tabellenblätter sollen im Format DIN A4 quer auf je einer Seite ausgedruckt werden.
   b) In der Fußzeile unten links soll automatisch der Dateiname und in der Fußzeile unten rechts soll Ihr Name ausgewiesen werden.
   c) Beide Tabellenblätter sind mit Zeilen- und Spaltenüberschriften sowie mit Gitternetzlinien auszudrucken.

2.4.3 Lohnliste

Ausgangssituation

In der Personalabteilung sollen die Löhne der Mitarbeiter in der Produktion in einer Tabelle berechnet werden. Zwar hat jeder Mitarbeiter die gleiche Arbeitszeit, jedoch nicht den gleichen Stundenlohn. Außerdem haben die Mitarbeiter unterschiedlich viele Überstunden geleistet.

	A	B	C	D	E	F	G	H
1	Lohnliste unserer Mitarbeiter in der Produktion für September							
2								
3	Name	Stundenlohn in Euro	Arbeitszeit in Stunden pro Woche	Grundlohn pro Monat in Euro	Überstundenlohn in Euro pro Stunde	Überstunden im Monat	Überstunden-lohn in Euro pro Monat	Gesamtlohn in Euro pro Monat
4	Gerlach, Frank	12,30	35,0		15,38	20,0		
5	Yildiz, Murat	10,50	35,0		13,13	20,0		
6	Seider, Andreas	10,50	35,0		13,13	16,0		
7	Derker, Paul	13,10	35,0		16,38	12,0		
8	Juhnke, Peter	13,10	35,0		16,38	8,0		
9	Denker, Kurt	10,50	35,0		13,13	12,0		
10	Mansdorf, Rosa	12,30	35,0		15,38	16,0		
11	Salzmühle, Erwin	10,50	35,0		13,13	16,0		
12	Pfeiler, Wolfgang	12,30	35,0		15,38	20,0		
13	Hochmann, Gerd	10,50	35,0		13,13	32,0		
14	Guthen, Heiko	14,20	35,0		17,75	4,0		
15	Junger, Friedrich	14,20	35,0		17,75	20,0		
16	Summe							
17	Mittelwert							
18	Minimum							
19	Maximum							

Abbildung 2.4: *Lohnliste*

Arbeitsauftrag 6

1. Speichern Sie eine Arbeitsmappe unter dem Namen **Lohnliste** ab. Nehmen Sie regelmäßig eine Zwischenspeicherung vor, um Datenverluste zu vermeiden.

2. Übertragen Sie die Tabellenvorlage einschließlich **aller Formatierungen** in ein leeres Tabellenblatt. Geben Sie diesem Tabellenblatt den Namen **Ergebnis**.

3. Ermitteln Sie
   a) den Grundlohn pro Monat in €. Unterstellen Sie, dass der September exakt vier Arbeitswochen hat.
   b) den Überstundenlohn in €,
   c) den Gesamtlohn pro Monat,
   d) Summe, Durchschnitt, Minimum und Maximum in den dafür vorgesehenen Zellen.

4. Erstellen Sie in einem weiteren Tabellenblatt mit dem Namen **Formeln** die Formelansicht.

5. Für das Drucklayout gelten folgende Vorgaben:
   a) Die Tabellenblätter sollen im Format DIN A4 quer auf je einer Seite ausgedruckt werden.

b) In der Fußzeile unten links soll automatisch der Dateiname und in der Fußzeile unten rechts soll Ihr Name ausgewiesen werden.
c) Beide Tabellenblätter sind mit Zeilen- und Spaltenüberschriften sowie mit Gitternetzlinien auszudrucken.

2.4.4 Bezugspreisermittlung

Ausgangssituation

Die Abteilungsleiterin der Beschaffung, Frau Beckmann, zieht es in Erwägung, für den Bürostuhl Comfort einen neuen Lieferanten auszuwählen, da sich der derzeitige Lieferer in der letzten Zeit als sehr unzuverlässig erwiesen hat. Bevor eine endgültige Entscheidung getroffen wird, soll in einem ersten Schritt der Bezugspreis von möglichen Lieferern ermittelt werden.

	A	B	C	D	E
1	**Ermittlung des Bezugspreises für den Bürstuhl Comfort**				
2					
3		**Büro&Co GmbH**	**Drehstuhl4U OHG**	**Chefsessel KG**	**TopChair GmbH**
4	= Listeneinkaufspreis (netto)	115,00 €	134,00 €	105,00 €	115,00 €
5	- Rabatt				
6	= Zieleinkaufspreis				
7	- Skonto				
8	= Bareinkaufspreis				
9	+ Bezugskosten	9,00 €	7,50 €	- €	- €
10	= Bezugspreis				
11					
12	Der günstigste Bezugspreis beträgt:				
13	Der höchste Bezugspreis beträgt:				

Abbildung 2.5: *Bezugspreisermittlung*

Arbeitsauftrag 7

1. Speichern Sie eine Arbeitsmappe unter dem Namen **Bezugspreisermittlung** ab. Nehmen Sie regelmäßig eine Zwischenspeicherung vor, um Datenverluste zu vermeiden.
2. Übertragen Sie die Tabellenvorlage einschließlich **aller Formatierungen** in ein leeres Tabellenblatt. Geben Sie diesem Tabellenblatt den Namen **Ergebnis**.
3. Ermitteln Sie
   a) den Rabatt in € (Büro&Co GmbH: 20 %, Drehstuhl4U OHG: 25 %, Chefsessel KG: 0 %, Topchair GmbH: 10 %),
   b) den Zieleinkaufspreis,
   c) das Skonto (Büro&Co GmbH: 2 %, Drehstuhl4U OHG: 0 %, Chefsessel KG: 3 %, Topchair GmbH: 1,5 %),
   d) den Bareinkaufspreis,
   e) den Bezugspreis,
   f) den günstigsten und den höchsten Bezugspreis.
4. Erstellen Sie in einem weiteren Tabellenblatt mit dem Namen **Formeln** die Formelansicht.
5. Für das Drucklayout gelten folgende Vorgaben:
   a) Die Tabellenblätter sollen im Format DIN A4 quer auf je einer Seite ausgedruckt werden.
   b) In der Fußzeile unten links soll automatisch der Dateiname und in der Fußzeile unten rechts soll Ihr Name ausgewiesen werden.
   c) Beide Tabellenblätter sind mit Zeilen- und Spaltenüberschriften sowie mit Gitternetzlinien auszudrucken.

3 Adressierungsarten von Zellen

3.1 Relative Zelladressierung

Ausgangssituation

Herr Victor Fernandez aus der Abteilung Rechnungswesen möchte in der Spalte G des bestehenden Rechnungsformulars den Rabattbetrag pro Stück in € mithilfe einer Formel berechnen lassen. Weiterhin soll sichergestellt werden, dass die in der Zelle G39 erstellte Formel in die Zellen G40 bis G42 kopiert werden kann.

Wenn in dem Tabellenkalkulationsprogramm eine Formel bzw. Funktion in andere Zellen kopiert wird, verschieben sich die in der Formel bzw. Funktion befindlichen Zellbezüge im Regelfall mit. Hierbei ist jedoch zu beachten, ob diese Verschiebung sinnvoll ist. Zellen, die sich beim Kopieren mit verändern sollen, werden als **relative Zellbezüge** bezeichnet.

Im nachstehenden Beispiel lautet die Ausgangsformel in der Zelle G39 wie folgt: =E39*F39/100

	A	B	C	D	E	F	G	H
35	Ausschnitt aus der Tabelle Rechnungsformular							
36								
37								
38	Pos.	Artikel-Nr.	Artikel-Bezeichnung	Menge	Einzelpreis €	Rabatt in %	Rabattbetrag €	Gesamtpreis €
39	1	101111	Schreibtisch Ökostar	10	489,00	0,00	=E39*F39/100	
40	2	101114	Konferenztischelement lichtgrau	25	98,00	10,00		
41	3	202111	Bürostuhl Comfort	20	228,00	10,00		
42	4	202114	Bürosessel Bodu L	15	349,00	10,00		
43								

Abbildung 3.1: *Rechnungsformular mit der zusätzlichen Spalte G (Rabattbetrag €)*

Wenn nun die Formel aus der Zelle G39 in die Zellen G40 bis G42 kopiert wird, werden die Zellbezüge der Ursprungsformel (E39 und F39) ebenfalls angepasst. Wie der obigen Abbildung zu entnehmen ist, ist das Anpassen der Zellen E39 und F39 hier sinnvoll. Um sicherzustellen, dass beim Kopieren keine Fehler aufgetreten sind, empfiehlt sich die Kontrolle der „letztkopierten" Zelle (hier G42). Wenn die Zelle mit der Maus angewählt wird, reicht ein einfacher Mausklick in die Befehlszeile (optional ist auch ein Doppelklick in die Zelle G42 möglich), und es werden alle für die Zelle G42 verwendeten Zellen farblich dargestellt, sodass mögliche Fehler schnell auffallen.

	A	B	C	D	E	F	G	H
35	Ausschnitt aus der Tabelle Rechnungsformular							
36								
37								
38	Pos.	Artikel-Nr.	Artikel-Bezeichnung	Menge	Einzelpreis €	Rabatt in %	Rabattbetrag €	Gesamtpreis €
39	1	101111	Schreibtisch Ökostar	10	489,00	0,00	0,00	
40	2	101114	Konferenztischelement lichtgrau	25	98,00	10,00	9,80	
41	3	202111	Bürostuhl Comfort	20	228,00	10,00	22,80	
42	4	202114	Bürosessel Bodu L	15	349,00	10,00	=E42*F42/100	
43								

Abbildung 3.2: *Vollständig in die Zellen G40 bis G42 kopierte Formel*

Arbeitsauftrag 1

Ermitteln Sie mithilfe geeigneter Formeln die Ergebnisse für die Spalten G und H.

3.2 Absolute Zelladressierung

Ausgangssituation

Frau Niester und Herr Falo haben beschlossen, dass im Rahmen des diesjährigen Unternehmensjubiläums jeder Kunde für Bestellungen auf jeden Artikel einen einheitlichen Rabatt in Höhe von 10 % erhalten soll. Um das Rechnungsformular etwas übersichtlicher zu gestalten, soll nach dem Willen von Herrn Fernandez die Spalte „Rabatt in %" wegfallen. Stattdessen soll der allgemeine Rabattsatz in einer gesonderten Zelle (D47) aufgeführt werden. Hierbei soll dafür Sorge getragen werden, dass der Rabatt pro Stück unter Verwendung der Zelle D47 berechnet wird und dass die in Zelle F39 erstellte Formel in die Zellen F40 bis F42 kopiert werden kann.

Wenn in einer Formel oder Funktion ein oder mehrere Zellbezüge vorhanden sind, die beim Kopieren in andere Zellen **nicht** mit verändert werden dürfen, handelt es sich hierbei um **absolute Zellbezüge**. Damit absolute Zellbezüge beim Kopiervorgang unverändert bestehen bleiben, müssen diese **festgesetzt** werden.

Im nachstehenden Beispiel lautet die Ausgangsformel in der Zelle F39 wie folgt: =E39*D47

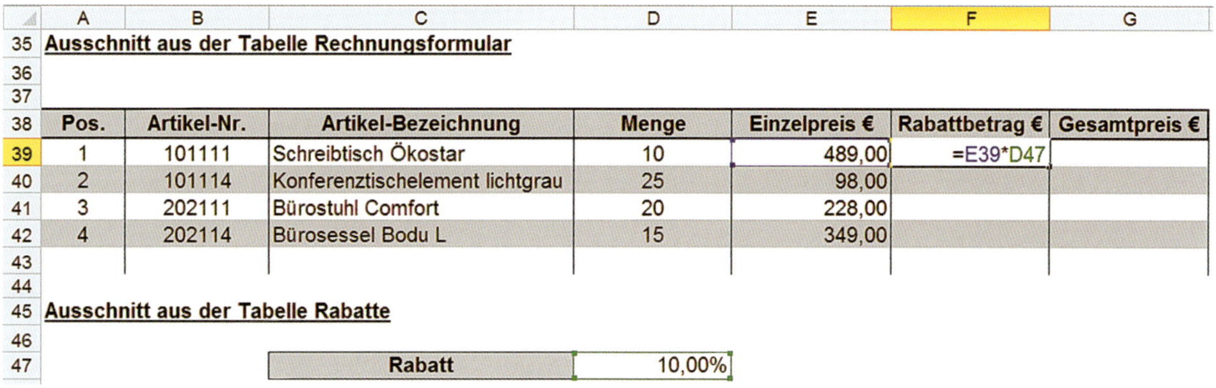

	A	B	C	D	E	F	G
35	Ausschnitt aus der Tabelle Rechnungsformular						
36							
37							
38	Pos.	Artikel-Nr.	Artikel-Bezeichnung	Menge	Einzelpreis €	Rabattbetrag €	Gesamtpreis €
39	1	101111	Schreibtisch Ökostar	10	489,00	=E39*D47	
40	2	101114	Konferenztischelement lichtgrau	25	98,00		
41	3	202111	Bürostuhl Comfort	20	228,00		
42	4	202114	Bürosessel Bodu L	15	349,00		
43							
44							
45	Ausschnitt aus der Tabelle Rabatte						
46							
47			Rabatt	10,00%			

*Abbildung 3.3: Ursprüngliche Formel in der Zelle F39 (=E39*D47)*

Wenn diese Formel ohne ein Festsetzen in die Zellen F40 bis F42 kopiert wird, ergibt sich hieraus das Problem, dass alle Zellen den Wert Null annehmen. Grund hierfür ist, dass die Zelle D47 (Rabattsatz) für alle Artikel hätte berücksichtigt werden müssen. Die nachstehende Abbildung zeigt allerdings, dass in der Zelle F42 die Formel =E42*D50 steht.

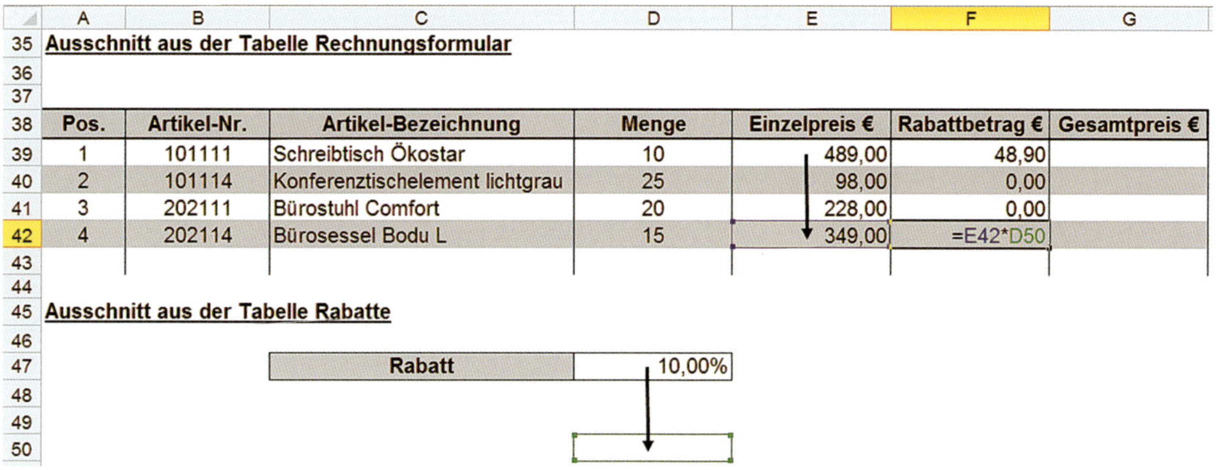

	A	B	C	D	E	F	G
35	Ausschnitt aus der Tabelle Rechnungsformular						
36							
37							
38	Pos.	Artikel-Nr.	Artikel-Bezeichnung	Menge	Einzelpreis €	Rabattbetrag €	Gesamtpreis €
39	1	101111	Schreibtisch Ökostar	10	489,00	48,90	
40	2	101114	Konferenztischelement lichtgrau	25	98,00	0,00	
41	3	202111	Bürostuhl Comfort	20	228,00	0,00	
42	4	202114	Bürosessel Bodu L	15	349,00	=E42*D50	
43							
44							
45	Ausschnitt aus der Tabelle Rabatte						
46							
47			Rabatt	10,00%			
48							
49							
50							

Abbildung 3.4: Darstellung der beim Kopieren nicht festgesetzten Zelle D47

Damit der Zellbezug D47 beim Kopieren nicht verändert wird, muss dieser **festgesetzt** werden. Dies wird realisiert, indem der Zellbezug D47 in der Ausgangsformel (Zelle F39) angeklickt wird. Das anschließende Betätigen der **Funktionstaste <F4>** macht aus dem relativen Zellbezug einen **absoluten Zellbezug**.

Eine festgesetzte Zelle wird durch Dollarzeichen vor der Spalten- und der Zeilenangabe kenntlich gemacht (hier $D$47). In der Zelle F39 muss vor dem Kopieren dementsprechend folgende Formel stehen: =E39*$D$47

Wenn die Formel nun in die entsprechenden Zellen kopiert wird, ergibt die anschließende Kontrolle der Zelle F42 folgendes Bild:

	A	B	C	D	E	F	G
35	**Ausschnitt aus der Tabelle Rechnungsformular**						
36							
37							
38	**Pos.**	**Artikel-Nr.**	**Artikel-Bezeichnung**	**Menge**	**Einzelpreis €**	**Rabattbetrag €**	**Gesamtpreis €**
39	1	101111	Schreibtisch Ökostar	10	489,00	48,90	
40	2	101114	Konferenztischelement lichtgrau	25	98,00	9,80	
41	3	202111	Bürostuhl Comfort	20	228,00	22,80	
42	4	202114	Bürosessel Bodu L	15	349,00	=E42*$D$47	
43							
44							
45	**Ausschnitt aus der Tabelle Rabatte**						
46							
47			**Rabatt**	10,00%			

Abbildung 3.5: *Darstellung der Formel mit der korrekt festgesetzten Zelle D47*

Anmerkung

Um eine Zelle festzusetzen, ist es ohne Bedeutung, ob der Mauszeiger vor oder hinter der Spalten- bzw. Zeilenbezeichnung steht. Soll eine Festsetzung wieder entfernt werden, so muss hierfür lediglich wieder der entsprechende Zellbezug in der Formel bzw. Funktion angeklickt werden, um durch mehrmaliges Betätigen der Funktionstaste <F4> die absolute Zelladressierung aufzuheben.

Arbeitsauftrag 2

Verändern Sie Ihr Tabellenblatt so, dass es der Abbildung 3.5 entspricht. Ermitteln Sie anschließend mithilfe geeigneter Formeln die Ergebnisse für die Spalten F und G. Achten Sie dabei auf die absolute Zelladressierung.

3.3 Gemischte Zelladressierung

Im Kapitel 3.2 wurde die Bedeutung der absoluten Zelladressierung dargestellt. Im Beispiel wurde aufgezeigt, dass sich der Zellbezug D47 (Rabattsatz) beim Herunterkopieren der Formeln nicht verändern darf. Die sicherste Möglichkeit besteht in dem Festsetzen des Zellbezugs D47 als absolutem Zellbezug ($D$47).

Da in dem Beispiel (vgl. Abbildung 3.5) die Formel =E39*$D$47 nach unten kopiert wird, ändert das Tabellenkalkulationsprogramm von sich aus lediglich die Zeilenangaben (z. B. aus E39 wird E40, E41 und E42). Das Festsetzen der Spaltenangabe E war demnach nicht notwendig. Es ist ausreichend, wenn sich in der ursprünglichen Formel (Zelle F39) der absolute Zellbezug nur auf die Zeile bezieht. Der Zellbezug hat dann das folgende Aussehen: D$47

	A	B	C	D	E	F	G
35	**Ausschnitt aus der Tabelle Rechnungsformular**						
36							
37							
38	**Pos.**	**Artikel-Nr.**	**Artikel-Bezeichnung**	**Menge**	**Einzelpreis €**	**Rabattbetrag €**	**Gesamtpreis €**
39	1	101111	Schreibtisch Ökostar	10	489,00	48,90	
40	2	101114	Konferenztischelement lichtgrau	25	98,00	9,80	
41	3	202111	Bürostuhl Comfort	20	228,00	22,80	
42	4	202114	Bürosessel Bodu L	15	349,00	=E42*D$47	
43							
44							
45	**Ausschnitt aus der Tabelle Rabatte**						
46							
47			**Rabatt**	10,00%			

Abbildung 3.6: *Formel, in der lediglich die Zeilenangabe 47 festgesetzt worden ist*

Da hier eine Kombination aus relativer und absoluter Zelladressierung vorliegt (Spaltenangabe D = relative Adressierung, Zeilenangabe 47 = absolute Adressierung), wird diese Art der Zelladressierung als **Gemischte Adressierung** bezeichnet.

Anmerkung

Wenn die Formel von der Zelle F39 aus in die Zellen G39, H39 usw. kopiert worden wäre, wäre das Festsetzen der Zeile 47 unzureichend gewesen. Stattdessen hätte ein Festsetzen der Spalte D ($D47) erfolgen müssen.

3.4 Zelladressierung durch Namen

Ausgangssituation

Um mögliche Probleme beim Festsetzen von Zellbezügen (absolute Zelladressierung) zu vermeiden, möchte Herr Fernandez das Rechnungsformular (vgl. Kapitel 3.2) hinsichtlich der Zelladressierung der Zelle D47 weiter vereinfachen. Auch hier soll sichergestellt werden, dass die Formel in die Zellen F40 bis F42 kopiert werden kann.

Das Festsetzen eines Zellbezugs kann nicht nur durch die Verwendung der Dollarzeichen erreicht werden, sondern auch durch die **Verwendung von Namen** für einzelne Zellen oder ganze Zellbereiche. Im nachfolgenden Beispiel wurde der Zellbezug D47 bislang durch die Dollarzeichen festgesetzt, sodass die gesamte Formel in der Zelle F39 bislang wie folgt lautete: =E39*$D$47

	A	B	C	D	E	F	G
35	**Ausschnitt aus der Tabelle Rechnungsformular**						
36							
37							
38	**Pos.**	**Artikel-Nr.**	**Artikel-Bezeichnung**	**Menge**	**Einzelpreis €**	**Rabattbetrag €**	**Gesamtpreis €**
39	1	101111	Schreibtisch Ökostar	10	489,00	=E39*$D$47	
40	2	101114	Konferenztischelement lichtgrau	25	98,00		
41	3	202111	Bürostuhl Comfort	20	228,00		
42	4	202114	Bürosessel Bodu L	15	349,00		
43							
44							
45	**Ausschnitt aus der Tabelle Rabatte**						
46							
47			**Rabatt**	10,00%			

Abbildung 3.7: *Formel, die noch keinen absoluten Zellbezug durch Namen enthält*

Um der Zelle D47 einen Namen zuzuweisen und sie somit für alle späteren Kopiervorgänge festzusetzen, muss zunächst die Zelle D47 markiert werden. Anschließend ist folgender Befehlsweg zu gehen: FORMELN – DEFINIERTE NAMEN – NAMEN DEFINIEREN – Eingabe des Namens (z. B. Rabattsatz).

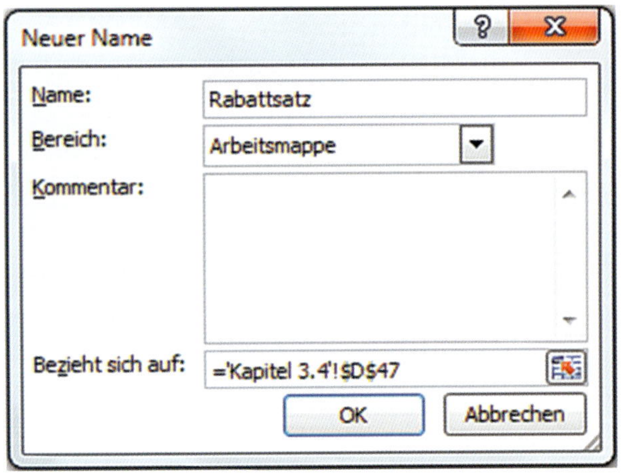

Abbildung 3.8: Vergabe des Namens „Rabattsatz" für die Zelle D47

Nachdem der Name durch die Schaltfläche OK bestätigt wurde, trägt die Zelle den zugewiesenen Namen. Dieser kann jetzt statt des Zellbezugs D47 in den Formeln und Funktionen verwendet werden. Wird die Zelle D47 im Laufe der weiteren Arbeit mit der Maus angeklickt, so erscheint im **Namensfeld** (links oben über der Spalte A) statt der Zellbezeichnung der gewählte Name (vgl. Abbildung 3.9).

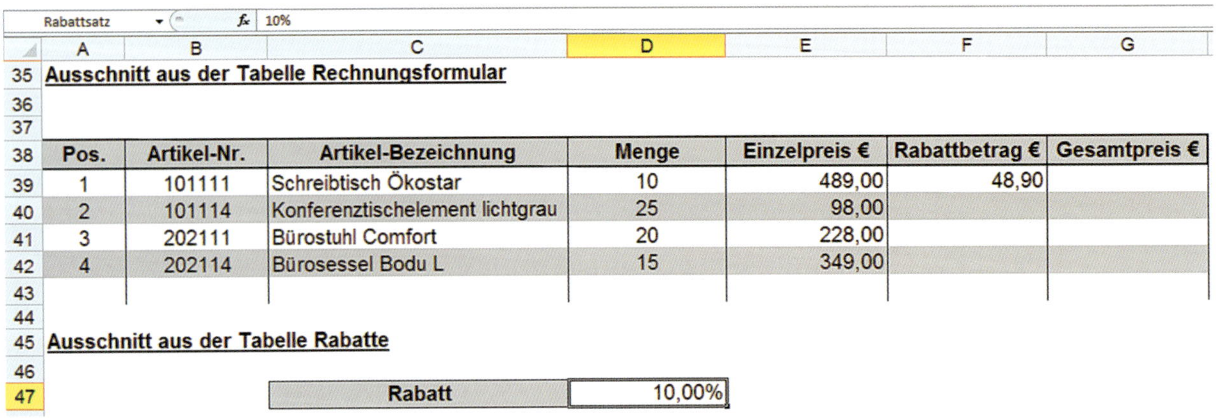

Rabattsatz | fx 10%

	A	B	C	D	E	F	G
35	Ausschnitt aus der Tabelle Rechnungsformular						
36							
37							
38	Pos.	Artikel-Nr.	Artikel-Bezeichnung	Menge	Einzelpreis €	Rabattbetrag €	Gesamtpreis €
39	1	101111	Schreibtisch Ökostar	10	489,00	48,90	
40	2	101114	Konferenztischelement lichtgrau	25	98,00		
41	3	202111	Bürostuhl Comfort	20	228,00		
42	4	202114	Bürosessel Bodu L	15	349,00		
43							
44							
45	Ausschnitt aus der Tabelle Rabatte						
46							
47			Rabatt	10,00%			

Abbildung 3.9: Dokumentation, dass die Zelle D47 den Namen „Rabattsatz" trägt

Durch diese Namenszuweisung kann die ursprüngliche Formel in der Zelle F39 in =E39*Rabattsatz geändert werden.

Anmerkung

Um den Zellnamen verwenden zu können, gibt es folgende drei Möglichkeiten:

1. *Die Zelle D47 (Rabattsatz) wird mit der Maus angeklickt.*
2. *Der Name wird per Hand in die Formel bzw. Funktion eingegeben (Achtung: Gefahr von Eingabefehlern!).*
3. *Während der Formel-/Funktionseingabe wird an der relevanten Stelle die **Funktionstaste <F3>** betätigt. Anschließend öffnet sich ein Fenster, in dem das Programm alle derzeit verwendeten Namen aufführt. Der Anwender kann den gewünschten Namen per Maus auswählen (siehe nachstehende Abbildung).*

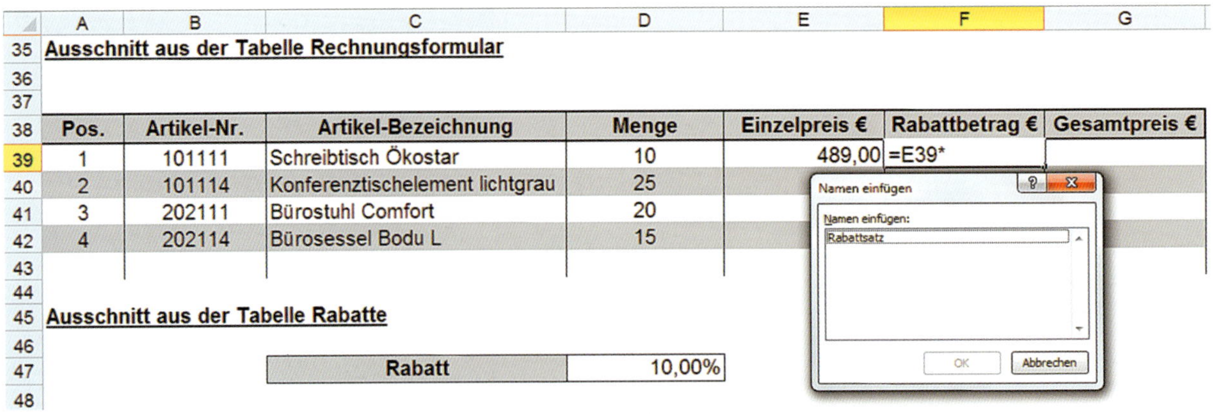

	A	B	C	D	E	F	G
35	Ausschnitt aus der Tabelle Rechnungsformular						
36							
37							
38	Pos.	Artikel-Nr.	Artikel-Bezeichnung	Menge	Einzelpreis €	Rabattbetrag €	Gesamtpreis €
39	1	101111	Schreibtisch Ökostar	10	489,00	=E39*	
40	2	101114	Konferenztischelement lichtgrau	25			
41	3	202111	Bürostuhl Comfort	20			
42	4	202114	Bürosessel Bodu L	15			
43							
44							
45	Ausschnitt aus der Tabelle Rabatte						
46							
47			Rabatt	10,00%			
48							

*Abbildung 3.10: Änderung der ursprünglichen Formel in =E39*Rabattsatz*

Durch die Benennung einer Zelle mit einem Namen weiß das Programm automatisch, auf welche Zelle zugegriffen werden soll, wenn in einer Formel oder Funktion mit diesem Namen gearbeitet wird. Es ist wichtig, dass den Zellen bzw. Zellbereichen sinnvolle und unmissverständliche Namen gegeben werden. Im obigen Fall bietet sich für die Zelle D47 der Name „Rabattsatz" an.

Wird an dieser Stelle die Formel = E39*Rabattsatz in die Zellen F40 bis F42 kopiert, verändert sich nur die relative Zelladressierung von E39 in E40 ... E42. Die Zelle D47 ist bereits durch die Namensgebung als absoluter Zellbezug definiert worden, ohne dass hier zusätzlich mit der **Funktionstaste** <**F4**> gearbeitet werden muss.

Nachdem die Formel in die entsprechenden Zellen kopiert wurde, ergibt die anschließende Kontrolle der Zelle F42 folgendes Bild:

	A	B	C	D	E	F	G
35	**Ausschnitt aus der Tabelle Rechnungsformular**						
36							
37							
38	**Pos.**	**Artikel-Nr.**	**Artikel-Bezeichnung**	**Menge**	**Einzelpreis €**	**Rabattbetrag €**	**Gesamtpreis €**
39	1	101111	Schreibtisch Ökostar	10	489,00	48,90	
40	2	101114	Konferenztischelement lichtgrau	25	98,00	9,80	
41	3	202111	Bürostuhl Comfort	20	228,00	22,80	
42	4	202114	Bürosessel Bodu L	15	349,00	=E42*Rabattsatz	
43							
44							
45	**Ausschnitt aus der Tabelle Rabatte**						
46							
47			**Rabatt**	10,00%			

Abbildung 3.11: *In die Zellen F40 bis F42 kopierte Formel unter Verwendung des Zellnamens „Rabattsatz"*

Zu berücksichtigen ist, dass in einem Dokument **derselbe Name nicht für mehrere Zellen vergeben** werden darf. Sind in einem Tabellenblatt beispielsweise mehrere Rabattsätze zu berücksichtigen, müssen diese mit verschiedenen Namen (z. B. **Rabattsatz1**, **Rabattsatz2** usw.) versehen werden.

Abschließend muss noch sichergestellt werden, dass die Namen **keine Leerzeichen** enthalten dürfen, da sie ansonsten nicht vom Programm anerkannt werden (d. h. **Rabattsatz 1** wird nicht erkannt, **Rabattsatz1** hingegen schon).

Anmerkung

Neben dem aufgezeigten (etwas langen) Befehlsweg FORMELN – DEFINIERTE NAMEN – NAMEN DEFINIEREN, kann der gewünschte Name auch direkt in das Namensfeld eingetragen werden. Um den Namen zu bestätigen, muss die ENTER-Taste betätigt werden.

Sollte versehentlich ein falscher Namen vergeben worden sein, kann dieser Fehler problemlos behoben werden. Um beispielsweise den oben vergebenen Namen für die Zelle D47 (Rabattsatz) wieder zu löschen, wird der Befehlsweg FORMELN – DEFINIERTE NAMEN – NAMENS-MANAGER gewählt.

In dem sich öffnenden Fenster zeigt das Programm alle bislang vergebenen Namen an. Mithilfe der Maus wird der zu löschende Name ausgewählt und durch das Anklicken der Befehlsfläche LÖSCHEN entfernt.

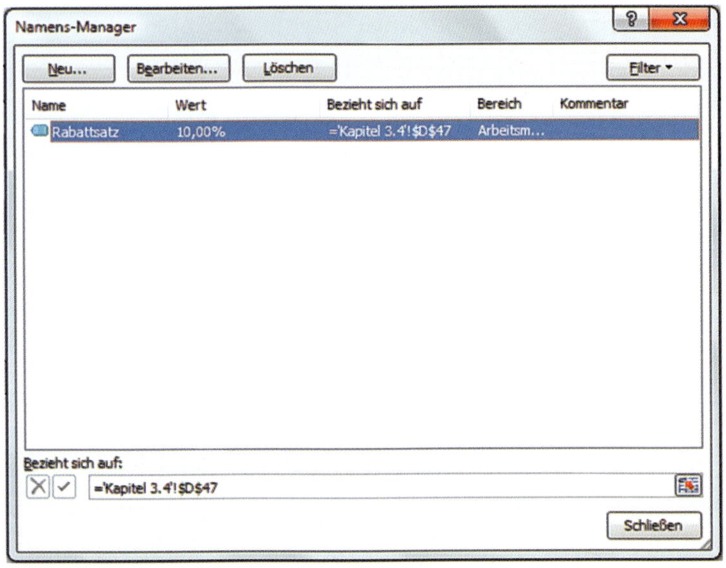

Abbildung 3.12: *Markierter Zellname „Rabattsatz", bevor dieser gelöscht wird*

Arbeitsauftrag 3

Vergeben Sie der Zelle D47 den Namen „Rabattsatz". Ändern Sie anschließend die in den Zellen F39 bis F42 stehenden Formeln dahin gehend ab, dass Sie mit dem Namen „Rabattsatz" arbeiten. Löschen Sie anschließend den Namen „Rabattsatz" und überprüfen Sie die auftretende Änderung.

3.5 Übungsaufgaben

3.5.1 Büromittelausgaben

Ausgangssituation

Frau Eva Holländer aus der Abteilung Controlling will untersuchen, wie hoch die Ausgaben für Büromittel im vergangenen Jahr waren. Die hierfür notwendigen Verbrauchszahlen wurden bereits ermittelt, sodass Sie mithilfe der nachstehend dargestellten Tabelle die Kosten für die einzelnen Positionen sowie die aufgeführten besonders interessanten Werte ermitteln sollen.

Arbeitsauftrag 4

1. Speichern Sie die Datei unter dem Namen **Büromittelausgaben**. Speichern Sie Ihre Datei spätestens alle fünf Minuten ab, um Datenverlust zu vermeiden.
2. Übernehmen Sie die nachstehende Tabelle inklusive aller Werte und Formatierungen in das Tabellenblatt 1 und benennen Sie dieses Tabellenblatt in **Ergebnisse** um.
3. Überlegen Sie, welche Zellen Sie im Laufe der weiteren Arbeit mehrfach gebrauchen und deswegen später festsetzen müssen. Vergeben Sie diesen Zellen sinnvolle Namen, die Sie später – sofern möglich – in den Formeln und Funktionen verwenden.
4. Geben Sie mithilfe einer geeigneten Funktion in der Zelle G4 das heutige Datum aus.
5. Ermitteln Sie mithilfe von geeigneten Formeln die Kosten für
   a) Schreibutensilien in der Spalte C;
   b) Kopierpapier in der Spalte E;
   c) die Position Sonstiges in der Spalte G;
   d) alle Positionen in der Spalte H.

6. Ermitteln Sie durch Verwendung geeigneter Funktionen in der
   a) Zeile 27 die Gesamtwerte für die Spalten B bis H;
   b) Zeile 28 den jeweiligen Durchschnitt der Spalten B bis H.

7. Mithilfe von geeigneten Funktionen ist von Ihnen für die Position Sonstiges in der Zelle
   a) B33 der geringste Wert zu ermitteln;
   b) B34 der höchste Wert zu ermitteln.

8. Übernehmen Sie die Inhalte aus dem Tabellenblatt **Ergebnisse** in das Tabellenblatt 2, benennen Sie dieses in **Formeln** um und wechseln Sie dort in die Formelansicht (STRG + #). Richten Sie beide Tabellenblätter so ein, dass diese später alle relevanten Informationen vollständig lesbar anzeigen. Beide Tabellenblätter sollen im Querformat auf jeweils einer Seite ausgedruckt werden, wobei das Tabellenblatt **Formeln** auch die Zeilen- und Spaltenüberschriften enthalten soll. Stellen Sie weiterhin sicher, dass alle später ausgedruckten Tabellenblätter in der Kopfzeile Ihren Namen sowie das aktuelle Datum enthalten.

9. Drucken Sie nach abschließender Kontrolle die Tabellenblätter **Ergebnisse** und **Formeln** aus.

	A	B	C	D	E	F	G	H
1	Ermittlung der Ausgaben für Büromittel							
2								
3								
4	**Kosten der Büromittel pro Einheit:**						< Datum >	
5								
6	Schreibutensilien:	3,50 €						
7	Kopierpapier:	4,20 €						
8	Sonstiges:	2,80 €						
9								
10								
11	**Rechenbereich:**							
12								
13		Verbrauchte Einheiten Schreibutensilien	Kosten für Schreibutensilien	Verbrauchte Einheiten Kopierpapier	Kosten für Kopierpapier	Verbrauchte Einheiten Sonstiges	Kosten für Sonstiges	Kosten gesamt
14	Januar	23		17		53		
15	Februar	18		31		67		
16	März	21		45		42		
17	April	32		32		81		
18	Mai	34		38		67		
19	Juni	36		19		74		
20	Juli	28		42		65		
21	August	26		26		59		
22	September	22		28		43		
23	Oktober	29		41		77		
24	November	34		19		68		
25	Dezember	22		22		55		
26								
27	Gesamt							
28	Durchschnitt							
29								
30								
31	**Interessante Werte der Büromittelgruppe "Sonstiges":**							
32								
33	geringste Kosten:							
34	höchste Kosten:							

Abbildung 3.13: *Büromittelausgaben; Tabellenblatt „Ergebnisse"*

3.5.2 Telefonkostenermittlung

Ausgangssituation
Frau Hanna Engler aus der Abteilung Kaufmännische Verwaltung soll im Auftrag der Geschäftsleitung für das vergangene Jahr eine Übersicht über die angefallenen monatlichen Telefonkosten erstellen. Da Frau Engler von Ihren Kenntnissen im Umgang mit dem Tabellenkalkulationsprogramm gehört hat, überträgt Sie Ihnen die Aufgabe, mithilfe einer vorgefertigten Tabelle diese Aufstellung anzufertigen.

Arbeitsauftrag 5

1. Speichern Sie diese Aufgabe unter dem Dateinamen **Telefonkostenermittlung** in Ihrem Arbeitsverzeichnis ab. Speichern Sie Ihre Datei **spätestens alle fünf Minuten** ab, um Datenverlust zu vermeiden.
2. Übernehmen Sie die nachstehende Tabelle inklusive aller Werte und Formatierungen in das Tabellenblatt 1. Benennen Sie das Tabellenblatt in **Ergebnisse** um.
3. Vergeben Sie der Zelle B4 sowie den Zellen B7 bis B9 sinnvolle Namen und verwenden Sie diese Namen – sofern möglich – in den späteren Formeln und Funktionen.
4. Weisen Sie mithilfe einer Funktion in der Zelle E7 das aktuelle Datum und die aktuelle Uhrzeit aus.
5. Übernehmen Sie in den Zellen C13 bis C24 per Zellbezug die monatliche Grundgebühr.
6. Ermitteln Sie formelgesteuert in den Zellen D13 bis D24 die Gebühren für die jeweils im Monat verbrauchten Telefoneinheiten. Beachten Sie hierbei, dass die Gebühren pro Einheit im Lauf des Jahres unterschiedlich hoch sind.
7. Ermitteln Sie durch Verwendung einer Funktion in den Zellen E13 bis E24 die Höhe der jeweiligen Monatsrechnung. Diese setzt sich aus der Grundgebühr und der Gebühr für die Einheiten zusammen.
8. Ermitteln Sie in der Zeile 26 funktionsgesteuert die gesamten Werte der Spalten B bis E.
9. In den Zellen B33 bis B35 bzw. E33 bis E34 sind für die zweite Jahreshälfte die geforderten Werte zu ermitteln. Verwenden Sie für deren Ermittlung ausschließlich Funktionen.
10. Formatieren Sie alle Zellen, die Währungsbeträge enthalten, auf das €-Format.
11. Kopieren Sie den Inhalt des Tabellenblattes **Ergebnisse** in das Tabellenblatt 2 und wechseln Sie dort in die Formelansicht (STRG + #). Benennen Sie das Tabellenblatt 2 als **Formeln**.
12. Richten Sie die beiden Tabellenblätter so ein, dass Sie diese im Hochformat auf jeweils einer Seite ausdrucken können. Beachten Sie hierbei unbedingt, dass beide Tabellenblätter in der Kopfzeile Ihren Namen sowie das heutige Datum tragen. Weiterhin sollen beide Tabellenblätter auch die Zeilen- und Spaltenüberschriften anzeigen.
13. Drucken Sie nach abschließender Kontrolle die Tabellenblätter **Ergebnisse** und **Formeln** aus.

	A	B	C	D	E
1	**Ermittlung der monatlichen Telefonkosten**				
2					
3					
4	monatliche Grundgebühr	16,00 €			
5					
6	**Gebühren je Einheit:**				
7	Januar - April	0,09 €		Datum/Uhrzeit:	
8	Mai - August	0,08 €			
9	ab September	0,07 €			
10					
11					
12	Monat	Telefon-einheiten	Grundgebühr	Gebühr für Einheiten gesamt	Monats-rechnung
13	Januar	12.420			
14	Februar	11.685			
15	März	14.205			
16	April	13.610			
17	Mai	12.990			
18	Juni	10.845			
19	Juli	15.410			
20	August	13.540			
21	September	14.030			
22	Oktober	13.850			
23	November	16.200			
24	Dezember	15.325			
25					
26	Gesamt				
27					
28					
29	**Relevante Werte für den Zeitraum von Juli bis Dezember:**				
30					
31	**Telefoneinheiten:**			**Telefonrechnung:**	
32					
33	kleinste Anzahl:			kleinste Rechnung:	
34	größte Anzahl:			größte Rechnung:	
35	durch. Anzahl:				

Abbildung 3.14: *Telefonkostenermittlung; Tabellenblatt „Ergebnisse“*

3.5.3 Gewinnverteilung

Ausgangssituation

Die Duisdorfer BüroKonzept KG geht neue Wege zur Mitarbeitermotivation. Für ein neu entwickeltes Produkt konnten Mitarbeiter sich an den Entwicklungskosten beteiligen und erhalten dafür im Gegenzug einen Anteil an dem Gewinn aus dem Verkauf dieses Produktes.

Damit die Mitarbeiter auf keinen Fall „leer ausgehen", sagt die Duisdorfer BüroKonzept KG allen Kapitalgebern am Ende des ersten Jahres eine garantierte Mindestzahlung in Höhe von 500,00 € zu. Weiterhin will sie allen Mitarbeitern das investierte Kapital mit 6,00 % verzinsen.

Ihre Aufgabe besteht darin, mithilfe der umseitigen Tabelle die Gewinnberechnung für die Mitarbeiter der Duisdorfer BüroKonzept KG durchzuführen.

Arbeitsauftrag 6

1. Speichern Sie Ihre Datei unter dem Dateinamen **Gewinnverteilung** ab. Speichern Sie Ihre Datei **spätestens alle fünf Minuten** ab, um Datenverlust zu vermeiden.
2. Übernehmen Sie die nachstehende Tabelle in das Tabellenblatt 1. Benennen Sie das Tabellenblatt in **Ergebnisse** um. Übernehmen Sie die angegebenen Texte und Werte einschließlich der entsprechenden Formatierungen.
3. Vergeben Sie den Zellen B3 bis B5 sinnvolle Namen und verwenden Sie diese – sofern möglich – in den späteren Formeln und Funktionen.
4. Ermitteln Sie in der Zelle C19 mittels einer geeigneten Funktion die Höhe der gesamten Kapitaleinlagen aller Mitarbeiter.
5. Übernehmen Sie in den Zellen D9 bis D17 durch Zellbezüge die den Mitarbeitern zustehende garantierte Zahlung! Ermitteln Sie weiterhin in der Zelle D19 die Summe der Spalte D. Formatieren Sie diese Ergebnisse auf das Format €.
6. Ermitteln Sie in den Zellen E9 bis E17 unter Verwendung einer Formel die Verzinsung des von den Mitarbeitern zur Verfügung gestellten Kapitals. Ermitteln Sie weiterhin in der Zelle E19 die Summe aller Zinsen. Formatieren Sie diese Ergebnisse auf €.
7. In der Spalte F sind die Gewinne je Mitarbeiter durch eine Funktion zu ermitteln. Auch hier ist der Gesamtwert zu bestimmen und alle Ergebnisse sind auf € zu formatieren.
8. In der Spalte G sollen Sie mithilfe einer geeigneten Funktion den prozentualen Anteil am Gesamtgewinn (Zelle B5) je Kapitalgeber ermitteln! Formatieren Sie das Ergebnis auf das Format Zahl mit zwei Nachkommastellen.
9. Abschließend soll in der Zelle B23 der Restgewinn sowie in der Zelle B25 der prozentuale Anteil am Gesamtgewinn – unter Angabe von 2 Nachkommastellen – für die Duisdorfer BüroKonzept KG ermittelt werden.
10. Kopieren Sie den Inhalt Ihres Tabellenblattes **Ergebnisse** in das Tabellenblatt 2. Benennen Sie das Tabellenblatt in **Formeln** um. Wechseln Sie dort in die Formelansicht und richten Sie beide Tabellenblätter so ein, dass diese später jeweils auf einer Seite im Querformat und mit den Zeilen-/Spaltenüberschriften ausgedruckt werden können. In der Kopfzeile soll zudem jeweils Ihr Name sowie das aktuelle Datum (als Funktion) angezeigt werden.
11. Drucken Sie – nach nochmaliger Kontrolle – die beiden Tabellenblätter **Ergebnisse** und **Formeln** aus.

	A	B	C	D	E	F	G
1	**Gewinnverteilung für neues Produkt**						
2							
3	garantierte Zahlung	500,00 €					
4	Verzinsung	6,00%					
5	Gesamtgewinn	45.000,00 €					
6							
7							
8	Name	Vorname	Kapitaleinlage	garantierte Zahlung	Verzinsung	Gewinn je Mitarbeiter	prozentualer Anteil am Gesamtgewinn
9	Anderson	Udo	7.700,00 €				
10	Beckmann	Laura	4.400,00 €				
11	Berg	Marian	6.100,00 €				
12	Daume	Thomas	3.400,00 €				
13	Klein	Simone	6.900,00 €				
14	Lembke	Hans	5.200,00 €				
15	Necke	Vivien	2.800,00 €				
16	Unger	Werner	5.300,00 €				
17	Yildiz	Murat	3.200,00 €				
18							
19	Gesamt						
20							
21	**Angaben für Duisdorfer BüroKonzept KG**						
22							
23	Restgewinn						
24							
25	prozentualer Anteil am Gesamtgewinn						

Abbildung 3.15: *Gewinnverteilung; Tabellenblatt „Ergebnisse"*

4 Logische Funktionen

4.1 WENN-Funktion

Ausgangssituation

Der Leiter der Abteilung Rechnungswesen, Herr Fernandez, beauftragt Sie, mithilfe eines Tabellenkalkulationsprogramms die Rabattsätze auf dem Rechnungsformular automatisiert auszugeben bzw. anzeigen zu lassen.

Er teilt Ihnen weiterhin mit, dass ab einer Menge von 20 Stück ein Rabatt von 10 % und bei Mengen unter 20 Stück kein Rabatt gewährt werden soll.

Wenn das Tabellenkalkulationsprogramm in Abhängigkeit einer bestimmten Größe (hier: Menge) zwischen zwei verschiedenen Möglichkeiten (hier: Rabattsatz von 0 % und 10 %) wählen soll, eignet sich die Nutzung der **WENN-Funktion!** Syntax der Funktion: =**WENN(PRÜFUNG; DANN-Wert; SONST-Wert**)

Nachfolgend ist der Aufbau der WENN-Funktion in Form eines Struktogramms dargestellt:

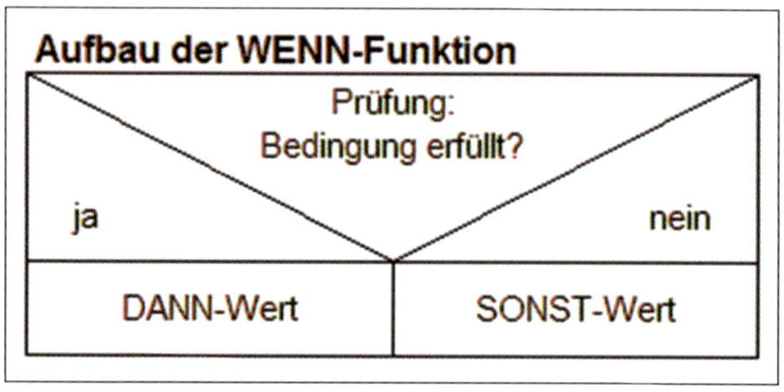

Abbildung 4.1: *Grundlegendes Struktogramm der WENN-Funktion*

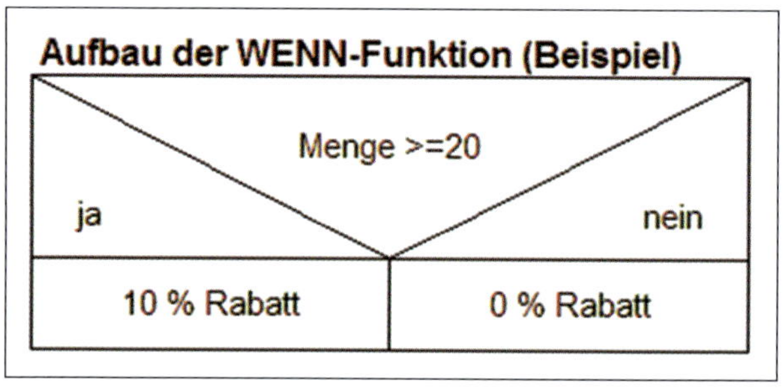

Abbildung 4.2: *Struktogramm der WENN-Funktion am Beispiel der Rabattgewährung*

Das Tabellenkalkulationsprogramm prüft, ob der jeweilige Artikel in einer Menge von mindestens 20 Stück gekauft wurde. Stehen in der Rechnung zum jeweiligen Artikel weniger als 20 Einheiten, so erhält der Kunde keinen Rabatt. Wenn der Kunde allerdings von dem jeweiligen Artikel mindestens 20 Stück bezogen hat, wird ihm ein Mengenrabatt von 10 % gewährt. Die entsprechende **Prüfung** für die abgebildete Rechnung (siehe Abbildung 4.3) in Zelle F39 lautet somit: **=WENN(D39>=$A$71;**

Anmerkung

Ein gemischter Bezug wäre hier ausreichend: statt $A$71 → A$71. Im Folgenden wird auf die Unterscheidung von absoluten und gemischten Bezügen nur eingegangen, wenn dies für die Lösung der Problemstellung relevant ist.

Wird diese Prüfung vom Tabellenkalkulationsprogramm als **WAHR** bestätigt, wird der hinter dem ersten Semikolon dargestellte **DANN-Wert** ausgegeben. Fortführung des obigen Beispiels: =WENN(D39>=$A$71;**$B$71**

Da in diesem Fall die Prüfung allerdings zur Antwort **FALSCH** führt (denn in Zelle D39 steht die Menge „10“), benötigt das Tabellenkalkulationsprogramm noch die Angabe des sog. **SONST-Wertes**. Dieser wird hinter dem zweiten Semikolon angegeben. Fortführung des obigen Beispiels: =WENN(D39>=$A$71;$B$71;**$B$70**)

Anmerkung

Die Zellen A71, B71 und B70 müssen „festgesetzt" bzw. absolut adressiert werden, damit beim Kopieren der Funktion bei jeder Position im Rechnungsformular die abgebildete Hilfstabelle berücksichtigt wird.

Nachfolgend ist die vollständige Funktion im Ausschnitt der Tabelle Rechnungsformular dargestellt. Die Zeilen 1 bis 34 und 44 bis 62 wurden und werden im weiteren Kapitel wegen einer besseren Übersicht ausgeblendet.

Ausschnitt aus der Tabelle Rechnungsformular

Pos.	Artikel-Nr.	Artikel-Bezeichnung	Menge	Einzelpreis €	Rabatt in %	Rabattbetrag €	Gesamtpreis €
1	101111	Schreibtisch Ökostar			=WENN(D39>=$A$71;$B$71;$B$70)		
2	101114	Konferenztischelement lichtgrau	25	WENN(Prüfung; [Dann_Wert]; [Sonst_Wert])			
3	202111	Bürostuhl Comfort	20	228,00	10,00		
4	202114	Bürosessel Bodu L	15	349,00	0,00		

Ausschnitt aus der Tabelle Rabattsätze

Menge ab ...	Rabattsatz (%)
0	0,00
20	10,00

Abbildung 4.3: *Einführung der WENN-Funktion*

Anmerkung

*Die folgende Funktion führt **nicht** zum richtigen Ergebnis: =WENN(D39>=$A$70;$B$70;$B$71). Die Prüfung (D39>=$A$70) bedeutet: „Wenn die Menge größer oder gleich 0 ist, dann ...". Alle Mengen (z. B. Position 1 = 10 Stück, Position 4 = 15 Stück usw.) erfüllen diese Bedingung. Für jede Menge wird so kein Rabatt (Rabatt = 0 %) gewährt. Der Grund dafür liegt darin, dass die „Arbeit" der Funktion dann endet, wenn sie eine positive Antwort (WAHR) erhält. Dies ist bei der o. g. Funktion bei 0 und jeder positiven Zahl gegeben.*

Arbeitsauftrag 1

Stellen Sie die abgebildeten Tabellen in einem Tabellenkalkulationsprogramm dar und tragen Sie die erforderlichen Funktionen ein.

Die WENN-Funktion kann auch mit anderen Funktionen verknüpft werden. Soll in einer Spalte „Anmerkung" (siehe Abbildung 4.4) die Position bzw. der Artikel mit dem größten Umsatz als „umsatzstärkster Artikel" ausgewiesen werden, muss die WENN-Funktion prüfen, ob der jeweilige Artikel den größten Gesamtpreis aller Artikel aufweist. Ausgangspunkt ist hier wieder die Position 1. Die relevanten Werte sind die Gesamtpreise in den Zellen von H39 bis H42.

Da hier zwei Zustände möglich sind (der Artikel ist der mit dem größten Umsatz **oder** nicht), ist die Nutzung der WENN-Funktion sinnvoll. Da der umsatzstärkste Artikel derjenige ist, der den größten Gesamtpreis hat, muss zudem die **MAX-Funktion** verwendet werden.

Die Prüfung in der Zelle J39 lautet somit: **=WENN(H39=MAX($H$39:$H$42);**

Anmerkung

Der Zellbereich von H39 bis H42 muss „festgesetzt" bzw. absolut adressiert werden, damit beim Kopieren der Funktion alle Gesamtpreise der jeweiligen Artikel berücksichtigt werden.

Der gewünschte **DANN-Wert** muss per Tastatur eingegeben werden. Wenn als **DANN-Wert** ein Text ausgegeben werden soll, muss dieser in Anführungszeichen gesetzt werden. Anführungszeichen sind auch notwendig, wenn als Antwort nichts ausgegeben werden soll. Zwei Anführungszeichen ohne Leerzeichen führen zur Ausgabe einer leeren Zelle. Die vollständige Funktion in der Zelle J39 lautet somit: **=WENN(H39=MAX($H$39:$H$42);"umsatzstärkster Artikel";"")**

Web

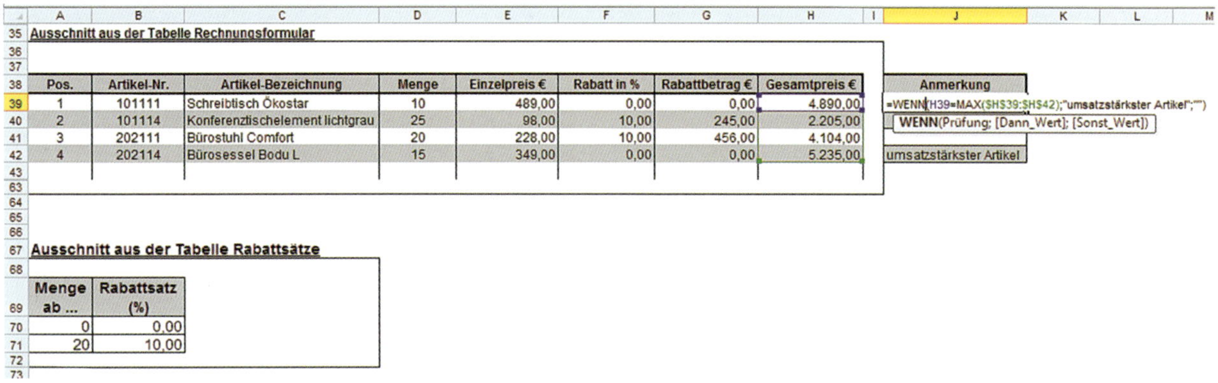

Ausschnitt aus der Tabelle Rechnungsformular

Pos.	Artikel-Nr.	Artikel-Bezeichnung	Menge	Einzelpreis €	Rabatt in %	Rabattbetrag €	Gesamtpreis €	Anmerkung
1	101111	Schreibtisch Ökostar	10	489,00	0,00	0,00	4.890,00	=WENN(H39=MAX($H$39:$H$42);"umsatzstärkster Artikel";"")
2	101114	Konferenztischelement lichtgrau	25	98,00	10,00	245,00	2.205,00	WENN(Prüfung; [Dann_Wert]; [Sonst_Wert])
3	202111	Bürostuhl Comfort	20	228,00	10,00	456,00	4.104,00	
4	202114	Bürosessel Bodu L	15	349,00	0,00	0,00	5.235,00	umsatzstärkster Artikel

Ausschnitt aus der Tabelle Rabattsätze

Menge ab ...	Rabattsatz (%)
0	0,00
20	10,00

Abbildung 4.4: *WENN-Funktion in Kombination mit der MAX-Funktion*

Arbeitsauftrag 2

Ergänzen Sie die Spalte „Anmerkung" in den Zellen J38 bis J42 inklusive der Überschrift und Formatierungen und tragen Sie in die Zellen J39 bis J42 die erforderlichen Funktionen ein.

Mathematische Operanden

Häufig treten Probleme bei der Wahl des richtigen mathematischen Zeichens auf, das für die zu erfüllende Aufgabe notwendig ist. Im Folgenden finden Sie einen Überblick über die bedeutendsten Zeichen:

Bedingung:	Damit die Bedingung erfüllt ist, muss die Zahl ...	Folgende Zahlen erfüllen die Bedingung:
A1 > 10	**größer als** die Zahl 10 sein.	11, 12, 13, ..., 999.999.999
A1 > = 10	entweder **größer als** die Zahl 10 **oder gleich** der Zahl 10 sein.	10, 11, 12, ... , 999.999.999
A1 = 10	**gleich** (identisch mit) der Zahl 10 sein.	10
A1 < 10	**kleiner als** die Zahl 10 sein.	9, 8, 7, ..., –999.999.999
A1 < = 10	entweder **kleiner als** die Zahl 10 **oder gleich** der Zahl 10 sein.	10, 9 , 8, 7, ..., –999.999.999
A1 < > 10	**ungleich** der Zahl 10 sein.	–999.999.999 bis 9,9999999 **bzw.** 10,0000001 bis 999.999.999

4.2 Übungsaufgaben zur WENN-Funktion

4.2.1 Angebotsvergleich 1

Ausgangssituation

Frau Elling aus der Abteilung Beschaffung teilt Ihnen mit, dass ein Flachbettscanner in das Sortiment der Duisdorfer BüroKonzept KG aufgenommen werden soll. Da als mögliche Lieferer mehrere Unternehmen infrage kommen, muss ein Angebotsvergleich durchgeführt werden. Bisher wurden in der Duisdorfer BüroKonzept KG Angebotsvergleiche immer manuell mittels eines Formulars (siehe Abbildung 4.6: Angebotsvergleich) durchgeführt. Als Auszubildende/r der Duisdorfer BüroKonzept KG erhalten Sie von Frau Elling den Auftrag, diesen Vorgang mithilfe eines Tabellenkalkulationsprogramms zu automatisieren. Es liegen folgende Angebote vor:

Lieferer	Listeneinkaufs-preis in Euro	Rabatt in Prozent	Skonto in Prozent	Lieferzeit in Wochen	Zuverlässig-keit
Saam KG	120,00	30,0	1,0	2	1
Papier Spoth GmbH	112,50	15,0	1,5	4	2
pc tech AG	117,50	45,0	2,0	4	1
Willi Lauf OHG	92,50	30,0	0,0	2	3

Abbildung 4.5: *Übersicht der Angebote für Angebotsvergleich*

	A	B	C	D	E	F	G	H	I	J
1		Angebotsvergleich								
2										
3		Anbieter	Saam KG		Papier Spoth GmbH		pc tech AG		Willi Lauf OHG	
4		Artikelbezeichnung	TecScan3000		CT2400		JanSca4001F		LX 90Z	
5		Listeneinkaufspreis								
6	-	Rabatt								
7	=	Zieleinkaufspreis								
8	-	Skonto								
9	=	Bareinkaufspreis								
10										
11		Lieferzeit (in Wochen)								
12		Zuverlässigkeit								
13										
14		niedrigster Preis								

Abbildung 4.6: *Angebotsvergleich*

Arbeitsauftrag 3

1. Speichern Sie eine Arbeitsmappe unter dem Namen **Angebotsvergleich_1** ab. Speichern Sie die Datei regelmäßig, um Datenverluste zu vermeiden.

2. Übertragen Sie das Formular einschließlich aller Formatierungen in ein leeres Tabellenblatt. Geben Sie diesem Tabellenblatt den Namen **Ergebnis**.

3. Geben Sie die Daten der vorliegenden Angebote (siehe oben) ein.

4. Ermitteln Sie mithilfe geeigneter Formeln und Funktionen
   a) in Zeile 9 den Bareinkaufspreis pro Lieferer und Artikel,
   b) die Auswertung für die Lieferzeit. Es gilt, dass alle Lieferanten, die innerhalb von zwei Wochen liefern können, in der entsprechenden Zelle (z. B. D11) mit einem „OK" gekennzeichnet werden;
   c) die Auswertung für die Zuverlässigkeit. Es gilt, dass alle Lieferanten, deren Zuverlässigkeit bei „1" liegt, mit einem „OK" gekennzeichnet werden. Alle anderen Lieferer bleiben ohne Kennzeichnung;
   d) den niedrigsten Preis. Der Lieferer mit dem niedrigsten Preis ist mit einem „X" zu kennzeichnen. Alle anderen Lieferer bleiben ohne Kennzeichnung.

5. Erstellen Sie in einem weiteren Tabellenblatt mit dem Namen **Formeln** die Formelansicht.

6. Fügen Sie unterhalb der Tabelle im Tabellenblatt **Ergebnis** ein Textfeld ein. Entscheiden Sie sich für einen Lieferanten und begründen Sie Ihre Entscheidung mithilfe der berechneten Werte. Formulieren Sie in ganzen Sätzen und achten Sie auf eine gute Ausdrucksweise.

7. Für das Drucklayout gelten folgende Vorgaben:
   a) Die Tabellenblätter sollen im Format DIN A4 quer auf je einer Seite ausgedruckt werden.
   b) In der Fußzeile unten links soll automatisch der Dateiname und in der Fußzeile unten rechts soll Ihr Name ausgewiesen werden.
   c) Beide Tabellenblätter sind mit Zeilen- und Spaltenüberschriften sowie mit Gitternetzlinien auszudrucken.

4.2.2 Lohnberechnung

Ausgangssituation

Sie sind in der Abteilung Personalwesen in der Gruppe Personalvergütung eingesetzt. Die Gruppenleiterin, Frau Necke, beauftragt Sie, die monatliche Lohnberechnung für die in der Produktion beschäftigten Arbeitnehmer durchzuführen.

Frau Necke teilt Ihnen mit, dass sich der Monatslohn der Mitarbeiter aus dem Stückakkord und einer Qualitätsprämie zusammensetzt. Ihre Aufgabe besteht in der Ermittlung des Monatslohns sowie des voraussichtlichen Jahreslohns mithilfe der nachfolgend abgebildeten Tabelle.

	A	B	C	D	E	F	G	H	I
1	Übersicht über den Lohn unserer Mitarbeiter für diesen Monat								
2									
3									
4	Fertigungsmenge ab ... Stück	Lohn pro Stück		fehlerhafte Stückzahl ab ...	Qualitätsprämie pro Monat			Abrechnungs-datum:	
5	0	8,70 €		0	180,00 €				
6	200	9,20 €		5	0,00 €				
7									
8									
9	Personal-Nr.	Mitarbeiter-Name	Fertigungsmenge pro Monat	davon waren ... Stück fehlerhaft	Lohn pro Stück	Qualitätsprämie	Gesamtlohn für den aktuellen Monat	voraussichtlicher Jahreslohn	Mitarbeiter mit dem höchsten Monatslohn
10	0204	Mohren, Frank	208	4					
11	0402	Kleine, August	196	2					
12	0405	Link, Peter	224	6					
13	0409	Davin, Gunnar	204	3					
14	0450	Kemper, Bernd	192	1					
15	0512	Lensch, Sascha	224	5					
16									
17	Gesamt	-----	-----						
18	Durchschnitt	-----							

Abbildung 4.7: *Lohnberechnung*

Arbeitsauftrag 4

1. Übernehmen Sie die abgebildete Tabelle inklusive aller Werte und Formatierungen in das Tabellenblatt 1 und speichern Sie die Arbeitsmappe unter dem Dateinamen **Lohnberechnung** ab.

2. Ermitteln Sie in der Zelle I4 mithilfe einer Funktion das aktuelle Datum.

3. Ermitteln Sie mithilfe von WENN-Funktionen
   a) den Lohn pro Stück in der Spalte E in Abhängigkeit zur Fertigungsmenge pro Monat,
   b) die Höhe der Qualitätsprämie in der Spalte F in Abhängigkeit zu den Werten in Spalte D.

4. Berechnen Sie mithilfe geeigneter Formeln und Funktionen
   a) in Spalte G den Gesamtlohn für den aktuellen Monat. Berücksichtigen Sie, dass fehlerhafte Produkte nicht vergütet werden;
   b) in Spalte H den voraussichtlichen Jahreslohn.

5. Kennzeichnen Sie unter Verwendung einer WENN-Funktion den Mitarbeiter mit dem höchsten Monatslohn mit einem „X". Die Zellen der übrigen Mitarbeiter sollen leer bleiben.

6. Ermitteln Sie in den Zeilen 23 und 24 mithilfe von geeigneten Funktionen die geforderten Werte. Beachten Sie hierbei, dass die gestrichenen Zellen ohne Berechnung bleiben sollen.

7. Formatieren Sie alle Euro-Werte im Format „Währung" (€) mit zwei Nachkommastellen.

8. Kopieren Sie die Inhalte aus dem Tabellenblatt 1 in das Tabellenblatt 2 und wechseln Sie dort in die Formelansicht.

9. Benennen Sie das Tabellenblatt 1 als **Ergebnis**, Tabellenblatt 2 als **Formeln**.

10. Richten Sie beide Tabellenblätter so ein, dass diese mit **Zeilen- und Spaltenüberschriften** auf jeweils einer Seite im **Querformat** ausgedruckt werden können. Weiterhin sollen beide Tabellenblätter in der Kopfzeile sowohl Ihren **Namen** als auch das **heutige Datum** enthalten.

4.2.3 Gesundheitsbonus

Ausgangssituation

Da Sie im Rahmen der Lohnberechnung (siehe Aufgabe 4.2.2) bereits einige Erfahrung gesammelt haben, sollen Sie nun die Gehälter der Mitarbeiter im Monat Januar 02 berechnen.

Zur Berechnung der Gehälter müssen zwei Gehaltsklassen und ein Zuschlag für Mitarbeiter mit geringer Fehlquote berücksichtigt werden. Diese Gesundheitsprämie wird gemeinsam mit dem Gehalt im Januar des jeweiligen Folgejahres (02) ausgezahlt. Ihre Aufgabe besteht darin, mithilfe der nachfolgenden Tabelle diese Berechnung automatisiert durchzuführen.

Web

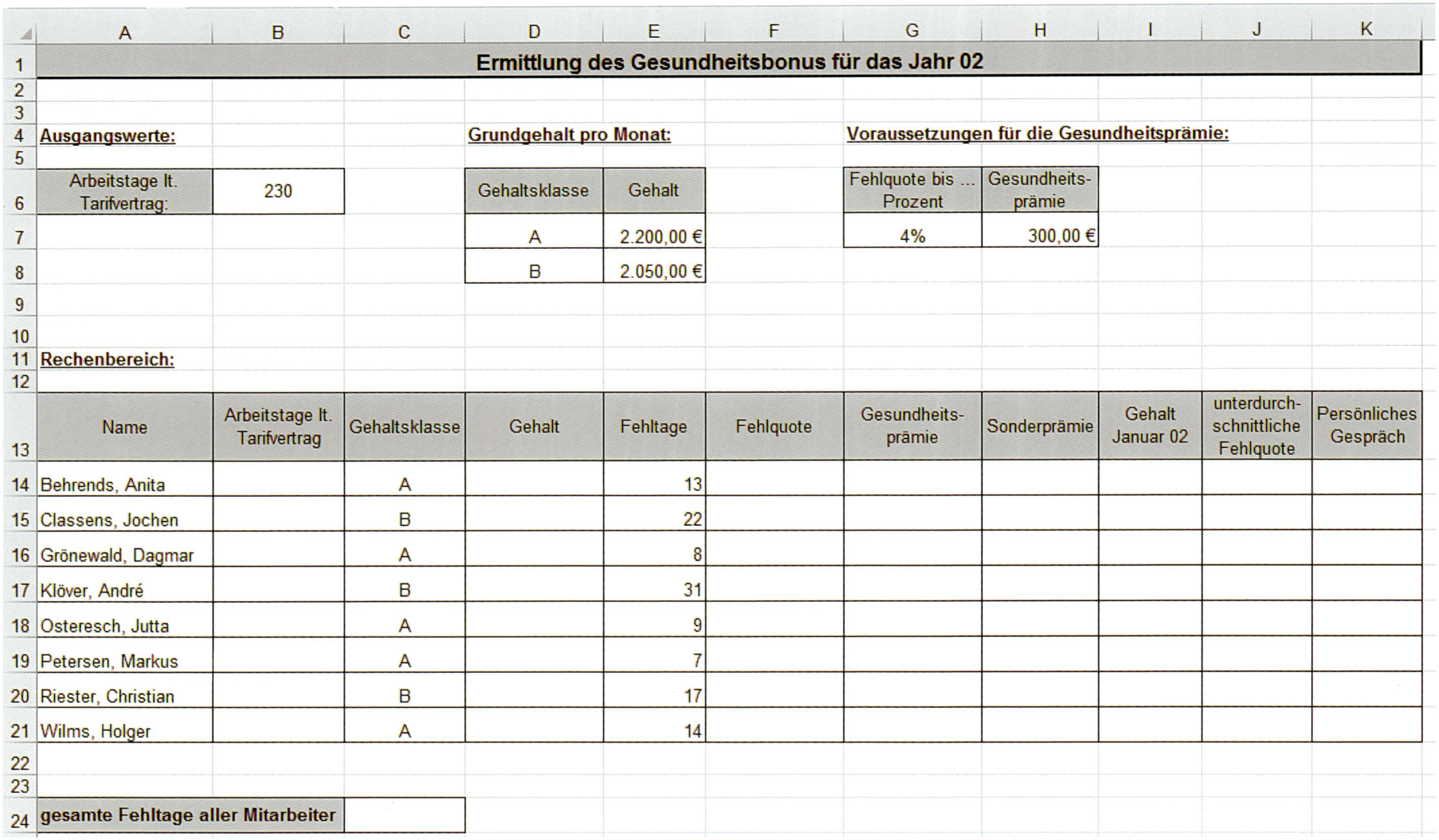

	A	B	C	D	E	F	G	H	I	J	K
1	Ermittlung des Gesundheitsbonus für das Jahr 02										
2											
3											
4	Ausgangswerte:			Grundgehalt pro Monat:			Voraussetzungen für die Gesundheitsprämie:				
5											
6	Arbeitstage lt. Tarifvertrag:	230		Gehaltsklasse	Gehalt		Fehlquote bis ... Prozent	Gesundheits-prämie			
7				A	2.200,00 €		4%	300,00 €			
8				B	2.050,00 €						
9											
10											
11	Rechenbereich:										
12											
13	Name	Arbeitstage lt. Tarifvertrag	Gehaltsklasse	Gehalt	Fehltage	Fehlquote	Gesundheits-prämie	Sonderprämie	Gehalt Januar 02	unterdurch-schnittliche Fehlquote	Persönliches Gespräch
14	Behrends, Anita		A		13						
15	Classens, Jochen		B		22						
16	Grönewald, Dagmar		A		8						
17	Klöver, André		B		31						
18	Osteresch, Jutta		A		9						
19	Petersen, Markus		A		7						
20	Riester, Christian		B		17						
21	Wilms, Holger		A		14						
22											
23											
24	gesamte Fehltage aller Mitarbeiter										

Abbildung 4.8: *Gesundheitsbonus*

Arbeitsauftrag 5

1. Übernehmen Sie die abgebildete Tabelle inklusive aller Werte und Formatierungen in ein Tabellenblatt und speichern Sie die Arbeitsmappe (Datei) in Ihrem Arbeitsverzeichnis unter dem Namen **Gesundheitsbonus** ab.

2. Speichern Sie Ihre Datei in regelmäßigen Abständen – spätestens jedoch alle fünf Minuten – ab, um Datenverlust zu vermeiden.

3. Benennen Sie das Tabellenblatt 1 als **Ergebnis** und das Tabellenblatt 2 als **Formeln**.

4. Vergeben Sie für die Zellen B6 und H7 sinnvolle Namen und verwenden Sie diese – sofern möglich – in den späteren Formeln und Funktionen.

5. Übernehmen Sie in Spalte B für alle Mitarbeiter per Zellbezug die Arbeitstage, die laut Tarifvertrag pro Jahr zu arbeiten sind.

6. Ermitteln Sie mithilfe von geeigneten Formeln bzw. Funktionen
   a) in der Spalte D das jeweilige Gehalt der Mitarbeiter in €,
   b) in der Spalte F die Fehlquote des jeweiligen Mitarbeiters. Die Fehlquote soll als Prozent formatiert mit zwei Nachkommastellen ausgegeben werden;
   c) in der Spalte G die Gesundheitsprämie in €. Die Höhe der Prämie hängt von den in den Zellen G6 bis H7 aufgeführten Angaben ab;
   d) in der Spalte H die Sonderprämie in €. Die Sonderprämie in Höhe von 500,00 € erhält nur der Mitarbeiter, der die kleinste Fehlquote im Jahr 01 hatte. Alle anderen Mitarbeiter erhalten an dieser Stelle keine Zahlung;
   e) in Spalte I die Höhe des Gehaltes in € je Mitarbeiter für den Monat Januar 02;
   f) in der Spalte J alle Mitarbeiter, die eine unterdurchschnittliche Fehlquote aufweisen können. Diese Mitarbeiter sollen durch ein „X" gekennzeichnet werden. Die Zellen aller anderen Mitarbeiter sollen leer bleiben;
   g) in der Spalte K den Mitarbeiter, mit dem aufgrund der höchsten Fehlquote der Vorgesetzte ein persönliches Gespräch führen soll. Auch hier soll ein „X" diesen Mitarbeiter kennzeichnen.

7. Ermitteln Sie mithilfe einer geeigneten Funktion in der Zelle C24 die gesamte Anzahl an Fehltagen aller Mitarbeiter für das Jahr 01.

8. Formatieren Sie alle Zellen, in denen Währungsbeträge enthalten sind, im Format „Währung" (€) mit zwei Nachkommastellen.

9. Kopieren Sie den Inhalt des Tabellenblattes **Ergebnis** in das Tabellenblatt **Formeln** und schalten Sie dort in die Formelansicht um. Passen Sie das Tabellenblatt **Formeln** so an, dass alle Formeln und Funktionen vollständig lesbar sind.

10. Richten Sie beide Tabellenblätter so ein, dass diese im **Querformat** ausgedruckt werden können. Die Tabellenblätter sollen neben den **Spalten- und Zeilenüberschriften** auch Ihren **Namen, den Dateinamen** und das **heutige Datum** in der Kopfzeile enthalten. Beachten Sie, dass das Tabellenblatt **Formeln** auf 2 Seiten breit ausgedruckt wird.

4.3 Verschachtelte WENN-Funktion

Ausgangssituation

Sie sind in die Abteilung Rechnungswesen zurückgekehrt. Herr Fernandez ist sehr zufrieden mit Ihrer bisherigen Automatisierung des Rechnungsformulars. Die Rabattgewährung soll in Zukunft differenzierter stattfinden, d.h. die Rabattstaffel hat sich erweitert.

Herr Fernandez teilt Ihnen mit, dass bei einer Menge unter 10 Stück kein Mengenrabatt gewährt werden soll. Ab einer Menge von 10 Stück soll ein Rabatt von 10%, bei Mengen ab 20 Stück ein Rabatt von 15% gewährt werden. Ihre Aufgabe besteht darin, das Rechnungsformular dahin gehend zu verändern.

Wenn das Tabellenkalkulationsprogramm in Abhängigkeit einer bestimmten Größe (z.B. Abnahmemenge eines Kunden) zwischen **mehr als zwei** verschiedenen Möglichkeiten wählen soll, reicht die Nutzung der einfachen WENN-Funktion nicht mehr aus. In einem solchen Fall kann die Nutzung der **verschachtelten WENN-Funktion** zur Lösung des betriebswirtschaftlichen Problems genutzt werden.

Nachfolgend ist der Aufbau der verschachtelten WENN-Funktion in Form eines Struktogramms dargestellt:

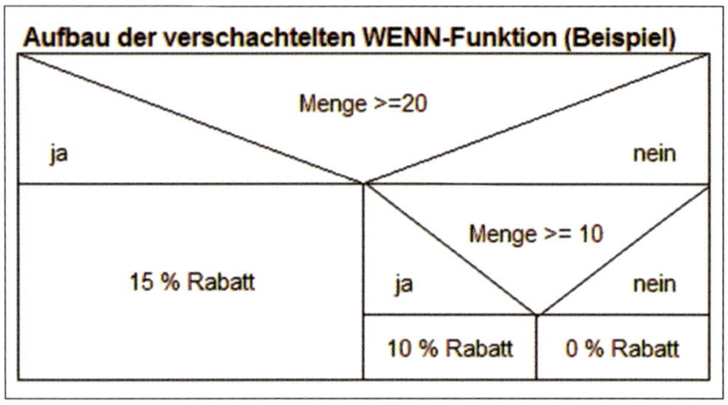

Abbildung 4.9: Struktogramm der verschachtelten WENN-Funktion am Beispiel der Rabattgewährung

Im nachfolgenden Beispiel soll das Tabellenkalkulationsprogramm in den Zellen F39 bis F42 ermitteln, welcher Rabattsatz in Abhängigkeit von der jeweiligen Menge für den jeweiligen Artikel gilt. Für den Artikel mit der Position 1 (Art.-Nr.: 101111) wird aufgrund der Menge von 10 Stück ein Rabattsatz von 10% gewährt. Zur Lösung des Problems muss zunächst mit der Eingabe der Funktion in der Zelle F39 begonnen werden. Wie aus der „einfachen" WENN-Funktion bekannt, beginnt die Eingabe wie folgt: **=WENN(D39>=$A$72;$B$72;**

Web

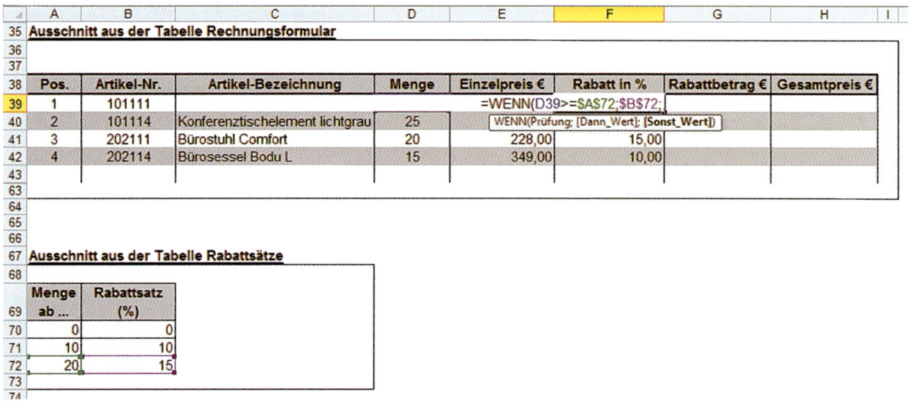

Ausschnitt aus der Tabelle Rechnungsformular

Pos.	Artikel-Nr.	Artikel-Bezeichnung	Menge	Einzelpreis €	Rabatt in %	Rabattbetrag €	Gesamtpreis €
1	101111			=WENN(D39>=$A$72;$B$72;			
2	101114	Konferenztischelement lichtgrau	25	WENN(Prüfung; [Dann_Wert]; [Sonst_Wert])			
3	202111	Bürostuhl Comfort	20	228,00	15,00		
4	202114	Bürosessel Bodu L	15	349,00	10,00		

Ausschnitt aus der Tabelle Rabattsätze

Menge ab ...	Rabattsatz (%)
0	0
10	10
20	15

Abbildung 4.10: Die verschachtelte WENN-Funktion

An dieser Stelle führt die Anwendung der „einfachen" WENN-Funktion nicht zum gewünschten Ergebnis. Statt **eines** SONST-Wertes verbleiben in diesem Beispiel noch zwei Möglichkeiten (nämlich 10 % oder 0 %). Bei der Eingabe der Zelle B71 als SONST-Wert würden die Rabattsätze 15 % und 10 % berücksichtigt. Es fehlt allerdings noch der verbleibende **dritte** Wert (0 %). Dieser kann nicht mehr eingetragen werden, da die „einfache" WENN-Funktion durch die Angabe eines DANN-Wertes und eines SONST-Wertes beendet ist.

An dieser Stelle ermöglicht das Tabellenkalkulationsprogramm, nicht nur **eine** Zelle (oder **einen** Wert bzw. Text) als SONST-Wert anzugeben, sondern eine komplett neue WENN-Funktion zu **verschachteln**. Mit dieser **verschachtelten WENN-Funktion** können die noch verbleibenden zwei Möglichkeiten erfasst werden.
Die Funktion kann somit wie folgt ergänzt werden:
=WENN(D39>=$A$72;$B$72;**WENN(D39>=$A$71;$B$71;**

Durch den fett hervorgehobenen Teil der WENN-Funktion wurden bereits zwei der drei Möglichkeiten berücksichtigt. Es fehlt nur noch eine Möglichkeit. Der Wert der Zelle B70 kann als SONST-Wert der zweiten WENN-Funktion angehängt werden!
=WENN(D39>=$A$72;$B$72;WENN(D39>=$A$71;$B$71;**$B$70**))
Zu beachten ist abschließend, dass am Ende der Funktion zwei Klammern geschlossen werden müssen, da zuvor zwei Klammern geöffnet worden sind.

Anmerkung

Häufiger Fehler: Damit die Funktion zu den richtigen Ergebnissen führt, ist es von großer Bedeutung, in welcher Reihenfolge die Menge geprüft wird. Die folgende Funktion berücksichtigt zwar ebenfalls alle Mengen, kommt aber zu einem falschen Ergebnis:
=WENN(D39>=$A$70;$B$70;WENN(D39>=$A$71;$B$71;$B$72))
=WENN(D39>=   0;   0;WENN(D39>=   10;   10;   15))

Menge

1	*2*	*3*	*4*	*5*	*6*	*7*	*8*	*9*	*10*	*11*	*12*	*13*	*14*	*15*	*16*	*17*	*18*	*19*	*20*	*21*	*22*	*23*	*24*	*25*	*26*	*27*	*28*	*29*

Rabatt in %

0 [%]	*10 [%]*	*15 [%]*

Bei Verwendung der oben stehenden Funktion würde auch bei einer Menge von beispielsweise 25 Artikeln die folgende Prüfung erfolgen: =WENN(25>=0;   0; ...

Obwohl festgelegt wurde, dass eine Bestellmenge von 25 Stück zu einem Rabattsatz von 15 % führen soll, würde die WENN-Funktion hier den Rabattsatz von 0 % ausgeben. Das liegt daran, dass die Prüfung (25 größer gleich 0) als wahr betrachtet und so der zugehörige DANN-Wert ausgegeben wird. Bei einer positiven Prüfung wird das zugehörige Ergebnis (DANN-Wert) ausgegeben und an dieser Stelle beendet. Die verbleibenden Bedingungen werden dann nicht mehr „untersucht". Für die verschachtelte Wenn-Funktion gilt demnach: Nur wenn die erste zu untersuchende Bedingung zu einer negativen Antwort führt, wird die zweite Bedingung untersucht usw.

Arbeitsauftrag 6

Stellen Sie die in Abbildung 4.10 dargestellte Tabelle in einem Tabellenkalkulationsprogramm dar und tragen Sie die erforderlichen Funktionen ein.

4.4 Übungsaufgaben zur verschachtelten WENN-Funktion

4.4.1 Provisionsabrechnung

Ausgangssituation

Zurück in der Personalabteilung sollen Sie sich, so Frau Necke, mit weiteren Entgeltberechnungen beschäftigen. Am Ende des Monats Januar – wie jeden Monat – müssen die Provisionsabrechnungen für die Verkaufsmitarbeiter/innen aus der Abteilung Absatz erstellt werden.

Frau Necke teilt Ihnen mit, dass die Höhe der Provision abhängig von der Höhe des erzielten Umsatzes ist. Ihre Aufgabe ist es, die Provisionsabrechnung mit einem Tabellenkalkulationsprogramm zu automatisieren.

	A	B	C	D	E	F
1	Provision und Entgelt der Verkaufsmitarbeiter/innen für Januar					
2						
3	Fixum	2.500,00 €				
4						
5	Mitarbeiter/in	Umsatz in Euro	anteiliger Umsatz in Prozent	Provision in Prozent	Provision in Euro	Gesamtentgelt in Euro
6	Grohe	45.000,00				
7	Oberndorf	51.000,00				
8	Üstün	42.000,00				
9	Wutzler	39.000,00				
10	Dose	61.000,00				
11	Feld	54.000,00				
12						
13						
14	Hilfstabelle					
15	Umsatz ab	Provision				
16	40.000,00 €	2,0%				
17	60.000,00 €	3,0%				
18	80.000,00 €	4,0%				

Abbildung 4.11: Provisionsabrechnung

Arbeitsauftrag 7

1. Erfassen Sie das oben abgebildete Formular einschließlich aller Formate in einem leeren Tabellenblatt. Geben Sie dem Tabellenblatt den Namen **Ergebnis** und speichern Sie die Mappe unter dem Namen **Provisionsabrechnung** ab. Speichern Sie die Datei regelmäßig, um Datenverluste zu vermeiden.

2. Geben Sie der Zelle B3 den Namen „Fixum" (Fixum ist der feste Bestandteil der monatlichen Vergütung.) und dem Zellbereich B6 bis B11 den Namen „Umsatz".

3. Ermitteln Sie mithilfe geeigneter Formeln und Funktionen und – sofern möglich – unter Verwendung der Namen
   a) in Spalte C den Umsatzanteil der einzelnen Mitarbeiter am Gesamtumsatz. Formatieren Sie den Wert als „Zahl" mit zwei Nachkommastellen,

b) in Spalte D die Provision in Prozent. Formatieren Sie den Wert als „Zahl" mit zwei Nachkommastellen,
c) in Spalte E die Provision in €,
d) in Spalte F das Gesamtentgelt in €.

4. Formatieren Sie alle Euro-Beträge als „Zahl" mit zwei Nachkommastellen und „1.000er-Trennzeichen".

5. Erstellen Sie in einem weiteren Tabellenblatt mit dem Namen Formeln die Formelansicht.

6. Für das Drucklayout gelten folgende Vorgaben:
   a) Die Tabellenblätter sollen im Format DIN A4 quer auf je einer Seite ausgedruckt werden.
   b) In der Fußzeile unten links soll automatisch der **Dateiname**, in der Fußzeile unten rechts soll Ihr **Name** und in der Mitte **das aktuelle Datum** ausgewiesen werden.
   c) Beide Tabellenblätter sind mit **Zeilen- und Spaltenüberschriften** sowie mit **Gitternetzlinien** auszudrucken.

4.4.2 Wochenlohn

Ausgangssituation

Frau Necke teilt Ihnen mit, dass einige Mitarbeiter aus der Abteilung Produktion zusätzlich zur jeweiligen Entgeltberechnung wöchentlich über den erarbeiteten Wochenlohn informiert werden sollen.

Dieser Wochenlohn setzt sich neben dem Stückakkord auch aus einer Qualitätsprämie zusammen. Ihre Aufgabe ist es, den Wochenlohn sowie den voraussichtlichen Monatslohns mithilfe der nachstehend abgebildeten Tabelle automatisiert auszugeben.

	A	B	C	D	E	F	G	H	I
1	Übersicht über den Lohn unserer Mitarbeiter für diese Woche								
2									
3									
4	Fertigungsmenge ab ... Stück	Lohn pro Stück		fehlerhafte Stückzahl ab ...	Qualitätsprämie pro Woche		Datum/Uhrzeit:		
5	0	8,70 €		0	80,00 €				
6	30	9,20 €		3	30,00 €				
7	50	9,70 €		5	0,00 €				
8									
9									
10	Perosnal-Nr.	Mitarbeiter-Name	Fertigungsmenge pro Woche	davon waren ... Stück fehlerhaft	Lohn pro Stück	Qualitätsprämie	Gesamtlohn für die aktuelle Woche	voraussichtlicher Monatslohn	Mitarbeiter mit überdurchschnitt-lichem Wochenlohn
11	0204		52	3					
12	0255		47	1					
13	0198		56	5					
14									
15									
16	Perosnal-Nr.	Mitarbeiter-Name							
17	0255	Olbert, Pablo							
18	0198	Hahne, Peter							
19	0204	Mohren, Frank							
20									

Abbildung 4.12: *Wochenlohn*

Arbeitsauftrag 8

1. Übernehmen Sie zunächst die Tabelle inklusive aller Werte und Formatierungen in das Tabellenblatt 1, geben Sie dem Tabellenblatt den Namen **Ergebnis** und speichern Sie die Arbeitsmappe unter dem Namen **Wochenlohn**.

2. Speichern Sie in regelmäßigen Abständen Ihre Ergebnisse ab – spätestens jedoch alle fünf Minuten –, um sich so vor Datenverlust zu schützen.

3. Ermitteln Sie in der Zelle H4 mithilfe einer geeigneten Funktion das aktuelle Datum sowie die aktuelle Uhrzeit.

4. Ermitteln Sie mithilfe von verschachtelten WENN-Funktionen
   a) den jeweiligen Mitarbeiter-Namen in der Spalte B. Bei fehlerhafter Eingabe einer Mitarbeiter-Nr. soll der Hinweis „Fehleingabe“ erfolgen;
   b) den Lohn pro Stück in der Spalte E;
   c) die Höhe der Qualitätsprämie in der Spalte F.

5. Berechnen Sie mithilfe geeigneter Formeln und Funktionen
   a) in Spalte G den Gesamtlohn (inklusive Qualitätsprämie) für die aktuelle Woche. Hierbei ist zu beachten, dass fehlerhafte Erzeugnisse nicht vergütet werden;
   b) in Spalte H den voraussichtlichen Monatslohn.

6. Kennzeichnen Sie unter Verwendung einer WENN-Funktion die Mitarbeiter mit einem überdurchschnittlichen Wochenlohn. Diese sollen jeweils durch ein „X“ gekennzeichnet werden. Die Zellen der übrigen Mitarbeiter sollen leer bleiben.

7. Formatieren Sie alle Euro-Werte im Format „Währung“ (€) mit zwei Nachkommastellen.

8. Kopieren Sie die Inhalte aus dem Tabellenblatt 1 in das Tabellenblatt 2 und wechseln Sie dort in die Formelansicht.

9. Benennen Sie das Tabellenblatt 2 als **Formeln**.

10. Richten Sie beide Tabellenblätter so ein, dass diese mit **Zeilen- und Spaltenüberschriften** auf jeweils einer Seite im **Querformat** ausgedruckt werden können. Weiterhin sollen beide Tabellenblätter in der Kopfzeile Ihren **Namen**, **den Dateinamen** und das **heutige Datum** enthalten.

4.4.3 Jubiläumsprämie

Ausgangssituation

Die Geschäftsführer der Duisdorfer BüroKonzept KG, Frau Niester und Herr Falo, möchten ihren Mitarbeitern anlässlich des Unternehmensjubiläums eine Prämie zukommen lassen. Sie sollen Frau Necke bei der Berechnung der Prämie unterstützen.

Für die Verteilung der Prämie sollen verschiedene Verteilungsschlüssel angewendet werden. Alle Mitarbeiter, die mindestens ein Jahr im Unternehmen beschäftigt sind, erhalten zunächst eine Prämie in Abhängigkeit von der Dauer ihrer Betriebszugehörigkeit. Weiterhin sollen alle Mitarbeiter, die seit mindestens 10 Jahren dem Unternehmen angehören, eine Treueprämie in Höhe von 1.200,00 € erhalten. Zusätzlich will die Geschäftsleitung noch eine Sonderprämie in Höhe von 42.000,00 € auf alle Mitarbeiter im Verhältnis der Jahre ihrer Betriebszugehörigkeit verteilen.

Ihre Aufgabe ist es, die Jubiläumsprämie mithilfe der nachfolgenden Tabellen auf die Mitarbeiter zu verteilen.

Ermittlung der Jubiläumsprämie

Eingabetabelle (Auszug aus der Personaldatenbank)

Name	Betriebszugehörigkeit in Jahren	Monatsgehalt
Späth	0	3.080,00 €
Olbert	7	2.260,00 €
Krey	10	3.100,00 €
Schwister	10	1.830,00 €
Hoffmann	16	4.530,00 €
Admas	9	1.780,00 €
Reiffert	15	3.110,00 €

Hilfstabellen

Betriebszugehörigkeit ab ... Jahren	Prämie in % auf Monatsgehalt
0	0%
3	3%
5	5%
10	10%
15	15%

Treueprämie	1.200,00 €
Sonderprämie	42.000,00 €
Mindestzugehörigkeit in Jahren	10

Ausgabetabelle

Name	Betriebszugehörigkeit in Jahren	Prämie	Treueprämie	Verteilung der Sonderprämie	Gesamtprämie	Verteilung der Prämie
Summe						
Durchschnitt						

Abbildung 4.13: *Jubiläumsprämie*

Arbeitsauftrag 9

1. Übernehmen Sie die abgebildete Tabelle inklusive aller Werte und Formatierungen in Ihr Tabellenblatt 1. Benennen Sie das Tabellenblatt als **Ergebnis**. Speichern Sie die Arbeitsmappe unter dem Namen **Jubiläumsprämie**.

2. Vergeben Sie den Zellen F13 bis F15 sinnvolle Namen, die Sie – sofern möglich – in den folgenden Funktionen und Formeln verwenden.

3. Übernehmen Sie im Bereich Ausgabetabelle durch Zellbezug zum Bereich Eingabetabelle die Namen der Mitarbeiter sowie die Betriebszugehörigkeit in Jahren.

4. Ermitteln Sie mithilfe von geeigneten Formeln und Funktionen
   a) die von der Dauer der Betriebszugehörigkeit abhängende Prämie in €,
   b) die Treueprämie in €, die allen Mitarbeitern gewährt wird, die seit mindestens 10 Jahren dem Unternehmen angehören,
   c) die Höhe der Sonderprämie in € je Mitarbeiter. Diese Prämie in der Gesamthöhe von 42.000,00 € soll im Verhältnis der Jahre der Betriebszugehörigkeit auf die Mitarbeiter verteilt werden,
   d) in Zelle B30 den Durchschnitt der Betriebszugehörigkeit,
   e) die Summe und den Durchschnitt der in den Spalten C bis F ermittelten Werte,
   f) die prozentuale Verteilung der insgesamt an die Mitarbeiter ausgezahlten Prämien je Mitarbeiter. Formatieren Sie dieses Ergebnis als Prozentzahlen und geben Sie dieses mit zwei Stellen nach dem Komma aus,
   g) die Summe und den Durchschnitt der in der Spalte G ermittelten Werte.

5. Formatieren Sie alle Euro-Werte im Format „Währung" (€) mit zwei Nachkommastellen.
6. Kopieren Sie den Inhalt des Tabellenblattes **Ergebnis** in das Tabellenblatt 2 und benennen Sie dieses als Formeln. Wechseln Sie im Tabellenblatt **Formeln** in die Formelansicht und achten Sie darauf, dass alle Funktionen und Formeln vollständig lesbar sind.
7. Richten Sie beide Tabellenblätter so ein, dass diese im **Querformat** (Tabellenblatt Ergebnis auf einer, Formeln auf zwei Seiten) ausgedruckt werden können. In der Kopfzeile soll jeweils Ihr **Name**, der **Dateiname** und das **aktuelle Datum** erscheinen. Weiterhin sollen beide Tabellen mit **Zeilen- und Spaltenüberschriften** ausgedruckt werden.

4.5 WENN-UND-Funktion und WENN-ODER-Funktion

4.5.1 WENN-UND-Funktion

Ausgangssituation

Nach dem mehrwöchigen Aufenthalt im Personalwesen sind Sie wieder in der Abteilung Rechnungswesen eingesetzt, da Herr Fernandez nochmals Ihre Unterstützung benötigt.

Die Automatisierung des Rechnungsformulars soll nochmals verändert werden. Der Mengenrabatt soll zukünftig nur dem Kunden „Neuhoff KG" (Kundennummer: 2401) gewährt werden. Dieser soll bei einer Menge ab 15 Stück einen Rabatt in Höhe von 10 % erhalten.

Bisher wurden betriebswirtschaftliche Problemstellungen mithilfe der WENN-Funktion bzw. der verschachtelten WENN-Funktion gelöst. Dabei musste nur jeweils eine Bedingung erfüllt werden (z. B. Menge >= 10), um einen entsprechenden DANN-Wert auszugeben. Es existieren allerdings auch Problemstellungen, bei denen mindestens zwei Bedingungen erfüllt sein müssen, um einen entsprechenden DANN-Wert auszugeben. Hier führt die Verwendung einer einfachen oder verschachtelten WENN-Funktion nicht zum gewünschten Erfolg, da diese Funktion nur eine Prüfung durchführen kann. Zur Lösung des Problems muss die **WENN-UND-Funktion** genutzt werden. In der o. g. Situation müssen zwei Bedingungen (Wahrheitswerte) erfüllt werden, damit ein Rabatt gewährt wird. Bezogen auf das Rechnungsformular (siehe Abbildung 4.15) muss der Kunde die Kundennummer 2401 besitzen und die Menge einer Position muss größer oder gleich 15 Stück sein. Die WENN-UND-Funktion hat die folgende Syntax: =**WENN(UND(WAHRHEITSWERT1;WAHRHEITSWERT2;...);DANN-Wert;SONST-Wert)**

Nachfolgend ist der Aufbau der WENN-UND-Funktion in Form eines Struktogramms dargestellt:

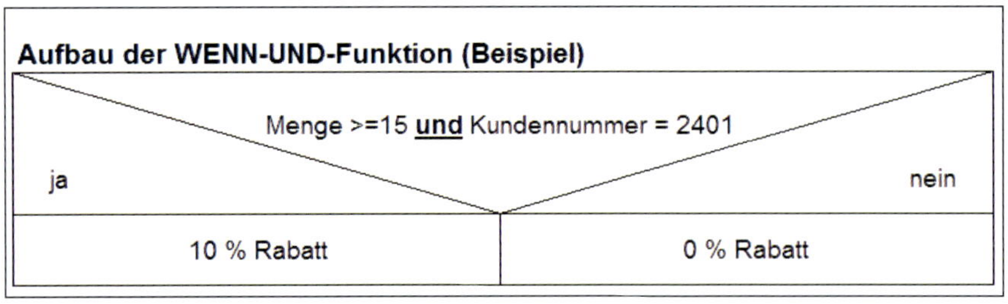

***Abbildung 4.14:** Struktogramm der WENN-UND-Funktion am Beispiel der Rabattgewährung*

In dieser Funktion wird der DANN-Wert nur ausgegeben, wenn alle zuvor aufgestellten Bedingungen erfüllt bzw. Prüfungen als wahr beantwortet worden sind. Trifft nur eine (oder keine) Bedingung zu, wird der SONST-Wert ausgegeben. So wird beispielsweise für den Artikel „Schreibtisch Ökostar" (siehe Abb. 4.15 Zeile 39) kein Rabatt gewährt. Der Kunde besitzt zwar die Kundennummer 2401 (siehe Zelle C30), die Menge 10 in Zelle D39 ist allerdings kleiner als 15. Die Bedingung ist nicht erfüllt, sodass der SONST-Wert ausgegeben wird. Die Funktion wird im Folgenden dargestellt:

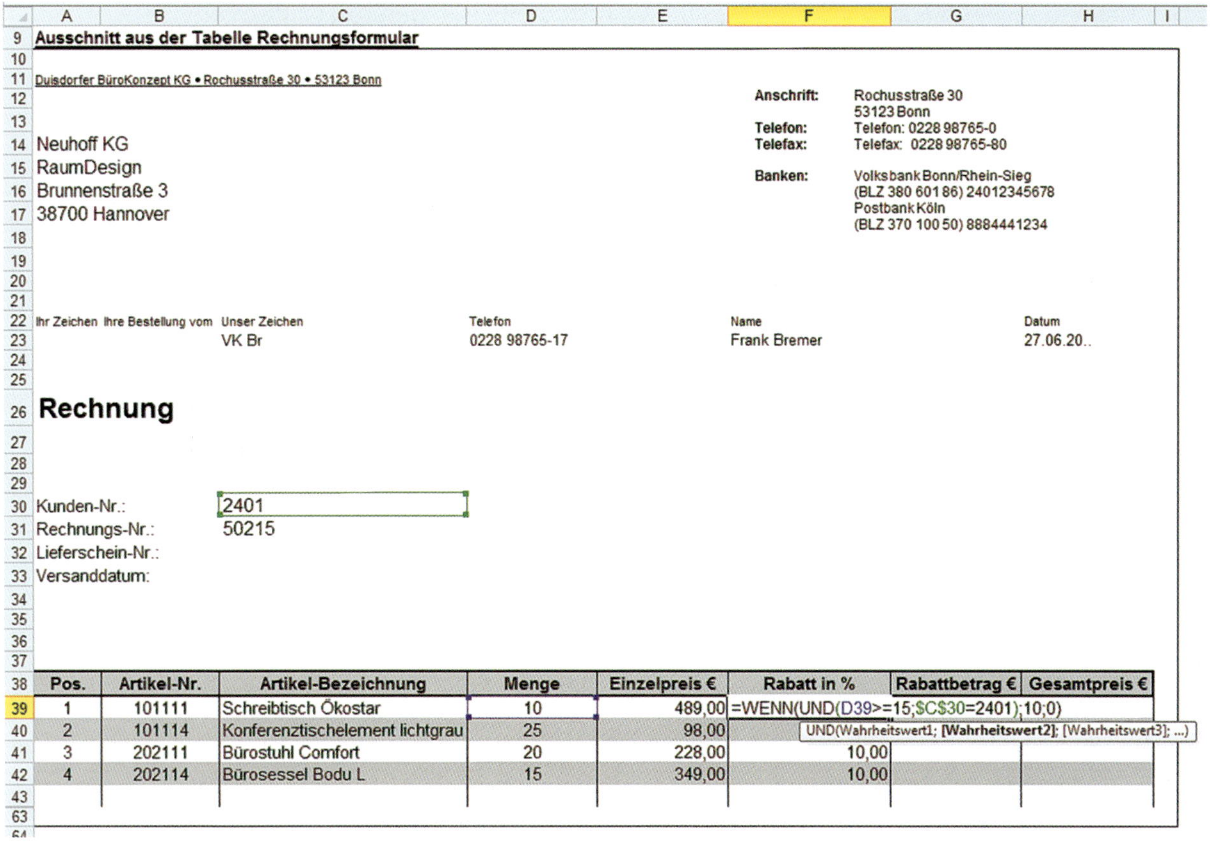

Ausschnitt aus der Tabelle Rechnungsformular

Duisdorfer BüroKonzept KG • Rochusstraße 30 • 53123 Bonn

Anschrift: Rochusstraße 30
53123 Bonn
Telefon: Telefon: 0228 98765-0
Telefax: Telefax: 0228 98765-80
Banken: Volksbank Bonn/Rhein-Sieg
(BLZ 380 601 86) 24012345678
Postbank Köln
(BLZ 370 100 50) 8884441234

Neuhoff KG
RaumDesign
Brunnenstraße 3
38700 Hannover

Ihr Zeichen	Ihre Bestellung vom	Unser Zeichen	Telefon	Name	Datum
		VK Br	0228 98765-17	Frank Bremer	27.06.20..

Rechnung

Kunden-Nr.: 2401
Rechnungs-Nr.: 50215
Lieferschein-Nr.:
Versanddatum:

Pos.	Artikel-Nr.	Artikel-Bezeichnung	Menge	Einzelpreis €	Rabatt in %	Rabattbetrag €	Gesamtpreis €
1	101111	Schreibtisch Ökostar	10	489,00	=WENN(UND(D39>=15;$C$30=2401);10;0)		
2	101114	Konferenztischelement lichtgrau	25	98,00			
3	202111	Bürostuhl Comfort	20	228,00	10,00		
4	202114	Bürosessel Bodu L	15	349,00	10,00		

UND(Wahrheitswert1; **[Wahrheitswert2]**; [Wahrheitswert3]; ...)

Abbildung 4.15: *Die WENN-UND-Funktion*

Anmerkung

Die Zelle C30 muss absolut adressiert werden, damit nach dem logischen Kopieren auch in den darunter liegenden Zeilen 40 bis 42 der Bezug richtig gesetzt ist. Zu beachten ist weiterhin, dass die sich öffnende Klammer hinter dem UND anzeigt, dass an dieser Stelle die Prüfung der Wahrheitswerte beginnt. D. h. die Bedingungen (hier Kundennummer = 2401 und Menge > = 15) werden geprüft, ob sie wahr sind. Damit das Tabellenkalkulationsprogramm zwischen der Prüfung der Wahrheitswerte und dem auszugebenden DANN-Wert unterscheiden kann, muss hinter der letzten Prüfung des Wahrheitswertes (der letzten Bedingung) die Klammer wieder geschlossen werden.

Nach dem Kopieren der vorgenannten Funktion ergibt sich das folgende Resultat:

Ausschnitt aus der Tabelle Rechnungsformular

Duisdorfer BüroKonzept KG • Rochusstraße 30 • 53123 Bonn

Anschrift:	Rochusstraße 30 53123 Bonn
Telefon:	Telefon: 0228 98765-0
Telefax:	Telefax: 0228 98765-80
Banken:	Volksbank Bonn/Rhein-Sieg (BLZ 380 601 86) 24012345678 Postbank Köln (BLZ 370 100 50) 8884441234

Neuhoff KG
RaumDesign
Brunnenstraße 3
38700 Hannover

Ihr Zeichen	Ihre Bestellung vom	Unser Zeichen	Telefon	Name	Datum
		VK Br	0228 98765-17	Frank Bremer	27.06.20..

Rechnung

Kunden-Nr.: 2401
Rechnungs-Nr.: 50215
Lieferschein-Nr.:
Versanddatum:

Pos.	Artikel-Nr.	Artikel-Bezeichnung	Menge	Einzelpreis €	Rabatt in %	Rabattbetrag €	Gesamtpreis €
1	101111	Schreibtisch Ökostar	10	489,00	0,00		
2	101114	Konferenztischelement lichtgrau	25	98,00	10,00		
3	202111	Bürostuhl Comfort	20	228,00	10,00		
4	202114	Bürosessel Bodu L	15	349,00	10,00		

Abbildung 4.16: *Die WENN-UND-Funktion (Lösung)*

Arbeitsauftrag 10

1. Stellen Sie die abgebildete Tabelle in einem Tabellenkalkulationsprogramm dar und tragen Sie die erforderlichen Funktionen ein.
2. Testen Sie Ihre automatisierte Rechnung, indem Sie in die Zelle C30 eine andere Kundennummer eingeben.

4.5.2 WENN-ODER-Funktion

Ausgangssituation

Nach dem Einsatz des zuvor erstellten Rechnungsformulars (siehe Kapitel 4.5.1) haben sich mehrere Kunden beschwert und einen Mengenrabatt von 10 % bei Mengen über 15 Stück pro Artikel gefordert. Die Neuhoff KG fordert aufgrund der langjährigen Geschäftsbeziehungen generell einen Rabatt von 10 %. Herr Fernandez möchte, nach Rücksprache mit der Geschäftsleitung, diesen Kundenwünschen entsprechen.

Der Neuhoff KG soll immer ein Rabatt in Höhe von 10 % gewährt werden. Alle anderen Kunden sollen nur bei einer Menge ab 15 Stück einen Mengenrabatt von 10 % erhalten.

Im Gegensatz zur WENN-UND-Funktion kommt die **WENN-ODER-Funktion** dann zum Einsatz, wenn lediglich eine der Bedingungen (Wahrheitswerte) zutreffen muss, um den DANN-Wert auszugeben. Bezogen auf die Situation bedeutet dies, dass der Kunde entweder die Kundennummer 2401 besitzen **oder** ein anderer Kunde Mengen ab 15 Stück gekauft haben muss, um einen Rabatt in Höhe von 10 % zu erhalten.

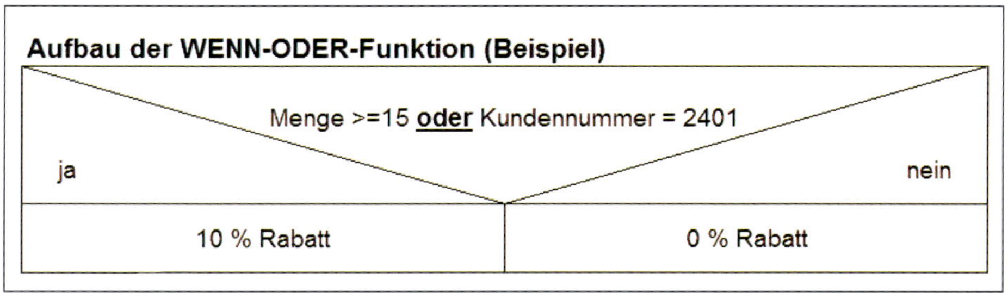

Abbildung 4.17: Struktogramm der WENN-ODER-Funktion am Beispiel der Rabattgewährung

Die Syntax der WENN-ODER-Funktion lautet:
=WENN(ODER(WAHRHEITSWERT1;WAHRHEITSWERT2;...);DANN-Wert;SONST-Wert)

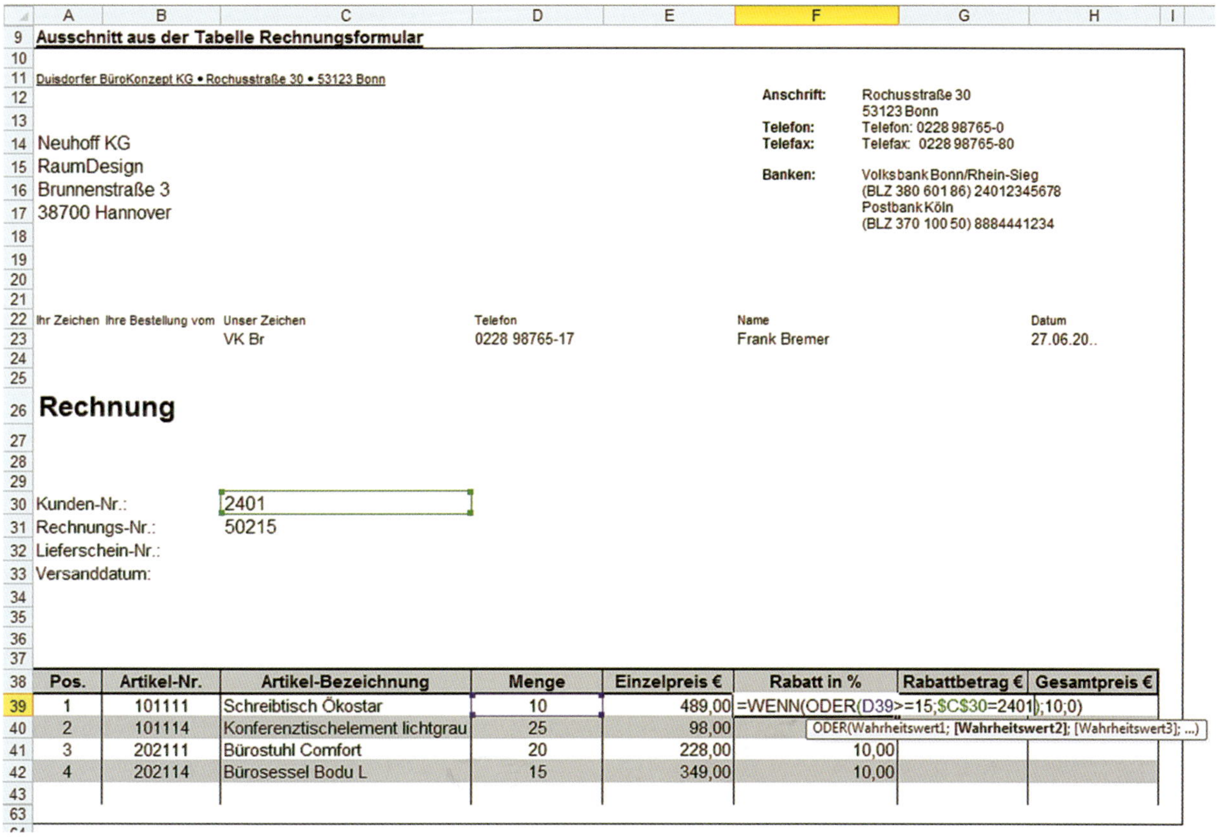

Abbildung 4.18: Die WENN-ODER-Funktion

Arbeitsauftrag 11

1. Stellen Sie die abgebildete Tabelle in einem Tabellenkalkulationsprogramm dar und tragen Sie die erforderlichen Funktionen ein.
2. Testen Sie Ihre automatisierte Rechnung.

4.6 Übungsaufgaben zur WENN-UND- und WENN-ODER-Funktion

4.6.1 Angebotsvergleich 2

Ausgangssituation

Vorübergehend in der Abteilung Beschaffung eingesetzt, stoßen Sie nochmals auf die neu in das Sortiment der Duisdorfer BüroKonzept KG aufzunehmenden Flachbettscanner (siehe Aufgabe 4.2.1 Angebotsvergleich 1).

Der bereits durchgeführte Angebotsvergleich reicht Frau Elling nicht aus. Es sollen noch weitere Entscheidungshilfen zum bisherigen Angebotsvergleich hinzugefügt werden. Sie erhalten von Frau Elling den Auftrag, diesen Vorgang mithilfe eines Tabellenkalkulationsprogramms zu automatisieren.

Web

Arbeitsauftrag 12

1. Starten Sie das Tabellenkalkulationsprogramm und öffnen Sie die Datei **Angebotsvergleich_1** (siehe Aufgabe 4.2.1 Angebotsvergleich 1) und speichern Sie die Datei unter dem Namen **Angebotsvergleich_2** ab.

2. Erweitern Sie die Tabelle durch folgende Zeilen:

	A	B	C	D	E	F	G	H	I	J
15		Entscheidungshilfe 1								
16		Entscheidungshilfe 2								

Abbildung 4.19: *Angebotsvergleich 2*

3. Ermitteln Sie die Entscheidungshilfen unter Verwendung geeigneter Funktionen nach folgenden Vorgaben:
   a) In den entsprechenden Zellen der Entscheidungshilfe 1 soll ein „X" ausgegeben werden, wenn eine der folgenden Bedingungen zutrifft: Bareinkaufspreis kleiner als 90,00 €, Lieferzeit nicht länger als zwei Wochen, Zuverlässigkeit mindestens 1.
   b) In den entsprechenden Zellen der Entscheidungshilfe 2 soll ein „X" ausgegeben werden, wenn der Bareinkaufspreis nicht dem höchsten Bareinkaufspreis entspricht. Darüber hinaus darf die Lieferzeit zwei Wochen nicht überschreiten und die Zuverlässigkeit muss mit 1 bewertet worden sein.

4. Fügen Sie unterhalb der Tabelle im Tabellenblatt Ergebnis ein Textfeld ein. Entscheiden Sie sich für einen Lieferanten und begründen Sie Ihre Entscheidung mithilfe der berechneten Werte. Formulieren Sie in ganzen Sätzen und achten Sie auf eine gute Ausdrucksweise.

5. Erstellen Sie in einem weiteren Tabellenblatt mit dem Namen **Formeln** die Formelansicht.

6. Für das Drucklayout gelten folgende Vorgaben:
   a) Beide Tabellenblätter sollen im Format DIN A4 quer auf je **einer Seite** ausgedruckt werden.
   b) In der Fußzeile unten links soll automatisch der **Dateiname**, in der Mitte **das aktuelle Datum** und in der Fußzeile unten rechts soll Ihr **Name** ausgewiesen werden.
   c) Beide Tabellenblätter sind mit **Zeilen- und Spaltenüberschriften** sowie mit **Gitternetzlinien** auszudrucken.

4.6.2 Produktanalyse

Ausgangssituation

Sie sind momentan bei Frau Holländer im Controlling eingesetzt. Frau Holländer möchte zum Jahresende eine Analyse der Produkte vornehmen. In Abhängigkeit vom prozentualen Umsatzanteil, von der Umsatzentwicklung im Vergleich zum Vorjahr und vom Umsatz soll eine Empfehlung zum Auslisten eines Produktes ausgegeben werden.

Produktanalyse

Art.-Nr.	Artikelbezeichnung	Umsätze im aktuellen Jahr	Umsatzanteil am Gesamtumsatz	Veränderung zum Vorjahr	Umsätze des Vorjahes	Produkt auslisten?
101111	Schreibtisch Ökostar	68.000,00 €		-4,00%		
101112	Schreibtisch Ahorn	98.000,00 €		5,50%		
101113	Schreibtisch weiß C-Füße	26.000,00 €		2,00%		
101114	Konferenztischelement lichtgrau	26.000,00 €		5,00%		
101115	Mehrzwecktisch oval lichtgrau	29.000,00 €		1,00%		
202111	Bürostuhl Comfort	34.000,00 €		-5,00%		
202112	Bandscheiben-Drehstuhl extra	35.000,00 €		3,00%		
202113	Chefsessel Bonn Maxx	98.000,00 €		2,00%		
202114	Bürosessel Bodu L	68.000,00 €		5,00%		
Gesamt						

Abbildung 4.20: Produktanalyse

Arbeitsauftrag 13

1. Erfassen Sie das abgebildete Formular einschließlich aller Formate in einem neuen Tabellenblatt. Geben Sie dem Tabellenblatt den Namen **Ergebnis** und speichern Sie die Arbeitsmappe unter dem Namen **Produktanalyse** ab. Speichern Sie die Datei regelmäßig, um Datenverluste zu vermeiden.

2. Ermitteln Sie mithilfe geeigneter Funktionen
   a) in Spalte D den Umsatzanteil am Gesamtumsatz. Formatieren Sie die Werte als Prozentzahl mit zwei Nachkommastellen.
   b) in Spalte F den Umsatz des Vorjahres in €. Formatieren Sie die Währungsbeträge im Format „Währung" (€) mit zwei Nachkommastellen.
   c) in den Zellen D21, E21 und F21 die Gesamtbeträge bzw. die Gesamtveränderung zum Vorjahr.
   d) in Spalte G den Vorschlag für das Auslisten eines Produktes. Dies soll durch ein „X" ausgegeben werden, wenn der Umsatzanteil am Gesamtumsatz kleiner als 8,0 % ist, die Umsatzveränderung negativ ist und der Umsatz des aktuellen Jahres nicht größer oder gleich 80.000,00 € ist.

3. Erstellen Sie in einem weiteren Tabellenblatt mit dem Namen **Formeln** die Formelansicht.

4. Für das Drucklayout gelten folgende Vorgaben:
   a) Die Tabellenblätter sollen im Format DIN A4 quer auf je **einer Seite** ausgedruckt werden.
   b) In der Kopfzeile links soll automatisch der **Dateiname**, in der Mitte **das aktuelle Datum** und rechts Ihr **Name** ausgewiesen werden.
   c) Beide Tabellenblätter sind mit **Zeilen- und Spaltenüberschriften** und **Gitternetzlinien** auszudrucken.

4.6.3 Werbegeschenke

Ausgangssituation

Sie sind zurzeit in der Abteilung Vertrieb eingesetzt. Der Abteilungsleiter der Abteilung Vertrieb, Herr Klein, möchte zum Jahresende eine Auswertung für die Zusendung unterschiedlicher Werbegeschenke vornehmen.

Herr Klein teilt Ihnen mit, dass die Art des Geschenks von verschiedenen Faktoren abhängt. Um sich die Arbeit zu vereinfachen, entschließen Sie sich, die Auswertung mithilfe eines Tabellenkalkulationsprogramms durchzuführen.

	A	B	C	D	E	F	G	H
1	**Kundenwerbegeschenke**							
2								
3	**Kunde**	**Kunde seit**	**Umsatz in Euro**	**Zahlungs-moral**	**Werbegeschenk**			
4					**JuiceMaxx**	**Tischuhr**	**Mini-Radio**	**Zettelbox**
5	Neuhoff KG	2005	335.000,00	sehr gut				
6	Intermöbel GmbH	2006	115.000,00	gut				
7	Stadt Bonn	2007	225.000,00	gut				
8	Frohn KG	2008	45.000,00	gut				
9	Birkmann OHG	2008	68.000,00	ausreichend				
10	Gilles & Partner	2008	35.000,00	sehr gut				
11	Stammhaus KG	2008	107.000,00	gut				
12	Rhenag GmbH	2008	35.000,00	befriedigend				

Abbildung 4.21: *Werbegeschenke*

Arbeitsauftrag 14

1. Erfassen Sie das abgebildete Formular einschließlich aller Formate in einem neuen Tabellenblatt. Geben Sie dem Tabellenblatt den Namen **Ergebnis** und speichern Sie die Arbeitsmappe unter dem Namen **Werbegeschenke** ab. Speichern Sie die Datei regelmäßig, um Datenverluste zu vermeiden.
2. Ermitteln Sie mithilfe geeigneter Funktionen das entsprechende Werbegeschenk für den jeweiligen Kunden nach folgenden Vorgaben. Dieser Kunde soll mit einem „X" gekennzeichnet werden.
   a) Den JuiceMaxx bekommen alle Kunden, die mindestens seit 2008 bei uns Kunde sind, einen Umsatz von mindestens 250.000,00 € erzielt haben und deren Zahlungsmoral mit „sehr gut" bewertet wurde.
   b) Die Tischuhr bekommen alle Kunden, die keinen JuiceMaxx bekommen, wenn sie mindestens seit 2006 Kunde sind oder einen Umsatz von mindestens 200.000,00 € erzielt haben oder deren Zahlungsmoral mit „sehr gut" bewertet wurde.
   c) Das Mini-Radio bekommen alle Kunden, die weder den JuiceMaxx noch die Tischuhr bekommen haben, wenn sie seit mindestens 2008 Kunde sind, einen Umsatz von mindestens 100.000,00 € erzielt haben und eine Zahlungsmoral haben, die mindestens mit „gut" bewertet wurde.
   d) Die Zettelbox bekommen alle übrigen Kunden, sofern deren Zahlungsmoral nicht mit „ausreichend" bewertet wurde.
3. Erstellen Sie in einem weiteren Tabellenblatt mit dem Namen **Formeln** die Formelansicht.
4. Für das Drucklayout gelten folgende Vorgaben:
   a) Die Tabellenblätter sollen im Format DIN A4 quer auf je **einer Seite** bzw. Formeln auf **zwei Seiten** ausgedruckt werden.
   b) In der Fußzeile unten links soll automatisch der **Dateiname**, in der Mitte **das aktuelle Datum** und in der Fußzeile unten rechts soll Ihr **Name** ausgewiesen werden.
   c) Beide Tabellenblätter sind mit **Zeilen- und Spaltenüberschriften** und **Gitternetzlinien** auszudrucken.

5 Erweiterte Formatierungen

Ausgangssituation

Herr Fernandez aus der Gruppe Rechnungswesen ist sehr zufrieden mit der Funktionalität des Rechnungsformulars. Er bittet Sie allerdings, neben den „einfachen" Formatierungen, wie Rahmen, Schattierungen, Währungsformatierungen usw., auch weitere sogenannte „benutzerdefinierte" und „bedingte" Formatierungen vorzunehmen. Er erhofft sich somit ein professionelleres Aussehen des Rechnungsformulars und eine noch höhere Akzeptanz bei den Kunden.

5.1 Benutzerdefinierte Formatierungen

Für die unterschiedlichen Anwendungsmöglichkeiten stellt ein Tabellenkalkulationsprogramm eine Vielzahl an „standardisierten" Formatierungsmöglichkeiten zur Verfügung. Aufgrund einer Vielzahl von individuell unterschiedlichen Vorstellungen hinsichtlich der Formatierung ist es zum Teil jedoch notwendig, dass der Benutzer seine gewünschten Formatierungen selbst erstellen (definieren) können muss. Damit das Tabellenkalkulationsprogramm die Wünsche genau umsetzen kann, existieren sogenannte Platzhalter. Bisher haben Sie die folgenden Platzhalter kennengelernt:

Platzhalter	Bedeutung	
T (bis TTTT)	Tag	(1 – 01 – So – Sonntag)
M (bis MMMM)	Monat	(1 – 01 – Jan – Januar)
J (bis JJJJ)	Jahr	(07 oder 2007)
hh	Stunden	(**12**:35)
mm	Minuten	(12:**35**)

Ein bedeutender Platzhalter ist die **Null** (0). Die Null ist Platzhalter für alle Zahlen. Sollen in der Rechnung die Artikelnummern in Zelle B39 bis B42 immer 7-stellig ausgegeben werden, müssten die fehlenden Ziffern durch eine Null ersetzt werden. Die einfache Eingabe (z. B. der Artikel-Nummer 0101111) würde dazu führen, dass das Tabellenkalkulationsprogramm die erste Null unterdrückt und nur die Zahl 101111 anzeigt.

Ausschnitt aus der Tabelle Rechnungsformular

Pos.	Artikel-Nr.	Artikel-Bezeichnung	Menge	Einzelpreis €	Rabatt in %	Rabattbetrag €	Gesamtpreis €
1	101111	Schreibtisch Ökostar	10	489,00	10,00	489,00	4.401,00
2	101114	Konferenztischelement lichtgrau	25	98,00	10,00	245,00	2.205,00
3	202111	Bürostuhl Comfort	20	228,00	10,00	456,00	4.104,00
4	202114	Bürosessel Bodu L	15	349,00	10,00	523,50	4.711,50

Abbildung 5.1: *Einstieg benutzerdefinierte Formatierung*

Um die gewünschte Formatierung herzustellen, muss nach der Markierung der Zellen im Kontextmenü (rechte Maustaste) ZELLEN FORMATIEREN ... gewählt und anschließend die entsprechende Formatierung eingestellt werden. Alternativ kann auch über START – ZELLEN – FORMAT – ZELLEN FORMATIEREN das in Abbildung 5.2 dargestellte Fenster aufgerufen werden. In der weißen Zeile (TYP:) muss das Format 0000000 eingegeben werden. Nach der anschließenden Bestätigung wird die Artikel-Nummer 7-stellig (0101111) angezeigt.

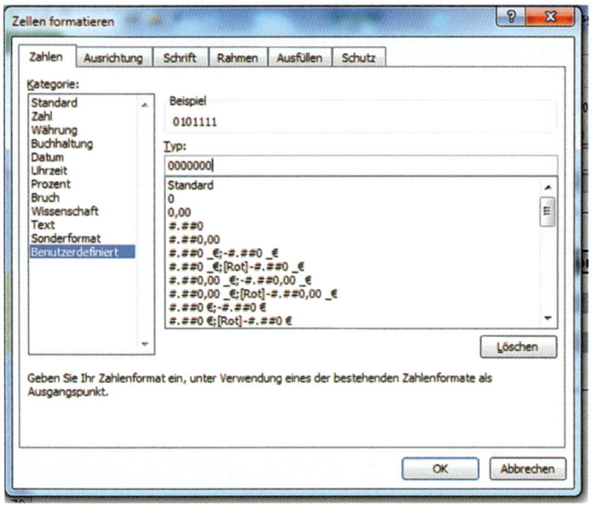

Abbildung 5.2: *Benutzerdefinierte Formatierung (Null)*

	A	B	C	D
35	**Ausschnitt aus der Tabelle Rechnungsformular**			
36				
37				
38	**Pos.**	**Artikel-Nr.**	**Artikel-Bezeichnung**	**Menge**
39	1	0101111	Schreibtisch Ökostar	10
40	2	0101114	Konferenztischelement lichtgrau	25
41	3	0202111	Bürostuhl Comfort	20
42	4	0202114	Bürosessel Bodu L	15
43				
63				

Abbildung 5.3: *Benutzerdefinierte Formatierung (Lösung)*

Anmerkung

Die Zahl 0101111 wird lediglich mit führender Null angezeigt. Intern speichert das Tabellenkalkulationsprogramm die Zahl als 101111. Alternativ können die Zellen B39 bis B42 auch als Text formatiert werden. Die angezeigte Zahl wird dann standardmäßig linksbündig dargestellt. Eine Zentrierung ist hier ebenso möglich. Bei anschließender Umwandlung dieses Textes in eine Zahl würde die führende Null nicht mehr angezeigt.

Arbeitsauftrag 1

Erfassen Sie im Tabellenkalkulationsprogramm den abgebildeten Ausschnitt der Rechnung und vollziehen Sie die Formatierung.

Darüber hinaus ist es möglich, dass durch eine benutzerdefinierte Formatierung in Zellen neben einer Zahl auch Text aufgeführt wird und trotzdem mit dieser Zelle Berechnungen durchgeführt werden können. Dies ist sonst nicht möglich, da das Tabellenkalkulationsprogramm Zellen mit einer Kombination aus Zahlen und Text stets als Text interpretiert und Berechnungen nicht zulässt.
Soll – wie in Abbildung 5.4 – in den Zellen D39 bis D42 neben der Menge auch die Angabe **Stück** in der Zelle erscheinen, so ist die folgende **benutzerdefinierte Formatierung** einzugeben: **0 „Stück"**

Die Eingabe der **Null** interpretiert das Tabellenkalkulationsprogramm als eine beliebige Zahl, die durch das in Anführungszeichen gesetzte Wort (hier „Stück") vervollständigt wird. Auch wenn in den Zellen das Wort „Stück" angezeigt wird, speichert das Tabellenkalkulationsprogramm lediglich die Zahl. Aus diesem Grund ist es möglich – und hier auch erforderlich –, diese Zellen in Berechnungen (z. B. Berechnungen des Gesamtpreises) zu integrieren.

	A	B	C	D	E	F	G	H
35	**Ausschnitt aus der Tabelle Rechnungsformular**							
36								
37								
38	**Pos.**	**Artikel-Nr.**	**Artikel-Bezeichnung**	**Menge**	**Einzelpreis €**	**Rabatt in %**	**Rabattbetrag €**	**Gesamtpreis €**
39	1	0101111	Schreibtisch Ökostar	10 Stück	489,00	10,00	489,00	4.401,0C
40	2	0101114	Konferenztischelement lichtgrau	25 Stück	98,00	10,00	245,00	2.205,0C
41	3	0202111	Bürostuhl Comfort	20 Stück	228,00	10,00	456,00	4.104,0C
42	4	0202114	Bürosessel Bodu L	15 Stück	349,00	10,00	523,50	4.711,5C
43								
63								

Abbildung 5.4: *Benutzerdefinierte Formatierung („Stück")*

In den Zellen E39 bis E42 und G39 bis H42 könnte weiterhin der Preis in der Schreibweise EUR angezeigt werden. Genau wie im Fall der Menge sind hier die gewünschten Zellen zu markieren und die folgende benutzerdefinierte Formatierung einzugeben: **0,00 „EUR"**

Die Erweiterung des Formats um **,00** bewirkt, dass die Beträge mit jeweils zwei Nachkommastellen angezeigt werden.

Arbeitsauftrag 2

Ergänzen Sie den abgebildeten Ausschnitt der Rechnung um die angegebenen Formatierungen.

5.2 Bedingte Formatierungen

In vielen betriebswirtschaftlichen Problemstellungen ist es sinnvoll, Werte hervorzuheben bzw. zu kennzeichnen. Sie haben beispielsweise im Rahmen der „WENN-Funktion" (Kapitel 4) den Artikel mit dem **höchsten Umsatz** in Spalte J durch den Eintrag **„umsatzstärkster Artikel"** gekennzeichnet **[Funktion in Zelle J39: =WENN(H39=MAX($H$39:$H$42);"umsatzstärkster Artikel";"")]**.

Wenn jedoch auf die zusätzliche Spalte J verzichtet werden soll, können die jeweiligen Artikel mithilfe der „bedingten Formatierung" anschaulich gemacht werden.

Ausschnitt aus der Tabelle Rechnungsformular

Pos.	Artikel-Nr.	Artikel-Bezeichnung	Menge	Einzelpreis €	Rabatt in %	Rabattbetrag €	Gesamtpreis €	Anmerkung
1	0101111	Schreibtisch Ökostar	10 Stück	489,00	10,00	489,00	4.401,00	
2	0101114	Konferenztischelement lichtgrau	25 Stück	98,00	10,00	245,00	2.205,00	
3	0202111	Bürostuhl Comfort	20 Stück	228,00	10,00	456,00	4.104,00	
4	0202114	Bürosessel Bodu L	15 Stück	349,00	10,00	523,50	4.711,50	umsatzstärkster Artikel

Abbildung 5.5: Einführung in die „bedingte Formatierung"

Mithilfe der „bedingten Formatierung" kann die jeweilige Artikelbezeichnung mit dem höchsten Umsatz beispielsweise **fett** dargestellt werden. Nach dem Markieren der Zellen C39 bis C42 muss anschließend das Menü START – BEDINGTE FORMATIERUNG – REGELN ZUM HERVORHEBEN VON ZELLEN – WEITERE REGELN … (Alternativ: BEDINGTE FORMATIERUNG – NEUE REGEL) gewählt werden.

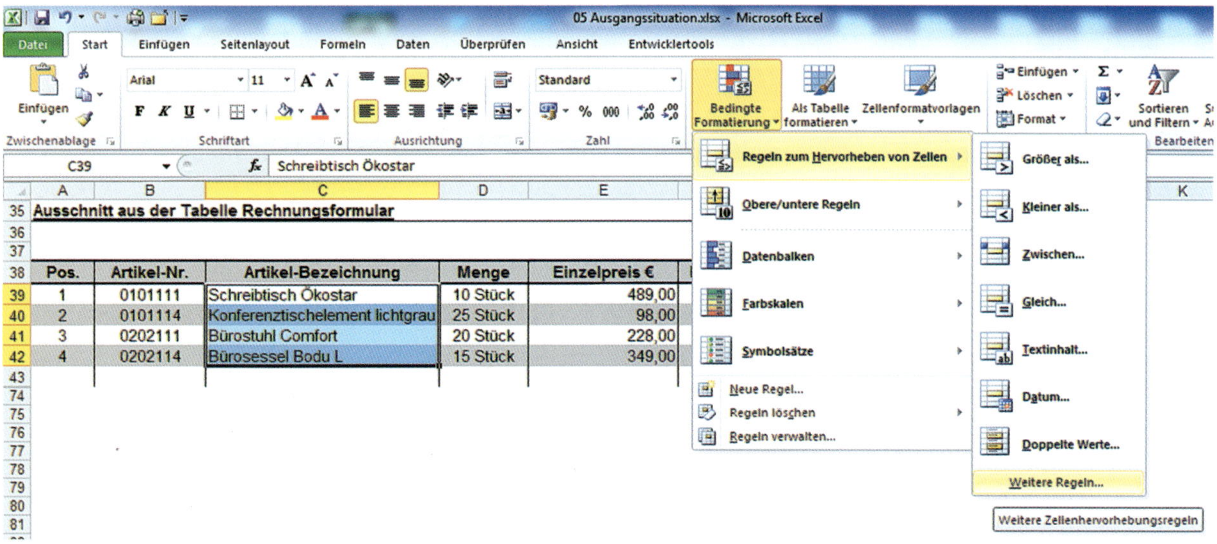

Abbildung 5.6: Die formelgesteuerte bedingte Formatierung

Über REGELTYP AUSWÄHLEN: – FORMELN ZUR ERMITTLUNG DER ZU FORMATIERENDEN ZELLEN VERWENDEN (siehe Abbildung 5.7) kann nach Eingabe der entsprechenden Formel über die Schaltfläche FORMATIEREN … die jeweilige bedingte Formatierung festgelegt werden:

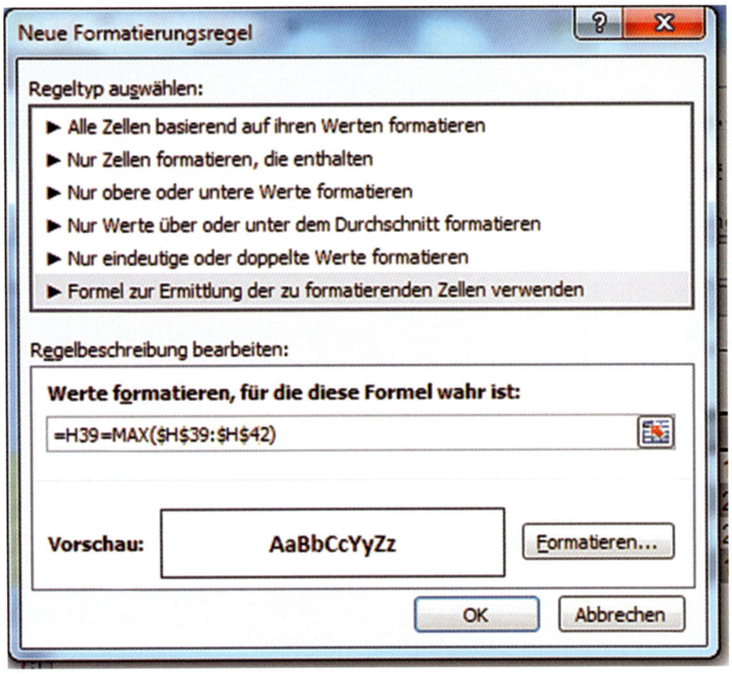

Abbildung 5.7: *Zellen bedingt formatieren*

Anmerkung

Durch die Eingabe der Formel ***=H39=MAX($H$39:$H$42)****, die für die Zelle C39 gilt, wird die Bedingung für die Zellen C40 bis C42 automatisch, wie beim logischen Kopieren, angepasst. Die Formel für die bedingte Formatierung in der Zelle C42 lautet somit:* ***=H42=MAX($H$39:$H$42)***
Die WENN-Funktion muss nicht ausgeschrieben werden. Sie ist genau wie die zwei möglichen Antworten (DANN-Wert = Formatierung; SONST-Wert = keine Formatierung) automatischer Bestandteil der bedingten Formatierung. Alternativ zur formelgestützten bedingten Formatierung lässt sich der größte bzw. kleinste Wert eines Zellbereiches auch über den Regeltyp NUR OBERE UND UNTERE WERTE FORMATIEREN (siehe Abbildung 5.7) entsprechend formatieren. Es können vielfältige Formatierungen wie ***fett****, in* ***gelber Schriftfarbe*** *und* ***grünem Hintergrund*** *(Registerblatt AUSFÜLLEN) dargestellt werden. Pro Zelle können auch mehrere Regeln zur bedingten Formatierung festgelegt werden. Über das Menü START – BEDINGTE FORMATIERUNG – REGELN VERWALTEN... kann man eine NEUE REGEL... hinzufügen bzw. eine REGEL BEARBEITEN... Weiterhin kann man eine bestehende REGEL LÖSCHEN.*

Neben dem zuvor beschriebenen Regeltyp der **formelgesteuerten bedingten Formatierung** (FORMEL ZUR ERMITTLUNG DER ZU FORMATIERENDEN ZELLEN VERWENDEN) lässt sich auch eine Formatierung aufgrund weiterer Regeltypen veranlassen. (Hinweis zu Excel 2013: Durch das Schnellanalysetool, welches automatisch rechts unten an jedem markiertem Zellbereich eingeblendet wird, kann in Excel 2013 die bedingte Formatierung direkt vorgenommen werden. Tastenkombination: Strg+Q) Soll in der Tabelle in Abbildung 5.8 beispielsweise ein Gesamtbetrag in den Zellen H39 bis H42 bei über 200,00 EUR **in blauer Schrift** dargestellt werden, so muss ebenfalls das Menü START – BEDINGTE

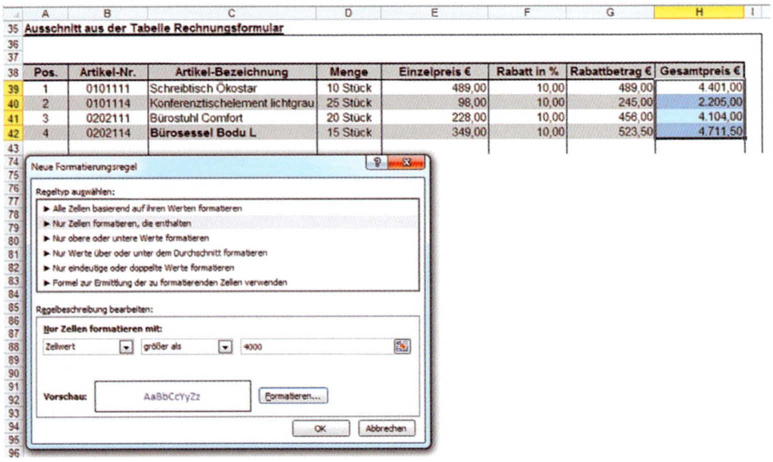

Abbildung 5.8: *Regeltyp: NUR ZELLEN FORMATIEREN, DIE ENTHALTEN*

FORMATIERUNG – NEUE REGEL ausgewählt werden. Über den Regeltyp NUR ZELLEN FORMATIEREN, DIE ENTHALTEN kann die entsprechende Regelbeschreibung formatiert werden.

Nach erfolgter Eingabe von „4000" und dem benutzerdefinierten Format (Schriftfarbe: blau) werden in der Tabelle in den Zellen H39 bis H42 alle Werte, die größer als 4000 sind, in blauer Schrift dargestellt.

Arbeitsauftrag 3

Ergänzen Sie den abgebildeten Ausschnitt der Rechnung um die angegebenen bedingten Formatierungen. Weiterhin sollen die Zellen D39 bis D42 basierend auf ihrem Inhalt mit einer 2-Farben-Skala formatiert werden. Die Zelle mit dem höchsten Wert (größte Menge in Stück) soll dunkelrot und die Zelle mit dem niedrigsten Wert gelb hinterlegt werden.

5.3 Übungsaufgaben

5.3.1 Mietfahrzeuge

Ausgangssituation

Sie sind wegen Krankheit eines Kollegen als Unterstützung von Frau Berg in der Gruppe Lager und Versand eingesetzt. Die Gruppe der Abteilung Technischer Bereich hat in den vergangenen zwölf Monaten den Fuhrpark um vier Mietfahrzeuge ergänzt, um einen zusätzlich aufgetretenen Bedarf an Fahrzeugen decken zu können.

Frau Berg, die bisher die Abrechnung der Kosten für diese Mietfahrzeuge stets manuell erledigt hat, bittet Sie, sie bei der Kostenermittlung zu unterstützen.

Ihre Aufgabe ist es, mithilfe der nachstehenden Tabellen die Kosten für die vier Fahrzeuge für diesen Monat zu ermitteln.

Kosten der Mietfahrzeuge

Ausgangswerte

Benzinart	Preis pro Liter
Diesel	1,35 €
Super E5	1,50 €
Super E10	1,45 €

Fahrzeugtyp	Grundgebühr	zusätzliche Kosten pro km
A	65,00 €	0,30 €
B	82,50 €	0,25 €
C	47,50 €	0,27 €
D	77,00 €	0,32 €

Berechnung für den Monat Dezember

Fahrzeug	Stand Mietbeginn	Stand Mietende	gefahren	Verbrauch	benötigte Benzinart	verbrauchte Benzinmenge
C	12.800 km	13.650 km		5,9 l/100 km	Super E10	
B	23.550 km	25.400 km		8,8 l/100 km	Super E5	
D	7.600 km	8.075 km		7,6 l/100 km	Super E10	
A	18.250 km	20.890 km		6,9 l/100 km	Diesel	

Fahrzeug	Grundgebühr	Benzinkosten	zus. Kosten für zurückgelegte km	gesamte Kosten des Fahrzeuges	Rabatt	Rechnungsbetrag (netto)	19 % Umsatzsteuer	Rechnungsbetrag (brutto)
Gesamt								

Abbildung 5.9: Mietfahrzeuge

Arbeitsauftrag 4

1. Speichern Sie die Datei unter dem Namen **Mietfahrzeuge** ab. Speichern Sie Ihre Datei regelmäßig – spätestens jedoch alle 5 Minuten – ab.

2. Übernehmen Sie die Tabelle inklusive aller Werte und Formatierungen in Ihr Tabellenblatt 1 und benennen Sie dieses als **Ergebnis**. Beachten Sie, dass abweichend von einer jeweiligen Anzeige (z. B. 12.800 km) nur die Zahlen (z. B. 12800) in den Zellen gespeichert werden.

3. Ermitteln Sie mithilfe von geeigneten Formeln
   a) in den Zellen D16 bis D19 die im Monat Dezember je Fahrzeug gefahrenen Kilometer,
   b) in den Zellen G16 bis G19 die für die erbrachte Kilometerleistung verbrauchte Benzinmenge.

4. Übernehmen Sie in den Zellen A23 bis A26 mithilfe von Zellbezügen die zum Einsatz gekommenen Fahrzeugtypen.

5. Ermitteln Sie unter Anwendung von verschachtelten WENN-Funktionen
   a) in den Zellen B23 bis B26 die Grundgebühr je Fahrzeugtyp,
   b) in den Zellen C23 bis C26 die Benzinkosten für die insgesamt zurückgelegten Kilometer,
   c) in den Zellen D23 bis D26 die zusätzlichen Kosten für die insgesamt zurückgelegten Kilometer.

6. Berechnen Sie in den Zellen E23 bis E26 die gesamten Kosten der zum Einsatz gekommenen Fahrzeugtypen.

7. Ermitteln Sie mithilfe einer geeigneten Funktion in den Zellen F23 bis F26 den Rabatt in € je Fahrzeugtyp. Der Rabatt hängt von den gesamten Kosten (Spalte E) je Fahrzeug ab. Ab einem Betrag von 300,00 € gewährt der Fahrzeugvermieter einen Rabatt in Höhe von 5 %, ab einem Betrag von 700,00 € einen Rabatt in Höhe von 10 % auf die gesamten Kosten.

8. Berechnen Sie mithilfe von geeigneten Formeln
   a) in den Zellen G23 bis G26 den Netto-Rechnungsbetrag je Fahrzeugtyp;
   b) in den Zellen H23 bis H26 den anfallenden Umsatzsteuerbetrag in €. Beziehen Sie sich bei der Berechnung auf die Zelle H22, in der der Umsatzsteuersatz von 19 % (mittels einer benutzerdefinierten Formatierung) gespeichert ist;
   c) in den Zellen I23 bis I26 den Brutto-Rechnungsbetrag je Fahrzeugtyp.

9. Berechnen Sie in der Zeile 27 durch geeignete Funktionen die Gesamtwerte der Spalten B bis I.

10. In den Zellen I23 bis I26 sollen sowohl der kleinste als auch der größte Brutto-Rechnungsbetrag gekennzeichnet werden. Der kleinste Rechnungsbetrag soll in roter Schrift und kursiv, der größte Rechnungsbetrag in blauer Schrift und fett dargestellt werden.

11. Formatieren Sie alle Euro-Werte im Format „Währung" (€) mit zwei Nachkommastellen.

12. Kopieren Sie den Inhalt Ihres Tabellenblattes **Ergebnis** in das Tabellenblatt 2 (umbenennen in **Formeln**) und wechseln Sie dort in die Formelansicht. Drucken Sie beide Tabellenblätter so aus, dass diese jeweils im Querformat (das Tabellenblatt **Formeln** auf mindestens 2 Seiten breit einrichten!) und mit den **Zeilen-/Spaltenüberschriften** ausgedruckt werden. Weiterhin sollen beide Ausdrucke in der Kopfzeile **Ihren vollständigen Namen**, den **Dateinamen** und das **heutige Datum** enthalten.

5.3.2 Urlaubspreise

Ausgangssituation

Sie sind kurzfristig im Sekretariat eingesetzt. Die Chefsekretärin, Frau Bär, bittet Sie um Unterstützung. Sie ist für das Angebot von besonderen Leistungen der Duisdorfer BüroKonzept KG an die Mitarbeiter zuständig.

Die Duisdorfer BüroKonzept KG kooperiert mit einem örtlichen Reisebüro, um ihren Mitarbeitern günstige Reisen anbieten zu können. Beim aktuellen Angebot handelt es sich um eine Reise in die Karibik in drei unterschiedlichen Varianten. Die Mitarbeiter der Duisdorfer BüroKonzept KG können innerhalb der drei Varianten auch individuell die Reisedauer (Anzahl der Wochen und mögliche Verlängerungstage) und die Anzahl der Miettage für einen Mietwagen festlegen. Weiterhin können sie auch eine Preisobergrenze für den Urlaub definieren.

Um Frau Bär die Arbeit in Zukunft zu erleichtern, ist es Ihre Aufgabe, die abgebildete „Ermittlung des günstigsten Urlaubspreises" zu automatisieren.

Web

	A	B	C	D	E	F	G
1	**Ermittlung des günstigsten Urlaubspreises**						
2							
3							
4	Kategorie	Flug	Hotelkosten	Verlängerungskosten	Kosten für Essen	Kosten für Mietwagen	
5	all-inclusive	659,00 €	299,00 €/Woche	39,00 €/Tag	0,00 €/Woche	0,00 €/Tag	
6	Halbpension	639,00 €	249,00 €/Woche	35,00 €/Tag	99,00 €/Woche	39,00 €/Tag	
7	economic	559,00 €	239,00 €/Woche	32,00 €/Tag	150,00 €/Woche	45,00 €/Tag	
8							
9							
10	**Übersicht über Rabattgewährung**						
11							
12	Kosten gesamt ab ...	Rabatt in %					
13	1.000,00 €	3					
14	1.300,00 €	4					
15	1.600,00 €	5					
16							
17							
18	Eingabebereich:						
19							
20	Wie viele Wochen soll der Urlaub dauern? (mind. 1):			1			
21	Wie viele Verlängerungstage werden gewünscht?			4			
22	Wie viele Tage soll ein Mietwagen genommen werden?			4			
23							
24	Wie teuer darf der Urlaub maximal werden?			1.200,00 €			
25							
26							
27	Ausgabebereich/Berechnungen:						
28							
29	Kostenart	all-inclusive	Halbpension	economic			
30	Flugpreis						
31	Hotelkosten (volle W.)				Die günstigste Reisevariante lautet:		
32	Verlängerungsk. ges.						
33	Kosten für Essen ges.				Ihr Preis beträgt insgesamt:		
34	Kosten für Mietwagen						
35	Kosten gesamt				Die teuerste Reisevariante kostet:		
36	Rabatt						
37	Rechnungsbetrag				Die Ersparnis beträgt somit:		

Abbildung 5.10: Urlaubspreise

Arbeitsauftrag 5

1. Speichern Sie die Datei unter dem Namen **Urlaubspreise** ab. Speichern Sie Ihre Datei regelmäßig – spätestens jedoch alle 5 Minuten – ab.

2. Übernehmen Sie die obige Tabelle inklusive aller Werte und Formatierungen in Ihr Tabellenblatt 1. Benennen Sie dieses Tabellenblatt **Ergebnis**. Beachten Sie, dass abweichend von einer jeweiligen Anzeige (z. B. 299,00 €/Woche) nur die Zahlen (z. B. 299) in den Zellen gespeichert werden.

3. Vergeben Sie für die Zellen D20, D21, D22 und D24 sinnvolle Namen, die Sie später – wenn möglich – in den Formeln und Funktionen verwenden.

4. Beachten Sie, dass sich die Reihenfolge der Kategorien in den Zellen B29 bis D29 verändern kann! Ermitteln Sie mithilfe von geeigneten Formeln bzw. Funktionen und unter Beachtung der Werte des Eingabebereiches
   a) den Flugpreis,
   b) die Hotelkosten für die vollen Wochen,
   c) die gesamten Verlängerungskosten (ausgehend von den gewünschten Verlängerungstagen),
   d) die gesamten Kosten für das Essen. Im Fall von Verlängerungstagen sind die Essenskosten bereits in den Verlängerungskosten je Tag (Zellen D5 bis D7) enthalten;
   e) die Kosten für den Mietwagen,
   f) die „Kosten gesamt",
   g) den Rabatt in €,
   h) den vom Kunden zu zahlenden Rechnungsbetrag,
   i) ob die jeweilige Reisevariante für den Kunden ein „interessantes Angebot" darstellt. Dies ist dann gegeben, wenn der Rechnungsbetrag maximal so groß ist, wie der vom Kunden akzeptierte Höchstpreis. Entsprechende Angebote sollen dadurch gekennzeichnet werden, dass der Hintergrund der jeweiligen Zelle gelb erscheint. Die Zellen, deren Beträge den gewünschten Maximalpreis überschreiten, sollen einen roten Hintergrund erhalten;
   j) den Namen der günstigsten Reisevariante,
   k) den Preis der günstigsten Reisevariante,
   l) den Preis der teuersten Reisevariante,
   m) die Ersparnis der günstigsten gegenüber der teuersten Reisevariante.

5. Formatieren Sie alle berechneten Euro-Werte im Format „Währung" (€) mit zwei Nachkommastellen.

6. Kopieren Sie den Inhalt Ihres Tabellenblattes **Ergebnis** in das Tabellenblatt 2 (umbenennen in **Formeln**) und wechseln Sie dort in die Formelansicht. Drucken Sie beide Tabellenblätter so aus, dass diese jeweils im **Querformat** und mit den **Zeilen- und Spaltenüberschriften** ausgedruckt werden. Weiterhin sollen beide Ausdrucke in der Kopfzeile **Ihren vollständigen Namen**, den **Dateinamen** und **das heutige Datum** enthalten.

6 Suchfunktionen

6.1 SVERWEIS

Ausgangssituation

Wieder zurück in der Abteilung Rechnungswesen teilt Herr Fernandez Ihnen mit, dass aufgrund des Drucks der Mitbewerber die Rabattstaffel nochmals überarbeitet werden muss.

Nun soll der Rabattsatz aus einer Hilfstabelle (siehe Abbildung 6.1) entsprechend der jeweiligen Menge in das Rechnungsformular eingetragen werden.

Wenn das Tabellenkalkulationsprogramm in Abhängigkeit einer bestimmten Größe (z. B. der Abnahmemenge von Artikeln eines Kunden) zwischen **mehr als zwei verschiedenen Möglichkeiten** wählen soll, kann neben der verschachtelten WENN-Funktion auch die Suchfunktion SVERWEIS gewählt werden! Syntax der Funktion: **=SVERWEIS(SUCHKRITERIUM; MATRIX; SPALTENINDEX;[BEREICH_VERWEIS])**

Anmerkung

Der BEREICH_VERWEIS wird im Rahmen des „einfachen" SVERWEIS nicht benötigt und kann weggelassen werden. Aufgrund dessen wird der BEREICH_VERWEIS erst im Rahmen des „erweiterten SVERWEIS" (Kapitel 6.2) thematisiert.

Wie nachfolgend dargestellt, soll in der Spalte F der Rabattsatz des jeweiligen Artikels in Abhängigkeit der Menge ausgegeben werden. Für den Artikel „Schreibtisch Ökostar" wird aufgrund der Menge von 10 Stück ein Rabatt von 10 % gewährt. Für die Zelle F39 gilt die folgende Funktion:

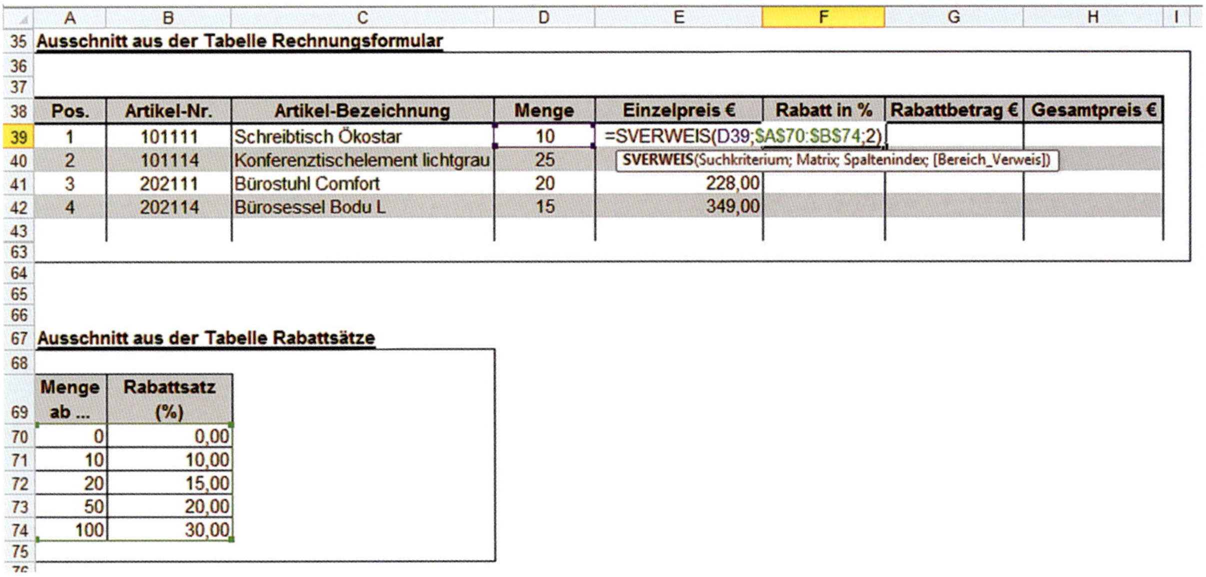

Ausschnitt aus der Tabelle Rechnungsformular

Pos.	Artikel-Nr.	Artikel-Bezeichnung	Menge	Einzelpreis €	Rabatt in %	Rabattbetrag €	Gesamtpreis €
1	101111	Schreibtisch Ökostar	10	=SVERWEIS(D39;$A$70:$B$74;2)			
2	101114	Konferenztischelement lichtgrau	25	SVERWEIS(Suchkriterium; Matrix; Spaltenindex; [Bereich_Verweis])			
3	202111	Bürostuhl Comfort	20	228,00			
4	202114	Bürosessel Bodu L	15	349,00			

Ausschnitt aus der Tabelle Rabattsätze

Menge ab ...	Rabattsatz (%)
0	0,00
10	10,00
20	15,00
50	20,00
100	30,00

Abbildung 6.1: *Der SVERWEIS*

Das S in der Funktion steht für senkrecht. Der SVERWEIS sucht das SUCHKRITERIUM (Inhalt der Zelle D39) in der angegebenen Matrix bzw. dem angegebenen Suchbereich ($A$70:$B$74) in der 1. Spalte von links, senkrecht von oben nach unten. Dabei geht das Programm wie folgt vor:

Zunächst wird geprüft, ob der Wert des SUCHKRITERIUMS (10) größer oder gleich dem ersten Wert der Matrix bzw. des Suchbereiches (A70) ist. Wenn die Prüfung erfolgreich verläuft, wird geprüft, ob das SUCHKRITERIUM auch größer oder gleich als der zweite Wert des Suchbereiches (A71) ist. Dieses Verfahren wird solange fortgesetzt, bis die Prüfung zu einem negativen Ergebnis führt. Im Beispiel ist das

SUCHKRITERIUM D39 (10) größer als der Wert in der Zelle A70 (0) und gleich dem Wert in Zelle A71(10), aber nicht größer oder gleich dem Wert in der Zelle A72 (20).

Der sogenannte SPALTENINDEX (;2) gibt an, welcher Inhalt der markierten Spalten als Ergebnis ausgegeben werden soll. In diesem Beispiel soll der Rabattsatz ausgegeben werden, sodass als SPALTENINDEX die Zahl 2 eingegeben werden muss. Das Tabellenkalkulationsprogramm wird nun den Wert der Spalte 2 ausgeben, bei dem die Prüfung („Ist die gesuchte Zahl größer oder gleich dem Grenzwert?") das letzte Mal erfolgreich verlaufen ist (hier also den Inhalt der Zelle B71).

Anmerkung

Als Voraussetzungen für das Funktionieren des SVERWEIS gilt, dass das Suchkriterium nicht unterhalb des kleinsten Wertes der 1. Spalte des Suchbereiches liegen darf, da die Funktion nur prüft, ob das Suchkriterium ***größer oder gleich*** *dem jeweiligen Wert der 1. Spalte des Suchbereiches ist. Weiterhin müssen die Werte der 1. Spalte des Suchbereiches in einer aufsteigenden Reihenfolge (also 0 – 10 – 20* ***oder*** *A – B – C) geordnet sein.*

Arbeitsauftrag 1

Erfassen Sie im Tabellenkalkulationsprogramm den abgebildeten Ausschnitt der Rechnung und sorgen Sie dafür, dass in Abhängigkeit der Menge der jeweilige Rabattsatz ausgegeben wird. Berechnen Sie anschließend den Rabattsatz pro Stück und die jeweiligen Gesamtpreise.

6.2 Erweiterung des SVERWEIS

Ausgangssituation

Herr Fernandez teilt Ihnen mit, dass sich Kunden in der Vergangenheit häufig über falsch geschriebene Namen und Adressen beschwert haben. Teilweise seien Rechnungen gar nicht oder verspätet angekommen.

Herr Fernandez möchte, dass in einem weiteren Schritt zur Automatisierung der Rechnung – durch Eingabe der Kundennummer in Zelle C30 – der Kundenname und die Adresse im Anschriftenfeld (A14 bis A17) automatisch ausgegeben werden.

Bei dieser Problemstellung muss – abweichend vom Beispiel in Kapitel 6.1 – überprüft werden, ob der Wert, hier die Kundennummer 2401, tatsächlich in der Tabelle Kunden vorhanden ist. Die Kundennummern müssen eindeutig zugeordnet werden. Die Zuordnung zu einem Bereich – z. B. Kundennummer 2401 bis 2408 – wäre hier nicht ausreichend.

Dieses Problem lässt sich durch die Erweiterung des SVERWEIS um ein zusätzliches Argument lösen. Der vollständige Aufbau des SVERWEIS lautet:
=SVERWEIS(SUCHKRITERIUM;MATRIX;SPALTENINDEX;**[BEREICH_VERWEIS]**)

Der BEREICH_VERWEIS gibt an, ob die zur Matrix gehörenden Werte auf eine genaue Übereinstimmung geprüft werden sollen. Weiterhin können so Werte in einer Matrix überprüft werden, die nicht sortiert sind. Wird als BEREICH_VERWEIS **FALSCH** (oder auch 0) eingetragen, so geht das Programm von der Annahme aus, dass die Werte der ersten Spalte der Matrix auf genaue Übereinstimmung geprüft werden sollen. Der wesentliche Unterschied zum einfachen SVERWEIS besteht darin, dass von der Funktion nun lediglich die Prüfung erfolgt, **ob der gesuchte Wert identisch mit dem Wert in der Matrix ist**. Bei fehlender Übereinstimmung gibt das Tabellenkalkulationsprogramm in der jeweiligen Zelle die Fehlermeldung **#NV** (engl.: non value – übersetzt: der gesuchte Wert ist nicht vorhanden) aus. Die vollständige Funktion für die Zelle A14 lautet: **=SVERWEIS($C$30;$A$68:$E$75;2;FALSCH)**

Web

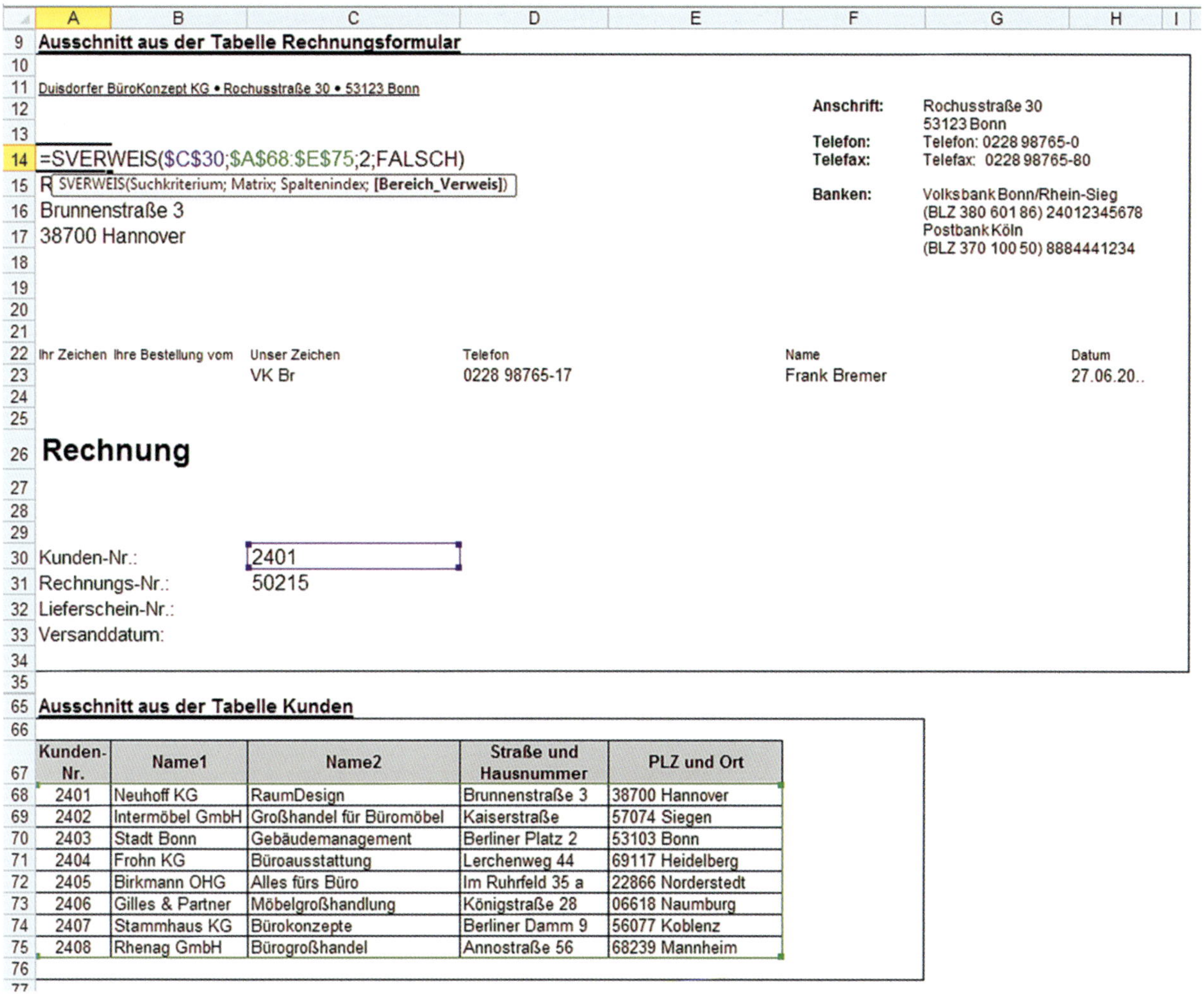

***Abbildung 6.2:** Die Erweiterung des SVERWEIS*

Anmerkung

*Sind die Werte in der Matrix sortiert und soll ein Bereich überprüft werden (siehe einfacher SVERWEIS), so kann dies durch die Angabe **WAHR** als BEREICH-VERWEIS angegeben werden. Wird keine entsprechende Angabe gemacht, so geht das Programm ebenfalls von dieser Annahme aus.*

Arbeitsauftrag 2

Übernehmen Sie die Ausschnitte aus den Tabellen **Rechnung** und **Kunden** in ein Tabellenblatt und sorgen Sie dafür, dass die Adresse (Zelle A14 bis A17) durch Eintragen der Kundennummer in Zelle C30 automatisch ausgegeben wird. Beachten Sie, dass die Zellen des Suchbereiches (MATRIX) – hier $A$68:$E$75 – und in diesem Fall auch das Suchkriterium – hier $C$30 – festgesetzt werden müssen, da dieser Bereich für alle Zeilen des Anschriftenfeldes gilt. Ändern Sie lediglich den Spaltenindex.

Anwendungen mit mehreren Tabellenblättern

In komplexen Aufgabenstellungen sind der Rechenbereich und die zugehörigen Hilfstabellen häufig in unterschiedlichen Tabellenblättern untergebracht. Hieraus ergibt sich das Problem, dass bei der Eingabe der Matrix (mithilfe der Maus) zwischen dem Tabellenblatt 1 und dem Tabellenblatt 2 gewechselt werden muss. Nachfolgend sind zwei Tabellenblätter abgebildet: (Um die nachfolgende Vorgehensweise besser nachvollziehen zu können, sollten in der Datei „06 Ausgangssituation" (BPW) die Tabellenblätter (03 → Rechnung; 04 → Kunden) entsprechend umbenannt werden.)

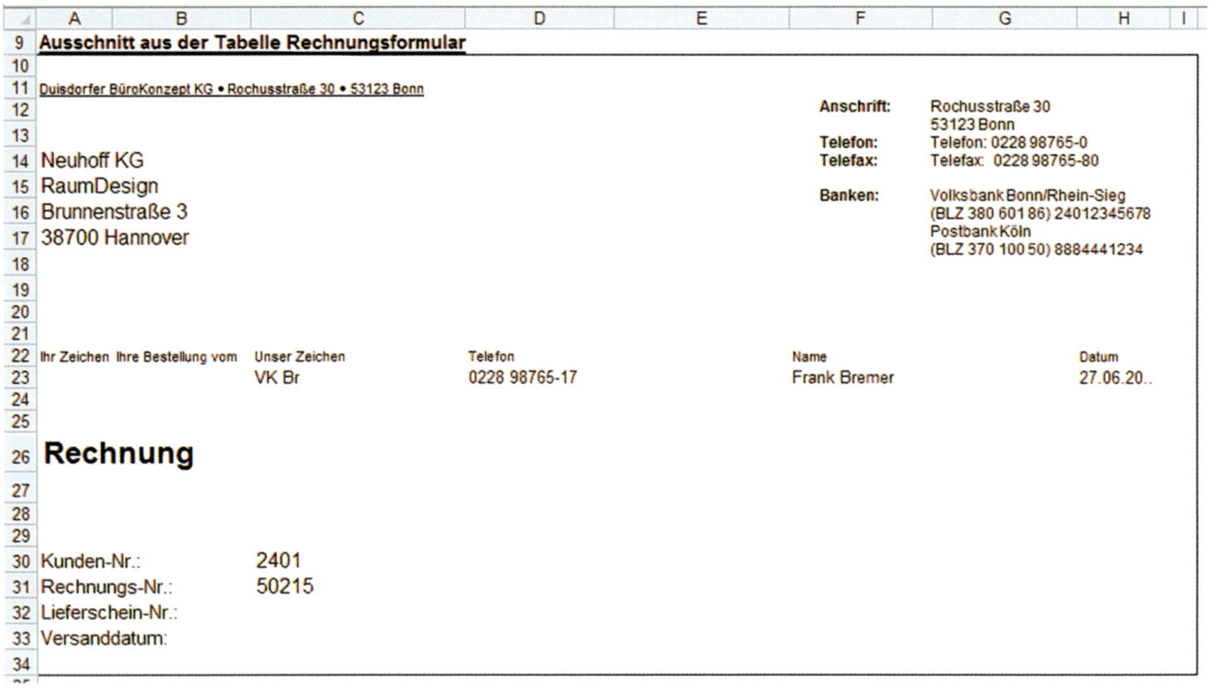

Abbildung 6.3: *Tabellenblatt „Rechnung" (vorher Tabellenblatt „03")*

	A	B	C	D	E
1	Kunden-Nr.	Name1	Name2	Straße und Hausnummer	PLZ und Ort
2	2401	Neuhoff KG	RaumDesign	Brunnenstraße 3	38700 Hannover
3	2402	Intermöbel GmbH	Großhandel für Büromöbel	Kaiserstraße	57074 Siegen
4	2403	Stadt Bonn	Gebäudemanagement	Berliner Platz 2	53103 Bonn
5	2404	Frohn KG	Büroausstattung	Lerchenweg 44	69117 Heidelberg
6	2405	Birkmann OHG	Alles fürs Büro	Im Ruhrfeld 35 a	22866 Norderstedt
7	2406	Gilles & Partner	Möbelgroßhandlung	Königstraße 28	06618 Naumburg
8	2407	Stammhaus KG	Bürokonzepte	Berliner Damm 9	56077 Koblenz
9	2408	Rhenag GmbH	Bürogroßhandel	Annostraße 56	68239 Mannheim

Abbildung 6.4: *Tabellenblatt „Kunden" (vorher Tabellenblatt „04")*

Wenn in der Zelle A14 des Tabellenblattes **Rechnung** die Funktion SVERWEIS angewendet werden soll, so muss für den Bezug auf den Suchbereich (MATRIX) in das Tabellenblatt **Kunden** gewechselt werden. Dieser Wechsel wird vom Programm in der Funktion angezeigt. Im folgenden Beispiel geschieht dies, indem der Name des Tabellenblattes in Hochkomma gesetzt und anschließend ein Ausrufezeichen ausgegeben wird. Der SVERWEIS wird nach dem Wechsel auf das Tabellenblatt **Kunden** und dem Markieren des Zellbereiches von A2 bis E6 wie folgt angezeigt:
=SVERWEIS($C$30;'Kunden'!$A$2:$E$6

Anmerkung

Die Angabe des Tabellenblattes erfolgt, damit der Anwender nachvollziehen kann, in welchem Tabellenblatt die Hilfstabelle durchsucht wurde. ***Damit der SVERWEIS ordnungsgemäß funktioniert, muss – während der Anwender sich auf dem Tabellenblatt Kunden befindet – an dieser Stelle das Semikolon gesetzt werden.*** *Wird ansonsten wieder in das Tabellenblatt* ***Rechnung*** *gewechselt, so verschwindet der Bezug auf die Tabelle. Stattdessen wird in der Funktion der Name des Tabellenblattes* ***Rechnung*** *erscheinen [=SVERWEIS($C$30; 'Rechnung'!$A$2:$E$6]. Dementsprechend würde das Programm davon ausgehen, dass sich die Hilfstabelle im Tabellenblatt* ***Rechnung*** *befindet und so später kein (sinnvolles) Ergebnis ausgeben.*

Nach dem Setzen des Semikolons [=SVERWEIS($C$30;'Kunden'!$A$2:$E$6;] kann in das Tabellenblatt **Rechnung** zurückgekehrt werden, um die Funktion zu vervollständigen. Bei einem Blick in die Funktionszeile fällt allerdings auf, dass auch das aktuelle Tabellenblatt angezeigt wird:
=SVERWEIS($C$30;'Kunden'!$A$2:$E$6;'Rechnung'!

Durch dieses Beispiel wird deutlich, dass der ansonsten sehr übersichtliche SVERWEIS durch die Tabellenblattbezeichnungen unübersichtlich werden kann. Die Lösung für dieses Problem besteht in der Nutzung der **Adressierung von Zellen** durch sinnvolle Namen (vgl. Kapitel 3.4 Zelladressierung durch Namen). Weist man beispielsweise den Zellen A2 bis E6 des Tabellenblattes **Kunden** den Namen **Kunden** zu, so muss das Tabellenblatt **Rechnung** gar nicht verlassen werden. Möglich wird dies dadurch, dass pro Datei jeder Name nur **einmal** vergeben werden kann. Wie bereits kennengelernt, kann der Name während der Funktionserstellung einfach per Hand eingeben oder mit der Taste <F3> aufgerufen werden. Die Funktion in Zelle A14 des Tabellenblattes **Rechnung** würde somit wie folgt lauten:
=SVERWEIS($C$30;Kunden;2;FALSCH)

Arbeitsauftrag 3

Übernehmen Sie die Ausschnitte aus den Tabellen **Rechnung** und **Kunden** in jeweils ein Tabellenblatt und benennen Sie diese Tabellenblätter entsprechend. Sorgen Sie dafür, dass die vollständige Adresse in den Zellen A14 bis A17 durch Eintragen der Kundennummer in Zelle C30 automatisch ausgegeben wird. Vergeben Sie für den Bereich der Kundendaten einen Zellnamen.

6.3 Übungsaufgaben zum SVERWEIS

6.3.1 Onlineversand

Ausgangssituation

Sie sind in der Abteilung Vertrieb eingesetzt. Der Abteilungsleiter, Herr Klein, möchte es den Kunden der Duisdorfer BüroKonzept KG ermöglichen, neben der klassischen, schriftlichen Bestellung auch online zu bestellen. Der Kunde erhält einige Minuten später eine Rückantwort per E-Mail, in der er nochmals seine bestellten Artikel, den Rechnungspreis sowie das voraussichtliche Zustellungsdatum entnehmen kann.

Ihre Aufgabe ist es, mittels der nachfolgend abgebildeten Tabellenblätter ein Formular für die Aufnahme der Onlinebestellungen zu automatisieren.

	A	B	C	D	E	F	G	H	I	J
1	**Online-Versand**									
2										
3										
4										
5	Kunden-Nr.	2401		Bestellungseingang:						
6										
7										
8										
9										
10										
11	Lfd. Nr (max. 7)	Art.-Nr.	Menge	Artikel	Listenpreis/ Stück	Rabatt/ Stück	Nettopreis/ Stück	Umsatzsteuer/ Stück	Bruttopreis/ Stück	Bruttopreis für Bestellmenge
12	1	101114	4							
13	2	202111	1							
14	3	101111	7							
15	4	101115	2							
16	5	202112	1							
17	6	202114	4							
18	7	202113	3							
19									Gesamt-Brutto	
20									zzgl. Versand inkl. UST	
21	Die Ware wird bei Ihnen voraussichtlich am				eintreffen.				Rechnungsbetrag	
22										
23									Umsatzsteuer gesamt:	

Abbildung 6.5: *Onlineversand; Tabellenblatt „Formular"*

	A	B	C	D
1	**Kundenübersicht**			
2				
3	**Kunden-Nr.**	**Kunde**	**Kundenklasse**	**Anschrift**
4	2401	Neuhoff KG	A	38700 Hannover
5	2402	Intermöbel GmbH	B	57074 Siegen
6	2403	Stadt Bonn	B	53103 Bonn
7	2404	Frohn KG	A	69117 Heidelberg
8	2405	Birkmann OHG	B	22866 Norderstedt
9	2406	Gilles & Partner	B	6618 Naumburg

Abbildung 6.6: *Onlineversand; Tabellenblatt „Kunden"*

	A	B	C
1	**Übersicht über die Artikel und deren Preise**		
2			
3	**Art.-Nr.**	**Artikel**	**Listenpreis**
4	101111	Schreibtisch Ökostar	489,00 €
5	101112	Schreibtisch Ahorn	519,00 €
6	101113	Schreibtisch weiß C-Füße	219,00 €
7	101114	Konferenztischelement lichtgrau	98,00 €
8	101115	Mehrzwecktisch oval lichtgrau	579,00 €
9	202111	Bürostuhl Comfort	228,00 €
10	202112	Bandscheiben-Drehstuhl extra	299,00 €
11	202113	Chefsessel Bonn Maxx	399,00 €
12	202114	Bürosessel Bodu L	349,00 €

Abbildung 6.7: *Onlineversand; Tabellenblatt „Artikel"*

Arbeitsauftrag 4

1. Speichern Sie Ihre Datei unter dem Namen **Onlineversand**. Speichern Sie Ihre Datei regelmäßig – spätes tens jedoch alle 5 Minuten – ab.
2. Übernehmen Sie die Tabellen inklusive aller Werte und Formatierungen in Ihre Arbeitsmappe und benennen Sie die Tabellenblätter wie angegeben.
3. Vergeben Sie auch den Hilfstabellen (Zellbereichen) die Namen „Kunden" und „Artikel". Arbeiten Sie – sofern möglich – mit diesen Namen in den späteren Formeln und Funktionen.
4. Geben Sie in der Zelle B5 des Tabellenblattes **Formular** die Kundennummer 2401 ein.
5. Ermitteln Sie mithilfe einer Suchfunktion in den Zellen B7 und B8 den Kundennamen sowie den Wohnort des Kunden.
6. Geben Sie in der Zelle E5 mithilfe einer geeigneten Funktion das aktuelle Datum im Format TT.MM.JJJJ aus.
7. Ermitteln Sie mithilfe von geeigneten Formeln bzw. Funktionen
   a) in den Zellen der Spalte D den jeweils bestellten Artikel,
   b) in der Spalte E den zugehörigen Listenpreis je Artikel in €,
   c) in der Spalte F den Rabatt pro Stück in €. Hierbei ist zu beachten, dass der Rabatt in Abhängigkeit von der bestellten Menge gewährt wird. Bei Mengen ab 4 Stück wird ein Rabatt in Höhe von 10 % gewährt;
   d) den Nettopreis je Artikel in € bei einem Umsatzsteuersatz von 19 %,
   e) die Umsatzsteuer pro Stück in €,
   f) den Bruttopreis pro Stück in €,
   g) den Bruttopreis in € für die gesamte Bestellmenge,
   h) in der Zelle K19 den gesamten Brutto-Betrag in €,
   i) die vom Kunden zu zahlenden Versandkosten in €. Bis zu einem Bestellwert von unter 200,00 € zahlen die Kunden 4,90 €. Ab 200,00 € Bestellwert zahlen die Kunden nur noch 2,50 € und ab einem Bestellwert von 500,00 € trägt der Verkäufer die gesamten Versandkosten;
   j) den endgültigen Rechnungsbetrag in €,
   k) den gesamten Umsatzsteuerbetrag in €. Beachten Sie dabei, dass in den jeweiligen Versandkosten die Umsatzsteuer von 19 % enthalten ist (vermehrter Grundwert).
8. Ermitteln Sie mithilfe einer Formel in der Zelle D21 das Datum, an dem der Kunde die Lieferung voraussichtlich erhalten wird. Hierfür gilt die Regel, dass die Ware zwei Tage nach dem Eingang der Bestellung beim Kunden ankommt. Formatieren Sie den Wert als Datum (TT.MM.JJ).
9. Formatieren Sie alle Euro-Werte im Format „Währung" (€) mit zwei Nachkommastellen.
10. Kopieren Sie das Tabellenblatt **Formular** in das von Ihnen neu zu erstellende Tabellenblatt **Formeln** und schalten Sie dann auf die Formelansicht um. Passen Sie alle Spalten so an, dass sämtliche Formeln und Funktionen vollständig lesbar sind.

11. Drucken Sie abschließend die Tabellenblätter **Formular** und **Formeln** aus. Beide Tabellen sind **im Querformat** und unter Angabe **des Dateinamens, des aktuellen Datums** und **Ihres Namens** in der jeweiligen Kopfzeile auszudrucken. Weiterhin sollen beide Tabellen die **Zeilen- und Spaltenüberschriften** enthalten. Beim Tabellenblatt **Formeln** ist weiterhin zu beachten, dass dieses auf zwei Seiten breit ausgedruckt wird.

6.3.2 Getränkebestellung

Ausgangssituation

Die Duisdorfer BüroKonzept KG organisiert im Rahmen der Personalentwicklung regelmäßig Seminare für ihre Mitarbeiter, die im eigenen Hause durchgeführt werden. Die u. a. für die Bewirtung der Seminarteilnehmer zuständige „Seminarvorbereitung" überprüft täglich die Lagerbestände an Getränken.

Mithilfe einer Tabelle sollen Sie Frau Liebig unterstützen, indem Sie eine Aufstellung der benötigten Getränke erstellen, die an die Abteilung Beschaffung weitergeleitet wird. Neben der Bestellmenge sollen hier auch bereits die Preise der Getränke ermittelt werden, um der Abteilung Beschaffung die Arbeit zu erleichtern. Ihre Aufgabe ist es, mit den nachfolgend abgebildeten Tabellenblättern das Formular für die Getränkebestellung zu automatisieren.

	A	B	C	D	E	F
1	**Duisdorfer BüroKonzept KG**					
2						
3						
4	**Bedarfsmeldung**					
5						
6	an:	Abteilung Beschaffung				
7						
8	von:	Seminarvorbereitung				
9						
10						
11						
12	Sehr geehrte Frau Liebig,					
13						
14	für das Seminar "Angewandtes Marketing unter besonderer Berücksichtigung des Produktportfolios"					
15	in der kommenden Woche benötigen wir noch die unten aufgeführten Getränke!					
16						
17	Auch dieses Mal haben wir die hierfür anfallenden Kosten im Voraus berechnet und hoffen, Ihnen hiermit					
18	behilflich gewesen zu sein!					
19						
20	Mit freundlichen Grüßen					
21						
22						
23						
24	Artikel-Nr.	Bezeichnung	Bestellung notwendig?	Bestellmenge	Einzelpreis netto	Gesamtpreis netto
25						
26						
27						
28						
29						
30						
31						
32						
33						
34						
35						
36						
37						
38						
39						
40						
41						
42						
43					Listeneinkaufspreis	
44					Rabatt	
45					Zieleinkaufspreis	
46						
47						
48	Bei Inanspruchnahme von 2 % Skonto vermindert sich der Zieleinkaufspreis nochmals um					
49						
50	Der Bareinkaufspreis würde somit auf insgesamt				reduziert.	

Abbildung 6.8: *Getränkebestellung; Tabellenblatt „Bestellformular"*

	A	B	C	D	E	F
1	**Ergebnis der monatlichen Inventur**					
2						
3	**Artikel-Nr.**	**Artikelbezeichnung**	**aktueller Lagerbestand**	**Meldebestand**	**Mindestbestand**	**Höchstbestand**
4	10101	stilles Wasser	8	9	6	15
5	10102	Mineralwasser	9	9	8	15
6	10201	grüner Tee	9	7	5	10
7	10202	Assam-Tee	8	9	7	12
8	10203	Jasmin-Tee	8	7	5	10
9	10301	Kaffee, koffeinfrei	11	12	10	25
10	10302	Kaffee	13	12	10	25
11	10303	Cappucino	6	7	5	10
12	10304	Espresso	7	5	3	10
13	10401	Coca-Cola	12	13	10	25
14	10402	Pepsi-Cola	11	13	10	25
15	10403	Fanta	14	10	8	20
16	10404	Sprite	15	10	8	20
17	10501	Kölsch	6	7	5	15
18	10502	Pilsener	6	7	5	15
19	10601	Rotwein	8	8	6	12
20	10602	Weißwein	10	8	6	12

Abbildung 6.9: *Getränkebestellung; Tabellenblatt „Bestandsdaten"*

	A	B	C	D	E	F	G
1	**Preisliste des Getränke-Lieferanten**					**Rabattstaffel**	
2							
3							
4	Artikel-Nr.	Artikelbezeichnung	Preis pro Einheit			ab ... Bestellwert	Gewährung von .. % Rabatt
5	10101	stilles Wasser	6,20 €			50,00 €	5,0
6	10102	Mineralwasser	6,10 €			250,00 €	7,5
7	10201	grüner Tee, 250 g.	4,50 €			600,00 €	10,0
8	10202	Assam-Tee, 500 g.	5,60 €				
9	10203	Jasmin-Tee, 250 g.	5,10 €				
10	10301	Kaffee, koffeinfrei	3,50 €				
11	10302	Kaffee, 500 g.	3,60 €				
12	10303	Cappucino	4,20 €				
13	10304	Espresso	4,60 €				
14	10401	Coca-Cola	6,50 €				
15	10402	Pepsi-Cola	6,40 €				
16	10403	Fanta	6,30 €				
17	10404	Sprite	6,30 €				
18	10501	Kölsch	10,10 €				
19	10502	Pilsener	9,80 €				
20	10601	Rotwein	24,20 €				
21	10602	Weisswein	22,50 €				

Abbildung 6.10: *Getränkebestellung; Tabellenblatt „Preisliste"*

Arbeitsauftrag 5

1. Speichern Sie Ihre Datei unter dem Namen **Getränkebestellung**. Speichern Sie Ihre Datei regelmäßig – spätestens jedoch alle 5 Minuten – ab.
2. Übernehmen Sie die Tabellen inklusive aller Werte und Formatierungen in Ihre Arbeitsmappe und benennen Sie die Tabellenblätter wie angegeben.

3. Vergeben Sie für die Tabellen (Zellbereiche) der Tabellenblätter **Bestandsdaten** und **Preisliste** die Namen „Inventur", „Artikel" und „Rabatt". Verwenden Sie diese Namen – sofern möglich – in den jeweiligen Funktionen.

4. In der Zelle F4 Ihres Tabellenblattes **Bestellformular** soll mithilfe einer geeigneten Funktion das heutige Datum ausgegeben werden.

5. Übernehmen Sie in den Spalten A und B des Bestellformulars (per Zellbezug) die Artikel-Nr. und die Artikelbezeichnung aus der Tabelle Inventur.

Hinweis
Für die nachfolgenden Arbeitsanweisungen gilt jeweils: Nur wenn für das jeweilige Getränk eine Bestellung erforderlich ist, sollen die Zellen der Spalten C – F ausgefüllt werden. Ansonsten sollen diese Zellen leer bleiben.

6. Ermitteln Sie mittels einer geeigneten Funktion in der Spalte C, ob für das jeweilige Getränk eine Bestellung notwendig ist. Dies ist dann der Fall, wenn der aktuelle Lagerbestand kleiner bzw. gleich dem Meldebestand ist. Eine Bestellung soll durch die Ausgabe eines „X" gekennzeichnet werden.

7. In der Spalte D soll die Bestellanzahl ausgewiesen werden. Für die Bestellmenge wird davon ausgegangen, dass durch die Bestellung der jeweilige Höchstbestand erreicht wird.

8. Durch die Verwendung geeigneter Funktionen soll in den Spalten E und F der jeweilige Einzelpreis des bestellten Getränkes bzw. der Gesamtpreis ermittelt werden.

9. Ermitteln Sie mithilfe geeigneter Funktionen
   a) den Listeneinkaufspreis in €,
   b) den Rabatt in €. Beachten Sie, dass die Tabelle Rabattstaffel nicht bei 0,00 €, sondern bei 50,00 € beginnt;
   c) den Zieleinkaufspreis in €.

10. Ermitteln Sie formel- bzw. funktionsgesteuert in der Zelle F48 die Höhe des möglichen Skontoabzuges und in der Zelle D50 den sich aus dem Skontoabzug ergebenden Bareinkaufspreis.

11. Formatieren Sie alle Euro-Werte im Format „Währung" (€) mit zwei Nachkommastellen.

12. Fügen Sie in Ihre Datei ein neues Tabellenblatt ein. Versehen Sie dieses mit dem Namen **Formeln**. Kopieren Sie den Inhalt des Tabellenblattes **Bestellformular** in dieses neue Tabellenblatt und wechseln Sie in die Formelansicht. Stellen Sie beim Ausdrucken dieser Tabelle sicher, dass alle Funktionen vollständig lesbar sind und die Tabelle auf **zwei DIN-A4-Seiten im Querformat mit Ihrem Namen, dem Dateinamen, dem aktuellen Datum** und **Zeilen- und Spaltenüberschriften** ausgedruckt wird.

6.3.3 Vertreterprovision

Ausgangssituation
Sie sind zurzeit bei Frau Necke in der Abteilung Personalvergütung eingesetzt. Sie ist für die Berechnung der Jahresprovisionen der im Ausland tätigen Vertreter verantwortlich.

Frau Necke teilt Ihnen mit, dass die Duisdorfer BüroKonzept KG in den USA sieben Vertreter beschäftigt. Für die steuerliche Berücksichtigung in Deutschland müssen allerdings die entsprechenden Jahresgehälter in € umgerechnet werden. Mit den nachfolgenden Tabellen sollen Sie die Höhe der Gehälter in € ermitteln.

Web

Vertreterprovision für den Zeitraum von 01 bis 05

Rechenbereich

Vertreter	Jahresumsatz im Jahr 05 in US-$	Provision im Jahr 05 in US-$	Anteil an der Gesamt-provision	Anzahl der im Jahr 05 gewonnenen Neukunden	Zulage für Neukunden in US-$	Sonderzulage in US-$	Einkommen im Jahr 05 in US-$	Einkommen im Jahr 05 in EUR	Liegt über-durchschnittl. Jahreseinkommen vor?
Albers	185.600,00			8					
Düker	192.400,00			12					
Heinemann	154.800,00			24					
Markowski	136.800,00			32					
Nietzke	122.800,00			16					
Oswald	147.900,00			4					
Zanker	162.300,00			41					
Gesamt									

Übersicht über die Gehaltsentwicklung von 01 bis 05 in EUR

Vertreter	Gehalt 01	Gehalt 02	Gehalt 03	Gehalt 04	Gehalt 05	Durchschnitt
Albers	26.300,00 €	34.000,00 €	29.300,00 €	31.200,00 €		
Düker	23.400,00 €	27.400,00 €	26.400,00 €	30.900,00 €		
Heinemann	36.100,00 €	33.200,00 €	31.200,00 €	29.400,00 €		
Markowski	42.300,00 €	37.400,00 €	33.900,00 €	31.600,00 €		
Nietzke	27.600,00 €	32.300,00 €	34.700,00 €	29.700,00 €		
Oswald	27.400,00 €	33.600,00 €	35.500,00 €	35.600,00 €		
Zanker	34.900,00 €	29.800,00 €	32.400,00 €	29.400,00 €		
Gesamt						
Durchschnitt						

Abbildung 6.11: Vertreterprovision; Tabellenblatt „Rechenbereich"

Hilfstabelle Provision

Jahresumsatz ab US-$	Provision
0,00	8%
30.000,00	10%
60.000,00	12%
80.000,00	14%
100.000,00	16%

Hilfstabelle Neukundenzulage

Anzahl von Neukunden (ab...)	Neukundenzulage in US-$
5	1.250,00
10	1.750,00
20	2.500,00
30	3.500,00

Hilfstabelle Wechselkurs/Sonderzulage

Wechselkurs EUR/US-Dollar	
1 EUR =	1,40 US-$
Sonderzulage:	1.000,00 US-$

Abbildung 6.12: Vertreterprovision; Tabellenblatt „Hilfstabellen"

Arbeitsauftrag 6

1. Speichern Sie Ihre Datei unter dem Namen **Vertreterprovision**. Speichern Sie Ihre Datei regelmäßig – spätestens jedoch alle 5 Minuten – ab.
2. Übernehmen Sie die vorgegebenen Tabellen inklusive aller Werte und Formatierungen und benennen Sie die Tabellenblätter wie angegeben.
3. Vergeben Sie den Hilfstabellen sinnvolle Namen und verwenden Sie diese – sofern möglich – in den späteren Formeln und Funktionen.

Hinweis

Ermitteln Sie für die Aufgabenstellungen 4 a) bis 4 f) jeweils sofort nach Bearbeitung der Teilaufgabe den Gesamtwert in Zeile 15.

4. Ermitteln Sie mithilfe von geeigneten Funktionen
   a) die Provision je Vertreter für das Jahr 05 in US-Dollar;
   b) den prozentualen Anteil je Vertreter an der – vom Unternehmen an alle Vertreter gezahlten – Gesamtprovision, Formatierung in „Prozent" mit zwei Nachkommastellen;
   c) die Höhe der Neukundenzulage je Vertreter in US-Dollar. Die Höhe dieser Zulage ist der entsprechenden Hilfstabelle zu entnehmen. Beachten Sie, dass die Hilfstabelle mit dem Wert 5 beginnt;
   d) die Höhe der Sonderzulage in US-Dollar. Diese wird für den Fall gewährt, dass der jeweilige Vertreter im letzten Jahr mindestens 20 Prozent mehr Neukunden gewonnen hat als der Durchschnitt aller Vertreter;
   e) die Höhe des gesamten Einkommens je Vertreter in US-Dollar;
   f) die Höhe des gesamten Einkommens je Vertreter für das vergangene Jahr in €;
   g) ob der jeweilige Vertreter im vergangenen Jahr somit ein überdurchschnittliches Einkommen erzielt hat. Sofern dies der Fall ist, soll die Ausgabe **Ja** erfolgen. Ansonsten soll die jeweilige Zelle leer bleiben;
   h) Formatieren Sie die berechneten Werte im Format „Zahl" mit zwei Nachkommastellen und 1.000er-Trennpunkt.

5. Übernehmen Sie in den Zellen F22 bis F28 durch Zellbezüge das jeweilige Jahreseinkommen der Vertreter in €.

6. Ermitteln Sie mithilfe geeigneter Funktionen
   a) das durchschnittliche Jahreseinkommen der Vertreter von 01 bis 05;
   b) die vom Unternehmen geleisteten gesamten Einkommenszahlungen für die Jahre 01 bis 05;
   c) das durchschnittlich vom Unternehmen gezahlte Einkommen pro Vertreter für die Jahre 01 bis 05;
   d) Formatieren Sie alle Euro-Werte als „Währung" (€) mit zwei Nachkommastellen.

7. Fügen Sie unterhalb der Tabelle im Tabellenblatt **Rechenbereich** ein Textfeld ein. Analysieren Sie die Auswirkungen eines schwankenden Wechselkurses auf die Einkommen der Vertreter. Begründen Sie Ihre Entscheidung mithilfe der berechneten Werte. Formulieren Sie in ganzen Sätzen und achten Sie auf eine gute Ausdrucksweise.

8. Erstellen Sie ein weiteres Tabellenblatt, welches Sie mit dem Namen **Formeln** versehen. Kopieren Sie in dieses Tabellenblatt den Inhalt des Tabellenblattes **Rechenbereich** hinein und wechseln Sie in die Formelansicht.

9. Drucken Sie abschließend die Tabellenblätter **Rechenbereich** und **Formeln** aus. Beachten Sie hierbei unbedingt, dass neben den **Zeilen-/Spaltenüberschriften** alle Tabellen mit Ihrem **Namen**, **dem Dateinamen** und dem **heutigen Datum** in der Kopfzeile versehen sind. Sorgen Sie dafür, dass das Tabellenblatt **Rechenbereich** auf einer Seite und das Tabellenblatt **Formeln** auf zwei Seiten im **Querformat** ausgedruckt wird.

6.4 WVERWEIS

Ausgangssituation

Im Rahmen der Automatisierung der Rechnung in der Abteilung Rechnungswesen soll (wie beim SVERWEIS) der Rabattsatz aus einer Hilfstabelle entsprechend der jeweiligen Menge in das Rechnungsformular eingetragen werden. Herr Fernandez teilt Ihnen mit, dass die Hilfstabelle allerdings nicht wie beim SVERWEIS senkrecht, sondern in Zukunft **waagrecht** angeordnet werden soll.

Mit der Funktion SVERWEIS wurde durch die Eingabe von drei Argumenten ein gewünschter Wert innerhalb einer Hilfstabelle gesucht und der zugehörige Wert/Name etc. ausgegeben. Voraussetzungen für den SVERWEIS sind zum einen die **aufsteigende Reihenfolge** der Werte innerhalb der Hilfstabelle und zum anderen, dass die Hilfstabelle **senkrecht** aufgebaut ist. Das **S** im Funktionsnamen SVERWEIS besagt demnach, dass in einer senkrechten Hilfstabelle gesucht wird.

Ist die Hilfstabelle nicht senkrecht, sondern waagrecht dargestellt (siehe Abbildung 6.13), so ist die Verwendung der Funktion SVERWEIS nicht möglich. Alternativ dazu muss die Funktion **WVERWEIS** verwendet werden, die analog aufgebaut ist. Das **W** steht hier für **waagrecht**. Die Syntax der Funktion lautet: **=WVERWEIS(SUCHKRITERIUM; MATRIX; ZEILENINDEX;[BEREICH_VERWEIS])**

Web

Ausschnitt aus der Tabelle Rechnungsformular

Pos.	Artikel-Nr.	Artikel-Bezeichnung	Menge	Einzelpreis €	Rabatt in %	Rabattbetrag €	Gesamtpreis €
1	101111	Schreibtisch Ökostar	10	=WVERWEIS(D39;$B$69:$F$70;2)			
2	101114	Konferenztischelement	25	WVERWEIS(Suchkriterium; Matrix; Zeilenindex; [Bereich_Verweis])			
3	202111	Bürostuhl Comfort	20	228,00			
4	202114	Bürosessel Bodu L	15	349,00			

Ausschnitt aus der Tabelle Rabattsätze

Menge ab ...	0	10	20	50	100
Rabattsatz (%)	0,00	10,00	15,00	20,00	30,00

Abbildung 6.13: *Der WVERWEIS*

Für die Zelle F23 gilt die folgende Funktion: =WVERWEIS(D39;$B$69:$F$70;2)

Anmerkung

Der BEREICH_VERWEIS wird im Rahmen des „einfachen" WVERWEIS nicht benötigt und kann weggelassen werden. Aufgrund dessen wird der BEREICH_VERWEIS erst im Rahmen des „erweiterten WVERWEIS" (Kapitel 6.5) thematisiert.

Wie beim SVERWEIS sucht auch der **WVERWEIS** den gewünschten Wert (d.h. die Zahl 10 aus der Zelle D39) in der Matrix (Suchbereich) ($B$69:$F$70). Da das Suchkriterium 10 zwar größer ist als die kleinste Zahl des Suchbereiches (hier die Zahl 0) und genau so groß ist wie die nächste Zahl 10, jedoch kleiner als die Zahl 20 ist, wird als Ausgabewert der Inhalt der Zelle C70 ermittelt.

Anmerkung

*Der WVERWEIS unterliegt denselben Einschränkungen wie der SVERWEIS. Damit eine fehlerfreie Funktionsweise gewährleistet ist, muss neben einer **aufsteigenden Reihenfolge innerhalb der MATRIX** auch sichergestellt sein, dass sich das **SUCHKRITERIUM nicht unterhalb der untersten Grenze des Suchbereiches** befindet. D.h. der Wert –1 würde vom WVERWEIS nicht verarbeitet werden, da die Funktion die Suche erst ab der Zahl 0 durchführen kann. Auch die Fragestellung „Ist der gesuchte Wert größer oder gleich dem Grenzwert?" entspricht der des SVERWEIS.*

Arbeitsauftrag 7

Erfassen Sie im Tabellenkalkulationsprogramm den abgebildeten Ausschnitt der Rechnung und sorgen Sie dafür, dass in Abhängigkeit der Menge der jeweilige Rabattsatz ausgegeben wird. Berechnen Sie anschließend die jeweiligen Rabatte pro Stück und Gesamtpreise.

6.5 Erweiterung des WVERWEIS

Wie beim SVERWEIS kann durch das Hinzufügen des vierten Kriteriums – des **BEREICH_VERWEIS** – der WVERWEIS dazu veranlasst werden, eine ungeordnete Reihenfolge innerhalb der Matrix zu ignorieren. Voraussetzung ist hier auch, dass der gesuchte Wert in der Matrix vorhanden ist (siehe Beispiel).

In diesem erweiterten WVERWEIS (mit BEREICH_VERWEIS) wird in der Matrix die genaue Übereinstimmung geprüft. Dies wird durch die Ergänzung der Angabe FALSCH (alternativ: 0) durchgeführt. Diese Angabe verändert – genau wie beim SVERWEIS – die Fragestellung von „ist der gesuchte Wert größer bzw. gleich" in „ist der gesuchte Wert identisch" mit dem jeweiligen Wert in der Matrix. Allerdings können somit nur die genauen Werte überprüft werden. Die Eingabe der Kundennummer 2409 in der Zelle C30 führt zu der Fehlermeldung **#NV** (engl.: **n**on **v**alue), was bedeutet, dass der gesuchte Wert nicht in der Matrix (Suchbereich) vorhanden ist. Die Fehlermeldung ist in diesem Fall gewünscht, da so die Eingabe einer falschen Kundennummer zu keiner Adressanzeige führt!

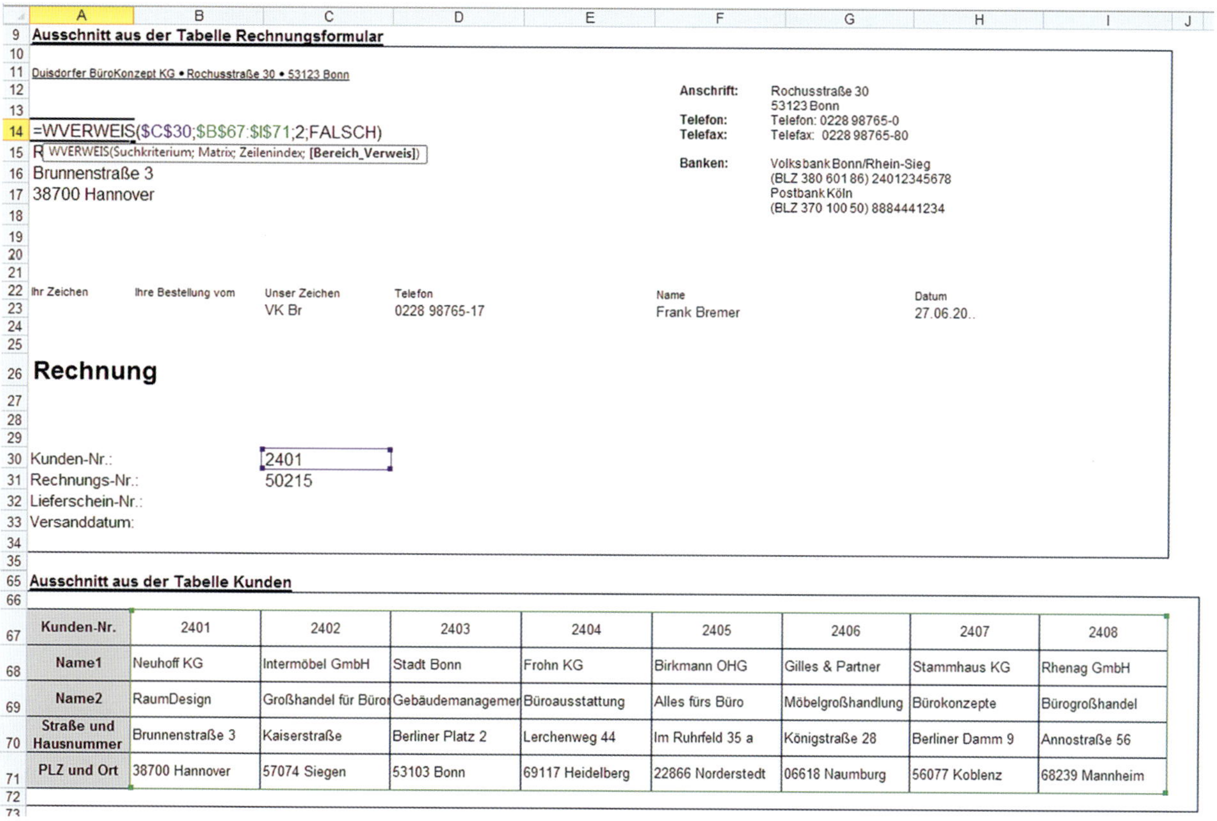

Abbildung 6.14: *Die Erweiterung des WVERWEIS*

Arbeitsauftrag 8

Übernehmen Sie die Ausschnitte aus den Tabellen **Rechnung** und **Kunden** in ein Tabellenblatt und sorgen Sie dafür, dass die Adresse (Zelle A14 bis A17) durch Eintragen der Kundennummer in Zelle C30 automatisch ausgegeben wird. Beachten Sie, dass die Zellen festgesetzt (absolut adressiert) werden müssen, da dieser Bereich für alle Zeilen des Anschriftfeldes gilt. Ändern Sie lediglich den ZEILEN-INDEX.

6.6 Übungsaufgaben zum WVERWEIS

6.6.1 Prämiensystem

Ausgangssituation

Da Sie in der Abteilung Personalvergütung einen guten Eindruck hinterlassen haben, hat Frau Necke Sie für die Auswertung des Prämiensystems für die neuen Reisenden angefordert.

Sie teilt Ihnen mit, dass die Duisdorfer BüroKonzept KG für den deutschen Markt fünf Reisende eingestellt hat. Das Entgelt der Reisenden besteht aus einem Fixum, d. h. einem festen, monatlich gleichbleibenden Betrag. Zusätzlich erhalten die Reisenden eine vom Umsatz abhängige Prämie sowie eine umsatzabhängige Provision. Mit den nachfolgenden Tabellen sollen Sie eine Auswertung des Prämiensystems für den vergangenen Abrechnungszeitraum durchführen.

Web

	A	B	C	D	E	F	G
1	**Auswertung eines Prämiensystems für die neuen Reisenden**						
2							
3							
4	Reisender	Fixum (EUR)	Umsatz (EUR)	Provision (EUR)	Prämie (EUR)	gesamte Vergütung (EUR)	Prämienanteil an Gesamtvergütung
5	Ebeler	1.800,00	18.000,00				
6	Helmig	1.500,00	22.000,00				
7	Köster	2.000,00	20.500,00				
8	Naomi	1.500,00	24.500,00				
9	Walther	1.700,00	23.000,00				
10							
11	Gesamt						

***Abbildung 6.15:** Prämiensystem; Tabellenblatt „Auswertung“*

	A	B	C	D
1	**Provision**			
2				
3	Umsatz ab EUR	0	10.000	20.000
4	Provisionssatz	5,00%	7,00%	10,00%

***Abbildung 6.16:** Prämiensystem; Tabellenblatt „Provision“*

	A	B	C	D
1	**Prämie**			
2				
3	Umsatz ab EUR	0	12.000	23.000
4	Prämie auf die Provision	17,00%	25,00%	35,00%

***Abbildung 6.17:** Prämiensystem; Tabellenblatt „Prämie“*

Arbeitsauftrag 9

1. Speichern Sie Ihre Datei unter dem Namen **Prämiensystem**. Speichern Sie Ihre Datei regelmäßig – spätestens jedoch alle 5 Minuten – ab.
2. Übernehmen Sie die vorgegebenen Tabellen inklusive aller Werte und Formatierungen und benennen Sie die Tabellenblätter wie angegeben.
3. Vergeben Sie den Hilfstabellen (Zellbereiche) sinnvolle Namen und verwenden Sie diese – sofern möglich – in den späteren Formeln und Funktionen.
4. Ermitteln Sie mithilfe von geeigneten Funktionen
   a) in Spalte D die Provision je Reisenden,
   b) in Spalte E die Prämie je Reisenden,
   c) in Spalte F die Höhe der gesamten Vergütung je Reisenden,

d) in Spalte G den Prämienanteil an der Gesamtvergütung pro Reisenden. Geben Sie den Anteil als Prozentzahl mit zwei Nachkommastellen an;
e) in Zeile 11 die jeweiligen Summen.

5. Formatieren Sie alle Euro-Werte im Format „Zahl" mit zwei Nachkommastellen und 1.000er-Trennpunkt.

6. Erstellen Sie ein weiteres Tabellenblatt, welches Sie mit dem Namen **Formeln** versehen. Kopieren Sie in dieses Tabellenblatt die Werte des Tabellenblattes **Auswertung** hinein und wechseln Sie in die Formelansicht. Sorgen Sie dafür, dass die Formeln und Funktionen vollständig lesbar sind.

7. Drucken Sie abschließend das Tabellenblatt **Formeln** aus. Beachten Sie hierbei unbedingt, dass neben den **Zeilen-/Spaltenüberschriften** die Tabelle mit Ihrem **Namen, dem Dateinamen** und dem **heutigen Datum** in der Kopfzeile versehen ist. Sorgen Sie ebenfalls dafür, dass das Tabellenblatt auf einer Seite im **Querformat** ausgedruckt wird.

6.6.2 Angebotsvergleich 3

Ausgangssituation

Bei Ihrer momentanen Tätigkeit in der Abteilung Beschaffung ergibt sich folgende Situation: Frau Berg aus der Abteilung Lager und Versand meldet, dass aufgrund des Abverkaufs des Faxgerätes „Multifax 0912" der Meldebestand von 30 Stück unterschritten ist. Der aktuelle Bestand dieser Handelsware beträgt 25 Stück, der Höchstbestand 100 Stück. Die Duisdorfer BüroKonzept KG muss 75 Stück des Faxgerätes bestellen und sendet Anfragen an drei Lieferer. Nach Ankunft der Angebote muss ein Angebotsvergleich durchgeführt werden, um den günstigsten Anbieter zu ermitteln. Frau Elling, die für die Beschaffung von Handelswaren zuständig ist, bittet Sie, die notwendigen Arbeiten zu erledigen. Ihre Aufgabe ist es, anhand der nachfolgend abgebildeten Tabellenblätter einen automatisierten Angebotsvergleich durchzuführen.

	A	B	C	D	E
1	**Ermittlung des günstigsten Lieferanten**				
2					
3					
4	Bestellmenge	75			
5					
6					
7	**Durchführung des Angebotsvergleichs:**				
8					
9					
10		Saam KG	Papier Spoth GmbH	Willi Lauf OHG	
11	**Lieferbedingung**				
12	Listeneinkaufspreis/ Stück				
13	Listeneinkaufspreis/ gesamt				
14	Rabatt				
15	Zieleinkaufspreis				
16	Skonto				
17	Bareinkaufspreis				
18	Bezugskosten				
19	Bezugspreis gesamt				
20	Bezugspreis/Stück				
21					
22					
23	Der günstigste Lieferant heißt				
24					
25	Die Ersparnis zwischen dem teuersten und dem günstigsten Lieferanten beträgt:				

***Abbildung 6.18:** Angebotsvergleich 3; Tabellenblatt „Berechnung"*

	A	B	C	D
1	**Übersicht über anfallende Bezugskosten**			
2				
3				
4		Saam KG	Papier Spoth GmbH	Willi Lauf OHG
5	Rollgeld I	4,80 €	5,00 €	6,10 €
6	Ladegebühr	2,10 €	3,60 €	2,00 €
7	Fracht	30,00 €	40,00 €	35,00 €
8	Entladegebühr	3,50 €	5,00 €	0,00 €
9	Rollgeld II	7,00 €	6,20 €	4,80 €
10				
11				
12	**Nebenrechnung zur Ermittlung der Bezugskosten**			
13				
14	Beförderungs-bedingung	Saam KG	Papier Spoth GmbH	Willi Lauf OHG
15	ab Werk	47,40 €	59,80 €	47,90 €
16	unfrei	42,60 €	54,80 €	41,80 €
17	frei Waggon	40,50 €	51,20 €	39,80 €
18	frachtfrei	10,50 €	11,20 €	4,80 €
19	frei Haus	0,00 €	0,00 €	0,00 €

Abbildung 6.19: *Angebotsvergleich 3; Tabellenblatt „Bezugskosten"*

	A	B	C	D
1	**Übersicht über die Grunddaten unserer Lieferanten**			
2				
3				
4		Saam KG	Papier Spoth GmbH	Willi Lauf OHG
5	Listenpreis/Stück	35,80 €	37,20 €	34,95 €
6	Skonto	3%	2%	0%
7	Rabatt	15%	20%	10%
8	Rabattgewährung ab ... Stück	80	50	30
9	Beförderungs-bedingung	unfrei	frachtfrei	frei Haus

Abbildung 6.20: *Angebotsvergleich 3; Tabellenblatt „Grunddaten"*

Arbeitsauftrag 10

1. Speichern Sie Ihre Datei unter dem Namen **Angebotsvergleich_3**. Speichern Sie Ihre Datei regelmäßig – spätestens alle 5 Minuten – ab.
2. Übernehmen Sie die Tabellen inklusive aller Werte und Formatierungen und benennen Sie die Tabellenblätter wie angegeben. Vergeben Sie für die Hilfstabellen (Zellbereiche) sinnvolle Namen.
3. Ermitteln Sie mithilfe von Formeln im Tabellenblatt **Bezugskosten** die jeweiligen Bezugskosten für alle aufgeführten Lieferbedingungen und Lieferanten.
4. Ermitteln Sie im Tabellenblatt **Berechnung** mithilfe von Formeln und Funktionen für alle drei Lieferer
   a) die jeweilige Lieferbedingung (Suchfunktion verwenden),
   b) den Listeneinkaufspreis je Stück und Listeneinkaufspreis insgesamt,
   c) den vom jeweiligen Lieferanten gewährten Rabatt in € (Suchfunktion verwenden),
   d) den Zieleinkaufspreis,
   e) den gewährten Skontoabzug in € (Suchfunktion verwenden),
   f) den Bareinkaufspreis,
   g) die Bezugskosten (verwenden Sie hierfür u. a. eine Suchfunktion),
   h) den Bezugspreis für die gesamte Bestellmenge,
   i) den Bezugspreis für ein Stück,
   j) den Namen des günstigsten Lieferanten,
   k) die Ersparnis zwischen dem günstigsten und dem teuersten Angebot für die gesamte Bezugsmenge in Prozent (unter Angabe von zwei Nachkommastellen). Beachten Sie hierbei, dass die Funktion auch den Umstand berücksichtigen muss, dass der derzeit günstigste Lieferant auch der teuerste sein könnte.
5. Formatieren Sie alle Euro-Werte im Format „Währung" (€) mit zwei Nachkommastellen.
6. Fügen Sie unterhalb der Tabelle im Tabellenblatt **Berechnung** ein Textfeld ein. Entscheiden Sie sich für einen Lieferanten und begründen Sie Ihre Entscheidung mithilfe der berechneten Werte. Formulieren Sie in ganzen Sätzen und achten Sie auf eine gute Ausdrucksweise.

7. Erstellen Sie ein weiteres Tabellenblatt, welches Sie mit dem Namen **Formeln** versehen. Kopieren Sie in dieses Tabellenblatt die Werte des Tabellenblattes **Berechnung** hinein und wechseln Sie in die Formelansicht.

8. Drucken Sie anschließend das Tabellenblatt **Formeln** aus. Beachten Sie hierbei unbedingt, dass neben den **Zeilen- und Spaltenüberschriften** der Ausdruck mit Ihrem **Namen, dem Dateinamen** und dem **heutigen Datum** in der Kopfzeile versehen ist. Sorgen Sie ebenfalls dafür, dass das Tabellenblatt auf **drei Seiten** im **Querformat** ausgedruckt wird.

6.6.3 Flugtickets

Ausgangssituation

Während Ihres Einsatzes in der Geschäftsführung bekommen Sie mit, dass Herr Falo sechs Mitarbeiter zu einer Fachmesse nach Tokio schicken möchte.

Da die Mitarbeiter – entsprechend ihrer Stellung im Unternehmen – unterschiedliche Wünsche hinsichtlich des Komforts (von **economy** bis **first-class**) haben, wurden Angebote der Fluggesellschaften A und B eingeholt. Da alle Mitarbeiter Mitglieder in sogenannten Prämiensystemen sind, muss unter Umständen kein Preis für die Ausstellung eines Tickets bezahlt werden. Die Angaben über die vom jeweiligen Mitarbeiter angesammelten „Meilen" und die für die Ausstellung eines Freitickets notwendigen Bonusmeilen finden Sie innerhalb der unten abgebildeten Tabellen. Herr Falo beauftragt Sie, eine automatisierte Ermittlung der notwendigen Ausgaben für Flugtickets zu erstellen.

	A	B	C	D	E	F	G	H
1	**Ermittlung der notwendigen Ausgaben für Flugtickets**							
2								
3								
4								
5	Fluggesellschaft A							
6								
7	Buchungsklasse	1	2	3	4			
8	Preis pro Ticket	3.299,00 €	2.469,00 €	1.799,00 €	1.239,00 €			
9	notwendige Bonusmeilen	100.000	80.000	60.000	40.000			
10								
11								
12	Fluggesellschaft B							
13								
14	Buchungsklasse	1	2	3	4			
15	Preis pro Ticket	3.149,00 €	2.369,00 €	1.399,00 €	1.239,00 €			
16	notwendige Bonusmeilen	110.000	85.000	55.000	40.000			
17								
18								
19								
20								
21	Konferenzteilnehmer	gewünschte Fluggesellschaft	gewünschte Buchungsklasse	Preis/Ticket	derzeitige Bonusmeilen	notwendige Bonusmeilen	Ticketkauf notwendig?	notwendige Ausgabe
22	Brandt, Jürgen	B	2		45.000			
23	Hekendorf, Tanje	B	1		130.000			
24	Klaas, Andrea	A	2		32.000			
25	Nadler, Joachim	B	3		46.000			
26	Poschmann, Patrick	A	4		52.000			
27	Rheinhardt, Jochen	B	2		18.000			
28								
29								
30	gesamte Ticketkosten:							
31	durchschnittlicher Ticketpreis:							

Abbildung 6.21: *Flugtickets; Tabellenblatt „Berechnung"*

Arbeitsauftrag 11

1. Speichern Sie Ihre Datei unter dem Namen **Flugtickets**. Speichern Sie Ihre Datei regelmäßig – spätestens jedoch alle 5 Minuten – ab.

2. Übernehmen Sie die Tabelle inklusive aller Werte und Formatierungen und benennen Sie das Tabellenblatt wie angegeben.

   Hinweis
   Beachten Sie, dass ungültige Eingaben bei der gewünschten Fluggesellschaft bzw. der gewünschten Buchungsklasse zur Ausgabe des Hinweises „Fehleingabe" bzw. „#NV" führen sollen.

3. Vergeben Sie den Hilfstabellen sinnvolle Namen und verwenden Sie diese – sofern möglich – in den späteren Formeln und Funktionen.

4. Ermitteln Sie mithilfe von geeigneten Formeln und Funktionen
   a) in den Zellen D22 bis D27 in Abhängigkeit von der gewünschten Fluggesellschaft und der Buchungsklasse den Preis für ein Ticket,
   b) in den Zellen F22 bis F27 die für die Ausstellung eines kostenlosen Tickets notwendigen Bonusmeilen, in den Zellen G22 bis G27, ob ein Ticketkauf notwendig ist,
   c) Hier gehen Sie bitte davon aus, dass ein Ticketkauf nur notwendig ist, wenn die bisher gesammelten Bonusmeilen nicht zur Ausstellung eines Freitickets ausreichen. Je nach Antwort soll entweder ein JA oder ein NEIN ausgegeben werden;
   d) in den Zellen H22 bis H27 den Preis für das auszustellende Ticket. Im Fall der Ausstellung eines Freitickets ist als Preis der Wert 0,00 € auszugeben;
   e) in der Zelle B30 die tatsächlichen gesamten Kosten für alle sechs Tickets;
   f) in der Zelle B31 die tatsächlichen durchschnittlichen Kosten pro Ticket. Grundlage für diesen Wert sind ebenfalls alle sechs Tickets.

5. Kopieren Sie den Inhalt des Tabellenblattes **Berechnung** in ein neues Tabellenblatt und wechseln Sie dort in die Formelansicht. Benennen Sie das neue Tabellenblatt **Formeln**.

6. Richten Sie die Tabellenblätter **Berechnung** und **Formeln** so ein, dass diese **Zeilen- und Spaltenüberschriften** enthalten und die Ausdrucke auf **einer Seite** (Tabellenblatt Berechnung) bzw. **zwei Seiten** (Tabellenblatt Formeln) im Querformat ausgedruckt werden. Sämtliche Formeln und Funktionen sollen vollständig lesbar sein. Weiterhin sollen beide Tabellenblätter in der Kopfzeile Ihren **Namen**, den **Dateinamen** und das **aktuelle Datum** enthalten.

7 Diagramme

7.1 Erstellen von Diagrammen am Beispiel eines Säulendiagramms

Ausgangssituation
Herr Victor Fernandez aus der Abteilung Rechnungswesen möchte für die nächste Ausgabe der Betriebszeitung eine Übersicht über die Absatz- und Umsatzzahlen des vergangenen Geschäftsjahres erstellen. Um die reinen Zahlen etwas anschaulicher zu gestalten, soll mithilfe des Tabellenkalkulationsprogramms zunächst eine Gegenüberstellung der Brutto- und Nettoerlöse der gängigsten Artikel erstellt werden.

Arbeitsauftrag 1

Übernehmen Sie die in der Abbildung 7.1 stehende Tabelle in Ihr Tabellenblatt 1. Lesen Sie sich die nachfolgenden Seiten sorgfältig durch und vollziehen Sie die aufgezeigten Schritte nach.

Als Ausgangsbasis für das zu erstellende Diagramm dient die folgende Tabelle:

	A	B	C	D	E	F	G
1	**Übersicht über den Absatz und den Umsatz des vergangenen Jahres (Auszug)**						
2							
3							
4		verkaufte Stückzahlen					
5	Artikel	1. Halbjahr	2. Halbjahr	Verkaufspreis	Bruttoerlöse gesamt	Rabatt gesamt	Nettoerlöse gesamt
6	Schreibtisch Ökostar	120	150	489,00 €	132.030,00 €	9.902,25 €	122.127,75 €
7	Schreibtisch Ahorn	110	140	519,00 €	129.750,00 €	9.796,13 €	119.953,88 €
8	Schreibtisch weiß C-Füße	200	240	219,00 €	96.360,00 €	7.275,18 €	89.084,82 €
9	Konferenztischelement lichtgrau	260	300	98,00 €	54.880,00 €	5.488,00 €	49.392,00 €
10	Bürostuhl Comfort	230	290	228,00 €	118.560,00 €	8.892,00 €	109.668,00 €
11	Chefsessel Bonn Maxx	150	180	399,00 €	131.670,00 €	9.875,25 €	121.794,75 €
12	Bürosessel Tenno	130	150	349,00 €	97.720,00 €	9.772,00 €	87.948,00 €

Abbildung 7.1: *Ausgangsdaten für die nachfolgend zu erstellenden Diagramme*

In dem zu erstellenden Diagramm sollen die Werte Bruttoerlöse gesamt (Spalte E) sowie Nettoerlöse gesamt (Spalte G) für alle Artikel in Form eines Säulendiagramms dargestellt werden, da diese Darstellungsform den direkten Vergleich unterschiedlicher Werte ermöglicht.

Im ersten Schritt müssen die Werte markiert werden, aus denen das Programm später die Säulen erstellen soll. Im vorliegenden Fall sind dies die Zellen E6 bis E12 sowie G6 bis G12. Da hier ein nicht zusammenhängender Zellbereich vorliegt, empfiehlt es sich, zunächst die Zellen der Spalten E zu markieren. Bei anschließend **festgehaltener** STRG-Taste können die Zellen der Spalte G markiert werden. Die Werte, die später auf der X-Achse stehen werden (hier die Artikelbezeichnungen), werden an dieser Stelle bewusst **nicht** mit markiert. Der markierte Bereich hat folgendes Aussehen:

	A	B	C	D	E	F	G
1	**Übersicht über den Absatz und den Umsatz des vergangenen Jahres (Auszug)**						
2							
3							
4		verkaufte Stückzahlen					
5	Artikel	1. Halbjahr	2. Halbjahr	Verkaufspreis	Bruttoerlöse gesamt	Rabatt gesamt	Nettoerlöse gesamt
6	Schreibtisch Ökostar	120	150	489,00 €	132.030,00 €	9.902,25 €	122.127,75 €
7	Schreibtisch Ahorn	110	140	519,00 €	129.750,00 €	9.796,13 €	119.953,88 €
8	Schreibtisch weiß C-Füße	200	240	219,00 €	96.360,00 €	7.275,18 €	89.084,82 €
9	Konferenztischelement lichtgrau	260	300	98,00 €	54.880,00 €	5.488,00 €	49.392,00 €
10	Bürostuhl Comfort	230	290	228,00 €	118.560,00 €	8.892,00 €	109.668,00 €
11	Chefsessel Bonn Maxx	150	180	399,00 €	131.670,00 €	9.875,25 €	121.794,75 €
12	Bürosessel Tenno	130	150	349,00 €	97.720,00 €	9.772,00 €	87.948,00 €

***Abbildung 7.2:** Für das Säulendiagramm notwendiges Zahlenmaterial*

Um aus diesen Werten ein Säulendiagramm zu erstellen, wird mit der Maus der Befehlsweg EINFÜGEN – DIAGRAMME (kleine Schaltfläche am rechten Rand) gewählt. In dem Fenster, das sich nun öffnet, wird der in der Abbildung markierte Säulentyp (GRUPPIERTE SÄULEN) ausgewählt.

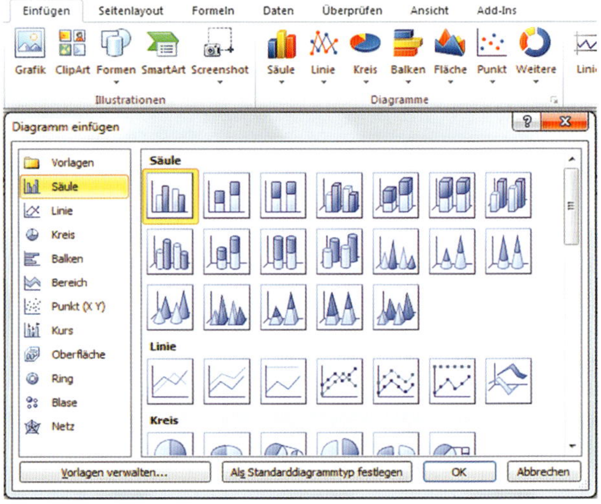

***Abbildung 7.3:** Auswahl des Diagrammtyps GRUPPIERTE SÄULEN in Excel 2010*

Sofern der Anwender sich von vornherein schlüssig über die Auswahl des Diagrammtyps Säule ist, kann er auch den Befehlsweg EINFÜGEN – DIAGRAMME – SÄULE wählen. In dem Fenster, das sich dann öffnet, werden lediglich die unterschiedlichen Säulentypen angezeigt (die Abbildung 7.4 stellt lediglich einen Auszug der vorhandenen Säulendiagrammtypen dar).

Die unterschiedlichen Diagramm(unter-)typen werden vom Programm erklärt, wenn die Maus einige Sekunden auf der Schaltfläche des gewünschten Diagramms zum Ruhen kommt. Im Fall des ausgewählten Diagramms öffnet sich beispielsweise folgender Kommentar (vgl. Abbildung 7.5):

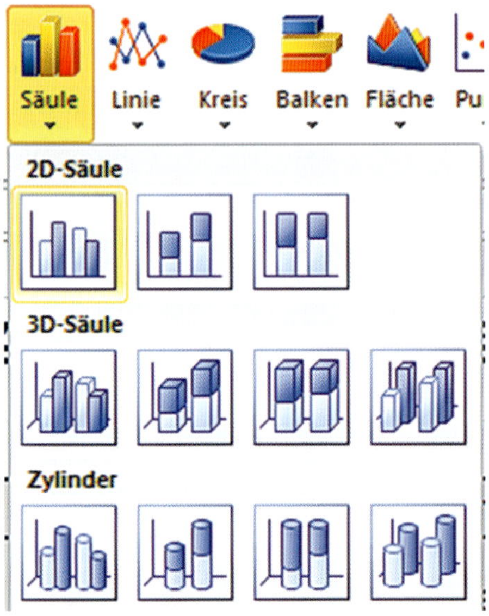

***Abbildung 7.4:** Auswahl des Diagrammtyps GRUPPIERTE SÄULEN über den Befehlsweg EINFÜGEN – DIAGRAMME – SÄULE*

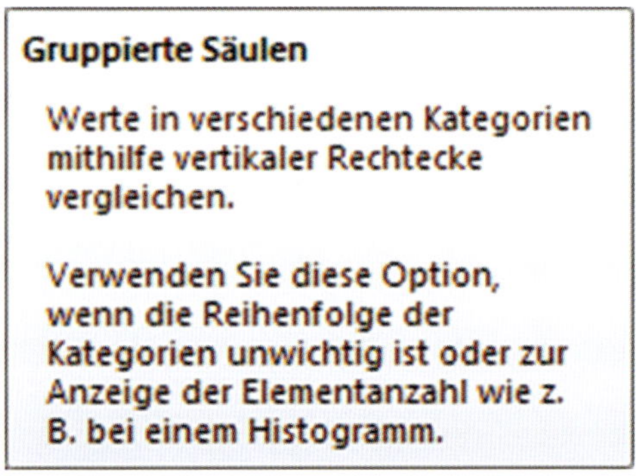

***Abbildung 7.5:** Erklärender Hinweistext zum ausgewählten Diagrammtyp GRUPPIERTE SÄULEN*

Nach der Auswahl des Diagrammtyps wird auf dem Monitor das Diagramm in seiner Grundstruktur dargestellt. Es kann durch die nachstehend beschriebenen Schritte den Wünschen des Anwenders angepasst werden.

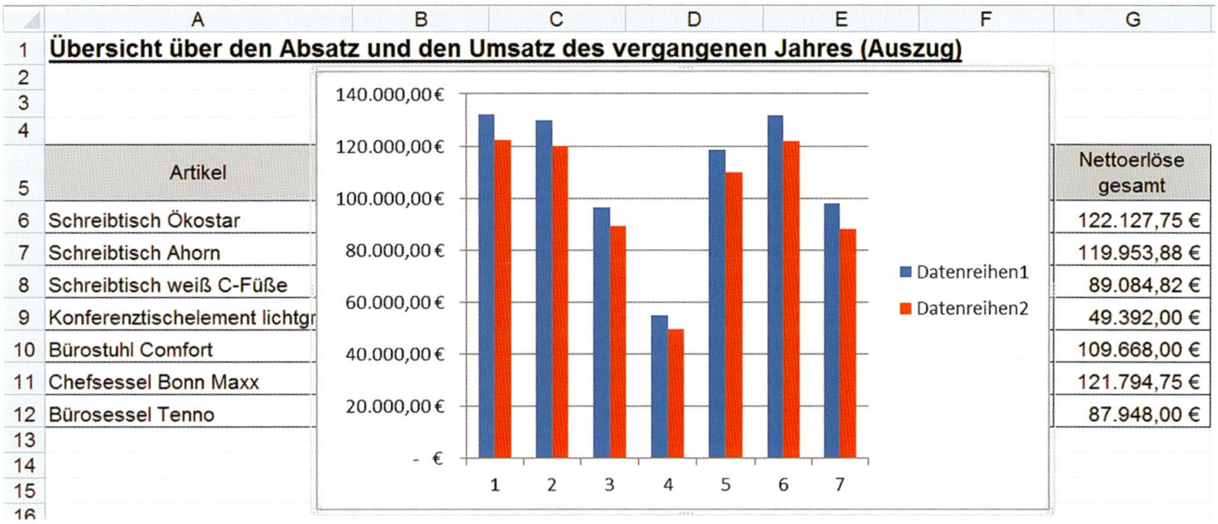

Abbildung 7.6: *Grundstruktur des Diagrammtyps GRUPPIERTE SÄULEN*

Anmerkung

Entspricht der ausgewählte Diagrammtyp doch nicht den Erwartungen, kann der Diagrammtyp nach Markierung des Diagramms problemlos über den Befehlsweg ENTWURF – TYP – DIAGRAMMTYP ÄNDERN abgeändert werden.

Zu beachten ist, dass das Programm automatisch in die DIAGRAMMTOOLS gewechselt ist, die aus den Registerkarten ENTWURF, LAYOUT und FORMAT bestehen.

Im Bereich der Registerkarte ENTWURF werden zunächst über die Schaltfläche DATEN AUSWÄHLEN der Legende statt der Bezeichnungen Datenreihen1 bzw. Datenreihen2 die korrekten Bezeichnungen zugewiesen. Nach dem Anklicken der Schaltfläche DATEN AUSWÄHLEN öffnet sich folgendes Fenster:

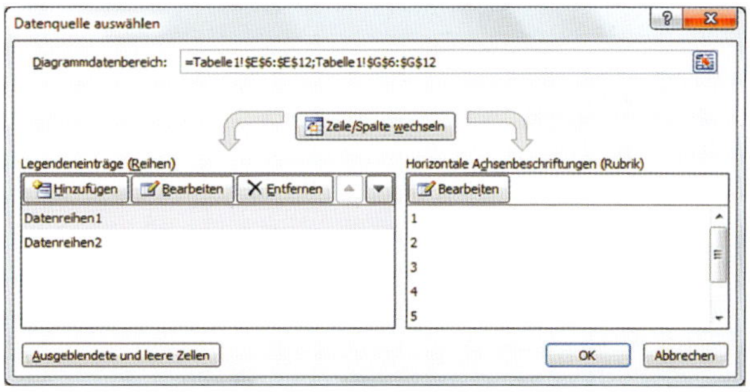

Abbildung 7.7: *Menü zur Umbenennung der Legende*

Zur Änderung der Bezeichnung Datenreihen1 wird diese mit der Maus angeklickt (sie wird nun blau hinterlegt dargestellt). Durch einen anschließenden Klick auf die Schaltfläche BEARBEITEN öffnet sich das folgende Fenster:

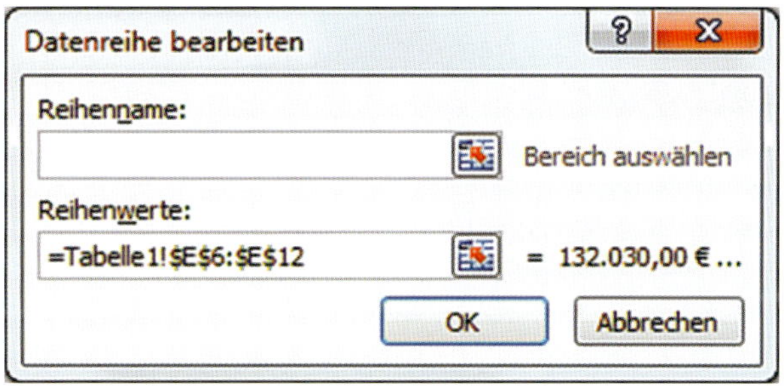

Abbildung 7.8: *Eingabeaufforderung zur Umbenennung der Datenreihe1*

In diesem Fenster zeigt das Programm im Bereich REIHENWERTE an, dass sich die Datenreihe 1 aus den Werten der Zellen E6 bis E12 (aus dem Tabellenblatt Tabelle1) zusammensetzt. An dieser Stelle kann der gewünschte Legendentext (Bruttoerlöse gesamt) per Hand in das freie Feld des Bereichs REIHENNAME eingegeben werden. Eine andere Möglichkeit besteht darin, dass mit der Maus auf das Symbol am rechten Rand des Bereichs REIHENNAME geklickt wird. Im sich nun öffnenden Fenster (vgl. Abbildung 7.9) kann mit der Maus ein Zellbezug zu der Zelle E5 des Tabellenblattes Tabelle1 hergestellt werden, um hierdurch den gewünschten Legendentext im Diagramm zu erstellen. Die Auswahl wird erneut mit dem Symbol am rechten Rand des nachstehend dargestellten Fensters abgeschlossen.

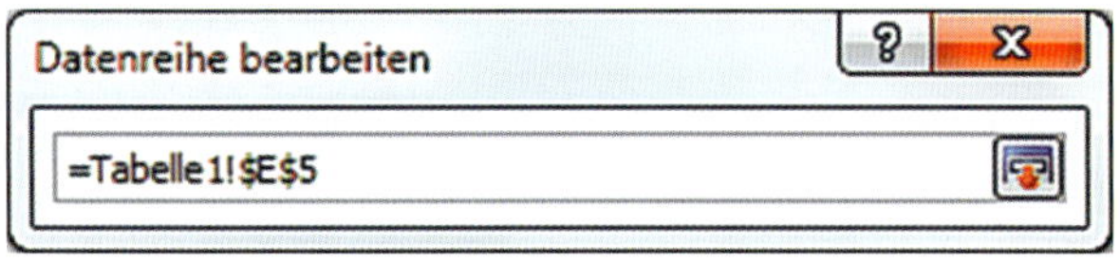

Abbildung 7.9: *Durch Zellbezug vorgenommene Auswahl zur Umbenennung der Datenreihe1*

Nachdem auch die Datenreihe 2 entsprechend umbenannt worden ist, hat das Diagramm folgendes Aussehen:

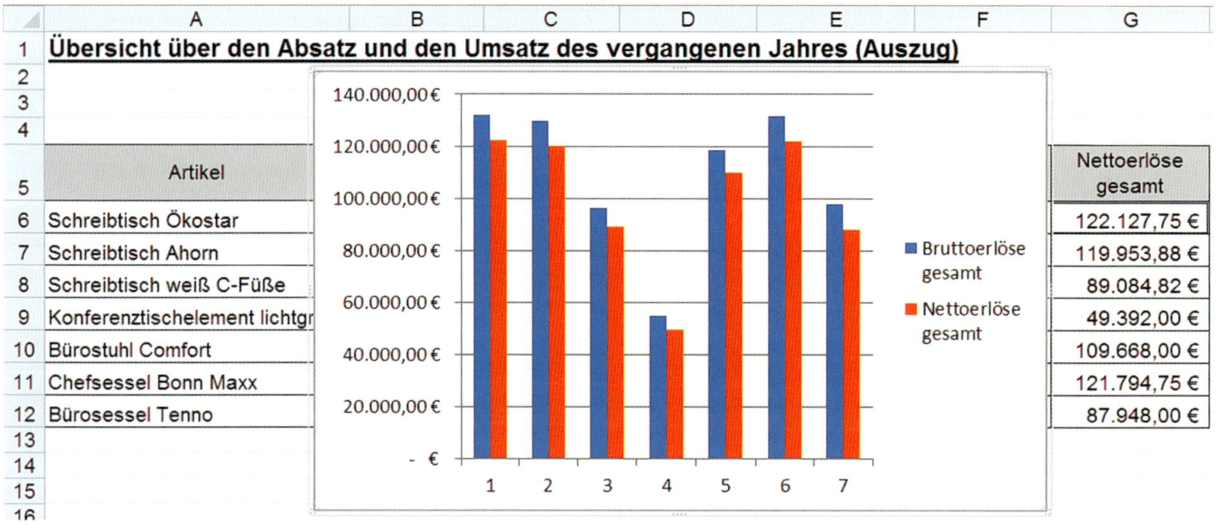

Abbildung 7.10: *Diagramm nach erfolgter Umbenennung der Datenreihen1 und 2*

Im selben Arbeitsschritt (Schaltfläche DATEN AUSWÄHLEN) kann auch die fehlerhafte horizontale Achsenbeschriftung (X-Achse) umbenannt werden. Hierfür wird mit der Maus in den rechten Bereich (HORIZONTALE ACHSENBESCHRIFTUNGEN) gewechselt. Durch einen weiteren Klick auf die Schaltfläche BEARBEITEN gelangt man in das nachstehend abgebildete Eingabefenster (vgl. Abbildung 7.11). In diesem Fenster können mit der Maus die Zellen A6 bis A12 markiert werden, bevor nach Bestätigung der Eingabe das Diagramm das in der Abbildung 7.12 dargestellte Aussehen annimmt.

Abbildung 7.11: *Ausgewählte Zellen zur Umbenennung der X-Achse*

Abbildung 7.12: *Diagramm nach Umbenennung der X-Achse*

In der Gruppe DIAGRAMMLAYOUTS können unterschiedliche, vorstrukturierte Layouts gewählt werden. Für das hier zu erstellende Diagramm werden allerdings an dieser Stelle keine Änderungen vorgenommen.

Auch die Gruppe DIAGRAMMFORMATVORLAGEN ist sehr anwenderfreundlich strukturiert. Für die weiteren Schritte wird aus den Vorlagen die in der nachstehenden Abbildung dargestellte Formatvorlage (gelbe Umrandung, Formatvorlage 26) ausgewählt:

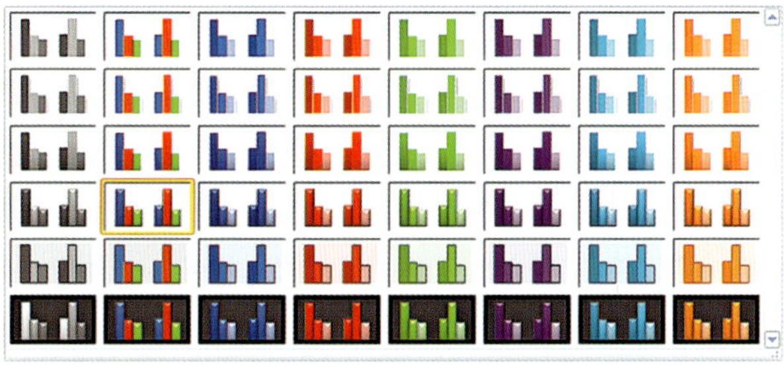

Abbildung 7.13: *Auswahl der Formatvorlage 26*

In der letzten Gruppe ORT ist zu entscheiden, ob das Diagramm unter der Tabelle angeordnet (Auswahl der Option OBJEKT IN:) oder auf einem gesonderten Tabellenblatt dargestellt werden soll (Auswahl der Option NEUES BLATT:). Für die weiteren Schritte wird die Option NEUES BLATT ausgewählt. In das freie Feld daneben kann zudem der Name des neu zu erstellenden Tabellenblattes eingegeben werden (hier: Brutto- und Nettoerlöse).

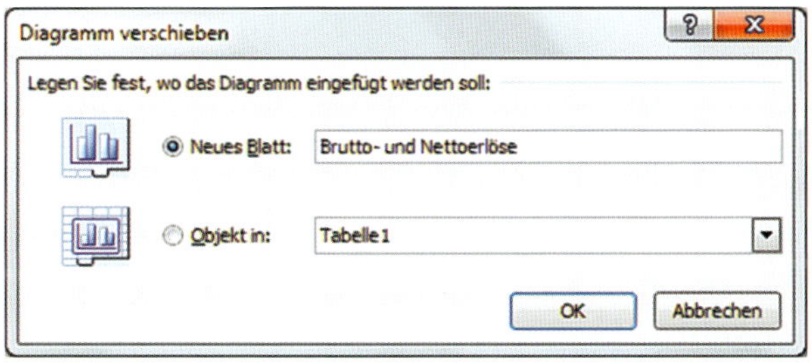

Abbildung 7.14: *Verschieben des Diagramms auf das neue Tabellenblatt „Brutto- und Nettoerlöse"*

Durch die Darstellung auf einem gesonderten Tabellenblatt hat das Diagramm folgendes Aussehen:

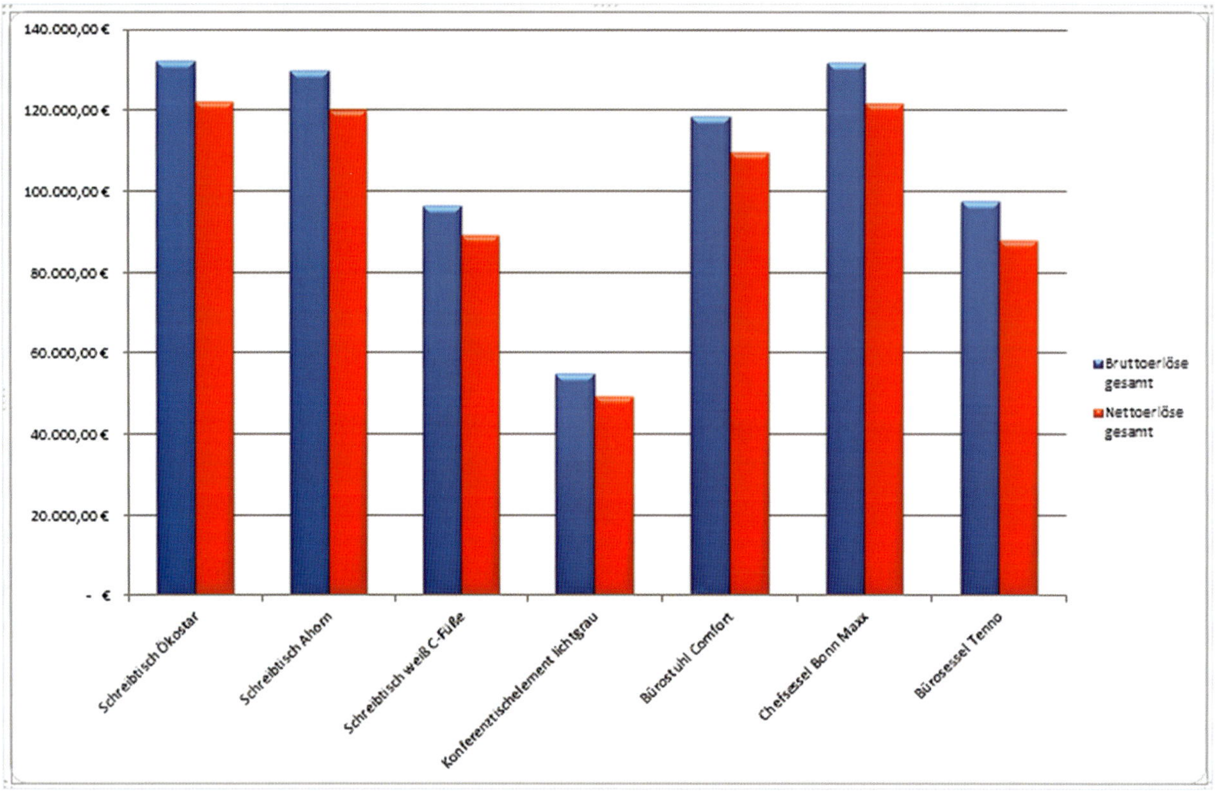

Abbildung 7.15: *Diagrammdarstellung auf dem neu erstellten Tabellenblatt*

Im Anschluss an die bislang ausgeführten Schritte können in der Registerkarte LAYOUT die fehlenden Angaben (z. B. Überschrift, Achsenbeschriftungen) bzw. Feineinstellungen (z. B. Position der Legende, Gitternetzlinien) vorgenommen werden.

Der Aufbau der einzelnen Menüpunkte wird stellvertretend durch die Schaltfläche DIAGRAMMTITEL (innerhalb der Gruppe BESCHRIFTUNGEN) dargestellt. Nach Auswahl der Schaltfläche DIAGRAMM-TITEL öffnet sich das in der nachstehenden Abbildung 7.16 dargestellte Fenster, aus dem die Option ÜBER DIAGRAMM gewählt wird.

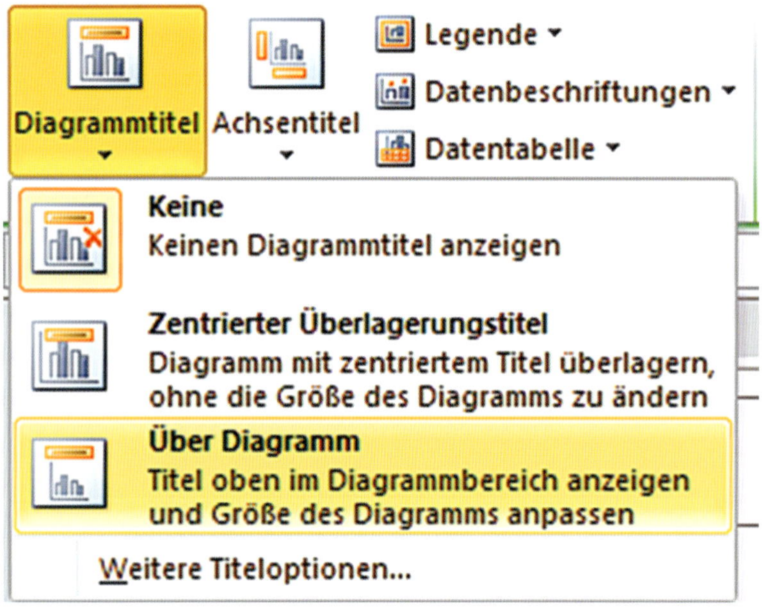

Abbildung 7.16: *Auswahl der Diagrammtiteloption ÜBER DIAGRAMM*

Der gewünschte Diagrammtitel kann nun entweder in die Bearbeitungsleiste (vgl. nachstehende Abbildung 7.17) oder direkt in den Bereich DIAGRAMMTITEL innerhalb des Diagramms eingegeben werden. Zu beachten ist, dass die Eingabe über die Bearbeitungsleiste erst nach Betätigung der ENTER-Taste in das Diagramm übertragen wird. Bei der Auswahl des Diagrammtitels ist zu beachten, dass ein externer Betrachter durch das Lesen des Titels grundsätzlich erkennen soll, was mit dem Diagramm dargestellt werden soll. Im Regelfall sollen mehrere W-Fragen in der Überschrift berücksichtigt werden. In diesem Fall bieten sich die Fragen **was?** (Brutto- und Nettoerlöse), **wer?** (unsere Erzeugnisse), **wann?** (für das vergangene Jahr) für die Erstellung eines sinnvollen Diagrammtitels an. Als ein möglicher Diagrammtitel kommt z. B. folgende Formulierung infrage, die in das entsprechende Feld eingetragen wird: „Darstellung der Brutto- und Nettoerlöse unserer Erzeugnisse im vergangenen Jahr".

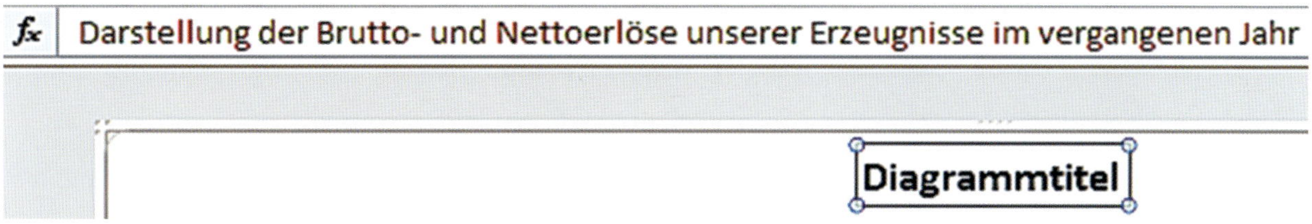

Abbildung 7.17: *Eingabe des Diagrammtitels in die Bearbeitungsleiste*

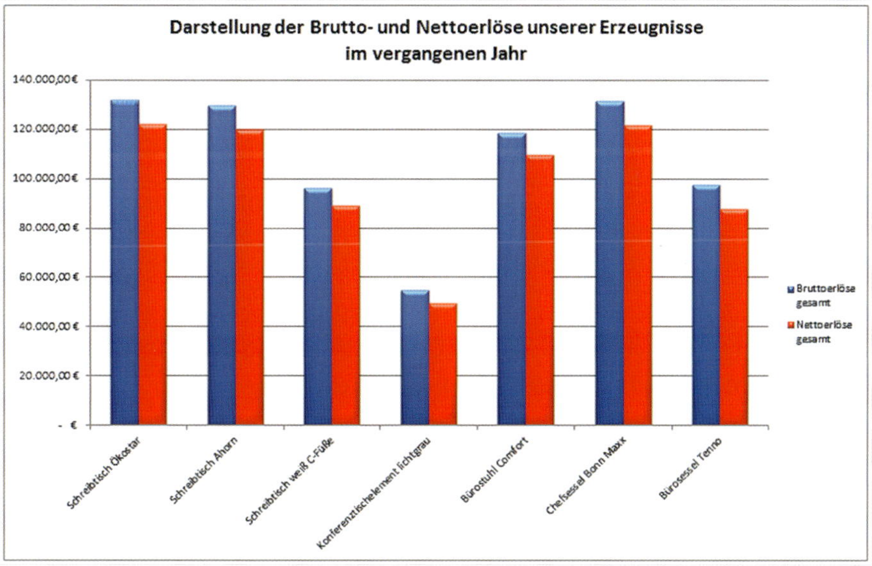

Abbildung 7.18: *Diagramm nach Eingabe des Diagrammtitels*

Anmerkung

Der Bereich des Diagrammtitels kann formatiert werden, indem im Menü der Schaltfläche DIAGRAMMTITEL die Auswahl WEITERE TITELOPTIONEN … (vgl. Abbildung 7.16) gewählt wird.

Für die weiteren Schaltflächen innerhalb der Registerkarte Layout sind folgende Einstellungen vorzunehmen:

- Schaltfläche ACHSENTITEL – TITEL DER HORIZONTALEN PRIMÄRACHSE – TITEL UNTER ACHSE (Eingabe der Bezeichnung „Artikel")
- Schaltfläche ACHSENTITEL – TITEL DER VERTIKALEN PRIMÄRACHSE – GEDREHTER TITEL (Eingabe der Bezeichnung „Erlöse")
- Schaltfläche LEGENDE – LEGENDE OBEN ANZEIGEN
- Schaltfläche DATENBESCHRIFTUNGEN – ENDE AUSSERHALB
- Schaltfläche GITTERNETZLINIEN – PRIMÄRE VERTIKALE GITTERNETZLINIEN – HAUPTGITTERNETZE

Nach Umsetzung der zuvor beschriebenen Einstellungen hat das Diagramm folgendes Aussehen:

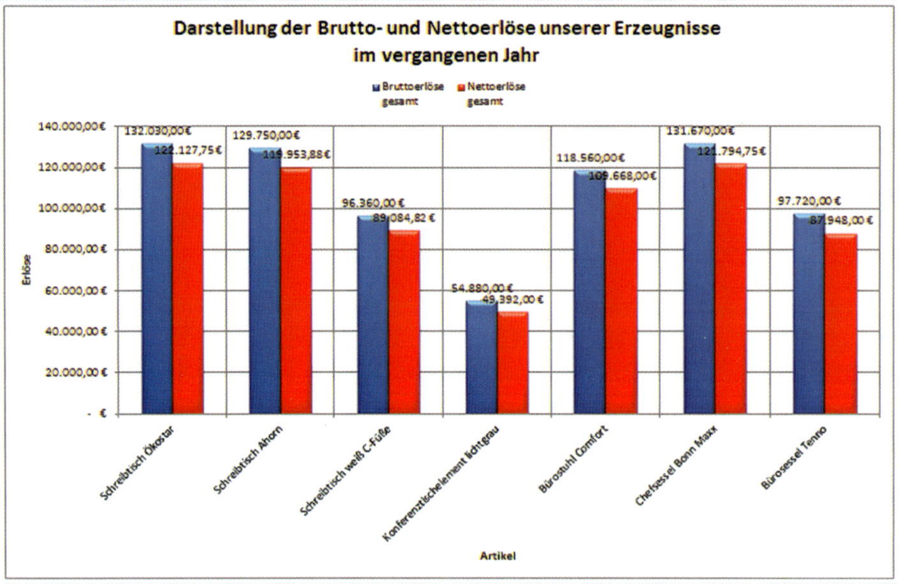

Abbildung 7.19: *Diagramm nach Ausführung diverser Diagramm-Layout-Optionen*

7.2 Diagramme formatieren und bearbeiten

Ausgangssituation

Um das zuvor dargestellte Diagramm in der Betriebszeitung angemessen veröffentlichen zu können, will Herr Fernandez abschließende „Feineinstellungen" am Diagramm vornehmen. Hierzu gehören:

1. Versehen der Diagrammfläche mit einer pergamentfarbenen Texturfüllung.
2. Anpassung der Y-Achse dahingehend, dass diese bei 20.000,00 € beginnt und bei 140.000,00 € endet sowie Darstellung des Hauptintervalls in 30.000,00 €-Schritten.
3. Veränderung der Schriftgröße der Überschrift auf 20 Punkt, der Legende auf 12 Punkt und der Artikelbezeichnungen auf 9 Punkt.
4. Kennzeichnung der langfristigen Mindest-Nettoumsatzerlöse bei einem Wert von 50.000,00 € mithilfe einer Linie im Diagramm.
5. Angabe der Bedeutung der eingefügten Linie im unteren, rechten Bereich des Diagramms durch ein Textfeld.

Arbeitsauftrag 2

Lesen Sie sich die nachfolgenden Seiten sorgfältig durch und vollziehen Sie die aufgezeigten Schritte nach.

Ausgangspunkt für die Formatierungen ist das im Kapitel 7.1 erstellte Diagramm, welches bislang folgendes Aussehen hat:

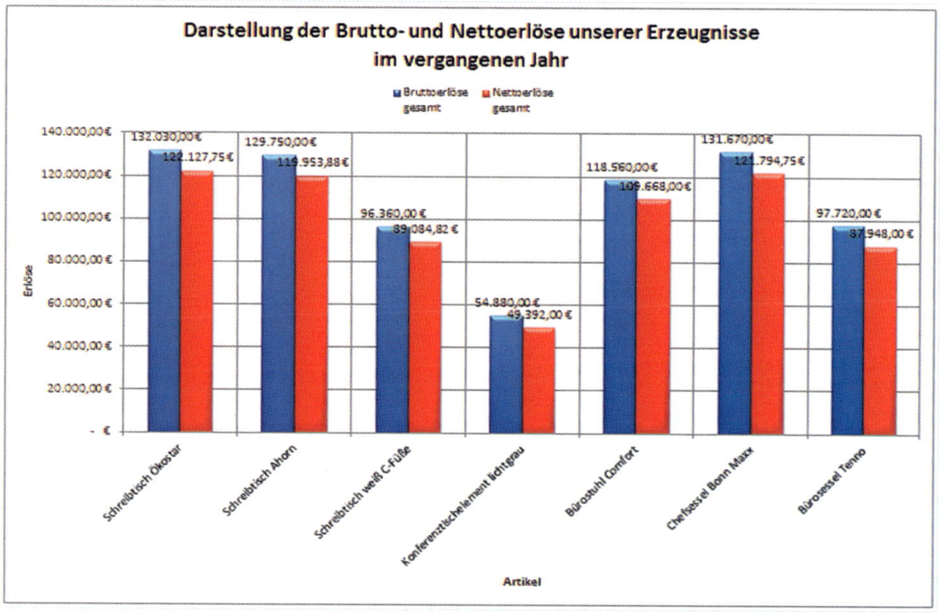

Abbildung 7.20: *Ausgangspunkt für die weiterführenden Formatierungen*

Für alle vorzunehmenden Änderungen gilt das Prinzip, dass mit der Maus auf den zu verändernden Teil des Diagramms geklickt wird. Für die erste Änderung wird somit in einen beliebigen Teil der derzeit weißen Diagrammfläche geklickt (z. B. links oben neben die Überschrift). Anschließend wird über den Befehlsweg LAYOUT – AKTUELLE AUSWAHL – AUSWAHL FORMATIEREN ein Fenster geöffnet. Durch die Auswahl der Option BILD- ODER TEXTURFÜLLUNG (im Bereich Füllung) und die Bestimmung der gewünschten Textur (hier: Pergament) kann die gewünschte Diagrammfläche erstellt werden.

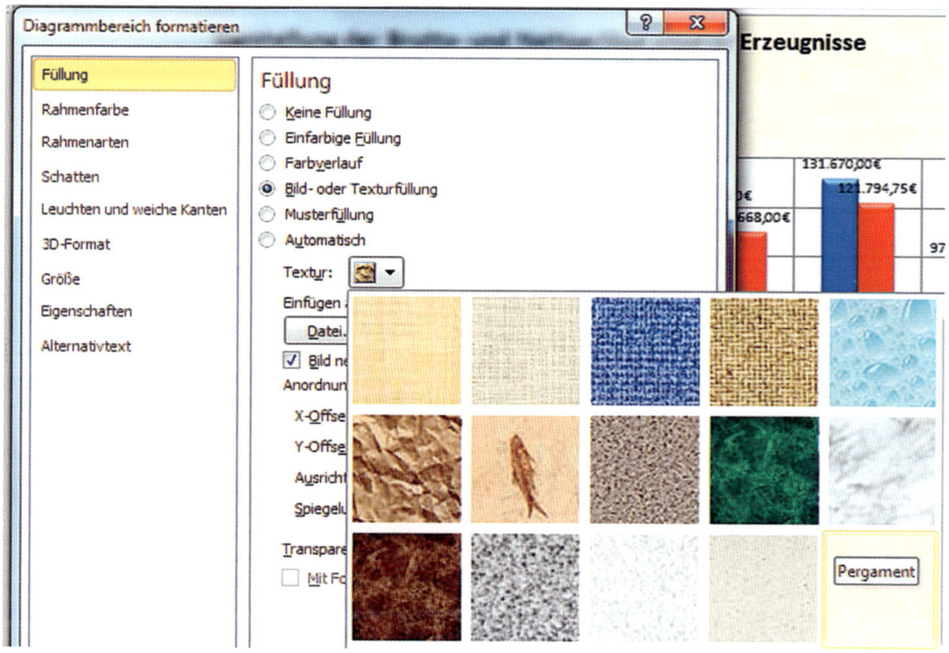

Abbildung 7.21: *Zuweisung einer pergamentfarbenen Textur für das bestehende Diagramm*

Entsprechend wird auch für die Anpassung der Y-Achse (Skalierung) verfahren. Nach dem Anklicken des entsprechenden Diagrammbereichs (z. B. auf die Zahl 40.000,00 €) und der Auswahl des Befehlswegs LAYOUT – AKTUELLE AUSWAHL – AUSWAHL FORMATIEREN – ACHSENOPTIONEN wird das folgende Fenster geöffnet. Durch die Eingabe der gewünschten Werte (vgl. Abbildung 7.22) kann nun die Y-Achse entsprechend skaliert werden.

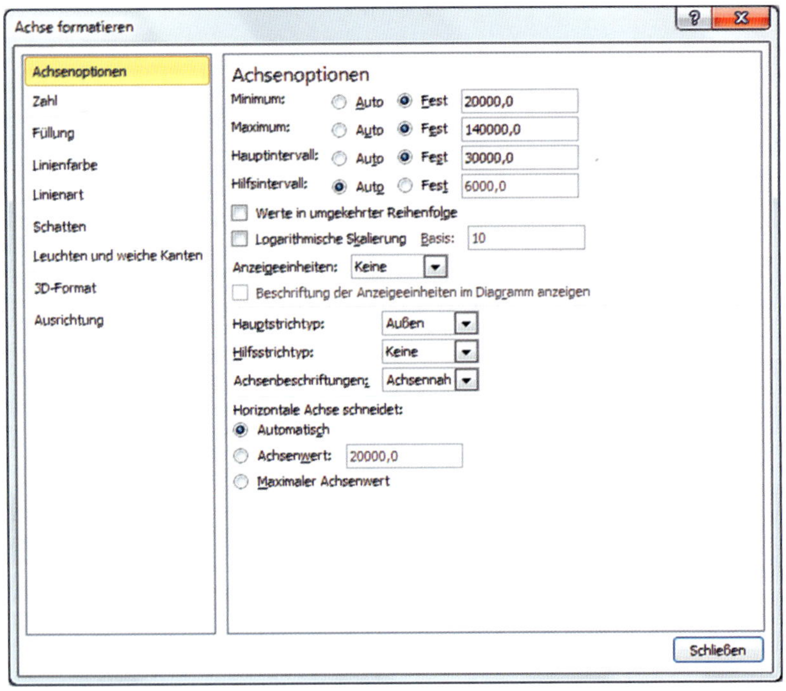

Abbildung 7.22: *Änderung der Skalierung der Y-Achse*

Für die Änderung der Schriftgröße der Überschrift (auf 20 Punkt) wird der Überschriftenbereich mit der Maus angeklickt. Im Gegensatz zu den zuvor beschriebenen Formatierungsarbeiten ist die Änderung der Schriftgröße über den Befehlsweg START – SCHRIFTART vorzunehmen. Das identische Vorgehen ist auch für die Änderung der Schriftgröße für die Legende sowie die Artikelbezeichnungen zu wählen. Nach Abschluss dieser Schritte hat das Diagramm das nachstehende Aussehen:

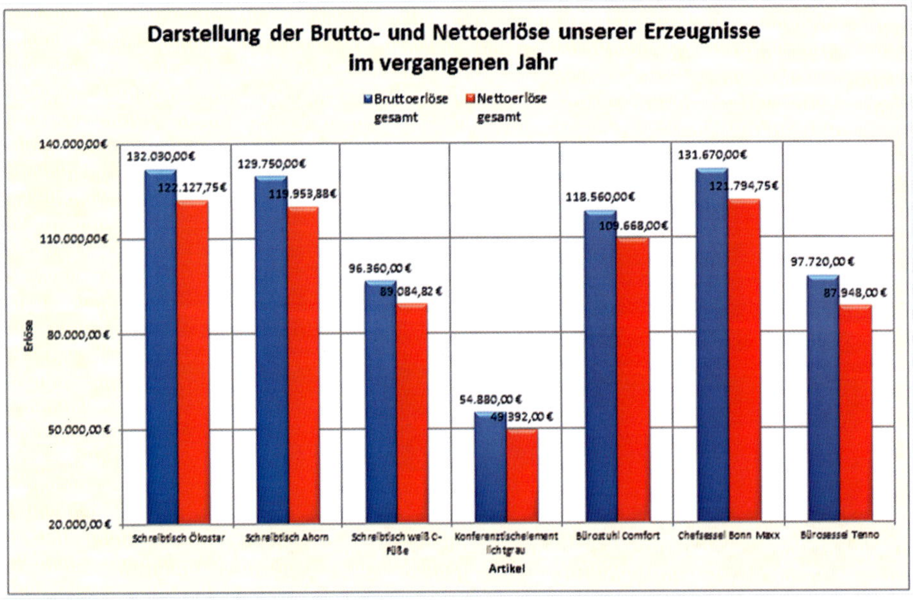

Abbildung 7.23: *Diagramm nach den vorgenommenen Formatierungen*

Anmerkung

Wenn nach Fertigstellung des Diagramms Änderungen am Diagramm vorgenommen werden sollen, ist der betreffende Teil des Diagramms mit der Maus zu markieren und die Änderung über die Registerkarten ENTWURF, LAYOUT, FORMAT bzw. START vorzunehmen.

Für den vierten Änderungswunsch (Kennzeichnung der langfristigen Mindest-Nettoumsatzerlöse mithilfe einer Linie im Diagramm) steht in der Registerkarte LAYOUT die Schaltfläche FORMEN (in der Gruppe EINFÜGEN) zur Verfügung. Aufgrund der Vorgabe wird – wie nebenstehend dargestellt – eine einfache Linie ausgewählt.

Abbildung 7.24: *Auszug aus dem Menü der Schaltfläche FORMEN mit ausgewählter LINIE*

Nach der Auswahl der gewünschten Form (hier: einfache Linie) wird die Linie bei festgehaltener **linker Maustaste** beim Wert von 50.000,00 € von der Y-Achse bis zum rechten Diagrammrand gezogen. Sobald die Maustaste losgelassen wird, kennzeichnet das Programm die gezogene Linie durch zwei kleine Kreise an den jeweiligen Enden.

Um die – zunächst nur schwach zu erkennende – Linie optisch anspruchsvoll darstellen zu können, öffnet sich bei markierter Linie in den ZEICHENTOOLS die Registerkarte FORMAT, die im Menüpunkt FORMKONTUR (in der Gruppe FORMENARTEN) unter anderem die Auswahl der STÄRKE ermöglicht. Bei der Auswahl der Linienstärke 1 $^1/_2$ Punkt und der zusätzlichen Auswahl der Linienfarbe Schwarz (Menüpunkt FORMKONTUR – DESIGNFARBEN oder STANDARDFARBEN) ergibt sich das aktualisierte – in Abbildung 7.27 dargestellte – Diagramm.

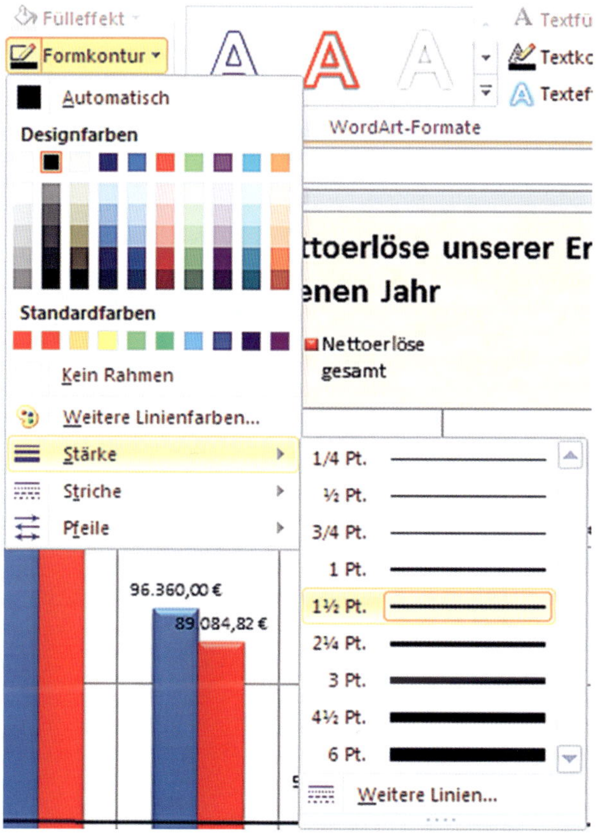

Abbildung 7.25: *Auswahl der Linienstärke*

Abbildung 7.26: *Auswahl der Linienfarbe*

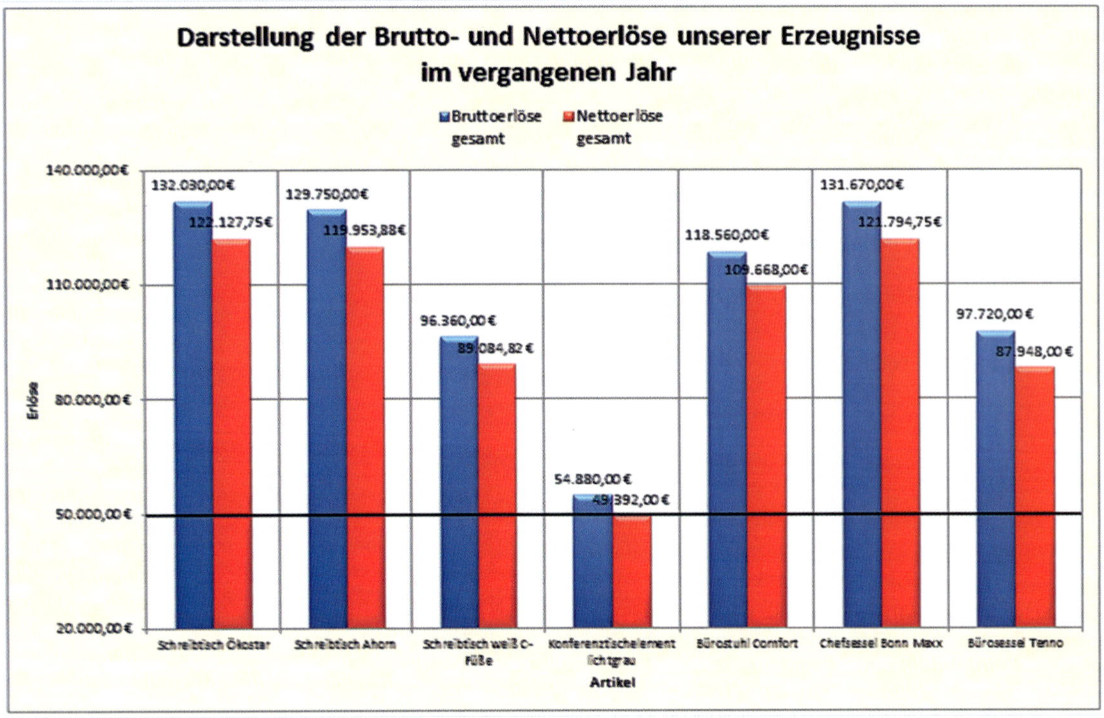

Abbildung 7.27: *Diagramm nach Einfügen der langfristigen Mindest-Nettoumsatzerlöse bei 50.000,00 €*

Abschließend ist im fünften Schritt nur noch im unteren, rechten Bereich des Diagramms ein Hinweis zu geben, welche Bedeutung die zuvor eingefügte Linie hat. Hierfür bietet sich ein Textfeld an (Befehlsweg LAYOUT – EINFÜGEN – TEXTFELD). Nach dem Anklicken des Menüpunkts Textfeld ist – ähnlich wie beim vorherigen Erstellen der Durchschnittslinie – mit der Maus bei festgehaltener linker Maustaste das Textfeld am gewünschten Ort zu erstellen.

Sobald die linke Maustaste losgelassen wird, öffnet sich das Textfeld, in das nun der gewünschte Text (hier: langfristige Mindest-Nettoumsatzerlöse: 50.000,00 €) eingefügt werden kann.

Ist diese Eingabe beendet, hat das Diagramm schließlich folgendes, endgültiges Aussehen:

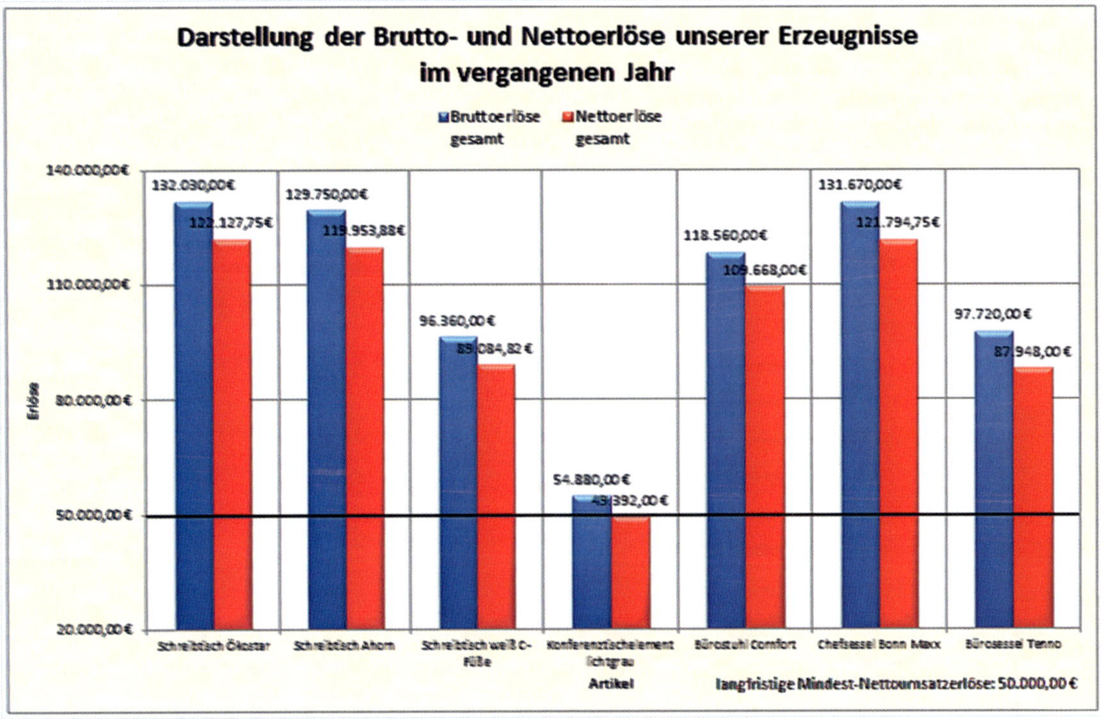

Abbildung 7.28: *Endgültiges Aussehen des Diagramms*

7.3 Übungsaufgaben

Ausgangssituation
Herr Victor Fernandez benötigt für den zu erstellenden Artikel weitere Diagramme. Er beauftragt Sie, anhand der nachstehend beschriebenen Aufgaben jeweils ein Diagramm zu erstellen. Grundlage für die Erstellung der Diagramme sind die Werte und Angaben des bereits von Ihnen erfassten Tabellenblattes 1 (vgl. Abbildung 7.1). Beachten Sie nicht nur den zu wählenden Diagrammtyp, sondern auch die detaillierten Hinweise im Aufgabentext.

7.3.1 Verkaufszahlen gesamt

Arbeitsauftrag 3

1. Erstellen Sie ein Säulendiagramm (**2D-Gestapelte Säulen**), aus dem die Höhe der gesamten Verkaufszahlen (d. h. 1. und 2. Halbjahr) der Artikel hervorgeht. Weisen Sie dem Diagramm eine sinnvolle Überschrift zu und sorgen Sie dafür, dass die Legende oberhalb des Diagramms steht. Zusätzlich sollen die jeweiligen Werte in den Säulen aufgeführt werden.

2. Die Y-Achse soll sinnvoll beschriftet werden. Die Werte auf der Y-Achse sollen bei 50 anfangen, bei 650 enden und der Abstand des Hauptintervalls soll bei jeweils 100 Stück liegen. Während die Größe der Überschrift 17 Punkt betragen soll, reicht für alle anderen Angaben die Schriftgröße 11 Punkt aus; die Angaben auf der X-Achse sind in der Schriftgröße 9 Punkt auszugeben. Weiterhin soll der Diagrammbereich durch eine einfarbige, hellgrüne Farbe gefüllt werden, während die Zeichnungsfläche mit einer hellgrauen Füllung versehen werden soll. Schließlich soll das Diagramm auf einem extra hierfür angelegten Tabellenblatt erscheinen, welches den Namen **Verkaufszahlen gesamt** trägt.

7.3.2 Anteil der Nettoerlöse je Artikel in Prozent

Arbeitsauftrag 4

1. Erstellen Sie ein Kreisdiagramm (**2D-Kreis, einfach**), aus dem der prozentuale Anteil der unterschiedlichen Artikel an den gesamten Nettoerlösen ersichtlich wird. Weisen Sie allen Beschriftungen des Diagramms die Schriftart Arial zu. Die Überschrift des Diagramms soll in der Schriftgröße 17 Punkt erfolgen. Tragen Sie Sorge dafür, dass die Legende unterhalb des Diagramms erscheint. Die Prozentzahlen sollen unter Angabe von zwei Nachkommastellen in den Kreissegmenten (Ende innerhalb) ausgewiesen werden. Weiterhin soll in einem Textfeld unterhalb der Überschrift die Höhe der gesamten Nettoerlöse ausgewiesen werden.

2. Versehen Sie den Diagrammbereich mit einer zeitungspapierfarbenen Texturfüllung. Speichern Sie das Diagramm auf einem eigenen Tabellenblatt, welches den Namen **Anteil an den Nettoerlösen** trägt.

7.3.3 Entwicklung Verkaufszahlen

Arbeitsauftrag 5

1. Erstellen Sie ein Liniendiagramm (**einfaches Liniendiagramm**), aus dem die Höhe der gesamten Verkaufszahlen (d. h. 1. und 2. Halbjahr) der Artikel hervorgeht. Weisen Sie allen Beschriftungen des Diagramms die Schriftart Arial zu. Versehen Sie das Diagramm mit einer sinnvollen Überschrift und sorgen Sie dafür, dass die Legende oberhalb des Diagramms steht. Die X- und die Y-Achse sollen

sinnvoll beschriftet werden. Während die Größe der Überschrift 17 Punkt betragen soll, reicht für alle anderen Angaben die Schriftgröße 11 Punkt aus.

2. Die Werte auf der Y-Achse sollen bei 50 anfangen sowie bei 350 enden und der Abstand des Hauptintervalls soll bei jeweils 50 Stück liegen.

3. Versehen Sie den Diagrammbereich und die Zeichnungsfläche mit einer briefpapierfarbenen Texturfüllung. Tragen Sie Sorge dafür, dass die Linie des 1. Halbjahres die Farbe blau zugewiesen bekommt und die des 2. Halbjahres die Farbe grün. Die Linien sollen zudem in der Stärke von 3 Punkt dargestellt werden.

4. Die Artikelbezeichnungen auf der X-Achse sollen im Winkel von 270 Grad zur X-Achse stehen (Befehlsweg LAYOUT – ACHSEN – ACHSEN – HORIZONTALE PRIMÄRACHSE – WEITERE OPTIONEN FÜR HORIZONTALE PRIMÄRACHSE – AUSRICHTUNG – TEXTRICHTUNG – GESAMTEN TEXT UM 270 GRAD DREHEN). Schließlich soll das Diagramm auf einem extra hierfür angelegten Tabellenblatt erscheinen, welches den Namen **Entwicklung Verkaufszahlen** trägt.

7.3.4 Rabatte und Nettoerlöse

Arbeitsauftrag 6

1. Erstellen Sie ein Diagramm (**2D-Gruppierte Säulen**), aus dem neben dem gewährten Rabatt je Artikel auch die jeweiligen Nettoerlöse hervorgehen.
   Versehen Sie das Diagramm mit einem aussagekräftigen Diagrammtitel. Die Achsen sollen jeweils sinnvoll beschriftet werden. Die Legende soll unterhalb des Diagramms stehen. Tragen Sie Sorge dafür, dass die Größe der Überschrift 15 Punkt beträgt, während die Beschriftungen der Achsen 12 Punkt groß sein sollen. Außerdem soll das Diagramm auf einem extra hierfür angelegten Tabellenblatt erscheinen, welches den Namen **Rabatte und Nettoerlöse** trägt.

   Hinweis
   Da aufgrund der großen Zahlenunterschiede (gewährter Rabatt zum Teil < 6.000,00 €; Nettoerlöse gesamt > 49.000,00 €) eine vernünftige Darstellung in einem „einfachen" Diagramm unmöglich ist, sind in den folgenden Teilaufgaben 2 bis 4 noch einige Änderungen am Diagramm vorzunehmen.

2. Markieren Sie im Diagramm eine Säule für die Rabatte gesamt, sodass alle Rabatt-Säulen durch vier runde Punkte markiert werden. Wählen Sie anschließend aus der Registerkarte ENTWURF die Schaltfläche DIAGRAMMTYP ÄNDERN (im Bereich TYP) und wählen Sie den Diagrammtyp LINIE aus. Nach erfolgter Bestätigung mittels der OK-Schaltfläche sollte Ihr Diagramm folgendes Aussehen haben:

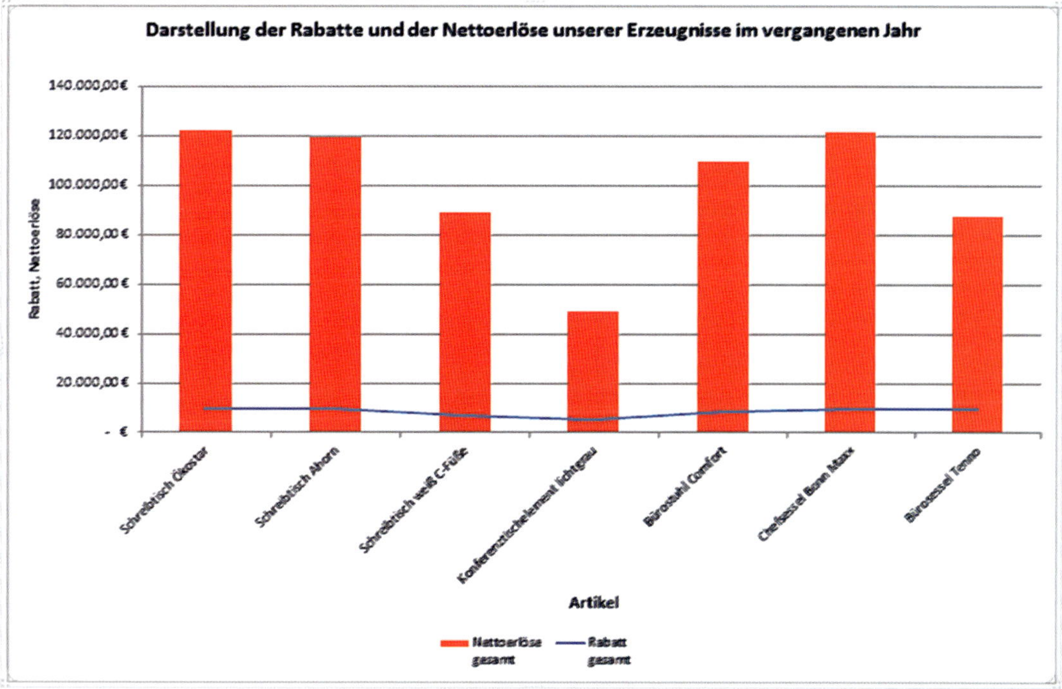

Abbildung 7.29: *Diagramm nach Änderung des Rabatts in LINIE*

Hinweis

Die vorgenommene Änderung hilft zwar dabei, die Datenreihen besser auseinanderhalten zu können. An dem Problem der nur unzureichenden Ablesbarkeit der Rabattwerte an der Y-Achse hat sich hingegen noch nichts getan. Dieses Problem wird durch die Teilaufgabe 3 gelöst.

3. Markieren Sie die Linie für Rabatt gesamt (diese wird nun durch vier sehr eng beieinander liegende runde Punkte gekennzeichnet) und wechseln Sie in die Registerkarte FORMAT. Wählen Sie aus der Gruppe AKTUELLE AUSWAHL die Schaltfläche AUSWAHL FORMATIEREN, setzen Sie im Menüpunkt REIHENOPTIONEN die Auswahl (Datenreihe zeichnen auf) SEKUNDÄRACHSE und schließen Sie den Menüpunkt. Ihr Diagramm sollte nun folgendes Aussehen haben:

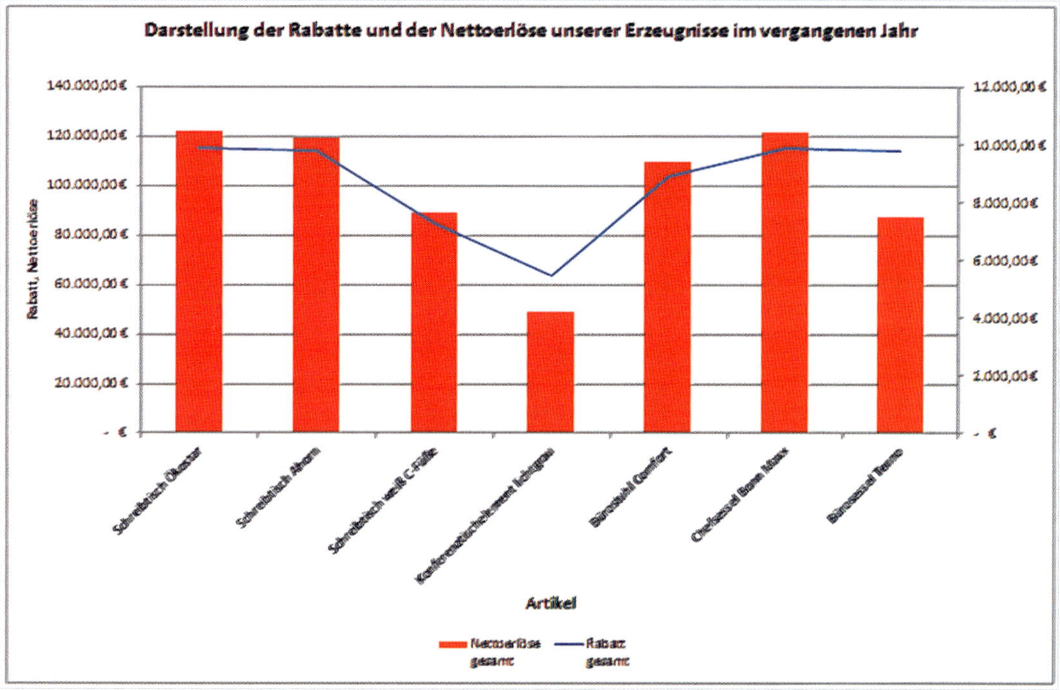

Abbildung 7.30: *Diagramm nach dem Hinzufügen einer zweiten Y-Achse (sekundäre Y-Achse)*

Hinweis

Durch das Einfügen einer zweiten Y-Achse (sekundäre Y-Achse) tritt eine deutliche Verbesserung hinsichtlich der Lesbarkeit der Rabatte ein. Es stellt sich allerdings noch das Problem dar, dass auf der ersten Y-Achse (primäre Y-Achse) die Angaben für die Rabatte sowie die Nettoerlöse stehen. Zusätzlich sind die Achsenbeschriftungen der X-Achse zum Teil ineinander geschoben und somit unlesbar geworden. Diese letzten Probleme sollen gemeinsam mit abschließenden Formatierungsarbeiten in der Teilaufgabe d) gelöst werden.

4. Führen Sie zur Optimierung des Diagramms folgende Schritte durch:
   a) Änderung der bestehenden primären Y-Achsenbeschriftung auf „Nettoerlöse",
   b) Beschriftung der sekundären Y-Achsenbeschriftung auf „Rabatt",
   c) Änderung der Textausrichtung der X-Achse um 270 Grad,
   d) Versehen des Diagrammbereichs mit einer recyclingpapierfarbenen Bild- oder Texturfüllung,
   e) Skalierung der primären Y-Achse dahingehend, dass diese bei 40.000,00 € anfängt, bei 140.000,00 € endet und das Hauptintervall 10.000,00 € groß ist.
   f) Skalierung der sekundären Y-Achse dahingehend, dass diese bei 4.000,00 € beginnt, bei 12.000,00 € endet und das Hauptintervall in Schritten von 1.000,00 € angezeigt wird.

8 Zeit- und Datumsfunktionen

8.1 Zeitfunktionen (STUNDE und MINUTE)

Ausgangssituation
Herr Erwin Hummels aus der Abteilung Vertrieb unterbreitet einem möglichen Neukunden ein Angebot für das Aufstellen von vier zu liefernden Büroarbeitsplätzen und die ausführliche Einweisung in der Handhabung mit den Arbeitsplätzen. Die Höhe des Angebotes hängt vom Zeitaufwand für die Arbeiten ab. Die Berechnung der Kosten soll minutengenau erfolgen.

Bislang wurden bei der Arbeit mit dem Tabellenkalkulationsprogramm keine Berechnungen mit Uhrzeiten durchgeführt. Im Umgang mit Uhrzeiten gibt es einige Besonderheiten. Im nachstehend dargestellten Angebot soll in der Spalte F zunächst der geschätzte Zeitaufwand für die unterschiedlichen Arbeiten berechnet werden:

	A	B	C	D	E	F	G
5	*Duisdorfer BüroKonzept KG, Rochusstraße 30, 53123 Bonn*						
6							
7	**LEPA Bonn GmbH**						
8	**Erzbergerufer 10**						
9	**53111 Bonn**						
10							
11							
12							
13	**Angebot Nr. 1050/2014**					Datum:	01.12.2014
14							
15	**Position**	**Beschreibung**	**Preis/ Stunde**	**Beginn der Leistung**	**Ende der Leistung**	**Zeitaufwand**	**Gesamt-preis**
16	01	Aufbau Büroarbeitsplatz	60,00 €	08:30	10:00		
17	02	ausführliche Einweisung	50,00 €	10:00	11:30		
18							
19						**Gesamt (netto)**	
20						**+ 19 % USt.**	
21						**Gesamt (brutto)**	

Abbildung 8.1: *Ausschnitt aus dem Angebotsformular*

Die im Tabellenkalkulationsprogramm durch einen Doppelpunkt gekennzeichneten Uhrzeiten können – wie bei allen anderen gängigen Formaten – problemlos subtrahiert oder addiert werden. In der Zelle F16 wird beispielsweise die Formel =E16-D16 zum richtigen Ergebnis führen (vgl. Abbildung 8.2).

F16 | fx =E16-D16

	A	B	C	D	E	F	G
5	*Duisdorfer BüroKonzept KG, Rochusstraße 30, 53123 Bonn*						
6							
7	**LEPA Bonn GmbH**						
8	**Erzbergerufer 10**						
9	**53111 Bonn**						
10							
11							
12							
13	**Angebot Nr. 1050/2014**					Datum:	01.12.2014
14							
15	**Position**	**Beschreibung**	**Preis/ Stunde**	**Beginn der Leistung**	**Ende der Leistung**	**Zeitaufwand**	**Gesamt-preis**
16	01	Aufbau Büroarbeitsplatz	60,00 €	08:30	10:00	01:30	
17	02	ausführliche Einweisung	50,00 €	10:00	11:30		
18							
19						**Gesamt (netto)**	
20						**+ 19 % USt.**	
21						**Gesamt (brutto)**	

Abbildung 8.2: *Angebotsformular – Berechnung des Zeitaufwandes*

Zu beachten ist lediglich die Schreibweise des Ergebnisses. Entweder wird das Ergebnis als 01:30 oder als 1:30 ausgegeben. Die gewünschte Schreibweise kann durch eine **Benutzerdefinierte Formatierung** den jeweiligen Vorstellungen angepasst werden.

Anmerkung

*In der Benutzerdefinierten Formatierung werden **Stunden** durch ein kleines **h** abgekürzt. Die **Minuten** werden hingegen durch ein kleines **m** gekennzeichnet. Nachstehend werden die 2 gängigen Formatierungen dargestellt:*

***hh:mm** → das Ergebnis lautet 01:30*

***h:mm** → das Ergebnis lautet 1:30*

Problematisch wird es bei der Berechnung des Gesamtpreises in der Spalte G. Die Formel in der Zelle G16 (=C16*F16) müsste eigentlich zum Ergebnis 90,00 € (1,5 Stunden x 60,00 €/Stunde) führen. Das Programm weist hingegen 3,75 aus (vgl. Abbildung 8.3).

Um dieses Ergebnis nachvollziehen zu können, muss die besondere Darstellung von Uhrzeiten im Programm verstanden werden. Die hier zugrunde liegende Uhrzeit (01:30 = 1,50 Stunden) wird nicht als Zahl „1,50" gespeichert. Vielmehr verbirgt sich hinter der genannten Uhrzeit für das Programm die Zahl 0,0625. Diese kann „sichtbar" gemacht werden, indem die Zelle F16 angeklickt wird, um dann durch den Befehlsweg START – ZAHL – ZELLEN FORMATIEREN – KATEGORIE (STANDARD) die für das Programm relevante Zahl ablesen zu können (vgl. Abbildung 8.3).

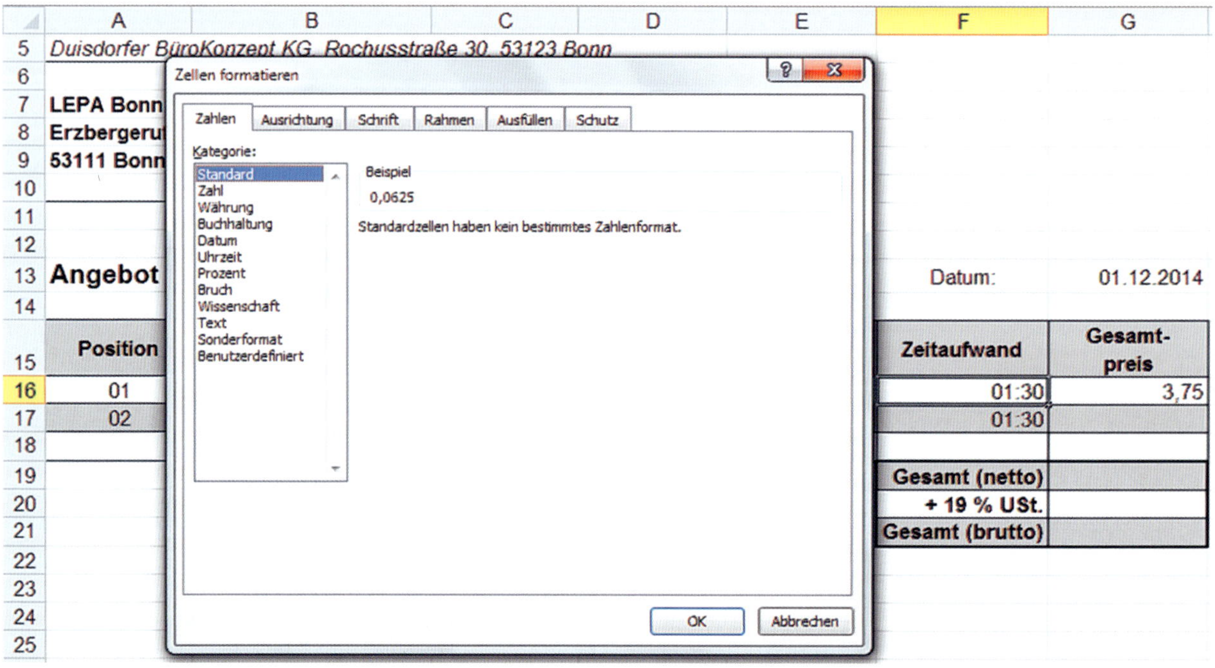

***Abbildung 8.3:** Angebotsformular – Umwandlung der Uhrzeit in eine Standardzahl*

Der Grund für diese Darstellung ist der, dass das Programm die **Uhrzeiten als Zahlen zwischen 0 und 1 darstellt**. Einige Beispiele für – in Zahlen umgewandelte – Uhrzeiten lauten wie folgt:

Uhrzeit	umgewandelte Zahl für das Programm	Uhrzeit	umgewandelte Zahl für das Programm
06:00	0,25 (25 % eines Tages)	16:00	0,666666667 (2/3 eines Tages)
12:00	0,50 (50 % eines Tages)	23:59	0,999305556 (nahezu ein ganzer Tag)

Um aus Uhrzeiten für das Programm richtig interpretierbare Zahlen zu erstellen, mit denen gearbeitet werden kann, existieren zwei Funktionen. Dieses sind die Funktionen = **STUNDE(ZAHL)** und = **MINUTE(ZAHL)**. Bei beiden Funktionen ist darauf zu achten, dass anstatt „ZAHL" ein Zellbezug zu der entsprechenden Uhrzeit bzw. zu den entsprechenden Zellen hergestellt wird.

Die Funktion =STUNDE erstellt aus der Zahl **vor dem Doppelpunkt** die entsprechende Zahl. Im nachfolgenden Beispiel wird erkenntlich, dass die eingegebene Funktion =STUNDE(F16) zunächst die Zahl 1 als Ergebnis liefert (vgl. Abbildung 8.4).

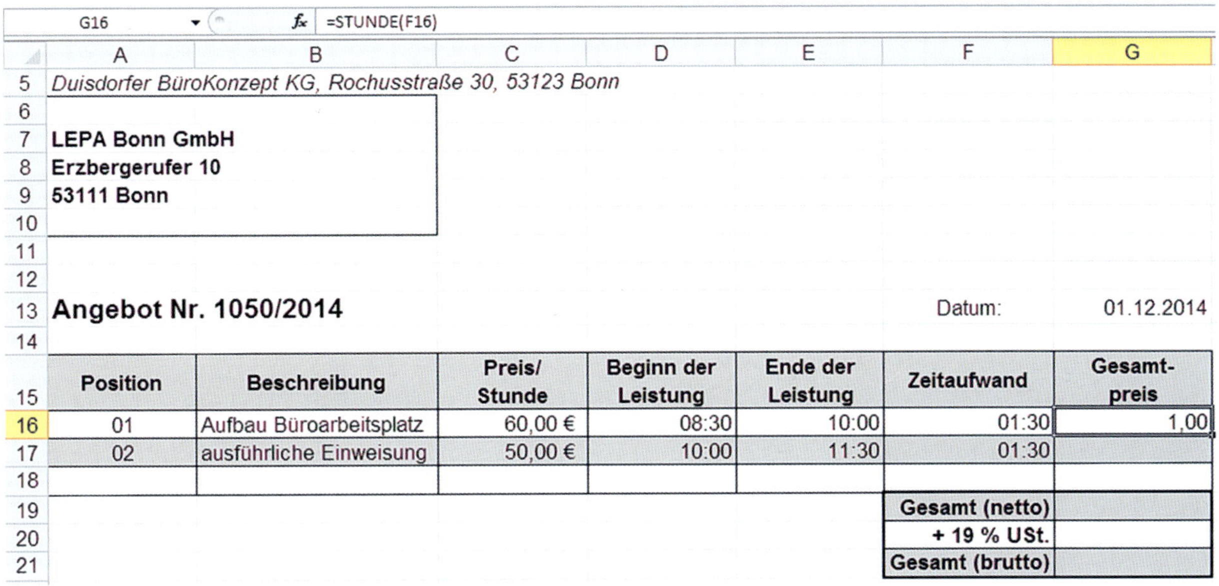

G16 | =STUNDE(F16)

	A	B	C	D	E	F	G
5	*Duisdorfer BüroKonzept KG, Rochusstraße 30, 53123 Bonn*						
6							
7	**LEPA Bonn GmbH**						
8	**Erzbergerufer 10**						
9	**53111 Bonn**						
10							
11							
12							
13	**Angebot Nr. 1050/2014**					Datum:	01.12.2014
14							
15	**Position**	**Beschreibung**	**Preis/ Stunde**	**Beginn der Leistung**	**Ende der Leistung**	**Zeitaufwand**	**Gesamt-preis**
16	01	Aufbau Büroarbeitsplatz	60,00 €	08:30	10:00	01:30	1,00
17	02	ausführliche Einweisung	50,00 €	10:00	11:30	01:30	
18							
19						**Gesamt (netto)**	
20						**+ 19 % USt.**	
21						**Gesamt (brutto)**	

Abbildung 8.4: *Angebotsformular – Umwandlung der Uhrzeit 01:30 in die Zahl 1*

Wird die Funktion um die Multiplikation „*C16" ergänzt, wird das mathematisch genaue Ergebnis von zunächst 60,00 € für die volle Stunde ausgegeben (vgl. Abbildung 8.5).

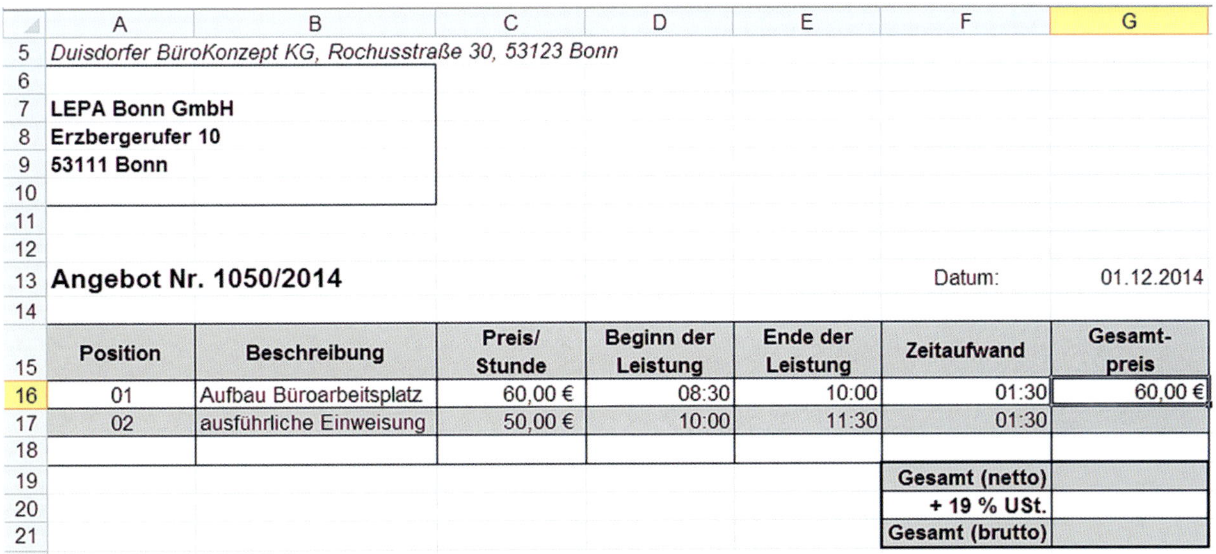

	A	B	C	D	E	F	G
5	*Duisdorfer BüroKonzept KG, Rochusstraße 30, 53123 Bonn*						
6							
7	**LEPA Bonn GmbH**						
8	**Erzbergerufer 10**						
9	**53111 Bonn**						
10							
11							
12							
13	**Angebot Nr. 1050/2014**					Datum:	01.12.2014
14							
15	**Position**	**Beschreibung**	**Preis/ Stunde**	**Beginn der Leistung**	**Ende der Leistung**	**Zeitaufwand**	**Gesamt-preis**
16	01	Aufbau Büroarbeitsplatz	60,00 €	08:30	10:00	01:30	60,00 €
17	02	ausführliche Einweisung	50,00 €	10:00	11:30	01:30	
18							
19						**Gesamt (netto)**	
20						**+ 19 % USt.**	
21						**Gesamt (brutto)**	

Abbildung 8.5: *Angebotsformular – Berechnung des Ergebnisses für die volle Stundenzahl*

Das Vorgehen für die verbleibenden 30 Minuten ist nahezu identisch. Um auf eine Besonderheit hinzuweisen, wird zunächst die bislang dargestellte Funktion =STUNDE(F16)*C16 gelöscht. Statt dessen wird in der Zelle G16 die Funktion =MINUTE(F16)*C16 eingegeben. Statt der erwarteten 30,00 € (0,5 Stunden x 60,00 €/Stunde) wird allerdings ein Ergebnis von 1.800,00 € ausgegeben (vgl. Abbildung 8.6).

G16 =MINUTE(F16)*C16

	A	B	C	D	E	F	G
5	*Duisdorfer BüroKonzept KG, Rochusstraße 30, 53123 Bonn*						
6							
7	**LEPA Bonn GmbH**						
8	**Erzbergerufer 10**						
9	**53111 Bonn**						
10							
11							
12							
13	**Angebot Nr. 1050/2014**					Datum:	01.12.2014
14							
15	**Position**	**Beschreibung**	**Preis/ Stunde**	**Beginn der Leistung**	**Ende der Leistung**	**Zeitaufwand**	**Gesamt-preis**
16	01	Aufbau Büroarbeitsplatz	60,00 €	08:30	10:00	01:30	1.800,00 €
17	02	ausführliche Einweisung	50,00 €	10:00	11:30	01:30	
18							
19						**Gesamt (netto)**	
20						**+ 19 % USt.**	
21						**Gesamt (brutto)**	

Abbildung 8.6: *Angebotsformular – Berechnung des „falschen" Ergebnisses für 30 Minuten (0,5 Stunden)*

Das noch zu behebende Problem liegt darin begründet, dass das Programm durch die Funktion =MINUTE(F16) die Zahl 30 ermittelt hat. Diese Zahl wird laut Formel mit dem Wert 60 (Zelle C16) multipliziert, sodass der ausgegebene Wert in Höhe von 1.800,00 € mathematisch korrekt ist. Da sich der Wert 60,00 € jedoch auf eine Stunde – und somit letztendlich 60 Minuten – bezieht, muss die Funktion lediglich durch den zusätzlichen Funktionsbestandteil „/60" ergänzt werden. Die vollständige Funktion lautet somit: =STUNDE(F16)*C16+MINUTE(F16)*C16/60

Das Ergebnis lautet korrekterweise 90,00 € (vgl. Abbildung 8.7).

G16 =STUNDE(F16)*C16+MINUTE(F16)*C16/60

	A	B	C	D	E	F	G
5	*Duisdorfer BüroKonzept KG, Rochusstraße 30, 53123 Bonn*						
6							
7	**LEPA Bonn GmbH**						
8	**Erzbergerufer 10**						
9	**53111 Bonn**						
10							
11							
12							
13	**Angebot Nr. 1050/2014**					Datum:	01.12.2014
14							
15	**Position**	**Beschreibung**	**Preis/ Stunde**	**Beginn der Leistung**	**Ende der Leistung**	**Zeitaufwand**	**Gesamt-preis**
16	01	Aufbau Büroarbeitsplatz	60,00 €	08:30	10:00	01:30	90,00 €
17	02	ausführliche Einweisung	50,00 €	10:00	11:30	01:30	
18							
19						**Gesamt (netto)**	
20						**+ 19 % USt.**	
21						**Gesamt (brutto)**	

Abbildung 8.7: *Angebotsformular – Vollständige Funktion zur Ermittlung des Ergebnisses*

Arbeitsauftrag 1

Übernehmen Sie die in Abbildung 8.1 dargestellte Tabelle in ein leeres Tabellenblatt. Vollziehen Sie die neuen Funktionen nach und ermitteln Sie die fehlenden Ergebnisse mithilfe von geeigneten Funktionen und Formeln.

8.2 Datumsfunktionen

8.2.1 Arbeiten mit Datumsangaben

Ausgangssituation
Herr Erwin Hummels möchte das Angebotsformular dahin gehend erweitern, dass die Bindungsfrist des Angebotes in der Zelle D23 (vgl. Abbildung 8.8) formelgesteuert ermittelt werden soll. Für die in der Zelle D23 zu ermittelnde Bindungsfrist an das Angebot soll gelten, dass dieses 15 Tage lang – ausgehend vom Erstellungsdatum des Angebotes – gültig ist.

Ausgangspunkt für die notwendigen Arbeitsschritte ist das nachstehende Angebotsformular:

	A	B	C	D	E	F	G
5	*Duisdorfer BüroKonzept KG, Rochusstraße 30, 53123 Bonn*						
6							
7	**LEPA Bonn GmbH**						
8	**Erzbergerufer 10**						
9	**53111 Bonn**						
10							
11							
12							
13	**Angebot Nr. 1050/2014**					Datum:	01.12.2014
14							
15	**Position**	**Beschreibung**	**Preis/ Stunde**	**Beginn der Leistung**	**Ende der Leistung**	**Zeitaufwand**	**Gesamt-preis**
16	01	Aufbau Büroarbeitsplatz	60,00 €	08:30	10:00	01:30	90,00 €
17	02	ausführliche Einweisung	50,00 €	10:00	11:30	01:30	75,00 €
18							
19						**Gesamt (netto)**	165,00 €
20						**+ 19 % USt.**	31,35 €
21						**Gesamt (brutto)**	196,35 €
22							
23	An dieses Angebot halten wir uns gebunden bis zum						

Abbildung 8.8: *Angebotsformular – erweitert um die Bindungsfrist*

Ähnlich wie bei Uhrzeiten ist es auch bei Datumsangaben notwendig, die Vorgehensweise des Programms bei der Verwendung von Datumsangaben zu kennen.

Anmerkung
Das Programm geht für seine Datumsberechnung vom 01. Januar 1900 als Startpunkt aus. Jeder darauffolgende Tag erhält eine um 1 erhöhte Zahl zugeordnet. Der 31. Dezember 1900 entspricht somit z. B. der Zahl 366, da das Jahr 1900 ein Schaltjahr war. Die sich hinter dem jeweiligen Datum befindlichen Zahlen können über den Befehlsweg START – ZAHL – ZELLEN FORMATIEREN – KATEGORIE (STANDARD) abgelesen werden.

In der nachfolgenden Abbildung 8.9 wurde die Zelle G13 mithilfe der Maus angeklickt und der in der vorstehenden Anmerkung beschriebene Befehlsweg vollzogen. Das Programm zeigt an, dass der 01.12.2014 der insgesamt 41.974. Tag der DV-internen Zeitrechnung ist.

Nur durch den Umstand, dass jedes Datum einen individuellen Wert zugewiesen bekommt, sind Additionen und Subtraktionen unterschiedlicher Kalenderdaten möglich.

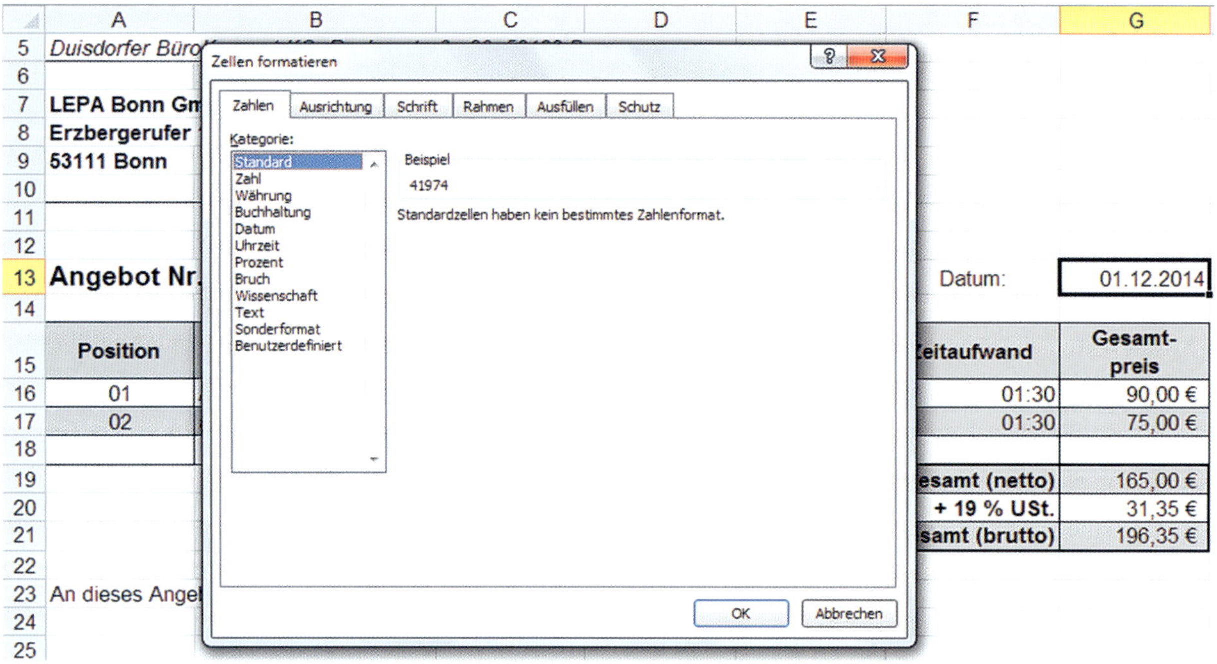

Abbildung 8.9: Angebotsformular – DV-interne Darstellung eines Datums

Für die ausstehende Formel in der Zelle D23 bedeutet dies, dass die Formel =G13+15 zum richtigen Ergebnis führt (vgl. Abbildung 8.10).

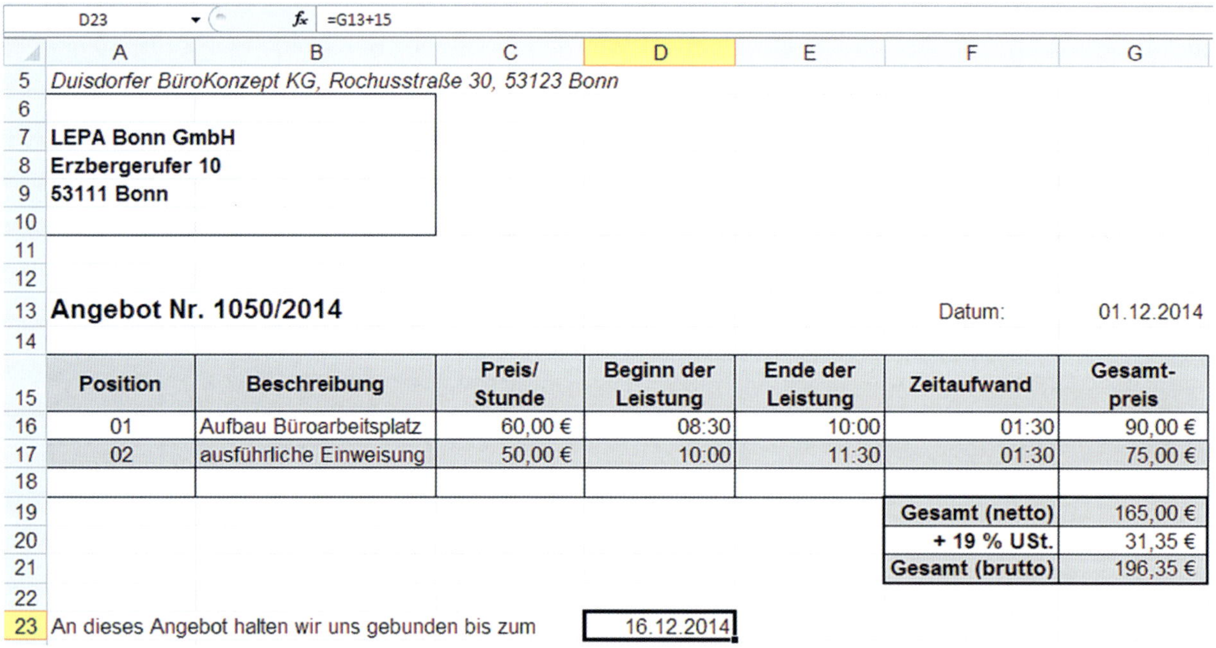

D23 =G13+15

Duisdorfer BüroKonzept KG, Rochusstraße 30, 53123 Bonn

LEPA Bonn GmbH
Erzbergerufer 10
53111 Bonn

Angebot Nr. 1050/2014 — Datum: 01.12.2014

Position	Beschreibung	Preis/ Stunde	Beginn der Leistung	Ende der Leistung	Zeitaufwand	Gesamt-preis
01	Aufbau Büroarbeitsplatz	60,00 €	08:30	10:00	01:30	90,00 €
02	ausführliche Einweisung	50,00 €	10:00	11:30	01:30	75,00 €
					Gesamt (netto)	165,00 €
					+ 19 % USt.	31,35 €
					Gesamt (brutto)	196,35 €

An dieses Angebot halten wir uns gebunden bis zum 16.12.2014

Abbildung 8.10: Angebotsformular – Formelgesteuerte Berechnung der Bindungsfrist

Ähnlich wie bei den Uhrzeiten kann auch bei Datumsangaben die gewünschte Schreibweise durch eine **Benutzerdefinierte Formatierung** eingestellt werden.

Anmerkung

Die Kennzeichnungen für Tag, Monat und Jahr lauten wie folgt:

T: einstellige Tage werden ohne die vorangestellte 0 dargestellt (z. B. 9)

TT: einstellige Tage werden als zweistellige Ziffern dargestellt (z. B. 09)

TTT: Tage werden als Abkürzung des jeweiligen Wochentags ausgegeben (z. B. Mo)

TTTT: Tage werden als vollständiger Wochentag ausgegeben (z. B. Montag)

M: einstellige Monate werden ohne die vorangestellte 0 dargestellt (z. B. 2)
MM: einstellige Monate werden als zweistellige Ziffern dargestellt (z. B. 02)
MMM: Monate werden als Abkürzung des jeweiligen Monats ausgegeben (z. B. Feb)
MMMM: Monate werden vollständig ausgegeben (z. B. Februar)

JJ: Das Jahr wird als zweistellige Ziffer ausgegeben (z. B. 14)
JJJJ: Das Jahr wird als vierstellige Ziffer ausgegeben (z. B. 2014)

Arbeitsauftrag 2

Übernehmen Sie in Ihr bereits bestehendes Tabellenblatt den in der Zeile 23 stehenden Text. Sorgen Sie dafür, dass die Zelle D23 für die später einzufügende Formel leer bleibt. Vollziehen Sie anschließend die zuvor dargestellten Arbeitsschritte nach. Stellen Sie zusätzlich durch eine Benutzerdefinierte Formatierung sicher, dass das Ergebnis „16.12.2014" durch einen Punkt abgeschlossen wird.

8.2.2 Die Funktion WOCHENTAG

Ausgangssituation

Herr Hummels schlägt vor, dass die Kunden als zusätzliche Information den Wochentag mitgeteilt bekommen, an dem die angebotenen Arbeiten ausgeführt werden. Die Umwandlung des in der Zelle F24 stehenden Datums (08.01.2015) in den zugehörigen Wochentag soll vom Programm automatisch ermittelt werden.

Die hierfür notwendige Funktion heißt = WOCHENTAG(ZAHL).

Übertragen auf die geforderte Anforderung an das Angebotsformular heißt die Funktion somit =WOCHENTAG(F24). Wie in der nachstehenden Abbildung 8.11 allerdings zu ersehen ist, liefert das Programm statt des ausgeschriebenen Wochentags „Donnerstag" die Zahl 5.

E24 fx =WOCHENTAG(F24)

	A	B	C	D	E	F	G
5	*Duisdorfer BüroKonzept KG, Rochusstraße 30, 53123 Bonn*						
6							
7	**LEPA Bonn GmbH**						
8	**Erzbergerufer 10**						
9	**53111 Bonn**						
10							
11							
12							
13	**Angebot Nr. 1050/2014**					Datum:	01.12.2014
14							
15	**Position**	**Beschreibung**	**Preis/ Stunde**	**Beginn der Leistung**	**Ende der Leistung**	**Zeitaufwand**	**Gesamt-preis**
16	01	Aufbau Büroarbeitsplatz	60,00 €	08:30	10:00	01:30	90,00 €
17	02	ausführliche Einweisung	50,00 €	10:00	11:30	01:30	75,00 €
18							
19						**Gesamt (netto)**	165,00 €
20						**+ 19 % USt.**	31,35 €
21						**Gesamt (brutto)**	196,35 €
22							
23	An dieses Angebot halten wir uns gebunden bis zum			16.12.2014.			
24	Gerne bestätigen wir Ihnen hiermit die Möglichkeit, die o. g. Arbeiten am				5	08.01.2015	
25	durchzuführen.						

Abbildung 8.11: *Erweitertes Angebotsformular – Wochentag*

Hier ist erneut das Wissen notwendig, dass die DV-Zeitrechnung vom 01. Januar 1900 als Startpunkt ausgeht. Da der 01. Januar 1900 auf einen Sonntag fiel, ist dem Sonntag die Zahl 1, dem Montag die Zahl 2 usw. und letztlich dem Samstag die Zahl 7 zugewiesen worden. Diese Systematik gilt für alle mithilfe des Programms umzurechnenden Kalenderdaten. Das ausgegebene Ergebnis „5" entspricht somit dem Wochentag „Donnerstag". Damit dieses Ergebnis ausgewiesen wird, muss die Zelle entsprechend benutzerdefiniert formatiert werden. Wie bereits dargestellt, werden die Tage in der **Benutzerdefinierten Formatierung** durch ein bis vier große „T" dargestellt. Die Formatierung der Zelle E24 auf „TTTT" führt zur gewünschten Schreibweise (vgl. Abbildung 8.12).

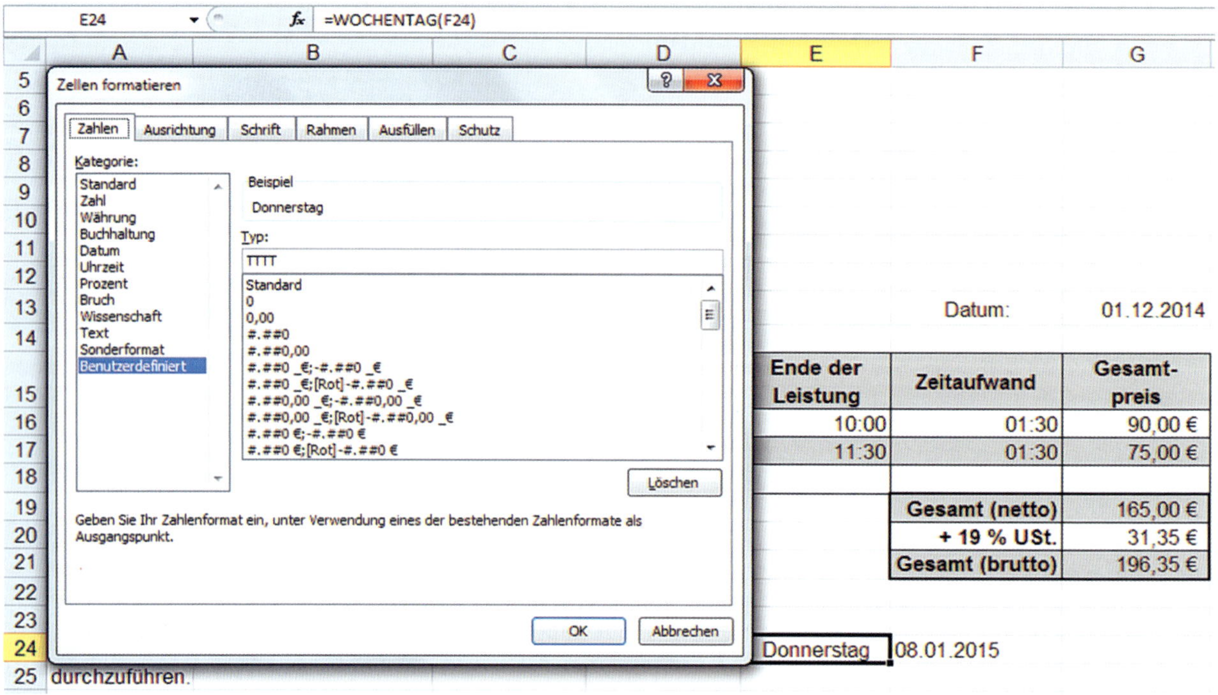

Abbildung 8.12: *Erweitertes Angebotsformular – ausgeschriebener Wochentag*

Arbeitsauftrag 3

Übernehmen Sie in Ihr bereits bestehendes Tabellenblatt den in den Zeilen 24 und 25 stehenden Text. Sorgen Sie dafür, dass die Zelle E24 für die später einzufügende Funktion leer bleibt. Vollziehen Sie anschließend die zuvor dargestellten Arbeitsschritte nach. Stellen Sie zusätzlich durch eine Benutzerdefinierte Formatierung sicher, dass hinter dem Wochentag in der Zelle E24 ein Komma erscheint.

8.2.3 Weitere Datumsfunktionen (TAG, MONAT und JAHR)

Ausgangssituation

Als weitere Marketingmaßnahme zur Kundenbindung will Herr Hummels den Kunden der Duisdorfer BüroKonzept KG das Angebot unterbreiten, dass bei Annahme des vorliegenden Angebotes alle Inspektionen bis zum Ende des folgenden Kalenderjahres kostenlos sind. Das per Funktion zu berechnende Kalenderjahr soll in der Zelle F27 ausgegeben werden.

Im Gegensatz zu den bisherigen Situationen zu Datumsfunktionen reicht die Umwandlung des Datums „01.12.2014" in eine Zahl nicht aus. Vielmehr interessiert hier lediglich die Jahreszahl „2014". Wie im Gliederungspunkt 8.2.1 dargestellt, verbirgt sich hinter dem Kalenderdatum jedoch nicht die Zahl „2014", sondern die Zahl 41.974.

	A	B	C	D	E	F	G
5	*Duisdorfer BüroKonzept KG, Rochusstraße 30, 53123 Bonn*						
6							
7	**LEPA Bonn GmbH**						
8	**Erzbergerufer 10**						
9	**53111 Bonn**						
10							
11							
12							
13	**Angebot Nr. 1050/2014**					Datum:	01.12.2014
14							
15	**Position**	**Beschreibung**	**Preis/ Stunde**	**Beginn der Leistung**	**Ende der Leistung**	**Zeitaufwand**	**Gesamt-preis**
16	01	Aufbau Büroarbeitsplatz	60,00 €	08:30	10:00	01:30	90,00 €
17	02	ausführliche Einweisung	50,00 €	10:00	11:30	01:30	75,00 €
18							
19						**Gesamt (netto)**	165,00 €
20						**+ 19 % USt.**	31,35 €
21						**Gesamt (brutto)**	196,35 €
22							
23	An dieses Angebot halten wir uns gebunden bis zum			16.12.2014.			
24	Gerne bestätigen wir Ihnen hiermit die Möglichkeit, die o. g. Arbeiten am				Donnerstag,	08.01.2015	
25	durchzuführen.						
26							
27	Wenn Sie sich für unser Angebot entscheiden, sind alle Service-Checks bis zum Ende						kostenlos.

Abbildung 8.13: *Erweitertes Angebotsformular – Jahr*

Um aus einem Kalenderdatum die einzelnen Bestandteile Tag, Monat und Jahr herausfiltern zu können, existieren im Programm drei separate Funktionen. Die Funktionen heißen

=TAG(ZAHL)

=MONAT(ZAHL)

=JAHR(ZAHL)

Bezogen auf die Ausgangssituation wird in der Zelle F27 zunächst durch die Funktion =JAHR(G13) aus dem Datum die Zahl „2014" herausgefiltert. Um dieses Ergebnis auf die Zahl „2015" zu bringen, muss die Funktion lediglich noch um den Teil „+1" erweitert werden.

Wie der nachfolgenden Abbildung 8.14 zu entnehmen ist, führt die Funktion =JAHR(G13)+1 noch nicht zum gewünschten Ergebnis, da standardmäßig wieder die normale Datumsformatierung TT.MM.JJJJ vorliegt.

Gemäß dem im Gliederungspunkt 8.2.1 dargestellten Ursprungsdatum (01.01.1900 = Zahl 1) entspricht die Zahl 2015 (= 2015 Tage) dem in der Abbildung 8.14 angezeigten Datum „07.07.1905".

F27 fx =JAHR(G13)+1

	A	B	C	D	E	F	G
5	*Duisdorfer BüroKonzept KG, Rochusstraße 30, 53123 Bonn*						
6							
7	**LEPA Bonn GmbH**						
8	**Erzbergerufer 10**						
9	**53111 Bonn**						
10							
11							
12							
13	**Angebot Nr. 1050/2014**					Datum:	01.12.2014
14							
15	**Position**	**Beschreibung**	**Preis/ Stunde**	**Beginn der Leistung**	**Ende der Leistung**	**Zeitaufwand**	**Gesamt-preis**
16	01	Aufbau Büroarbeitsplatz	60,00 €	08:30	10:00	01:30	90,00 €
17	02	ausführliche Einweisung	50,00 €	10:00	11:30	01:30	75,00 €
18							
19						**Gesamt (netto)**	165,00 €
20						**+ 19 % USt.**	31,35 €
21						**Gesamt (brutto)**	196,35 €
22							
23	An dieses Angebot halten wir uns gebunden bis zum			16.12.2014.			
24	Gerne bestätigen wir Ihnen hiermit die Möglichkeit, die o. g. Arbeiten am				Donnerstag,	08.01.2015	
25	durchzuführen.						
26							
27	Wenn Sie sich für unser Angebot entscheiden, sind alle Service-Checks bis zum Ende					07.07.1905	kostenlos.

Abbildung 8.14: *Erweitertes Angebotsformular – „Jahr" mit „falscher" Formatierung*

Um im Angebot das gewünschte Ergebnis „2015" anzeigen zu lassen, muss die Zelle wiederum benutzerdefiniert formatiert werden. Wie in der Abbildung 8.15 ersichtlich wird, führt die Benutzerdefinierte Formatierung 0000 – (wahlweise reicht auch die Formatierung der KATEGORIE (STANDARD) – zum richtigen Ergebnis.

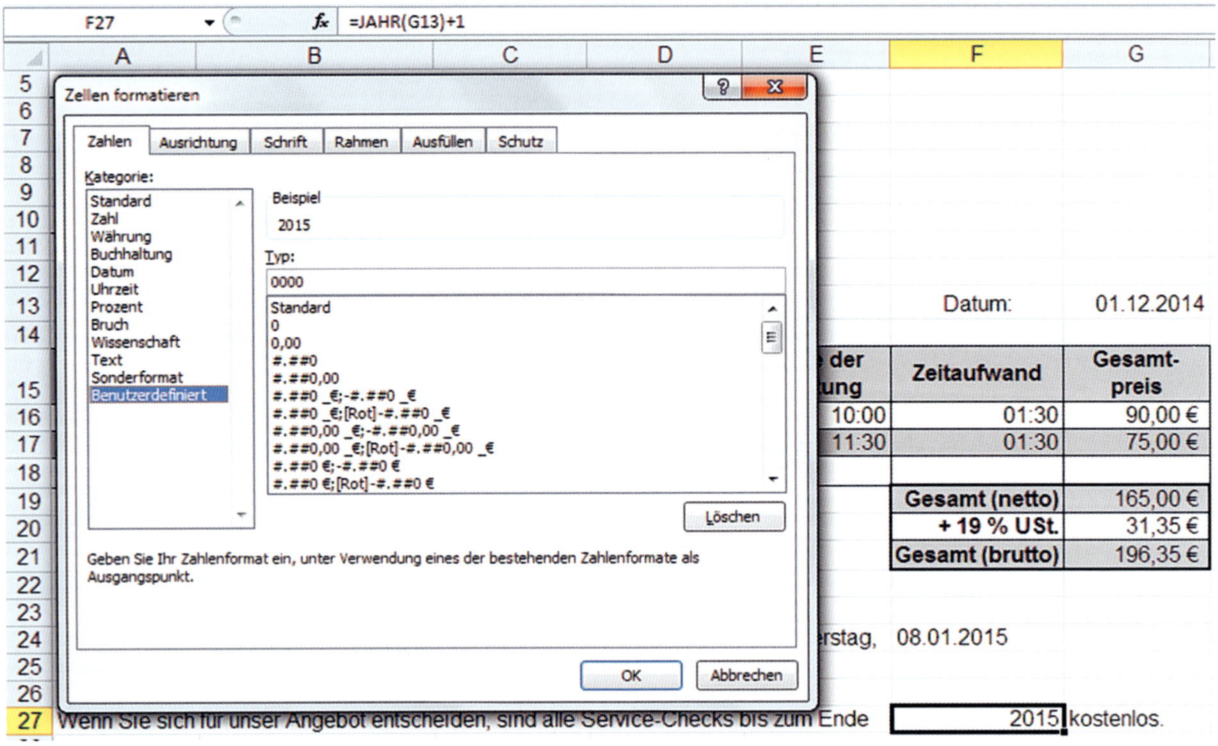

***Abbildung 8.15:** Erweitertes Angebotsformular – „Jahr" mit richtiger Formatierung*

Anmerkung

Die Benutzerdefinierte Formatierung auf JJJJ würde nicht zum richtigen Ergebnis führen, da das Programm die Zahl 2015 wieder in die Datumsrechnung übertragen würde, wonach 2015 Tage dem Kalenderdatum 1905 entsprechen würde (2015 Tage : 365 Tage/Jahr = 5,52 Jahre → 5 vollständige Jahre → Jahr 1905).

Arbeitsauftrag 4

Übernehmen Sie in Ihr bestehendes Tabellenblatt die Zeile 27 und sorgen Sie dafür, dass die Zelle F27 zunächst leer bleibt. Vollziehen Sie anschließend für die Zelle F27 die zuvor dargestellten Arbeitsschritte nach. Stellen Sie zusätzlich durch eine Benutzerdefinierte Formatierung sicher, dass vor dem Ergebnis „2015" der Text „des Jahres" hinzugefügt wird.

8.2.4 Die Funktion DATUM

Ausgangssituation

Herr Simon Klein aus der Abteilung Vertrieb möchte für gezieltere Werbemaßnahmen das Bestellverhalten der Kunden analysieren. Eine zu untersuchende Größe ist die Anzahl der Tage, die zwischen der aktuellen und der letzten Bestellung vergangen sind. Diese Information soll in den Zellen der Spalte D ermittelt werden.

Das sich für diese Aufgabenstellung ergebende Problem besteht darin, dass für die Berechnung keine Zelle mit dem aktuellen Datum vorliegt. Es steht zwar in der Zeile 4 u. a. das entsprechende Datum „01.12.2014", doch wegen der Kombination aus Text, Zahlen und Sonderzeichen erkennt das Programm nicht die gewünschte Information.

	A	B	C	D	E	F	G	H	I
1	**Duisdorfer BüroKonzept KG, Rochusstraße 30, 53123 Bonn**								
2									
3									
4	**Übersicht über die am 01.12.2014 eingegangenen Bestellungen**								
5	**- Ermittlung der dem Kunden in Rechnung zu stellenden Kreditzinsen bei Finanzierung über unsere Hausbank -**								
6									
7									
8	Kunden-Nr.	Name	letzte Bestellung am	vergangene Tage seit letzter Bestellung	Rechnungs-betrag	Zahlungs-termin, netto Kasse	angebotener Zahlungstermin für Kredit	Kreditdauer (360 Tage)	anfallende Kreditzinsen
9	2401	Neuhoff KG	22.05.2014		4.850,00 €	02.01.2015	15.02.2015		
10	2402	Intermöbel GmbH	06.06.2014		7.060,00 €	15.01.2015	15.03.2015		
11	2403	Stadt Bonn	14.03.2014		855,00 €	28.12.2014	01.02.2015		
12	2404	Frohn KG	16.07.2014		1.130,00 €	26.02.2015	01.04.2015		
13	2405	Birkmann OHG	01.08.2014		3.080,00 €	15.01.2015	15.03.2015		
14	2406	Gilles & Partner	26.06.2014		2.710,00 €	27.12.2014	01.02.2015		
15	2407	Stammhaus KG	21.02.2014		6.540,00 €	26.02.2015	01.04.2015		
16	2408	Rhenag GmbH	22.07.2014		2.288,00 €	10.01.2015	22.02.2015		

Abbildung 8.16: *Tabelle der Bestellungen*

Die Eingabe des gewünschten Datums (hier 01.12.2014) direkt in der Formel führt nicht zum Ergebnis, da das Programm die Punkte als Tausender-Trennzeichen o. Ä. erkennt. Um die Berechnung ohne das Eintragen des Datums in eine separate Zelle durchführen zu können, wird die Hilfe der Funktion = DATUM(Jahr;Monat;Tag) benötigt.

Anmerkung

Bei der Eingabe des Kalenderdatums ist dringend auf die zuvor dargestellte Reihenfolge zu achten. Die im deutschsprachigen Raum gewöhnliche Schreibweise Tag, Monat, Jahr wird vom Programm nicht erkannt.

Die in der Zelle D9 stehende Funktion =DATUM(2014;12;1)-C9 führt zum richtigen Ergebnis. Es ist allerdings zu beachten, dass das Ergebnis vom Programm wieder als Datum ausgegeben worden ist, sodass erst durch die anschließende Formatierung des Zellinhalts auf das Format „Standard" das gewünschte Ergebnis ausgegeben wird.

D9 fx =DATUM(2014;12;1)-C9

	A	B	C	D	E	F	G	H	I
1	**Duisdorfer BüroKonzept KG, Rochusstraße 30, 53123 Bonn**								
2									
3									
4	**Übersicht über die am 01.12.2014 eingegangenen Bestellungen**								
5	**- Ermittlung der dem Kunden in Rechnung zu stellenden Kreditzinsen bei Finanzierung über unsere Hausbank -**								
6									
7									
8	Kunden-Nr.	Name	letzte Bestellung am	vergangene Tage seit letzter Bestellung	Rechnungs-betrag	Zahlungs-termin, netto Kasse	angebotener Zahlungstermin für Kredit	Kreditdauer (360 Tage)	anfallende Kreditzinsen
9	2401	Neuhoff KG	22.05.2014	11.07.1900	4.850,00 €	02.01.2015	15.02.2015		
10	2402	Intermöbel GmbH	06.06.2014		7.060,00 €	15.01.2015	15.03.2015		
11	2403	Stadt Bonn	14.03.2014		855,00 €	28.12.2014	01.02.2015		
12	2404	Frohn KG	16.07.2014		1.130,00 €	26.02.2015	01.04.2015		
13	2405	Birkmann OHG	01.08.2014		3.080,00 €	15.01.2015	15.03.2015		
14	2406	Gilles & Partner	26.06.2014		2.710,00 €	27.12.2014	01.02.2015		
15	2407	Stammhaus KG	21.02.2014		6.540,00 €	26.02.2015	01.04.2015		
16	2408	Rhenag GmbH	22.07.2014		2.288,00 €	10.01.2015	22.02.2015		

Abbildung 8.17: *Tabelle der Bestellungen – Format Datum*

Nach korrekter Formatierung erhält Herr Klein die folgenden Ergebnisse:

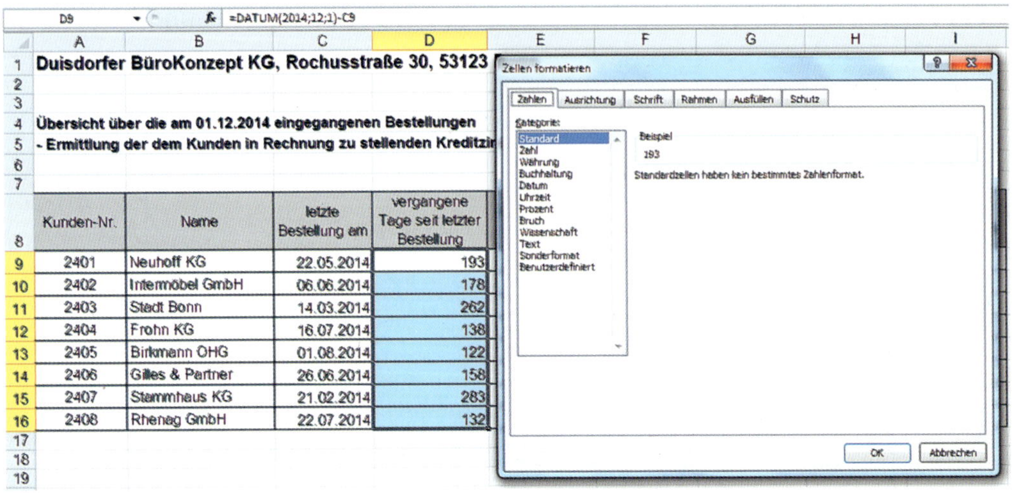

***Abbildung 8.18:** Tabelle der Bestellungen – Format Standard*

Arbeitsauftrag 5

Übernehmen Sie die Tabelle (vgl. Abbildung 8.16) inklusive aller Werte und Formatierungen in ein leeres Tabellenblatt. Vollziehen Sie anschließend die zuvor beschriebenen Arbeitsschritte und ermitteln Sie alle Ergebnisse der Spalte D. Stellen Sie zusätzlich durch eine Benutzerdefinierte Formatierung sicher, dass hinter den ermittelten Zahlen das Wort „Tage" erscheint.

8.2.5 Die Funktion TAGE360

Ausgangssituation

Auf Vorschlag von Frau Sabine Neuendorf will die Abteilung Vertrieb den Kunden in den nächsten Wochen ein besonderes Angebot unterbreiten. Für die aktuellen Bestellungen kann der Kunde einen Kredit über die Hausbank der Duisdorfer BüroKonzept KG in Anspruch nehmen. Als Kreditzeitraum gilt hierbei die Differenz der in den Spalten G und F (vgl. Abbildung 8.19) angegebenen Daten. In der Spalte I der nachstehenden Tabelle sollen die Kreditzinsen berechnet werden, die der Kunde ggf. zu tragen hat.

Duisdorfer BüroKonzept KG, Rochusstraße 30, 53123 Bonn

Übersicht über die am 01.12.2014 eingegangenen Bestellungen
- Ermittlung der dem Kunden in Rechnung zu stellenden Kreditzinsen bei Finanzierung über unsere Hausbank -

Kunden-Nr.	Name	letzte Bestellung am	vergangene Tage seit letzter Bestellung	Rechnungs-betrag	Zahlungs-termin, netto Kasse	angebotener Zahlungstermin für Kredit	Kreditdauer (360 Tage)	anfallende Kreditzinsen
2401	Neuhoff KG	22.05.2014	193 Tage	4.850,00 €	02.01.2015	15.02.2015		
2402	Intermöbel GmbH	06.06.2014	178 Tage	7.060,00 €	15.01.2015	15.03.2015		
2403	Stadt Bonn	14.03.2014	262 Tage	855,00 €	28.12.2014	01.02.2015		
2404	Frohn KG	16.07.2014	138 Tage	1.130,00 €	26.02.2015	01.04.2015		
2405	Birkmann OHG	01.08.2014	122 Tage	3.080,00 €	15.01.2015	15.03.2015		
2406	Gilles & Partner	26.06.2014	158 Tage	2.710,00 €	27.12.2014	01.02.2015		
2407	Stammhaus KG	21.02.2014	283 Tage	6.540,00 €	26.02.2015	01.04.2015		
2408	Rhenag GmbH	22.07.2014	132 Tage	2.288,00 €	10.01.2015	22.02.2015		

***Abbildung 8.19:** Tabelle der Bestellungen – Ausgangsformular*

Bei der Berechnung der Kreditdauer bietet sich für die Zelle H9 zunächst die Formel =G9-F9 an. Das Problem für die vorliegende Situation besteht darin, dass das Programm die Differenz zwischen den

Terminen **tagesgenau** berechnet. Das heißt, dass der Monat Februar mit 28 Tagen (im Schaltjahr mit 29 Tagen), der Monat Juni mit 30 Tagen, der Monat Juli mit 31 Tagen etc. berechnet wird. Die oben genannte Berechnung entspricht jedoch nicht der von Banken durchgeführten Berechnung des Kreditzeitraums (Zinsrechnung), da diese für jeden Monat 30 Tage unterstellen. Das Ergebnis müsste statt der ausgegebenen 44 Tage vielmehr bei lediglich 43 Tagen liegen.

H9 fx =G9-F9

	A	B	C	D	E	F	G	H	I
1	**Duisdorfer BüroKonzept KG, Rochusstraße 30, 53123 Bonn**								
2									
3									
4	**Übersicht über die am 01.12.2014 eingegangenen Bestellungen**								
5	**- Ermittlung der dem Kunden in Rechnung zu stellenden Kreditzinsen bei Finanzierung über unsere Hausbank -**								
6									
7									
8	Kunden-Nr.	Name	letzte Bestellung am	vergangene Tage seit letzter Bestellung	Rechnungs-betrag	Zahlungs-termin, netto Kasse	angebotener Zahlungstermin für Kredit	Kreditdauer (360 Tage)	anfallende Kreditzinsen
9	2401	Neuhoff KG	22.05.2014	193 Tage	4.850,00 €	02.01.2015	15.02.2015	44	
10	2402	Intermöbel GmbH	06.06.2014	178 Tage	7.060,00 €	15.01.2015	15.03.2015		
11	2403	Stadt Bonn	14.03.2014	262 Tage	855,00 €	28.12.2014	01.02.2015		
12	2404	Frohn KG	16.07.2014	138 Tage	1.130,00 €	26.02.2015	01.04.2015		
13	2405	Birkmann OHG	01.08.2014	122 Tage	3.080,00 €	15.01.2015	15.03.2015		
14	2406	Gilles & Partner	26.06.2014	158 Tage	2.710,00 €	27.12.2014	01.02.2015		
15	2407	Stammhaus KG	21.02.2014	283 Tage	6.540,00 €	26.02.2015	01.04.2015		
16	2408	Rhenag GmbH	22.07.2014	132 Tage	2.288,00 €	10.01.2015	22.02.2015		

Abbildung 8.20: *Tabelle der Bestellungen – tagesgenaue Kreditdauer (365 Tage pro Jahr)*

Damit das Programm die richtige Berechnung durchführt, muss die folgende Funktion verwendet werden: =TAGE360(AUSGANGSDATUM;ENDDATUM;METHODE)

Anmerkung

Der dritte Funktionsbestandteil „Methode" bestimmt, ob die amerikanische oder die europäische Berechnung der Zinstage angewendet wird. Um die amerikanische Methode anzuwenden, muss „Falsch" angegeben werden. Für die europäische Methode hingegen lautet der Befehl „Wahr".

Nach Eingabe der Funktion =TAGE360(F9;G9;WAHR) in Zelle H9 wird das korrekte Ergebnis von 43 ausgegeben (vgl. Abbildung 8.21).

H9 fx =TAGE360(F9;G9;WAHR)

	A	B	C	D	E	F	G	H	I
1	**Duisdorfer BüroKonzept KG, Rochusstraße 30, 53123 Bonn**								
2									
3									
4	**Übersicht über die am 01.12.2014 eingegangenen Bestellungen**								
5	**- Ermittlung der dem Kunden in Rechnung zu stellenden Kreditzinsen bei Finanzierung über unsere Hausbank -**								
6									
7									
8	Kunden-Nr.	Name	letzte Bestellung am	vergangene Tage seit letzter Bestellung	Rechnungs-betrag	Zahlungs-termin, netto Kasse	angebotener Zahlungstermin für Kredit	Kreditdauer (360 Tage)	anfallende Kreditzinsen
9	2401	Neuhoff KG	22.05.2014	193 Tage	4.850,00 €	02.01.2015	15.02.2015	43	
10	2402	Intermöbel GmbH	06.06.2014	178 Tage	7.060,00 €	15.01.2015	15.03.2015		
11	2403	Stadt Bonn	14.03.2014	262 Tage	855,00 €	28.12.2014	01.02.2015		
12	2404	Frohn KG	16.07.2014	138 Tage	1.130,00 €	26.02.2015	01.04.2015		
13	2405	Birkmann OHG	01.08.2014	122 Tage	3.080,00 €	15.01.2015	15.03.2015		
14	2406	Gilles & Partner	26.06.2014	158 Tage	2.710,00 €	27.12.2014	01.02.2015		
15	2407	Stammhaus KG	21.02.2014	283 Tage	6.540,00 €	26.02.2015	01.04.2015		
16	2408	Rhenag GmbH	22.07.2014	132 Tage	2.288,00 €	10.01.2015	22.02.2015		

Abbildung 8.21: *Tabelle der Bestellungen – zinsrechnerische Kreditdauer (360 Tage pro Jahr)*

Arbeitsauftrag 6

Vollziehen Sie in Ihrem bereits bestehenden Tabellenblatt für die Spalte H die zuvor dargestellten Arbeitsschritte. Ermitteln Sie anschließend in der Spalte I die anfallenden Kreditzinsen. Gehen Sie dabei von einem Kreditzinssatz der Bank in Höhe von 6,90 % p. a. aus.

8.3 Übungsaufgaben

8.3.1 Onlineversand

Ausgangssituation
Die Abteilung Vertrieb ermöglicht ihren Kunden seit einiger Zeit die Bestellung per Internet (vgl. Arbeitsauftrag 6.3.1). Die hierfür bislang verwendete Anwendung soll an dieser Stelle von Ihnen erweitert werden.

Arbeitsauftrag 7

1. Wenn Sie die Übungsaufgabe **6.3.1 Onlineversand** bereits bearbeitet haben, können Sie diese erneut öffnen und die entsprechenden Änderungen in den Tabellenblättern vornehmen. Beachten Sie hierbei, dass es neben dem zusätzlichen Tabellenblatt **Vorgabezeit** auch Änderungen in den bestehenden Tabellenblättern gegeben hat. Sofern Sie nicht über den o.g. Arbeitsauftrag verfügen, beginnen Sie bitte bei Arbeitsauftrag 2.
2. Speichern Sie Ihre Datei unter dem Dateinamen **Onlineversand** ab. Speichern Sie Ihre Datei **spätestens alle fünf Minuten** ab, um Datenverlust zu vermeiden.
3. Benennen Sie das Tabellenblatt 1 in **Formular**, das Tabellenblatt 2 in **Artikel**, das Tabellenblatt 3 in **Vorgabezeit** sowie das Tabellenblatt 4 in **Kunden** um.
4. Übernehmen Sie die nachstehend abgebildeten Tabellen inklusive aller Werte und Formatierungen in die zuvor angelegten Tabellenblätter.
5. Vergeben Sie den Hilfstabellen im Tabellenblatt **Artikel** die Namen „Ware1“ und „Ware2“, der Hilfstabelle im Tabellenblatt **Vorgabezeit** den Namen „Zeit“ sowie der Hilfstabelle im Tabellenblatt **Kunden** den Namen „Kunden“. Arbeiten Sie – sofern möglich – mit diesen Zellnamen in den späteren Formeln und Funktionen.
6. Geben Sie in der Zelle B5 des Tabellenblattes **Formular** die Kundennummer „2403“ ein.
7. Ermitteln Sie mithilfe einer Suchfunktion in den Zellen A7 und A8 den Kundennamen sowie den Wohnort des Kunden.
8. Geben Sie in der Zelle F5 mithilfe einer geeigneten Funktion das aktuelle Datum im Format TT.MM.JJJJ aus. In der Zelle E5 soll in Abhängigkeit von dem Ergebnis der Zelle F5 mithilfe einer Funktion der zugehörige Wochentag im Format TTTT ausgegeben werden.
9. Ermitteln Sie mithilfe von geeigneten Formeln bzw. Funktionen
   a) in den Zellen der Spalte D die jeweilige Artikelbezeichnung. Beachten Sie hierbei, dass es zwei unterschiedliche Artikellisten gibt;
   b) in der Spalte E den zugehörigen Listenpreis je Artikel;
   c) den Rabatt für das jeweilige Produkt in €. Hierbei ist zu beachten, dass nur Produkte aus der Warengruppe 2 rabattfähig sind. Zusätzlich muss der Kunde mindestens jeweils drei Stück eines Artikels bestellt haben, um den Einheitsrabattsatz von 10 % gewährt zu bekommen;
   d) den Nettopreis je Artikel;
   e) die auf den jeweiligen Artikel zu zahlende Umsatzsteuer;
   f) den Bruttopreis des jeweiligen Artikels;
   g) den Bruttopreis für die gesamte Bestellmenge;
   h) in der Zelle J20 den gesamten Bruttobetrag;
   i) die vom Kunden zu zahlenden Versandkosten in €. Kunden der Kundenklasse A zahlen hierbei 2,90 € je Bestellung, während hingegen Kunden der Kundenklasse B keine Versandkosten in Rechnung gestellt bekommen;
   j) den endgültigen Rechnungsbetrag.

10. Ermitteln Sie mithilfe einer Suchfunktion in der Zelle E8 die Zeit, zu welcher der zuständige Mitarbeiter des Onlineversands die bestellten Artikel fertig verpackt haben wird. Die hierfür vorgesehene Zeit hängt von der in der Spalte A gemachten Aussage über die laufende Position (= Anzahl unterschiedlicher Artikel) ab. Die Zuordnung zwischen der Anzahl unterschiedlicher Artikel und der hierfür vorgesehenen Vorgabezeit entnehmen Sie bitte dem Tabellenblatt **Vorgabezeit**.
11. Geben Sie unter Verwendung einer Formel in der Zelle D23 den voraussichtlichen Liefertermin im Format TT.MM.JJJJ ein. Hierfür gilt die Regel, dass die Ware zwei Tage nach dem Eingang der Bestellung beim Kunden ankommt.
12. Stellen Sie mithilfe von Bedingten Formatierungen sicher, dass
    a) die auf die einzelnen Positionen gewährten Rabatte in einer roten, fetten Schrift dargestellt werden,
    b) die Hintergrundfarbe der Zelle J21 im Falle von 0,00 € Versandkosten grün dargestellt wird.
13. Fügen Sie in Ihre Datei ein neues Tabellenblatt (Befehlsweg START – ZELLEN – EINFÜGEN – BLATT EINFÜGEN) ein und benennen Sie dieses in **Formeln** um. Kopieren Sie das Tabellenblatt **Formular** in das neue Tabellenblatt und wechseln Sie in die Formelansicht. Passen Sie alle Spalten so an, dass sämtliche Formeln und Funktionen vollständig lesbar sind.
14. Drucken Sie abschließend die Tabellenblätter **Formular** und **Formeln** aus. Beide Tabellenblätter sind hierbei im Querformat und unter Angabe Ihres Namens in der jeweiligen Kopfzeile auszudrucken. Weiterhin sollen beide Tabellen die Zeilen- und Spaltenüberschriften enthalten. Beim Tabellenblatt **Formeln** ist weiterhin zu beachten, dass dieses auf zwei Seiten (breit) verteilt ausgedruckt wird.

	A	B	C	D	E	F	G	H	I	J
1	**Duisdorfer BüroKonzept KG - Online-Bestellformular**									
2										
3										
4										
5	Kunden-Nr.			Bestellungseingang						
6										
7				Bestellungseingang (Uhrzeit)	09:35					
8				Ware versandfertig um:						
9										
10										
11	**Position (max. 7)**	**Artikel-nummer**	**Menge**	**Artikel-bezeichnung**	**Listenpreis pro Stück**	**Rabatt in EUR**	**Nettopreis pro Stück**	**Umsatzsteuer in EUR**	**Bruttopreis pro Stück**	**Bruttopreis für Bestellmenge**
12	1	202114	4							
13	2	302222	1							
14	3	101114	7							
15	4	101115	2							
16	5	202113	1							
17	6	101111	4							
18	7	202112	6							
19										
20									Gesamt-Brutto	
21									zzgl. Versand	
22										
23	**Die Ware wird bei Ihnen voraussichtlich am**				**eintreffen.**				Rechnungsbetrag	

Abbildung 8.22: *Onlineversand; Tabellenblatt „Formular"*

	A	B	C	D	E	F	G
1	**Übersicht über die Artikel und deren Preise**						
2							
3							
4	**Warengruppe 1 (bis Art.-Nr. 199.999)**				**Warengruppe 2 (ab Art.-Nr. 200.000)**		
5							
6	**Art.-Nr.**	**Artikel**	**Listenpreis**		**Art.-Nr.**	**Artikel**	**Listenpreis**
7	101111	Schreibtisch Ökostar	489,00 €		202111	Bürostuhl Comfort	228,00 €
8	101112	Schreibtisch Ahorn	519,00 €		202112	Bandscheiben-Drehstuhl extra	299,00 €
9	101113	Schreibtisch weiß C-Füße	219,00 €		202113	Chefsessel Bonn Maxx	399,00 €
10	101114	Konferenztischelement lichtgrau	98,00 €		202114	Bürosessel Tenno	349,00 €
11	101115	Mehrzwecktisch oval lichtgrau	579,00 €		301111	Multifax 0912	59,00 €
12					302222	Tischkopierer Sumsang	275,00 €

Abbildung 8.23: *Onlineversand; Tabellenblatt „Artikel"*

	A	B	C
1	**Vorgabezeiten für die Packzeit**		
2			
3			
4	Anzahl an Packstücken	eingeplanter Zeitbedarf	
5	1	00:12	
6	2	00:16	
7	3	00:19	
8	4	00:23	
9	5	00:25	
10	6	00:27	
11	7	00:29	

Abbildung 8.24: *Onlineversand; Tabellenblatt „Vorgabezeit"*

	A	B	C	D	E	F	G
1	**Kundenübersicht**						
2							
3							
4	Kunden-Nr.	2401	2402	2403	2404	2405	2406
5	Kunde	Neuhoff KG	Intermöbel GmbH	Stadt Bonn	Frohn KG	Birkmann OHG	Gilles & Partner
6	Anschrift	38700 Hannover	57074 Siegen	53103 Bonn	69117 Heidelberg	22866 Norderstedt	06618 Naumburg
7	Kundenklasse	A	B	B	A	B	B

Abbildung 8.25: *Onlineversand; Tabellenblatt „Kunden"*

8.3.2 Lieferanten- oder Bankkredit

Ausgangssituation

Die Abteilung Rechnungswesen muss in den kommenden Wochen einige größere Rechnungen begleichen. Da der Kontostand der Duisdorfer BüroKonzept KG derzeit bei Null liegt, müsste Herr Victor Fernandez für das Unternehmen einen Bankkredit aufnehmen, um die jeweiligen Skonti in Anspruch zu nehmen. Mithilfe einer vorbereiteten Tabelle sollen Sie in seinem Auftrag überprüfen, für welche Rechnungen die Aufnahme eines Bankkredits sinnvoll erscheint.

Arbeitsauftrag 8

1. Speichern Sie Ihre Datei unter dem Namen **Lieferanten- oder Bankkredit** ab. Speichern Sie Ihre Datei **spätestens alle fünf Minuten** ab, um Datenverlust zu vermeiden.

2. Benennen Sie das Tabellenblatt 1 in **Berechnung** und das Tabellenblatt 2 in **Grunddaten** um.

3. Übernehmen Sie die am Ende der Aufgabenstellung stehenden Tabellen inklusive aller Werte und Formatierungen in die zuvor eingerichteten Tabellenblätter.

4. Vergeben Sie für die zwei Hilfstabellen (A5 bis E9 und A15 bis C24) des Tabellenblattes **Grunddaten** die Namen „Rechnungen" und „Lieferanten". Vergeben Sie zusätzlich den Zellen F17 und F18 des Tabellenblattes **Grunddaten** die Namen „Zinssatz1" und „Zinssatz2". Verwenden Sie die Namen – sofern möglich – in den späteren Formeln und Funktionen.

5. Ermitteln Sie – ausgehend von der Rechnungsnummer – mithilfe von geeigneten Funktionen bzw. Formeln
   a) den Namen des jeweiligen Lieferanten;
   b) in Zeile 10 den Zahlungstermin bei Inanspruchnahme des Skontoabzugs und formatieren Sie das Ergebnis ggf. auf das Format TT.MM.JJJJ;
   c) in Zeile 11 den Zahlungstermin bei Zahlung zum spätest möglichen Zeitpunkt (netto Kasse). Formatieren Sie auch dieses Ergebnis auf das Format TT.MM.JJJJ;
   d) den jeweiligen Zieleinkaufspreis in €;
   e) den möglichen Skontoabzug in €;
   f) den sich nach Abzug von Skonto ergebenden Bareinkaufspreis in €.

6. Übernehmen Sie per Zellbezug den Bareinkaufspreis in die Zeile 19 (Kreditbetrag). (Annahme: Die Bezugskosten betragen 0,00 €.)

7. Ermitteln Sie mithilfe von geeigneten Funktionen bzw. Formeln
   a) die notwendige Kreditdauer als Differenz zwischen den in den Zeilen 10 und 11 stehenden Daten. Beachten Sie, dass die Bank von 360 Tagen pro Jahr ausgeht;
   b) den Zinssatz für den jeweils aufzunehmenden Kredit. Beachten Sie hierbei, dass der Kredit jeweils am spätest möglichen Tag (d. h. Datum in der Zeile 10) aufgenommen wird und sich der Kreditzinssatz nach Aussagen der Hausbank am 18.08.2014 verändert;
   c) unter Verwendung der Zinsformel die anfallenden Kreditzinsen;
   d) die Ersparnis im Fall einer Kreditaufnahme. Bedenken Sie, dass eine Kreditaufnahme auch zu einem negativen Ergebnis führen kann.

8. Stellen Sie durch Verwendung einer Benutzerdefinierten Formatierung sicher, dass die Ergebnisse in der Zeile Kreditdauer (Zeile 20) als „Tage" dargestellt werden.

9. Ermitteln Sie durch Verwendung von Bedingten Formatierungen, ob ein Kredit aufgenommen werden sollte. Aus einer Kreditaufnahme resultierende reale Ersparnisse (Zeile 25) sollen durch eine hellgrüne Füllfarbe dargestellt werden, während Verluste durch eine rote Füllfarbe kenntlich gemacht werden sollen.

10. Erstellen Sie ein Diagramm, aus dem neben den Skontoabzügen auch die Kreditzinsen hervorgehen. Verwenden Sie hierfür ein Säulendiagramm (gruppierte Säulen). Weisen Sie dem Diagramm eine aussagekräftige Überschrift und eine sinnvolle Beschriftung der X-Achse zu. Versehen Sie das Diagramm mit einer sinnvollen Legendenbeschriftung und X-Achse. Weiterhin soll sichergestellt werden, dass die Legende unter der Überschrift steht und die jeweiligen Werte im Diagramm angezeigt werden. Tragen Sie Sorge dafür, dass die Zeichnungsfläche einen grauen Farbton zugewiesen bekommt und die Diagrammfläche mit einer papyrusfarbenen Bild- bzw. Texturfüllung gefüllt wird. Das Diagramm soll auf einem eigenen Tabellenblatt mit dem Namen **Diagramm** erscheinen. Verändern Sie abschließend die Skalierung der Y-Achse so, dass das Hauptintervall in 250,00 €-Schritten dargestellt wird.

11. Kopieren Sie den Inhalt des Tabellenblattes **Berechnung** in das Tabellenblatt 3 und benennen Sie dieses als **Formeln**.

12. Richten Sie die Tabellenblätter **Berechnung** und **Formeln** so ein, dass diese später im Querformat ausgedruckt werden können. Während das Tabellenblatt **Berechnung** auf einer Seite auszudrucken ist, soll das Tabellenblatt **Formeln** auf 2 Seiten breit ausgedruckt werden. Stellen Sie sicher, dass die Formeln unter Angabe der Zeilen- und Spaltenüberschriften ausgedruckt werden. Beide Tabellenblätter sollen in der Kopfzeile Ihren Namen sowie das heutige Datum tragen.

13. Drucken Sie die Tabellenblätter **Berechnung**, **Formeln** und **Diagramm** aus.

Übersicht über zur Zahlung anstehende Rechnungen

Rechnungsnummer	Lieferantennummer	Zieleinkaufspreis	zahlbar bis ... abzgl. Skontoabzug	zahlbar bis ... netto Kasse
102.575	4406	52.301,00 €	15.08.2014	03.09.2014
235.120	4409	38.104,00 €	28.08.2014	13.10.2014
471.055	4405	44.956,00 €	04.09.2014	02.10.2014
330.305	4404	75.876,00 €	10.08.2014	31.12.2014
710.205	4407	26.507,00 €	25.08.2014	15.09.2014

Übersicht über unsere Lieferanten

Lieferantennummer	Lieferantenname	Skonto
4401	Frank Zettler oHG	2,0%
4402	Saam KG	3,0%
4403	Opitz AG	2,0%
4404	Balthasar GmbH	0,0%
4405	Metallteile Rösgen e. K.	3,0%
4406	Keupen Farben AG	2,0%
4407	Papier Spoth GmbH	2,0%
4408	pc tech AG	3,0%
4409	Willi Lauf OHG	2,0%
4410	Wittmann AG	2,0%

Zinssatz für Bankkredit

bis 17.08.2014	6,75%
ab 18.08.2014	7,19%

Abbildung 8.26: *Lieferanten- oder Bankkredit; Tabellenblatt „Grunddaten"*

Lieferanten- oder Bankkredit?

Übersicht über die zur Zahlung anstehenden Rechnungen

Rechnungsnummer	102.575	235.120	471.055	330.305	710.205
Lieferant					
Zahlungstermin ...					
abzgl. Skonto					
netto Kasse					

Zieleinkaufspreis					
- Skonto					
Bareinkaufspreis					

Kreditbetrag					
Kreditdauer					
Kreditzinssatz					
Kreditzinsen					

Ersparnis bei Kreditaufnahme					

Abbildung 8.27: *Lieferanten- oder Bankkredit; Tabellenblatt „Berechnung"*

8.3.3 Monatsabrechnung für Büromöbel

Ausgangssituation

Die Abteilung Vertrieb vermietet seit einigen Monaten tageweise Tische und Stühle an Unternehmen, die diese zumeist für Konferenzen und Schulungen einsetzen, wenn sie auf die Anschaffung eigener Büromöbel verzichten wollen. Die Abrechnung erfolgt dabei nicht nach einem Pauschalpreis pro Tag. Der Preis setzt sich aus den vom Kunden in Anspruch genommenen Stunden und Minuten zusammen. Sie werden von Herrn Simon Klein mit der Erstellung der Abrechnung beauftragt.

Arbeitsauftrag 9

1. Speichern Sie Ihre Datei unter dem Dateinamen **Monatsabrechnung für Büromöbel** ab. Speichern Sie Ihre Datei **spätestens alle fünf Minuten** ab, um Datenverlust zu vermeiden.
2. Benennen Sie das Tabellenblatt 1 in **Abrechnung** sowie das Tabellenblatt 2 in **Grunddaten** um.
3. Übernehmen Sie die beigefügten Tabellenblätter inklusive aller Werte und Formatierungen in Ihre zuvor umbenannten Tabellenblätter.
4. Vergeben Sie für die drei Tabellen des Tabellenblattes **Grunddaten** die Namen „Kunde", „Zuschlag" und „Artikel". Verwenden Sie diese Namen – sofern möglich – in den jeweiligen Formeln und Funktionen.
5. Geben Sie in der Zelle B5 die Kunden-Nr. „2407" ein. In Abhängigkeit von dieser Kunden-Nr. soll in der Zelle B7 der zugehörige Kundenname mithilfe einer geeigneten Funktion ausgewiesen werden.
6. Ausgehend von dem in der Zelle M5 stehenden Datum soll mithilfe eines Zellbezugs in der Zelle M7 der zugehörige Abrechnungsmonat im Format MMMM JJJJ ausgewiesen werden.
7. Ermitteln Sie in den Zellen A13 bis A20 funktionsgesteuert den zum vorgegebenen Datum gehörigen Wochentag. Der Wochentag soll im Format TT ausgegeben werden.
8. Um dem Kunden aufzuzeigen, welche Zahl des Formats TT zu welchem Wochentag gehört (z. B. 01 = Sonntag), sollen Sie in den Zellen A27 bis G27 den Wochentag im Format TTTT zu den vorgegebenen Zahlen (1 bis 7) per Funktion ermitteln.
9. Ermitteln Sie mithilfe geeigneter Funktionen
   a) den jeweils gemieteten Artikel (Spalte D);
   b) die gesamte Mietdauer (Spalte G) im Format hh:mm;
   c) den Preis für die vollen Stunden (Spalte H);
   d) den Preis für die über die vollen Stunden hinausgehenden Minuten (Spalte I);
   e) den Wochenendzuschlag, der am Samstag und Sonntag erhoben wird (Spalte J);
   f) die Zwischensumme, die sich aus den Werten der Aufgaben 9 c) bis 9 e) ergibt (Spalte K);
   g) der dem jeweiligen Kunden zustehende Rabatt in € sowie
   h) den Netto-Rechnungspreis für das jeweilige Mietdatum (Spalte M).
10. Ermitteln Sie weiterhin formelgesteuert a) den gesamten Nettobetrag; b) die gesetzliche Umsatzsteuer und c) den gesamten Rechnungsbetrag (Bruttobetrag).
11. Versehen Sie das Tabellenblatt 3 mit dem Namen **Formeln**. Kopieren Sie anschließend die Ergebnisse aus dem Tabellenblatt **Abrechnung** in das Tabellenblatt **Formeln** und wechseln Sie danach in die Formelansicht (STRG + #).

12. Richten Sie die Tabellenblätter **Abrechnung** und **Formeln** so ein, dass diese später im Querformat ausgedruckt werden können. Während das Tabellenblatt **Abrechnung** auf einer Seite auszudrucken ist, soll das Tabellenblatt Formeln auf 2 Seiten breit ausgedruckt werden. Stellen Sie sicher, dass die Formeln unter Angabe der Zeilen- und Spaltenüberschriften ausgedruckt werden. Beide Tabellenblätter sollen in der Kopfzeile Ihren Namen sowie das heutige Datum tragen.

13. Drucken Sie nach abschließender Kontrolle die Tabellenblätter **Abrechnung** und **Formeln** aus.

Web

Übersicht über unsere Kunden, deren Vertragskonditionen sowie die Artikel

Kunden-Nr.	2401	2402	2403	2404	2405	2406	2407	2408
Kunde	Neuhoff KG	Intermöbel GmbH	Stadt Bonn	Frohn KG	Birkmann OHG	Gilles & Partner	Stammhaus KG	Rhenag GmbH
Rabattsatz	5,00%	7,50%	0,00%	5,00%	10,00%	5,00%	7,50%	10,00%

Wochenendzuschlag	20%

Artikel-Nr.	Artikel	Stundenpreis	Minutenpreis
101111	Schreibtisch Ökostar	4,00 €	0,07 €
101112	Schreibtisch Ahorn	4,20 €	0,08 €
202111	Bürostuhl Comfort	1,80 €	0,04 €
202112	Bandscheiben-Drehstuhl extra	2,40 €	0,05 €
202113	Chefsessel Bonn Maxx	3,30 €	0,06 €

Abbildung 8.28: Monatsabrechnung für Büromöbel; Tabellenblatt „Grunddaten"

Monatsabrechnung für vermietete Büromöbel

Kunden-Nr.		Abrechnungsdatum:	31.10.2014
Kunde:		Abrechnungszeitraum:	

Wochentag	Datum	Artikel-Nr.	Artikel	Entleihzeit	Rückgabezeit	Gesamte Mietdauer (hh:mm)	Preis für gesamte Stundenanzahl	Preis für gesamte Minutenanzahl	Wochenend-zuschlag in EUR	Zwischen-summe	Rabatt in EUR	Rechnungs-preis, netto
	06.10.2014	202113		07:52	16:43							
	10.10.2014	101112		08:28	17:09							
	12.10.2014	101111		09:12	18:55							
	16.10.2014	202111		07:31	19:02							
	19.10.2014	202112		06:49	16:14							
	21.10.2014	202113		08:44	19:43							
	24.10.2014	202111		07:57	16:44							
	29.10.2014	101112		08:22	15:57							

Netto, gesamt	
zzgl. 19 % USt.	
Rechnungsbetrag	

Abkürzung der Wochentage

01	02	03	04	05	06	07

Abbildung 8.29: Monatsabrechnung für Büromöbel; Tabellenblatt „Abrechnung"

8.3.4 Wochenabrechnung für Versandfahrer

Ausgangssituation
Die Abteilung Lager und Versand der Duisdorfer BüroKonzept KG vertreibt in absatzstarken Zeiträumen (wie z. B. in der Vorweihnachtszeit) im Umkreis von 200 km um ihren Standort herum ihre Produkte über sieben – zumeist studentische – Versandfahrer. Diese erhalten jede Woche eine gesonderte Abrechnung über das in der aktuellen Woche erzielte Bruttoeinkommen. Frau Vivien Necke aus der Abteilung Personalvergütung betraut Sie mit der Aufgabe, mithilfe der vorgegebenen Tabelle diese Wochenabrechnung vorzunehmen.

Arbeitsauftrag 10

1. Speichern Sie Ihre Datei unter dem Namen **Wochenabrechnung für Versandfahrer** ab. Speichern Sie Ihre Datei **spätestens alle fünf Minuten** ab, um Datenverlust zu vermeiden.
2. Benennen Sie das Tabellenblatt 1 in **Berechnung**, das Tabellenblatt 2 in **Fahrerdaten** und das Tabellenblatt 3 in **Arbeitszeiten** um.
3. Übernehmen Sie die am Ende der Aufgabenstellung vorgegebenen Tabellen inklusive aller Werte und Formatierungen in die zuvor eingerichteten Tabellenblätter.
4. Vergeben Sie der Hilfstabelle im Tabellenblatt **Fahrerdaten** den Namen „Fahrer" und der Hilfstabelle im Tabellenblatt **Arbeitszeiten** (Zellen C4 bis I16) den Namen „Zeit". Verwenden Sie diese Namen – sofern möglich – in den späteren Formeln und Funktionen.
5. Ermitteln Sie im Tabellenblatt **Berechnung** für jeden Fahrer mithilfe von geeigneten Formeln und Funktionen
   a) den Namen in den Zellen B6 bis B12 sowie B17 bis B23;
   b) die Arbeitszeiten (Arbeitsdauer) für die Wochentage Montag bis Freitag;
   c) das hieraus resultierende Einkommen für die Wochentage Montag bis Freitag;
   d) die Fehlerquote in Prozent (unter Angabe mit 2 Nachkommastellen). Ein Fehler liegt dann vor, wenn die Pakete zu spät ausgeliefert worden sind;
   e) das Grundgehalt pro Woche in €;
   f) den zeitabhängigen Lohn für die gesamte Woche in €;
   g) die Leistungsprämie in €. Eine Leistungsprämie bekommt nur der Fahrer, dessen Fehlerquote unter dem Durchschnitt aller Fahrer liegt und der im Tabellenblatt **Fahrerdaten** entsprechend gekennzeichnet worden ist. Die Leistungsprämie beträgt 20 Prozent des Grundgehalts pro Woche;
   h) das gesamte Bruttogehalt pro Woche in €.
6. Erstellen Sie ein weiteres Tabellenblatt (Befehlsweg START – ZELLEN – EINFÜGEN – BLATT EINFÜGEN) und vergeben Sie diesem den Namen **Formeln**. Kopieren Sie das Tabellenblatt **Berechnung** in das Tabellenblatt **Formeln** und wechseln Sie in die Formelansicht.
7. Richten Sie das Tabellenblatt **Berechnung** so ein, dass dieses später auf nur einer Seite im Querformat ausgedruckt wird. Vermerken Sie in der Kopfzeile des Tabellenblattes Ihren vollständigen Namen sowie das heutige Datum (als Funktion).
8. Für das Einrichten des Tabellenblattes **Formeln** soll gelten, dass dieses später auf zwei Seiten im Querformat ausgedruckt werden soll. Auch dieses Tabellenblatt soll in der Kopfzeile Ihren vollständigen Namen und das heutige Datum (als Funktion) enthalten.
   Zudem sollen die Zeilen- und Spaltenüberschriften ausgegeben werden.

   Hinweis
   Da die Spalten C bis G nahezu identische Funktionen enthalten, empfiehlt es sich, nur eine der Spalten ganz auszudrucken, während die anderen Spalten nach Möglichkeit minimiert – z. B. Spaltenbreite 3 – ausgedruckt werden sollten.

9. Drucken Sie nach abschließender Kontrolle die Tabellenblätter **Berechnung** und **Formeln** aus.

Übersicht über die Grunddaten unserer Fahrer

Fahrer-Nr.	Name des Fahrers	Grund-gehalt	Stunden-lohn	Leistungs-prämie
112	Cleeves	160,00 €	10,20 €	X
115	Klein	180,00 €	9,60 €	
116	Schuster	155,00 €	11,10 €	X
121	Pesch	135,00 €	10,80 €	X
123	Braun	140,00 €	11,30 €	
127	Yilmaz	150,00 €	12,40 €	X
132	Fahringer	160,00 €	11,70 €	

Abbildung 8.30: *Wochenabrechnung; Tabellenblatt „Fahrerdaten"*

Übersicht über die Arbeitszeiten sowie die Anzahl (verspätet) ausgelieferter Pakete

		Fahrer-Nummer						
Wochentag		112	115	116	121	123	127	132
Mo.	Beginn	07:32	07:12	06:55	07:02	06:43	07:33	07:07
	Ende	16:12	15:58	15:33	16:11	15:22	15:46	16:00
Di.	Beginn	07:10	06:58	07:06	06:58	07:22	07:00	06:59
	Ende	15:59	16:42	16:04	15:55	15:57	16:14	16:05
Mi.	Beginn	06:43	06:55	07:02	07:08	06:55	07:07	07:13
	Ende	15:49	16:00	16:07	15:38	16:22	15:59	15:33
Do.	Beginn	06:55	07:04	07:14	07:03	07:12	07:32	06:52
	Ende	16:25	16:04	16:01	16:12	15:58	15:43	15:32
Fr.	Beginn	07:04	06:43	06:49	07:12	07:03	06:55	06:42
	Ende	15:46	15:57	15:24	16:05	15:25	16:11	16:07
Anzahl ausgelieferter Pakete		213	198	241	189	201	194	220
Anzahl verspätet ausgelieferter Pakete		3	4	6	0	2	5	4

Abbildung 8.31: *Wochenabrechnung; Tabellenblatt „Arbeitszeiten"*

Wochenabrechnung für unsere Versandfahrer

		Arbeitszeiten am jeweiligen Wochentag									
Fahrer-Nr.	Name des Fahrers	Montag	Dienstag	Mittwoch	Donnerstag	Freitag	Fehlerquote (in %)	Grundgehalt pro Woche	zeitabhängiger Lohn	Leistungs-prämie	Bruttogehalt gesamt
112											
115											
116											
121											
123											
127											
132											

		Einkommen für den jeweiligen Wochentag (minutengenaue Abrechnung)				
Fahrer-Nr.	Name des Fahrers	Montag	Dienstag	Mittwoch	Donnerstag	Freitag
112						
115						
116						
121						
123						
127						
132						

Abbildung 8.32: *Wochenabrechnung; Tabellenblatt „Berechnung"*

9 Datenschutz und Datensicherheit

9.1 Zell- bzw. Blattschutz

Ausgangssituation

Nachdem Sie während Ihres Einsatzes in der Abteilung Rechnungswesen das Rechnungsformular mithilfe von Formeln und Funktionen fast vollständig automatisiert haben, kann das Formular nun eingesetzt werden.

Herr Lerch aus der Stabsstelle „Qualitätssicherung" gibt allerdings zu bedenken, dass die Mitarbeiter in der Abteilung Rechnungswesen nur sehr eingeschränkte Kenntnisse im Bereich der Tabellenkalkulation besitzen. Ein versehentliches Überschreiben einer Funktion oder Formel können die Mitarbeiter nicht wiederherstellen. Inhalte der Rechnung wie Artikelnummern oder -bezeichnungen könnten die Mitarbeiter ebenfalls verändern, was nicht gewünscht ist.

Daraufhin gibt Ihnen Herr Fernandez den Auftrag, das Rechnungsformular so zu verändern, dass lediglich die für eine Rechnungserstellung notwendigen Änderungen wie Kundennummer, Menge etc. geändert werden können. Alle anderen Zellen sollen nicht überschrieben werden dürfen.

Häufig werden betriebswirtschaftliche bzw. kaufmännische Problemstellungen mithilfe von Tabellenkalkulationsprogrammen gelöst. Sind die Anwender der Tabellen bzw. Anwendungen und deren Anwendungsentwickler nicht identisch, so können Probleme entstehen. Diese tauchen beispielsweise auf, wenn versehentlich Zellen mit Funktionen oder Formeln gelöscht oder überschrieben werden und diese vom Anwender nicht wiederhergestellt werden können. Um Zellen, die Funktionen oder Formeln enthalten, vor versehentlichem oder vorsätzlichem Löschen zu bewahren, kann man bei der Erstellung einer Tabelle diese Zellen schützen. Das Vorgehen wird wieder anhand des Rechnungsformulars verdeutlicht:

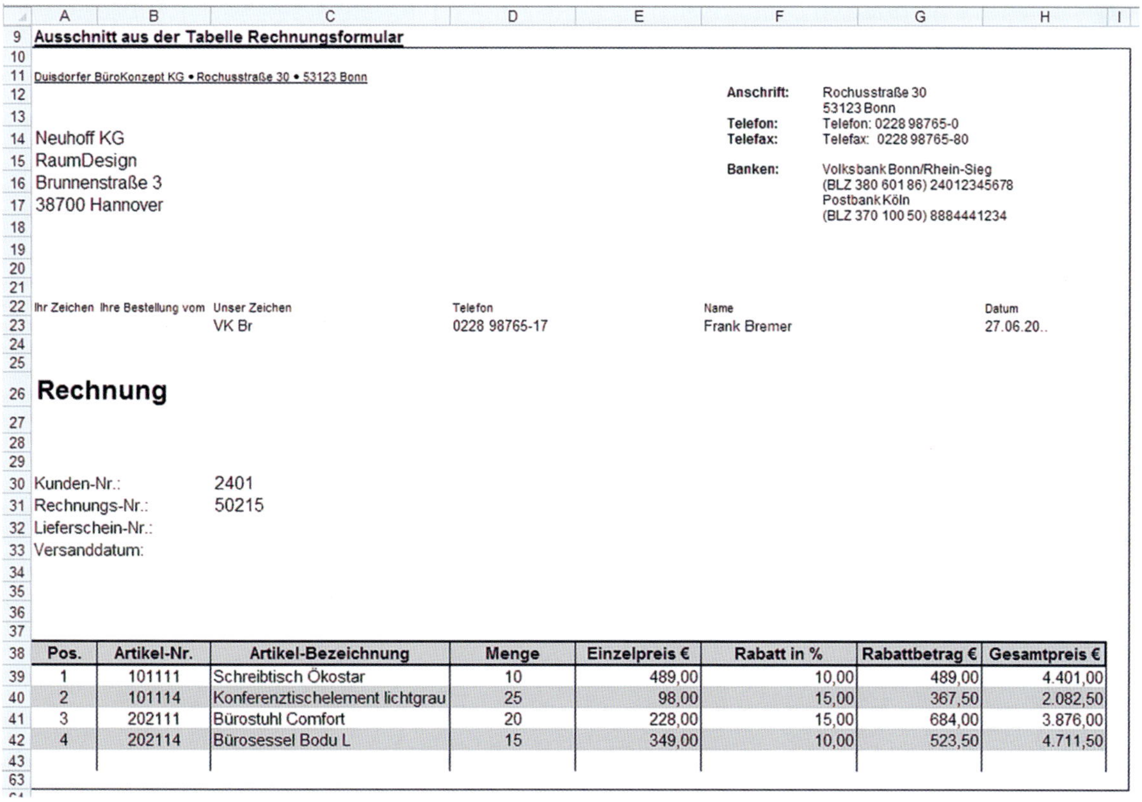

Ausschnitt aus der Tabelle Rechnungsformular

Duisdorfer BüroKonzept KG • Rochusstraße 30 • 53123 Bonn

Anschrift: Rochusstraße 30, 53123 Bonn
Telefon: Telefon: 0228 98765-0
Telefax: Telefax: 0228 98765-80
Banken: Volksbank Bonn/Rhein-Sieg (BLZ 380 601 86) 24012345678; Postbank Köln (BLZ 370 100 50) 8884441234

Neuhoff KG
RaumDesign
Brunnenstraße 3
38700 Hannover

Ihr Zeichen	Ihre Bestellung vom	Unser Zeichen	Telefon	Name	Datum
		VK Br	0228 98765-17	Frank Bremer	27.06.20..

Rechnung

Kunden-Nr.: 2401
Rechnungs-Nr.: 50215
Lieferschein-Nr.:
Versanddatum:

Pos.	Artikel-Nr.	Artikel-Bezeichnung	Menge	Einzelpreis €	Rabatt in %	Rabattbetrag €	Gesamtpreis €
1	101111	Schreibtisch Ökostar	10	489,00	10,00	489,00	4.401,00
2	101114	Konferenztischelement lichtgrau	25	98,00	15,00	367,50	2.082,50
3	202111	Bürostuhl Comfort	20	228,00	15,00	684,00	3.876,00
4	202114	Bürosessel Bodu L	15	349,00	10,00	523,50	4.711,50

Abbildung 9.1: *Ausschnitt aus dem Rechnungsformular*

In Abbildung 9.1 sollte beispielsweise der Zellbereich von A14 bis A17 geschützt werden. Im Gegensatz hierzu muss die Zelle C30 zur Eingabe der Kundennummer ohne Schutz bleiben.
Im ersten Schritt werden die Zellen markiert, die ohne Schutz bleiben sollen, hier zunächst die Zelle C30. Der Grund dafür ist, dass standardmäßig der Zellschutz voreingestellt – aber nicht aktiviert – ist. Nachdem die Zelle markiert worden ist, muss die Menükombination START – ZELLEN – FORMAT – ZELLEN FORMATIEREN ... – SCHUTZ gewählt werden.

Anmerkung
Nicht zusammenhängende Zellbereiche können durch das Drücken der STRG-Taste gleichzeitig markiert werden!

In dem nun folgenden Fenster kann gewählt werden, ob lediglich Zellen vor dem Löschen geschützt werden sollen, oder ob die in den Zellen abgelegten Formeln bzw. Funktionen nicht angezeigt bzw. ausgeblendet werden sollen.

Bezogen auf das o. g. Beispiel wird die Option GESPERRT deaktiviert, sodass der Inhalt in der markierten Zelle bei der späteren Arbeit verändert werden kann. Alle nicht markierten Zellen verbleiben weiterhin bei der standardmäßigen Einstellung GESPERRT. Der Schutz der Zellen wird jedoch erst dann wirksam, wenn aus dem Register ÜBERPRÜFEN der Befehl ÄNDERUNGEN – BLATT SCHÜTZEN, um das jeweilige Arbeitsblatt zu schützen, ausgewählt wird. An dieser Stelle kann zusätzlich ein Kennwort festgelegt werden. Wird ein Kennwort festgelegt, so fragt das Programm dieses Kennwort ein zweites Mal ab, um Eingabefehler zu verhindern. Darüber hinaus kann man den Benutzern die Möglichkeiten der Bearbeitung dieses Arbeitsblattes einschränken oder erweitern. Standardmäßig dürfen diese – wie in Abbildung 9.3 dargestellt – GESPERRTE ZELLEN und NICHT GESPERRTE ZELLEN AUSWÄHLEN.

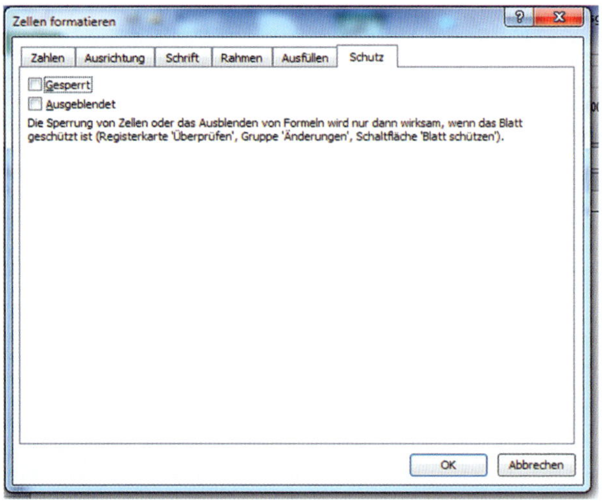

Abbildung 9.2: *Zellen sperren bzw. entsperren*

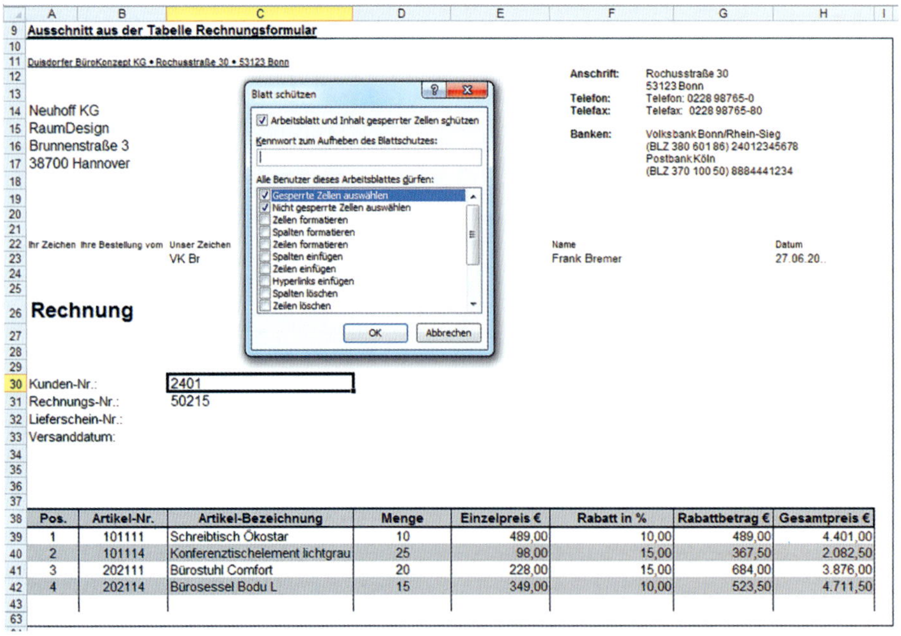

Abbildung 9.3: *Blatt schützen durch ÜBERPRÜFEN – ÄNDERUNGEN – BLATT SCHÜTZEN*

Wenn der Zellschutz erfolgreich aktiviert ist, wird beim Versuch, die Zellen A14 bis A17 zu löschen oder hier einen Wert bzw. eine neue Funktion einzugeben, ein Hinweis erscheinen. Weiterhin erfolgt die Meldung, dass zum Aufheben des Zellschutzes wieder aus dem REGISTER ÜBERPRÜFEN der Befehl ÄNDERUNGEN – BLATTSCHUTZ AUFHEBEN ausgewählt werden muss.

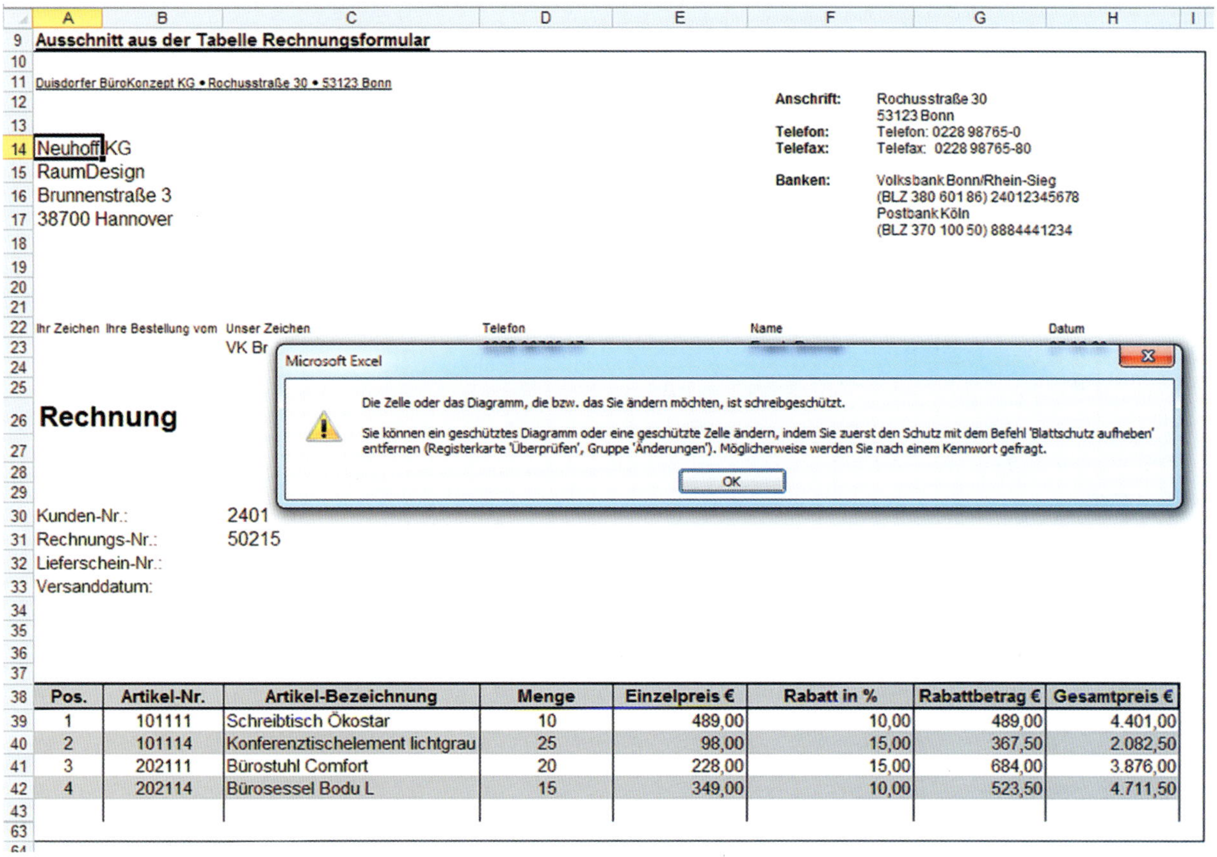

Pos.	Artikel-Nr.	Artikel-Bezeichnung	Menge	Einzelpreis €	Rabatt in %	Rabattbetrag €	Gesamtpreis €
1	101111	Schreibtisch Ökostar	10	489,00	10,00	489,00	4.401,00
2	101114	Konferenztischelement lichtgrau	25	98,00	15,00	367,50	2.082,50
3	202111	Bürostuhl Comfort	20	228,00	15,00	684,00	3.876,00
4	202114	Bürosessel Bodu L	15	349,00	10,00	523,50	4.711,50

Abbildung 9.4: *Fehlermeldung bei „geschützten Zellen"*

Sollen Zellen nicht nur schreibgeschützt werden, sondern auch keine Formeln bzw. Funktionen anzeigen, so muss die entsprechende Zelle markiert, der Befehlsweg START – ZELLEN – FORMAT – ZELLEN FORMATIEREN … – SCHUTZ gewählt werden, um dort die Option AUSGEBLENDET zu aktivieren (siehe auch Abbildung 9.2: Zellen sperren bzw. entsperren).

Arbeitsauftrag 1

Übernehmen Sie, wenn nicht bereits geschehen, das abgebildete Rechnungsformular und führen Sie die dargestellten Schritte zum Zell- und Blattschutz durch. Versuchen Sie anschließend, die bestehenden Formeln und Funktionen zu verändern.

9.2 Datenüberprüfung

Ausgangssituation

Zur weiteren Verbesserung der Datensicherheit, zur Unterstützung der Mitarbeiter/innen in der Abteilung Rechnungsausgang und um Fehleingaben zu verhindern, gibt Herr Lerch weiterhin zu bedenken, dass bestimmte Zellen mit einer sogenannten Datenüberprüfung ausgestattet werden sollten. Die Mitarbeiter/innen können so beispielsweise die Artikelnummern aus einer Liste (Dropdown-Feld) auswählen und müssen sie somit nicht manuell eingeben. Herr Lerch und Herr Fernandez bezwecken damit, dass Fehleingaben so zukünftig vermieden werden.

Über eine Datenüberprüfung werden Eingaben, die in Zellen vorgenommen werden, eingeschränkt. Sollen z. B. nur bestimmte Zahlen in eine Zelle eingegeben werden können oder die Werte für die Eingabe einer Liste entnommen werden, kann dafür eine Datenüberprüfung angelegt werden.
Sollen, wie im Beispiel unten, die Artikelnummern nicht manuell, sondern über ein Listenfeld bzw. Dropdown-Feld eingegeben werden, muss eine Datenüberprüfung eingerichtet werden.

Web

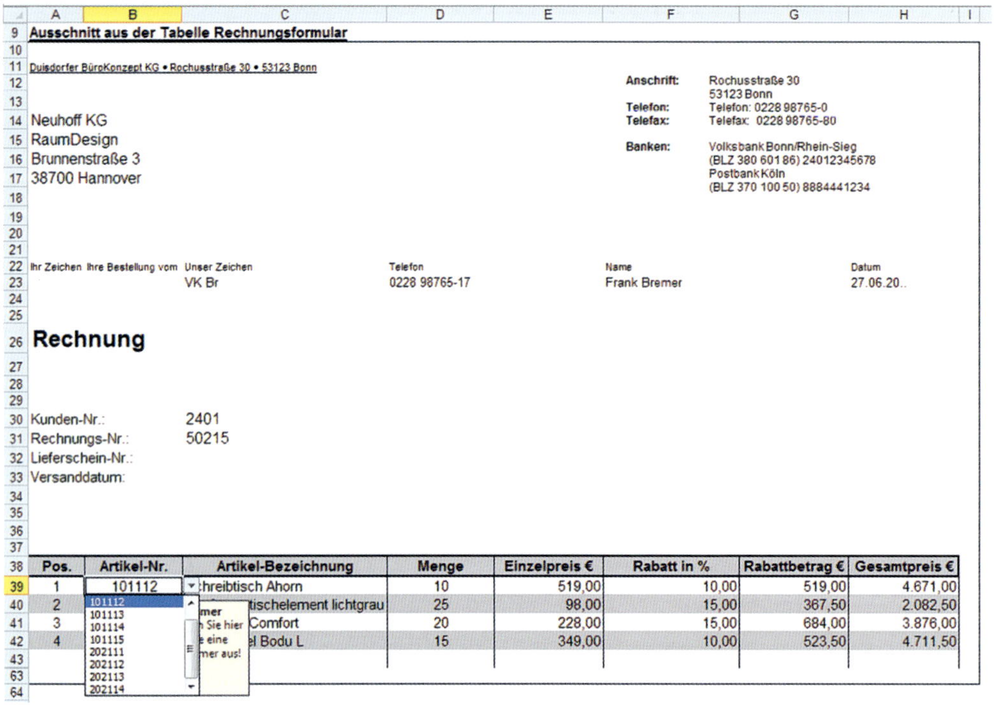

***Abbildung 9.5:** Listenfeld zur Auswahl der Artikelnummer*

Zunächst müssen die Zellen markiert werden, für die die Eingabe beschränkt werden soll. Im o. g. Beispiel sind das die Zellen B39 bis B42 (bzw. bis zum Ende der Spalte „Artikelnummer"). Anschließend muss über DATEN – DATENTOOLS – DATENÜBERPRÜFUNG die Datenüberprüfung angelegt werden.

Im nebenstehenden Fenster kann im Registerblatt EINSTELLUNGEN unter ZULASSEN ein Kriterium für die Gültigkeit angegeben werden. Standardmäßig ist dies auf JEDEN WERT eingestellt. Als Kriterium sollte LISTE gewählt werden. Nun gibt es die Möglichkeit, unter QUELLE entweder die Liste der Artikelnummern manuell einzugeben oder sich, wie rechts abgebildet, auf eine Liste in der Arbeitsmappe (hier mit dem Namen „Artikel-Nr.") zu beziehen. Diese Liste kann im selben oder in einem anderen Tabellenblatt gespeichert sein. Sie muss allerdings in derselben Arbeitsmappe (Datei) gespeichert werden. Weitere Einstellungen sind LEERE ZELLEN IGNORIEREN und ZELLENDROPDOWN, um die Zellen – wie oben abgebildet – nutzen zu können.

***Abbildung 9.6:** Fenster Datenüberprüfung*

Anmerkung

Im Kapitel 3.4 (Zelladressierung durch Namen) ist die Vergabe von Namen und deren Nutzung ausführlich beschrieben. Wenn sich auf Daten im selben Tabellenblatt bezogen werden soll, kann der Zellbereich, der als Quelle dienen soll, auch ohne Namen angegeben werden. Zellbereiche aus anderen Tabellenblättern sollten – wie oben abgebildet – mit Namen versehen und angegeben werden.

Weiterhin können im Registerblatt EINGABEMELDUNG und FEHLERMELDUNG entsprechende Meldungen generiert werden. Beispiel:

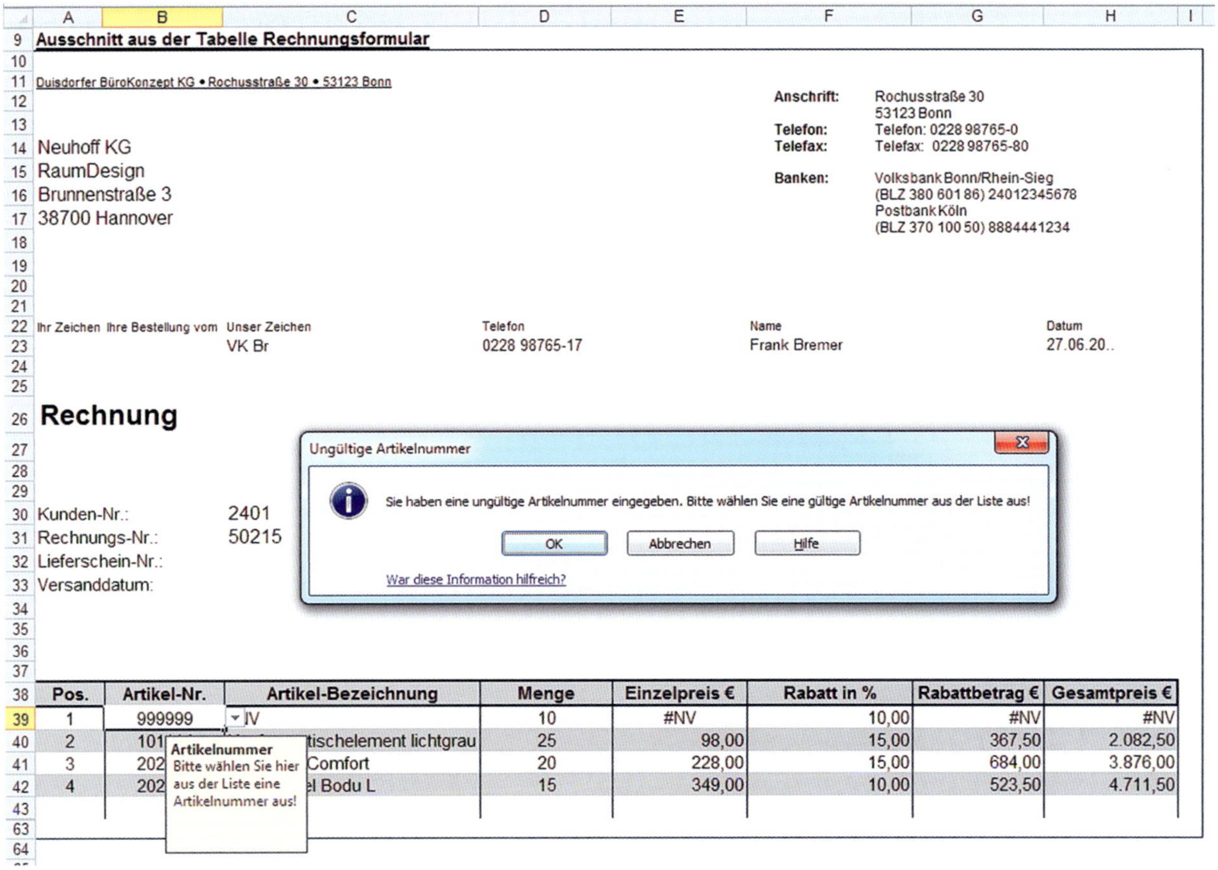

Abbildung 9.7: *Eingabe- und Fehlermeldung*

Zusätzlich zur o. g. Liste können unter ZULASSEN alternative Kriterien zur Einschränkung der Gültigkeit vorgenommen werden.

Arbeitsauftrag 2

Übernehmen Sie das abgebildete Rechnungsformular und richten Sie die Gültigkeit für die Artikelnummern ein. Sorgen Sie dafür, dass als Sachbearbeiter in Zelle F23 nur Herr Kemper, Herr Witter, Herr Davin, Frau Mittnacht und Frau Vukoman ausgewählt werden können. Sorgen Sie auch für entsprechende Eingabe- und Fehlermeldungen.

9.3 Übungsaufgaben zum Datenschutz und zur Datensicherheit

9.3.1 Entgeltabrechnung

Ausgangssituation

Sie haben in der Vergangenheit mehrfach Frau Necke aus dem Bereich Personalvergütung bei der Berechnung von Entgelten unterstützt. Auch heute sind Sie in dieser Abteilung eingesetzt. Als Sie heute Morgen an Ihrem Arbeitsplatz erschienen sind, wird Ihnen mitgeteilt, dass Frau Frese krank ist. Ihre Aufgabe besteht darin, eine **automatisierte Entgeltabrechnung** im Tabellenkalkulationsprogramm zu erstellen, um das Verfahren der Entgeltabrechnung zu beschleunigen. Als Grundlage stehen Ihnen die folgenden Tabellen zur Verfügung. (Der Stand der Beitragssätze und der Beitragsbemessungsgrenzen ist 2013. Diese Daten sollten an die jeweils gültige Gesetzeslage angepasst werden.)

Web

Entgeltabrechnung

Personalnummer:		Name:	
Lohnsteuerklasse:		Konfession:	
Kinderfreibetrag:		Geb.-Datum:	
Anzahl Kinder:		Datum:	

Tarifentgelt		
+ VL (AG-Anteil)		
+ Zulagen		
= Bruttoentgelt (soz.pflichtig)		
- Steuerfreibetrag		
= steuerpfl. Bruttoentgelt		
- Lohnsteuer		
- Kirchensteuer		
- Solidaritätszuschlag		
=Summe Steuern		
		Vers.-Sätze
- Krankenversicherung		15,50%
- Pflegeversicherung		2,05%
- Rentenversicherung		18,90%
- Arbeitslosenversicherung		3,00%
= Summe Soz.-Vers.		
= Nettoentgelt		
- sonst. Abzüge		
- VL (gesamt)		
= Auszahlungsbetrag*		

* Betrag wird überweisen auf:

Kto-Nr.:	
Bank:	

Abbildung 9.8: *Tabellenblatt „Entgeltabrechnung"*

Personaldaten

Personal-Nr.	Name	Geburts-datum	Konfession	Anzahl Kinder	Lohnsteuer-klasse	Zusatzbeitrag Arbeitnehmer	Abteilung	Konto-Nr.	Bank
330	Schneider, Inge	15.03.1965	RK	3	IV	15,00 €	Beschaffung	245 885 420	Raiffeisenbank
331	Pyplo, Jutta	02.09.1969	RK	2	V	15,00 €	Vertrieb	257 184 897	Diba
332	Hagemann, Mark	03.01.1974	EV	2	III	0,00 €	Kaufm. Verwaltung	268 484 373	Commerzbank
333	Kemper, Anton	09.12.1971	EV	0	III	20,00 €	Personalwesen	279 783 850	Citibank
335	Mittnacht, Chris	09.05.1985	EV	0	I	0,00 €	Techn. Bereich	291 083 326	Stadtsparkasse
337	Sanders, Udo	18.09.1982	RK	0	I	15,00 €	Kaufm. Verwaltung	302 382 803	Dresdner Bank
338	Cussét, Chantal	28.07.1980	-	5	VI	20,00 €	Beschaffung	313 682 279	VW-Bank

Personal-Nr.	Tarifentgelt	Zulagen	VL (AG)	VL (gesamt)	Kinderfrei-betrag	Steuer-freibetrag	Lohnsteuer	Kirchensteuer	Solidaritäts-zuschlag
330	2.880,00 €	5,00 €	25,00 €	40,00 €	1,5	350,00 €	417,00 €	27,82 €	17,00 €
331	2.920,00 €	5,00 €	25,00 €	25,00 €	0	0,00 €	948,33 €	85,34 €	52,15 €
332	2.710,00 €	200,00 €	40,00 €	40,00 €	2	500,00 €	134,50 €	0,00 €	0,00 €
333	2.560,00 €	5,00 €	25,00 €	40,00 €	0	0,00 €	157,00 €	14,13 €	0,00 €
335	2.710,00 €	5,00 €	25,00 €	25,00 €	0	0,00 €	471,50 €	42,43 €	25,93 €
337	2.920,00 €	100,00 €	40,00 €	40,00 €	0	0,00 €	572,91 €	51,56 €	31,51 €
338	2.690,00 €	5,00 €	0,00 €	20,00 €	0	0,00 €	873,41 €	78,61 €	48,03 €

Beitragsbemessungsgrenzen (2013)	
Kranken-/Pflegeversicherung:	3.937,50 €
Renten-/Arbeitslosenversichung:	5.800,00 €

Abbildung 9.9: *Entgeltabrechnung; Tabellenblatt „Personaldaten"*

Arbeitsauftrag 3

1. Speichern Sie Ihre Datei unter dem Namen **Entgeltabrechnung** ab. Speichern Sie Ihre Datei regelmäßig – spätestens jedoch alle 5 Minuten – ab.
2. Übernehmen Sie die Tabellen inklusive aller Werte und Formatierungen in Ihre Arbeitsmappe und benennen Sie die Tabellenblätter wie angegeben.
3. Vergeben Sie für die Tabellen des Tabellenblattes **Personaldaten** die Namen „Personal1" (A5 bis J11), „Personal2" (A15 bis J21), „Personalnummer" (A5 bis A11), BBG_KV (C25) und BBG_RV (C26). Verwenden Sie diese Namen – sofern möglich – in den jeweiligen Funktionen.
4. In Zelle B3 (Tabellenblatt „Entgeltabrechnung") soll über die „Datenüberprüfung" ein Listenfeld eingerichtet werden, über das die Personalnummer per Dropdown-Feld ausgewählt werden kann.
5. Sorgen Sie dafür, dass mithilfe von Suchfunktionen die Felder im Kopf der Entgeltabrechnung gefüllt werden. Sorgen Sie auch für die Anzeige des aktuellen Datums in Zelle E9.
6. Ermitteln Sie mithilfe von geeigneten Formeln und Funktionen das Tarifentgelt, den Arbeitgeberanteil zu den Vermögenswirksamen Leistungen, die Zulagen, das gesamte Bruttoentgelt, den Steuerfreibetrag und das steuerpflichtige Bruttoentgelt.
7. Ermitteln Sie mithilfe von geeigneten Formeln und Funktionen die Lohn- und Kirchensteuer, den Solidaritätszuschlag und die Summe der Steuern. **Beachten Sie, dass im Tabellenblatt Personalliste, die – anhand des Lohnsteuerbetrags und der Kinderfreibeträge berechneten – Werte der Kirchensteuer keine eventuelle Konfessionslosigkeit berücksichtigen.** Beziehen Sie sich in der Funktion ausschließlich auf das Kriterium Konfession im Tabellenblatt **Personaldaten**. Nur wenn dort unter Konfession „RK" oder „EV" eingetragen ist, soll die entsprechende Kirchensteuer aus den Personaldaten im Formular **Entgeltabrechnung** ausgegeben werden. Bei Konfessionslosigkeit (gekennzeichnet durch „-") soll automatisch der Wert 0 ausgegeben werden.
8. Ermitteln Sie mithilfe geeigneter Formeln und Funktionen den Krankenversicherungsbeitrag des Arbeitnehmers in € [Arbeitnehmeranteil = (Beitragssatz – 0,9 %)/2 + 0,9 %], den Rentenversicherungsbeitrag des Arbeitnehmers in €, den Arbeitslosenversicherungsbeitrag des Arbeitnehmers in € und den Pflegeversicherungsbeitrag des Arbeitnehmers in EUR. **Beachten Sie bei der Berechnung der Pflegeversicherung, dass kinderlose Arbeitnehmer ab dem 23. Lebensjahr zusätzlich einen Beitrag von 0,25 % tragen müssen.** Bei der Berechnung des Alters gilt ein Mitarbeiter, der in diesem Jahr das 23. Lebensjahr vollenden wird, als 23-Jähriger.
   Berücksichtigen Sie bei der Berechnung der Krankenversicherung einen eventuellen Zusatzbeitrag und bei der Berechnung sämtlicher Sozialversicherungsbeiträge die Beitragsbemessungsgrenzen im Tabellenblatt **Personaldaten**. Ermitteln Sie anschließend die Summe der Sozialversicherungen in Zelle B31.
9. Ermitteln Sie mithilfe von geeigneten Formeln und Funktionen das Nettoentgelt, den Gesamtbetrag der Vermögenswirksamen Leistungen und den Auszahlungsbetrag. Die Zelle B35 ist eine sog. „Eingabezelle", in der fallweise sonst. Abzüge, wie beispielsweise Entgeltvorauszahlungen, eingetragen werden können.
10. Geben Sie in Zelle B41 und B42 die Bankverbindung des jeweiligen Mitarbeiters aus.
11. Sorgen Sie dafür, dass alle relevanten Zellen, die nicht überschrieben werden sollen, gesperrt werden. Testen Sie auch eine Sperrung des Listenfeldes in Zelle B3!
12. Kopieren Sie die Inhalte des Tabellenblattes **Entgeltabrechnung** in ein neues Tabellenblatt. Versehen Sie dieses mit dem Namen **Formeln** und wechseln Sie in die Formelansicht. Stellen Sie beim Ausdrucken dieser Tabelle sicher, dass alle Funktionen vollständig lesbar sind und die Tabelle auf **einer DIN-A4-Seite** mit **Ihrem Namen, dem Dateinamen, dem aktuellen Datum** und **Zeilen- und Spaltenüberschriften** ausgedruckt wird.

13. Erstellen Sie ein Kreisdiagramm, dem die Aufteilung des Bruttoentgelts (einzelne Steuern, einzelne Sozialversicherungen und Nettoentgelt) zu entnehmen ist. Vergeben Sie für das Diagramm eine sinnvolle Überschrift. Die Legende soll im unteren Teil des Diagramms abgebildet sein. Die einzelnen Teile sollen mit Prozentwerten angezeigt werden. Sorgen Sie auch dafür, dass das Brutto- und das Nettoentgelt als €-Betrag im Diagramm mit ausgegeben wird. Drucken Sie anschließend das Diagramm mit **Ihrem Namen** und **dem aktuellen Datum** in der Kopfzeile aus.

9.3.2 Abschreibungsplan

Ausgangssituation

Nachdem Sie das Rechnungsformular erfolgreich automatisiert haben, sind Sie wieder einmal im Bereich Rechnungswesen eingesetzt. Im Rahmen der Sachanlagenbuchhaltung werden hier auch die jeweiligen Abschreibungsbeträge der verschiedenen Sachanlagen (Lkw, Pkw, Büroeinrichtung, EDV-Anlagen etc.) ermittelt. Herr Fernandez teilt Ihnen mit, dass Sie mithilfe eines Tabellenkalkulationsprogramms einen automatisierten Abschreibungsplan entwerfen sollen, mit dem der jeweilige Restbuchwert ermittelt werden kann.

	A	B	C	D	E
1	**Abschreibungsplan**				
2					
3		Anschaffungsdatum:			
4					
5		Anschaffungskosten:			
6					
7		Nutzungsdauer:			
8					
9					
10/11	**Lfd.-Jahr**	**Nutzungsjahr**	**Anschaffungskosten/ Restwert (Anfang d. Jahres)**	**linearer Abschreibungsbetrag**	**Anschaffungskosten/ Restwert (Ende d. Jahres)**
12					
13					
14					
15					
16					
17					
18					
19					
20					
21					
22					
23					
24					
25					
26					

Abbildung 9.10: *Tabellenblatt „Abschreibungsplan"*

Arbeitsauftrag 4

1. Speichern Sie Ihre Datei unter dem Namen **Abschreibungsplan** ab. Speichern Sie Ihre Datei regelmäßig – spätestens jedoch alle 5 Minuten – ab.

2. Übernehmen Sie die Tabelle inklusive aller Werte und Formatierungen in eine Arbeitsmappe und benennen Sie das Tabellenblatt wie angegeben.

3. In Zelle C3 sollen nur Daten zwischen 2011 und 2015 möglich sein. Sorgen Sie für eine Eingabemeldung und bei Falscheingaben für eine Fehlermeldung, die den Benutzer auf die möglichen Eingaben hinweist.

4. In Zelle C5 sollen nur ganze, positive Zahlen bis 1.000.000,00 € möglich sein. Sorgen Sie für eine Eingabemeldung und bei Falscheingaben für eine Fehlermeldung, die den Benutzer auf die möglichen Eingaben hinweist. Sorgen Sie für eine angemessene Formatierung.

5. In Zelle C7 soll ein Listenfeld eingerichtet werden, über das die Nutzungsdauer von 1 bis 15 Jahren per Dropdown-Feld ausgewählt werden kann. Sorgen Sie für eine angemessene Formatierung.

6. In den Zellen A12 bis A26 soll als fortlaufende Nummer (fortlaufendes Jahr) die Nutzungsdauer ausgegeben werden. Die verbleibenden Zellen sollen leer bleiben.

7. In den Zellen B12 bis B26 soll das jeweilige Nutzungsjahr ausgegeben werden. Die verbleibenden Zellen sollen leer bleiben.

8. In die Zelle C12 soll der Betrag der Anschaffungskosten, in den Zellen C13 bis C26 der jeweilige Restbuchwert am Anfang des jeweiligen Jahres, d. h. nach Abzug des jeweiligen Abschreibungsbetrages des Vorjahres, für die gesamte Nutzungsdauer ausgegeben werden. Die verbleibenden Zellen sollen leer bleiben.

9. In Zelle D11 soll der lineare Abschreibungssatz ermittelt und ausgegeben werden.

$$\text{Algorithmus: linearer\_Abschreibungssatz} = \frac{100\,\%}{\text{Nutzungsdauer}}$$

10. In den Zellen D12 bis D26 soll der jeweilige Abschreibungsbetrag bei linearer Abschreibung ermittelt und ausgegeben werden. **Beachten Sie, dass bei Anschaffungen einer Sachanlage innerhalb des Jahres nur anteilig abgeschrieben werden darf.** (Beispiel: Bei der Anschaffung einer Sachanlage im Februar dürfen nur 11/12 des linearen Abschreibungsbetrages für das erste Jahr angesetzt werden.) Dementsprechend kann sich der Abschreibungszeitraum über die Nutzungsdauer hinaus auf ein weiteres Kalenderjahr erstrecken, in dem der Restwert abgeschrieben wird. Die verbleibenden Zellen sollen leer bleiben.

11. In den Zellen E12 bis E26 soll der jeweilige Restwert (am Ende des jeweiligen Jahres) für die gesamte Nutzungsdauer ermittelt und ausgegeben werden. Die verbleibenden Zellen sollen leer bleiben.

12. Sorgen Sie dafür, dass alle relevanten Zellen, die nicht überschrieben werden sollen, gesperrt werden.

13. Kopieren Sie die Inhalte des Tabellenblattes **Abschreibungsplan** in ein neues Tabellenblatt. Versehen Sie dieses mit dem Namen **Formeln** und wechseln Sie in die Formelansicht. Stellen Sie beim Ausdrucken dieser Tabelle sicher, dass alle Funktionen vollständig lesbar sind und die Tabelle auf zwei DIN-A4-Seiten mit **Ihrem Namen, dem Dateinamen, dem aktuellen Datum** und **Zeilen- und Spaltenüberschriften** ausgedruckt wird.

10 Weitere Funktionen

10.1 RUNDEN

Ausgangssituation

Herr Fernandez aus der Abteilung Rechnungswesen hat in den vergangenen Tagen mehrere Anrufe von Kunden erhalten, die Rückfragen wegen scheinbarer Rechenfehler in den von uns ausgestellten Rechnungen hatten. Die Abweichung betrug in allen Fällen nicht mehr als einen Cent. Im vorliegenden Fall (vgl. Abbildung 10.1) weist das Rechnungsformular in Zelle H57 einen Rechnungsbetrag in Höhe von 18.800,28 € aus. Die Addition der Zellinhalte von H55 und H56 sollte hingegen zum Ergebnis in Höhe von 18.800,29 € gelangen.

	A	B	C	D	E	F	G	H
9	**Ausschnitt aus der Tabelle Rechnungsformular**							
10								
11	Duisdorfer BüroKonzept KG . Rochusstraße 30 53123 Bonn							
12						**Anschrift:**	Rochusstraße 30	
13							53123 Bonn	
14	Neuhoff KG					**Telefon:**	0228 98765-0	
15	RaumDesign					**Telefax:**	0228 98765-80	
16	Brunnenstraße 3							
17	38700 Hannover					**Banken**	Volksbank Bonn/Rhein-Sieg	
18							(BLZ 380 601 86) 24012345678	
19							Postbank Köln	
20							(BLZ 370 100 50) 8884441234	
21								
22	Ihr Zeichen	Ihre Bestellung vom	Unser Zeichen	Telefon		Name		Datum
23			VK Br	0228 98765-17		Frank Bremer		27.06.20..
24								
25								
26	**Rechnung**							
27								
28								
29								
30	Kunden-Nr.:		2401					
31	Rechnungs-Nr.:		50215					
32	Lieferschein-Nr.:							
33	Versanddatum:							
34								
35								
36								
37								
38	**Pos.**	**Artikel-Nr.**	**Artikel-Bezeichnung**	**Menge**	**Einzelpreis €**	**Rabatt in %**	**Rabattbetrag €**	**Gesamtpreis €**
39	1	101111	Schreibtisch Ökostar	10	489,00	10,00	48,90	4.401,00
40	2	101114	Konferenztischelement lichtgrau	25	98,00	10,00	9,80	2.205,00
41	3	202111	Bürostuhl Comfort	20	228,00	10,00	22,80	4.104,00
42	4	202114	Bürosessel Bodu L	15	349,00	10,00	34,90	4.711,50
43	5	202113	Chefsessel Bonn Maxx	1	399,00	5,50	21,95	377,06
54							0,00	0,00
55						Nettobetrag €		15.798,56
56						Umsatzsteuer 19,0 % €		3.001,73
57						**Rechnungsbetrag €**		18.800,28
58								
59								
60	Amtsgericht Bonn HRA 1221					Geschäfsführung:		
61	USt Id: DE 244 111 855					Sebastian Falo		
62						Katharina Niester		

Abbildung 10.1: *„Rechenfehler" in der Zelle H57*

Der Rechenfehler kommt aufgrund der vom Programm automatisch durchgeführten kaufmännischen Rundungsmethode von zwei Nachkommastellen zustande. Die in den Zellen H55 und H56 angezeigten Werte entsprechen nicht den tatsächlich vom Programm ermittelten Zahlen. Diese betragen 15.798,555 in Zelle H55 und 3.001,72545 in Zelle H56. Das Programm rundet in den einzelnen Zellen zunächst beide Werte kaufmännisch auf (vgl. H55 und H56), rechnet intern jedoch mit den vorgenannten Zahlen weiter. Durch die Funktion SUMME in der Zelle H57 werden somit die mathematisch genauen Zahlen zum Ergebnis in Höhe von 18.800,28045 addiert und kaufmännisch auf 18.800,28 € gerundet. Um Probleme mit „fortgeführten Rundungsfehlern" zu vermeiden, empfiehlt sich die Verwendung der Funktion RUNDEN. Die Syntax lautet:

=RUNDEN(ZAHL;ANZAHL_STELLEN)

Die ZAHL kann hierbei eine per Hand eingegebene Zahl oder das Ergebnis einer Formel oder Funktion sein. Wesentliches Kennzeichen dieser Funktion ist die Anwendung der mathematisch genauen Rundungsregel (d. h. ab einem Wert von 0,50 wird aufgerundet, bis zu einem Wert von 0,49 wird abgerundet).

Für die bestehende Problematik empfiehlt sich die Anwendung der RUNDEN-Funktion bei allen berechneten Werten in der Spalte H. Die in der Zelle H55 bislang vorhandene Funktion =SUMME(H39:H54) wird beispielsweise wie folgt erweitert: =RUNDEN(SUMME(H39:H54);2). Das in der Zelle ausgewiesene Ergebnis nimmt nach wie vor den Wert in Höhe von 15.798,56 € an. Die Funktion RUNDEN bewirkt jedoch an dieser Stelle, dass das Programm intern mit diesem gerundeten Ergebnis weiterarbeitet (vgl. Abbildung 10.2).

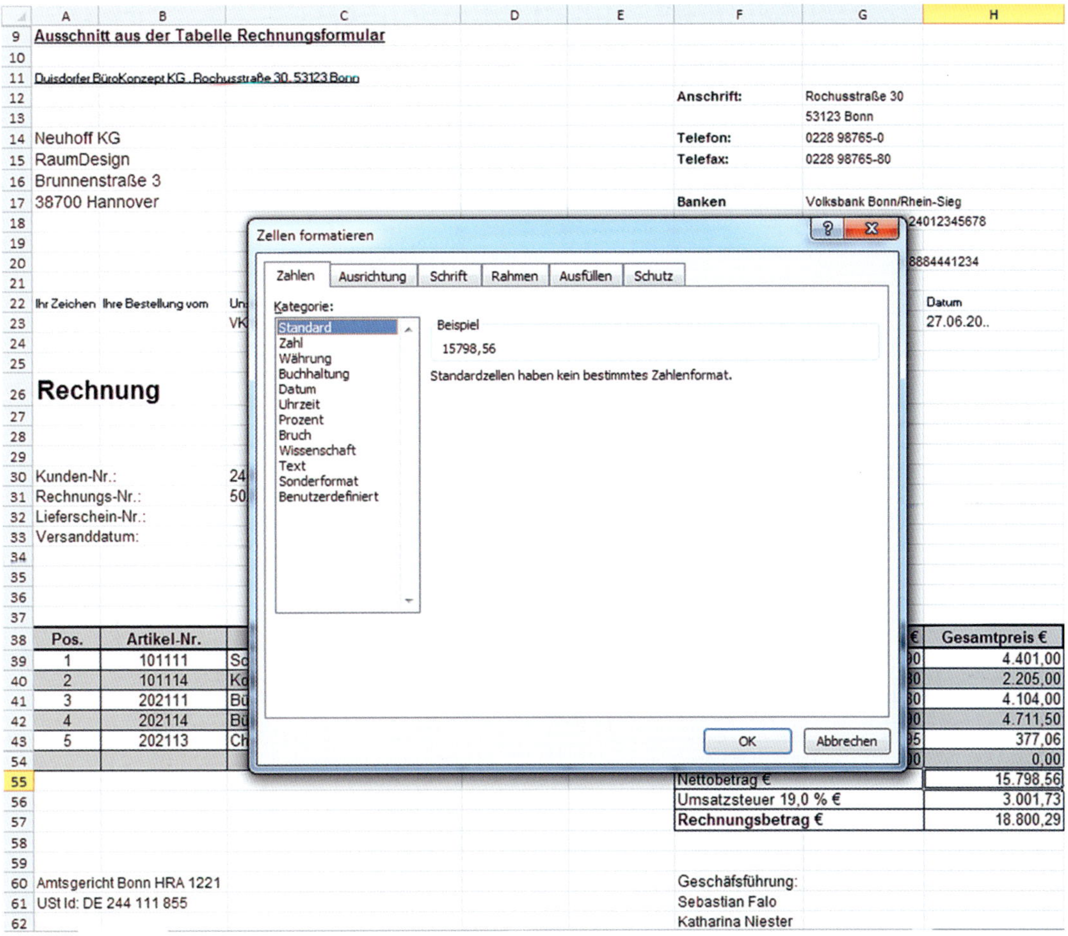

Abbildung 10.2: *Durch die Funktion RUNDEN „intern" abgeänderte Zahl*

Anmerkung

Beim Runden von Prozentzahlen ist auf folgende Besonderheit zu achten: Die Funktion =RUNDEN(3,636 %;2) wird nicht zum erwarteten Ergebnis 3,64 % führen. Stattdessen wird als Ergebnis 4,00 % ausgewiesen. Der Grund hierfür besteht darin, dass das Programm die Prozentzahl 3,636 % intern als Zahl 0,03636 ansieht. Die durch die Funktion gegebene Anweisung für die Ausgabe mit zwei Nachkommastellen wird beim Ergebnis 4,00 % dementsprechend richtig umgesetzt. Um die Ausgabe einer Prozentzahl mit zwei Nachkommastellen zu erreichen, muss die Anzahl an Stellen mit vier Stellen angegeben werden (0,03636 → 3,64 %).

Arbeitsauftrag 1

Übernehmen Sie die in der Abbildung 10.1 dargestellte Tabelle in Ihr Tabellenblatt. Stellen Sie mithilfe der RUNDEN-Funktion sicher, dass die in der Spalte H ermittelten Werte automatisch so auf zwei Nachkommastellen berechnet werden, dass das Tabellenkalkulationsprogramm auch intern mit lediglich zwei Nachkommastellen weiterrechnet.

10.2 AUFRUNDEN, ABRUNDEN, GANZZAHL und KÜRZEN

Ausgangssituation

Im Rahmen einer durchgeführten Kundenbefragung wurde herausgefunden, dass die meisten Kunden ungerade Rechnungsbeträge (z. B. 18.800,28 €) als „störend" empfinden. Die Abteilung Rechnungswesen will daher in Absprache mit der Geschäftsleitung in einem zweimonatigen Versuch alle Rechnungen dahin gehend verändern, dass der „Rechnungsbetrag €" jeweils auf volle €-Beträge abgerundet werden soll. Die in der Abbildung 10.3 dargestellte Tabelle soll durch eine Funktion so verändert werden, dass der bisherige „Rechnungsbetrag €" mit 18.800,00 € ausgegeben wird.

Web

	A	B	C	D	E	F	G	H
9	**Ausschnitt aus der Tabelle Rechnungsformular**							
10								
11	Duisdorfer BüroKonzept KG , Rochusstraße 30, 53123 Bonn							
12						**Anschrift:**	Rochusstraße 30	
13							53123 Bonn	
14	Neuhoff KG					**Telefon:**	0228 98765-0	
15	RaumDesign					**Telefax:**	0228 98765-80	
16	Brunnenstraße 3							
17	38700 Hannover					**Banken**	Volksbank Bonn/Rhein-Sieg	
18							(BLZ 380 601 86) 24012345678	
19							Postbank Köln	
20							(BLZ 370 100 50) 8884441234	
21								
22	Ihr Zeichen	Ihre Bestellung vom	Unser Zeichen	Telefon		Name		Datum
23			VK Br	0228 98765-17		Frank Bremer		27.06.20..
24								
25								
26	**Rechnung**							
27								
28								
29								
30	Kunden-Nr.:		2401					
31	Rechnungs-Nr.:		50215					
32	Lieferschein-Nr.:							
33	Versanddatum:							
34								
35								
36								
37								
38	**Pos.**	**Artikel-Nr.**	**Artikel-Bezeichnung**	**Menge**	**Einzelpreis €**	**Rabatt in %**	**Rabattbetrag €**	**Gesamtpreis €**
39	1	101111	Schreibtisch Ökostar	10	489,00	10,00	48,90	4.401,00
40	2	101114	Konferenztischelement lichtgrau	25	98,00	10,00	9,80	2.205,00
41	3	202111	Bürostuhl Comfort	20	228,00	10,00	22,80	4.104,00
42	4	202114	Bürosessel Bodu L	15	349,00	10,00	34,90	4.711,50
43	5	202113	Chefsessel Bonn Maxx	1	399,00	5,50	21,95	377,06
54							0,00	0,00
55						Nettobetrag €		15.798,56
56						Umsatzsteuer 19,0 % €		3.001,73
57						**Rechnungsbetrag €**		18.800,29
58								
59								
60	Amtsgericht Bonn HRA 1221					Geschäfsführung:		
61	USt Id: DE 244 111 855					Sebastian Falo		
62						Katharina Niester		

Abbildung 10.3: *Rechnungsformular mit noch nicht abgerundetem „Gesamtbetrag (brutto)"*

Für die in der Situation aufgezeigte Zielsetzung ist die zuvor dargestellte Funktion RUNDEN nicht geeignet, da diese die mathematisch genaue Rundungsregel anwendet. Für diese Zwecke eignet sich die Funktion ABRUNDEN. Die Syntax dieser Funktion lautet:

=ABRUNDEN(ZAHL;ANZAHL_STELLEN)

Da der „Gesamtbetrag (brutto)" auf eine volle Zahl abgerundet werden soll, muss folgende Funktion in die Zelle H57 eingegeben werden: =ABRUNDEN(H55+H56;0), sodass das gewünschte Ergebnis ausgegeben wird (vgl. Abbildung 10.4).

	A	B	C	D	E	F	G	H
9	Ausschnitt aus der Tabelle Rechnungsformular							
10								
11	Duisdorfer BüroKonzept KG , Rochusstraße 30, 53123 Bonn							
12						**Anschrift:**	Rochusstraße 30	
13							53123 Bonn	
14	Neuhoff KG					**Telefon:**	0228 98765-0	
15	RaumDesign					**Telefax:**	0228 98765-80	
16	Brunnenstraße 3							
17	38700 Hannover					**Banken**	Volksbank Bonn/Rhein-Sieg	
18							(BLZ 380 601 86) 24012345678	
19							Postbank Köln	
20							(BLZ 370 100 50) 8884441234	
21								
22	Ihr Zeichen	Ihre Bestellung vom	Unser Zeichen	Telefon		Name		Datum
23			VK Br	0228 98765-17		Frank Bremer		27.06.20..
24								
25								
26	**Rechnung**							
27								
28								
29								
30	Kunden-Nr.:		2401					
31	Rechnungs-Nr.:		50215					
32	Lieferschein-Nr.:							
33	Versanddatum:							
34								
35								
36								
37								
38	**Pos.**	**Artikel-Nr.**	**Artikel-Bezeichnung**	**Menge**	**Einzelpreis €**	**Rabatt in %**	**Rabattbetrag €**	**Gesamtpreis €**
39	1	101111	Schreibtisch Ökostar	10	489,00	10,00	48,90	4.401,00
40	2	101114	Konferenztischelement lichtgrau	25	98,00	10,00	9,80	2.205,00
41	3	202111	Bürostuhl Comfort	20	228,00	10,00	22,80	4.104,00
42	4	202114	Bürosessel Bodu L	15	349,00	10,00	34,90	4.711,50
43	5	202113	Chefsessel Bonn Maxx	1	399,00	5,50	21,95	377,06
54							0,00	0,00
55						Nettobetrag €		15.798,56
56						Umsatzsteuer 19,0 % €		3.001,73
57						**Rechnungsbetrag €**		18.800,00
58								
59								
60	Amtsgericht Bonn HRA 1221					Geschäfsführung:		
61	USt Id: DE 244 111 855					Sebastian Falo		
62						Katharina Niester		

Abbildung 10.4: *Rechnungsformular mit auf 0 Nachkommastellen abgerundetem „Gesamtbetrag"*

Anmerkung

*Mit der Funktion RUNDEN sind die Funktionen AUFRUNDEN, ABRUNDEN, GANZZAHL und KÜRZEN verwandt. Der Aufbau der Funktion **AUFRUNDEN** (Syntax: =AUFRUNDEN(ZAHL;ANZAHL_STELLEN) entspricht dem der Funktionen RUNDEN und ABRUNDEN. Bei dieser Funktion wird jedoch – entgegen den mathematisch genauen Rundungsregeln – beispielsweise die Zahl 3.001,73 bei Angabe der Funktion =AUFRUNDEN(H55*0,19;0) auf 3.002,00 gerundet. Die Funktion **GANZZAHL** (Syntax: =GANZZAHL(ZAHL)) rundet eine Zahl auf die nächstkleinere ganze Zahl ab. Die Funktion =GANZZAHL(9,99) führt zur Ausgabe des Ergebnisses 9. Sie entspricht somit der Funktion ABRUNDEN unter Angabe von 0 Nachkommastellen. Die Funktion **KÜRZEN** (Syntax: =KÜRZEN(ZAHL;ANZAHL_STELLEN) bewirkt, dass die Zahl nicht gerundet wird. Die entsprechende Zahl wird vielmehr an der gewünschten Stelle „abgeschnitten".*

Mithilfe der nachstehenden Abbildung 10.5 werden nochmals die Unterschiede zwischen den fünf Funktionen der Kapitel 10.1 und 10.2 dargestellt:

	A	B	C	D
1	**Funktion**	**Wert**	**Ergebnis**	**Syntax**
2	RUNDEN	3,45678	3,46	=RUNDEN(B2;2)
3	ABRUNDEN	3,45678	3,45	=ABRUNDEN(B3;2)
4	AUFRUNDEN	3,45678	3,46	=AUFRUNDEN(B4;2)
5	GANZZAHL	3,45678	3	=GANZZAHL(B5)
6	KÜRZEN	3,45678	3,45	=KÜRZEN(B6;2)

Abbildung 10.5: *Übersicht über die Funktionsweise der Funktionen RUNDEN, ABRUNDEN, AUFRUNDEN, und KÜRZEN*

Arbeitsauftrag 2

Übernehmen Sie die in der Abbildung 10.1 dargestellte Tabelle in Ihr Tabellenblatt. Geben Sie dem Tabellenblatt den Namen **RUNDEN**. Erstellen Sie anschließend vier Kopien des Tabellenblattes **RUNDEN**. Geben Sie diesen Tabellenblättern die Namen **ABRUNDEN**, **AUFRUNDEN**, **GANZZAHL** und **KÜRZEN**. Ermitteln Sie in dem entsprechenden Tabellenblatt den Gesamtbetrag (brutto) unter Verwendung der Funktion

a) RUNDEN mit zwei Nachkommastellen;
b) ABRUNDEN mit zwei Nachkommastellen;
c) AUFRUNDEN mit zwei Nachkommastellen;
d) GANZZAHL;
e) KÜRZEN (die Nachkommastellen sollen unberücksichtigt bleiben).

10.3 ANZAHL und ANZAHL2

Ausgangssituation

Die Duisdorfer BüroKonzept KG legt größten Wert auf ihren guten Ruf, da sie auch hierin einen Wettbewerbsvorteil sieht. Zu den zahlreichen Maßnahmen, um diesen guten Ruf zu erhalten, gehören auch Qualitätskontrollen in allen Bereichen. Durch Eingabefehler kam es in der Vergangenheit gelegentlich zu verwirrenden Angaben in den Ausgangsrechnungen. Es kam z. B. mehrfach vor, dass für eine Artikelnummer keine Artikelbezeichnung eingegeben wurde. In diesem Fall blieb das Feld für die Artikel-Bezeichnung leer. Um einen unmittelbaren Hinweis auf diesen Fehler zu bekommen, soll in Zukunft bei jeder Rechnung überprüft werden, ob die Anzahl der Artikel-Nummern und die Anzahl der Artikelbezeichnungen der Anzahl der Positionen entspricht.

	A	B	C	D	E	F	G	H
9	**Ausschnitt aus der Tabelle Rechnungsformular**							
10								
11	Duisdorfer BüroKonzept KG . Rochusstraße 30. 53123 Bonn							
12						**Anschrift:**	Rochusstraße 30	
13							53123 Bonn	
14	Neuhoff KG					**Telefon:**	0228 98765-0	
15	RaumDesign					**Telefax:**	0228 98765-80	
16	Brunnenstraße 3							
17	38700 Hannover					**Banken**	Volksbank Bonn/Rhein-Sieg	
18							(BLZ 380 601 86) 24012345678	
19							Postbank Köln	
20							(BLZ 370 100 50) 8884441234	
21								
22	Ihr Zeichen	Ihre Bestellung vom	Unser Zeichen	Telefon		Name		Datum
23			VK Br	0228 98765-17		Frank Bremer		27.06.20..
24								
25								
26	**Rechnung**							
27								
28								
29								
30	Kunden-Nr.:		2401					
31	Rechnungs-Nr.:		50215					
32	Lieferschein-Nr.:							
33	Versanddatum:							
34								
35								
36								
37								
38	**Pos.**	**Artikel-Nr.**	**Artikel-Bezeichnung**	**Menge**	**Einzelpreis €**	**Rabatt in %**	**Rabattbetrag €**	**Gesamtpreis €**
39	1	101111	Schreibtisch Ökostar	10	489,00	10,00	48,90	4.401,00
40	2	101114	Konferenztischelement lichtgrau	25	98,00	10,00	9,80	2.205,00
41	3	202111	Bürostuhl Comfort	20	228,00	10,00	22,80	4.104,00
42	4	202114	Bürosessel Bodu L	15	349,00	10,00	34,90	4.711,50
43	5	202113	Chefsessel Bonn Maxx	1	399,00	5,50	21,95	377,06
54							0,00	0,00
55						Nettobetrag €		15.798,56
56						Umsatzsteuer 19,0 % €		3.001,73
57						**Rechnungsbetrag €**		18.800,00
58								
59								
60	Amtsgericht Bonn HRA 1221					Geschäfsführung:		
61	USt Id: DE 244 111 855					Sebastian Falo		
62						Katharina Niester		
63								
64	**Überprüfungsbereich**							
65	Anzahl berechneter Positionen							
66	Anzahl der eingegebenen Artikelnummern							
67	Anzahl der ausgegebenen Artikelbezeichnungen							

***Abbildung 10.6:** Ausschnitt aus dem Rechnungsformular mit einem Überprüfungsbereich*

Mit den Funktionen ANZAHL und ANZAHL2 kann die Menge der Zellen ermittelt werden, die einen Inhalt ausweisen. Die allgemeine Schreibweise lautet: =ANZAHL(ZELLBEREICH) bzw. =ANZAHL2(ZELLBEREICH).

Die Funktion in der Zelle D65 (Abbildung 10.6) soll den Zellbereich A39 bis A54 nach Eintragungen durchsuchen, die aus reinen Zahlenwerten bestehen. Zellen, die keinen Inhalt ausweisen oder deren Inhalt keine Zahl ist (z. B. wegen eines Eingabefehlers) dürfen nicht mitgezählt werden. Die Funktion ANZAHL ermittelt in einem bestimmten Zellbereich die Anzahl der Zellen, die **Zahlenwerte** enthalten. Alle Zellen, die keine Zahlenwerte enthalten, werden nicht mitgezählt. Die Funktion in Zelle D65 lautet somit: =ANZAHL(A39:A54)

Im dargestellten Beispiel soll in Zelle D66 die Anzahl der Zellen ausgegeben werden, die eine Artikelnummer enthalten. Wurden alle Eingaben richtig vorgenommen, dann entspricht das Ergebnis in Zelle D66 dem Ergebnis in Zelle D65.

Für die Ermittlung des Ergebnisses in Zelle D67 eignet sich die Funktion ANZAHL nicht, da die Artikel-Bezeichnung nicht aus einer reinen Zahlenkombination besteht. Hier kann die Funktion ANZAHL2 eingesetzt werden. Die Funktion ANZAHL2 ermittelt die Menge aller **nicht leeren Zellen** eines bestimmten Zellbereichs. Neben den Zellen, die Zahlenwerte enthalten, werden somit auch alle übrigen Zellen, die einen Inhalt ausweisen, mitgezählt. Für das Rechnungsformular gilt, dass die Rechnung überprüft werden muss, wenn die Ergebnisse in den Zellen D65, D66 und D67 nicht übereinstimmen.

Arbeitsauftrag 3

Öffnen Sie das Rechnungsformular aus Kapitel 10.2 und ergänzen Sie den Auswertungsbereich gemäß der Abbildung 10.6. Ermitteln Sie anschließend die Anzahl der Rechnungspositionen, die Anzahl der eingegebenen Artikelnummern und die Anzahl der Artikel-Bezeichnungen funktionsgesteuert.

10.4 ABS

Ausgangssituation

Nachdem Sie einen weiteren Beitrag zur Qualitätsverbesserung und Qualitätssicherung geleistet haben, möchte der Abteilungsleiter der Abteilung Vertrieb (Herr Klein), dass Sie eine Auswertung der Umsatzzahlen getrennt nach den eigenproduzierten Erzeugnissen und den Handelswaren erstellen. Die Auswertung soll deutlich machen, um wie viel € sich der Umsatz in diesem Jahr im Vergleich zum Vorjahr verändert hat. Der Differenzbetrag soll als positive Zahl dargestellt werden.

	A	B	C	D	E
1	Umsatzauswertung				
2					
3		Vorjahr	aktuelles Jahr	Auswertung	
4				+/=/-	Betrag
5	Eigenproduzierte Produkte	5.372.680,00 €	5.780.690,00 €		
6	Handelswaren	23.745.159,00 €	22.989.796,00 €		

Abbildung 10.7: *Umsatzauswertung – Funktion ABS*

Die Funktion ABS liefert den absoluten Wert einer Zahl. Der absolute Wert einer Zahl ist die Zahl ohne Vorzeichen, das heißt, die Funktion wandelt negative Zahlen in positive Zahlen um, die positiven Zahlen bleiben positiv. Die allgemeine Schreibweise der Funktion lautet: =ABS(ZAHL). Als ZAHL kann in die Funktion eine Zahl oder ein Zellbereich eingetragen werden.

Arbeitsauftrag 4

1. Übernehmen Sie die Tabelle in ein leeres Arbeitsblatt.
2. Sorgen Sie mittels kopierbarer Funktionen dafür, dass
   a) in Zelle D5 bzw. D6 ein Pluszeichen erscheint, wenn der Umsatz des aktuellen Jahres größer als der Umsatz des Vorjahres ist. Wenn der Umsatz des aktuellen Jahres genauso groß ist wie der des Vorjahres, soll ein Gleichheitszeichen erscheinen. Ist der Umsatz des aktuellen Jahres kleiner, soll ein Minuszeichen ausgegeben werden;
   b) in Zelle E5 bzw. E6 der Differenzbetrag zwischen dem Umsatz des aktuellen Jahres und dem Umsatz des Vorjahres ausgegeben wird. Der Differenzbetrag ist immer als positive Zahl auszugeben.

10.5 IST-Funktionen

Ausgangssituation

Das Rechnungsformular der Duisdorfer BüroKonzept KG soll in der Spalte A die jeweilige Positionsnummer ausweisen. Zunächst wurde die Position manuell in das Formular eingetragen. Ihr Abteilungsleiter bittet Sie, dafür zu sorgen, dass die Position automatisch bei Eintragung der Artikelnummer in der jeweiligen Zeile erscheint.

	A	B	C	D	E	F	G	H
9	**Ausschnitt aus der Tabelle Rechnungsformular**							
10								
11	Duisdorfer BüroKonzept KG , Rochusstraße 30, 53123 Bonn							
12						**Anschrift:**	Rochusstraße 30	
13							53123 Bonn	
14	Neuhoff KG					**Telefon:**	0228 98765-0	
15	RaumDesign					**Telefax:**	0228 98765-80	
16	Brunnenstraße 3							
17	38700 Hannover					**Banken**	Volksbank Bonn/Rhein-Sieg	
18							(BLZ 380 601 86) 24012345678	
19							Postbank Köln	
20							(BLZ 370 100 50) 8884441234	
21								
22	Ihr Zeichen	Ihre Bestellung vom	Unser Zeichen	Telefon		Name		Datum
23			VK Br	0228 98765-17		Frank Bremer		27.06.20..
24								
25								
26	**Rechnung**							
27								
28								
29								
30	Kunden-Nr.:		2401					
31	Rechnungs-Nr.:		50215					
32	Lieferschein-Nr.:							
33	Versanddatum:							
34								
35								
36								
37								
38	**Pos.**	**Artikel-Nr.**	**Artikel-Bezeichnung**	**Menge**	**Einzelpreis €**	**Rabatt in %**	**Rabattbetrag €**	**Gesamtpreis €**
39	1	101111	Schreibtisch Ökostar	10	489,00	10,00	48,90	4.401,00
40	2	101114	Konferenztischelement lichtgrau	25	98,00	10,00	9,80	2.205,00
41	3	202111	Bürostuhl Comfort	20	228,00	10,00	22,80	4.104,00
42	4	202114	Bürosessel Bodu L	15	349,00	10,00	34,90	4.711,50
43	5	202113	Chefsessel Bonn Maxx	1	399,00	5,50	21,95	377,06
54							0,00	0,00
55						Nettobetrag €		15.798,56
56						Umsatzsteuer 19,0 % €		3.001,73
57						**Rechnungsbetrag €**		18.800,00
58								
59								
60	Amtsgericht Bonn HRA 1221					Geschäfsführung:		
61	USt Id: DE 244 111 855					Sebastian Falo		
62						Katharina Niester		

Abbildung 10.8: Rechnungsformular

Soll in einer Zelle (hier in den Zellen A39 bis A54) in Abhängigkeit einer nicht leeren Zelle (hier die Zellen B39 bis B54) eine Ausgabe erfolgen, kann eine IST-Funktion verwendet werden. Die Funktion ISTLEER (=ISTLEER(WERT)) bezieht sich auf eine Zelle und gibt, wenn diese leer ist, einen bestimmten Wert zurück. Bezogen auf das oben angegebene Beispiel lautet die Funktion in Zelle A39:

=WENN(ISTLEER(B39);"";1)

Um eine kopierfähige Funktion zu erhalten, lautet damit die Funktion in Zelle A24 wie folgt: =WENN(ISTLEER(B40);"";A39+1). Diese Funktion kann in die Zellen A41 bis A54 kopiert werden.

Für andere Anwendungen ist es unter Umständen notwendig, den Typ des Inhalts (Zahl, Text, Zellbezug usw.) einer Zelle zu überprüfen, um zu einem richtigen Ausgabeergebnis zu kommen. Für diese Aufgaben eignen sich ebenfalls Funktionen aus der Gruppe der IST-Funktionen.

Zu der Gruppe der IST-Funktionen gehören:

Funktion	Syntax	Bedingung, unter der ein WAHR zurückgegeben wird
ISTTEXT	=ISTTEXT(WERT)	Der Wert bezieht sich auf ein Element, das kein Text ist.
ISTKTEXT	=ISTKTEXT(WERT)	Der Wert bezieht sich auf eine Zelle, deren Inhalt kein Text ist.
ISTZAHL	=ISTZAHL(WERT)	Der Wert bezieht sich auf eine Zahl.
ISTFEHL	=ISTFEHL(WERT)	Der Wert bezieht sich auf einen Fehlerwert mit der Ausnahme #NV.
ISTFEHLER	=ISTFEHLER(WERT)	Der Wert bezieht sich auf einen beliebigen Fehlerwert (#NV, #WERT!, #Bezug!, #DIV/0!, #ZAHL!, #NAME!, #NULL!).
ISTNV	=ISTNV(WERT)	Der Wert bezieht sich auf den Fehlerwert #NV (Wert nicht verfügbar).

Arbeitsauftrag 5

Übernehmen Sie das abgebildete Rechnungsformular gemäß der obigen Abbildung und vollziehen Sie die beschriebenen Schritte nach.

Web

Testen Sie auch Anwendungsbeispiele für weitere IST-Funktionen.

10.6 ZÄHLENWENN und SUMMEWENN

Ausgangssituation

Frau Niester und Herr Falo haben die Idee, dass die Ausgangsrechnungen zukünftig durch eine Analyse der Bestelldaten einen zusätzlichen Werbeeffekt für die Duisdorfer BüroKonzept KG erhalten sollen. Angedacht ist in einem ersten Schritt, dass dem Kunden die Anzahl der Artikel, deren Einzelwert unter 250,00 € liegt, sowie die Summe der Gesamtpreise aller berechneten Artikel, deren Einzelpreis unter 250,00 € liegt, angezeigt werden.

	A	B	C	D	E	F	G	H
9	Ausschnitt aus der Tabelle Rechnungsformular							
10								
11	Duisdorfer BüroKonzept KG, Rochusstraße 30, 53123 Bonn							
12						Anschrift:	Rochusstraße 30	
13							53123 Bonn	
14	Neuhoff KG					Telefon:	0228 98765-0	
15	RaumDesign					Telefax:	0228 98765-80	
16	Brunnenstraße 3							
17	38700 Hannover					Banken	Volksbank Bonn/Rhein-Sieg	
18							(BLZ 380 601 86) 24012345678	
19							Postbank Köln	
20							(BLZ 370 100 50) 8884441234	
21								
22	Ihr Zeichen	Ihre Bestellung vom	Unser Zeichen	Telefon		Name		Datum
23			VK Br	0228 98765-17		Frank Bremer		27.06.20..
24								
25								
26	**Rechnung**							
27								
28								
29								
30	Kunden-Nr.:		2401					
31	Rechnungs-Nr.:		50215					
32	Lieferschein-Nr.:							
33	Versanddatum:							
34								
35								
36								
37								
38	Pos.	Artikel-Nr.	Artikel-Bezeichnung	Menge	Einzelpreis €	Rabatt in %	Rabattbetrag €	Gesamtpreis €
39	1	101111	Schreibtisch Ökostar	10	489,00	10,00	48,90	4.401,00
40	2	101114	Konferenztischelement lichtgrau	25	98,00	10,00	9,80	2.205,00
41	3	202111	Bürostuhl Comfort	20	228,00	10,00	22,80	4.104,00
42	4	202114	Bürosessel Bodu L	15	349,00	10,00	34,90	4.711,50
43	5	202113	Chefsessel Bonn Maxx	1	399,00	5,50	21,95	377,06
54							0,00	0,00
55						Nettobetrag €		15.798,56
56						Umsatzsteuer 19,0 % €		3.001,73
57						Rechnungsbetrag €		18.800,00
58								
59								
60	Amtsgericht Bonn HRA 1221					Geschäftsführung:		
61	USt Id: DE 244 111 855					Sebastian Falo		
62						Katharina Niester		
63								
64	Wir haben die günstigen Preise!							
65	Mit Ihrer Bestellung haben Sie			Artikel erhalten, deren Einzelpreis unter 250,00 Euro liegt.				
66	Der Gesamtpreis aller Artikel mit einem Einzelpreis unter 250,00 Euro liegt bei					Euro.		

Abbildung 10.9: *Rechnungsformular mit verkaufsfördernden Kundeninformationen*

Mithilfe der Funktion =ZÄHLENWENN lässt sich in der Zelle C65 die gewünschte Anzahl von Artikeln ausweisen. Deren Syntax lautet:

=ZÄHLENWENN(SUCHBEREICH;SUCHKRITERIUM)

Übertragen auf das Rechnungsformular lautet die Funktion somit =ZÄHLENWENN(E39:E54;"<250"). Zu beachten ist hierbei, dass das Suchkriterium (<250) als Kombination zwischen einem Relationszeichen und einer Zahl in Anführungsstriche gesetzt werden muss.

	A	B	C	D	E	F	G	H
9	Ausschnitt aus der Tabelle Rechnungsformular							
10								
11	Duisdorfer BüroKonzept KG, Rochusstraße 30, 53123 Bonn							
12						Anschrift:	Rochusstraße 30	
13							53123 Bonn	
14	Neuhoff KG					Telefon:	0228 98765-0	
15	RaumDesign					Telefax:	0228 98765-80	
16	Brunnenstraße 3							
17	38700 Hannover					Banken	Volksbank Bonn/Rhein-Sieg	
18							(BLZ 380 601 86) 24012345678	
19							Postbank Köln	
20							(BLZ 370 100 50) 8884441234	
21								
22	Ihr Zeichen	Ihre Bestellung vom	Unser Zeichen	Telefon		Name		Datum
23			VK Br	0228 98765-17		Frank Bremer		27.06.20..
24								
25								
26	**Rechnung**							
27								
28								
29								
30	Kunden-Nr.:		2401					
31	Rechnungs-Nr.:		50215					
32	Lieferschein-Nr.:							
33	Versanddatum:							
34								
35								
36								
37								
38	Pos.	Artikel-Nr.	Artikel-Bezeichnung	Menge	Einzelpreis €	Rabatt in %	Rabattbetrag €	Gesamtpreis €
39	1	101111	Schreibtisch Ökostar	10	489,00	10,00	48,90	4.401,00
40	2	101114	Konferenztischelement lichtgrau	25	98,00	10,00	9,80	2.205,00
41	3	202111	Bürostuhl Comfort	20	228,00	10,00	22,80	4.104,00
42	4	202114	Bürosessel Bodu L	15	349,00	10,00	34,90	4.711,50
43	5	202113	Chefsessel Bonn Maxx	1	399,00	5,50	21,95	377,06
54							0,00	0,00
55						Nettobetrag €		15.798,56
56						Umsatzsteuer 19,0 % €		3.001,73
57						Rechnungsbetrag €		18.800,00
58								
59								
60	Amtsgericht Bonn HRA 1221					Geschäftsführung:		
61	USt Id: DE 244 111 855					Sebastian Falo		
62						Katharina Niester		
63								
64	Wir haben die günstigen Preise!							
65	Mit Ihrer Bestellung haben Sie		2	Artikel erhalten, deren Einzelpreis unter 250,00 Euro liegt.				
66	Der Gesamtpreis aller Artikel mit einem Einzelpreis unter 250,00 Euro liegt bei					Euro.		

Abbildung 10.10: *Anwendung der Funktion ZÄHLENWENN*

Anmerkung

Ist das Suchkriterium ein Text (z. B. Kundenname „Albers", Kundenklasse „A", Lohnsteuerklasse „III"), so sind diese als Suchkriterium ebenfalls durch Anführungsstriche zu kennzeichnen.

Im Gegensatz zur ZÄHLENWENN-Funktion – bei der lediglich die Anzahl der dem Suchkriterium entsprechenden Werte ausgegeben wird – addiert die Funktion =SUMMEWENN zudem die Werte, welche dem Suchkriterium entsprechen. Die Syntax dieser Funktion lautet:

=SUMMEWENN(SUCHBEREICH;SUCHKRITERIUM;SUMME_BEREICH)

Übertragen auf das Rechnungsformular lautet die Funktion =SUMMEWENN(E39:E54;"<250";H39:H54). Das Ergebnis dieser Funktion lautet 6.309,00 € (vgl. Abbildung 10.11).

	A	B	C	D	E	F	G	H
9	**Ausschnitt aus der Tabelle Rechnungsformular**							
10								
11	Duisdorfer BüroKonzept KG, Rochusstraße 30, 53123 Bonn							
12						**Anschrift:**	Rochusstraße 30	
13							53123 Bonn	
14	Neuhoff KG					**Telefon:**	0228 98765-0	
15	RaumDesign					**Telefax:**	0228 98765-80	
16	Brunnenstraße 3							
17	38700 Hannover					**Banken**	Volksbank Bonn/Rhein-Sieg	
18							(BLZ 380 601 86) 24012345678	
19							Postbank Köln	
20							(BLZ 370 100 50) 8884441234	
21								
22	Ihr Zeichen	Ihre Bestellung vom	Unser Zeichen	Telefon		Name		Datum
23			VK Br	0228 98765-17		Frank Bremer		27.06.20..
24								
25								
26	**Rechnung**							
27								
28								
29								
30	Kunden-Nr.:		2401					
31	Rechnungs-Nr.:		50215					
32	Lieferschein-Nr.:							
33	Versanddatum:							
34								
35								
36								
37								
38	**Pos.**	**Artikel-Nr.**	**Artikel-Bezeichnung**	**Menge**	**Einzelpreis €**	**Rabatt in %**	**Rabattbetrag €**	**Gesamtpreis €**
39	1	101111	Schreibtisch Ökostar	10	489,00	10,00	48,90	4.401,00
40	2	101114	Konferenztischelement lichtgrau	25	98,00	10,00	9,80	2.205,00
41	3	202111	Bürostuhl Comfort	20	228,00	10,00	22,80	4.104,00
42	4	202114	Bürosessel Bodu L	15	349,00	10,00	34,90	4.711,50
43	5	202113	Chefsessel Bonn Maxx	1	399,00	5,50	21,95	377,06
54							0,00	0,00
55						Nettobetrag €		15.798,56
56						Umsatzsteuer 19,0 % €		3.001,73
57						**Rechnungsbetrag €**		18.800,00
58								
59								
60	Amtsgericht Bonn HRA 1221					Geschäfsführung:		
61	USt Id: DE 244 111 855					Sebastian Falo		
62						Katharina Niester		
63								
64	Wir haben die günstigen Preise!							
65	Mit Ihrer Bestellung haben Sie		2	Artikel erhalten, deren Einzelpreis unter 250,00 Euro liegt.				
66	Der Gesamtpreis aller Artikel mit einem Einzelpreis unter 250,00 Euro liegt bei				6.309,00 Euro.			

Abbildung 10.11: *Anwendung der Funktion SUMMEWENN*

Anmerkung

Auch in der SUMMEWENN-Funktion sind Suchkriterien in Form von Texten oder als Kombination von Relationszeichen und Zahlen durch Anführungsstriche zu kennzeichnen. In dem dargestellten Beispiel stimmt der SUCHBEREICH mit SUMME_BEREICH der Funktion SUMMEWENN nicht überein. Aus diesem Grund müssen alle drei Bestandteile (SUCHBEREICH, SUCHKRITERIUM, SUMME_BEREICH) der Funktion SUMMEWENN definiert werden. Wenn der SUCHBEREICH und der SUMME_BEREICH übereinstimmen, kann auf die Eingabe des dritten Bestandteils der SUMMEWENN-Funktion (SUMME_BEREICH) verzichtet werden. Sollen beispielsweise alle Gesamtpreise ab 3.000,00 € aufaddiert werden, lautet die Funktion wie folgt: =SUMMEWENN(H39:H54;">=3000"). Als Ergebnis ergibt sich ein Wert von 13.216,50 €.

Arbeitsauftrag 6

Übernehmen Sie die in der Abbildung 10.11 dargestellten Ergänzungen der Zeilen 64 bis 66 in Ihr Tabellenblatt. Vollziehen Sie die vorstehend beschriebenen Schritte zur Ermittlung der aufgezeigten Ergebnisse nach. Erweitern Sie die Analyse, indem Sie die Gesamtpreise aller Artikel addieren, deren Artikelnummer mit 1 beginnt. Formulieren Sie hierzu in Zeile 67 zunächst eine sinnvolle Überschrift und geben Sie anschließend die Funktion ein.

10.7 Übungsaufgaben

10.7.1 Kalkulationsschema

Ausgangssituation

In der Duisdorfer BüroKonzept KG erfolgt die Kalkulation der Angebotspreise für die Handelswaren mittels der Zuschlagskalkulation. Dieses Kalkulationsverfahren geht von einem Listeneinkaufspreis aus und rechnet schrittweise die anteiligen Kosten und sonstige Zuschläge ein. Bisher erfolgte die Kalkulation durch die Sachbearbeiter immer handschriftlich. Da der Geschäftsleitung diese Vorgehensweise nicht mehr zeitgemäß erscheint, soll in Zukunft mithilfe eines Tabellenkalkulationsprogramms der Angebotspreis automatisch berechnet werden.

	A	B	C
1	Schema zur Kalkulation des Barverkaufspreises		
2			
3	Artikelnummer	202113	
4	Artikelbezeichnung	Chefsessel Bonn Maxx	
5	Rabatt- und skontofähig?		
6			
7	Listeinkaufspreis		259,00 €
8	- Liefererrabatt	35,0%	
9	= Zieleinkaufspreis		
10	- Liefererskonto	2,0%	
11	= Bareinkaufspreis		
12	+ Bezugskosten		15,00 €
13	= Bezugspreis		
14	+ Handlungskosten		190,00 €
15	= Selbstkostenpreis		
16	+ Gewinn	8,0%	
17	= Barverkaufspreis		
18	+ Kundenskonto		
19	= Zielverkaufspreis		
20	+ Kundenrabatt		
21	= Angebotspreis		

Abbildung 10.12: *Kalkulationsschema*

Arbeitsauftrag 7

1. Speichern Sie eine leere Arbeitsmappe unter dem Namen „Kalkulationsschema" ab. Nehmen Sie regelmäßig eine Zwischenspeicherung vor, um Datenverluste zu vermeiden.
2. Übertragen Sie die Tabellenvorlage einschließlich **aller Formatierungen** in ein leeres Tabellenblatt. Geben Sie diesem Tabellenblatt den Namen **Ergebnis**.

3. Vervollständigen Sie das Kalkulationsschema, indem Sie die verbleibenden Werte mittels Formeln und Funktionen ermitteln. Sofern keine anderen Vorgaben bestehen, sollen alle Werte auf zwei Dezimalstellen kaufmännisch gerundet werden. Berücksichtigen Sie bei Ihrer Arbeit folgende Hinweise:
   a) Berechnungsgrundlage für den **Liefererrabatt** ist der Listeneinkaufspreis, für das **Liefererskonto** der Zieleinkaufspreis und für den **Gewinn** der Selbstkostenpreis.
   b) Befindet sich in der Zelle B5 irgendeine Markierung (z. B. x, ja, ok), so erhält der Kunde 1,5 % Skonto und 10,0 % Rabatt. Ansonsten erhält der Kunde weder Skonto noch Rabatt. Die Werte sind im Prozentformat auszugeben.
   c) Die Grundlage für die Berechnung des **Kundenskontos** ist der Barverkaufspreis. Wichtig: Der Barverkaufspreis entspricht dem um das Kundenskonto reduzierten Grundwert (100 % – 1,5 %).
   d) Die Grundlage für die Berechnung des **Kundenrabatts** ist der Zielverkaufspreis. Wichtig: Der Barverkaufspreis entspricht dem um das Kundenskonto reduzierten Grundwert (100 % – 10 %).
   e) Werden kein Kundenskonto und kein Kundenrabatt gewährt, entspricht der **Angebotspreis** dem Barverkaufspreis, ansonsten ergibt sich der Barverkaufspreis aus der Summe von Kundenrabatt und Zielverkaufspreis. Der Wert ist ohne Cent-Beträge auszugeben. Eine kaufmännische Rundung soll hier nicht erfolgen.

4. Erstellen Sie in einem weiteren Tabellenblatt mit dem Namen **Formeln** die Formelansicht.

5. Für das Drucklayout gelten folgende Vorgaben:
   a) Die Tabellenblätter sollen im Format DIN A4 quer auf je einer Seite ausgedruckt werden.
   b) In der Fußzeile unten links soll automatisch der Dateiname und in der Fußzeile unten rechts soll Ihr Name ausgewiesen werden.
   c) Beide Tabellenblätter sind mit Zeilen- und Spaltenüberschriften sowie mit Gitternetzlinien auszudrucken.

10.7.2 Lagerstatistik

Ausgangssituation

Frau Berg, die Leiterin der Abteilung Lager/Versand, möchte die Auswertung der Lagerbestände in Zukunft mithilfe eines Tabellenkalkulationsprogramms vereinfachen. Hinsichtlich des Formulars orientiert sie sich an der bereits existierenden Lagerkartei im Papierformat. Für die Berechnungen sollen in Zukunft jedoch die Vorteile des Tabellenkalkulationsprogramms genutzt werden.

	A	B	C	D	E	F	G	H	I
1	**Lagerkarte**					**Datum**	**Zugänge**	**Abgänge**	**Monats-endbestände**
2						20.01.	200 Stück		
3	**Artikelnummer**			202113		18.02.		500 Stück	
4	**Artikelbezeichnung**			Bonn Maxx		01.03.		100 Stück	
5	**Bezugspreis pro Stück in Euro**			259,00		30.03.	700 Stück		
6	**Anfangsbestand am 01.01.20xy in Stück**			600		7.04.		300 Stück	
7	**Anfangsbestand in Euro**					12.05.	200 Stück		
8						28.05.		500 Stück	
9						15.06.	400 Stück		
10	**durchschnittlicher Lagerbestand in Stück**					30.06.		500 Stück	
11	**durchschnittlicher Lagerbestand in Euro**					28.07.	200 Stück		
12	**Umschlagshäufigkeit**					15.08.		200 Stück	
13	**durchschnittliche Lagerdauer**					12.09.	800 Stück		
14						08.10.		300 Stück	
15	**Anzahl der Materialentnahmen, bei denen**					16.11.		300 Stück	
16	**mehr 400 Stück verbraucht wurden**					14.12.		275 Stück	
17	**Summe der verbrauchten Produkte mit einer**								
18	**Entnahmemenge von mehr als 400 Stück**					**Summen**			

***Abbildung 10.13:** Lagerstatistik*

Arbeitsauftrag 8

1. Speichern Sie eine leere Arbeitsmappe unter dem Namen „Lagerstatistik" ab. Nehmen Sie regelmäßig eine Zwischenspeicherung vor, um Datenverluste zu vermeiden.

2. Übertragen Sie die Tabellenvorlage einschließlich **aller Formatierungen** in ein leeres Tabellenblatt. Geben Sie diesem Tabellenblatt den Namen **Ergebnis**.

3. a) Ermitteln Sie in Zeile 18 die Summe von Spalte G und H.
   b) Ermitteln Sie in Spalte I die jeweiligen Monatsendbestände.
   c) Berechnen Sie in Zelle I18 den Jahresendbestand. Verwenden Sie hierfür unter anderem die Summen in G18 und H18.
   d) Ermitteln Sie in Zelle D7 den Wert des Lageranfangsbestands.
   e) Ermitteln Sie in Zelle D10 den durchschnittlichen Lagerbestand in Stück. Verwenden Sie folgende Formel:

   $$\text{durchschnittlicher Lagerbestand: } \frac{\text{Anfangsbestand} + 12 \text{ Monatsendbestände}}{13}$$

   Das Ergebnis ist auf eine ganze Zahl aufzurunden.
   f) Ermitteln Sie in Zelle D11 den durchschnittlichen Lagerbestand in €.
   g) Ermitteln Sie in Zelle D12 die Umschlagshäufigkeit. Verwenden Sie folgende Formel:

   $$\text{Umschlagshäufigkeit} = \frac{\text{Materialverbrauch}}{\text{durchschnittlicher Lagerbestand}}$$

   Das Ergebnis ist auf eine Dezimalstelle abzurunden.
   h) Ermitteln Sie in Zelle D13 die durchschnittliche Lagerdauer. Verwenden Sie folgende Formel:

   $$\text{Lagerdauer} = \frac{360}{\text{Umschlagshäufigkeit}}$$

   Das Ergebnis ist ungerundet und ohne Dezimalstellen auszugeben.
   i) Ermitteln Sie in Zelle D15 und D17 die entsprechenden Werte formelgesteuert.

4. Erstellen Sie in einem weiteren Tabellenblatt mit dem Namen **Formeln** die Formelansicht.

5. Für das Drucklayout gelten folgende Vorgaben:
   a) Die Tabellenblätter sollen im Format DIN A4 quer auf je einer Seite ausgedruckt werden.
   b) In der Fußzeile unten links soll automatisch der Dateiname und in der Fußzeile unten rechts soll Ihr Name ausgewiesen werden.
   c) Beide Tabellenblätter sind mit Zeilen- und Spaltenüberschriften sowie mit Gitternetzlinien auszudrucken.

10.7.3 Bestellmenge

Ausgangssituation

In der Abteilung Beschaffung der Duisdorfer BüroKonzept KG müssen die Bestellvorgänge optimiert werden. Die Abteilungsleiterin, Frau Beckmann, weiß, dass die Lagerhaltungskosten und die Bestellkosten gegenläufig verlaufen. Das heißt, dass mit steigenden Lagerhaltungskosten die Bestellkosten sinken, da die Bestellvorgänge seltener sind. Andererseits steigen die Bestellkosten bei sinkenden Lagerhaltungskosten. Um die Kosten in Zukunft zu senken, soll der Bestellvorgang erst ausgelöst werden, wenn die Gesamtkosten aus Bestell- und Lagerkosten am niedrigsten sind.

	A	B	C	D	E	F	G
1	**Optimierung der Bestellmenge**						
2							
3	**Artikelnummer**			202115			
4	**Artikelbezeichnung**			Hocker Milano			
5	**Jahresbedarf**			2350 Stück			
6	**Kosten je Bestellung**			40,00 €			
7	**Lagerhaltungskostensatz in Prozent**			20,0			
8	**Einstandspreis**			23,50 €			
9							
10	**Bestell-menge in Stück**	**Anzahl der Bestellungen**	**Bestellkosten in Euro**	**durchschnittlicher Lagerbestand in Stück**	**durchschnittlicher Lagerbestand in Euro**	**Lagerhaltungs-kosten in Euro**	**Gesamt-kosten in Euro**
11	50						
12	100						
13	150						
14	200						
15	250						
16	300						
17	350						
18	400						
19	450						
20	500						

Abbildung 10.14: *Optimierung der Bestellmenge*

Arbeitsauftrag 9

1. Speichern Sie eine leere Arbeitsmappe unter dem Namen „Bestellmenge" ab. Speichern Sie die Datei regelmäßig zwischen, um Datenverluste zu vermeiden.
2. Übertragen Sie die Tabellenvorlage einschließlich **aller Formatierungen** in ein leeres Tabellenblatt. Geben Sie diesem Tabellenblatt den Namen **Ergebnis**.
3. Ermitteln Sie
   a) in Spalte B die **Anzahl der Bestellungen**. Das Ergebnis soll auf zwei Dezimalstellen kaufmännisch gerundet ausgegeben werden;
   b) in Spalte C die **Bestellkosten**. Das Ergebnis soll auf zwei Dezimalstellen kaufmännisch gerundet ausgegeben werden;
   c) in Spalte D den **durchschnittlichen Lagerbestand in Stück**. Verwenden Sie folgende Formel: Ø Lagerbestand = Bestellmenge / 2. Das Ergebnis soll ungerundet und ohne Dezimalstellen ausgegeben werden;
   d) in Spalte E den **durchschnittlichen Lagerbestand in €**. Das Ergebnis soll auf zwei Dezimalstellen kaufmännisch gerundet ausgegeben werden;

e) in Spalte F die Lagerhaltungskosten in €. Verwenden Sie folgende Formel: Lagerhaltungskosten = Ø Lagerbestand in € * Lagerhaltungskostenprozentsatz. Das Ergebnis soll auf zwei Dezimalstellen kaufmännisch gerundet ausgegeben werden;

f) in Spalte G die **Gesamtkosten in €**. Die Gesamtkosten ergeben sich aus den Lagerhaltungskosten und den Bestellkosten. Das Ergebnis soll ungerundet und ohne Cent-Beträge (aber mit zwei Dezimalstellen) ausgegeben werden.

4. Erstellen Sie in einem weiteren Tabellenblatt mit dem Namen **Formeln** die Formelansicht.

5. Für das Drucklayout gelten folgende Vorgaben:
   a) Die Tabellenblätter sollen im Format DIN A4 quer auf je einer Seite ausgedruckt werden.
   b) In der Fußzeile unten links soll automatisch der Dateiname und in der Fußzeile unten rechts soll Ihr Name ausgewiesen werden.
   c) Beide Tabellenblätter sind mit Zeilen- und Spaltenüberschriften sowie mit Gitternetzlinien auszudrucken.

10.7.4 Provisions- und Entgeltberechnung

Ausgangssituation

Die Handelsvertreter der Duisdorfer BüroKonzept KG wurden hinsichtlich ihres Tätigkeitsfeldes neu eingruppiert. Diese Eingruppierung hat vor allem Auswirkungen auf die Provisionsabrechnung und damit auf das Gesamtentgelt. Um das neue System im Alltag sinnvoll nutzen zu können, sollen alle notwendigen Berechnungen mittels der abgebildeten Tabelle vorgenommen werden.

Web

	A	B	C	D	E	F	G	H	I
1	**Provision- und Entgeltberechnung der Handelsvertreter**								
2									
3	**Vertreterübersich**				**Gruppe 1**			**Gruppe 2**	
4	**Vertreter**	**Gruppen**	**Umsatz**		**Umsatzgrenze (ab ...)**	**Provision in %**		**Umsatzgrenze (ab ...)**	**Provision in %**
5	Hummels	1	9.999,00 €		- €	0,0		- €	0,0
6	Neuendorf	1	41.050,00 €		10.000,00 €	2,0		10.000,00 €	3,0
7	Klugeskind	2	19.650,00 €		20.000,00 €	3,5		20.000,00 €	4,0
8	Morgenstern	2	47.900,00 €		40.000,00 €	5,0		40.000,00 €	5,0
9	Siebenmorgen	1	68.350,00 €		70.000,00 €	7,0		70.000,00 €	6,0
10	Feldwald	2	29.700,00 €						
11	Geldermann	2	27.500,00 €		**Fixum**	2.000,00 €			
12	Nixdorf	1	28.250,00 €		**Sonderzulage 1**	250,00 €			
13	Rehmer	2	41.050,00 €		**Sonderzulage 2**	50,00 €			
14									
15					**heutiges Datum:**				
16									
17	**Handels-vertreter**	**Umsatz in Euro**	**Provisionssatz in %**	**Provision in Euro**	**Sonderzu-lage 1 in Euro**	**Sonderzu-lage 2 in Euro**	**Gesamt-entgelt**	**Gesamtent-gelt in %**	**Gesprächs-bedarf**
18									
19									
20									
21									
22									
23									
24									
25									
26									
27	**Summe**								
28	**Mittelwert**								
29									
30	**durchschnittlicher Umsatz des Vormonats**				36.288,00 €				
31	**Umsatzveränderung**			**Betrag**					
32	**Anzahl der Provisionen, die höher als 2.000,00 Euro sind**								
33	**Summe der Provisionen, die höher als 2.000,00 Euro sind**								
34	**Anzahl der Handelsvertreter, die eine Sonderzulage erhalten**								

Abbildung 10.15: *Provisions- und Entgeltberechnung für die Handelsvertreter*

Arbeitsauftrag 10

1. Speichern Sie eine leere Arbeitsmappe unter dem Namen „ProvEnt-Berechnung" ab. Speichern Sie die Datei regelmäßig zwischen, um Datenverluste zu vermeiden

2. Übertragen Sie die Tabellenvorlage einschließlich **aller Formatierungen** in ein leeres Tabellenblatt. Geben Sie diesem Tabellenblatt den Namen **Ergebnis**.

3. Erfassen Sie in den Zellen A18 bis A26 die Namen der Vertreter in alphabetischer Reihenfolge.

4. Ermitteln Sie formel- bzw. funktionsgesteuert
   a) in den Zellen B18 bis B26 den Umsatz der jeweiligen Handelsvertreter;
   b) in den Zellen C18 bis C26 den Provisionssatz in Abhängigkeit von der Gruppenzugehörigkeit und der Höhe des Umsatzes;
   c) in den Zellen D18 bis D26 die Provision in €. Das Ergebnis ist auf volle €-Beträge aufzurunden;
   d) in den Zellen E18 bis E26 bzw. F18 bis F26 die Sonderzulagen. Es gilt:
      - Sonderzulage 1 erhält der Handelsvertreter mit dem höchsten Umsatz.
      - Sonderzulage 2 erhalten alle Handelsvertreter, deren Umsatz größer ist als der Durchschnitt des Umsatzes aller Handelsvertreter;
   e) in den Zellen G18 bis G26 das Gesamtentgelt je Handelsvertreter. Beachten Sie, dass jeder Vertreter Anspruch auf ein Fixum hat;
   f) in den Zellen H18 bis H26 den Anteil des Gesamtentgelts je Handelsvertreter am Gesamtentgelt aller Vertreter. Der Ausgabewert soll mit dem Prozentzeichen und auf zwei Dezimalstellen kaufmännisch gerundet ausgewiesen werden;
   g) in den Zellen I18 bis I26 die Notwendigkeit für einen Gesprächstermin. Ein Gesprächstermin soll mit dem Handelsvertreter mit dem niedrigsten Umsatz vereinbart werden. Dieser Mitarbeiter ist mit einem X zu kennzeichnen;
   h) in Zelle F15 das heutige Datum;
   i) in Zeile 27 in den nicht schwarz markierten Bereichen die jeweiligen Summen,
   j) in Zeile 28 in den nicht schwarz markierten Bereichen die jeweiligen Mittelwerte,
   k) in Zelle C31 die Art der Umsatzveränderung. Ist der Durchschnittsumsatz im aktuellen Monat niedriger als der Umsatz des Vormonats, soll die Meldung „Verringerung" erscheinen. Sind beide Umsätze gleich hoch, soll die Meldung „unverändert" erscheinen. Anderenfalls soll die Meldung „Steigerung" ausgegeben werden;
   l) in Zelle E31 die Umsatzveränderung als absoluter Betrag;
   m) in Zelle E32 die Anzahl der Provisionen, die höher als 2.000,00 € sind;
   n) in Zelle E33 die Summe aller Provisionen, die höher als 2.000,00 € sind;
   o) in Zelle E34 die Anzahl der insgesamt ausbezahlten Sonderzulagen.

5. Für Formatierung gelten folgende Vorgaben: a) Alle Währungsbeträge sind mit zwei Dezimalstellen anzugeben. Vergeben Sie das Währungssymbol in Abhängigkeit von der jeweiligen Spalten- bzw. Zeilenüberschrift. b) Die Zelle im Zellbereich I18 bis I26, welche das X ausgibt, soll automatisch rot hinterlegt werden.

6. Belegen Sie alle Zellen, in denen Sie Formeln und Funktionen eingegeben haben, mit einem Zellschutz.

7. Erstellen Sie in einem weiteren Tabellenblatt mit dem Namen **Formeln** die Formelansicht.

8. Für das Drucklayout gelten folgende Vorgaben:
   a) Die Tabellenblätter sollen im Format DIN A4 quer auf je einer Seite ausgedruckt werden.
   b) In der Fußzeile unten links soll automatisch der Dateiname und in der Fußzeile unten rechts soll Ihr Name ausgewiesen werden.
   c) Beide Tabellenblätter sind mit Zeilen- und Spaltenüberschriften sowie mit Gitternetzlinien auszudrucken.

10.7.5 Lohnabrechnung Büromesse NRW

Ausgangssituation

Die Duisdorfer BüroKonzept KG hat einen großen Auftrag für die Ausstattung diverser Messestände der „Büromesse NRW" erhalten. Die hierfür notwendigen Arbeiten wurden heute von insgesamt sieben Leihmitarbeitern durchgeführt. Ihre Aufgabe besteht in der Ermittlung der Tageslöhne für die vorgenannten Leiharbeitskräfte. Hierbei ist zu beachten, dass es neben dem Stundenlohn auch eine Prämie für gute Kundenbewertungen sowie einen Zuschlag für mögliche Spätarbeit zu berücksichtigen gibt.

Arbeitsauftrag 11

1. Speichern Sie Ihre Datei unter dem Namen „Lohnabrechnung Büromesse NRW" ab. Speichern Sie Ihre Datei mindestens alle fünf Minuten ab, um Datenverlust zu vermeiden.
2. Benennen Sie das Tabellenblatt 1 in **Tagesabrechnung**, das Tabellenblatt 2 in **Übersicht Tagesleistung** und das Tabellenblatt 3 in **Mitarbeiter, Prämie** um.
3. Übernehmen Sie die am Ende der Aufgabenstellung abgebildeten Tabellen inklusive aller Werte und Formatierungen in die zuvor eingerichteten Tabellenblätter.
4. Vergeben Sie den jeweiligen Hilfstabellen sinnvolle Namen und verwenden Sie diese – sofern möglich – in den späteren Funktionen und Formeln. Versehen Sie zudem die Spalten F, G und H des Tabellenblattes **Übersicht Tagesleistung** mit sinnvollen Namen, um sich die spätere Arbeit zu vereinfachen.
5. Ermitteln Sie mithilfe von geeigneten Formeln und Funktionen im Tabellenblatt **Übersicht Tagesleistung**
   a) in der Spalte F die von den Mitarbeitern geleistete Arbeitszeit je Auftrag und formatieren Sie die Ergebnisse im Format **hh:mm**;
   b) in der Spalte G, ob Spätarbeit vorliegt. Dies ist der Fall, wenn entweder der Arbeitsbeginn oder aber das Arbeitsende um 18:00 Uhr oder später war (Hinweis: die Uhrzeit 18:00 Uhr entspricht der Zahl 0,75, vgl. Kapitel 8). Wenn eine Spätarbeit stattgefunden hat, soll als Antwort die Zahl 1 ausgegeben werden, ansonsten soll die Zelle leer bleiben.
6. Ermitteln Sie mithilfe von geeigneten Formeln und Funktionen im Tabellenblatt **Tagesabrechnung**
   a) in der Zelle B3 das aktuelle Datum;
   b) in der Spalte B die Namen der Mitarbeiter;
   c) in der Spalte C die Anzahl der vom Mitarbeiter ausgeführten Aufträge;
   d) in der Spalte D die vom Mitarbeiter am aktuellen Tag insgesamt geleistete Arbeitszeit und formatieren Sie die Ergebnisse im Format **hh:mm**;
   e) in der Spalte E die für den Mitarbeiter von den Kunden durchschnittlich abgegebene Bewertung und formatieren Sie die Ergebnisse auf das Format Zahl mit zwei Nachkommastellen;
   f) in der Spalte F den Tageslohn je Mitarbeiter für die geleistete Arbeitszeit;
   g) in der Spalte G die Höhe der Prämie für die vom Kunden abgegebene Bewertung. Die Höhe der Prämie wird in der Hilfstabelle **Prämie** geregelt. Formatieren Sie die Ergebnisse auf das Format €;
   h) in der Spalte H den Zuschlag für ggf. angefallene Spätarbeit. Sofern Spätarbeit vorliegt, erhält der Mitarbeiter einen pauschalen Zuschlag in Höhe von 12,50 €. Formatieren Sie die Ergebnisse auf das Format €;
   i) in der Spalte I die Höhe des gesamten Tageslohns je Mitarbeiter und formatieren Sie die Ergebnisse auf das Format €.
7. Stellen Sie mithilfe von Bedingten Formatierungen in der Spalte E sicher, dass Mitarbeiter mit einer Kundenbewertung
   a) von besser als 2,00 mit einer hellgrünen Füllfarbe gekennzeichnet werden;
   b) von schlechter als 2,50 mit einer roten Füllfarbe gekennzeichnet werden.

8. Für die kaufmännische Auswertung dieses wichtigen Auftrags benötigt die Geschäftsführung zwei Diagramme mit den folgenden Anforderungen:
   a) Erstellen Sie ein Diagramm (2D-gestapelte Säulen), aus dem die Zusammensetzung der Löhne gesamt je Mitarbeiter hervorgeht. Versehen Sie das Diagramm mit einem aussagekräftigen Diagrammtitel. Die Achsen sollen jeweils sinnvoll beschriftet werden. Die Legende soll unterhalb des Diagramms stehen. Tragen Sie Sorge dafür, dass die Größe der Überschrift 18 Punkt beträgt, während die Beschriftungen der Achsen 12 Punkt groß sein sollen. Die Werte auf der Y-Achse sollen bei 100,00 € beginnen und bei 180,00 € aufhören, der Abstand des Hauptintervalls soll bei jeweils 10,00 € liegen. Außerdem soll das Diagramm auf einem extra hierfür angelegten Tabellenblatt erscheinen, welches den Namen **Zusammensetzung der Tageslöhne** trägt. Versehen Sie die Diagrammfläche mit einer briefpapierfarbenen Texturfüllung und fügen Sie in den oberen Bereich der Zeichnungsfläche ein Textfeld ein, in dem die Gesamthöhe aller Tageslöhne ausgewiesen wird.
   b) Erstellen Sie ein Diagramm – bestehend aus einem Säulendiagramm und einem Liniendiagramm (vgl. Aufgabe 7.3.4 Rabatte und Nettoerlöse) –, aus dem die Höhe der Tageslöhne gesamt (darzustellen als Säulen) und die durchschnittliche Kundenbewertung (darzustellen als Linie) hervorgehen. Fügen Sie in das Diagramm eine 2. Y-Achse ein. Versehen Sie das Diagramm mit einer sinnvollen Überschrift und stellen Sie diese in der Größe von 16 Punkt dar. Die Legende soll unterhalb der Diagrammüberschrift stehen. Das Diagramm soll auf einem extra hierfür angelegten Tabellenblatt erscheinen, welches den Namen **Tageslohn und Kundenbewertung** trägt. Versehen Sie alle Achsen mit sinnvollen Beschriftungen, die zudem in der Größe von 12 Punkt angezeigt werden sollen. Eine Ausnahme bilden lediglich die Namen der Mitarbeiter, die mit einer Schriftgröße von 10 Punkt auf der X-Achse angezeigt werden sollen. Skalieren Sie die 2. Y-Achse so, dass diese beim Wert von 1,00 anfängt, beim Wert von 3,00 endet und das Hauptintervall in 0,25-Abständen angezeigt wird. Fügen Sie abschließend in die Diagrammfläche eine papyrusfarbene Texturfüllung ein.

9. Kopieren Sie den Inhalt des Tabellenblattes **Tagesabrechnung** in ein neu zu erstellendes Tabellenblatt (Befehlsweg START – ZELLEN – EINFÜGEN – BLATT EINFÜGEN) und wechseln Sie dort in die Formelansicht. Benennen Sie das neue Tabellenblatt als **Formeln**.

10. Richten Sie die Tabellenblätter **Tagesabrechnung** und **Formeln** so ein, dass diese später im Querformat ausgedruckt werden können. Während das Tabellenblatt **Tagesabrechnung** auf einer Seite auszudrucken ist, soll das Tabellenblatt **Formeln** auf zwei Seiten breit ausgedruckt werden (verändern Sie ggf. die voreingestellten Seitenränder). Stellen Sie sicher, dass die Formeln unter Angabe der Zeilen-/Spaltenköpfe ausgedruckt werden. Beide Tabellenblätter sollen in der Kopfzeile Ihren Namen sowie das heutige Datum tragen.

11. Drucken Sie die Tabellenblätter **Tagesabrechnung, Formeln** und die beiden Diagramme aus.

	A	B	C	D	E	F	G	H	I
1	**Ermittlung des Tageslohns für das Projekt "Büromesse NRW"**								
2									
3	Datum:								
4									
5									
6	Personal-Nr.	Mitarbeiter	Anzahl an ausgeführten Aufträgen	geleistete Arbeitszeit	durchschnittl. Kundenbewertung	Tageslohn (ohne Zulagen)	Prämie für gute Kundenbewertungen	Zuschlag für Spätarbeit	Tageslohn (gesamt)
7	L001								
8	L002								
9	L003								
10	L004								
11	L005								
12	L006								
13	L007								

Abbildung 10.16: *Tabellenblatt Tagesabrechnung*

Anmerkung

Statt des in Arbeitsauftrag 11, Aufgabe 9 dargestellten Weges zum Einfügen eines neuen Tabellenblattes kann dies auch durch einen einfachen Klick mit der linken Maustaste auf die nachstehend abgebildete – rot umkreiste – Schaltfläche erreicht werden. Das Programm gibt hier zudem an, dass durch die Tastenkombination (Umschalttaste und Funktionstaste F11) dasselbe Ergebnis erzielt wird.

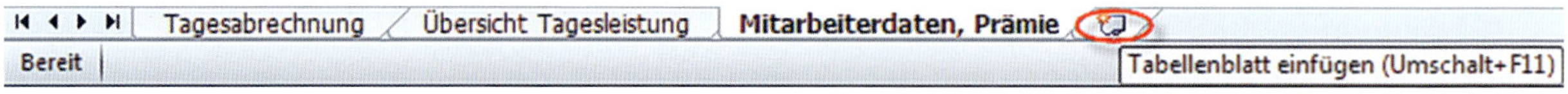

Abbildung 10.17: *Tabellenblatt einfügen*

	A	B	C	D	E	F	G	H
1	**Übersicht über die tagesaktuellen Leistungen unserer Mitarbeiter**							
2								
3	lfd. Nr.	Arbeit auf dem Stand-Nr.	ausgeführt von Mitarbeiter Nr.	Beginn der Arbeit	Ende der Arbeit	Arbeitszeit gesamt	Liegt Spätarbeit vor?	Bewertung durch Kunden
4	1	A-17	L003	07:52	11:16			1,5
5	2	E-05	L002	07:36	10:10			2,0
6	3	B-11	L004	08:02	10:55			3,0
7	4	C-16	L006	08:12	12:33			1,0
8	5	C-03	L001	07:33	09:56			2,5
9	6	A-23	L003	11:33	15:15			1,0
10	7	D-05	L005	07:43	09:35			3,0
11	8	C-18	L006	12:59	17:17			1,0
12	9	E-12	L002	10:25	14:46			2,5
13	10	A-25	L003	15:32	17:28			1,5
14	11	E-33	L002	15:01	18:33			2,0
15	12	B-02	L004	11:12	14:23			3,0
16	13	B-06	L004	14:41	17:32			2,5
17	14	C-01	L001	10:21	15:02			2,0
18	15	D-10	L005	09:58	14:11			2,0
19	16	A-18	L007	08:17	09:56			2,5
20	17	D-24	L005	14:33	17:45			1,5
21	18	E-19	L007	10:17	13:28			2,0
22	19	B-17	L007	13:47	17:29			2,0
23	20	C-06	L001	15:22	18:45			3,0

Abbildung 10.18: *Tabellenblatt Übersicht Tagesleistung*

	A	B	C	D
1	**Übersicht über die grundlegenden Mitarbeiterdaten**			
2				
3	Personal-Nr.	Mitarbeiter	Stundenlohn	
4	L001	Neißen, Karl	14,50 €	
5	L002	Hansmeier, Manfred	15,20 €	
6	L003	Wessel, Thorsten	14,00 €	
7	L004	Gebbing, Tobias	13,80 €	
8	L005	Belke, Michael	15,50 €	
9	L006	Ackermann, Paul	13,80 €	
10	L007	Schmidt, Alexander	14,70 €	
11				
12				
13	**Prämie in Abhängigkeit von Kundenbewertungen**			
14				
15	Durchschnitt der Bewertung (ab ...)	Tagesprämie		
16	1,0	20,00 €		
17	1,1	15,00 €		
18	1,6	10,00 €		
19	2,1	5,00 €		
20	2,6	- €		

Abbildung 10.19: *Tabellenblatt Mitarbeiter, Prämie*

11 Abschließende Übungen

11.1 Instandhaltung Transportbereich

Ausgangssituation
Die Dusidorfer BüroKonzept KG hat sich im letzten Monat an dem Transportunternehmen Falo Bonn GmbH beteiligt, sodass die Transporte der verkauften Produkte jetzt ausschließlich durch eigene Fahrzeuge durchgeführt werden. Die recht große Flotte von insgesamt 32 Fahrzeugen wird von eigens hierfür angestellten Mitarbeitern der Abteilung Fuhrpark gewartet. Gemäß Vereinbarung übernimmt die Duisdorfer BüroKonzept KG die Ermittlung der hierfür anfallenden Personalkosten und erstellt täglich eine Übersicht. Diese soll am heutigen Tag von Ihnen durchgeführt werden.

Arbeitsauftrag 1

1. Speichern Sie Ihre Datei unter dem Namen **Instandhaltung Transportbereich** ab. Speichern Sie Ihre Datei **spätestens alle fünf Minuten** ab, um Datenverlust zu vermeiden.
2. Benennen Sie die Tabellenblätter wie folgt um:
   Tabellenblatt 1: **Berechnung**
   Tabellenblatt 2: **Mitarbeiterdaten, Qualität**
   Tabellenblatt 3: **Übersicht Tagesleistung**
3. Übernehmen Sie die am Ende der Aufgabenstellung abgebildeten Tabellen inklusive aller Werte und Formatierungen in die zuvor eingerichteten Tabellenblätter.
4. Weisen Sie den Hilfstabellen der Tabellenblätter **Mitarbeiterdaten, Qualität** sowie **Übersicht Tagesleistung** sinnvolle Namen zu und benutzen Sie diese – sofern möglich – in den späteren Formeln und Funktionen.
5. Ermitteln Sie im Tabellenblatt **Berechnung** mithilfe geeigneter Funktionen
   a) in der Zelle C6 das aktuelle Datum;
   b) in der Zelle B6 den zum aktuellen Datum zugehörigen Wochentag im Format TTTT;
   c) die Namen der Mitarbeiter;
   d) die von den Mitarbeitern geleistete Nettoarbeitszeit im Format hh:mm. Hier ist zu beachten, dass die angefallenen Pausenzeiten nicht zur Nettoarbeitszeit gehören;
   e) die für den aktuellen Tag erzielte Grundvergütung während der Nettoarbeitszeit. Beachten Sie, dass die Duisdorfer BüroKonzept KG minutengenau abrechnet;
   f) den Fehlerquotienten je Mitarbeiter. Ausgangspunkt ist die aktuelle Tagesleistung. Zu berücksichtigen ist hier der Umstand, dass je gewartetem Fahrzeug zwölf einzelne Arbeiten (gleich zwölf mögliche Fehler) zu erledigen sind. Das Ergebnis soll als Prozentformat mit zwei Nachkommastellen ausgewiesen werden;
   g) die Höhe der Qualitätsprämie in €. Zu beachten ist hier, dass neben dem Fehlerquotienten auch die Dauer der Betriebszugehörigkeit berücksichtigt wird;
   h) die Höhe der für den aktuellen Tag erzielten Vergütung je Mitarbeiter;
   i) in der Spalte K, ob der Mitarbeiter eine bedenkliche Tagesleistung erbracht hat. Dies ist der Fall, wenn die tagesaktuelle Fehlerquote über der durchschnittlichen Fehlerquote des letzten Jahres liegt (vgl. Mitarbeiterdaten, Spalte E). Entsprechende Mitarbeiter sollen durch ein **X** gekennzeichnet werden, während alle anderen Mitarbeiter ohne Kennzeichnung bleiben sollen;
   j) die Häufigkeit bzw. Anzahl der im Bereich statistische Auswertung hinterfragten Werte.

6. Stellen Sie mithilfe einer Bedingten Formatierung in der Spalte H (Fehlerquotient) sicher, dass
   a) der Mitarbeiter mit dem geringsten Fehlerquotient durch eine hellgrüne Hintergrundfarbe gekennzeichnet wird,
   b) alle Mitarbeiter mit einem tagesaktuellen überdurchschnittlichen Fehlerquotienten durch eine fett dargestellte rote Schriftfarbe gekennzeichnet werden.

7. Erstellen Sie ein Verbunddiagramm (bestehend aus einem Säulen- und einem Liniendiagramm) mit 2 unterschiedlichen Y-Achsen, aus dem neben der tagesaktuellen Vergütung auch die jeweiligen tagesaktuellen Fehlerquotienten je Mitarbeiter hervorgehen. Versehen Sie das Diagramm mit einer sinnvollen Überschrift. Platzieren Sie die Legende unterhalb der Überschrift.
   Auf der X-Achse, sollen die Namen der Mitarbeiter angezeigt werden. Sorgen Sie weiterhin dafür, dass die Y-Achse auf der die Tagesvergütung dargestellt wird, beim Wert 100,00 € anfängt und die Zwischenwerte im 10,00 €-Abstand dargestellt werden.
   Tragen Sie Sorge dafür, dass die Zeichnungsfläche eine hellgraue Farbe zugewiesen bekommt. Die Diagrammfläche soll mit einer recyclingpapierfarbenen Bild- bzw. Texturfüllung versehen werden. Fügen Sie das Diagramm in ein Tabellenblatt ein, das den Namen **Diagramm** trägt. Platzieren Sie Ihren Namen sowie das heutige Datum in der Kopfzeile des erstellten Tabellenblatts.

8. Kopieren Sie den Inhalt des Tabellenblattes **Berechnung** in ein neu zu erstellendes Tabellenblatt (Befehlsweg START – ZELLEN – EINFÜGEN – BLATT EINFÜGEN) und wechseln Sie dort in die Formelansicht. Benennen Sie das neue Tabellenblatt als **Formeln**.

9. Richten Sie die Tabellenblätter **Berechnung** und **Formeln** so ein, dass diese später im Querformat ausgedruckt werden können. Während das Tabellenblatt **Berechnung** auf einer Seite auszudrucken ist, soll das Tabellenblatt **Formeln** auf 2 Seiten breit ausgedruckt werden. Stellen Sie sicher, dass die Formeln unter Angabe der Zeilen-/Spaltenüberschriften ausgedruckt werden. Beide Tabellenblätter sollen in der Kopfzeile Ihren Namen sowie das heutige Datum (als Funktion) tragen.

10. Drucken Sie die Tabellenblätter **Berechnung, Formeln** und **Diagramm** aus.

Web

	A	B	C	D	E
1	Übersicht über die grundlegenden Mitarbeiterdaten				
2					
3	Personal-Nr.	Mitarbeiter	Stundenlohn	beschäftigt seit ... Jahren	Fehlerquotient (letztes Jahr)
4	025	Apel, Marco	14,50 €	6	2,50%
5	027	Lorscheid, M. C.	15,20 €	4	3,10%
6	032	Peters, Michael	14,00 €	4	1,70%
7	033	Roebers, J. R.	13,80 €	6	4,40%
8	041	Belke, B. B.	15,50 €	12	2,20%
9	047	Helmers, Kai	13,80 €	7	3,30%
10	055	Zingst, Siegfried	14,70 €	11	1,50%
11					
12					
13	Übersicht über die zu gewährende Qualitätsprämie				
14					
15		Fehlerquotient ab ...			
16	Zugehörigkeit	0,00%	2,00%	3,50%	5,00%
17	ab 0 Jahre	15,00 €	10,00 €	5,00 €	- €
18	ab 10 Jahre	17,50 €	12,50 €	7,50 €	- €

Abbildung 11.1: Instandhaltung; Tabellenblatt „Mitarbeiterdaten Qualität"

Anmerkung

Statt des Arbeitsauftrags 1 in Aufgabe 8 dargestellten Weges zum Einfügen eines neuen Tabellenblattes kann dies auch durch einen einfachen Klick mit der linken Maustaste auf die nachstehend abgebildete – rot umkreiste – Schaltfläche erreicht werden.

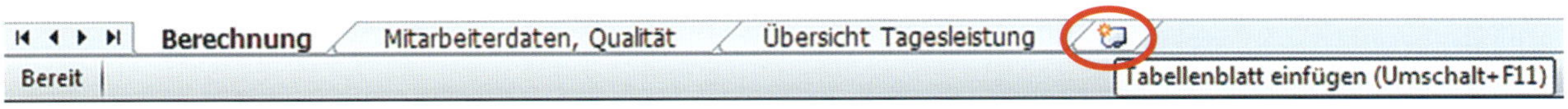

	A	B	C	D	E
1	**Übersicht über gewartete Fahrzeuge sowie die Fehleranzahl**				
2					
3					
4	Personal-Nr.	Mitarbeiter	gewartete Fahrzeuge	Fehleranzahl	
5	025	Apel, Marco	5	1	
6	027	Lorscheid, M. C.	4	0	
7	032	Peters, Michael	4	2	
8	033	Roebers, J. R.	3	2	
9	041	Belke, B. B.	5	2	
10	047	Helmers, Kai	4	1	
11	055	Zingst, Siegfried	3	5	

Abbildung 11.2: *Instandhaltung; Tabellenblatt „Übersicht Tagesleistung"*

	A	B	C	D	E	F	G	H	I	J	K
1	**Spedition Falo Bonn GmbH, Erzbergerufer 10, 53111 Bonn**										
2											
3	Übersicht über Personalkosten im Instandhaltungsbereich - erstellt durch Duisdorfer BüroKonzept KG, Bonn										
4											
5											
6	Datum:										
7											
8	Personal-Nr.	Mitarbeiter	Arbeitsbeginn	Arbeitsende	Pausendauer gesamt	Netto-Arbeitszeit	Grund-vergütung	Fehler-quotient	Qualitäts-prämie	gesamte Vergütung	bedenkliche Tagesleistung
9	025		07:45	17:35	01:05						
10	027		08:05	17:25	00:55						
11	032		07:35	18:00	01:10						
12	033		08:20	17:45	00:45						
13	041		07:55	18:05	00:50						
14	047		08:00	17:30	01:10						
15	055		07:50	17:25	00:45						
16											
17											
18	**statistische Auswertung:**										
19											
20	Häufigkeit des Fehlerquotienten:			Anzahl der geleisteten Qualitätsprämien:							
21											
22	mehr als 5 %			mind. 10,00 €							
23	weniger als 3 %			unter 10,00 €							

Abbildung 11.3: *Instandhaltung; Tabellenblatt „Berechnung"*

11.2 Onlinebuchung Frachtversand

Ausgangssituation

Nachdem sich die Duisdorfer BüroKonzept KG im vergangenen Monat an der Spedition Falo Bonn GmbH beteiligt hat und über einen Teil der Frachtkapazitäten frei verfügen darf, will sie nun die bestehenden Überkapazitäten im Frachtbereich auch anderen Kunden anbieten. Aufgrund der sehr guten Erfahrungen mit dem Onlineversandhandel soll auch diese Dienstleistung für die Kunden mithilfe eines Onlineformulars abgewickelt werden. Nachstehend erhalten Sie einen kleinen Ausschnitt des gesamten Streckennetzes. Frau Marian Berg von der Abteilung Lager und Versand bittet Sie um die Erstellung eines Programms, das nach Eingabe der jeweiligen Streckennummer und der Frachteinheiten den Start- und Zielort, die spätest mögliche Verladezeit, den Preis etc. ermittelt und ausgibt.

Arbeitsauftrag 2

1. Speichern Sie Ihre Datei unter dem Namen **Onlinebuchung Frachtversand** ab. Speichern Sie Ihre **Datei spätestens alle fünf Minuten ab**, um Datenverlust zu vermeiden.
2. Benennen Sie das Tabellenblatt 1 in **Reservierung**, das Tabellenblatt 2 in **Kundendaten** und das Tabellenblatt 3 in **Streckenplan** um.
3. Übernehmen Sie die am Ende der Aufgabenstellung abgebildeten Tabellen inklusive aller Werte und Formatierungen in die zuvor eingerichteten Tabellenblätter.
4. Vergeben Sie für die vier Tabellen des Tabellenblattes **Streckenplan** die Namen „Köln/Bonn", „Bremen", „Berlin" und „München". Verwenden Sie diese Namen – sofern möglich – in den späteren Funktionen.
5. In der Zelle H3 des Tabellenblattes **Reservierung** soll mithilfe einer geeigneten Funktion das aktuelle Datum im Format TT.MM.JJJJ ausgegeben werden.
6. In Zelle B7 soll ein Listenfeld eingerichtet werden, über das die Kundennummer aus dem Tabellenblatt **Kundendaten** ausgewählt werden kann. Sorgen Sie für eine angemessene Formatierung.
7. Geben Sie in die Zelle B7 die Zahl „10105" und in die Zelle E7 die Kombination „abc123" ein.
8. In der Zelle B9 des Tabellenblattes **Reservierung** soll der Kundenname samt der zugehörigen Postleitzahl erscheinen. Dies soll allerdings nur dann der Fall sein, wenn die eingegebene Kunden-Nr. mit dem richtigen Passwort übereinstimmt. Ansonsten ist die Meldung „Fehleingabe" auszugeben.
9. Geben Sie in den ersten vier Zeilen der Spalte „Strecken-Nr." nacheinander die Nummern „053", „245", „160" und „340" ein. In der Spalte „Anzahl an Frachteinheiten" geben Sie für alle vier Strecken jeweils die Zahl „2" ein.
10. Ermitteln Sie mithilfe geeigneter Funktionen bzw. Formeln
    a) den Startpunkt;
    b) den Zielort;
    c) die Abfahrtszeit;
    d) die spätest mögliche Verladezeit für die Fracht;
    e) den Einzelpreis für jeweils eine Frachteinheit und
    f) den Gesamtpreis für alle zu transportierenden Frachteinheiten.
11. Ermitteln Sie mithilfe geeigneter Funktionen bzw. Formeln
    a) den gesamten Nettobetrag in €;
    b) den ggf. abzuziehenden Rabatt in Prozent. Hierbei ist zu beachten, dass ein Rabatt nur dann gewährt wird, wenn in der gesamten Bestellung entweder mindestens vier Frachteinheiten gebucht werden oder der gesamte Nettobetrag bei mindestens 350,00 € liegt;
    c) den ggf. abzuziehenden Rabatt in €;
    d) die zu entrichtende Umsatzsteuer in €;
    e) den Bruttobetrag in €. Stellen Sie hier durch eine geeignete Funktion sicher, dass nur volle €-Beträge (z. B. 99,60 € → 99,00 €) ausgewiesen werden.
12. Abschließend soll mithilfe einer Formel in der Zelle D28 das Datum ermittelt werden, zu dem die Reservierung kostenlos widerrufen werden kann. Hierfür gilt die Regel: Tag der Bestellung + einen Tag. Formatieren Sie das Ergebnis ggf. auf das Format TT.MM.JJJJ.
13. Sorgen Sie dafür, dass im Tabellenblatt **Reservierung** alle relevanten Zellen, die nicht überschrieben werden sollen, gesperrt werden.
14. Kopieren Sie den Inhalt des Tabellenblattes **Reservierung** in ein neu zu erstellendes Tabellenblatt (Befehlsweg START – ZELLEN – EINFÜGEN – BLATT EINFÜGEN) und wechseln Sie dort in die Formelansicht. Benennen Sie das neue Tabellenblatt als **Formeln**.

15. Richten Sie das Tabellenblatt **Reservierung** so ein, dass dieses später auf nur einer Seite im Hochformat ausgedruckt wird. Vermerken Sie in der Kopfzeile des Tabellenblattes Ihren vollständigen Namen sowie das heutige Datum.

16. Für das Einrichten des Tabellenblattes **Formeln** soll gelten, dass dieses später auf drei Seiten im Querformat ausgedruckt werden soll. Auch dieses Tabellenblatt soll in der Kopfzeile Ihren vollständigen Namen und das heutige Datum enthalten. Sorgen Sie weiterhin dafür, dass die Zeilen- und Spaltenüberschriften mit ausgegeben werden.

17. Drucken Sie nach abschließender Kontrolle die Tabellenblätter **Reservierung** und **Formeln** aus.

Falo Bonn GmbH - Buchungsformular für Frachtversand

Buchungsdatum:

Geben Sie bitte hier Ihre vollständige Kunden-Nummer und Ihr Passwort ein:

Kunden-Nr.		Passwort:	

Kunde:

Geben Sie hier bitte Ihre Streckenwünsche ein! Beachten Sie, dass **nicht mehr als sechs Ziele** eingegeben werden können!

Strecken-Nr.	Anzahl an Frachteinheiten	Startpunkt	Zielort	Abfahrtzeit	Verladezeit bis spätestens ...	Preis pro Frachteinheit	Preis für alle Frachteinheiten

Rechnungsbetrag (netto)	
abzgl. Rabatt in Prozent	
abzgl. Rabatt in Euro	
zzgl. 19 % gesetzlicher USt.	

Rechnungsbetrag (brutto)	

Sofern Sie dieser Reservierung nicht bis zum widersprechen, fallen im Stornierungsfall 60 % des Netto-Gesamtbetrages an.

***Abbildung 11.4:** Onlinebuchung; Tabellenblatt „Reservierung"*

Übersicht über Kunden, deren Passwörter und Rabattgruppen

Kunden-Nr.	Passwort	Anschrift	Rabatt
10101	fischsuppe	Duelkers KG, 53123 Bonn	5,00%
10105	abc123	ComCo AG, 20088 Hamburg	8,50%
10112	ko001	Bauherr GmbH, 80345 München	10,00%
12103	bonn	Schacht Energie AG, 52064 Aachen	8,50%
12109	at015te	eazytravel KG, 10112 Berlin	12,00%
12125	azubi	Süddt. Messebau, 65112 Wiesbaden	6,50%

***Abbildung 11.5:** Onlinebuchung; Tabellenblatt „Kundendaten"*

Übersicht über den Streckenplan der Falo Bonn GmbH (Duisdorfer BüroKonzept KG)

Lager Köln/Bonn (Streckennummern 001 - 099)

Strecken-Nr.	Ziel	Abfahrtzeit	Preis
051	Berlin	06:50	65,00 €
053	Berlin	09:20	55,00 €
055	Berlin	12:30	40,00 €
061	Bremen	06:50	60,00 €
063	Bremen	10:30	50,00 €
065	Bremen	14:40	45,00 €
071	München	07:10	70,00 €
073	München	08:20	70,00 €

Lager Bremen (Streckennummern 200 - 299)

Strecken-Nr.	Ziel	Abfahrtzeit	Preis
241	Köln/Bonn	06:55	55,00 €
243	Köln/Bonn	12:10	50,00 €
245	Köln/Bonn	17:50	48,50 €
251	Berlin	06:50	65,00 €
253	Berlin	08:30	58,50 €
255	Berlin	15:55	47,00 €
271	München	07:10	80,00 €
273	München	07:50	65,00 €

Lager Berlin (Streckennummern 100 - 199)

Strecken-Nr.	Ziel	Abfahrtzeit	Preis
140	Köln/Bonn	07:20	58,50 €
142	Köln/Bonn	10:30	52,00 €
144	Köln/Bonn	14:20	47,00 €
160	Bremen	06:40	58,00 €
162	Bremen	11:05	48,00 €
164	Bremen	15:40	45,50 €
170	München	06:40	78,00 €
172	München	07:50	69,00 €
174	München	18:30	78,00 €

Lager München (Streckennummern 300 - 399)

Strecken-Nr.	Ziel	Abfahrtzeit	Preis
340	Köln/Bonn	06:55	65,00 €
342	Köln/Bonn	09:20	60,00 €
350	Berlin	07:00	75,00 €
352	Berlin	11:05	67,50 €
354	Berlin	18:35	75,00 €
360	Bremen	07:35	70,00 €
362	Bremen	07:55	65,00 €

Wichtig: **Das Verladen ist jeweils spätestens 00:40 Stunden vor der jeweiligen Abfahrtzeit vorzunehmen!**

Abbildung 11.6: *Onlinebuchung; Tabellenblatt „Streckenplan"*

11.3 Angebot für Eiltransport

Ausgangssituation

Neben den in der Aufgabenstellung 11.2 beschriebenen normalen Frachtstrecken verfügt die Spedition weiterhin über eine kleine Fahrzeugflotte von gebrauchten Autos, die zu Transportzwecken umgerüstet worden sind. Mit den Fahrzeugen werden allerdings keine Massengüter in großen Stückzahlen transportiert, sondern in der Regel schnell benötigte Ersatzteile für die unterschiedlichsten Zwecke. Der Kunde erhält bei einer Fahrt stets das Fahrzeug mit der kleinstmöglichen Transportkapazität zugewiesen. Nach den positiven Erfahrungen mit Ihren Kenntnissen im Rahmen der Tabellenkalkulation bittet Frau Marian Berg Sie erneut, mithilfe der vorgegebenen Tabellen ein Angebot für einen Kunden zu kalkulieren.

Arbeitsauftrag 3

1. Speichern Sie Ihre Datei unter dem Namen **Angebot für Eiltransport** ab. Speichern Sie Ihre **Datei spätestens alle fünf Minuten** ab, um Datenverlust zu vermeiden.
2. Benennen Sie das Tabellenblatt 1 in **Berechnung**, das Tabellenblatt 2 in **Fahrzeugdaten** und das Tabellenblatt 3 in **Kundendaten, sonstige Angaben** um.
3. Übernehmen Sie die am Ende der Aufgabenstellung abgebildeten Tabellen inklusive aller Werte und Formatierungen in die zuvor eingerichteten Tabellenblätter.

4. Weisen Sie den Hilfstabellen der Tabellenblätter **Fahrzeugdaten** sowie **Kundendaten, sonstige Angaben** sinnvolle Namen zu und verwenden Sie diese – sofern möglich – in den späteren Formeln und Funktionen.

5. In der Zelle B4 des Tabellenblattes **Berechnung** ist ein Listenfeld einzurichten, in dem die Kundennummern aus dem Tabellenblatt **Kundendaten, sonstige Angaben** ausgewählt werden können. Das Listenfeld ist angemessen zu formatieren.

6. Geben Sie in die nachstehenden Zellen des Tabellenblattes **Berechnung** die folgenden Werte/Angaben ein: B4: 2404; B8: 4,5; B10: 265; E8: 07:25; E10: 13:40

7. Ermitteln Sie mithilfe von geeigneten Funktionen bzw. Formeln
   a) in der Zelle B6 den Namen des Kunden;
   b) in der Zelle D15 das für den Transport zum Einsatz gelangende Fahrzeug. Beziehen Sie sich hierbei auf die Übersicht über die Transportkapazitäten der Fahrzeuge in den Zeilen 36 und 37. Sofern die gewünschte Transportmenge die Kapazität aller Fahrzeuge übersteigt, soll der Hinweis „kein geeignetes Fahrzeug vorhanden" ausgegeben werden;
   c) in der Zelle D17 die Grundpauschale für das Fahrzeug, die pro Fahrt fällig wird. Beachten Sie, dass Kunden der Kundenklasse A lediglich die Hälfte der Grundpauschale in Rechnung gestellt wird;
   d) in der Zelle D19 die Benzinkosten für die Fahrt. Beachten Sie hierbei, dass der Kunde die Kosten für die Hin- und für die Rückfahrt zu tragen hat. Als Benzinpreis wird der geltende Preis angesetzt;
   e) in der Zelle D21 die anteiligen Abschreibungen für das genutzte Fahrzeug. Die Duisdorfer Büro-Konzept KG schreibt die Anschaffungskosten gemäß Leistungseinheiten (zurückgelegte Entfernung für die Hin- und Rückfahrt) ab;

   Hinweis
   Ein Fahrzeug mit Anschaffungskosten von 5.000,00 € und einer geschätzten Restlaufleistung von 100 000 km verursacht 0,05 € Abschreibungen je km (5.000,00 € : 100 000 km).

   f) in der Zelle D23 die Kosten für den Fahrer des Fahrzeugs. Den Stundensatz für die zumeist studentischen Hilfskräfte können Sie den sonstigen Angaben entnehmen. Beachten Sie, dass die Abrechnung minutengenau erfolgt;
   g) in der Zelle D26 die Zwischensumme der vier Kostenpositionen;
   h) in der Zelle D28 der dem Kunden eventuell noch zustehende Bonus vom vergangenen Jahr;
   i) in der Zelle D31 den verbindlichen Angebotspreis, der dem Kunden per Telefax oder per E-Mail zugeschickt wird.

8. Sorgen Sie dafür, dass im Tabellenblatt **Berechnung** alle relevanten Zellen, die nicht überschrieben werden sollen, gesperrt werden.

9. Erstellen Sie ein (einfaches) **Kreisdiagramm**, aus dem die vier Bestandteile der Zwischensumme hervorgehen. Neben einer aussagekräftigen Überschrift sollen am **Diagramm** die Beschriftung der Kreissegmente und die entsprechenden Prozentzahlen mit einer Nachkommastelle angezeigt werden. Die Legende soll hingegen nicht angezeigt werden. Sorgen Sie dafür, dass das **Diagramm** später auf einem eigenen Tabellenblatt erscheint, welches den Namen **Diagramm** zugewiesen bekommt. Formatieren Sie die **Diagrammüberschrift** auf eine Schriftgröße von 14 Punkt und versehen Sie die **Diagrammfläche** mit einer ansprechenden Farbe. Versehen Sie die Kopfzeile des **Diagramms** mit Ihrem Namen und dem aktuellen Datum.

10. Fügen Sie in Ihre Excel-Datei ein neues Tabellenblatt (Befehlsweg START – ZELLEN – EINFÜGEN – BLATT EINFÜGEN) ein und benennen Sie dieses Tabellenblatt **Formeln**. Kopieren Sie anschließend die Inhalte des Tabellenblattes **Berechnung** in das Tabellenblatt **Formeln** und wechseln Sie in die Formelansicht.

11. Richten Sie die Tabellenblätter **Berechnung** und **Formeln** so ein, dass Sie diese abschließend ausdrucken können. Beide Ausdrucke sollen dabei in der Kopfzeile Ihren vollständigen Namen beinhalten sowie die Zeilen und Spaltenüberschriften anzeigen. Beim Ausdruck der Formeln erscheint es ratsam, diese im Querformat auf 1 Seite breit verteilt auszudrucken.

12. Drucken Sie nach abschließender Kontrolle die Tabellenblätter **Berechnung, Formeln** und **Diagramm** aus.

	A	B	C	D	E	F
1	**Allgemeine Fahrzeugdaten**					
2						
3	Fahrzeug	Grundpauschale/ Fahrt	durchschnittl. Verbrauch/100 km	durchschnittl. Reichweite		
4	Smart	26,50 €	4,2 l	450 km		
5	Fiat Punto	29,20 €	5,1 l	540 km		
6	VW Golf IV	35,10 €	6,2 l	630 km		
7	Ford Focus Turnier	38,20 €	7,4 l	720 km		
8	Kia Carens	36,70 €	8,3 l	650 km		
9						
10						
11						
12	**Relevante Daten für die Abschreibungen**					
13						
14	Fahrzeug	Smart	Fiat Punto	VW Golf IV	Ford Focus Turnier	Kia Carens
15	Anschaffungskosten	5.800,00 €	5.400,00 €	9.800,00 €	10.400,00 €	8.900,00 €
16	geschätzte Restlaufleistung (in km)	65.000	60.000	80.000	85.000	80.000

Abbildung 11.7: *Angebot für Eiltransport; Tabellenblatt „Fahrzeugdaten"*

	A	B	C	D
1	**Übersicht über die Kundendaten**			
2				
3	Kunden-Nr.	Kunden-Name	Kundenklasse	offenstehender Bonus
4	2401	Neuhoff KG	A	- €
5	2402	Intermöbel GmbH	B	35,00 €
6	2403	Stadt Bonn	B	- €
7	2404	Frohn KG	A	15,00 €
8	2405	Birkmann OHG	C	65,00 €
9	2406	Gilles & Partner	B	- €
10	2407	Stammhaus KG	A	- €
11	2408	Rhenag GmbH	C	80,00 €
12				
13				
14	**Übersicht über Personalkosten und Benzinkosten**			
15				
16	Stundensatz pro Fahrer:	18,60 €		
17				
18	Preis pro Liter Benzin:	1,55 €		

Abbildung 11.8: *Angebot für Eiltransport; Tabellenblatt „Kundendaten, sonstige Angaben"*

	A	B	C	D	E	F
1	**Angebot für Eiltransport**					
2						
3						
4	Kunden-Nr.					
5						
6	Kunde:					
7						
8	gewünschte Transporteinheiten:			voraussichtlicher Fahrtbeginn:		
9						
10	Entfernung (einfache Strecke):			voraussichtliches Fahrtende:		
11						
12						
13	**Kostenbestandteile des Angebotes:**					
14						
15	Gegenstand des Angebotes ist das folgende Fahrzeug:					
16						
17	Position 1: Grundpauschale für das Fahrzeug:					
18						
19	Position 2: Benzinkosten für die Fahrt:					
20						
21	Position 3: Anteilige Abschreibung (nach LE):					
22						
23	Position 4: Kosten für den Fahrer des Fahrzeuges:					
24						
25						
26		Zwischensumme (Pos. 1 bis 4):				
27						
28		abzüglich eventuellem Bonus:				
29						
30						
31		**verbindlicher Angebotspreis:**				
32						
33						
34	**Übersicht über die Transportkapazitäten unserer Fahrzeuge:**					
35						
36	Fahrzeug	Smart	Fiat Punto	VW Golf IV	Ford Focus Turnier	Kia Carens
37	bis ... Transport-einheiten	1,5	2,5	4,2	6,8	8,5

Abbildung 11.9: *Angebot für Eiltransport; Tabellenblatt „Berechnung"*

11.4 Vereinfachte Reisekostenabrechnung

Ausgangssituation

Frau Bianca Sommer von der Personalabteilung hat in Absprache mit der Geschäftsleitung und der Belegschaft eine neuartige Reisekostenabrechnung konzipiert. Diese berücksichtigt neben der Dauer der Abwesenheit und dem sich hieraus ergebenden Verpflegungsaufwand auch die eventuell angefallenen Benzinkosten und – dies ist ein Novum – den sich durch die Reise ergebenden Stress. Sie sollen mithilfe des vorgefertigten Formulars erstmals eine Abrechnung für einen Mitarbeiter der Duisdorfer BüroKonzept KG durchführen.

Arbeitsauftrag 4

1. Speichern Sie Ihre Datei unter dem Namen **Vereinfachte Reisekostenabrechnung** ab. Speichern Sie Ihre **Datei spätestens alle fünf Minuten** ab, um Datenverlust zu vermeiden.
2. Benennen Sie das Tabellenblatt 1 in **Abrechnung**, das Tabellenblatt 2 in **Mitarbeiterdaten**, das Tabellenblatt 3 in **Vergütung Abwesenheit, Stress** und das Tabellenblatt 4 in **Vergütung Verpflegung, Pkw-Typ** um.

3. Übernehmen Sie die am Ende der Aufgabenstellung abgebildeten Tabellen inklusive aller Werte und Formatierungen in die zuvor eingerichteten Tabellenblätter.

4. Vergeben Sie den jeweiligen Hilfstabellen sinnvolle Namen und verwenden Sie diese – sofern möglich – in den späteren Formeln und Funktionen.

5. In den folgenden Zellen des Tabellenblattes **Abrechnung** sind Listenfelder einzurichten und angemessen zu formatieren:
   a) In Zelle B4 soll die entsprechende Personalnummer aus dem Tabellenblatt **Mitarbeiterdaten** (A4 bis A13) ausgewählt werden können.
   b) In Zelle B13 soll das genutzte Verkehrsmittel aus dem Tabellenblatt **Vergütung Abwesenheit, Stress** (Zellen A14 bis A16) ausgewählt werden können.

6. Tragen Sie in den nachfolgend aufgeführten Zellen des Tabellenblattes **Abrechnung** die jeweils vermerkten Werte und Angaben ein:
   B4: 154 B9: den Ersten des aktuellen Monats z. B. 01.10.2014 (im Oktober 2014)
   B11: 07:47; B13: PKW; E11: 18:32; F9: 347; F13: 3; F15: 1,55

7. Ermitteln Sie mithilfe von geeigneten Formeln bzw. Funktionen
   a) in der Zelle F4 das aktuelle Datum;
   b) in den Zellen A6 sowie B6 den Namen des Mitarbeiters sowie die zugehörige Abteilung;
   c) in der Zelle C19 die Dauer der Abwesenheit im Format hh:mm;
   d) die Vergütung der Abwesenheit. Beachten Sie hierbei, dass für die Ermittlung dieses Wertes lediglich jeweils volle Stunden von Bedeutung sind (z. B. werden bei 07:55 lediglich sieben Stunden berechnet);
   e) die Vergütung des Reisestresses. Der in der Hilfstabelle angegebene Wert wird minutengenau ermittelt;
   f) die Vergütung des Verpflegungsaufwandes. Auch hier zählen nur die jeweils vollen Stunden. Weiterhin ist zu beachten, dass im Falle der Nutzung des Reisemittels Flugzeug aufgrund der vorhandenen Bordverpflegung nur 50 Prozent des Verpflegungsaufwands genehmigt werden;
   g) die Vergütung der Benzinkosten. Dem Mitarbeiter wird hierbei nur der Betrag erstattet, der sich aufgrund des durchschnittlichen Verbrauchs des gewählten Fahrzeugtyps für die gesamte Entfernung ergibt. Wenn der Mitarbeiter nicht das Reisemittel Pkw gewählt hat, soll in dieser Zelle der Wert Null ausgegeben werden. Runden Sie dieses Ergebnis mithilfe einer geeigneten Funktion auf zwei Nachkommastellen;
   h) die sich aus den vier Positionen ergebende Gesamtvergütung. Da der Mitarbeiter nur volle Beträge ausgezahlt bekommt, sollen Sie mithilfe einer geeigneten Funktion den Wert mit null Nachkommastellen ausgeben;
   i) in der Zelle D33 die Kontonummer des Mitarbeiters, auf das die Gesamtvergütung überwiesen wird;
   j) in der Zelle F33 die zugehörige Bankbezeichnung;
   k) in der Zelle C34 das Datum, bis zu dem die Gesamtvergütung voraussichtlich überwiesen wird. Hier wird unterstellt, dass das Geld innerhalb von vier Tagen dem Konto des Mitarbeiters gutgeschrieben wird;
   l) in der Zelle B36 einen abschließenden Hinweis an den jeweiligen Mitarbeiter. Liegen zwischen dem Reisedatum und dem Abrechnungsdatum (unterstellt sei, dass die Abrechnung unverzüglich nach Eingang bearbeitet wird) mehr als sieben Tage, so soll der Hinweis „Beachten Sie die Vorlegefrist von sieben Tagen!" ausgegeben werden. Ansonsten soll in der Zelle der Hinweis „Fehlanzeige!" erscheinen.

8. Sorgen Sie dafür, dass alle relevanten Zellen, die nicht überschrieben werden sollen, gesperrt werden.

9. Kopieren Sie den Inhalt des Tabellenblattes **Abrechnung** in ein neu zu erstellendes Tabellenblatt (Befehlsweg START – ZELLEN – EINFÜGEN – BLATT EINFÜGEN) und wechseln Sie dort in die Formelansicht. Benennen Sie das neue Tabellenblatt als **Formeln**.

10. Richten Sie das Tabellenblatt **Abrechnung** so ein, dass dieses später auf nur einer Seite im Hochformat ausgedruckt wird. Vermerken Sie in der Kopfzeile des Tabellenblattes Ihren vollständigen Namen sowie das heutige Datum.

11. Für das Einrichten des Tabellenblattes **Formeln** soll gelten, dass dieses später auf zwei Seiten im Querformat ausgedruckt werden soll. Auch dieses Tabellenblatt soll in der Kopfzeile Ihren vollständigen Namen und das heutige Datum enthalten. Weiterhin sollen die Zeilen- und Spaltenüberschriften angegeben werden.

12. Drucken Sie nach abschließender Kontrolle die Tabellenblätter **Abrechnung** und **Formeln** aus.

	A	B	C	D	E	F	
1	**Duisdorfer BüroKonzept KG - Vereinfachte Reisekostenabrechnung**						
2							
3							
4	Pers.-Nr.				Datum:		
5							
6	**<Name>**	**<Abteilung>**					
7							
8							
9	Reisedatum:			Entfernung (einfache Strecke):			km
10							
11	Abfahrtzeit:			Rückkehrzeit:			
12							
13	Reisemittel:			bei PKW-Nutzung (Typ):			
14	**(PKW, Bahn, Flugzeug)**						
15				derzeitiger Benzinpreis/Liter:			
16							
17	**Abrechnung:**						
18							
19	Dauer der Abwesenheit (hh:mm):						
20							
21							
22	**Vergütung ...**						
23							
24	der Abwesenheit:						
25							
26	des Reisestress:						
27							
28	des Verpflegungsaufwandes:						
29							
30	der Benzinkosten:				Gesamtvergütung:		
31	**(sofern PKW-Nutzung)**						
32							
33	Den vorstehenden Betrag überweisen wir auf Ihr Konto				bei der		
34	Das Geld wird voraussichtlich bis zum			überwiesen.			
35							
36	**Hinweis:**						

Abbildung 11.10: *Reisekostenabrechnung; Tabellenblatt „Abrechnung"*

	A	B	C	D	E
1	**Übersicht über die Daten unserer Mitarbeiter**				
2					
3	**Personal-Nr.**	**Name**	**Abteilung**	**Konto-Nr.**	**Bank**
4	150	Beckmann	Beschaffung	254 145 784	Raiffeisenbank Essen
5	151	Klein	Vertrieb	874 651 988	ING-Diba
6	152	Engler	Kaufm. Verwaltung	541 672 359	Commerzbank
7	153	Sommer	Personalwesen	124 650 887	Citibank
8	154	Hummels	Vertrieb Nord	321 568 970	Stadtsparkasse
9	155	Neuendorf	Vertrieb Süd	201 355 698	Dresdner Bank
10	156	Albers	Ausstattungsberatung	884 521 003	VW-Bank
11	157	Elling	Handelswaren	479 635 971	Postbank Köln
12	158	Langner	Technischer Bereich	197 685 364	Sparkasse Aachen
13	159	Daume	Personalverwaltung	782 364 102	Deutsche Bank

Abbildung 11.11: *Reisekostenabrechnung; Tabellenblatt „Mitarbeiterdaten"*

	A	B	C
1	**Vergütung der reisebedingten Abwesenheit**		
2			
3	Abwesenheit ab ... Stunden	Vergütung in EUR	
4	0	0,00	
5	2	5,00	
6	5	12,00	
7	8	17,00	
8	12	25,00	
9			
10			
11	**Übersicht über den Stress-Zuschlag**		
12			
13	Art des gewählten Reisemittels	Vergütung in EUR pro Stunde Abwesenheit	
14	PKW	4,00	
15	Bahn	2,00	
16	Flugzeug	1,50	

Abbildung 11.12: *Reisekostenabrechnung; Tabellenblatt „Vergütung Abwesenheit, Stress"*

	A	B	C	D	E	F
1	**Übersicht über die Verpflegungspauschale**					
2						
3	bei Abwesenheit von ... Stunden	Vergütung in EUR				
4	0	0,00				
5	4	10,00				
6	7	15,00				
7	12	25,00				
8						
9						
10	**Übersicht über die PKW-Typen**					
11						
12	PKW-Typ	1	2	3	4	5
13	Benzinverbrauch in l /100 km	5,62	6,47	7,81	8,93	10,25

Abbildung 11.13: *Reisekostenabrechnung; Tabellenblatt „Vergütung Verpflegung, Pkw-Typ"*

11.5 Hotelangebot

Ausgangssituation

Die Duisdorfer BüroKonzept KG kooperiert seit einigen Jahren mit dem Hotel ALP Bonn GmbH und führt dort unter anderem Tagungen durch. Der Geschäftsführer des Hotels hat die Geschäftsleitung der Duisdorfer BüroKonzept KG gebeten, ob einer ihrer EDV-Experten ein Buchungsformular für die ALP Bonn GmbH erstellen kann, um die Auftragsabwicklung endlich moderner gestalten zu können. In einem gemeinsamen Gespräch wurde folgendes Konzept entwickelt, welches Sie jetzt umsetzen sollen: Die Stammkunden schicken ein vom Hotel vorgefertigtes Excel-Formular, welches vom Hotel anschließend in eine Excel-Datei kopiert wird. Durch Zellbezüge, Formeln und Funktionen wird anhand der vom Kunden getätigten Angaben ein Angebot erstellt, welches dem Kunden per E-Mail zugeschickt wird.

Arbeitsauftrag 5

1. Speichern Sie Ihre Datei unter dem Namen **Hotelangebot** ab. Speichern Sie Ihre **Datei spätestens alle fünf Minuten** ab, um Datenverlust zu vermeiden.
2. Benennen Sie das Tabellenblatt 1 in **Angebot**, das Tabellenblatt 2 in **Anfrage**, das Tabellenblatt 3 in **Preise und Rabatte** und das Tabellenblatt 4 in **Kunden** um.
3. Übernehmen Sie die am Ende der Aufgabenstellung abgebildeten Tabellen inklusive aller Werte und Formatierungen in die zuvor eingerichteten Tabellenblätter.
4. Versehen Sie die folgenden Zellen des Tabellenblattes **Anfrage** mit den nachstehend aufgeführten Namen:
   B3: „KundenNr"; F3: „Anreise"; F5: „Abreise"; F7: „AnzahlReisende"
5. Versehen Sie die Hilfstabellen in den Tabellenblättern **Anfrage, Preise und Rabatte** sowie **Kunden** mit geeigneten Namen und verwenden Sie diese – sofern möglich – in den späteren Formeln und Funktionen.
6. Übernehmen Sie im Tabellenblatt **Angebot** in den Zellen F6, C15, C17 und C21 per Zellbezug die in der Aufgabenstellung 4 mit Namen versehenen Zellen.

7. Ermitteln Sie im Tabellenblatt **Angebot** mithilfe geeigneter Formeln und Funktionen
   a) den Namen des Kunden (beachten Sie den Hinweis zur Einordnung der Kundenklassen in dem Tabellenblatt **Kunden**);
   b) die Anschrift des Kunden (auch hier den vorgenannten Hinweis beachten);
   c) die Anzahl der geplanten Übernachtungen;
   d) in Abhängigkeit der Positionsnummern der Spalte A die **X** aus dem Tabellenblatt **Anfrage**, die den Wunsch des Kunden für die Nutzung an den jeweiligen Leistungen aufzeigen. Verwenden Sie hierfür eine Suchfunktion;[1]

      Hinweis

      Nur wenn der Kunde die jeweilige Leistung in Anspruch nehmen will, sollen die nächsten Zellen mit Werten versehen werden. Wird die Leistung nicht beansprucht, sollen diese Zellen leer bleiben (Spalte C) bzw. den Wert Null enthalten (Spalten D bis F).
   e) die Beschreibung der gewünschten Leistungen;
   f) die gewünschte Menge der betreffenden Leistungen;
   g) den Preis pro Einheit der jeweiligen Leistungen;
   h) den Gesamtpreis der jeweiligen Leistungen. Beachten Sie für die Positionen 1 und 2 den im Tabellenblatt **Anfrage** erteilten Hinweis in den Zeilen 27 und 28;
   i) die Summe der Gesamtpreise aller gewünschten Leistungen;
   j) den dem Kunden gewährten Rabatt in €. Zu beachten ist hierbei der Umstand, dass ein Rabatt erst ab einem Betrag von 500,00 € gewährt wird und die Kundenklassen 1 und 2 unterschiedlich hohe Rabatte erhalten;
   k) den sich nach Abzug des eventuellen Rabatts ergebenden Nettopreis;
   l) die anfallende Umsatzsteuer. Hierbei wird unterstellt, dass die Umsatzsteuer in vollem Umfang auf alle Leistungen erhoben wird;
   m) die Höhe des Bruttopreises;
   n) die Gültigkeitsdauer des vorliegenden Angebotes. Für Kunden der Kundenklasse 1 beträgt diese Frist 15 Tage, für Kunden der Kundenklasse 2 hingegen lediglich zehn Tage.

8. Sorgen Sie dafür, dass im Tabellenblatt **Angebot** alle relevanten Zellen, die nicht überschrieben werden sollen, gesperrt werden.

9. Erstellen Sie ein Kreisdiagramm, aus dem die Gesamtkosten für die Positionen 1 bis 5 des Tabellenblattes **Angebot** hervorgehen. Fügen Sie dem Diagramm eine aussagekräftige Überschrift hinzu und stellen Sie sicher, dass sich die Legende unterhalb der Überschrift befindet. In den jeweiligen Kreissegmenten sollen die Kosten vermerkt sein. Zusätzlich soll an geeigneter Stelle ein Hinweis auf die Summe der einzelnen Kosten gegeben werden. Die Diagrammfläche soll einen Farbverlauf der Farben Blau und Weiß zugewiesen bekommen. Das Diagramm soll auf einem eigenen Tabellenblatt mit dem Namen **Diagramm** stehen.

10. Fügen Sie ein neues Tabellenblatt ein (Befehlsweg START – ZELLEN – EINFÜGEN – BLATT EINFÜGEN) und benennen Sie dieses in **Formeln** um. Kopieren Sie das Tabellenblatt **Angebot** in das neue Tabellenblatt und wechseln Sie dort in die Formelansicht.

11. Drucken Sie abschließend die Tabellenblätter **Angebot, Formeln** und **Diagramm** aus. Achten Sie dabei auf den Umstand, dass alle Tabellenblätter in der Kopfzeile Ihren Namen sowie das aktuelle Datum (als Funktion) enthalten. Weiterhin soll der Ausdruck des Tabellenblattes **Formeln** Zeilen- und Spaltenüberschriften enthalten. Das Tabellenblatt **Formeln** soll im Querformat auf zwei Seiten breit verteilt ausgedruckt werden.

---

[1] *Damit hier keine Nullwerte dargestellt werden, gehen Sie bitte den Befehlsweg DATEI – OPTIONEN – ERWEITERT – OPTIONEN FÜR DIESES ARBEITSBLATT ANZEIGEN und deaktivieren Sie die Option IN ZELLEN MIT NULLWERTEN EINE NULL ANZEIGEN.*

Excel-Formular: Anfrage an das Hotel und Seminarstätte ALP Bonn GmbH

Kunden-Nr.	1038	geplanter Anreisetag:	18.01.2015
		geplanter Abreisetag:	22.01.2015
		Anzahl an Reisenden:	7

Markieren Sie gewünschte Leistungen bitte durch ein "X" und geben Sie die gewünschte Menge an!

Position	gewünschte Leistung	Beschreibung	gewünschte Menge
1	X	Übernachtung Einzelzimmer **(*)**	3
2	X	Übernachtung Doppelzimmer **(*)**	4
3	X	Frühstück (Büffet)	28
4	X	Mittagessen (Büffet)	20
5	X	Abendessen (Büffet)	22
6		Seminarraum Koblenz	
7	X	Seminarraum Aachen	3
8		Seminarraum Münster	
9	X	Sauna, Dampfbad	7
10		Massage (30 min.)	
11	X	Tennisplatz (2 Std.)	5
12	X	Bowlingbahn (1 Std.)	7

(*) Diese Position bezieht sich jeweils nur auf eine Nacht und muss daher mit der Anzahl an Übernachtungen multipliziert werden.

Abbildung 11.14: *Hotelangebot; Tabellenblatt „Anfrage"*

Übersicht über die Leistungen, deren Preise sowie die Rabattstaffeln

Position	Beschreibung	Preis pro Einheit
1	Übernachtung Einzelzimmer	135,00 €
2	Übernachtung Doppelzimmer	65,00 €
3	Frühstück (Büffet)	12,20 €
4	Mittagessen (Büffet)	16,70 €
5	Abendessen (Büffet)	17,50 €
6	Seminarraum Koblenz	290,00 €
7	Seminarraum Aachen	195,00 €
8	Seminarraum Münster	340,00 €
9	Sauna, Dampfbad	8,00 €
10	Massage (30 min.)	29,90 €
11	Tennisplatz (2 Std.)	26,00 €
12	Bowlingbahn (1 Std.)	10,00 €

Rabattstaffeln

Vorläufiger Rechnungspreis ab ...	Kundenklasse 1	Kundenklasse 2
500,00 €	10%	8%
1.200,00 €	13%	10%
2.000,00 €	15%	12%
2.500,00 €	18%	14%

Abbildung 11.15: *Hotelangebot; Tabellenblatt „Preise und Rabatte"*

	A	B	C	D	E
1	**Übersicht über die Kundendaten**				
2					
3					
4	**Kundenklasse 1 (bis einschließlich der Kunden-Nr. 1999)**				
5					
6	Kunden-Nr.	Kunde	PLZ, Ort	E-Mail	
7	1008	Leondörfler GmbH	26122 Oldenburg	leondörfler@aol.com	
8	1010	Iris Simsen KG	57074 Siegen	personal@simsenkg.de	
9	1019	Kölner Metall AG	51149 Köln	km-ag@t-online.de	
10	1024	Bonner Elektro GmbH	53129 Bonn	service@begmbh.de	
11	1038	Lindemann GmbH	80122 München	lindemann@freeline.com	
12					
13					
14	**Kundenklasse 2 (ab der Kunden-Nr. 2000 aufwärts)**				
15					
16	Kunden-Nr.	2006	2012	2017	2026
17	Kunde	Dumstorff OHG	Uli Schacht GmbH	Sabine Freese KG	RIO - Tec. GmbH
18	PLZ, Ort	65111 Wiesbaden	10329 Berlin	76422 Stuttgart	20076 Hamburg
19	E-Mail	dumstorff@freeline.com	u-schacht@t-online.de	verwaltung@freese.de	rio-tec@aol.com

Abbildung 11.16: *Hotelangebot; Tabellenblatt „Kunden"*

	A	B	C	D	E	F
1	**Hotel und Seminarstätte ALP Bonn GmbH**					
2						
3						
4	**< Name >**				**15.10.2014**	
5						
6	**< PLZ, Ort >**				Kunden-Nr.	
7						
8						
9						
10	Sehr geehrte Damen und Herren,					
11						
12	gemäß Ihrer Anfrage unterbreiten wir Ihnen das folgende Angebot:					
13						
14						
15	geplantes Anreisedatum:					
16						
17	geplantes Abreisedatum:					
18						
19	Anzahl der Übernachtungen:					
20						
21	Personenanzahl:					
22						
23						
24	Position	gewünschte Leistung	Beschreibung	gewünschte Menge	Preis pro Einheit	Gesamtpreis
25	1					
26	2					
27	3					
28	4					
29	5					
30	6					
31	7					
32	8					
33	9					
34	10					
35	11					
36	12					
37						
38					Summe	
39					- Rabatt	
40					Nettopreis	
41					zzgl. USt.	
42						
43					Bruttopreis	
44						
45	Dieses Angebot gilt bis zum	**< Datum >**				

Abbildung 11.17: *Hotelangebot; Tabellenblatt „Angebot"*

Sachwortverzeichnis

Bildquellenverzeichnis

Fotolia Deutschland GmbH, Berlin: Seite 19 (Zsolt Nyulaszi), 74 (emevil), 83 (Ralf Kalytta), 127 (M&S Fotodesign)
MEV Verlag GmbH, Augsburg: Seite 41

Umschlagfoto: MEV Verlag GmbH, Augsburg